会计学精选教材译丛

FUNDAMENTALS OF FINANCIAL ACCOUNTING

财务会计学原理

[第2版]

〔美〕
弗雷德·菲利普斯（Fred Phillips）
罗伯特·利比（Robert Libby） 著
帕特利夏·利比（Patricia Libby）
崔学刚 译

北京大学出版社
PEKING UNIVERSITY PRESS

北京市版权局著作权合同登记图字:01-2008-1729
图书在版编目(CIP)数据

财务会计学原理/(美)菲利普斯(Phillips,F.)等著;崔学刚译.—北京:北京大学出版社,2010.1

(会计学精选教材译丛)
ISBN 978-7-301-14531-9

Ⅰ.财… Ⅱ.①菲… ②崔… Ⅲ.财务会计-教材 Ⅳ.F234.4

中国版本图书馆 CIP 数据核字(2009)第 005960 号

Fred Phillips, Robert Libby, Patricia Libby
Fundamentals of Financial Accounting, 2nd edition
ISBN: 0-07-721455-2
Copyright © 2008 by McGraw-Hill Companies, Inc.

Original language published by The McGraw-Hill Companies, Inc. All rights reserved. No part of this publication may be reproduced or distributed by any means, or stored in a database or retrieval system, without the prior written permission of the publisher. Simplified Chinese translation edition jointly published by McGraw-Hill Education (Asia) Co. and Peking University Press.

本书中文简体字翻译版由北京大学出版社和美国麦格劳-希尔教育(亚洲)出版公司合作出版。未经出版者预先书面许可,不得以任何方式复制或抄袭本书的任何部分。

本书封面贴有 McGraw-Hill 公司防伪标签,无标签者不得销售。

书　　　名:	财务会计学原理(第2版)
著作责任者:	〔美〕弗雷德·菲利普斯(Fred Phillips) 罗伯特·利比(Robert Libby) 帕特里夏·利比(Patricia Libby) 著 崔学刚 译
责 任 编 辑:	朱启兵
标 准 书 号:	ISBN 978-7-301-14531-9/F·2060
出 版 发 行:	北京大学出版社
地　　　址:	北京市海淀区成府路 205 号　100871
网　　　址:	http://www.pup.cn　电子邮箱:em@pup.pku.edu.cn
电　　　话:	邮购部 62752015　发行部 62750672　编辑部 62752926　出版部 62754962
印 刷 者:	北京飞达印刷有限责任公司
经 销 者:	新华书店
	850 毫米×1168 毫米　16 开本　45.25 印张　1009 千字
	2010 年 1 月第 1 版　2010 年 1 月第 1 次印刷
印　　　数:	0001—4000 册
定　　　价:	82.00 元

未经许可,不得以任何方式复制或抄袭本书之部分或全部内容。
版权所有,侵权必究
举报电话:010-62752024　电子邮箱:fd@pup.pku.edu.cn

译 者 序

会计在当今经济社会中的作用日益彰显,会计理论与会计实践日益深化和复杂,会计经济后果日益得到各利益相关方的关注,围绕会计问题的争论与探索甚至上升到国家最高管理层。发端于2008年的全球金融海啸,更是把会计推到了经济的风口浪尖,围绕会计(公允价值)是否是这次全球金融海啸的根源问题展开了全球争论,最终的结论是"会计(公价值)不是这次全球金融危机的根源"。支撑复杂会计实务的是财务会计学原理,学好财务会计学原理是理解和应用复杂会计原则的基础。

讲授财务会计的最大挑战在于如何帮助学生明白财务会计在公司社会中的重要作用。学生想知道决策者们是如何运用财务会计进行决策以及为什么会计概念是重要的。本书将通过对公司实例的解析,激发学生学习财务会计原理的激情。

本书的成功在于它清晰、简明和交谈式的语言。学生们将会明白公司活动的重要性,以及如何以精确的和相关的方式来编制和解释财务信息。

本书以其他教材所难以企及的、独特而富有启发的方式将财务会计原理清晰地呈现出来,因此,本书成为市场上最受欢迎的学生友好型教材。翻阅本书任何一页,你将会看到菲利普斯以学生为中心的几种最有感染力的激励方法。

- **富有魅力的写作手法**。在保持严谨的同时,本书用一系列交谈式的词语、幽默和日常的例子将财务会计方面的知识介绍给同学们,而这丝毫没有影响财务会计内容的掌握。

- **学生熟悉的重点公司**。这个重要的方法由罗伯特·利比和帕特里夏·利比发明。其背后的主要思想是,让学生们学习好财务报表就在于让他们了解真实世界的会计活动。为此本书精心地挑选了学生们所重点关注的公司,将发生在真实世界的问题注入到讨论中,以进一步提高学生们的参与度。本书每一章的材料都围绕着一家实体公司,通过学生们所喜欢的产品和服务的公司为案例来讲解基础会计概念,包括它的决策和它的财务报表,本书的每一章的内容都使得财务会计形象而生动。

- **加强式学习**。本书介绍了几种工具帮助同学们加强课本中的概念。页边空白"辅导员提示"和"你应该知道"是创新性的内容,以帮助大家加强概念的理解并提供新的视野。

  ■ **道德观察**:本书充满了创新教育的特征,从快速回顾工具到深入思考道德困境的情况,本书将持续扩展同学们所学习的知识。

- ■ **辅导员提示**：每一个学生都需要鼓励,辅导员提示只是本书为满足该需求的一种方法。本书以提示、建议和如何学习会计原理为特色。
- ■ **你应该知道**：快速的扼要重述加强了术语和概念的重要性。
- ■ **发生了什么？自学小测试**：积极学习的特点通过每一章后面的创新复习专栏帮助学生掌握复杂的知识点。"发生了什么"专栏提出每一个知识点的复习问题来测试学生对重要知识点的掌握情况。

● **丰富的练习材料**。每一章节后面的材料传统上都是学生从阅读到动手做的地方：回答复习题、解决问题、努力解决问题以帮助他们消化吸收材料并应用于现实背景中。这本书没有将阅读看做一个被动的过程；章节后面的材料提供了让学生将正文中的内容联系起来的宝贵机会,同时也给教师提供了活跃课堂的一系列任务和供讨论的问题。

- ■ **辅导题**：当学生进入公司社会以后,掌握决策技巧具有很大的重要性,本书很认同以上观点并且试图通过创新性的方式来解决这个问题。每一章包括三个问题部分：辅导题、A 组问题和 B 组问题。辅导题超越于传统问题仅关注答案的弊病,相反,它们给同学们提出了解决问题过程中的建议而不仅仅是答案。解决问题的步骤都给出了提示。当同学们能够解决辅导题时,他们具备了解决 A 组问题或者 B 组问题的能力。这两组问题进一步强化了辅导题中涉及的内容。
- ■ **伦理案例**：当学生作为一名会计或者其他的专业人员步入商业世界时,拥有坚定的伦理立场是很重要的。为此,本书的每一章均包含两个伦理案例。这些伦理案例的独一无二之处在于它们聚焦于现实生活中公司里发生的问题,而这些公司也都是学生们所熟悉的。例如,安然公司和世通公司。
- ■ **年报案例**：此部分完全以兰德里(Landry)餐厅的公司年报为基础。章节后面的案例使用了大量的数据,旨在教给学生如何从年报中提取信息,并且对如何在决策中使用财务会计信息提供有价值的观点。
- ■ **小组案例**：每一章包括一个小组案例,指引小组在因特网上寻找公司资料,并用书中提供的工具来进行分析,使学生们学到有用的研究技巧同时也获得了通过分工来解决会计问题的能力。

此外,本书的在线学习中心：www.mhhe.com/phillipsze 提供了丰富的教辅资源。

得益于北京大学出版社朱启兵先生的邀请,使我有机会阅读并翻译了本书。在本书翻译过程中,江西财经大学会计学院研究生高晶、黄斌、赖文海、杨扬、唐玲、孙会倩、刘伟平等同学参与了讨论与部分章节的初译工作。由于本人水平有限,翻译不当之处在所难免,恳请读者批评指正。

崔学刚

2009 年 12 月

目录 Contents

第1章 公司决策与财务会计 / 1
了解企业 / 2
学习会计方法 / 5
评估结果 / 15
附录：会计生涯 / 18
本章复习 / 20
练习题 / 23

第2章 在资产负债表中报告投资和融资结果 / 42
了解企业 / 43
学习会计方法 / 46
评估结果 / 61
本章复习 / 62
练习题 / 65

第3章 报告经营成果和利润表 / 86
了解企业 / 87
学习会计方法 / 90
评估结果 / 105
附录：会计账户名称 / 107
本章复习 / 108
练习题 / 113

第4章 账项调整、财务报表和财务报告质量 / 140
了解企业 / 141
学习会计方法 / 144
评估结果 / 161
本章复习 / 162
练习题 / 168

第 5 章　公司财务报告及其分析 / 197

了解企业 / 198

学习会计方法 / 203

评估结果 / 210

本章复习 / 216

练习题 / 219

第 6 章　现金及商品经营的内部控制和财务报告 / 238

了解企业 / 239

学习会计方法 / 244

评估结果 / 258

附录:实地盘存制 / 260

本章复习 / 262

练习题 / 266

第 7 章　报告和解释存货及销售成本 / 295

了解企业 / 296

学习会计方法 / 298

评估结果 / 311

附录 A:在永续盘存制基础上运用先进先出法和后进先出法 / 315

附录 B:期末存货错误的影响 / 317

本章复习 / 318

练习题 / 321

第 8 章　报告和解释应收款项、坏账费用及利息收入 / 348

了解企业 / 349

学习会计方法 / 350

评估结果 / 361

附录 A　销售百分比法 / 365

附录 B　直接核销法 / 366

本章复习 / 366

练习题 / 370

第 9 章　报告和解释长期有形资产与无形资产 / 393

了解企业 / 394

学习会计方法 / 396

评估结果 / 413

附录 A　自然资源 / 417

附录 B　折旧中的变动 / 417
本章复习 / 418
练习题 / 423

第 10 章　报告和解释负债 / 444

了解企业 / 445
学习会计方法 / 446
评估结果 / 462
附录 A　债券折价的直线摊销法 / 467
附录 B　实际利率摊销法 / 469
附录 C　简化的实际利率法 / 474
本章复习 / 478
练习题 / 483

第 11 章　报告和解释股东权益 / 502

了解企业 / 503
学习会计方法 / 505
评估结果 / 519
附录：其他形式企业的所有者权益业务 / 522
本章复习 / 526
练习题 / 529

第 12 章　报告和解释现金流量表 / 551

了解企业 / 552
学习会计方法 / 556
评估结果 / 573
附录 A　不动产、厂房和设备销售的报告 / 576
附录 B　表格法（间接法）/ 577
本章复习 / 579
练习题 / 583

第 13 章　财务业绩衡量与评价 / 610

了解企业 / 611
学习会计方法 / 612
评估结果 / 618
附录：临时项目和其他特殊项目 / 628
本章复习 / 630
练习题 / 632

附录一　现值和终值概念／658
附录二　理解并记录对其他公司的投资活动／677
词汇表／697

第1章 公司决策与财务会计

学习目标

了解企业
学习目标1 描述不同的组织形式和企业决策者

学习会计方法
学习目标2 描述四种基本财务报表的目的、结构和内容

评估结果
学习目标3 解释财务报表对使用者有何作用
学习目标4 描述增强财务报告可靠性的因素

本章复习

往日回顾

如果你认为你所处的生活环境与会计并没有多大的关系,那你也许会很惊奇地发现其实你就生活在会计之中。你的普通生活经历,特别是作为一个学生的经历,正好为你学习会计做好了准备。

本章重点

本章重点是商业人士评估公司绩效时所依赖的基本财务报告。

听到你的个人生活与学习会计息息相关,你可能会很诧异,但这是事实。例如,在这章中你将会了解到,会计报表与你的数码相片和视频一样,可以记录所发生的事实,并能与他人分享。在下一章中,你将发现在课堂上做笔记的方式与会计里的簿记方式是类似的。所以,放开你的思维和眼光,你将会发现生活是如何与会计联系在一起的。

本书的目的之一就是帮助你了解会计在帮助人们把好的想法转化为成功企业的过程中所扮演的角色。联邦快递(FedEx)的创立者在一篇大学论文中首次介绍了他关于全国运输业务的设想。借助于会计,联邦快递已经成为拥有数十亿美元的企业。也许唯一使你不能做到这样的成绩的原因仅仅是你不完全了解在着手经营一个企业时所要

涉及的方面。在这章中,你将会了解一个人是如何将他的梦想变成真正的企业——阿罗玛比萨公司(Pizza Aroma)。

在 1990 年,毛里·罗莎(Maurico Rosa)把他的家庭从萨尔瓦多(EI Salvador)搬到美国以谋求更好的生活。在纽约几个阿罗玛比萨公司里工作时,他完善了自己对阿罗玛比萨公司美食的概念。考虑到阿罗玛比萨公司美食可能成为当地餐馆的另一道风景,毛里决定开始他自己的阿罗玛比萨公司事业。虽然渴望尽快开始,毛里还是有一些问题和决定需要考虑。他向当地的一位注册会计师劳丽·汉斯莱(Laurie Hensley)咨询。你将看到劳丽是如何帮助毛里的,使用下列内容来组织你的笔记。

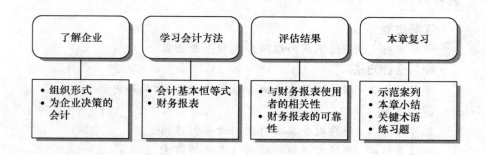

本章结构

了解企业

劳丽:"毛里,我们应该先讨论一下你想怎样组织你的企业。"

毛里:"嗯,我想开一家阿罗玛比萨美食店。我还需要知道什么?"

组织形式

学习目标 1
描述不同的组织形式和企业决策者。

劳丽列出了三种基本的企业组织形式。尽管还存在其他一些组织形式,如有限责任公司,BizStats.com 报告指出以下三种是最常见的形式:独资企业、合伙企业以及公司。

独资企业

这是个人拥有并经营的企业形式。这是最简单的企业形式,因为它不需要任何特殊的法律程序,只要一个企业许可证就可以进行了。独资企业可以看做是一个人生活的另一部分,企业盈利(或损失)成为个人所得税收入的一部分,并且个人为企业所有的债务负责。

合伙企业

这种形式类似于独资企业,除了利润、税收和法律责任不只是一个人承担而是两个或更多的所有者共同承担。它比组织一个独资企业成本更高,因为需要律师起草合伙协议,说明合伙人之间的利润分配,以及如果新的合伙人加入或旧合伙人离开发生的一系列利润分配问题。合伙企业优于独资企业的关键在于它有更多可用的资源,而更多的资源将有助于企业成长。

公司

不同于独资企业和合伙企业,公司是在法律上和会计上均独立的实体组织。这意味着公司对自己的税收和债务承担法律责任,而不是由它的所有者来承担。因此,所有者在公司的损失不会多于他们的投入,这也是对所有者而言的主要优点。成立一个公司的法律费用可能会很高,这也是公司的主要缺点之一。

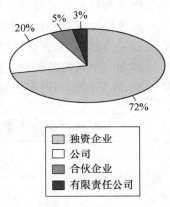

资料来源:BizStats.com.

通过把公司所有权划分成股份并售给投资者,公司可以为其发展筹集大量资金。公司所有权的股份由公司的法律文件表示,称为股票。公司股票的持有者(股东)可以私下购买和出售股票,也可以在公开市场上进行股票交易,前提是公司具备相应的法律资格。大多数公司是从非上市公司开始的,当它们需要大量融资时才上市,通过出售新的股票给投资者而获得资金。一些大名鼎鼎的公司,如嘉吉(Cargill)和奇克-菲尔-A(Chick-Fil-A)(美国第二大炸鸡快餐连锁店)都没有上市,因为它们能从私人资本中获得足够的资金,而许多你所熟知的公司(在这本书中大多数的例子)都是上市公司。

> 毛里:"我对有限法律责任以及出售所有权份额给投资者而进行融资的方式比较感兴趣,那么我想成立一个私人公司,叫阿罗玛比萨股份有限公司。接下来呢?"

为企业决策的会计

大多数公司为股东获利而存在。它们通过出售价格高于其生产成本的商品和服务而盈利。如果能使阿罗玛比萨公司的成本是2美元,售价是9美元,毛里的公司将会很成功。要知道他的公司如何成功,毛里需要建立和保持一个良好的财务簿记系统——会计系统。**会计**是分析、记录和总结企业活动的系统。它是企业很关键的一部分,企业人员一般都用会计术语讨论公司业务,会计术语也就是所谓的"商业语言"。

> **你应该知道**
> **会计**是分析、记录和总结企业活动的系统。

每个组织都需要会计人员来帮助理解企业决策的财务效应。毛里能以两种方式取

4　财务会计学原理

得这种帮助。他可以雇用一个会计人员(私人会计师),或者可以与像劳丽一样为不同企业提供建议的人(公共会计师)签约。由于毛里的企业小,他还不需要一名全职的会计人员。因此,他同意阿罗玛比萨公司让劳丽提供基本服务并支付费用。她将会帮助他建立一个会计体系,并给他关键的企业决策建议。①

6　　无论是关注营销、人力资源、融资还是生产和经营,所有的经营者都需要会计信息来了解财务状况和企业业绩。如图表1.1所示,会计体系有两种报告:管理会计报告和财务会计报告。管理会计报告包括详细的财务计划和不断更新的公司财务业绩报告。这些报告只有公司的职工可以使用,使他们作出企业决策,如是否要建立、购买或者租赁一个建筑,是否要继续生产还是中断一个产品,该给职工多少工资,应该借贷多少。作为一个餐馆的管理者,毛里将定期需要管理会计报告来对手头上的供应质量进行监管,评估制作和销售阿罗玛比萨公司美食的各种成本,并评估职员的生产能力。

> 毛里:"会计体系如何帮助我经营企业呢?"

图表1.1　会计体系和决策者

```
                    会计体系
                  /     |     \
        管理会计报告         财务会计报告
             |                    |
        内部使用者            外部使用者
         管理者                 债权人
         监督者                 投资者
         其他职工               其他
```

> 劳丽:"你公司之外的一些人需要知道你餐馆的财务信息。比如,你公司经营的本钱从哪儿来?"
>
> 毛里:"我和我太太将以个人储蓄出资3万美元。但我仍需要向银行借款2万美元来购买设备。银行需要知道什么?"

7　　劳丽所说的财务会计报告指**财务报表**,即为非公司职员准备的能定期提供信息的报告。这些外部财务报表的使用者没有权

> **你应该知道**
>
> **财务报表**是总结企业活动财务结果的会计报告。

---

① 第20页的本章附录给出了许多不同种类的会计职业选择。

利查看公司内部记录的细节，因此他们很大程度上依赖于财务报表。债权人和投资者是两类主要的外部使用者，不过其他一些使用者也认为这些信息有用。

- **债权人**——提供贷款的人。
  - **银行**使用财务报表来评估公司是否能偿还借款的风险。由于银行承担了风险，它们需要公司的定期财务报告，以密切关注企业的经营，并在公司可能有偿还问题时进行干预。
  - **供应商**也需要确定企业能够支付它们所递送的商品或服务。它们可能会在确定重要的公司关系之前询问财务报表的相关情况。
- **投资者**
  - **股东**是主要的外部使用者。已有的和潜在的股东依靠财务报表来评估公司是否有财务保障，并是否将会盈利。
- **其他外部使用者**
  - 某些顾客根据财务报表来评估公司对产品的售后服务和保修能力。
  - 地方、州和联邦各级政府也根据财务报表来征税。

在毛里的案例中，银行是阿罗玛比萨公司财务报表的主要外部使用者。毛里需要准备财务报表以获得贷款，并在偿还债务之前定期更新财务报告。如果公司的股票曾经出售给了其他投资者，他们也需要依靠财务报表来预测他们的股票在未来是否会升值，并决定是应该买入、卖出还是继续持有阿罗玛比萨公司的股票。

在毛里了解了劳丽所说的这些问题之后，他还有另一个重要的考虑。

> 毛里："与银行洽谈时，我希望能表现得很理智，但是我不太了解会计。"
>
> 劳丽："这是企业新手最常考虑的问题，那么让我们先来了解会计里最基本的东西。"

学习会计方法

基本会计恒等式

了解会计报告的一个关键概念是，公司所拥有的等于公司所欠债权人和股东的。

学习目标 2
描述四种基本财务报表的目的、结构和内容。

在会计中，公司所拥有的和公司所欠债权人和股东的有特定的术语，具体如下：

拥有资源	=	应付资源	
公司所有		欠债权人的	欠股东的
资产	**=**	**负债**	**+ 权益**

资产(A)、负债(L)与所有者权益(SE)之间的关系即**基本会计恒等式**。公司自身拥有资产,对债务负责,而非拥有公司的股东。这就是所谓的**会计主体假设**,要求企业的财务报告只包括公司而非股东的经营活动。

> **你应该知道**
> **基本会计恒等式**为 A = L + SE。
> **会计主体假设**即财务报告仅包括企业经营活动的结果。

资产

资产是公司所控制的、价值可衡量,并能为公司带来未来收益的资源。对于阿罗玛比萨公司而言,资产应该包括一些如现金、配料、桌椅和比萨烤箱之类的东西。

负债

负债是公司欠债权人的可衡量的金额。如果阿罗玛比萨公司从银行借款,它的负债就叫应付票据。使用这个术语是因为银行要求借款人签署一个称为票据的法律文件,说明关于公司承诺偿还银行的细节条文。公司还可能对那些销售配料和成分给阿罗玛比萨公司的供应商负债。当一个公司从另一个公司购买商品时,它们通常赊账并承诺在随后的时间内付款。这种由于赊账购买而形成的负债叫应付账款。阿罗玛比萨公司还可能欠职员的工资(应付工资)和欠政府税收(应交税金)。如你所看到的,包含"应付"两个字在内的词语都是负债。

所有者权益

所有者权益指所有者在公司的权益。这些权益的产生有两个原因:首先,通过对公司的直接投资(投入资本),所有者对于他们在公司的投入有权益。其次,所有者对于公司盈利(留存收益)有权益。大多数企业所有者的目标就是产生利润,因为它会增加股东权益,并让所有者获得比投资更多的资金(投资回报)。

当销售商品和服务的总收益大于产生这些销售的成本时,就会发生利润。对于阿罗玛比萨公司而言,当它销售比萨的所得(收入)大于它制作比萨和经营公司的成本(费用)时,它是盈利的。总收益和总费用之间的差异就是通常所说的"利润"或"收入",但是在会计中的术语表达是"净收益"。

$$\text{收入} - \text{费用} = \text{净收益}$$

收入

收入即将商品或服务出售给顾客的所得。阿罗玛比萨公司销售比萨给顾客的所得就是它的收入。

费用

费用即一切为了经营企业获得收入所必需的成本。对于阿罗玛比萨公司而言,费用包括广告、工具、租金、职工工资、保险、维修,以及制作比萨所需的物料等。费用是为产生收入而发生的,也就意味着经营活动会发生成本(如经营广告,使用电力)。

净收益

如果阿罗玛比萨公司能获得比制作比萨和经营公司所需成本更多的收益,阿罗玛比萨公司就会有**净收益**。(如果收入少于费用,阿罗玛比萨公司就会有净损失,但现在我们先假设这不会发生。)**通过净收益的产生,公司股东权益增加**。公司可以把净收益(或盈利)留在公司(与其他留存收益)累积,也可以分发给公司股东个人用(成为股利)。

股利

股利即公司定期分给股东作为投资回报的收益。最简单的股利类型,也是像阿罗玛比萨公司这种小公司中最常见的股利类型是现金分红。**股利不是公司的费用**,因为它是由公司的股东决定的。如果毛里和他妻子愿意,他们可以选择把所有的阿罗玛比萨公司的利润留着不分配。

> 毛里:"好的,我知道了,但是你能告诉我这些术语之间的关系,以及它们如何在财务报表中报告吗?"

财务报表

资产、负债、所有者权益、收入、费用以及股利出现在不同的财务报表中。"财务报表"一词涉及四种会计报告,一般按下列顺序编制:

1. 利润表
2. 留存收益表
3. 资产负债表
4. 现金流量表

基本会计恒等式(见图表1.2的上半部分)给出了**资产负债表**的结构。资产负债表的目的是汇报公司某个时点的财务状况,类似于公司的一个瞬象照片。

图表1.2的下半部分说明了净收益等于收入减去费用。净收益是一段时期内的财务状况的衡量。这个信息会在**利润表**中给出。可以把利润表看做一个视频,记录了一段时期内发生的事件。图表1.2右边的框说明了**留存收益表**连接了资产负债表和利润表。特别是,从净收益到所有者权益的

> **你应该知道**
> **资产负债表**汇报的是企业某个时点的资产、负债和所有者权益的数额。
> **利润表**汇报的是一段时期内收入减去费用的数额。

> **你应该知道**
> **留存收益表**报告的是净收益和股利分红对公司当期财务状况的影响。
> **现金流量表**报告的是当期由于经营、投资和融资活动而导致的现金的增加和减少。

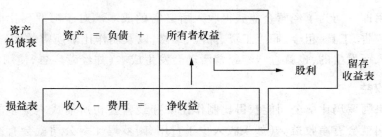

图表 1.2　财务报表等式

箭头说明了公司所有者权益会随着阿罗玛比萨公司净收益的产生而增加。这些收益留存在公司中直到分发为股利。**现金流量表**报告的是特定资产(现金)的变化,因此没有在图表 1.2 中表示出来。

财务报表可以在一年的任意时间编制,尽管它们通常是在月末、季度末(季报)和年末(年报)编制的。公司可以选择任意一天作为它的会计(财政)年末。例如,由于商业周期的开始,玩具制造商马特采用 12 月 31 日作为年末。在 1 月至 5 月期间销售的玩具比 12 月头三个星期的数量还要少。美国唯一作为上市公司经营的职业运动团队——绿湾包装工队(Green Bay Packer)——选择 3 月 31 日作为财政年末,在"职业碗"(Pro Bowl)赛事之后的月份。劳丽告诉毛里阿罗玛比萨公司的财务报表开始于 9 月 30 日,也就是他开始经营的月份。

利润表

编制的第一种报表就是利润表(也称为经营状况表)。图表 1.3 给出了阿罗玛比萨公司的利润表。标题列出了谁、什么以及什么时候:公司的名称、报表的标题以及财务报表涉及的时间段。对于有着上千或上百万美元收入和费用的大公司而言,在日期下面可能还要加一个第四行,以说明所报告的数据是以千或百万为单位。对于跨国公司,第四行还指出了报表中使用的货币。位于美国的跨国公司,如棒约翰餐饮公司(Papa John),会把所有的外币转换为美元——通常假设所有的业务都以美元发生。这就是所谓的**货币计量假设**。我们采用报告货币来了解在其他国家发生的业务:雀巢(Nestlé)——瑞士法郎、乐高(Lego)——丹麦克朗、阿迪达斯(Adidas)——欧元。

> **你应该知道**
> **货币计量假设**即企业经营活动的结果是按照恰当的货币单位来报告的,在美国就用美元表示。

注意到,阿罗玛比萨公司的利润表有三个重要部分——收入、费用和净收益——根据利润表的恒等式(收入 - 费用 = 净收益)。在收入和费用的标题下列出了具体的收入和费用。这些称为**账户**,这里列出的是一般企业的典型账户。注意每个标题都有一个小计,并且净收益下面有个双下划线。还有,最上面和最下面的数字前面有美元符号。

> **你应该知道**
> 账户累积和汇报不同经营活动的作用。

图表 1.3　利润表

阿罗玛比萨公司 利润表 2008 年 9 月		解释
		谁：公司的名称 什么：报表的标题 什么时候：会计期间
收入		
比萨收入	$11 000	出售比萨给顾客所获得的收入
总收入	11 000	9 月份的总收入
费用		
物料费用	4 000	用于制作和销售比萨所需的配料费用
工资费用	2 000	9 月份职工工资
租赁费用	2 000	9 月份的租金
工具费用	600	9 月份的工具费用
保险费用	300	9 月份的保险费用
广告费用	100	9 月份的广告费用
总费用	9 000	9 月份用于产生收益的总费用
净收益	$2 000	总收益和总费用的差异

当列出利润表里的账户时，收益在前，通常数额最大、最常发生的列第一位。费用是被减的，数额最大、最常发生的费用列第一位。

> 毛里："那么，2 000 美元的净收益是不是意味着我将有那么多额外的现金？"
> 劳丽："不是的。净收益是用来衡量你的企业的经营状况如何，而不是你所挣的现金。"

劳丽所说的是利润表里的关键点。收益是给顾客提供商品和服务时所收取的数额，费用为提供这些商品和服务所花费的成本。企业在这个月提供商品和服务，而在下个月才回收现金是很普遍的事情。同样，当月活动的费用也可能分几个月支付。在后面你将会对此详细了解，但是在开始时应该试着理解，收益不一定等于当期的现金收入，且费用也不一定会等于当期的现金支出。

毛里看上去对净收益 2 000 美元有点失望，所以劳丽还告诉他，像阿罗玛比萨公司这样的新企业刚开始盈利困难的情况是很正常的，因为他们有很多的费用，如广告费和职工培训费；却只有相对比较少的收入，因为他们还没有建立起忠实的客户群。事实上，50% 的新企业在开始的前 6 年内是亏损的，甚至会倒闭。[②] 很少企业在开始的第一个月就有正的净收益。并且你可能预测阿罗玛比萨公司的净收益在企业稳定之后会更高。销售更多的比萨，除了制作额外的比萨所需的配料的成本外，费用没有特别地增加，收入将会增加。而职员工资和租金等不会像配料成本那样增加很多。

---

② 有关小企业失败的更多信息，参见 Brian Headd "Redefining Business Success：Distinguishing between Closure and Failures," *Small Business Economics*, 21：51—61, 2003.

> **毛里**："那样也不算太坏。我想关注下费用,并努力迅速扩大我的比萨销售。阿罗玛比萨欠银行的贷款怎么办?我们是否应该讨论一下资产负债表?"
>
> **劳丽**："在我们了解资产负债表之前,我需要先让你知道把利润表和资产负债表联系起来的一个报表,这样你才能了解报表之间的关系。"

留存收益表

阿罗玛比萨公司的留存收益表见图表1.4。大公司还会做一个更复杂的股东权益报表,来详细说明股东权益账户的所有改变。但对阿罗玛比萨公司而言,股东权益的大多数变化是由盈利的产生和分配而导致的,所以留存收益表就能充分反映股东权益的变化。图表1.4的表头指明了公司的名称、报告的标题以及会计期间。报表从期初的留存收益余额开始。记住留存收益是公司一段时期内的累积收益。由于阿罗玛比萨公司是一个新公司,目前还没有累积利润,所以初始余额为零。接下来,报表加上了损益并减去当期的分红,以得出当期的留存收益。③ 并且,最上面和最下面的数字要有美元符号,最下面的数字有双下划线。

图表1.4 留存收益表

阿罗玛比萨公司 留存收益表 2008年9月		解释
		谁:公司的名称
		什么:报表的标题
		什么时候:会计期间
2008.9.1,留存收益	$0	上一期期末留存收益余额
加上:净收益	2 000	利润表的数字(图表1.3)
减去:分红	(1 000)	本期分给股东的利润
2008.9.30,留存收益	$1 000	本期期末留存收益余额

资产负债表

下一个财务报表就是资产负债表,也被称为财务状况表。资产负债表的目的是报告企业在一个特定时点的资产、负债和所有者权益数额。阿罗玛比萨公司的资产负债表见图表1.5。再次注意到,表头具体说明了公司的名称和报表的标题。与其他财务报表不同的是,资产负债表代表的是某个时点的信息(2008年9月30日)。它给出的是资源(公司所拥有)在那一天末的瞬时信息。资产是按照它转变为现金所需时间排列的,而负债则是按照它们偿还的时间来排列的。

资产负债表首先列出企业的资产,阿罗玛比萨公司的总资产是5.8万美元。第二个部分是企业的负债和所有者权益的数额,一共也是5.8万美元。资产负债表会平衡,是因为所拥有的资源等于对资源的权利。

基本会计恒等式(资产负债表等式)反映了公司在2008年9月30日那天的财务状况:

---

③ 对于净亏损(费用超过收入)的公司,留存收益表中将减去净亏损而非加入净收益。

图表 1.5　资产负债表

阿罗玛比萨公司 资产负债表 2008 年 9 月 30 日		解释
		谁：公司的名称 什么：报表的标题 什么时候：会计期间
资产		
现金	$14 000	企业在银行账户里的现金额
应收账款	1 000	赊账销售账款
物料	3 000	手头所有的食品和纸张物料
设备	40 000	烤箱、桌子等成本
资产合计	$58 000	企业拥有的资源总和
负债和所有者权益		
负债		
应付账款	$ 7 000	赊账购买欠供应商的金额
应付票据	20 000	欠银行的贷款
负债合计	27 000	债权人对资源的要求权
所有者权益		
投入资本	30 000	股东投入到公司的资本
留存收益	1 000	公司留存的收益（见图表1.4）
所有者权益合计	31 000	股东对资源的要求权
负债和所有者权益合计	$58 000	对企业拥有的资源的要求权总和

资产	=	负债	+	所有者权益
$58 000	=	$27 000	+	$31 000

现金是最先报告的资产。1.4 万美元代表阿罗玛比萨公司手头和银行账户中一共拥有的现金数量。1 000 美元的应收账款代表的是阿罗玛比萨公司有权回收以前赊账销售给顾客的金额数。有重大活动时，阿罗玛比萨允许当地的大学赊账购买比萨，并在比萨送到之后在账单上做一个标记。3 000 美元原料代表 2008 年 9 月 30 日手头上仍然剩余的原料成本。4 万美元的设备也同理。根据会计成本原则，资产负债表中的资产项以它的初始成本报告。

> **辅导员提示**
> 任何名称中包含"应收"的账户都是资产，包含"应付"的都是负债。

在负债中，7 000 美元的应付账款是阿罗玛比萨公司赊账购买供应商的食物和纸张所欠的钱。应收票据是偿还银行贷款的书面承诺。这些所有的债务都是企业由于过去的经营活动而产生的财务义务。

最后，在所有者权益中，投入资本反映了毛里和他的妻子（股东）所投入的资本。留存收益包括公司在 2008 年 9 月 30 日时所有的收益。它与留存收益表（图表 1.4）上的年末留存收益数额一致。

财务会计学原理

> **毛里**："除了管理收入和费用,我似乎还需要确定是否有足够的资产来偿还我的负债。"
>
> **劳丽**："观察真仔细!你的债权人对你将来的现金偿还能力是最感兴趣的。但是,并不是所有的资产都能轻易转换为现金,而且也不是所有的收入和费用都是以现金收入和支出的。因此,还有一个更重要的财务报表。"

14

现金流量表

阿罗玛比萨公司的利润表表示的净收益是2 000美元,但是净收益并不一定等于现金,因为收益是在收入和费用发生时记录的,而非现金收到或支出的时候。第四个对于外部使用者有益的财务报表就是现金流量表。它只包括那些导致现金变化的活动,如同一台关注与现金相关的业务的摄像机。图表1.6反映的是阿罗玛比萨公司2008年9月的现金流量表。

图表1.6 现金流量表

阿罗玛比萨公司 现金流量表 2008年9月		解释 谁:公司的名称 什么:报表的标题 什么时候:会计期间
经营活动现金流		直接与营业收入相关的活动
顾客所得现金流入	$10 000	从顾客收取的金额
供应商和职工现金流出	(5 000)	支付给供应商和职工的金额
经营活动现金流	5 000	现金流入减去流出($10 000 - $5 000)
投资活动现金流		与销售/购买生产性资产相关的活动
购买设备现金流出	(40 000)	用于购买设备的金额
投资活动现金流	(40 000)	
融资活动现金流		涉及投资者和银行的活动
股东投入资本	30 000	所有者投入的金额
支付给股东的现金股利	(1 000)	支付给所有者的金额
银行现金贷款	20 000	从银行借款所得到的金额
融资活动现金流	49 000	现金流入减去流出($30 000 - $1 000 + $20 000)
现金变化	14 000	三种活动的现金流量和($5 000 - $40 000 + $49 000)
2008.9.1 初始现金余额	0	会计期初的余额
2008.9.30 期末现金余额	$14 000	报告期末的余额(见图表1.5)

15

现金流量表包括三种企业活动:

1. **经营活动**:与经营企业、获取利润直接相关的活动。包括购买原料、制作比萨、销售食品给顾客、清洁店铺、广告、租赁房屋、修理烤箱,以及获得保险责任范围。
2. **投资活动**:涉及购买、销售和出租可长期使用的生产性资源(如建筑、土地、设备和工具）的活动。

3. 融资活动：从银行借款、偿还银行贷款、收取股东的投入资本以及支付股利给股东这些活动都是融资活动。

阿罗玛比萨公司的现金流量表是一个新兴企业或扩张企业典型的代表。投资活动的负现金流说明了公司本期花费现金购买设备。银行会关注该报表在未来的变化，以评估企业偿还现金贷款的能力。

图表1.7对四种基本财务报表作了小结。

图表1.7 四个财务报表小结

财务报表	目的：为了报告……	结构	科目举例
利润表	企业当期的经营业绩	收入－费用＝净收益	销售收入、工资费用、供应费用、利息
留存收益表	企业前期累积至当期的留存收益	留存收益初始余额 ＋净收益（本期） －分红（本期） ＝期末留存收益	净收益来自利润表，分红即当期分发的股利
资产负债表	企业的时点财务状况	资产＝负债＋所有者权益	现金、应收账款、供货、设备、应付账款、应付票据、投入资本、留存收益
现金流量表	企业当期的现金流入和流出	＋/－经营活动现金流 ＋/－投资活动现金流 ＋/－融资活动现金流 ＝现金变化 ＋现金期初余额 ＝现金期末余额	从顾客收取的现金、支付给供应商的现金、用于购买设备的现金、银行借款现金、出售股票所得现金

财务报表的附注

没有附注的四个基本财务报表是不完整的，附注能帮助财务报表的使用者理解这些数据是如何产生的，以及哪些其他信息会影响他们的决策。我们将会在后面讨论附注。

> 毛里："这些图该如何组合起来呢？"

财务报表间的关系

图表1.8说明了四个基本财务报表是如何相互联系的。箭头表明了利润表中的净收益是确定留存收益表中期末留存收益的一个因素，然后期末留存收益在资产负债表中报告。并且，现金流量表中的期末数据会等于资产负债表中现金科目的期末余额。

你已经在这一章节中了解了很多新的和重要的知识。在继续之前花一点时间做一个小测试。这是确保你已经足够了解企业的经营活动是如何在财务报表中体现的最佳办法。

图表1.8 财务报表之间的关系

阿罗玛比萨公司
损益表
2008年9月

收入	
阿罗玛比萨公司收入	$11 000
总收入	11 000
费用	
物料用品费	4 000
工资费用	2 000
租赁费用	2 000
办公费用	600
保险费用	300
广告费用	100
总费用	9 000
净收益	$2 000

阿罗玛比萨公司
留存收益表
2008年9月

2008年9月1日留存收益	$0
加上：净收益	2 000
减去：分红	(1 000)
2008年9月30日留存收益	$1 000

阿罗玛比萨公司
现金流量表
2008年9月

经营活动现金流	$5 000
投资活动现金流	(40 000)
融资活动现金流	49 000
现金变量	14 000
2008年9月1日现金余额	0
2008年9月30日现金余额	$14 000

阿罗玛比萨公司
资产负债表
2008年9月30日

资产	
现金	$14 000
应收账款	1 000
物料	3 000
设备	40 000
总资产	$58 000
负债和所有者权益	
负债	
应付账款	$7 000
应付票据	20 000
总负债	27 000
所有者权益	
投入资本	30 000
留存收益	1 000
所有者总权益	31 000
总负债和所有者权益	58 000

会发生什么？

自 我 测 试

在空格线中填上：(1) 账户类型(A＝资产，L＝负债，SE＝所有者权益，R＝收益，E＝费用，D＝股利)；(2) 应该归在利润表(I/S)，还是留存收益表(SRE)，还是资产负债表(B/S)，或是现金流量表(SCF)。

账户标题	类型	报表
1. 土地		
2. 工资费用		
3. 应收账款		
4. 租金收益		
5. 投入资本		
6. 应付票据		

完成之后核对你的答案。

自测答案

1. A　B/S　2. E　I/S　3. A　B/S　4. R　I/S　5. SE　B/S　6. L　B/S

> 劳丽:"那么,你已经了解了月财务报表,以及它们之间的相互关系。你对这些感觉还好吗?"
>
> 毛里:"这使我更渴望开始了。那么我的外部使用者需要它做什么呢?"

评估结果

与财务报表使用者的关系

学习目标 3
解释财务报表对使用者有何作用。

财务报表对于外部使用者,如债权人和投资者在对一个公司作决策时是非常关键的信息。在本课程的学习中你会了解到,在财务报表中所报告的数据可以用来计算一些揭示公司业绩的重要百分比和比率。现在,我们来看一下投资者和债权人如何根据财务报表中的数据来获取有效信息。

- 债权人对评估这两项感兴趣:

1. 公司是否能够产生足够的现金来偿还贷款?这个问题的答案来自现金流量表。特别是,债权人会想知道经营活动是否能产生正现金流。阿罗玛比萨公司来自经营活动的净现金流为 5 000 美元,对一个新公司来说是非常好的。

2. 公司是否由足够的资产来偿还它的债务?这个问题的答案是从比较资产负债表上的资产和负债而得出的。在 9 月 30 日,阿罗玛比萨公司所拥有的比欠债权人的稍微多两倍(总资产为 5.8 万美元,而总负债为 2.7 万美元)。阿罗玛比萨公司拥有 1.4 万美元现金,如有需要,它可以偿还所有应付账款和部分应付票据。

- 投资者寻求的是对一个公司投入后的快速回报(通过分红形式)或者是长期的回报(通过以高于他们所购买的价格卖出股票)。公司盈利时,分红和更高的股票价格的可能性更大。因此,投资者会密切关注利润表(和留存收益表),来寻找关于公司产生利润(和分红)能力的相关信息。

> 毛里:"我听说过很多关于做假账的事情。使用者怎样才能知道他们所得到的信息是否可靠和真实呢?"

财务报表的可靠性

劳丽指出,为了增强财务报告的可靠性,公司需要遵守会计准则和会计道德。

学习目标 4
描述增强财务报告可靠性的因素。

公认会计原则

现在使用的财务报表体系有很长的发展历史——可追溯到1494年意大利修道士和数学家卢卡·帕乔利（Luca Pacioli）公开发表的著作。现在,设置基本的会计准则的主要任务归于美国的财务会计准则委员会（FASB）和其他一些国家的国际会计准则理事会（IASB）。作为一个团体,这些准则被称为**公认会计原则**,或简称为 GAAP(与服装店的名字发音相同)。

> **你应该知道**
> 作为一个整体,会计准则也称为**公认会计原则**（generally accepted accounting principle, GAAP）

为了使财务信息有效,管理者、债权人、股东以及其他人需要确定信息具有:

- **相关性**(即能帮助做决策)
- **可靠性**(即无偏差且能被证实的)
- **可比性**(与其他公司相比)
- **持续性**(时间上)

公认会计原则需要遵守这些要求,以提供使用者有效的信息。

劳丽给毛里图表1.9中的信息作为一个总结——美国的财务会计准则委员会用以开发新会计准则的关键概念。这一章中讨论的概念用下划线标出,其余的将在后面的章节中进行介绍。毛里想知道他已经学习了多少概念。

图表 1.9 外部财务报告的关键概念

目的:	给外部使用者提供有效的信息帮助作决策
有效财务信息的特点:	相关性、可靠性、可比性和持续性
组成要素:	资产、负债、所有者权益、收入与费用
假设条件:	货币计量、会计主体、持续经营和会计期间
原则:	成本、收入确认,配比和充分披露
强制:	成本-收益、重大性、企业惯例和保守原则

美国财务会计准则委员会所发布的许多准则都源于以上关键概念,并且非常复杂,也被许多大型上市公司采用。在后面的章节中,我们将按适当的情况集中讨论对财务报表有重大影响的会计准则。

> **毛里**:"谁来负责确保企业遵循公认会计原则呢?"

劳丽告诉毛里,公司的管理者有责任遵循公认会计原则。为了提供额外保证,一些私人公司和上市公司会聘请独立审计师来仔细审查他们的财务记录。根据上市公司会计审查委员会（PCAOB）和其他会计团体通过的准则,这些审计师对财务报表是否超过了合理的怀疑、是否体现了它们该体现的以及是否遵循了公认会计原则进行审计。某种意义上,公认会计原则对于审计师和会计师,就像是法典对于律师和公众的意义一样。证券交易委员会（SEC）是监管美国财务会计准则委员会和上市公司会计审查委员会工作的政府机构。

> 劳丽:"一般来说,使用者希望信息是真实的,这需要公司遵守职业道德和会计操作。"

会计道德

财务报表主要由公司的首席执行官(CEO)和财务总监(CFO)领导的管理层负责。如果个人没有遵守职业道德,可能发生大问题,比如发生的几个著名的会计舞弊案——安然公司(Enron)、世通公司(WorldCom)(现在是 Verizon 通讯的一部分)、环球电信(Global Crossing)和施乐公司(Xerox)。调查者发现他们的高层管理人员通过歪曲公司的财务结果,使得财务报表的使用者没有正确的认识。在许多案例中,高层管理人员因犯舞弊罪而被判长期入狱。

为了解决这些舞弊,美国国会于 2002 年颁布了萨班斯-奥克斯利法案(SOX),对上市公司的管理者和审计师有巨大的影响。该法案要求高层管理者签署一个担保财务报表的责任报告书,保持内部控制审计体系以确保会计报告的正确性,还需保持独立委员会以保证管理者与审计师的合作。由于《萨班斯法案》的颁布,公司行政人员面临着严峻的后果——20 年的刑狱和 500 万美元的罚款——如果他们被发现犯会计舞弊罪的话。

> **你应该知道**
> 2002 年《萨班斯法案》是为了强化美国公司报告而出台的一系列法律条款。

为了确保审计职能的顺利实施,美国注册会计师协会(AICPA)要求所有成员遵守职业道德和专业审计准则。《萨班斯法案》也要求对上市公司进行审计的审计人员还要遵循上市公司会计审查委员会的准则。

故意的财务误报是不道德也是违法的。起初,一些人可能从欺骗报告中获益。管理者可能获得银行本来不可能允许的贷款,工作人员可能获得更高的奖金并且保住他们的工作,股东可能享有暂时的更高股价。但是,从长期来看,大多数个人和组织是受害的。当舞弊被发现时,公司的股价通常会急剧下跌。在微策略公司(Micro Strategy)的案例中,股票价格单日下跌 65%,从周五的每股 243 美元下跌至周一的每股 86 美元。债权人也会被舞弊所害。最近的数据显示,世通公司的债权人只收回了 42% 的权益,他们损失了 360 亿美元。无辜的工作人员也会受害。在安然的案子中,5 600 名工作人员丧失工作,并且很多人没有了退休金。最后,顾客也会被舞弊伤害,他们需要支付更多的钱来购买商品和服务,因为舞弊不正确地增加了公司的成本,或者由于舞弊导致公司收取更高的价格来弥补其他的成本。

>
>
> ### 不仅是一纸之毁
>
> 安达信（Arthur Andersen）会计师事务所在2002年毁掉了证券委会对安然舞弊案的重要调查文件，被指控妨碍司法公正罪。法官判该公司支付50万美元的罚金，并且缓刑五年。它在2005年进行上诉，该罪名被推翻。但是对于安达信公司来说已经晚了。它所有的客户已经流向其他的专业服务公司，并且28 000名职员中的200人已经在其他公司就职。实际上，这个会计师事务所已经是被判了死刑。

劳丽对毛里和所有管理者的建议是，努力建立一个道德环境，并在公司内部创建一个很强的检查和管理体系。不能容忍舞弊行为的存在，如职员为了还债而虚增的费用，为快要迟到的工事打卡，或是将别人的意见据为已有。还有，需要警惕，并不是所有的道德困境都是清晰的。有时候需要你在某条道德准则（如诚实）和其他道德准则（如忠诚）之间权衡。建议你的职工在面临道德困境时，应该遵守下面三个步骤：

1. 确定谁从中受益（一般为管理者或者员工）以及其他人可能会如何受害（其他职员，公司的名声，所有者，债权人和一般的公众）。
2. 确定该行为的其他选择。
3. 选择最符合道德标准的行为——你在新闻中能非常自豪地报告的选择。一般来说，没有一个正确答案，做出决策很困难。但是强烈的道德素养是保证所有公司好的财务报告的关键点。

结束语

毛里的梦想成真了。阿罗玛比萨公司连续几年在《伊萨卡时报》(*Ithaca Times*)民意测试中被评为"最佳比萨生产企业"。本书的两位作者便是阿罗玛比萨公司的常客之一。

附录：会计生涯

根据政府劳动部门的调查，会计是发展最快的领域之一，预计到2014年，每年将新增49 000个职位。图表1S.1总结了私人和公共会计的就业机会。单个组织雇用的会计师为私人会计。而像劳丽一样，对各种不同组织提供服务收取费用的会计师，就是公共会计。会计专业的毕业生通常在公共会计公司开始他们的职业生涯，然后在某个时候跳槽到企业或政府组织，如美国国税局（IRS）和联邦调查局（FBI），或者非营利组织（NPOs）中做私人会计。其中不少成为大公司的高层管理人员。另有一些人在获得研究生学位以后步入学术界从事学术研究和教学。

图表 1S.1 会计职业选择概况

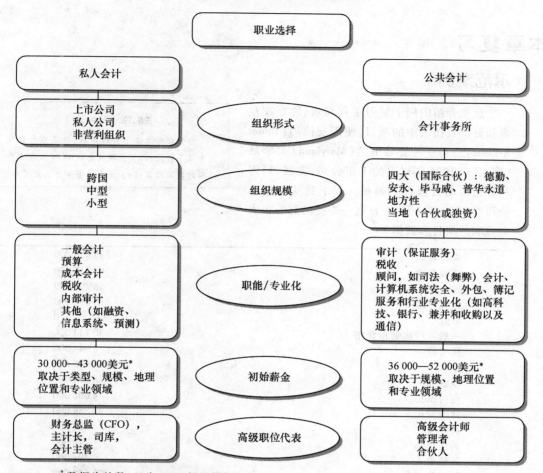

* 数据为约数,且为 2006 年的数据。
资料来源:www.collegegrad.com/careers/all.shtml.

会计人员可以去报考各种资格考试,主要包括注册会计师(Certified Public Accountant)、注册舞弊检查师(Certified Fraud Examiner)、注册管理会计师(Certified Management Accountant)、注册内部审计师(Certified Internal Auditor)、注册财务管理师(Certified Financial Manager)、注册司法会计师(Certified Forenisic Accountant)以及注册金融分析师(Certified Financial Analyst)。关于会计职业的更多的信息、资格证书、薪金和求职机会,请访问 www.aicpa.org, www.collegegrad.com 和 www.imanet.org。

本章复习

示范案例

这里介绍的例子复习了利润表、留存收益表和资产负债表中的项目，使用安德玛（Under Armour）公司——前马里兰（Maryland）大学足球队员于1996年成立的上市公司，发展、销售和分销运动员服饰和器械。以下是从安德玛公司至2006年3月31日这一季度的财务报表中截取的项目和数据。

> **辅导员提示**
>
> 应付票据类似于应付账款，但是应付票据还有以下特点：(a) 收取利息；(b) 可以在多余一年的期间结算；(c) 使用票据作为正式文件。

应付账款	$45 650 000
应收账款	63 217 000
现金	58 292 000
投入资本	123 899 000
分红	0
一般和行政管理费用	30 132 000
所得税	5 944 000
存货	53 475 000
净收益	8 734 000
应付票据	4 605 000
营业费用	43 384 000
其他资产	12 588 000
其他负债	276 000
其他收入	498 000
财产和设备	23 659 000
2006.3.31 留存收益	36 801 000
2006.1.1 留存收益	28 067 000
销售收入	87 696 000
资产合计	211 231 000
费用合计	79 460 000
负债合计	50 531 000
负债和所有者权益合计	211 231 000
收入合计	88 194 000
所有者权益合计	160 700 000

要求：

1. 根据图表1.3，1.4和1.5的格式，编制该季度的利润表、留存收益表和资产负债表。
2. 描述这三个报表的内容。
3. 指出安德玛公司可能编制的其他财务报表。
4. 安德玛公司的资产融资主要来自于负债还是所有者权益？
5. 解释为什么安德玛公司需要递交报告给独立审计人员。

答案：
1.

安德玛公司
利润表
2006 年一季度，截至 3 月 31 日
（以 1 000 美元为单位）

收入	
销售收入	$87 696
其他收入	498
总收入	88 194
费用	
经营费用	43 384
一般和行政管理费用	30 132
所得税	5 944
总费用	79 460
净收益	$8 734

安德玛公司
留存收益表
2006 年一季度，截至 3 月 31 日
（以 1 000 美元为单位）

2006.1.1 留存收益	$28 067
加上：净收益	8 734
减去：分红	0
2006.3.31 留存收益	$36 801

安德玛公司
资产负债表
2006 年 3 月 31 日
（以 1 000 美元为单位）

资产	
现金	$58 292
应收账款	63 217
存货	53 475
财产和设备	23 659
其他资产	12 588
资产合计	$211 231
负债	
应付账款	$45 650
应付票据	4 605
其他负债	276
负债合计	50 531
所有者权益	
实收资本	123 899
留存收益	36 801
所有者权益合计	160 700
负债和所有者权益合计	$211 231

2. 利润表报告的是一个企业最普通的财务业绩的衡量:净收益(会计期间的收入减去费用)。留存收益表连接了利润表上的净收益数额与资产负债表上的期末留存收益数额。利润表报告了企业在某个时点的资产、负债和所有者权益的数额。

3. 安德玛公司还需要编制现金流量表。

4. 安德玛公司的资产融资主要是来自所有者权益(160 700 美元),而不是负债(50 531 美元)。

5. 与其他所有上市公司一样,安德玛公司需要提供它的财务报表进行审计,因为这是 SEC 独立审计的要求。并且,审计师会给使用者关于财务报表信息的准确性更大的信息,因为审计报表的人需要遵守职业能力和道德标准。

本章小结

学习目标1:描述不同的组织形式和企业决策者,第4页*

- 独资企业是个人拥有并经营的企业形式,它的组织资金相对比较少,并且与它的所有者不是法律上独立的。因此,所有的盈利或损失都成为所有者的应纳税收入的一部分,并且个人为企业所有的债务负责。
- 合伙企业类似于独资企业,只是有两个或更多的所有者。
- 公司是独立的法律实体(因此交公司税),它出售股份给投资者(股东)并且需要更多的资金成立。股东只对他们所投入的资本负责。私人公司出售股票给小部分个人,而上市公司则在股票市场进行股票的出售。
- 企业决策者包括债权人(银行与供应商)、投资者(股东)、顾客、政府以及其他外部使用者。

学习目标2:描述四种基本财务报表的目的、结构和内容,第7页

- 利润表报告的是企业在一个期间内获得的净收益,用总收益额减去经营企业发生的费用得出。
- 留存收益表报告的是企业一段期间内留存收益账户的改变,净收益使留存收益增加,对股东的分红使留存收益减少。
- 资产负债表报告的是企业在一个时点所拥有的资产,以及融资有多少是来自于债权人(负债),有多少是来自股东(所有者权益)。
- 现金流量表报告的是企业在一段期间内现金账户的改变,具体为企业经营、投资和融资活动的现金流入和流出。

学习目标3:解释财务报表对使用者有何作用,第17页

- 债权人在对公司评估时,主要关注的是:(1)能够产生足够的现金支付贷款;(2)有足够的资产来偿还负债。这些问题的答案可由现金流量表和资产负债表看出。
- 投资者关注利润表以得到关于公司盈利能力的相关信息,关注留存收益表以得出关于公司股利分红的信息。

学习目标4:描述增强财务报告可靠性的因素,第18页

- 在商业道德环境下,遵守公认会计原则可以提高财务报表的可靠性。

---

* 本书中提到的页码均为英文原书页码,见本书页边注,下同。——编辑注

- 进一步提高财务报表的可靠性,涉及监管部门,如上市公司会计审查委员会(PCAOB)和证券交易委员会(SEC),以及2002年颁布的《萨班斯法案》。

关键术语

会计 5
账户 11
资产负债表 9
基本会计恒等式 8
财务报表 7
公认会计原则(GAAP) 18

利润表 9
留存收益表 10
2002年《萨班斯法案》(SOX) 19
会计主体假设 8
货币计量假设 10

练习题

问答题

1. 会计的定义。
2. 简要区分财务会计和管理会计。
3. 会计过程为内部和外部使用者提供财务报表。描述一些具体的内外部使用者的群体。
4. 请解释为什么会计主体假设意味着,出于会计目的,企业与所有者应当单独对待。
5. 列出三种主要的企业类型,并给出具体的例子。
6. 四种主要财务报表的标题各应包括哪些信息?
7. 这四种财务报表的编报目的是什么?(a)资产负债表,(b)利润表,(c)留存收益表,(d)现金流量表。
8. 解释利润表、留存收益表和现金流量表的日期为"至2007年12月31日",而资产负债表的日期是"2007年12月31日"的原因。
9. 简要解释净收益和净损失之间的区别。
10. 描述规定资产负债表结构的基本会计恒等式。解释资产负债表上的三个主要构成的含义。
11. 描述规定利润表结构的等式。解释利润表的三个主要构成的含义。
12. 描述规定留存收益表结构的等式。解释留存收益表的四个主要构成的含义。
13. 描述规定现金流量表结构的等式。解释现金流量表所包含的三种主要活动。
14. 简要描述负责制定美国会计准则(公认会计原则)的组织。
15. 简要解释财务报表欺诈的影响和已经着手解决的措施。
16. 简要定义道德困境,并描述面临道德困境时应该采取的步骤和措施。
17. 会计欺骗与学术欺骗有何相同之处?

多项选择题

1. 下面哪个不属于四种基本财务报表?
   a. 资产负债表
   b. 利润表
   c. 审计报告
   d. 现金流量表

2. 下列关于利润表的描述,哪个是正确的?
   a. 利润表也叫做经营状况表。
   b. 利润表报告的是收益、费用和负债。
   c. 利润表只报告销售商品时收到了现金的收入。
   d. 利润表报告的是企业在一个时点的财务状况。

3. 下列关于资产负债表的描述,哪个是错误的?
   a. 资产负债表上的账户代表的是一个特定的企业的基本会计等式。
   b. 资产负债表上的留存收益余额必须等于留存收益表中的期末留存收益余额。
   c. 资产负债表总结了一段时间内各个账户的净变化。
   d. 资产负债表报告的是企业在一个时点的资产、负债和所有者权益的数据。

4. 下列关于留存收益的描述,哪个是错误的?
   a. 留存收益因净收益而增加。
   b. 留存收益在资产负债表上是所有者权益的一部分。
   c. 留存收益在资产负债表上是一项资产。
   d. 留存收益代表的是没有以股利形式分发给股东的收益。

5. 下面哪一项是不需要出现在财务报表的表头中的?
   a. 财务报表编制人员的名字。
   b. 财务报表的标题。
   c. 财务报告的日期或期间。
   d. 公司的名称。

6. 下面关于现金流量表的描述,哪个是错误的?
   a. 现金流量表把现金流入和流出分为三种类别:经营、投资和融资。
   b. 现金流量表的期末现金数额必须等于同期资产负债表上的期末余额。
   c. 现金流量表中现金增加或减少的总额必须等于利润表中"线下项目"的(净收益或净损失)数额。
   d. 现金流量表报告的是一段时期内的数据。

7. 下面关于 GAAP 的描述,哪个是正确的?
   a. GAAP 是"虚假的,另一个会计问题"(goodie、another accounting problem)的缩写。
   b. GAAP 的改变不会影响公司报告的收益。
   c. GAAP 是公认会计原则的缩写。
   d. GAAP 的改变必须得到美国参议院财政委员会(Senate Finance Committee)的支持。

8. 下面哪个描述是正确的?
   a. FASB 产生 SEC。

b. GAAP 产生 FASB。

c. SEC 产生 CPA。

d. FASB 产生 GAAP。

9. 下面哪项不是外部使用者阅读公司的财务报表的目的？

a. 了解公司当前的财务状况。

b. 评估公司对社会和环境政策的贡献。

c. 预测公司将来的财务业绩。

d. 评估公司销售变现的能力。

10. 下面哪项不是 2002 年《萨班斯法案》的内容？

a. 上市公司的高层管理者必须签署对财务报表负责的责任报告书。

b. 上市公司必须维持内部控制的审计体系来确保会计报告的准确性。

c. 上市公司必须拥有一个独立委员会以保证与独立审计师的合作。

d. 上市公司的高层管理者必须是美国注册会计师委员会的成员。

选择题答案：

1. b 2. a 3. c 4. c 5. a 6. c 7. c 8. d 9. b 10. d

小练习

M1-1 定义下列缩写

下列为本章中的重要缩写。这些缩写在公司中使用得也很广泛。给出每个缩写的全称。第一个给出了例子。

缩写	全称
1. CPA	Certified Public Accountant（注册会计师）
2. GAAP	
3. FASB	
4. SEC	

M1-2 给下面的术语和缩写定义配对

在横线上填写与术语相对应的定义的字母：

术语或缩写	定义
____ 1. SEC	A. 收集和处理一个组织的财务信息的系统，并向决策者报告该信息。
____ 2. 投资活动	B. 以货币单位（美元或其他国家货币）来计量一个企业的信息。
____ 3. 私人公司	C. 两个或多个人拥有的非公司组织的企业。
____ 4. 公司	D. 私下出售股权份额，不需要公开财务报表的公司。
____ 5. 会计	E. 发行股票作为所有权证的非公司组织的企业。
____ 6. 合伙企业	F. 购入和销售长期生产性资源。

____ 7. FASB　　　　G. 与出借人（借贷现金）和股东（出售公司股票和支付股利）的
　　　　　　　　　　　　　　交易。
　　　____ 8. 融资活动　　　H. 直接与企业经营盈利有关的活动。
　　　____ 9. 货币计量假设　I. 证券交易委员会
　　　____ 10. GAAP　　　　 J. 财务会计准则委员会
　　　____ 11. 上市公司　　 K. 投资者能在股票交易市场上购买和出售股票的公司
　　　____ 12. 经营活动　　 L. 公认会计原则

M1-3　给术语和定义配对

在横线上填写术语相对应的定义的字母：

术语	定义
____ 1. 相关性	A. 企业的财务报告假设仅包含企业的经营活动。
____ 2. 可靠性	B. 企业所拥有的资源。
____ 3. 可比性	C. 由于采用相同的会计方法，财务信息可以进行时间比较。
____ 4. 持续性	D. 企业所有者投资和再投资的总额。
____ 5. 资产	E. 企业为获得收入而必须花费的成本。
____ 6. 负债	F. 财务信息可影响决策的特点。
____ 7. 所有者权益	G. 为顾客销售商品和提供劳务而获得的收入。
____ 8. 收入	H. 企业所欠的数额。
____ 9. 费用	I. 无偏和可证实的财务信息。
____ 10. 货币计量	J. 说明企业活动的结果应该以适当的货币单位来报告的假设。
____ 11. 会计主体	K. 因为采用相同的会计方法而可以进行企业之间的财务信息的比较。

M1-4　给资产负债表和利润表中的项目分类

根据年报显示，"宝洁公司（Procter & Gamble）在全球140多个国家中出售洗涤、清洁、纸巾、美容护理、健康护理、食物和饮料等产品，主要的分属有汰渍（Tide）、碧浪（Ariel）、佳洁士（Crest）、维克斯（Vicks）和蜜丝佛陀（Max Factor）"。以下几项是宝洁公司最近的资产负债表和利润表中的科目。给每项填上资产负债表中的资产 A、负债 L 和所有者权益 SE，或者是利润表中的收入 R 和费用 E。

　　　____ 1. 应付账款　　　　____ 5. 销售和管理费用
　　　____ 2. 应收账款　　　　____ 6. 销售收入
　　　____ 3. 现金　　　　　　____ 7. 应付票据
　　　____ 4. 所得税　　　　　____ 8. 留存收益

M1-5　给资产负债表和利润表中的项目分类

给每项填上资产负债表中的资产 A、负债 L 和所有者权益 SE，或者是利润表中的收入 R 和费用 E：

　　　____ 1. 应收账款　　　　____ 5. 现金
　　　____ 2. 销售收入　　　　____ 6. 广告费用
　　　____ 3. 设备　　　　　　____ 7. 应付账款
　　　____ 4. 物料费用　　　　____ 8. 留存收益

M1-6 给资产负债表和利润表中的项目分类

图西软糖公司(Tootsie Roll)每日生产和出售 60 000 000 多个图西软糖和 20 000 000 多个图西棒棒糖。以下几项是图西软糖公司最近的资产负债表和利润表中的科目。给每项填上资产负债表中的资产 A、负债 L 和所有者权益 SE,或者是利润表中的收入 R 和费用 E:

____ 1. 应收账款   ____ 6. 销售收入
____ 2. 销售和管理费用   ____ 7. 银行应付票据
____ 3. 现金   ____ 8. 留存收益
____ 4. 机器   ____ 9. 应付账款
____ 5. 广告及促销费用

M1-7 给资产负债表和利润表中的项目分类

通用磨坊公司(General Mills)是一家食品制造商,生产如魅力幸运星(Lucky Charms)谷类食品、派斯博瑞(Pillsbury)新月形面包和杰利(Jolly)绿色蔬菜等。下列各个术语来自该公司的财务报表。给每项填上资产负债表中的资产 A、负债 L 和所有者权益 SE,或者是利润表中的收入 R 和费用 E:

____ 1. 应付账款   ____ 6. 现金
____ 2. 投入资本   ____ 7. 留存收益
____ 3. 设备   ____ 8. 销售和管理费用
____ 4. 应收账款   ____ 9. 销售收入
____ 5. 应付票据   ____ 10. 物料

M1-8 给资产负债表和利润表中的项目分类

微软公司(Microsoft)生产了家庭娱乐软件(如 Xbox)、Word 软件以及互联网服务 MSN hotmail。下列术语来自该公司的财务报表。给每项填上资产负债表中的资产 A、负债 L 和所有者权益 SE,或者是利润表中的收入 R 和费用 E:

____ 1. 应付账款   ____ 6. 投入资本
____ 2. 现金   ____ 7. 应收账款
____ 3. 留存收益   ____ 8. 销售收入
____ 4. 不动产和设备   ____ 9. 销售和管理费用
____ 5. 应付票据   ____ 10. 广告费用

M1-9 给四个基本财务报表和其中的科目配对

给每个科目配对,在横线上填上正确的财务报表所对应的字母:

科目	财务报表
____ 1. 融资活动现金流	A. 资产负债表
____ 2. 费用	B. 利润表
____ 3. 投资活动现金流	C. 留存收益表
____ 4. 资产	D. 现金流量表
____ 5. 股利	
____ 6. 收入	
____ 7. 经营活动现金流	
____ 8. 负债	

M1-10 给四种基本财务报表和其中的科目配对

奥克利公司制造太阳镜、护眼镜、鞋类、手表以及服装等。最近,公司的财务报表中报告了如下科目。指出这些科目是应该归在资产负债表(B/S)、利润表(I/S)、留存收益表(SRE),还是现金流量表中(SCF):

_____ 1. 股利
_____ 2. 所有者权益
_____ 3. 销售收入
_____ 4. 总资产
_____ 5. 经营活动现金流
_____ 6. 总负债
_____ 7. 净收益
_____ 8. 融资活动现金流

M1-11 现金流量表上报告的数据

在理解现金流量表的分类时,首先应该学会区分各类别的活动。在下列横线上填上各自属于的活动类别的代表字母:O 经营活动、I 投资活动、F 融资活动。**如果是现金流出,加上圆括号,流入则不加。**

_____ 1. 用于支付股利的现金   _____ 4. 支付给供应商和职工的现金
_____ 2. 从顾客收取的现金   _____ 5. 用于购买设备的现金
_____ 3. 签署票据所获得的现金   _____ 6. 发行股票获得的现金

M1-12 现金流量表上报告的数据

在理解现金流量表的分类时,首先应该学会区分各类别的活动。在下列横线上填上各自属于的活动类别的代表字母:O 经营活动、I 投资活动、F 融资活动。**如果是现金流出,加上圆括号,流入则不加。**

_____ 1. 用于购买设备的现金   _____ 4. 用于支付股利的现金
_____ 2. 从顾客收取的现金   _____ 5. 支付给供应商和职工的现金
_____ 3. 出售设备获得的现金   _____ 6. 发行股票获得的现金

M1-13 编制留存收益表

滚石文化(Stone Culture)公司在 2005 年 1 月 1 日成立,下面是公司前两年的经营活动的数据:

2005 年净收益	$36 000
2006 年净收益	45 000
2005 年股利	15 000
2006 年股利	20 000
2005 年底总资产	125 000
2006 年底总资产	242 000

根据上面给出的数据,编制 2005 年(经营的第一年)和 2006 年的留存收益表。给出计算过程。

M1-14 编制利润表、留存收益表和资产负债表

以下数据取自西南航空公司 2005 年 12 月 31 日的财务报表：

现金	$2 280 000 000
利息费用	83 000 000
应收账款	509 000 000
工资费用	2 702 000 000
物料费用	150 000 000
投入资本	2 118 000 000
其他收入	137 000 000
不动产和设备	9 427 000 000
所得税	326 000 000
租赁费用	454 000 000
其他资产	1 852 000 000
其他经营费用	1 836 000 000
飞机燃油费用	1 342 000 000
维修费用	430 000 000
股利	14 000 000
应付账款	1 774 000 000
其他负债	2 074 000 000
应付票据	3 695 000 000
留存收益(2005 年 12 月 31 日)	4 557 000 000
机票收入	7 584 000 000

要求：

1. 编制至 2005 年 12 月 31 日一年的利润表。提示：以适当的计量单位来表示报表的数据。
2. 编制至 2005 年 12 月 31 日一年的留存收益表。提示：假设 2005 年 1 月 1 日的留存收益余额为 40.23 亿美元。
3. 编制 2005 年 12 月 31 日的资产负债表。
4. 使用资产负债表来说明，西南航空公司的年末总资产主要由负债还是所有者权益进行融资的。

练习

E1-1 四种基本财务报表中的数据

用下表中列出的数据和四种基本财务报表的恒等式，证明：(a) 资产负债表是平衡的；(b) 净收益计算无误；(c) 什么导致了留存收益的变化；(d) 什么导致了现金账户的变化。

资产	$18 200	期初留存收益	$3 500
负债	13 750	期末留存收益	4 300
所有者权益	4 450	经营活动现金流	1 600
收入	10 500	投资活动现金流	(1 000)
费用	9 200	融资活动现金流	(9 000)
净收益	1 300	期初现金	1 000
股利	500	期末现金	700

E1-2 四种基本财务报表中的数据

用下表中列出的数据和四种基本财务报表的恒等式,证明:(a) 资产负债表是平衡的;(b) 净收益计算无误;(c) 什么导致了留存收益的变化;(d) 什么导致了现金账户的变化。

资产	$79 500	期初留存收益	$20 500
负债	18 500	期末留存收益	28 750
所有者权益	61 000	经营活动现金流	15 700
收入	32 100	投资活动现金流	(7 200)
费用	18 950	融资活动现金流	(5 300)
净收益	13 150	期初现金	3 200
股利	4 900	期末现金	6 400

E1-3 编制资产负债表

DSW 是鞋子设计公司,出售一些人们能够负担起的奢华和流行的鞋子。它的 2006 年 1 月 28 日的年末资产负债表中,包括下列科目(以 1 000 美元为单位)。

应付账款	$85 820
应收账款	4 088
现金	124 759
投入资本	278 709
应付票据	63 410
其他资产	282 947
其他负债	53 769
不动产,厂房和设备	95 921
留存收益	26 007
总资产	507 715
总负债和所有者权益	?

要求:
1. 编制 2006 年 1 月 28 日的资产负债表,求出以问号表示的数额。
2. 至 1 月 28 日为止,资产融资大部分来自债权人还是股东?

E1-4 完成资产负债表并推算出净收益

肯·杨(Ken Young)和金·舍伍德(Kim Sherwood)成立了一家直接读者公司(Reader Direct),每人投入现金 49 000 美元并获得 4 000 份股份。经营开始的第一年年末为 2008 年 12 月 31 日。在这一天,本年的财务数据如下:2008 年 12 月 31 日,手中和银行的现金为 47 500 美元,销售书本获得的顾客收入为 26 900 美元,不动产和设备为 48 000 美元,欠出版商 8 000 美元,当地银行的一年期应付票据为 2 850 美元。这一年中股东没有分发股利。

要求:
1. 完成 2008 年 12 月 31 日的资产负债表。

资产		负债和所有者权益	
现金	$_____	负债	
应收账款	_____	应付账款	$_____
不动产和设备	_____	应付票据	_____
		负债合计	_____
		所有者权益	
		投入资本	_____
		留存收益	13 550
		所有者权益合计	_____
资产合计	$_____	负债和所有者权益合计	$_____

2. 使用留存收益的等式和初始余额 0 美元，计算 2008 年 12 月 31 日的期末净收益。

3. 至 1 月 28 日为止，资产融资大部分来自债权人还是股东？

4. 假设直接读者的净收益为 3 000 美元，并在 2009 年支付股利 2 000 美元，那么 2009 年 12 月 31 日的留存收益余额为多少？

E1-5　对企业交易活动进行分类

以下项目与盖世威公司的交易活动有关。

a. 货币
b. 盖世威公司欠手表供应商的账款
c. 盖世威公司欠顾客的账款
d. 购买房屋欠银行的账款
e. 将要建造房屋的地产
f. 从利润中支付给股东的数额
g. 盖世威公司出售手表获得的收益
h. 盖世威公司办公时未使用的纸张
i. 每月使用的纸张成本
j. 股东投入在盖世威公司的数额

要求：

1. 给每项确定一个在公司财务报表中报告的正确标题(即账户名称)。
2. 给每项分类：资产(A)、负债(L)、所有者权益(SE)、收入(R)、费用(E)。

E1-6　编制利润表，并推算出问号代表的数值

帝王娱乐集团(Regal Entertainment Corp)在美国经营电影院和食品。截至 2006 年 9 月 28 日的季度利润表如下(以千为单位)：

入场收入	$450 600
特许权费用	27 700
特许权收入	181 000
电影租赁费用	241 000
一般行政管理费用	65 800
净收益	?
其他费用	230 800
其他收入	44 100
租赁费用	81 000
总费用	?

要求：
1. 求出问号中的值并编制该季度的利润表。
提示：先把利润表中的项目找出，再算出值。
2. 帝王公司的主要收入来源和主要支出各是什么？

E1-7　分析收入和费用并完成利润表

首席房地产（Home Realty）公司由三个投资者成立并已经营了三年。杰克·多利（J. Doe）拥有60%的股份，有9 000股，并管理公司行政事务。在2007年12月31日的全年财务数据为：销售收入166 000美元、销售费用97 000美元、利息费用6 300美元、广告和管理费用9 025美元、所得税18 500美元。并且在这一年中，公司分配了股东股利12 000美元。完成下列利润表：

_____	
_____	
收入	
销售收入	$_____
费用	
销售费用	$_____
利息费用	$_____
促销和广告费用	$_____
所得税	_____
总费用	
净收益	$35 175

E1-8　使用利润表和资产负债表的等式推出数值

复习本章中资产负债表和利润表恒等式的内容。在下面几个案例中运用恒等式，求出未给出的数据。假设至2007年年末是公司第一个全年营业年份。

提示：首先采用资产负债表和利润表的恒等式来确定数字之间的关系，然后计算要求的数据。

单个案例	总收入	总费用	净收益(损失)	总资产	总负债	所有者权益
A	$100 000	$82 000	$	$150 000	$70 000	$
B		80 000	12 000	112 000		60 000
C	80 000	86 000		104 000	26 000	
D	50 000		13 000		22 000	77 000
E	81 000	(6 000)		73 000	28 000	

E1-9 编制利润表和资产负债表

五个人在 2009 年 1 月 1 日组成建立迈阿密粘土(Miami Clay)公司。在 2009 年 1 月末的财务数据如下：

总收入	$131 000
营业费用	90 500
2009 年 1 月 31 日,现金余额	30 800
顾客应收账款	25 300
物料	40 700
应付账款(在 2009 年 2 月支付)	25 700
投入资本(2 600 股)	30 600

要求：

1. 完成下面的利润表和 1 月份的资产负债表。

迈阿密粘土公司
利润表
2009 年 1 月

总收入	$_____
营业费用	_____
净收益	$_____

迈阿密粘土公司
资产负债表
2009 年 1 月 31 日

资产	
现金	$_____
应收账款	_____
物料	_____
资产合计	$_____
负债	
应付账款	$_____
负债合计	_____
所有者权益	
投入资本	_____
留存收益	_____
所有者权益合计	_____
负债和所有者权益合计	$_____

2. 讨论迈阿密粘土公司是否有偿债能力。参考它的总资产和总负债的关系。

E1-10　分析和理解利润表

三个人在2007年1月1日组成远离虫害（Pest Away）公司，提供消灭害虫的服务。公司这一年支付的股利为1万美元。在2007年底编制的利润表如下：

远离虫害公司
利润表
至2007年12月31日

收入		
销售收入（现金）	$192 000	
销售收入（赊账）	24 000	
总收入		$216 000
费用		
物料费用	$76 000	
工资薪金	33 000	
广告费用	22 000	
其他费用	46 000	
总费用		177 000
净收益		$39 000

要求：

1. 月平均收入是多少？
2. 月平均工资薪金费用是多少？
3. 为什么广告开支属于费用？
4. 为什么股利不属于费用？
5. 你能不能确定2007年12月31日那天公司手头有多少现金？说明原因。

E1-11　给现金流量表的科目和企业活动分类配对

技术数据公司（Tech Data）是计算机外设和互联网方案的重要贡献者，最近位居福布斯产业贡献排行榜的第二。下面各项源于它的现金流量表。给下面各项配对，经营活动填O，投资活动填I，融资活动填F。如果是现金流出，字母加上圆括号，现金流入则不加。

　　____ 1. 支付给供应商和职工的现金
　　____ 2. 从顾客收到的现金
　　____ 3. 长期贷款得到的现金
　　____ 4. 发行股票获得的现金
　　____ 5. 购买设备支付的现金

E1-12　给现金流量表的科目和企业活动分类配对

可口可乐公司（Coca Cola）是世界上不含酒精的饮料和果汁的重要制造商和销售商，有300多个饮料种类。给下面各项配对，经营活动填O、投资活动填I、融资活动填F。如果是现金流出，字母加上圆括号，现金流入则不加。

　　____ 1. 购买设备和其他生产性资产
　　____ 2. 从顾客收取的现金
　　____ 3. 发行股票获得的现金

____ 4. 支付给供应商和职工的现金
____ 5. 用于支付应付票据的现金
____ 6. 出售设备获得的现金

辅导题

CP1-1　编制利润表、留存收益表和资产负债表

假设你是核(Nuclear)公司的老板。在第一个经营年度的年末(2009年12月31日)，公司的财务数据如下：

现金	$12 000
应收账款	59 500
物料	8 000
设备	36 000
应付账款	30 297
应付票据	1 470
总销售收入	88 000
营业费用	57 200
其他费用	8 850
投入资本,发行7 000股	61 983
2009年分配和支付的股利	200

要求：(给出计算过程)

1. 编制2009年的利润表。

提示：先给每个科目分类,分成资产、负债、所有者权益、收入和费用。然后用本章中给出的格式进行利润表的编制。

2. 编制截至2009年12月31日的留存收益表。

提示：由于这是第一个经营年度,留存收益的期初余额为零。

3. 编制2009年12月31日的资产负债表。

提示：资产负债表中的期末留存收益来自于留存收益表上的期末余额。

CP1-2　理解财务报表

参考 CP1-1

要求：

1. 评估这个公司是否盈利。
2. 评估这个公司是否本来应该发放更多的股利。
3. 评价这个公司融资是主要通过债权人还是股东。
4. 确定现金流量表中增加或减少的现金流量。

A 组问题

PA1-1 编制利润表、留存收益表和资产负债表

假设你是高能(High Power)公司的老板,在第一个经营年度的年末(2008 年 12 月 31 日),公司的财务数据如下:

现金	$13 300
应收账款	9 550
物料	5 000
设备	86 000
应付账款	32 087
应付票据	1 160
总销售收入	91 000
营业费用	58 700
其他费用	8 850
投入资本,发行 5 000 股	59 103
2008 年分配和支付的股利	1 950

要求:(给出计算过程)
1. 编制 2008 年的利润表。
2. 编制截至 2008 年 12 月 31 日的留存收益表。
3. 编制 2008 年 12 月 31 日的资产负债表。

PA1-2 理解财务报表

参考 PA1-1

要求:
1. 评估这个公司是否盈利。
2. 评估这个公司是否能发放更多的股利。
3. 评价这个公司融资是主要通过债权人还是股东。
4. 确定现金流量表中增加或减少的现金流量。

B 组问题

PB1-1 编制利润表和资产负债表

假设你是 APEC 航空公司的老板。在第一个经营年度的年末(2009 年 12 月 31 日),公司的财务数据如下:

现金	$13 900
应收账款	9 500
物料	9 000
设备	86 000
应付账款	30 277
应付票据	1 220
总销售收入	94 000
营业费用	60 000
其他费用	8 850
投入资本,发行 5 000 股	62 853
2009 年分配和支付的股利	1 100

要求:(给出计算过程)
1. 编制 2009 年的利润表。
2. 编制截至 2009 年 12 月 31 日的留存收益表。
3. 编制 2009 年 12 月 31 日的资产负债表。

PB1-2　理解财务报表

参考 PB1-1

要求:
1. 评估这个公司是否盈利。
2. 评估这个公司是否能发放更多的股利。
3. 评价这个公司融资是主要通过债权人还是股东。
4. 确定现金流量表中增加或减少的现金流量。

技能拓展训练

S1-1　搜索财务信息

参考兰德里餐饮公司的财务报表,可在网址 www.mhhe.com/phillips2e 的案例章节中下载年度报表。

要求:
1. 2005 年的净收益是多少?
2. 2005 年的收入是多少?
3. 2005 年年末公司拥有的不动产和设备是多少?
4. 2005 年年末兰德里公司有多少现金?

5. 兰德里公司在纽约证券市场上的股票代码为 LNY。这意味着兰德里公司是什么类型的公司?

S1-2　比较财务信息

参考澳拜客牛排坊 2005 年 12 月 31 日的财务报表,可在网站 www.mhhe.com/phillips2e 上的案例章节中下载 2005 年年度报表。

要求:

1. 澳拜客牛排坊 2005 年的净收益比兰德里公司多还是少?
2. 澳拜客牛排坊 2005 年的收入比兰德里公司多还是少?
3. 澳拜客牛排坊 2005 年年末的不动产和固定设备比兰德里公司多还是少?
4. 澳拜客牛排坊 2005 年年末的现金比兰德里公司多还是少?
5. 澳拜客牛排坊与兰德里公司的组织类型是否一样?
6. 从总体看,在 2005 年澳拜客牛排坊和兰德里公司的经营哪个更成功?

S1-3　基于互联网的小组研究:检查年报

组成一个小组,选择一个企业进行研究。路透社(Reuters)提供企业信息的网址为 www.investor.reuters.com/Industries.aspx。每个小组成员应该有一份上市公司的年报,且每个人选择的公司不同。除了公司自己的网站,SEC 的"电子数据收集、分析与修复"(EDGAR)服务中还有大量资源。这些免费资源只要进入网站 www.sec.gov 的"Filings & Forms"部分,*"Search for Company Filings"和"Companies & Other Filers"即可。另一个发布 EDGAR 信息的网址是 edgarscan.pwcglobal.com

要求:

1. 以个人为单位,每个小组成员需要根据下列信息写一个简短的报告:
   a. 该企业的组织类型是什么?
   b. 它销售的产品或服务是什么?
   c. 财政年度的年末日期是哪一天?
   d. 完整的资产负债表编制了多少年?利润表和现金流量表呢?
   e. 公司的财务报表有没有给独立审计师审计?如果有,是谁?
   f. 公司的总资产相比去年是增加还是减少了?
   g. 公司的净收益相比去年是增加还是减少了?
2. 以小组为单位,写一个简短的报告,根据这些特征比较和对照你们的公司。讨论公司的类型。给你所发现的差异提供可能的解释和说明。

S1-4　道德决策:真实案例

在 2005 年 6 月,约翰·里格斯(John Rigas),80 岁的阿德菲亚公司(Adelphia Communications)的创始人和前首席执行官,因欺骗投资者和债权人被判 15 年刑狱并且罚款十亿多美元。他的儿子,前财务总监被判 20 年刑狱。想了解这个事件,首先你需要简单了解一下阿德菲亚的历史。阿德菲亚公司成立于 1952 年,在欺诈案公开前,已经成长为全国六大有线电视提供者之一的大公司。公司起初是家族企业,阿德菲亚的经营一直是里格斯家族生活的一部分。但是,他们私人生活与公司的经营活动总是混淆在一起,不对股东公开——至少,不像在 2002 年 8 月 12 日的《财富》报道那样清晰。在下面的问题中,我们从文章截取了一个表,总结了里格斯家族所公告的阿德菲亚公司的 12 亿美元——最终属于公司股东的钱——的用途。

1. 里格斯家族被指控违反的会计概念是什么？
2. 从下表所给出的信息中，你能说出该家族哪个活动是明显不恰当的，哪个是恰当的呢？
3. 作为股东，你如何能确定这种行为是在你不知情的情况下发生的？
4. 除了阿德菲亚的股东之外，还有谁会因为里格斯家族所犯下的罪行而受害？

	家族资产	
	里格斯家族使用阿德菲亚股东资金的某些方式	
收款方	实体背后是谁	金额
Dobaire Designs	阿德菲亚支付多丽丝·里格斯（约翰的妻子）名下的这家公司的设计费	$371 000
Wending Creek Farms	阿德菲亚支付约翰·里格斯的农场草坪除草费	2 000 000
SongCatcher Films	阿德菲亚资助艾伦·里格斯（约翰的女儿）拍摄电影	3 000 000
Eleni Interiors	公司向多丽丝·里格斯经营、约翰所有的一家家具店付款	12 000 000
The Golf Club	阿德菲亚开始经营一家豪华高尔夫俱乐部	13 000 000
Wending Creek 3 656	公司购买木材权，最终为里格斯家族的合伙权	26 000 000
Praxis Capital Ventures	阿德菲亚成立的风险资本公司，由艾伦·里格斯的丈夫经营	65 000 000
Niagara Frontier Hockey LP	阿德菲亚签署购买 Buffalo Sabres 曲棍球队	150 000 000
Highland 1 000	阿德菲亚担保里格斯家族合伙人用于购买股票的贷款	1 000 000 000
合计		1 271 371 000

S1-5 道德决策：小案例

你是拥有和经营玛丽少女（Mary's Maid）服务公司的三个合伙人中的一位。公司经营了 7 年。另一个合伙人负责编制公司的年度财务报表。最近，你建议每年审计一次财务报表，因为对合伙人有好处，并可以防止利润分配的不统一。编制报表的合伙人建议由他有财务经验的叔叔来做这个工作，这样成本较低。另一位合伙人没有发表意见。

要求：

1. 对于这个建议，你的立场是什么？给出你的回答。
2. 你的建议是什么？给出你建议的原因。

S1-6 判断性思考：编制资产负债表和利润表

在 9 月 30 日，阿什里（Ashley）和杰森（Jason）开始争论谁更富有。杰森说他更富有，因为他拥有去年花 350 美元购买的"游乐场"牌电视机。阿什里说她更富有，因为她有 1 000 美元和两年前花 800 美元购买的"75 野马"（Mustang）车。杰森算出阿什里还欠他车钱 250 美元，并且他爸爸允诺如果他的会计课学得好就给他买辆保时捷跑车（Porsche）。杰森说他银行账户中目前有 6 000 美元，因为他刚收到 4 800 美元的学生贷款。阿什里知道杰森这个学期的学费还欠 800 美元的分期付款。

阿什里和杰森在11月初又碰面了。他们向对方问候。阿什里说她比杰森更成功了。她找到了兼职，每个月可以获得500美元的收入。杰森取笑阿什里，因为他在10月购买彩票已经获得了950美元，并且只是排了几分钟的队就买到了。他刚好需要那笔钱来支付每个月450美元的房租。阿什里每个月需支付120美元房租费。阿什里和杰森每个月都有正常的生活支出为300美元。

1. 编制一个财务报告，比较在9月30日那天，阿什里和杰森各自的资产和负债。写下在编制你的报告时你需要做的任何决定。

2. 在书面报告中，确定并证明哪个人更富有。如果你是个债权人，你更愿意借钱给谁？

3. 编制一个报告，比较在10月阿什里和杰森各自获得的收入。写下在编制你的报告时你需要做的任何决定。

4. 在书面报告中，确定并证明哪个人更富有。如果你是个债权人，要给其中一个人三年期的贷款，你更愿意借钱给谁？

S1-7　编制利润表和资产负债表

电子艺术(Electronic Arts)是世界上主要的为个人电脑和由索尼公司(Sony)、任天堂公司(Nintendo)以及微软制造的先进的娱乐系统生产和发行交互式娱乐软件的公司。假设该公司要修改其列示财务报表的方式，并且会计部门的主计长要你来做一个电子工作表，以便于他们能够按照财务报表的标准形式使用。主计长提供了按照字母顺序排列的报表类型和科目名称(如下)，以及9月30日的相关的余额(以百万为单位)。她要求你使用电子数据表来做两个工作单，来把账户组织成一个正确的格式化的资产负债表和利润表，并用等式算出下面用问号标出的数额。

应付账款	$171	负债		收入	
应收账款	328	净收益	?	销售收入	675
资产		应付票据	12	销售费用	223
现金	2 412	其他资产	283	所有者权益	
投入资本	986	其他费用	1	总资产	?
销售成本	284	其他负债	587	总费用	?
费用		晋职费用	107		
总负债	?				
所得税	9	财产和设备	364	总负债和所有者权益	?
存货	367	留存收益	1 998	总所有者权益	?

由于不知道该从何下手，你给你的朋友欧文(Owen)写了封电子邮件，询问他该如何使用电子数据表。欧文是典型的A型人格，因此他给出了非常详尽的回复，见下文。

要求：

根据欧文的建议建立资产负债表和利润表，每个报表为独立的数据表，文件名为meEA.xls。文件名的me指你本人。

来自：Owentheaccountant@yahoo.com

至：Helpme@hotmail.com

抄送：

主题：Excel 帮助

嗨，帕尔，很长时间没有聊天了。这里是创建的工作表，附有截图。如果你还需要什么，告诉我，我会给你递交一个相应的示例。

1. 打开 Excel 新建一个工作表文件。你只需要两个表单，所以删除第三个表，单击图表 3 标号，在工作单的底部的下拉目录中选择"编辑/删除表"。完成之后，重命名表 1 和 2 为资产负债表和利润表，双击表标号，输入新的名称。

2. 编制你的报告。第一行为空白，第二行输入账户名称和标题，第三行输入账户名相对应的数据或总和。如果你想要把格式运用于所有表，在表单底部单击右键，选择所有表，然后单击表顶部的 A 改变第一行的宽度，单击格式/列/宽度……在下拉目录中，并选择宽度为 2。对 B, C 表重复该步骤，分别设为 50 和 15。

3. 在单元格 B1 中输入公司的名称，B2 中输入报表名称，B3 中输入日期。合并单元格以使标题出现在一栏中，选择单元格合并，单击格式/单元格，选择合并。在 B6 中输入 C 栏的数据。如果你想要把格式运用于所有表，选在下拉栏中格式/单元格……单击恰当的选择。

4. 运用公式计算总和，先在表中输入等号，要用单元格 C13 减去 C16，输入 =C16-C13；要加总一系列数据，从 C7 到 C11，等式为 =SUM(C7：C11)，如下所示。

5. 在输入所有数据并加总之后，确定保存文件。单击文件/保存文件，输入文件名。

6. 如果你想要打印该工作表，最好标出你需要打印的，单击文件/打印，选择对话框中的部分。

7. 努力吧，会计大师！

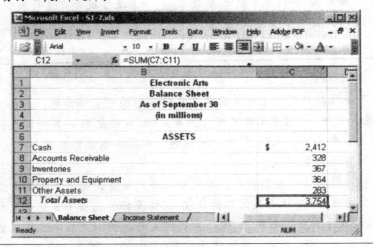

第2章 在资产负债表中报告投资和融资结果

学习目标

了解企业

学习目标1　解释并选择一般的资产负债表账户名

学习会计方法

学习目标2　对企业交易活动进行分析

学习目标3　使用日记账和T形账户来说明企业的交易是如何影响资产负债表的

学习目标4　编制分类资产负债表

评估结果

学习目标5　解释确认一个科目是否应该在资产负债表报告并报告多少的概念

本章复习

前章回顾

在前面一章中,你已经了解了四种主要的财务报表:资产负债表、利润表、留存收益表和现金流量表。

本章重点

本章的重点是资产负债表以及生成资产负债表的会计系统。

你是不是要花好几个小时来搜寻几周前收到的电子邮件呢?你的文件名是不是类似于"最后的文件"一样毫无意义呢?如果是,你应该使用一个组织系统来对邮件和文件进行分类。有了这个系统,你可以更快地找到关于魔术师和鹦鹉的笑话,或者是明天要交的市场营销作业。

企业也需要系统来组织信息。想想如果联邦快递没有一个系统来追踪500万个包裹和处理公司每天8 800万美元的销售收入,以及评估花费108亿美元所购买的飞机和其他设备,会发生什么?很明显,大公司需要完善的组织系统来追踪其企业活动和财务结果。小企业也一样,就像当地的快速剪发(Supercut)商店一样。在本章中,我们将着重于介绍企业管理者在经营一个像快速剪发的小沙龙时所做的决策,以及会计系统是如何记录沙龙的投资和融资活动的财务结果的。在后面的章节中,你将会了解这些基本上都是相同的,除了在更大的如瑞吉斯公司——包含2 000多个Supercut商店和9 000多个其他美发沙龙的上市公司。瑞吉斯拥有这么多商店,在美国是主要的美发企业,每年能产生530亿美元的收入和365 000吨剪掉的头发。

你可能记得我们前面所提到过的,在第2章和第4章,你将有机会了解具体的财务账户的细节。现在你有机会了。本章开始,我们来看看企业是如何把经营活动纳入资产负债表的资产、负债和所有者权益账户的。在你熟悉了这些之后,你将会学习有关编制财务报告的会计循环。最后我们介绍的是资产负债表说明的信息和忽略的信息,并给出一些复习和练习材料。本章主要的任务见下表。注意,重点是资产负债表,有关利润表的讨论见第3章和第4章。

本 章 结 构

了解企业

企业活动和资产负债表账户

学习目标 1
解释并选择一般的资产负债表账户名。

首先我们来复习一下经营一个企业需要什么,比如快速剪发(Supercut)美发沙龙。首先,你需要**一些融资**——企业通过贷款或所有者的投资而获得的资金。大多数小企业是由所有者个人或朋友投资而获得资金。投资后,你需要选址。由于美发沙龙是为了给顾客便利,你需要寻找在大规模的购物中心附近的地方,靠近食品连锁店或大众商店。这可以确保你的沙龙店能吸引更多的有目的地的顾客,如想要去食品店、影像店的人,且到美容店不需要开车就能到。而购物中心就恰恰符合这些条件。

选好地址之后,你需要**投资**购买资产,这是你需要使用很多年的资产。首先你要安装设备,如沙龙凳和沙龙店的香波台,还有标准的快速剪发设计。一般需要四至六周,成本4.2万美元。你还需要花1.8万美元购买其他的设备。这看上去需要花很多钱,但是下次你剪头发的时候,看看你的沙龙中所有的东西,你还需要一个接待台、照明设备、样式凳子、香波架、电脑、镜子、剪刀、理发刀、剃刀、吹风机。

但是等等,你已经拥有了 5 万美元,你所有的将用于开店的只有这些。为了融资到所有需要的资金,你还需要从银行贷款。银行答应借款 2 万美元给公司购买设备、香波和发卷。

从上面描述和第 1 章的内容,想象一下快速剪发商店的资产负债表为什么样。盖住图表 2.1,花 10 秒钟想一下你的资产负债表应该是怎样的。想好之后,与图表 2.1 相比较。

图表 2.1　资产负债表

快速剪发 资产负债表 2008 年 8 月 31 日		快速剪发
		谁:公司的名称
		什么:财务报表的名称
		什么时候:报告日期
资产		
现金	$10 000	公司在银行账户的现金
物料	630	香波和使用的其他一些物料
设备	60 000	购买的设备成本
资产合计	$70 630	= $10 000 + 630 + 60 000
负债和所有者权益		
负债		
应付账款	$630	欠供应商的款项
应付票据	20 000	欠银行的贷款(正式票据)
所有者权益		
投入资本	50 000	股东投入的资本
留存收益	0	尚未开业,所以没有收益
负债和所有者权益合计	$70 630	= $630 + 20 000 + 50 000 + 0

你的表是怎么做的呢?这个阶段最重要的事情是了解资产、负债和所有者权益的账户。资产负债表记录的资产,是按它们的使用期长短或转化为现金的快慢来排列的。另一个需要注意的是所有的资产都有三个特点:

> **你应该知道**
> **资产**是企业所拥有的、能给企业带来未来收益的资源。
> **负债**是企业的债务。
> **所有者权益**是股东投入和再投入到公司的资金

(1) 能给公司带来长期的经济利益。
(2) 公司能获得这些利益并控制他人对这些资产的使用。
(3) 利益产生于过去购买的资产。

这些特点对于图表 2.1 中的现金非常明显,不过也适用于其他的资产,因为(1) 原料和设备都能为美发提供服务,并让顾客为之付费;(2) 这些资产只有快速剪发能使用;(3) 这些资产是快速剪发过去购买的。

在图表 2.1 的资产负债表的底端有三点需要注意:第一,**负债**是按照偿还的快慢而排列的;第二,所有的负债的共同特点是它们是不可回避的责任,要求未来资源的减少,由过去的交易活动产生;第三,**所有者权益**包括两个账户,投入资本是股东投入到公司的资本,留存收益是公司在资产负债表截止日期所留存下的总收益。在我们的快速剪发案例中,这个账户余额为零,因为商店还没有对顾客开放营业,所以一开始没有留存收益。

如果你所想到的账户名和图表2.1中的不一样,不用感到奇怪。只要它们的意思是一样的并且正确归入资产、负债和所有者权益就没关系。在实际财务报告中,通常所用的账户名也可能因公司而异。在不同的公司,你可能发现银行贷款的账户称为应付票据、应付贷款或只是长期负债。这些在大公司的财务报表中的名称是几个详细账户的集合。例如,瑞吉斯公司——拥有许多快速剪发商店的公司——分别记录土地、房屋和设备账户,但是把它们归为一个总的资产账户称为不动产和设备。

如果可以的话,在选择账户名时公司会试图使用已经存在的账户名,或者提出一个能够描述企业活动的账户。一旦选择了一个账户名,会有一个参考编码,并且适用于企业所有和该账户有关的活动。尽管公司乐于使用相同的账户名,选定的会计编码因为每个公司特定的会计体系不同而有差别。为了保证报表结果的一致性,每个公司都必须对账户名和账户编码进行汇总,称为**会计科目表**。图表2.2给出了一个公司的简例,斜体的账户为本章的账户,其他的为后面章节的账户。

> **你应该知道**
> 会计科目表是会计系统中用以记录财务结果的账户名和相应编码的汇总。

图表2.2 账户的样表(仅为资产负债表账户)

账户名	描述
资产	
现金	包括银行的现金和手头的现金
应收账款	顾客因赊账购买而欠企业的款项
应收利息	他人欠企业的利息
存货	用于销售的商品
原料	用于制造商品或提供服务的物品
预付费用	租金、保险费和其他一些提前支付的费用
应收票据	以正式票据借给他人的款项
土地	企业占用土地的成本
房屋	企业用于经营所用的房屋成本
设备	企业用于生产商品或提供服务所用的设备成本
无形资产	商标、品牌、商誉和其他没有实体的资产
负债	
应付账款	应付给供应商,由于赊账购买商品或服务的款项
应付工资	应付给职工的工资薪金和奖金
应计负债	已发生但未支付的费用,如广告费、办公费、利息等
预收款项	顾客预先支付的用于购买商品和服务的收入
应付票据	从债权人的借款,签署正式票据
应付债券	从债权人的借款,涉及债券的发行
其他负债	各种小额的负债
所有者权益	
投入资本	发行股票获得的现金(或其他财产)
留存收益	未作为股利发放的累积收益

现在你对资产负债表的一些关键部分已有所了解,可以学习编制报表的系统会计过程了。

学习会计方法

会计循环

> **学习目标 2**
> 对企业交易活动进行分析。

为了确保财务报表,如资产负债表,记录了公司经营活动的所有财务结果,需要采用一个系统的会计过程。这个过程称为会计循环,包括三个主要步骤:

在我们了解这三个步骤之前,我们要提醒你的是学习会计循环是本章的关键部分,对理解剩余的课程非常关键。所以,慢慢阅读下面的章节。

第一步:分析

会计交易 这一步骤的目标是确定你公司的企业活动对资产、负债和所有者权益的财务影响。如果一个企业活动影响了任一个类型的账户,并且是可以用货币衡量的影响,它就称为**交易**。交易是非常重要的,因为它们是需要记录(第 2 步)和总结(第 3 步)的活动。对公司没有直接或可衡量的财务影响的企业活动不需要记录在会计体系中。例如,有人在快速剪发接电话或传真一份文件给银行,对财务没有什么直接影响,所以该活动不需要记录。像剪发和购买吹风机这种对财务有直接影响的活动,就是交易并需要记录下来。

> **你应该知道**
> **交易**对企业的资产、负债或所有者权益有直接和可衡量的财务影响。

怎样才能确定企业活动是不是会计交易呢?这两种类型的活动都是会计交易:

1. **外部交换**:指涉及资产、负债和/或所有者权益的公司之间和与他人的交换。当星巴克(Starbucks)卖给你一杯 Frappucino,这是你花钱换来的一杯冷饮,所以星巴克会把它记录在会计体系中。
2. **内部事件**:这些活动与企业外的其他人无关,而是发生在公司内部。例如,红牛公司把糖、水、牛磺酸和咖啡因等成分组合,制成红牛功能饮料。这个内部事件是项交易,因为它有直接的财务影响,使用了一些资产(糖料等),并创造出不同的资产(红牛功能饮料)。

提示:不是所有的外部交换和内部事件都是交易。如果一个交换或事务在发生时,对基本会计恒等式 S = L + SE 没有直接的财务影响,它就不是交易。例如,快速剪发订购未来将会收到原料,但是还没有发生资产或服务的交换;只有供应商的发货承诺以及快速剪发承诺收到货物后付款——只是承诺的交换,均不被认定是会计交易。同样的,当快速剪发把香波瓶子移到店面的后面,把箱子放在前面展示,这个内部事件没有财务影响,所以也不是会计交易。

交易分析 一旦确定了交易后,你需要仔细分析它的财务影响。在分析交易时,有两个简单的基本思想:

1. 双重影响:这是一个新的名称,但是内容很简单。每一个交易对基本会计恒等式至少有两个影响。要记住它,只需想想这个说法"付出和收获"或者"推和拉",或者如果你是一个科学家,"牛顿第三定律"。

2. A = L + SE。你已经知道了,对吧?那么,对于每笔会计业务,资产的金额一定会等于负债加上所有者权益。如果不等,那么你一定漏掉了什么,那你应该回到第一个概念(双重影响)。

让我们来举一些例子,来说明在分析交易的时候是如何运用这些思想的。假设快速剪发用现金从沙龙供应商公司宜托帕(Etopa)那儿购买了一个沙龙椅子。这是一笔在快速剪发和宜托帕之间发生的交易。运用双重影响概念,来看看快速剪发在这笔交易中"付出和收获"了什么:

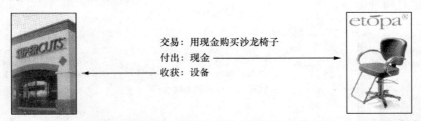

下一步就是确定这个"付出和收获"对会计等式的影响。在下面的方框中,注意该笔交易包括一项资产(现金)的减少,与另一项资产(设备)的增加相抵消。对于负债和所有者权益没有影响,所以会计恒等式还是保持平衡的。

资产	=	负债	+	所有者权益
⇩ 现金				
⇧ 设备	=	不变	+	不变

在上面的例子中,快速剪发在收到椅子之后就支付现金给了宜托帕。一般在一个公司从另一个公司购买商品或服务的时候,会赊账购买并承诺在晚些时候付款。在下

> **辅导员提示**
> 应付账款是对供应商付款的承诺。

面一个例子中,我们假设快速剪发又从宜托帕购买了一个沙龙椅子,并承诺在月底支付货款。在这个例子中,快速剪发要记录两项交易:(1)赊账购买资产,(2)最后的付款。第一项被认定为交易,是因为尽管快速剪发给出的是一个承诺,但这个交易并不仅仅是一个承诺而已。快速剪发确确实实收到了设备(也就是资产有增加)。快速剪发的付款承诺称为应付账款(也就是负债的增加)。

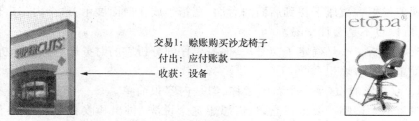

交易1：赊账购买沙龙椅子
付出：应付账款
收获：设备

注意这笔交易的 A = L + SE 见下方框：

资产	=	负债	+	所有者权益
（1）⇑设备	=	⇑应付账款	+	不变

让我们再来看一下第二部分的双重影响,快速剪发偿还(1)的货款。在这里,快速剪发失去的现金(资产的减少)并履行了它对宜托帕的承诺,减少了负债(应付账款)。这里也有两种影响：

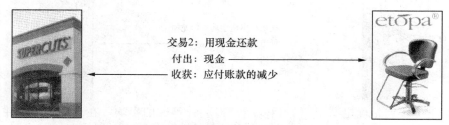

交易2：用现金还款
付出：现金
收获：应付账款的减少

现在,让我们来确定会计恒等式是否仍然平衡：

资产	=	负债	+	所有者权益
（2）⇓现金	=	⇓应付账款	+	不变

注意到,会计恒等式在两个交易之后仍然保持平衡。起初是资产的增加和相应负债的增加,然后,是资产的减少以及相应负债的减少。尽管你在本章还没有看到,但是你会有机会了解到所有者权益账户变化的交易,并且相关资产或负债账户也变化。

我们已经涉及了你在分析交易时需要知道的所有知识点,唯一缺少的是结果的数据。因为交易是以交换为前提,它们的财务结果是基于公司交换的费用。也就是所谓的**成本原则**,会计中的一个重要原则：资产和负债在记录时应当按照交易的成本计量。如果快速剪发购买沙龙椅子花了 600 美元,并在之后以 650 美元卖出,椅子记录的实际成本为 600 美元。

决策：分析交易的方法　你已经了解了会计循环的"分析"步骤。首先,你需要借助一些口诀来记住这个步骤,这里我们有一个小小的建议来帮助你记住企业活动的会

> **你应该知道**
>
> **成本原则**即在交易发生时,资产和负债应该以它们原始的价值记录在公司账户上。

计影响:DECIDE 口诀。记住这个口诀,可以帮助你尽快准确完成整个分析步骤:

发现交易(Detect transactions):只有存在交易才有下一步。

检查对账户的影响(Examine the accounts affected):给付出和收获各分配一个账户名。

把账户按照资产(A)、负债(L)和所有者权益(SE)进行分类(Classify each account)。

确定财务影响(Identify the financial effects):资产、负债和所有者权益增加还是减少,各多少?

最后确定会计恒等式的平衡(End with the effects on the basic accounting equation):确保 A = L + SE。

学习如何为企业交易活动做账最好的方法就是通过例子,那么让我们来使用 DECIDE 方法来分析一些在企业开始经营时有代表性的交易活动。假设下面的活动发生于八月份。

(a) 股权融资

在 8 月 1 日你开始经营快速剪发。公司以 5 万美元发行股票给你和你的合伙人,存入公司的银行账户中。

> **辅导员提示**
> 从企业而非所有者的角度分析交易。

发现交易	快速剪发收到现金,付出所有权(股权)。
检查账户	现金的账户名就是现金。所有者投入到公司的资本叫做投入资本。
账户分类	现金是资产账户(A),投入资本为所有者权益(SE)账户。
确定财务影响	现金(A) + $50 000 和投入资本(SE) + $50 000
最后 A = L + SE	

	资产	=	负债	+	所有者权益	
(a)	现金 +50 000	=			投入资本	+50 000

注意上面的表格,我们得出交易(a),以便日后需要时能够看到原始交易描述。你还需要在作业中加上标题(或者数字或者日期)作为参考。

(b) 投资设备

沙龙花费现金 4.2 万美元购买设备。

> **辅导员提示**
> 尽管我们在例子中使用的格式相同,但是每个例子的内容都不一样。不要跳过这一章节而到后来才重新回来看,因为这一章后面的内容都是以此为基础的。很多学生说,这一门课的所有内容中,交易分析是他们本来应该花更多时间来学习的一个知识点。

发现交易	快速剪发收到设备,付出现金。
检查账户	现金的账户名就是现金。设备的账户名一般叫设备。
账户分类	设备是资产账户(A),现金也是资产账户(A)。
确定财务影响	设备(A) + $42 000 和现金(A) − $42 000
最后 A = L + SE	

	资产	=	负债	+	所有者权益
(b)	现金 −42 000				
	设备 +42 000	=			不变

注意尽管交易(b)没有影响负债和所有者权益,会计恒等式依然平衡,因为一项资产(现金)减少,同时另一项资产(设备)增加而相互抵消。

(c) 向债权人融资

公司从银行贷款 2 万美元,存入银行账户并签署正式的两年期协定。

> **辅导员提示**
>
> 应付票据类似于应付账款,但是它们(a)收取利息,(b)偿还期间可大于一年,并且(c)采用正式的文件,称为票据。

发现交易	快速剪发收到现金,付出正式的偿还承诺(称为票据)。
检查账户	现金的账户名就是现金。正式的偿还承诺称为应付票据。
账户分类	现金是资产账户(A),应付票据为负债产账户(L)
确定财务影响	现金(A) + $20 000 和应付票据(L) + $20 000
最后 A = L + SE	

	资产	=	负债	+	所有者权益
(c)	现金　+20 000	=	应付票据　+20 000		

(d) 投资设备

沙龙购买其他设备花费 1.8 万美元,先支付了 1.6 万美元现金,并承诺在月底支付剩下的 2 000 美元。

发现交易	快速剪发收到设备,付出现金和偿还承诺。
检查账户	设备的账户名为设备,现金的账户名为现金。偿还承诺称为应付账款。
账户分类	设备和现金是资产账户(A),应付账款为负债账户(L)
确定财务影响	设备(A) + $18 000,现金(A) - $16 000,和应付账款(L) +2 000
最后 A = L + SE	

	资产	=	负债	+	所有者权益
(d)	现金　-16 000 设备　+18 000	=	应付账款　+2 000		

如果碰到你不知道如何分析的交易,先放下,不要试图马上解决它,先看看它收到了什么,这一步很关键,你可能会发现它的难点在于收到的不止一个科目。在你确定了收到的东西之后,再来看看付出了什么。你又可能发现,在交易(d)中,不止一个科目。同样,慢慢检查最后一步的等式平衡,因为这可以确保你是否发现了所有的可能影响会计等式的账目。

(e) 订货

沙龙订购了 800 美元的香波和其他经营物品,还没有收到货物。

发现交易	这不是一笔交易。快速剪发还没有收到物品只是一个承诺。

(f) 支付供应商

公司支付了交易(d)中的 2 000 美元给设备供应商。

第 2 章 在资产负债表中报告投资和融资结果

发现交易	快速剪发履行了之前的承诺,偿还现金。
检查账户	非正式的承诺偿还称为应付账款,现金的账户名为现金。
账户分类	现金是资产账户(A),应付账款为负债账户(L)
确定财务影响	应付账款(L) – 2 000 并且现金(A) – 2 000
最后 A = L + SE	

	资产	=	负债	+	所有者权益
(f)	现金　–2 000	=	应付账款　–2 000		

(g) 收到货物

公司收到630美元在(e)中订购的货物,并承诺在下个月支付货款。

发现交易	快速剪发收到了货物并承诺支付。
检查账户	物品的账户名为原料,承诺支付的账户名为应付账款。
账户分类	原料是资产账户(A),应付账款为负债账户(L)
确定财务影响	原料(A) + $630 并且应付账款(L) +630。
最后 A = L + SE	

	资产	=	负债	+	所有者权益
(g)	原料　+630	=	应付账款　+630		

正如我们所说的,学习会计的最好方法就是做练习,那么来做做下面的小测试吧(完成之前不要看答案)。

▲ 会发生什么?

自 我 测 试

完成下面这个交易分析步骤,填写空格中的内容,然后核对你的答案。

5月1日:耐克公司(Nike)购买设备花费50万美元,支付了20万美元的现金,并签署了一个正式的票据,在三年内偿还剩余账款。

发现交易	耐克收到 _____ 付出 _____ 并承诺付款。
检查账户	设备的账户名为设备,现金的账户名为现金,正式承诺支付的账户名为应付 _____。
账户分类	设备和现金是 _____ ,应付 _____ 为负债账户(L)
确定财务影响	设备(A) + $500 000,现金(A) – $200 000 并且 _____。
最后 A = L + SE	

	资产	=	负债	+	所有者权益
5月1日	现金 _____	=	应付票据 _____		
	设备 _____				

自测答案

　　发现交易:设备,现金
　　检查账户:票据
　　账户分类:资产(A),票据
　　确定数字:应付票据(L) + 300 000
　　最后: – 200 000 + 300 000 + 500 000

第二步和第三步：记录和总结

在前面的小节中，你了解的是会计人员在分析一个公司的经营业务时的分析步骤，会计循环的第一个步骤最后是理解每笔交易对资产、负债和所有者权益的财务影响。会计循环的下面两个步骤包括记录并对这些财务影响总结，以便会计报告（如资产负债表）的正确编制和评估。

记录和总结会计交易的财务影响的一个办法是，编制一个类似于第 54 页图表 2.3 的工作表。工作表记录了每笔交易根据 DECIDE 分析步骤得出的财务结果，并在相关账户从月初余额中增加或减少相关数据。尽管这个方法有效，你可以想象一下，对于瑞吉斯这样的大公司是很不实际的，它每个月要记录多达 800 万个客户和 55 000 多个职工的相关交易。除了编制这种可能比 3 个足球场还要大的工作表，我们有一种更可行的办法来记录和总结业务。

图表 2.3　使用工作表来记录和总结业务

	A	B	C	D	E	F	G	H	I	J
1			资产			=	负债		+	所有者权益
2			现金	原料	设备		应付账款	应付票据		投入资本
3	初始余额		0	0	0	=	0	0		0
4		(a)	50,000			=				50,000
5		(b)	-42,000	42,000		=				
6		(c)	20,000			=		20,000		
7		(d)	-16,000		18,000	=	2,000			
8		(f)	-2,000			=	-2,000			
9		(g)		630		=	630			
10	期末余额		10,000	630	60,000	=	630	20,000	+	50,000

企业采用的记录和总结系统与学生的课堂笔记以及为考试的准备非常类似。日复一日，学生去上课，做笔记，去上课，做笔记。你做笔记的原因是记录今天发生的，有点像学术日记或日志。在准备考试的时候，你把笔记复制并进行总结。会计循环的道理也是一样。每天发生的交易的财务结果被记录在**日记账**中，然后这些日记账总结到**分类账**中，来记录对每一单个账户（如现金、原料和应付账款）的影响。要使得这个步骤有效，日记账和分类账采用的基本结构应相同，我们在下一节中对此进行讨论。

> **你应该知道**
>
> **日记账**是用来记录每日的交易结果，以日期为准。
>
> **分类账**是用来总计日记账对每个账户的影响，以账户为准。

借贷结构

学习目标 3
使用日记账和 T 形账来说明企业的交易是如何影响资产负债表的。

用于日记账和分类账的框架结构创建于 500 年前,现在仍然是会计体系的一部分。尽管现在电脑已经能够完成很多会计工作,包括日记账和分类账,大多数电算化系统仍然要求你了解会计记录是如何运作的。为了了解这个结构,想象会计恒等式 A = L + SE 就像一台老式天平,资产——像现金和原料——放在左边,负债和所有者权益放在右边。同样,每个账户都有两边,一边增加,另一边减少,如图表 2.4 所示。

图表 2.4 借贷结构

资产		=	负债		+	所有者权益	
+ 资产 −			− 负债 +			− 所有者权益 +	
借方	贷方		借方	贷方		借方	贷方
增加	减少		减少	增加		减少	增加

图表 2.4 阐释的两条重要规则如下:

1. 由于会计等式 A = L + SE,账户两边同时增加。会计等式的左边的借方增加,同时会计等式的右边的贷方增加。所以:
- 资产账户的借方为增加。
- 负债账户的贷方为增加。
- 所有者权益账户的贷方为增加。
- 相应的反方为减少,见图表 2.4。

2. 左边是借方(dr),右边是贷方(cr)。缩写"借"(dr)、"贷"(cr)来自拉丁文,现在的意思是左和右。当结合账户的增加和减少时,还有下面的规则:
- 资产的增加在借方(负债和所有者权益的减少在借方);
- 负债和所有者权益的增加在贷方(资产的减少在贷方)。

> **你应该知道**
> 借是指一个账户的左边,或者是把数据记在一个账户的左边。
> 贷是指一个账户的右边,或者是把数据记在一个账户的右边。

会计人员并不是捏造出这个借贷结构来迷惑你的。这种复式记录制度的目的是核对会计数字的准确性。除了要求 A = L + SE,复式记录制度还要求借方等于贷方。如果任一个关系不等,那么你就知道出错了并需要纠正。

第一步:分析交易

借贷结构在这一步没有改变。继续采用 DECIDE 方法来确定交易的财务结果,这是你在第二步记录前需要确定的。

第二步:记录分录

交易的财务结果以借等于贷的形式记入分录,如图表 2.5 所示。观察**分录**,注意以下几点:

> **你应该知道**
> **分录**是以借贷平衡的形式记录每日交易的。

图表 2.5　正式的日记账页面

日记账				Page G1
日期	账户名称和说明	参考号	借	贷
2008				
8.1	现金		50 000	
	投入资本			50 000
	（股东融资）			
8.2	设备		42 000	
	现金			42 000
	（使用现金购买设备）			
8.5	设备		18 000	
	现金			16 000
	应付账款			2 000
	（现金和赊账购买设备）			

- 每笔交易都有日期。
- 借在上面,贷在借的右下面(数字和字)。借贷的数字顺序没有关系,只要每笔交易的借在上方,贷在下面。
- 每笔交易的借方总和等于贷方总和(如,见 8 月 5 日的交易, $18\,000 = $16\,000 + $2\,000$)。
- 不需要使用货币符号,因为分录本来就是财务结果的记录。
- 参考号在后面(第三步)会使用,是当分录已经在分类账中总结时使用的。
- 在借贷下面需要对交易作简要的说明。
- 说明下面的横线在写下一笔分录之前先空着。

我们会对分录进行一些调整,使它更加正式,对你学习记录分录的重点也更加简单。8 月 5 日的分录应该表达为:

　　（d）借：设备（＋A）　　　　　　　　　　　　　　　　　　　18 000
　　　　　贷：现金（－A）　　　　　　　　　　　　　　　　　　　16 000
　　　　　　　应付账款（＋L）　　　　　　　　　　　　　　　　　 2 000

简化格式与正式格式的分录之间的主要差别是:

- 在给定日期时,给每笔交易一个参考号,如(d),来识别该交易。
- 省略参考号和说明,以使分录更简单。
- 对每个科目说明是借还是贷。这可以帮助你巩固图表 2.4 的借贷结构。同时,在分录不是很清楚(有时是手写的)时,能帮助你更好地理解分录。
- 每个账户名称旁边标上正确的账户类型(A,L 或 SE)和方向(＋或－),能清楚地说明交易对每个账户的影响。同时,它可以巩固借贷结构,帮助你确定会计等式的余额是否平衡。

第三步:分类账总结

分录反映了交易的影响,但是没有说明每个账户的余额。这就是我们需要分类账的原因。在记录了分录(第二步)之后,它们的数额复制(登)到各个分类账户,这样就可以计算每个账户的余额了。在大多数电算化系统中,这会自动生成。在布置的作业中,你需要自己来做,所以图表 2.6 使用了 8 月 5 日的分录来告诉你怎样做。如果提供了科目编号,在分录的参考号一栏中写下编号,以及分类账参考号一栏写下日记账的页码,以表明分录已经登在分类账中。

图表 2.6　从分录到分类账

	日记账			Page G1
日期	账户名称和说明	参考号	借	贷
2008				
8.5	设备	205	**18 000**	
	现金	101		**16 000**
	应付账款	301		**2 000**
	(现金和赊账购买设备)			

		分类账			Acct. 101
			现金		
日期	说明	参考号	借	贷	余额
2008					
8.1		G1	50 000		50 000
8.2		G1		42 000	8 000
8.3		G1	20 000		28 000
8.5		G1		**16 000**	12 000

		分类账			Acct. 205
			设备		
日期	说明	参考号	借	贷	余额
2008					
8.2		G1	42 000		42 000
8.5		G1	**18 000**		60 000

		分类账			Acct. 301
			应付账款		
日期	说明	参考号	借	贷	余额
2008					
8.5		G1		**2 000**	2 000

同前面的分录一样,我们将采用简单的分类账模式,以便更好地突出其主要特点。分类账的简易形式称为 T 形账。比较图表 2.7 的 T 形账中的现金和图表 2.6 的应付账款分类账。注意 T 形账只包括账户的借贷栏。为了提醒你借贷的影响,现金 T 形账的

> **你应该知道**
>
> T 形账户是分类账的简化形式,用来对分录进行总结。

图表 2.7　T 形账：分类账的简易形式

借 +	现金（A）	贷 −		借 −	应付账款（L）	贷 +	
起初	0				0	期初	
（a）	50 000	42 000	（b）		2 000	（d）	
（c）	20 000	16 000	（d）	（f） 2 000	630	（g）	
		2 000	（f）		630	期末	
期末	10 000						

标题栏说明了现金在左边的增加和右边的减少。而应付账款 T 形账的右边是增加，左边是减少，因为它是负债账户（如果你忘记了为什么要这样做，回去看看 54 页的图表 2.4）。

在图表 2.7 中，注意以下几点：

- 每一个账户都有一个期初余额，通常在它增加和总结的一方。对于资产负债表的账户，前一期的期末余额就是当期的期初余额。因为快速剪发沙龙是一个新公司，所以这个例子中的每个账户的期初余额都为零。
- 不需要货币符号。
- 每个数字都有一个与分录相关的参考号，如果原始交易出错，就便于返回查询。
- 要求出期末余额，把 T 形账表达为等式：

	现金	应付账款
期初余额	$0	$0
加上："+"一边	+50 000	+2 000
	+20 000	+630
减去："−"一边	−42 000	−2 000
	−16 000	
	−2 000	
期末余额	$10 000	$630

要知道如何用 T 形账户来帮助你解决关于账户中遗漏的数据的作业。

- 期末余额下有双下划线，用来和交易区分开，并表示计算的最终结果。期末余额为数额的总和。资产类的余额一般在借方（因为资产的借方一般大于贷方），而负债和所有者权益的余额一般在贷方（贷大于借）。

复习会计循环

图表 2.8 总结和描述了会计循环中用于分析、记录和总结企业经营活动对财务的影响的方法。在这一章的后面部分，我们教你记录前面提到的快速剪发沙龙的交易。由于在第 47 至 53 页已经描述了详细步骤，所以这里就不再描述了。我们接着讨论第一步的遗留问题——每笔交易对会计等式的影响。通过详细复习会计循环的第二步和第三步，你可以练习使用借贷、分录和 T 形账的概念。仔细学习下面的例子。在初学会计时，人们最常犯的错误是，他们认为自己不用通过实例就可以知道怎样做。要学习

会计,你必须像学习一个新的体育活动或是乐器一样不断重复地练习。

图表 2.8 会计循环中运用的方法

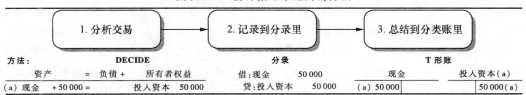

(a) 股东融资

你在 8 月 1 日开始经营快速剪发沙龙。你的父母作为合伙人,与你一同投入 5 万美元购买公司的所有权。

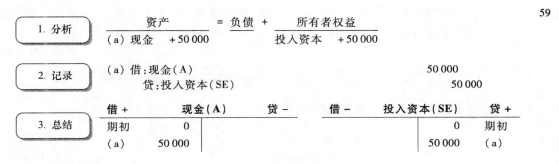

(b) 投资设备

你的沙龙花费了现金 4.2 万美元购买设备。

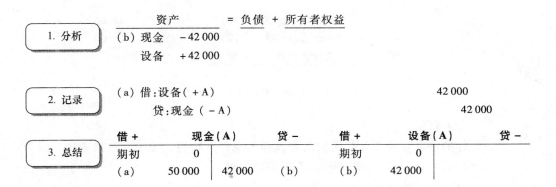

(c) 向债权人融资

你公司从银行借款 2 万美元,把钱存在银行账户中,并签署了一个正式协定,承诺在两年内还款。

1. 分析	资产	=	负债	+ 所有者权益
	(c) 现金 +20 000	=	应付票据 +20 000	

2. 记录　(c) 借：现金（+A）　　　　　　　　　　　　　　20 000
　　　　　　　贷：应付票据（+L）　　　　　　　　　　　　　20 000

3. 总结	借+	现金（A）	贷-	借-	应付票据（L）	贷+
	期初	0			0	期初
	(a)	50 000	42 000 (b)		20 000	(c)
	(c)	20 000				

（d）投资设备

你的沙龙还购买了1.8万美元的其他设备，支付了1.6万美元的现金，剩余的2 000美元答应在月底付清。

1. 分析	资产	=	负债	+ 所有者权益
	(d) 现金 -16 000	=	应付账款 +2 000	
	设备 +18 000			

2. 记录　(c) 借：设备（+A）　　　　　　　　　　　　　　18 000
　　　　　　　贷：现金（-A）　　　　　　　　　　　　　　16 000
　　　　　　　　应付账款（+L）　　　　　　　　　　　　　2 000

3. 总结	借+	现金（A）	贷-	借+	设备（A）	贷-
	期初	0		期初	0	
	(a)	50 000	42 000 (b)	(b)	42 000	
	(c)	20 000	16 000 (d)	(d)	18 000	

	借-	应付账款（L）	贷+
		0	期初
		20 000	(d)

（e）订货

你的沙龙订购了800美元的香波和其他经营物料。还没有收到货物。因为这只涉及承诺的交换，所以不是交易。不需要做分录。

（f）支付供应商

公司支付了（d）中的2 000美元给供应商。

1. 分析	资产	=	负债	+	所有者权益
	(f) 现金 －2 000	=	应付账款 －2 000		

2. 记录　(c) 借：应付账款（－L）　　　　　　　　2 000
　　　　　　　贷：现金（－A）　　　　　　　　　　　　　　　2 000

	借＋	现金（A）	贷－		借－	应付票据（L）	贷＋	
3. 总结	期初	0					0	期初
	(a)	50 000	42 000	(b)	(f)	2 000	2 000	(d)
	(c)	20 000	16 000	(d)				
			2 000	(f)				

（g）收到货物

公司收到（e）中订购的 630 美元的货物，并承诺在下个月付钱。

1. 分析	资产	=	负债	+	所有者权益
	(g) 原料 ＋630	=	应付账款 ＋630		

2. 记录　(g) 借：原料（＋A）　　　　　　　　　　630
　　　　　　　贷：应付账款（＋L）　　　　　　　　　　　　　630

	借＋	原料（A）	贷－		借－	应付账款（L）	贷＋	
3. 总结	期初	0					0	期初
	(g)	630			(f)	2 000	2 000	(d)
							630	(g)

　　图表 2.9 总结了快速剪发的交易（a）到（g）对分录和 T 形账的影响，同时还报告了每个账户的期末余额。

图表 2.9　快速剪发的分录和 T 形账

分录	
(a) 借：现金（＋A）	50 000
贷：投入资本（＋SE）	50 000
(b) 借：设备（＋A）	42 000
贷：现金（－A）	42 000
(c) 借：现金（＋A）	20 000
贷：应付票据（＋L）	20 000
(d) 借：设备（＋A）	18 000
贷：现金（－A）	16 000
贷：应付账款（＋L）	2 000
(e) 非交易	
(f) 借：应付账款（－L）	2 000
贷：现金（－A）	2 000
(g) 借：原料（＋A）	630
贷：应付账款（＋L）	630

(续表)

资产				=	负债				+	所有者权益		
	现金(A)					应付账款(L)					投入资本(SE)	
期初	0						0	期初			0	期初
(a)	50 000	42 000	(b)		(f)	2 000	2 000	(d)			50 000	(a)
(c)	20 000	16 000	(d)				630	(g)			50 000	期末
		2 000	(f)				630	期末				
期末	10 000											
	原料(A)					应付票据(L)						
期初	0						0	期初				
(g)	630						20 000	(c)				
期末	630						20 000	期末				
	设备(A)											
期初	0											
(b)	42 000											
(d)	18 000											
期末	60 000											

编制资产负债表

使用每个T形账的期末数据,就可以编制资产负债表。但是在进行之前,最好确定账户余额的借方等于贷方。目前只有6个账户,算起来比较容易:($10 000 + 630 + 60 000 = $70 630 = $630 + 20 000 + 50 000)。在第3章介绍了更多的账户之后,我们会告诉你如何编制确认是否借贷平衡的内部会计报表,称为试算平衡表。

在记录交易(a)—(g)之后编制快速剪发的资产负债表,只需要将图表2.9中每个账户的期末余额结合起来,分成资产、负债和所有者权益,按照资产负债表的格式填入。最后的资产负债表和图表2.1的形式一样。我们意识到你再回到45页的机会比较小,所以这里有另一个图表2.10,和资产负债表有一点点不同,叫做**分类资产负债表**。分类资产负债表包括资产和负债中流动部分的详细分类。**流动资产**是企业自资产负债表日起12个月内变现或使用的资产。例如,你的沙龙在未来12个月将使用现金和存货,这些资产就是流动资产。流动资产是按照它变现能力或使用的快慢顺序来排列的。**流动负债**是企业自资产负债表日起12个月内需要偿还或付清的债务和其他义务。在我们的例子中,应付账款是唯一的流动负债。其他义务——应付票据——在两年内付清,所以是**长期负债**。

> **你应该知道**
> **分类资产负债表**是说明资产和负债中流动部分的详细分类表。
> **流动资产**是企业自资产负债表日起12个月内变现或使用的资产。
> **流动负债**是企业自资产负债表日起12个月内需要偿还或付清的债务和其他义务。
> **非流动(长期)**资产和负债就是除流动资产和负债以外的资产和负债。

像快速剪发的设备、应付票据和它的所有者权益账户都是长期性质,尽管它们的名称并不是。图表2.10的所有者权益包括了留存收益,尽管它余额为零,但是为了让你不要遗忘这个账户,我们还是写上去了。它是利润表的一个关键,我们将在第3章详细介绍。

图表 2.10 分类资产负债表

快速剪发 分类资产负债表 2008 年 8 月 31 日		分类描述
资产		
流动资产		
现金	$10 000	现金在 2009 年 8 月 31 日前使用。
存货	630	存货在 2009 年 8 月 31 日前使用。
总流动资产	10 630	
设备	60 000	设备可以使用几年。
资产合计	$70 630	
负债和所有者权益		
流动负债		
应付账款	$630	借款在 2009 年 8 月 31 日前偿还。
流动负债合计	630	
应付票据	20 000	这笔应付票据在 2010 年前付清。
所有者权益		所有者权益账户没有分类。
投入资本	50 000	
留存收益	0	
负债和所有者权益合计	70 630	

评估结果

资产负债表概念和价值

学习目标 5
解释确认一个科目是否应该在资产负债表报告并报告多少的概念。

  一些人错误地认为资产负债表报告的是一个企业的实际价值。这并不是很奇怪的想法,因为资产负债表列出了公司的资产和负债,所以它们之间的净差额就是公司的价值。实际上,净值是许多会计师和分析家讨论所有者权益时常用到的术语。那么,为什么资产负债表报告的是一个企业的实际价值这种想法是错误的呢?

  在经过前面的介绍,了解了会计是建立在记录和报告交易之后,你就会知道答案。关注交易对资产负债表有两个影响:(1) 影响记录(或不记录)什么科目,(2) 影响记录的数额。

  1. 记录(不记录)什么科目? 因为会计是建立在交易基础之上,只有当确定了交易,才会记录一个科目。"设备"出现在快速剪发的资产负债表上是因为公司确实购买和收到了设备。其他不涉及确定交易的事件就不会出现在会计系统中,因此,也不会进入资产负债表。例如,名称"瑞吉斯沙龙"的价值就不需要报告在瑞吉斯公司的资产负债表中,尽管公司 26% 的销售收入都来自于瑞吉斯沙龙而只有 12% 的收入来自快速剪发。这并不是指它的名称不值钱,对顾客没有吸引力,或者是在评估瑞吉斯公司的业绩价值时没有关系。它是相关的,也是有价值的。它确切的意思是,瑞吉斯沙龙这个名字并不是来自一个确定的交易。没有确定的交易,就不需要报告在资产负债表中。

2. 应该记录多少数额? 根据成本原则,资产和负债以它们的原始价值记录在公司账上。虽然这些数额在记录交易时是正确的,但是没人能保证这些数字在以后仍然能继续代表一项资产或者负债的价值。很有可能一些资产或负债的价值会随着时间而变化。但是,成本原则不记录资产的增值(或负债的减值),除非是由于外部变化而导致这个价值的变化。所以,尽管瑞吉斯公司在查塔努加市的市中心建立的 250 000 平方米的不动产在 2001 年可能已经增值,这额外的增值并没有报告在资产负债表中,因为交易报告的数额是根据公司的原始成本。

会计规则允许记录资产价值的减值。换句话说,会计师放弃成本原则来记录资产的减值,而不记录增值。这是为什么呢? 因为还有另一个会计概念在起作用——叫做保守原则。**保守原则**是指某些会计事项有不同的会计处理方法可供选择时,应尽可能选择一种不致虚增账面利润、夸大所有者权益的方法为准的原则。本质上来说,保守主义的要求就是当对一个资产和负债的数额不确定时,应该选择最保守的估计。

> **你应该知道**
> **保守主义**就是当不确定资产和负债的价值时,选择最保守的估计。

保守的动力

为什么会计师是保守的? 对他们来说这是最重要的,因为财务报表要供外部使用者如银行和投资者来做决策,而会计人员不想误导他们。这对会计师来说是很重要的道德问题。如果他们的报表做得太虚假,导致别人购买了一个有问题的公司的股票,投资者可能会在公司出问题时亏损。所以,当面临不确定的数字时,会计师应该采取保守方法。

本章复习

这一部分提供了一个机会,令你能巩固你对关键知识点的理解。你需要花一些时间做下面的练习,浏览本章小结,测试你对关键术语的理解,然后练习、练习再练习。

示范案例

在 2008 年 4 月 1 日,三个大学生创建了再见草地(Goodbye Grass)公司。再见草地公司至 2008 年 4 月 31 日的交易总结如下:

a. 发行股票给三个投资者,一共获得现金 9 000 美元。

b. 购买草耙和其他手用工具(设备)600美元,支付了五金店现金200美元并非正式承诺在接下来的3个月偿还剩余货款。

c. 从草坪供应公司订购割草机花费4 000美元。

d. 购买4英亩土地,作为未来的仓库地址。支付现金5 000美元。

e. 收到订购的割草机,签署承诺票据,答应在60天全部支付货款。

f. 以1 250美元出售1英亩的土地给城市公园,并收到票据,承诺在6个月内支付货款。

g. 其中一个所有者从当地银行借款3 000美元私人用。

要求:

1. 分析每个事件,确定它对会计等式的影响。
2. 给每个交易写出分录(忽略说明)。
3. 建立现金、(来自城市的)应收票据、设备、土地、应付账款、应付票据和投入资本的T形账,然后总结每笔交易对各个T形账户的影响。
4. 使用T形账中的数据,继续第3步,编制再见草地公司2008年4月30日的分类资产负债表。说明所有资产,负债和所有者权益的账户余额。
5. 截至2008年4月30日,再见草地公司的资产融资主要来自负债还是所有者权益?

答案:

1. 分析交易:

	资产				=	负债		+	所有者权益
	现金	应收票据	设备	土地	=	应付账款	应付票据		投入资本
(a)	+9 000				=				+9 000
(b)	-200		+600		=	+400			
(c)			不变*		=		不变		
(d)	-5 000			+5 000	=		不变		
(e)			+4 000		=		+4 000		
(f)		+1 250		-1 250	=		不变		
(g)		不变*			=		不变		

*事件(c)不是交易,因为只涉及承诺的交换。由于会计主体假设,事件(g)不是交易,所有者的业务与企业的业务是独立分开的。

2. 分录

a. 借:现金(+A)　　　　　　　　　　　　　　　　9 000
　　贷:投入资本(+SE)　　　　　　　　　　　　　　　9 000

b. 借:设备(+A)　　　　　　　　　　　　　　　　　600
　　贷:现金(-A)　　　　　　　　　　　　　　　　　　200
　　　　应付账款(+L)　　　　　　　　　　　　　　　400

c. 非会计交易,不需要做分录。

d. 借:土地(+A)　　　　　　　　　　　　　　　　5 000
　　贷:现金(+A)　　　　　　　　　　　　　　　　　5 000

e. 借:设备(+A)　　　　　　　　　　　　　　　　4 000

贷：应付票据（+L）   4 000
  f. 借：应收票据（+A）   1 250
    贷：土地（−A）   1 250
  g. 非公司业务，不需要做分录。
 3. 建立 T 形账

资产				=	负债		+	所有者权益	
现金(A)					**应付账款(L)**			**所有者权益(SE)**	
期初	0					0	期初		0 期初
(a)	9 000	200	(b)		400	(b)		9 000	(a)
	5 000		(d)		400	期末		9 000	期末
期末	3 800								
应收票据(A)					**应付票据(L)**				
期初	0					0	期初		
(f)	1 250					4 000	(e)		
期末	1 250					4 000	期末		

设备(A): 期初 0, (b) 600, (e) 4 000, 期末 4 600
土地(A): 期初 0, (d) 5 000, 1 250 (f), 期末 3 750

 4. 编制分类资产负债表

再见草地公司
资产负债表
2008 年 4 月 30 日

资产		负债	
流动资产		流动负债	
现金	$3 800	应付账款	$400
应收票据	1 250	应付票据	4 000
流动资产合计	5 050	流动负债合计	4 400
设备	4 600		
土地	3 750	**所有者权益**	
		投入资本	9 000
		留存收益	0
资产合计	$13 400	负债和所有者权益合计	$13 400

  5. 再见草地公司的资产融资（一共 $13 000）主要来自于所有者权益（$9 000），而不是负债（$4 400）。

本章小结

学习目标 1：解释并选择一般的资产负债表账户名，第 44 页
- 一般的资产负债表账户名包括：
资产：现金、应收账款、存货、原材料、财产和设备。
负债：应付账款、应付票据和应付债券。
所有者权益：投入资本和留存收益。

学习目标 2：对企业交易活动进行分析，第 46 页
- 交易包括外部交换和内部事件。
- 交易分析建立在双重影响和基本会计等式的基础上。双重影响是指每个业务至少会影响两个账户。
- 交易分析的步骤为:确定是否为交易;检查交易对账户的影响;按照资产、负债和所有者权益对账户编制分录;确定借贷和数额;最后确保等式平衡。

学习目标3:使用日记账和T形账来说明企业的交易是如何影响资产负债表的,第54页
- 借在左,贷在右。
- 资产借方增加,负债和所有者权益借方减少。
- 资产贷方减少,负债和所有者权益贷方增加。
- 分录以借贷相等的形式记录交易对不同资产、负债和所有者权益账户的影响。分录是用于记录财务信息的会计系统,然后进入到分类账(T形账)中。
- T形账是简化的分类账,总结了交易对每个账户的影响。资产的T形账左边(借方)增加,也是会计等式的左边。负债和所有者权益的T形账右边(贷方)增加,也是在会计等式的右边。

学习目标4:编制分类资产负债表,第61页
- 分类资产负债表根据一年内的变现能力或使用情况把资产分成具体的流动资产。一年内应支付、偿还的负债则视为流动负债。

学习目标5:解释确认一个科目是否应该在资产负债表报告并报告多少的概念,第62页
- 由于会计是基于交易的,资产负债表不一定代表了企业当期的价值。
- 由于不产生交易,有一些资产不会记录下来。
- 资产和负债记录的数额不一定代表当前的价值,因为在成本原则下,它们通常以最初交易的成本价值入账。
- 保守主义是指当对资产或负债的价值不确定时,需要谨慎报告资产或负债的价值,尽量不虚增其价值。

关键术语

资产　45
会计科目表　46
分类资产负债表　62
保守主义　63
成本原则　49
流动资产　62
流动负债　62
借贷　55

日记账　54
分录　55
分类账　54
所有者权益　45
非流动　62
负债　45
T形账　56
业务　47

练习题

问答题

1. 给出下列术语的定义:

a. 资产　　　　　　　b. 流动资产
c. 负债　　　　　　　d. 流动负债
e. 投入资本　　　　　f. 留存收益

2. 给出交易的定义,并给出两个例子。
3. 什么是会计意义上的账户?解释为什么账户用于会计系统。
4. 什么是基本会计等式?
5. 解释借贷的意义。
6. 简要解释什么是交易分析。交易分析的两个原则是什么?DECIDE 交易分析方法的步骤是什么?
7. 在进行交易分析时必须遵循的两个会计等式是什么?
8. 什么是分录?一般格式是什么?
9. 什么是 T 形账?它的目的是什么?
10. 所有资产的共同特点是什么?所有负债的共同特点是什么?
11. 解释下面两个会计术语的意义:
    a. 成本原则　　　　b. 保守主义

多项选择题

1. 下面哪个不是资产?
   a. 现金　　　　　　　b. 土地
   c. 设备　　　　　　　d. 投入资本
2. 下面哪个描述是需要记录在会计体系里的交易?
   a. 承诺支付购买的资产。
   b. 承诺的交换。
   c. 两个都是。
   d. 全都不是。
3. 任意一天的资产负债表上的总资产必须与下面哪项相符合?
   a. 总负债和利润表上的净收益之和。
   b. 总负债和投入资本之和。
   c. 总负债和留存收益之和。
   d. 总负债和投入资本以及留存收益之和。
4. 对双重影响最佳的描述是:
   a. 当交易记录在会计体系中,对基本会计等式至少有两个影响。
   b. 当两个实体间发生交易时,双方都必须记录交易。
   c. 当记录交易时,资产负债表和利润表都会有影响。
   d. 当记录交易时,一个账户增加,另一个账户减少。
5. T 形账用来总结什么?
   a. 会计系统中单个账户的增加和减少。

b. 会计系统中单个账户的借贷。
c. 一段时期内具体账户余额的变化。
d. 以上都是。

6. 资产负债表中资产是如何列出的？
   a. 字母顺序。
   b. 按照大小，价值从最低到最高。
   c. 按照变现或使用顺序。
   d. 从流动性最差到最好。

7. 公司股东最近投入现金 5 万美元。从银行借款 2 万美元购买了 1 万美元的原材料。公司还购买了 5 万美元的设备，支付了现金 2 万美元，剩余部分签署了票据。那么在资产负债表上的总资产为多少？
   a. 11.1 万美元
   b. 9 万美元
   c. 10 万美元
   d. 都不是

8. 下面对借贷的描述哪个是正确的？
   a. 在任一个交易中，借贷的总额必须相等。
   b. 借方减少多少，贷方也减少多少。
   c. 负债和所有者权益账户的余额一般在贷方，资产的余额一般在借方。
   d. 以上都对。

9. 下面关于资产负债表的描述哪个是正确的？
   a. 我们无法仅通过观察资产负债表来确定一个公司当期的真实价值。
   b. 一些不是通过确定的交易获得的资产，不需要报告在公司的资产负债表上。
   c. 资产负债表只显示期末余额，在会计体系中以某一天的总结形式出现。
   d. 以上都对。

10. 如果一个上市公司想要最大化外部决策者的感知价值，公司的资产负债表中报告得最小的数据是哪个？
    a. 资产
    b. 负债
    c. 留存收益
    d. 投入资本

选择题答案：
1. d 2. a 3. d 4. a 5. d 6. c 7. a 8. d 9. d 10. b

小练习

M2-1　确定对资产负债表账户的增加或减少
完成下表，填上增加或减少。

	借	贷
资产	_____	_____
负债	_____	_____
所有者权益	_____	_____

M2-2 确定对资产负债表的借或贷

完成下表,填上借或贷。

	增加	减少
资产	_____	_____
负债	_____	_____
所有者权益	_____	_____

M2-3 给术语和定义配对

给每个术语的相关定义配对,在横线上填入正确的字母。每个术语只有一个定义。(定义比术语多。)

术语

____ 1. 分录
____ 2. A = L + SE,借 = 贷
____ 3. 交易
____ 4. 负债
____ 5. 资产
____ 6. 利润表、资产负债表、留存收益表、现金流量表

定义

A. 对财务有直接的可衡量的影响的交易或事件。
B. 四个期间财务报表。
C. 会计中的两个等式,保证正确性。
D. 交易分析的结果,以借等于贷的形式。
E. 从银行借款时借记的账户。
F. 企业拥有的资源,有可衡量的价值和预期未来收益。
G. 公司未分发给所有者的累积收益。
H. 每笔交易都有至少两个影响。
I. 需要资产或服务进行支付的债务或义务。
J. 交易的数额。

M2-4 资产负债表账户的分类

下面是快递(Aim Delivery)公司的一些账户:

____ 1. 应付工资
____ 2. 应付账款
____ 3. 应收账款
____ 4. 房屋
____ 5. 现金
____ 6. 投入资本
____ 7. 土地
____ 8. 应交所得税
____ 9. 设备
____ 10. 应付票据(6个月到期)
____ 11. 留存收益
____ 12. 原材料
____ 13. 应付公共事业管理费

在空格处,填上分类。使用下列代码:

CA = 流动资产   CL = 流动负债   SE = 所有者权益
NCA = 非流动资产   NCL = 非流动负债

M2-5 确定分类资产负债表的账户,和余额的借贷方

根据孩之宝玩具公司(Hasbro)最近的报告称,公司是"全世界儿童和家庭玩具的领导厂商之一"。孩之宝产品有几个分支,包括通卡(Tonka)、妙极百利(Milton Bradley)、儿乐宝(Playskool)和帕克兄弟(Parker Brothers)。下面是最近的资产负债表中的一些账户:

1. 应收账款
2. 短期银行贷款
3. 投入资本
4. 长期负债
5. 应交所得税
6. 不动产、厂房和设备(简称自用固定资产)
7. 留存收益
8. 应付账款
9. 现金

要求:

1. 指出账户应如何归入分类资产负债表中。CA 代表流动资产,NCA 代表非流动资产,CL 代表流动负债,NCL 代表非流动负债,SE 代表所有者权益。
2. 指出账户的余额一般为借方还是贷方。

M2-6 确定分类资产负债表的账户和余额的借贷方

百视达公司是世界上主要的租用 DVD 和视频游戏的供应商。百视达估计 64% 的美国人口的住所离一家百视达店不过 10 分钟车程。下面是其近期资产负债表中的一些账户:

1. 应交所得税
2. 应收账款
3. 现金
4. 投入资本
5. 长期负债
6. 不动产和设备
7. 留存收益
8. 应付账款

要求:

1. 指出账户应如何归入分类资产负债表。CA 代表流动资产、NCA 代表非流动资产、CL 代表流动负债、NCL 代表非流动负债、SE 代表所有者权益。
2. 指出账户的余额一般为借方还是贷方。

M2-7 确定事件是否为会计交易

下列德尔托罗(Toro)公司的事件是不是会计交易?回答是或否。

____ 1. 德尔托罗购买机器制造设备,签署了应付票据。
____ 2. 德尔托罗的总裁购买其他公司的股票作为他自己的投资组合。
____ 3. 公司出借 550 美元给一个职工。
____ 4. 德尔托罗从 Office Max 订购原材料并在下个星期到货。
____ 5. 德尔托罗的六个投资者出售他们的股票给另一个投资者。
____ 6. 公司从当地银行借款 250 万美元。

M2-8 确定事件是否为会计交易

半价图书公司(Half Price Books)是一个图书连锁店,在全国 14 个州的 80 个地方都有经营点。通过回收 1 600 余万本书,公司估算节约了超过 65 000 棵树。下列事件是不是半价图书公司的交易?回答是或否。

_____ 1. 半价图书公司在达拉斯(Dallas)购买了一个旧自助洗衣店。
_____ 2. 这个非上市公司发行股票给新投资者。
_____ 3. 公司签署一个协定,答应租赁克里夫兰(Cleveland)附近的哥伦比亚大厦的一个店面。
_____ 4. 公司支付改建费,准备开始在西雅图的经营。
_____ 5. 公司的副总裁在印第安纳州发表专题演讲,提高了公司的声誉。

M2-9 确定交易对财务报表的影响

下面是斯坡特莱特公司(Spotlighterr)2009年1月的交易,说出账户、数额,以及对会计等式方向的影响。给出了一个例子:

a. (例子)从当地银行借款3 940美元,为6个月到期的票据。
b. 收到投资者的4 630美元并发行股票给他们。
c. 购买设备930美元,支付现金190美元,剩余部分在票据上承诺在一年内付清。
d. 支付供应商现金372美元。
e. 赊账购买700美元原材料。

	资产	=	负债	+	所有者权益
a. 例子:	现金 +3 940		应付票据 +3 940		

M2-10 编写分录

给 M2-9 中的每笔交易(包括例子),用本章前面的格式写出分录(忽略说明)。

M2-11 过账

将 M2-9 中的交易(包括例子)过账到正确的 T 形账中,并算出余额。

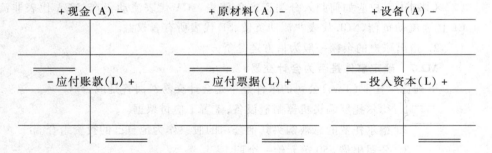

M2-12 编制分类资产负债表

根据 M-9 中的交易,编制斯坡特莱特公司2009年1月31日的分类资产负债表。

M2-13 编制分类资产负债表

下列账户源自王牌(Trump)娱乐公司2005年12月31日的财务报表。

一般营业费用	$176 763 000
应付工资	26 553 000
利息费用	79 602 000
应付账款	38 739 000
其他流动负债	136 873 000
食品和饮料收入	77 806 000
现金	273 559 000
应收账款	45 740 000
其他流动资产	25 183 000
自用固定资产	1 985 281 000
长期应付票据	1 700 440 000
投入资本	27 000
留存收益（截至 2005 年 12 月 31 日）	427 131 000

要求：

1. 编制 2005 年 12 月 31 日的分类资产负债表。

提示：上面有一些账户不需要报告在资产负债表中。

2. 使用资产负债表，说明王牌娱乐公司的总资产是否等于负债和所有者权益总和。

练习

E2-1 给术语和定义配对

给每个术语的相关定义配对，在横线上填入正确的字母。每个术语只有一个定义。（定义比术语多。）

术语

____ 1. 交易	____ 6. 流动资产
____ 2. 会计主体概念	____ 7. 应付票据
____ 3. 资产负债表	____ 8. 双重影响
____ 4. 负债	____ 9. 留存收益
____ 5. A = L + SE	____ 10. 借方

定义

A. 在一年内变现的经济资源。

B. 报告资产、负债和所有者权益。

C. 资产减少，负债和所有者权益增加。

D. 资产增加，负债和所有者权益减少。

E. 对财务有直接和可衡量的影响的交易或事件。

F. 企业在可预测的将来经营的假设。

G. 企业和所有者独立记账。

H. 资产以成本入账的原则。

I. 用于累计财务报表中各个项目数据的格式。

J. 基本会计等式。

K. 会计中确认正确性的两个等式。
L. 从银行借款,记入账户贷方的一种承诺票据。
M. 公司未分发给所有者的累积收益。
N. 每笔交易至少有两种影响。
O. 用资产或服务偿还的债务或义务。

E2-2　确定会计科目

下面为独立的事件:

a. 公司订购并收到 10 台电脑给办公室用,并签署了一个票据,承诺在未来三个月内付清 2.5 万美元。

b. 公司购买新设备 2.4 万美元,支付现金 2.1 万美元。

c. 女性服装零售商订购 30 件新款服装,未来发货,每件 300 美元。

d. 一个新公司成立,对投资者发行 100 份股票,每股 12 美元。

e. 公司用现金 5 万美元购买一块土地。评估专家给土地估值为 5.25 万美元。

f. 公司的所有者花 1 万美元购买了一辆汽车私用。从公司角度来作答。

g. 公司从银行借款 1 000 美元,签署了 1 张 6 个月的票据。

h. 公司支付应付票据 1 500 美元(忽略利息)。

要求:

1. 如果事件是交易,给出恰当的科目名称,并指出公司收到和付出什么。
2. b 中交易的数额是多少? e 呢? 你运用的衡量原则是什么?
3. c 中采用的原因是什么? 对 f,你遵循了什么会计概念?

E2-3　账户分类和一般的余额

如分众数码(Digital Diversions Inc.)的近期年度报告中所描述的,该公司设计、开发和分销电脑视频游戏以及先进游戏系统如 Playstation、Y-box、Tamecube 和 Gamegirl。DDI 开始经营仅一整年。

要求:

下面是 DDI 公司近期资产负债表中的账户,完成下面的表格。指出账户应归入以下哪一类:流动资产 CA、非流动资产 NCA、流动负债 CL、非流动负债 NCL 与所有者权益 SE,并指出账户余额通常在借方 dr 还是贷方 cr。

账户	资产负债表分类	借方/贷方余额
1. 土地		
2. 留存收益		
3. 应付票据(三年到期)		
4. 应收账款		
5. 原材料		
6. 投入资本		
7. 机器和设备		
8. 应付账款		
9. 现金		
10. 应付税收		

E2-4 确定交易对财务报表的影响

下列事件发生于法威塔(Favata)公司：

a. 收到所有者的现金10 000美元，并发行股票给他们。
b. 从银行借款7 000美元并签署票据。
c. 购买土地12 000美元，支付现金1 000美元，剩余部分签署票据。
d. 赊账购买设备800美元。
e. 购买设备3 000美元，支付现金1 000美元，剩余部分签署票据。

要求：

从事件a到e，分析交易，并指出账户名、金额和借贷方向，以及对会计等式的影响（增加 + ，减少 - ）。确保会计等式在每笔交易后是平衡的。使用下面这个标题：

事件	资产	=	负债	+	所有者权益

E2-5 确定交易对财务报表的影响

耐克公司是世界上主要的运动鞋和器械的制造商之一。下面这些活动发生在最近的一年中。

a. 购买设备2.163亿美元，签署了一个数额为500万美元的长期票据，剩余部分支付现金。
b. 发行股票获得现金2 110万美元。
c. 一些耐克投资者在证券市场上，以21美元每股的价格出售他们的股票给其他投资者。

要求：

1. 对每个事件分析交易，并指出账户名、金额和借贷方向，以及对会计等式的影响（增加 + ，减少 - ）。确保会计等式在每笔交易后是平衡的。使用下面这个标题：

事件	资产	=	负债	+	所有者权益

2. 解释事件c的答案。

E2-6 记录投资和融资活动

参考E2-4

要求：

给E2-4中的每个事件编写分录，并检查借贷方是否平衡。

E2-7 记录投资和融资活动

参考E2-5

要求：

1. 给E2-5中的每个事件编写分录，并检查借贷方是否平衡。
2. 解释事件c的答案。

E2-8 分析交易对T形账的影响

木肯(Mulkeen)服务公司由卡诺·木肯(Conor Mulkeen)和其他五个管理者成立。下列活动发生于一年中：

a. 收到管理者的现金6万美元，每个人得到股票1 000份。

b. 企业购买设备 1.2 万美元,支付了 1/4 的现金,剩余部分签署了 6 个月的票据。
c. 与清洁服务公司签署协定,每周支付 120 美元用于打扫公司办公室,从下周开始。
d. 卡诺·木肯从当地银行借款 1 万美元私人用,签署了一年期的票据。

要求:
1. 给下列账户建立 T 形账:现金、设备、应付票据和投入资本。期初余额为零。对上面每笔交易,记录在正确的 T 形账中。包括说明和总数。
2. 使用 T 形账中的余额,给下面会计等式填上数字。

资产 $_____ = 负债 $_____ + 所有者权益 $_____

3. 解释事件 c 和 d。

E2-9 推算投资和融资交易,并编制资产负债表

在第一周的经营中(2008 年 1 月 1 日至 7 日),舒适家居(Home Comfort)家具公司完成了六笔交易,具体的数据如下:

	资产			=	负债	+	所有者权益
	现金	设备	土地	=	应付账款		投入资本
期初	$0	$0	$0	=	$0		$0
(1)	+12 000			=			+12 000
(2)	+50 000			=	+50 000		
(3)	−4 000		+12 000	=	+8 000		
(4)	+4 000			=	+4 000		
(5)	−7 000	+7 000		=			
(6)			+3 000	=	+3 000		_____
期末	$___	$___	$___	=	$___		$___

要求:
1. 给交易 1 至 6 写一个简要说明,解释你做的任何假定。
2. 计算各个账户的余额,编制舒适家居家具公司 2008 年 1 月 7 日的分类资产负债表。
3. 截至 2008 年 1 月 7 日,舒适家居家具公司的资产融资主要来自负债还是所有者权益?

E2-10 推算投资和融资交易,并编制资产负债表

在第一个月的经营中(2007 年 3 月),珐耶(Faye)时尚公司完成了以下四笔交易,具体的数据如下:

账户	1	2	3	4	期末余额
现金	$50 000	$(40 000)	$5 000	$(4 000)	
计算机设备				4 000	
运货车		25 000			
短期银行贷款			5 000		
长期应付票据		21 000			
投入资本	50 000				

要求:
1. 给交易 1 至 4 写一个简要说明,解释你做的任何假定。

2. 计算各个账户的余额,编制珐耶时尚公司2007年3月的分类资产负债表。
3. 截至2007年3月,珐耶时尚公司的资产融资主要来自负债还是所有者权益?

E2-11 记录分录

假设Down.com公司在2008年5月1日成立,与Despair.com——一个出售办公用品的公司相竞争。下面是Down.com公司在经营的第一个月发生的交易活动。

　　a. 从投资者收到现金60 000美元成立Down.com公司。
　　b. 借现金20 000美元并签署两年期的票据。
　　c. 订购计算机设备16 000美元。
　　d. 购买设备10 000美元,支付现金1 000美元,剩余部分签署6个月期限的票据。
　　e. 收到c中订购的电脑并付款。

要求:

给每笔交易编制分录(记住借在上,贷在下)。确认加上说明,并把每个账户归入资产A、负债L和所有者权益SE。如果不需要做分录,给出原因。

E2-12 使用T形账户分析交易的影响;编制和理解资产负债表

李快递公司(Lee Delivery Company, Inc., LDC),成立于2008年。下面是发生在这一年中的交易:

　　a. 收到成立者的现金40 000美元购买公司的股票。
　　b. 购买土地12 000美元,签署两年期的票据(忽略利息)。
　　c. 年初购买两辆运货车,每辆10 000美元,支付现金2 000美元,剩余部分签订三年期的票据(忽略利息)。
　　d. 支付运输维修店现金2 000美元购买一台新的发动机,使得其中一辆运货车的成本增加。
　　e. 股东杰钠·李(Jonah Lee)支付现金122 000美元为个人购买房屋。

要求:

1. 分析各项对李快递公司2008年12月31日财务报表的影响。

提示:交易的形式如下例:

资产	=	负债	+	所有者权益
(a) 现金 +40 000	=			投入资本 +40 000

提示:交易d中的新发动机是运货车成本的增加部分。

2. 用分录记录各项的影响。

提示:采用简化的日记账格式。例子见64至65页。

3. 采用本章介绍的T形账格式对各个账户进行总结。
4. 编制李快递公司2008年年底的分类资产负债表。
5. 使用资产负债表,说明李快递公司在年底的资产融资主要是来自负债还是所有者权益?

E2-13 使用T形账户分析交易对资产负债表账户的影响

重型 & 洛瓦斯(Heavy & Lovas)家具维修服务公司,有两个股东,在2008年6月1日开始经营。下列T形账是6月的经营活动。

要求：

解释T形账户中事件a至c的分录。也就是说，对每个账户而言，什么交易会使得它增加和/或减少？

辅导题

CP2-1 确定不同交易对财务报表的影响

莱斯特（Lester）家庭医疗服务公司由四个人在2007年1月1日成立。每个投资者投入1万美元在公司并获得8 000份股票。到目前为止，他们是仅有的股东。在第一个月（2007年1月），公司发生了下面六笔交易：

a. 收到组织者的现金4万美元，并发行股票。
b. 购买房屋6.5万美元、设备1.6万美元，以及3英亩土地1.2万美元，支付现金1.3万美元，剩余部分签订15年期的票据。
c. 一个股东报告给公司，他以现金5 000美元转移出售了500份莱斯特家庭医疗服务公司的股票给另一个股东。
d. 用现金3 000美元购买原材料。
e. 以现金4 000美元出售一英亩土地给另一个公司。

要求：

1. 莱斯特家庭医疗服务公司是合伙企业还是公司？解释原因。
2. 在第一个月中，公司的记录不完全。你需要编制以前的交易总结。为了快速评估莱斯特家庭医疗服务公司，你需要完成下面这个分析表。

提示：下面给出了一个交易例子。

	资产				=	负债	+	所有者权益	
现金	原材料	土地	房屋	设备		应付票据		投入资本	留存收益
(a) +40 000					=			+40 000	

提示：在交易b中，有5个账户变化。

3. 在分析表中包括了两个股东之间的交易——事件（c）吗？为什么？

提示：考虑莱斯特家庭医疗服务公司在这个交易中收到和付出了什么？

4. 完成分析表之后，给出下列数据（给出计算过程）：

a. 月末总资产
b. 月末总负债
c. 月末所有者权益
d. 月末现金余额

e. 月末总流动资产

5. 在 2007 年 1 月 31 日,莱斯特家庭医疗服务公司资产融资主要来自负债还是所有者权益?

CP2-2 记录交易(日记账和 T 形账);编制和理解资产负债表。

运动表现(Athletic Performance)公司于 2008 年 7 月 1 日成立。在 2008 年 7 月 1 日公司的账户如下:

应付账款	$20 000	土地	$100 000
厂房	200 000	应付票据	1 000
现金	16 000	留存收益	238 000
投入资本	80 000	原材料	5 000
设备	18 000		

在 7 月,公司经营活动如下:

a. 发行 2 000 份股票,获得现金 2 万美元。
b. 从当地银行贷款 3 万美元,在 2010 年 6 月 30 日前付清。
c. 购买厂房 14.1 万美元,支付现金 4.1 万美元,剩余部分签订了 3 年期的票据。
d. 用现金 10 万美元购买设备。
e. 赊账 1 万美元购买原材料。

要求:

1. 分析交易 a 至 e,确定它们对会计等式的影响。采用 64 页的例子的格式。
   提示:不需要开设新的账户来记录上面的交易,所以在回答这个问题前只需快速看一下。
   提示:交易 c 影响 3 个账户。
2. 采用分录记录交易的影响。
3. 把分录过账到 T 形账。
   提示:给每个账户建立 T 形账。2008 年 7 月 1 日为这个月的初始日期。
4. 编制 2008 年 7 月 31 日的分类资产负债表。
   截至 2008 年 7 月 31 日,运动表现公司的资产融资主要来自负债还是所有者权益?

CP2-3 记录交易(日记账和 T 形账);编制和理解资产负债表

表现(Performance)塑料公司经营了三年。在 2007 年 12 月 31 日,账户余额为:

现金	$35 000	土地	$30 000
应收账款	5 000	其他资产	5 000
存货	40 000	应付账款	37 000
应收票据	2 000	应付票据(2009 年到期)	80 000
设备	80 000	投入资本	150 000
厂房	120 000	留存收益	50 000

在 2008 年中,公司发生了以下经营活动:

a. 购买价值 2 万美元的设备,支付现金 5 000 美元,剩余部分签署两年期的票据。
b. 发行额外的股票 2 000 股,获得现金 2 万美元。

c. 从当地银行贷款 3 万美元,到 2010 年 6 月 30 日前付清。
d. 现金购买其他资产 4 000 美元。
e. 建造新厂房 4.1 万美元,支付现金 1.2 万美元,剩余部分签署三年期的票据。
f. 于 2009 年 1 月 1 日雇用了一个新的总裁。全年工资为 9.5 万美元。

要求:
1. 分析交易 a 至 f,确定它们对会计等式的影响。采用 64 页的例子中的格式。

提示:不需要开设新的账户来记录上面的交易,所以在回答这个问题前只需快速看一下。

提示:交易 e 影响 3 个账户。

提示:交易 f,考虑表现塑料公司在 2008 年 12 月 31 日是否欠总裁的钱?
2. 采用分录记录交易的影响。
3. 把分录过账到 T 形账。

提示:给每个账户建立 T 形账。2007 年 12 月 31 日的余额为 2008 年的期初余额。
4. 编制 2008 年 12 月 31 日的分类资产负债表。
5. 截至 2008 年 12 月 31 日,表现公司的资产融资主要来自负债还是所有者权益?

A 组问题

PA2-1 确定不同交易对财务报表的影响

野鸭(Mallar)(公司是一个小型制造公司,生产模型火车卖给玩具店。它有一个小型服务部门,免费维修顾客的模型火车。公司已经营 5 年。在去年年底,2007 年,会计记录反映总资产为 50 万美元,总负债为 20 万美元。在 2008 年,发生的交易如下:

a. 发行额外的股票,获得现金 10 万美元。
b. 从银行贷款 12 万美元并签订 10 年期票据。
c. 建造另一个工厂,并支付给承包人现金 20 美元。
d. 购买新设备 3 万美元,支付现金 3 000 美元,剩余部分签订 6 个月期的票据。
e. 返还 3 000 美元(d)的设备,因为发现是次品,收回应付票据。
f. 购买运输设备 1 万美元,支付现金 5 000 美元,剩余部分签订 9 个月期的票据。
g. 一个股东以 5 000 美元出售他在野鸭公司的股本给邻居。

要求:
1. 完成下面分析表,账户增加填 +,减少填 -。第一个交易给出了例子。

资产			=	负债	+	所有者权益	
现金	房屋	设备	=	应付票据		投入资本	留存收益
(a) +100 000						+100 000	

2. 分析表中包括了事件(g)吗?为什么?
3. 完成分析表之后,给出下列数据(给出计算过程):
a. 年末总资产
b. 年末总负债

c. 年末所有者权益

4. 在 2008 年 12 月 31 日,野鸭公司资产融资主要来自负债还是所有者权益?

PA2-2　记录交易(日记账和 T 形账);编制和理解资产负债表

蓄意加速(Deliberate Speed)公司成立于 2008 年 6 月 1 日。公司 2008 年 6 月 30 日的账户如下:

应付账款	$10 000	土地	$200 000
厂房	100 000	应付票据	2 000
现金	26 000	留存收益	259 000
投入资本	180 000	原材料	7 000
设备	118 000		

在 7 月,公司的经营活动如下:

a. 发行 4 000 份股票,获得现金 40 万美元。
b. 从当地银行贷款 9 万美元,到 2010 年 6 月 30 日付清。
c. 购买厂房 18.2 万美元,支付现金 8.2 万美元,剩余部分签订三年期的票据。
d. 现金 20 万美元购买设备。
e. 赊账 30 万美元购买原材料。

要求:

1. 分析交易 a 至 e,确定它们对会计等式的影响。采用 64 页的例子中的格式。
2. 采用分录记录交易的影响。
3. 把分录过账到 T 形账。
4. 编制 2008 年 7 月 31 日的分类资产负债表。
5. 截至 2008 年 7 月 31 日,蓄意加速公司的资产融资主要来自负债还是所有者权益?

PA2-3　记录交易(日记账和 T 形账);编制和理解资产负债表

伊桑艾伦内饰(Ethan Allen Interiors)公司是家具的领先制造和零售商,在世界各地有 315 家商店。下面是伊桑艾伦内饰公司 2005 年 6 月 30 日资产负债表中的数据(以一千美元为单位):

现金	$75 688	其他资产	$6 665
应收账款	32 845	应付账款	80 993
存货	174 147	应付工资和其他费用	48 028
预付费用和其他流动资产	36 076	长期负债	9 321
自用固定资产	293 626	其他长期债务	39 224
无形资产	69 708	投入资本	116 719
		留存收益	394 470

假设下列事件发生在 2005 年三季度(以一千美元为单位)。

a. 支付现金 1 400 美元购买其他资产。
b. 发行股票,获得现金 1 050 美元。
c. 购买自用固定资产,支付现金 1 870 美元,剩余 9 300 美元签订两年期票据。
d. 出售其他资产,获得现金 320 美元。

e. 协定购买一个锯木机,成本为 3.6 万美元。

要求:

1. 分析交易 a 至 e,确定它们对会计等式的影响。采用 64 页的例子中的格式。
2. 采用分录记录交易的影响。
3. 把分录过账到 T 形账。使用 2005 年 6 月末的余额(上面报告的)为 2005 年 7—9 月这一季度的期初余额。
4. 解释事件 e 的答案。
5. 编制 2005 年 9 月 30 日的分类资产负债表。
6. 截至 2005 年 9 月 30 日,伊桑艾伦内饰公司的资产融资主要来自负债还是所有者权益?

B 组问题

PB2-1　确定不同交易对财务报表的影响

瑞士表业公司(Swiss Watch Corp)生产、制造并销售昂贵的手表,公司已经营三年。在 2006 年年底,会计记录反映总资产为 225.5 万美元,总负债为 178 万美元。在 2007 年发生的交易如下:

a. 发行额外的股票,获得现金 10.9 万美元。
b. 从银行贷款 18.6 万美元并签订 10 年期票据。
c. 一个股东以 5 000 美元出售他在瑞士手表公司的股本给另一个投资者。
d. 建造另一个工厂,并支付给建筑公司现金 20 万美元。
e. 购买新设备 4.4 万美元,支付现金 1.2 万美元,剩余部分签订 6 个月期的票据。
f. 返还 4 000 美元(e)的设备,因为发现是次品,收到现金返还。

要求:

1. 完成下面分析表,账户增加填 +,减少填 -。第一个交易给出了例子。

资产			=	负债	+	所有者权益	
现金	房屋	设备	=	应付票据		投入资本	留存收益
(a) +109 000						+109 000	

2. 分析表中包括了事件(c)吗?为什么?
3. 基于期初余额和完成的分析表,给出下列数据(给出计算过程):
   a. 年末总资产
   b. 年末总负债
   c. 年末所有者权益
4. 在 2007 年 12 月 31 日,瑞士手表公司资产融资主要来自负债还是所有者权益?

PB2-2　记录交易(日记账和 T 形账);编制和理解资产负债表

轴承 & 制动器(Bearings & Brakes)公司成立于 2008 年 6 月 1 日。公司 2008 年 6 月 30 日的账户如下:

第 2 章　在资产负债表中报告投资和融资结果

应付账款	$50 000	土地	$444 000
厂房	500 000	应付票据	5 000
现金	90 000	留存收益	966 000
投入资本	170 000	原材料	9 000
设备	148 000		

在 7 月,公司的经营活动如下:
a. 发行 6 000 份股票,获得现金 60 万美元。
b. 从当地银行贷款 6 万美元,到 2010 年 6 月 30 日付清。
c. 购买厂房 16.6 万美元,支付现金 6.6 万美元,剩余部分签订三年期的票据。
d. 现金 9 万美元购买设备。
e. 赊账 9 万美元购买原材料。

要求:
1. 分析交易 a 至 e,确定它们对会计等式的影响。采用 64 页的例子中的格式。
2. 采用分录记录交易的影响。
3. 把分录过账到 T 形账。
4. 编制 2008 年 7 月 31 日的分类资产负债表。
5. 截至 2008 年 7 月 31 日,轴承 & 制动器公司的资产融资主要来自负债还是所有者权益?

PB2-3　记录交易(日记账和 T 形账);编制和理解资产负债表

星巴克公司是一个咖啡公司。在 10 年中,星巴克的店从 165 个增加到 5 800 个——平均每年增加 43%。下面是星巴克公司 9 月 30 日资产负债表中的数据(以一千美元为单位):

现金	$174 500	应付账款	$462 600
应收账款	97 500	短期银行贷款	74 900
存货	263 200	长期负债	5 100
其他流动资产	312 100	其他长期债务	23 500
自用固定资产	1 265 800	投入资本	930 300
其他长期资产	179 500	留存收益	796 200

假设下列事件发生在截止于 2005 年四季度。
a. 支付现金 1 000 万美元购买其他长期资产。
b. 发行股票,获得现金 510 万美元。
c. 购买自用固定资产,支付现金 1 120 万美元,剩余 950 万美元签订长期贷款。
d. 出售长期资产,获得现金 600 万美元。
e. 协定购买一个咖啡农场,成本为 840 万美元。

要求:
1. 分析交易 a 至 e,确定它们对会计等式的影响。采用 64 页的例子中的数据。
2. 采用分录记录交易的影响。
3. 把分录过账到 T 形账。使用 2005 年年末的余额(上面报告的)为 2005 年 10—12 月这一季度的初始余额。

4. 解释事件 e 的答案。
5. 编制 2005 年 12 月 31 日的分类资产负债表。
6. 截至 2005 年 12 月 31 日,星巴克公司的资产融资主要来自负债还是所有者权益?

技能拓展训练

S2-1　查找和分析财务信息

参考兰德里餐饮公司的财务报表,可从网页 www.mhhe.com/phillips2e 上下载年度报告。

要求:

1. 公司的财政年度年末是什么?你在哪儿看到的确切日期?
2. 使用公司的资产负债表,确定会计等式(A = L + SE)的数额。
3. 在资产负债表中,公司报告的存货为 59 716 920 美元。这个数据是否代表按预期销售价格计算的金额?为什么?
4. 公司的流动负债是多少?
5. 公司资产的融资主要来自负债还是所有者权益?

S2-2　查找和分析财务信息

参考澳拜客牛排坊的财务报表,可从网页 www.mhhe.com/phillips2e 上下载年度报告。

要求:

1. 使用公司的资产负债表,确定会计等式(A = L + SE)的数额。澳拜客牛排坊的总资产是否大于兰德里餐饮公司?
2. 澳拜客牛排坊的流动资产比兰德里餐饮公司多还是少?
3. 澳拜客牛排坊的流动负债比兰德里餐饮公司多还是少?
4. 澳拜客牛排坊的资产融资主要来自负债还是所有者权益?

S2-3　小组研究,财务分析,技术和交流:核查资产负债表

以小组为单位选择一个行业进行分析,每个组员可以通过互联网获取行业中公开上市公司的年度报告或 10-K 报告,并且每个组员只能选择不同的公司(获取资源的途径见第 1 章的 S1-3)。

要求:

1. 以个人为单位,每个组的成员需要根据下列信息写一个简短的报告:
   a. 资产负债表日期。
   b. 主要的非流动资产账户和变化。
   c. 主要的非流动负债账户和变化。
   d. 所有者权益的变化。
   e. 公司资产融资主要来自负债还是所有者权益。
2. 以小组为单位,写一个简短的报告,根据这些特征比较和对照你们的公司。讨论你们小组的公司的相同点,并针对你们所发现的差异提供可能的解释和说明。

S2-4 道德推理、判断性思考以及交流：真实的舞弊

在财务舞弊中，庞氏骗局（指骗人向虚设的企业投资，以后来投资者的钱作为快速盈利付给最初投资者以诱使更多人上当，亦作 Ponzi）是非常出名的。下面是庞氏骗局的由来。查尔斯·庞氏在1919年12月26日开始经营证券交易公司。他宣称自己能在国外以低于美国的价格购买美国邮票，并且承诺投资者能在90天内获得本金并加上额外50%的利息。朋友和家人纷纷把钱投入庞氏，且仅在45天内就获得了本金和利息。《纽约时报》的一篇报道让庞氏的事迹迅速传播开，吸引了更多的想获得这种回报的人们。如果庞氏的宣称是真实的，它可能是一个非常成功的企业。但是事实并不是这样。支付给最初投资者那些所谓的利润并非真正存在，而是来自后来的投资者因上当而投入的资金。最终庞氏骗局于1920年8月10日在审计师检查会计记录时破灭。

要求：

1. 假设在1919年12月27日，庞氏最初的三个出借人每人给公司5 000美元。用基本会计等式来表达这笔交易。
2. 如果最初的两个出借人得到承诺的本金加上50%的利息，那么庞氏企业还剩多少现金可以支付给第三个出借人？说出你的意见，庞氏公司为什么能维持"经营"八个月？
3. 庞氏骗局损害了谁？

结语： 在欺骗了40 000多人近1 500万美元之后，庞氏公司以总资产为150万美元而失败告终。庞氏被判了四年刑狱，然后从保释中逃离，又卷入了在佛罗里达州出售沼泽地的欺诈案。这些全属事实。

S2-5 道德推理、判断性思考以及交流：小案例

你是一个小型土地开发公司的会计师，公司非常需要额外融资以维持经营。公司的总裁在这个月底要与当地银行谈判，试图能获得融资。总裁告诉了你两种方法来改善公司报告的财务状况。一种方法是，公司由于很大一部分价值来源于有见识和忠诚的员工，所以应该在资产负债表上增加"智慧才能"一个科目作为公司的资产；另一种方法是，他觉得虽然当地经济条件不好，而且几乎没有人购买土地和新房，他仍然很乐观，觉得以后会有转机。因此，他要你以土地的成本价，而非评估专家评定的更低的真实价值，报告在资产负债表上。

要求：

1. 回顾第1章，为什么总裁会这么关心资产负债表上的资产数额？
2. 关于总裁的第一种以"智慧才能"作为资产的建议，与第2章中的什么会计概念相关？
3. 总裁的第二种以成本价报告土地的建议，与第2章中的什么会计概念有关？
4. 如果按照总裁的建议做，谁的利益会受损？你应该怎么做？

S2-6 财务分析和判断性思考：评估资产负债表的可靠性

百特斯·约翰为了扩大公司规模，向当地银行贷款5万美元。银行需要百特斯·约翰提交一份企业财务报表来申请贷款。百特斯·约翰编制了下列资产负债表。

资产负债表
2007 年 6 月 30 日

资产	
现金	$9 000
存货	30 000
设备	46 000
个人住房(分期付款,月支付 $2 800)	300 000
剩余资产	20 000
资产合计	$405 000
负债	
供应商的短期负债	$62 000
设备的长期负债	38 000
负债合计	100 000
所有者权益	305 000
负债和所有者权益合计	$405 000

要求:
资产负债表有一些错误,至少有一个很明显的错误,指出来并说明它的重要性。

S2-7 分析交易并编制资产负债表

你最近在伊丽莎白·雅顿(Elizabeth Arden)公司佛罗里达州的迈阿密湖总部获得一个兼职会计的职位。伊丽莎白·雅顿是世界上著名的美容产品的制造商和经营商,以红门女士香水作为主导产品。下面的表格是伊丽莎白·雅顿公司 9 月 30 日的资产负债表中的账户(以 1 000 为单位)。

现金	$14 300	短期应付票据	$125 000
应收账款	285 400	应付账款	111 800
存货	199 700	其他流动负债	75 700
其他流动资产	31 600	长期负债	323 600
不动产和设备	35 800	其他长期负债	10 100
其他非流动资产	224 100	投入资本	101 800
		留存收益	42 900

如果公司在 10 月发生了以下交易,伊丽莎白·雅顿的资产负债表会如何变化。
10 月 2 日   以 1 500 万美元购买生产设备,签订 3 年期的应收票据。
10 月 10 日   以现金 700 万美元偿还短期贷款。
10 月 21 日   以现金 2 000 万美元发行股票。
10 月 28 日   以现金 8 000 万美元购买土地。

要求:
伊丽莎白·雅顿的管理者要求你制作一个电子数据表,说明:
a. 9 月 30 日的账户余额。
b. 10 月四笔交易的影响。
c. 把 9 月 30 日的余额与 10 月交易的数据汇总。你也许准备好了要开始处理这项工作,但为了保险,你给你的朋友欧文发电子邮件询问意见。下面是他的回复。

来自:Owentheaccountant@yahoo.com
至:Helpme@hotmail.com
抄送:
主题:Excel 帮助

我简直不相信你辞掉了在 EA 那么好的工作。真庆幸你能如此迅速地找到另一家公司!

1. 我觉得,如果你能把电子数据表做成一排并列的 T 形账户,你的老板一定会对你印象深刻。每个账户占两栏(账户名占一栏)来做成 T 形账。你还记得如何合并单元格让账户名占两格对吧?如果不记得,看一看上一封邮件。这里有一个尚未输入 10 月份交易的数据表截图。

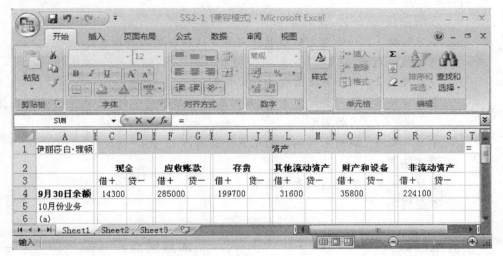

2. 参考 S1-7 的合并单元格建议。想了解更多的电子表格技能,你可以根据相关的 T 形账户用电子表格做一张资产负债表。在同一文件中打开一张新工作表,单击资产负债表工作表中你想输入 T 形账数据处,输入 =,单击 T 形账工作表的标签,选中需传递数据的单元格,再按输入键。同时,如果你需要,Excel 还可以隐藏行与栏的网线,单击"Excel 帮助"中的"隐藏网格线",就可以知道如何做。

3. 还有一点需要提醒你,那就是在计算每个 T 形账户的余额时,你需要加上期初余额并减去期末余额。所以,在计算一个特定的账户时,你的等式形式类似于:=(SUM(C4:C9)-SUM(D5:D9))。

4. 这样就做完啦。不要忘记保存文档并重新命名。

第3章 报告经营成果和利润表

学习目标

了解企业
学习目标1 描述常见的经营性交易并选择合适的利润表账户

学习会计方法
学习目标2 解释并运用收入配比原则
学习目标3 运用会计恒等式、日记账和T形账户分析、记录并总结经营交易对公司的影响
学习目标4 编制未经调整的试算平衡表

评估结果
学习目标5 描述利润表的局限

本章复习

> **前章回顾**
> 在上一章中,你学习了如何分析、记录及总结交易对资产负债表账户的影响

> **本章重点**
> 本章注重分析、记录并总结经营性交易对资产负债表和利润表账户的影响

撒开音乐不说,唐妮·布雷斯顿(Toni Braxton)、圣荷西交响乐团(San Jose Symphony),与TLC组合有哪些共同点呢?这里给个提示,它们与安然、凯马特(Kmart)、联合航空公司(United Airlines)以及世通公司可以归为一类。对的,它们都有过破产经历。TLC组合在破产登记前曾六次摘得美国前十名最佳单曲奖;凯马特在破产登记3年前刚刚庆祝了公司100周年纪念日,因此这些大名鼎鼎的名字会卷入破产程序似乎有点令人难以置信,但这些的确是真的。尽管这些名流和大公司都收益不菲,但他们的活动超过了其能力,最终导致了破产问题的出现。

唐妮·布雷斯顿的破产事件是个有趣的故事,故事包含了爱情、法律,以及利润表。事实上,利润表并没有真正卷入事件中,它仅仅是事件的小部分。然而,如果没有利润

表提供的收入与费用的对比信息,唐妮无论如何也不会明白她是如何陷入财务困境的。根据利润表的数据,她的个人年收入仅有 40 万美元,这个收入水平几乎不可能为她的奢侈的名流生活方式所带来的所有巨额费用买单。她花费了超过 1 万美元参加纽约的周末流行秀场(Runway Show)活动、花了 1.5 万美元购买王瑞娜(Vera Wang)结婚礼服,并且支付了 1 200 美元在发型设计上。如果她早知道这些相关花费远远超过她的个人收入,或许她会选择在快速剪发打理她的头发,在那里,每位客户的平均消费仅仅为 16 美元。①

　　本章的第一个目标是帮助你了解一张利润表如何呈现一个公司在会计期间通过日常经营活动产生的利润或损失。接着我们将演示第 2 章阐述的交易分析法是如何被用来分析并记录那些会影响利润表的交易。最后,在本章结束前,我们将着重关注利润表本身存在的某些局限。下面的树状图总结了本章的主要任务及各部分内容的标题。

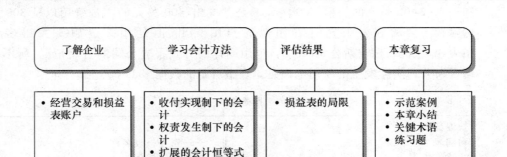

本 章 结 构

了解企业

经营交易和利润表账户

学习目标 1
描述常见的经营性交易并选择合适的利润表账户。

　　正如在第 2 章中提到的,考虑建立快速剪发沙龙相关的投资活动和筹资活动对于理解资产负债表非常有用,同样,在看利润表之前先了解快速剪发沙龙的经营活动是很有帮助的。回想你最近一次剪发的经历,你选择的剪发沙龙如何获得收入?这期间相

---

① 以上资料来自 A. M. Dickerson, "Bankruptcy Reform: Does the End Justify the Means?" *American Bankruptcy Law Journal*, April 2001, p.243; "A Star Is Broke," *Entertainment Weekly*, February 20, 1998; www.bankruptcydata.com/Research/15_Largest.htm; www.chl.ca/JamMusicArtistsB/braxton_toni.html; Regis Corporation's 2006 From 10-K; and http://people.aol.com/people/news/now/0, 10958, 12391, 00.html

对应发生了什么费用？对大部分剪发沙龙以及其他的商业行为，收入代表着向顾客收取的金额。试想下，如果剪发沙龙 9 月对外营业期间，为 1 560 位顾客提供剪发服务，并向每个人收取 10 美元，剪发沙龙的收入就达到 1.56 万美元。在某会计期间赚取的收入是最先在利润表反映的金额。

商业经营的成本在利润表的主表中作为与收入相对应的费用项目列示。总的说来，费用是利润表的报告期间企业为赚取利润的过程中所必需的支出。通过分析剪发沙龙的收支，我们发现，很大部分的费用用于支付管理层工资、发型师薪水、店租、广告费、保险以及各种公共费用支出（如电话费、传真费、网费、电费、水费）。正在经营这项生意的朋友们告诉我们一家剪发沙龙每个月大概能服务 1 560 名客户，在这期间，产生的相应的经营费用包括 8 000 美元的工资和薪水、2 400 美元的店租、600 美元的公共支出、400 美元的广告费用以及 300 美元的保险费。大的理发公司有着相似的费用支出，但是相关金额要大得多。正如图表 3.1 所示，瑞吉斯公司（Regis）也用同样的方式报告公司的费用情况，所不同的是瑞吉斯公司实际发生的费用金额是比表中所示的数据多 12 000 倍。

> **你应该知道**
>
> **收入**是指企业在销售商品、提供劳务所形成的经济利益的流入。
>
> **费用**是指企业为赚取收入所必需的支出。
>
> **利润**等于收入减费用，是企业在某一会计期间的经营成果。

图表 3.1　利润表

快速剪发 利润表 2008 年 9 月		——公司名 ——财务报表名称 ——会计期间
收入		
剪发收入	$15 600	9 月期间向顾客收取的金额
费用		
工资及薪金费用	8 000	9 月期间管理者的薪水和发型师的工资
租金	2 400	9 月的店租支出
公共支出	600	9 月的水费、电费支出
广告费用	400	9 月的广告费用
保险费用	300	9 月应分摊的保险费用
费用总计	11 700	总费用
净利润	$3 900	= $15 600 - $11 700

通过总收入减总费用，我们可以得到一个描述对整体的影响数据，我们称之为净利润（或净损失，如果支出的费用大于获取的收入）。净利润表示的是由于企业的经营活动而使所有者权益增加的数额。因此，净利润是最直接的可察的衡量企业绩效的手段。

图表 3.1 展示了如何在剪发沙龙的利润表中列示收入、费用及净收益的金额。每个会计账户都描述了由于企业特定经营而产生的特定的收入或费用种类。这对所有公司来说本质都是相同的。快速剪发报告收入时记入"剪发收入"，而百视达公司使用"电影光碟出租收入"。同样的，谷歌公司（Google）报告的费用项目为"通行许可费用"，而西南航空（Southwest Airlines）报告了"着陆费用支出"。随着对这门课程的不断

学习，我们会逐渐习惯于各种各样的会计账户名，但是现在为了便于理解，我们将其简化，只关注其中一些常见的收入费用类型。教材在第106页的本章补充材料中给出了更完全的收入费用账户表，在完成课后作业时，可供参考。

图表3.1所示的利润表是为2008年9月而编制的。我们发现，2008年9月30日这天是星期二。你可能会问这个日期有什么特别之处么？答案是这个日期并没有什么特别之处——它仅仅是一个月的最后一天。通过将公司持续经营的生产经营活动划分为一个个连续的、有意义的、相对更短的期间，快速剪发的管理者能及时并更有效地衡量并评估与公司的财务状况相关的信息。在会计中，这被称为会计分期假设。如果发现当月的净收益相对较低，管理者能立刻为下个月的增收采取有效措施。

> **你应该知道**
> **会计分期假设**假定一个公司持续经营的生产经营活动可以划分为一个个连续的相对较短的期间，比如月、季度或年。

我们应该注意到快速剪发的利润表里报告的是当期发生的经营活动对公司财务状况的影响。这些数据仅仅和当期有关。它们对以后期间并没有连带的财务上影响。这是利润表和资产负债表的关键区别。利润表中的收入和费用项目报告了经营活动对公司当期财务状况的影响，而资产负债中的科目在当期结束后会继续对公司以后期间的财务状况产生影响。描述利润表和资产负债表的区别的另一个角度是资产负债表描述一个时点上的存量，而利润表描述了一定期间的流量。

会发生什么？

自 我 测 试

下面列出的项目中，选出哪些项目应该在当期的利润表中报告（是/否）。如果为"是"，为所描述的项目选择一个合适的会计账户。

描述	是/否	会计账户
1. 花旗银行向顾客收取的每月服务费	_____	_____
2. 塔基特（Target）为零售店购买了一栋新建筑物	_____	_____
3. 戴尔为给客户配送电脑而支付的运费	_____	_____
4. 必胜客为下个月购买的材料	_____	_____
5. 阿贝克隆比（Abercrombie）每周支付员工的工资	_____	_____

自测答案
　　1. 是，服务费收入　2. 否　3. 是，物流费用　4. 否　5. 是，薪水及工资费用

道德观察

9月有35天？

一部分管理者不了解会计分期假设,特别是冠群电脑(CA)的管理者。冠群公司曾被指控财务报表欺诈,因为该部门不恰当地在只有30天的9月里记录了35天的销售额。为了使报表看起来达到了9月的销售目标,冠群公司的管理者将10月开始5天的销售额记录到了9月的利润表中。这样的会计处理欺诈使得管理者们能基于9月的销售额获得分红,同时也使得投资者认为冠群公司是个成功的公司。当后来真相被揭发时,冠群公司的股东立刻抛售股票,导致该公司的股票价格一天内下跌43%。最终,冠群公司为其疏于管理的会计核算付出了代价——公司补偿股东2.25亿美元,并同意协助美国证券交易委员会确保不合法的管理分红退还给公司,并且有好几名管理执行人员、市场人员以及会计人员已经被判入狱。正确、合理地报告收入是一件很严肃的事情。

学习会计方法

收付实现制下的会计

什么指标能科学地决定财务表现的好坏?在衡量财务表现的时候,很多人都是简单地参考银行账户的余额。如果这个月的整体余额增加了,他们就认为自己在财务管理上工作到位了。相反,如果余额降低了,他们会以此为戒,相应降低下个月的花销。银行账户余额的波动之所以能得体地衡量财务表现,原因在于现金流的变化取决于最近发生的与现金进出有关的经营活动。例如,如果你参加一个心理试验,现场参与能为你带来收入,在这种情况下,现金流准确地衡量了由于参加活动而给财务状况带来的改进。类似地,你开了一张支票给食品店,下降的银行账户余额将会及时地反馈你在食品上的支出。正如图表3.2所示,当银行账户余额的变动与相应发生的活动之间没有时间差时,收付实现制是很好的会计方法。

> **你应该知道**
> **收付实现制**在收到现金时确认收入,支付现金时确认费用。

总的说来,如果交易是在赊销的情况下进行,收付实现制就不能很好地衡量财务状况。问题的关键在于赊销会在活动发生与银行账户余额变动之间带来显著的时间差。就好比如果你的工资要到月末支付,那么你这个月的辛勤工作的结果只有等到月末才能得到体现。类似的,如果你拿信用卡在商场里疯狂购物,这些交易至少一个月内不会影响你的银行账户余额。

图表 3.2 没有拖欠的情况下收付实现制才有用

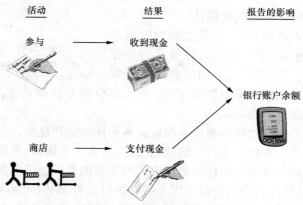

大部分公司在进行交易时都借助信用条件进行赊销或赊购,所以上述类似的情况在商业活动中经常发生。举个例子,中外运敦豪速递公司(DHL)经常要到下个月才能收到当月派发包裹的收入,如果使用收付实现制,DHL 就要在第一个月确认费用,而收入则要到第二个月从客户收到现金时才能确认。正如图表3.3所示,收付实现制扭曲了公司应有的财务表现。公司在第一个月报告了净损失,在第二个月却报告了巨额净收入,但是事实上第一个月发生的包裹业务为公司带来了1.5万美元的收入,除去1万美元的费用,公司第一个月派发包裹的净利润应为5 000美元。所以,我们需要一种更好的会计方法——一种能够在同一期间报告收入以及与收入相联系的费用的方法。

图表 3.3 收付实现制在经营活动与现金流之间存在时间差时失效了

第一个月 (业务发生)		第二个月 (收到现金)		总计	
收入	$0	收入	$15 000	收入	$15 000
费用	10 000	费用	0	费用	10 000
损失	$(10 000)	收益	$15 000	净利润	$5 000

权责发生制下的会计

权责发生制是在同一会计期间报告收入以及与此相关的费用的会计方法。根据公认会计原则(Generally accepted accounting standards, GAAP),权责发生制是唯一被认可的用来对外报告净利润的会计方法。收付实现制仅被允许在一些小公司内部报告时使用,公认会计原则也不允许将其用于对外报告使用。

学习目标 2
解释并运用收入配比原则。

你应该知道
权责发生制下无论现金收付在何时进行,收入都应在赚取时、费用在发生时予以确认。

"权责发生原则"意味着当经营活动发生时就应该报告该活动相应的财务影响,而不能等到相关现金收到或支出时才确认。也就是说收入在赚取时确认,相应的费用也应在发生时确认。在权责发生制下决定收入和费用确认的两个重要的会计原则分别是：收入原则和配比原则。

收入原则——收入的确认

根据收入原则，收入必须在赚取时就予以确认。"确认"这个词是指计量并记录在会计系统中。"赚取"这个词的意思是公司

> **你应该知道**
> 收入原则要求不必要等到现金收到时，在收入赚取时就应做相应记录。

已经执行了向顾客允诺的商业行为。对大部分商业活动来说，商品或服务的提供时点意味着这些条件的满足。

所有的公司都希望在提供商品或服务的同时收到现金，但确认收入的时点，并不意味着现金的支付在同时进行。恰恰相反的是，在一个期间，公司是否向顾客提供了所允诺的商品或服务才是决定何时确认收入的关键因素。公司可能在任何时间获得应得的现金，不管这段时间距离商品或服务的提供时点有多长（可能是一个月、一个季度或者一年）：（1）在执行允诺行为的同时获得现金收入；（2）在允诺的行为执行之前收到现金；（3）在允诺行为执行之后收到现金，如图表3.4所示。

图表3.4 报告收入和现金收取的时间选择

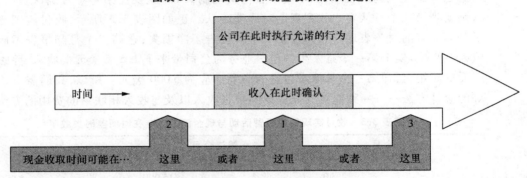

接下来我们来研究如何处理图表3.4中所示的三种情况：

1. 在执行允诺行为的同时收到现金。在快速剪发这是最常发生的情况，顾客在完成剪发之后立刻就会以现金支付相应的费用。这其中涉及的会计交易包含两个部分：（a）快速剪发为顾客提供理发服务的同时赚取了收入；（b）作为回报，快速剪发收到了顾客支付的现金。

2. 在执行允诺行为之前收到现金。当快速剪发的顾客为了方便以后的服务费用支付，提前将现金存入公司提供的会员卡中，即快速剪发在为顾客提供服务之前收到了现金。此时，快速剪发将会记录现金收入，但是由于允诺为顾客提供的服务尚未发生，相应的收入不能在此时确认。另一方面，快速剪发有义务在将来无附加条件地为顾客提供理发服务或者归还会员卡里的多余现金。总的说来，此时的快速剪发存在某种义务。这种义务叫做预收账款，在资产负债表中这个项目的金额应当与提前收到的现金相等。这个行为对利润表并没有影响，因为

> **你应该知道**
> **预收账款**是企业的负债，代表企业有义务在将来的某个时候为顾客提供商品或者服务。

快速剪发给顾客的是一种允诺，并非理发服务。当未来的某个时间，快速剪发提供了理发服务，完成了部分会员卡中提前支付的金额所代表的义务时，才能将收入报告在利润

表中,同时减少预收账款账户余额。

3. 在执行允诺行为之后收到现金。这种情况通常发生在赊销的过程中。正如收入原则所规定的,公司只有在允诺行为执行之后才能确认相应的收入。如果快速剪发9月为电视台的主播提供理发服务,并只作了登记。尽管实际的现金收入最早也要10月之后才能拿到,相应服务的收入也必须在9月的利润表中列报。9月提供的理发服务为快速剪发赚取了收入,同时获得了向顾客收取现金的权利。这种收取现金的权利叫做应收账款。当10月快速剪发从顾客那收到了现金时,现金账户的金额将会增加,相应的应收账款账户余额会减少。关于这笔交易,在10月不需要报告任何附加的收入项目,因为这些收入对应的服务发生在9月,而不是10月。

每个公司都会在财务报表的附注中报告该公司采用的收入确认原则。我们来看个例子,瑞吉斯公司如何为它旗下的快速剪发连锁店规定收入确认政策。

瑞吉斯公司

美发沙龙的收入在销售发生的时点予以确认,也就是在理发服务提供完毕之时确认收入。公司发行的会员卡确认为负债,并在服务兑现时撤销。

你是否真正理解确认收入记录的原因,是值得事先确定的,因为在下一节,你会发现同样的原因导致了对费用的记录。为确保你能将之前所学的内容熟练运用,我们先花几分钟来做个自我测试。

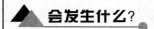

自 我 测 试

以下所列示的交易来自佛罗里达潜水公司(Florida Flippers)的经营活动。佛罗里达潜水公司是一家专营配戴水肺的潜水指导公司。写出公司各个活动中应在6月确认的收入金额,没有收入则无须标记。

经营活动	六月份赚取的收入金额
1. 在6月,佛罗里达潜水公司提供潜水指导服务而向顾客收取的3.2万美元。	
2. 6月,佛罗里达潜水公司收到顾客为潜水旅行而支付的8 200美元现金。其中价值5 200美元的旅行将在6月履行,剩下金额对应的潜水旅行服务将在7月进行。	
3. 6月,佛罗里达潜水公司收到顾客支付的3 900美元现金,公司已经在5月履行了这部分金额相对应的指导服务。	

自测答案

    1. 3.2万美元

    2. 5.2万美元(这是6月的金额。剩余的3 000美元将在7月确认为收入;在那之前,这个金额将被归为负债——预收账款)。

    3. 这个活动在6月没有相应的可确认的收入。这些收入归属于5月的经营活动,在6月收到现金之前被记作应收账款,6月收到现金后,应减少对应的应收账款金额。

费用的确认

赚得利润的经营活动必然会伴随产生费用。在权责发生制下，费用的确认应在与相联系的收入的确认在同一期间，而不需要考虑费用产生的现金支出的时间。例如，快速剪发在9月提供理发服务，那么快速剪发首先要为9月的经营租下场地并找到能在9月为其工作的发型师。在权责发生制下，即使9月的房租必须在8月支付，而发型师的工资可以等到10月再支付，快速剪发都必须在9月报告相关的租金费用和发型师的工资费用。这就是会计师们所称的配比原则：费用应当在与之相关联的收入发生期间予以确认。如果一项费用不能直接与一项收入相挂钩，就把它记录在相应经营活动发生的当期。例如，由于我们不能确定广告是如何对收入产生影响以及影响将会对哪一期发生，所以我们就直接把广告费用确认在广告正式投入播放期间。我们应该注意的是，费用应该确认在相对应的商业活动进行期间，而不应该等到现金支付的时候确认。如图表3.5所示，现金支付的时间段有三种可能情况：(1) 与费用发生在同一期间，(2) 在费用确认之前，或者(3) 在费用已确认之后。

> **你应该知道**
>
> **配比原则**要求费用应当在与之相关联的收入发生期间予以确认，不需要考虑为这些费用支付现金的时期。

图表3.5 报告费用的时间和支付现金的时间

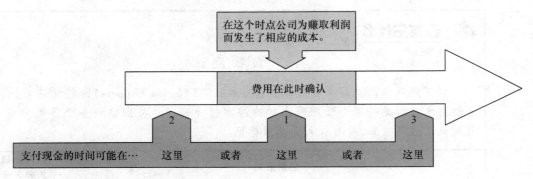

1. 在为赚取利润而发生的成本确认的同一期间支付相对应的现金。费用有时候会在其发生的当期立即支付掉，但这种情况在商业活动中不像你的日常生活中那样常见。例如，快速剪发会在9月1日花费100美元现金购买松饼来庆祝快速剪发的隆重创店。由于购买松饼的支出是为9月的庆祝活动而发生的，故这项费用应在9月的利润表中反映。换句话说，该项费用产生的效益仅能在当前的一个会计期间内发挥它的作用。如果受益于该项成本的不仅仅是当前的一个会计期间，该项支出会一直在未来的会计期间发挥作用，那么在财务报告中我们就该将其归为一项资产（参阅2.）。

2. 在为赚取利润而发生的成本确认之前就支付了相应的现金。在当期为某项将在未来期间提供效益的费用支付现金是在公司的经营中是很常见的事情。例如，快速剪发可能在8月支付现金购买洗发香波，但直到9月才使用这些香波。根据配比原则，由于快速剪发到9月才使用这些香波赚取利润，快速剪发使用这些香波的相关成本应当报告在9月的利润表中。8月购买的这些香波并没有在8月为公司赚取利润作出贡献,故不应当在8月报告这项费用。在8月,这些香波将会使未来的会计期间受益,因此它代表了一种资产。当9月香波被用于经营活动之后,香波采购费用将会在9月的利润表中确认,同时减少相应的资产。类似的情况还有公司提前支付店租或保险费。

3. 在为赚取利润而发生的成本确认之后才支付相应的现金。由于商业活动中大部分交易中赊销是很常见的情况,一个公司常常在一个期间产生成本,而到以后的某个会计期间才支付相应的现金。例如,快速剪发这个月为带动吹风机工作而耗费了大量的电,而到下个月才为耗电支付现金。由于电的成本与当期赚取的收入有直接关系,它代表的费用应该在这个月的利润表中列报。由于这项成本的费用在本月末没有相应的现金支出,相应地快速剪发也负担了一项电费支出的负债。该项费用叫做公共支出,相应的负债叫做应付账款。下个月支付员工这个月的工资,也属于这种情况。

在权责发生制下,哪些成本应该在编制利润表时作为费用项目录入,到了由你来判断的时候了。在完成下面的自我测试过程,你可以参考例3.5。

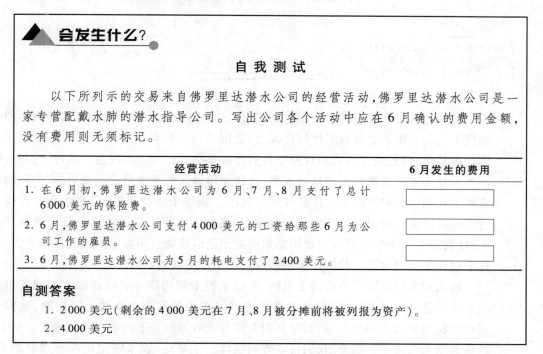

扩展的会计恒等式

当我们在第2章中引入基本的会计恒等式的时候,我们没有提及如何计量经营活动给利润表带来的影响。对于投资活动和融资活动对企业的资产、负债以及投资者投入的资本的影响,我们在此之前已经进行了充分的了解。我们现在到了要学习如何分析、记录并汇总经营活动对企业的影响的时候了。在此之前,你必须先了解与收入和费用相关的借、贷框架。

学习目标 3

运用会计恒等式、日记账和T形账户分析、记录并总结经营交易对公司的影响。

让我们从第 2 章的基本等式开始学习。那就是,资产等于负债加上所有者权益,公式表达为:资产(A) = 负债(L) + 所有者权益(SE)。现在,我们将关注所有者权益下的科目。通过第 1 章和第 2 章的学习,我们知道所有者权益代表着公司所有者对公司的投资情况,主要来自两个方面:(1) 初始投入资本,股东获得公司股份时用它来作为交换;(2) 留存收益,通过公司自身的经营活动获得的利润。留存收益扩展开来就包含着收入和费用,正如图表 3.6 所示。

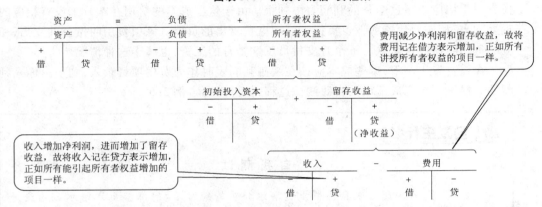

图表 3.6 扩展了的借/贷框架

首先花点时间看看图表 3.6 是如何引导你思考收入和费用被列入留存收益的子范畴这个问题。图表之所以那样层层表达,是因为收入和费用并不是一开始就被记录在留存收益中,而是通过收入和费用交易的影响最终划归为留存收益。实际上,每种收入和费用是在不同的账户上累计而成的,这样使得确认各个项目的金额更加容易,同时也方便了在利润表中对收入费用各项目的列示。在每个会计年度末,这些分开的收入和费用将通过特定的程序结转到留存收益中,我们将在第 4 章讲述这个特定的程序。现在,让我们关注于学习收入和费用是如何被记录以反映公司收益的增加或减少,并了解这个过程是如何对公司的资产和负债账户产生相关联的影响。

收入和费用是留存收益的子范畴,所以它们采用同所有者权益账户相同的借贷方式。我们已经知道,所有者权益的增加应当记在 T 形账户的右边。同样地,我们也知道收入将增加公司的净利润,而净利润会增加所有者权益下的留存收益账户。所以,将这些关联关系放在一起看,我们可以得到这样一个结论:收入应记在 T 形账户的右边,即贷方。重述一下这之间的逻辑关系:所有者权益的增加在右边,收入能增加所有者权益,因此收入的增加应当记在右边,即贷方。所有者权益的减少记在左边,故为了表示费用减少净利润及留存收益,费用应当记在 T 形账户的左边,即借方。图表 3.6 总结了这一系列的影响。

在课后的家庭作业以及接下来的例子中你将会频繁地使用到图表 3.6 所概括的逻辑关系,所以一定要花足够的时间来研究这个表。

交易的分析、记录和汇总

学习怎样运用收入原则和配比原则、掌握扩展的会计恒等式,以及熟悉借/贷框架,需要我们进行大量的练习。下述例子对快速剪发9月的经营情况进行了分析,从读懂这些分析入手,是最有效的学习途径。

(a) 提供服务的同时收取现金

9月,快速剪发为顾客提供服务获得了1.5万美元的现金收入。由于理发沙龙在收取现金的同时为顾客提供了承诺的理发服务,而这些服务是确认收入的依据,故这些活动满足会计上交易的确认。在会计记录过程中,增加了现金(一项资产,记录在借方),同时确认相应金额的收入(作为所有者权益的子范畴,记录在贷方)。为了表明理发服务同时增加了收入和所有者权益,我们在分录中添加符号(+ 收入, + 所有者权益)。现金的增加在现金的T形账户中汇总,这个账户8月底的期初余额为1万美元。赚取的收入记录在一个新的账户中,叫做理发服务收入。这个账户的期初余额为零,因为公司是从9月开始经营快速剪发的。

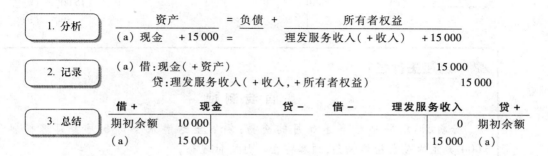

(b) 现在收取现金,未来提供相应的服务

在9月初,理发沙龙成功出售了三张价值100美元的会员积分卡。快速剪发在收到现金的同时仅仅交付给顾客积分会员卡,会员卡代表着将来不带附加条件地为顾客提供允诺的服务。这种允诺被记录为一种负债,叫做预收账款。

> **辅导员提示**
>
> 在"预收账款"账户中"预收"这个词的意思是公司还没有为顾客提供所有允诺的服务。在将来某个时候,公司有义务完成这项服务。

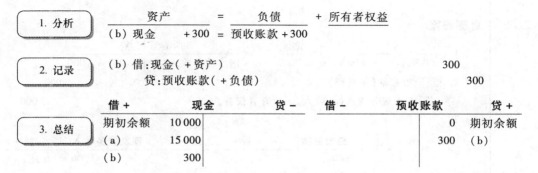

(c) 以赊账的形式提供服务

快速剪发以月结的形式为当地电视台的员工提供价值500美元的发型设计服务。

再次申明，这种交易也必须是在服务提供之后确认收入，而不应当以收到现金的时点为标准。由于发型设计服务已经提供，理发沙龙因此赚得了收入，所以此时沙龙就有了向电视台收取500美元现金的权利。这种收取现金的权利是公司的一种资产，我们称之为应收账款。

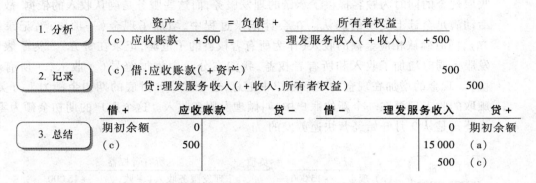

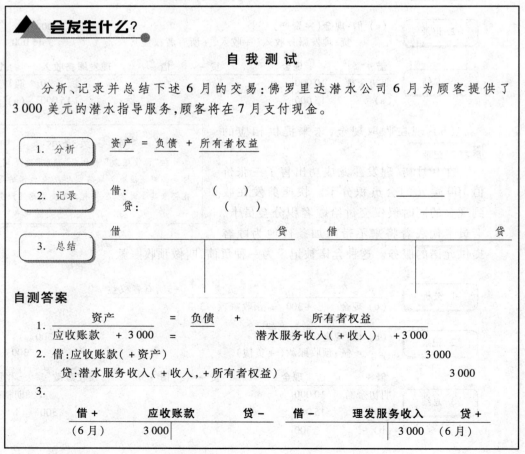

（d）收到顾客之前赊账的现金

快速剪发从电视台收到现金300美元。收到现金这个交易不包含任何附加的服务，所以也就没有可确认的收入。现金的收到降低了快速剪发将来可向顾客收取的金额，即它导致了应收账款的降低。

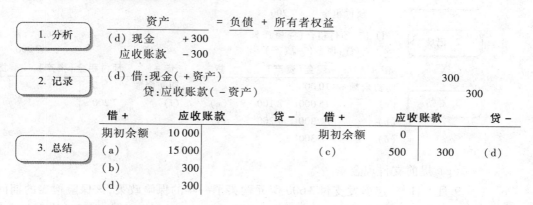

（e）支付现金给员工

快速剪发支付8 100美元的工资给发型师，这部分工资对应的是发型师们9月为顾客提供的服务。配比原则要求所有为赚取当期收入而发生的相关费用必须在与收入赚得的同一期间报告。费用的增加会导致所有者权益的负变动（＋费用，－所有者权益），因为费用降低净收益，从而减少所有者权益。

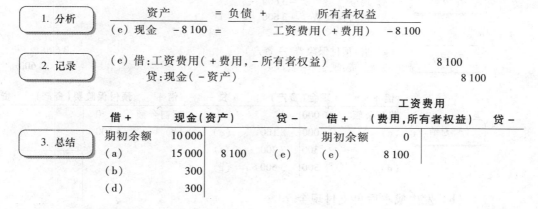

（f）提前支付现金

9月1日，快速剪发为9月、10月和11月的店租提前支付7 200美元。这项交易意味着支付了未来三个月租用店面的费用。

> **辅导员提示**
> 查阅96页的图表3.6，复习为什么费用记在借方。

当支付现金的时候，这项成本将为快速剪发带来未来的经济利益（能租用店面三个月），故在初始时应该把这项现金支付确认为一项资产，我们称之为预付租金。当每个月的租用时间过去后，快速剪发就应减少相应的预付费用并确认租金费用。我们将在第4章讲述如何在9月底从总租金费用中调整出9月应分担的费用份额（1/3 × $7 200 = $2 400）。

	资产	= 负债 + 所有者权益
1. 分析	(f) 现金 −7 200	
	预付租金 +7 200	

2. 记录　(f) 借:预付租金(+资产)　　　　　　　　　　　7 200
　　　　　　贷:现金(−资产)　　　　　　　　　　　　　　　7 200

借 +	现金(资产)	贷 −	借 +	预付租金(资产)	贷 −
期初余额	10 000		期初余额	0	
(a)	15 000	8 100 (e)	(f)	7 200	
(b)	300	7 200 (f)			
(d)	300				

(g) 提前支付现金

9月1日,快速剪发支付3 600美元购买了一年的保险政策,该保险覆盖的期间为9月1日到下一年的8月31日。这项交易涉及另一项应记入资产的预付款业务。此时,这项资产花费了3 600美元。

同样,我们将在第4章讲述如何在9月末从总保险费用中调整出9月应分担的费用份额($300)。

	资产	= 负债 + 所有者权益
1. 分析	(g) 现金 −3 600	
	预付保险费 +3 600	

2. 记录　(g) 借:预付保险费(+资产)　　　　　　　　　3 600
　　　　　　贷:现金(−资产)　　　　　　　　　　　　　　　3 600

借 +	现金(资产)	贷 −	借 +	预付保险费(资产)	贷 −
期初余额	10 000		期初余额	0	
(a)	15 000	8 100 (e)	(g)	3 600	
(b)	300	7 200 (f)			
(d)	300	3 600 (g)			

(h) 发生成本后再支付现金

快速剪发收到在报纸上刊登回归校园优惠价的广告的400美元账单,该项费用需要在10月支付现金。由于这项成本的发生为9月赚得了收入,根据配比原则,这项成本应该记作9月的费用。当成本在支付现金之前发生就产生了一种负债,我们称之为应付账款。

第3章 报告经营成果和利润表

	资产	=	负债	+	所有者权益
1. 分析			应付账款 +400		广告费用（+费用） −400

2. 记录

(h) 借：广告费用（+费用，−所有者权益）　　　　400
　　　贷：应付账款（+负债）　　　　　　　　　　　　　400

3. 总结

借 −	应付账款（负债）	贷 +	借 +	广告费用 （费用，所有者权益）	贷 −
		630　期初余额		期初余额　0	
		400　(h)	(h)　400		

(i) 支付现金给供应商

快速剪发为公共支出账单支付600美元现金，账单对应的服务发生在9月。所以，这项交易和(e)一样，现金支付和费用发生的时间在同一时期。

	资产	=	负债	+	所有者权益
1. 分析	(i) 现金 −600	=			公共费用（+费用） −600

2. 记录

(i) 借：公共费用（+费用，−所有者权益）　　　　600
　　　贷：现金（−资产）　　　　　　　　　　　　　　　600

3. 总结

借 +	现金（资产）		贷 −	借 +	公共费用 （费用，所有者权益）	贷 −
期初余额	10 000			期初余额	0	
(a)	15 000	8 100	(e)	(i)	600	
(b)	300	7 200	(f)			
(d)	300	3 600	(g)			
		600	(i)			

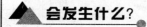

自我测试

休息并做个小练习吧。让我们回到佛罗里达潜水公司。分析、记录并总结下述6月的交易产生的影响：佛罗里达潜水公司为在7月为公司工作的员工们支付4 000美元现金的工资。

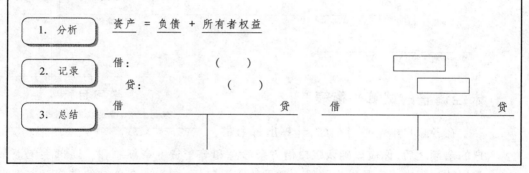

自测答案

1. 资产 = 负债 + 所有者权益
   现金 -4 000 =   工资费用(+费用) -4 000

2. 借:工资费用(+费用,-所有者权益)   4 000
   贷:现金(-资产)   4 000

3. 借+ 现金 贷-   借- 理发服务收入 贷+
        4 000 (6月) (6月) 4 000

计算账户余额 将各个分录的影响统一转到 T 形账户中,我们就能计算出期末余额。在图表 3.7 中,我们在 T 形账户中归纳了第 2、3 章中快速剪发的所有交易。之前你可能已经知道,在这里给个**提示**:将每个账户中借方余额加在一起,减去贷方余额的和,得到的金额就是期末余额。

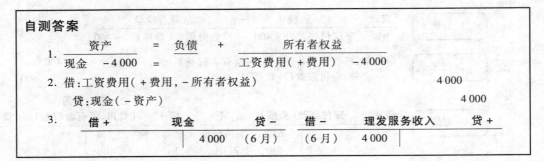

图表 3.7 快速剪发的 T 形账户

未经调整的试算平衡表

学习目标 4
编制未经调整的试算平衡表。

在各账户中汇总日记账,计算出每个账户的余额之后,你应该确认账户借方余额总和等于贷方余额总和。通过手工记录汇总数据的过程中很容易发生差错。常见的错误包括:(a)一个分录的借贷双方都没有转到 T 形账户中,(b) 将分录中借方的金额转到了 T 形账户的贷方(或相反),(c) 记录了错误的金额,或者(d) 在计算账户总余额时出现差错。编制一份试算平衡表(如图表 3.8 所示)是确保账户最终能平衡的最好办法。试算平衡表是用来检查借方总额是否等于贷方总额的内部报告。你将在第 4 章发现,试算平衡表也是编制财务报表时很好的一个工具。通常,试算平衡表在头一栏中列出所有的账户名(通常按照资产负债表和利润表科目的顺序排列),并将各账户的期末余额按借贷方分别记录在试算平衡表中。各账户的期末余额是从 T 形账户的余额中转来的。

> **你应该知道**
> **试算平衡表**列示了所有账户及它们的余额以核对借方和贷方是否平等。

图表 3.8　未经调整的试算平衡表样表

快速剪发
未经调整的试算平衡表
9 月 30 日

账户名	借方	贷方
现金	$6 100	
原材料	630	
应收账款	200	
预付租金	7 200	
预付保险费	3 600	
设备	60 000	
应付账款		$1 030
预收账款		300
应付票据		20 000
初始投入资本		50 000
留存收益		0
理发服务收入		15 500
工资费用	8 100	
公共支出费用	600	
广告费用	400	
总计	$86 830	$86 830

如果你的试算平衡表结果显示的借方总额不等于贷方总额,你会非常郁闷,因为这意味着你在编制试算平衡表的过程中发生了差错。这时候,你不要恐慌,更不要随意篡改数字以求平衡。当你发现自己处在一个洞里的时候,第一件事就是应该停止挖洞。冷静地检查借方和贷方的差异。如果情况是:

- 如果借方和贷方的差额与某个 T 形账户的余额相等,那么可能是你忘记将这个账户的余额转到试算平衡表中。
- 如果借方和贷方的差额是某一账户余额的两倍,问题可能是你将这个账户余额记在了试算平衡表相反的方向上。

- 如果借方和贷方的差额是日记账中某个分录金额的两倍,问题可能是你在将日记账的分录转到T形账户中的过程中将借方的金额记到了贷方中,或将贷方金额记到了借方。
- 借方和贷方的差额可被9整除,问题可能出在你将一个两位数的金额的数字写反,或者是遗漏了某个数字末位的0(这叫抄送误差)。
- 借方和贷方的差额可被3整除,问题可能出在你输入数字时,误输入了该数字的上一排或下一排的数字,(比如,你该输入6,而你却打成了9)。

我们不是想挫败你的积极性,但是即使未经调整的试算平衡表借方总和能够等于贷方总和,这其中仍可能存在错误的情况。例如,你本应当借:费用,而你却借:资产;或者你本应当贷预收账款,而你却贷了应收账款。因此,当试算平衡表不平衡时,我们能很明确地知道其中存在错误。即使试算平衡表左右平衡了,仍可能存在未知的隐性差错。

先花点时间浏览图表3.8中的试算平衡表。你应该注意到表头是未经调整的试算平衡表。之所以给出这样的名称,是因为在某一会计期间的期末我们需要做大量调整来更新各账户。例如,预付租金和预付保险费中归属于9月的部分已经发挥了效用,而相应的费用却没有得到确认。如果你的洞察力够敏锐,你一定会发现所得税还没有记录在表中。尽管可能有些公司在编制初始财务报表时,会使用未经调整的试算平衡表中的数据,但是大部分公司不这样做。它们都等到最后调整后才编制报表。因为之前的这些调整可以不断更新收入和费用,确保记录了相对完全的收入和费用金额。在此之后得出的净利润金额才能更有说服力地反映公司的盈利情况。关于如何进行期末调整,现在不用担心,我们将在第4章讲述。现在,我们需要明白的是在我们根据公认会计原则编制财务报表之前,这些账户必须要经过调整。

复习收入和费用

本章进行到现在,我们已经分析了九项与经营活动有关的交易。然而这些仅仅是很好的入门,我们不要求你掌握大部分公司涉及的各种各样的经营活动。你需要做的是总结所学的收入、费用以及日记账的处理方法,并将这些知识点广泛地运用到各种各样的经营活动中。让我们从收入开始运用这些处理方法吧。

收入的确认应当在企业完成对客户的允诺,为顾客提供了商品或服务的时候,而不必等到收到现金时。根据这个原则,我们来看三个例子:(1)在执行允诺行为的同时收到现金,(2)在执行允诺行为之前收到了现金,(3)在执行了允诺行为之后才收到现金。这三种情况的对应分录从左到右依次如下:

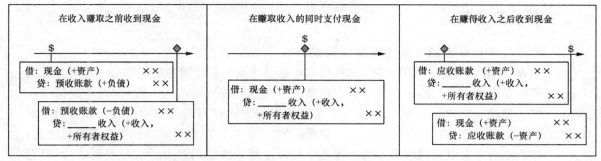

上面这三组情况与本章之前分析的快速剪发的收入交易相对应。"____收入"是个笼统的项目,你可以根据要记录的收入的不同类型来决定填入的内容。也就是说,当你在核算由于提供了理发服务而赚得的收入时,你可以使用诸如"理发服务收入"这样的账户。如果这项收入来自苹果 MP3(iPod)的销售,你可以称这项收入为销售收入。

让我们来看类似的对费用的总结。在权责发生制下,不论费用的发生是由于取得不会给企业带来未来经济利益的项目,还是由于前期取得的会为企业带来未来经济利益的资产在当期的损耗,费用都应当在发生的当期予以记录。现金的支出不一定会恰好在费用发生的当期。同样地,我们来看三种情况:(1)费用发生的同时支付现金;(2)在费用发生之前支付现金;(3)在费用发生之后支付现金。这三种情况的对应分录从左到右依次如下:

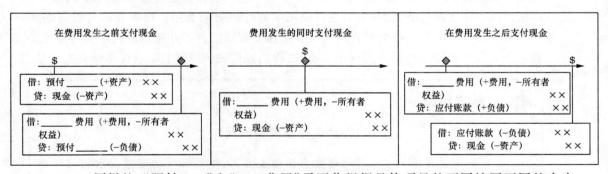

同样的,"预付____"和"____费用"需要你根据具体项目的不同填写不同的内容,例如,预付租金、租金费用、预付保险费、保险费用。

评估结果

利润表为评价公司经营情况提供了依据。关键是看净利润是否为正数(收入超过费用)。除此之外,收入的增长速度是否超过费用的增长速度也是很有效的标准。因为在这种情况下,公司的净利润必然会增长。公司成功地运营意味着公司的净利润必须在各会计期间保持稳定或稳步增长。

利润表的局限

> **学习目标 5**
> 描述利润表的局限。

尽管利润表能有效地衡量公司的经营情况,但是它也存在某些局限,这种局限可能会导致报表使用者的误解。一种最常见的误解是有些人认为净利润等于企业在某一时期产生的现金收入。然而,这是我们中许多人衡量自己收入的方式,公司并不是用这样的方式在利润表中确认收入和费用。根据权责发生制,收入在赚取时记录,费用在发生时确认,不论何时收到现金或支付现金。净利润与现金收付之间的差别意味着净利润才能反映公司经营活动的盈利能力,但它并不能表明公司收到的现金是否超过支付的现金。

第二个局限是利润表不能衡量一定期间企业价值的变动。分析师们在估计企业价值的时候,会考虑利润表,但不会把它作为一种衡量标准。因为很多导致企业价值变动的因素不会体现在利润表中。一个很好的例子是快速剪发完美的发型设计提升了公司了价值,这部分价值增长是在商誉中反映的。由于增加的商誉不是来自可辨认的交易,故无法进行合理的会计核算。因此,尽管净利润计量了许多影响企业价值的重要的事项,但它并不能包括所有影响的潜在的事项。

第三个常见的误解是计量净利润时仅仅涉及计算(有人称之为数豆)。会计的确包含计算和精确性的要求,但是估计在计量收益的过程中也起着关键性的作用。例如,快速剪发的设备不可能无限期地一直使用下去,相反,它在为公司带来收入的期间将会渐渐磨损。配比原则下,设备应当在其使用期间计量折旧费用。这就要求对设备的使用年限进行合理估计。我们将在第 4 章介绍这个特殊的例子并在以后的章节讨论更多的包含对收入和费用的估计的例子。现在,我们要认识到净利润不仅仅是精确的计量。

▲ 道德观察

为什么存在财务丑闻?

你可能听说过诸如安然和世通之类的财务丑闻,这些公司的管理层因做假账而被控告,所有人都想知道他们是出于什么原因做假账。在很多案件中,简单的答案是贪婪。净利润的降低通常会导致股票价格的下降,股价下跌进而导致经营公司的高级执行人员的薪水下降甚至被解雇。如果公司的经营情况确实不佳,贪婪将促使某些管理者伪造收入,隐藏费用,从而使报表呈现出公司运营很好的状况。尽管这招在短期内或许可以成功愚弄一些人,但从长远来看,漏洞终究会被发现,这将导致很严重的后果。在 106 页将给出一些关于收入费用会计处理造假的案例。在你看那些例子的时候,尝试着去想象如果你是伯尼·埃布斯(Bernie Ebbers)会怎么样?伯尼·埃布斯在他 65 岁时被判入狱 25 年。可能这种情况跟巴里·明可(Barry Minkow)一样糟糕,巴里·明可在 21 岁时被判入狱 25 年。

首席执行官	欺诈行为	定罪/负罪	结果
伯尼·埃布斯 65 岁（世通）	将经营费用记入资产，是美国历史上最大的财务欺诈案	2005 年 7 月定罪	被判入狱 25 年
桑杰伊·库玛（Sanjay Kumar）44 岁（冠群）	将销售收入记在了错误的会计期间	2006 年 4 月服罪	被判入狱 12 年
马丁·格拉斯（Martin Grass）49 岁（仪式帮手公司，Rite Aid Corp.）	不符合收入确认的条件下确认了从医药公司获得的回扣	2003 年 6 月服罪	被判入狱 8 年
巴里·明可 21 岁（四 Z 最佳，ZZZZ BEST）	伪造顾客和销售额来粉饰利润	1988 年 12 月定罪	被判入狱 25 年

附录：会计账户名称

相比图表 3.1 中快速剪发的利润表项目，图表 3S.1 提供了更完全的收入费用列表。正如我们在第 2 章中所提到的，每个公司都是不一样的，所以这些例子仍可能与其他一些公司使用的账户有所不同。图表 3S.1 并不是想包罗万象，只希望能为你提供理发行业之外的公司可能使用到的账户名称。

图表 3S.1　利润表账户示例

账户名	描述
收入	
销售收入	在日常经营活动中销售产品
服务收入	在日常经营活动中提供服务
房租收入	出租公司房地产赚取的金额
利息收入	存款账户及存款单赚得的收入
股息收入	对其他公司投资产生的收入
费用	
存货成本	在日常经营活动中销售产品的成本
维修费用	对建筑物或设备日常的更新维护成本
广告费用	在某一会计期间获得广告服务的成本
折旧费用	厂房或设备在使用期间的损耗成本
保险费用	为当前期间投保的成本
工资费用	员工在某一会计期间的薪水和工资成本
租金费用	某一会计期间房租的成本
原材料费用	在某一会计期间使用的原材料的成本
运输费用	将产品转移给顾客的运输成本
公共支出费用	某一会计期间电、光、热、互联网及电话费的成本
摊销费用	在某一会计期间无形资产的耗用或到期处置成本
利息费用	公司发行债券应支付给投资者的利息
所得税费用	对某一会计期间净收益征收的税

本章复习

示范案例 A 嘉年华公司

1. 根据嘉年华公司（Carnival Corporation）的资产负债表和利润表各账户的余额，为公司编制截至 2006 年 2 月 28 日的季度利润表（金额以百万美元为单位）。

2. 分析该公司经营成果（以百万美元为单位）。去年同期该公司的净收益是 3.45 亿美元。

运输费用	$412	工资费用	$276	销售费用	$365
乘客门票收入	1 908	燃料费用	215	预付费用	210
乘客门票收入	553	应付账款	656	舰艇费用	746
食物费用	153	所得税费用	14	预收账款	2 221

参考答案：

1. 利润表

嘉年华公司
利润表
季度截至 2006 年 2 月 28 日
（金额以百万美元为单位）

收入	
乘客门票收入	$1 908
乘客门票收入	553
总收入	2 461
费用	
舰艇费用	746
运输费用	412
销售费用	365
工资费用	276
燃料费用	215
所得税费用	14
总费用	2 181
净利润	$280

2. 2.8 亿美元的净利润表明嘉年华公司盈利了，也就是赚取的收入大于发生的成本。总的说来，这是好的迹象。然而，相比于上年该季度 3.45 亿美元的净利润表明公司的经营业绩有所下降。

> **辅导员提示**
> 由于 2.1 亿美元的预付账款是资产负债表的资产账户，故不包含在利润表中。6.56 亿美元的应付账款和 22.21 亿美元的预收账款是资产负债表的负债账户，因此也不包含在利润表中。

示范案例 B 电子表格

这个例子是第 2 章介绍的再见格拉斯公司的继续。在第 2 章中,该公司建立并购买了房地产和设备。

下面给出的是 2008 年 4 月 30 日公司的资产负债表,该表的编制是根据第 2 章中描述的投资活动和筹资活动编制的:

再见格拉斯公司
资产负债表
2008 年 4 月 30 日

资产		负债	
流动资产		流动负债	
现金	$3 800	应付账款	$400
应收账款	1 250	应付票据	4 000
流动资产合计	5 050	流动负债合计	4 400
设备	4 600		
土地	3 750	所有者权益	
		初始投入成本	9 000
		留存收益	0
资产合计	$13 400	负债和所有者权益合计	$13 400

2008 年 4 月还发生了以下活动:

(a) 支付 90 美元从当地加油站购买了汽油,用于 4 月期间割草机和轧边机的运转。

(b) 在 4 月初,从城市管理会收到 1 600 美元,公司将在 4 月到 7 月期间为城市进行草地维护服务(平均每个月的费用为 400 美元)。公司收到现金时全部记入了预收账款中。

(c) 在 4 月初,公司支付 300 美元购买保险,该保险有效时间为 4 月到 9 月。公司支付现金时将其记入了预付保险费中。

(d) 为当地居民客户提供除草服务,该项服务两周结一次账。4 月的服务部分记账的总金额为 5 200 美元。

(e) 居民客户向公司支付了现金 3 500 美元。

(f) 每两周支付员工工资一次。4 月工资支付的现金为 3 900 美元。

(g) 从当地加油站收到 320 美元的账单,该账单对应的是 4 月在加油张赊账的额外用油。

(h) 支付应付账款 100 美元。

要求:

1. 用本章给出的格式分析活动(a)—(h)对基本会计恒等式(资产 = 负债 + 所有者权益)的影响。

2. 写出活动(a)—(h)中可辨认交易的分录。

3. 将各个交易的影响总结到合适的 T 形账户中,在此之前,先设立 T 形账户:现金、应收账款、应收票据、预付保险费、设备、土地、应付账款、预收账款、应付票据、初始投入资本、留存收益、除草收入、工资费用以及燃料费用。这些 T 形账户的期初余额应该为上面资产负债表所示的金额,如果账户没有出现在上面的资产负债表中,就将它的期初余额设为 0。当把日记账转到 T 形账户之后,计算出每个 T 形账户的余额。

4. 用 T 形账户的余额为再见格拉斯公司编制 2008 年 4 月 30 日的未经调整的试算平衡表。

在完成上述要求之后,将你的答案和参考答案核对。

参考答案

1. 分析交易:

(a) 资产 = 负债 + 所有者权益
   现金   -90   燃料费用(+费用) -90

(b) 资产 = 负债 + 所有者权益
   现金 +1 600   预收账款 +1 600

(c) 资产 = 负债 + 所有者权益
   现金   -300
   预付保险费 +300

(d) 资产 = 负债 + 所有者权益
   应收账款 +5 200   除草收入(+收入) +5 200

(e) 资产 = 负债 + 所有者权益
   现金   +5 200
   应收账款 -5 200

(f) 资产 = 负债 + 所有者权益
   现金   -3 900   工资费用(+费用) -3 900

(g) 资产 = 负债 + 所有者权益
            应付账款 +320   燃料费用(+费用) -320

(h) 资产 = 负债 + 所有者权益
   现金   -100   应付账款 -100

2. 分录:

(a) 借:燃料费用(+费用,-所有者权益)　　　　　　90
　　　贷:现金(-资产)　　　　　　　　　　　　　　　　90
(b) 借:现金(+资产)　　　　　　　　　　　　　　1 600
　　　贷:预收账款(+负债)　　　　　　　　　　　　　1 600
(c) 借:预付保险费(+资产)　　　　　　　　　　　300
　　　贷:现金(-资产)　　　　　　　　　　　　　　　300
(d) 借:应收账款(+资产)　　　　　　　　　　　5 200
　　　贷:除草收入(+收入,+所有者权益)　　　　　5 200
(e) 借:现金(+资产)　　　　　　　　　　　　　3 500
　　　贷:应收账款(-资产)　　　　　　　　　　　　3 500
(f) 借:工资费用(+费用,-所有者权益)　　　　3 900
　　　贷:现金(-资产)　　　　　　　　　　　　　　3 900
(g) 借:燃料费用(+费用,-所有者权益)　　　　　320

第 3 章　报告经营成果和利润表

　　　　　贷:应付账款(+负债)　　　　　　　　　　　　　　　　　320
　　(h) 借:应付账款(-负债)　　　　　　　　　　　　100
　　　　　贷:现金(-资产)　　　　　　　　　　　　　　　　　　　100

3. T形账户:

借+	现金(资产)	贷-		借+	土地(资产)	贷-		借-	除草收入(收入)	贷+		借+	工资费用(费用)	贷-
期初余额	3 800			期初余额	3 750				0	期初余额		期初余额	0	
(b)	1 600	90	(a)	期末余额	3 750				5 200	(d)		(f)	3 900	
(e)	3 500	300	(c)						5 200	期末余额		期末余额	3 900	
		3 900	(f)	借-	应付账款(负债)	贷+						借+	燃料费用(费用)	贷-
		100	(h)			400	期初余额					期初余额	0	
期末余额	4 510			(h)	100	320	(g)					(a)	90	
借+	应收账款(资产)	贷-				620	期末余额					(g)	320	
期初余额	0			借-	预收账款(负债)	贷+						期末余额	410	
(d)	5 200	3 500	(e)			0	期初余额							
期末余额	1 700					1 600	(b)							
借+	应收票据(资产)	贷-				1 600	期末余额							
期初余额	1 250			借-	应付票据(负债)	贷+								
期末余额	1 250					400	期初余额							
借+	预付保险费(资产)	贷-				400	期末余额							
期初余额	0				初始投入资本									
(c)	300			借-	(所有者权益)	贷+								
期末余额	300					9 000	期初余额							
借+	设备(资产)	贷-				9 000	期末余额							
期初余额	4 600				留存收益									
期末余额	4 600			借-	(所有者权益)	贷+								
						0	期初余额							
						0	期末余额							

4.

再见格拉斯公司
未经调整的试算平衡表
2008 年 4 月 30 日

账户名	借方	贷方
现金	$4 510	
应收账款	1 700	
应收票据	1 250	
预付保险费	300	
设备	4 600	
土地	3 750	
应付账款		$620
预收账款		1 600
应付票据		4 000
初始投入资本		9 000
留存收益		0
除草收入		5 200
工资费用	3 900	
燃料费用	410	
总计	$20 420	$20 420

本章小结

学习目标1：描述常见的经营交易并为其选择合适的利润表账户，第88页

- 利润表报告净利润，净利润是通过收入和费用计算出来的：

收入——向顾客销售商品或提供服务而获得的报酬。

费用——为赚取收入而发生的相应的成本。

- 复习89页图表3.1的基本利润表格式以及图表3S.1的扩展的会计科目列表。

学习目标2：解释并应用收入原则和配比原则，第91页

- 与权责发生制及利润表密切相关的两个会计原则是：

收入原则——收入应当在赚取时予以确认。

配比原则——费用应当在与之相关的收入赚取当期予以确认。

学习目标3：运用会计恒等式、日记账和T形账户分析、记录并总结经营交易的影响，第95页

- 扩展的交易分析模式将收入和费用作为留存收益的子范畴进行分析：

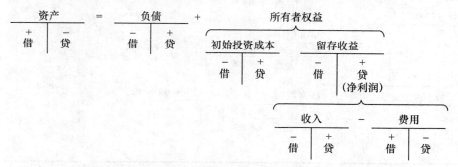

- 在日记账中，收入的增加记在贷方，费用的增加记在借方。

学习目标4：编制未经调整的试算平衡表，第101页

- 未经调整的试算平衡表列出所有的账户名以及调整前的账户余额，以核对日记账中借方总额与贷方总额是否相等。

学习目标5：描述利润表的局限，第105页

- 利润表无法反映公司收到的现金是否比支出的现金多。
- 利润表无法直接计量某一会计期间公司价值的变动。
- 在计量净利润时有很大的估计成分。

关键术语

权责发生制　91

收付实现制　90

费用　88

配比原则　93

净利润　89

收入原则　92

收入　88

会计分期假设　89

试算平衡表　102

预收账款　92

练习题

问答题

1. 指出利润表中的平衡关系并定义各要素。
2. 在 14 世纪、15 世纪会计发展初期,企业的商业活动一般只会短暂存在。例如,一项业务要求将货物从欧洲水运到北美洲,当货物顺利运达后,利润就直接在投资各方进行分摊,该项业务也就随之结束。再近点的世纪,商业活动持续的时间逐渐变长。确定会计运用在长期持续经营的企业中需要的会计概念。解释这些会计概念的含义并分析为什么现代会计需要这些概念。
3. 定义权责发生制,并将其与收付实现制进行比较。
4. 为什么在你的日常生活中使用收付实现制比较合理,而在商业活动中收付实现制却不可行?
5. 确认一项会计交易是什么意思?
6. 在权责发生制下,收入在什么时候确认的?
7. 解释配比原则。
8. 解释为什么收入增加所有者权益,而费用减少所有者权益。
9. 解释为什么收入记在贷方,而费用记在借方。
10. 完成下表,在空格内填入借或者贷:

项目	增加	减少
收入		
费用		

11. 完成下表,在空格内填入增加或者减少:

项目	借	贷
收入		
费用		

12. 利润表反映的项目与资产负债表反映的项目的基本区别是什么?
13. 四张基本财务报表中哪个适合用来分析收入和费用是留存收益的子范畴?给出解释。
14. 应收账款和收入之间的差别是什么?
15. 应付工资与工资费用之间的差别是什么?
16. 指出下列情况是否属于会计差错,解释为什么是或不是。并说说在试算平衡表中是否能发现下述情况存在的问题:
    a. 从客户收到现金时,借:应收账款,贷:现金。
    b. 当顾客购买了用于将来使用的购物卡,会计上确认收入。

c. 将一项费用记成了资产。
d. 在某一账户中记录分录的借方金额,但没有记录相应的贷方金额。
e. 公司股东购买了一辆新车,公司会计没有做账。
17. 利润表的三大局限是什么?

选择题

1. 下列项目中哪个不是公司会计账户的名称?
   a. 应收账款   b. 净利润
   c. 销售收入   d. 预收账款
2. 下列哪个账户的正常余额在借方?
   a. 预收账款   b. 租金费用
   c. 留存收益   d. 销售收入
3. 配比原则控制:
   a. 利润表中费用应当记在何处
   b. 收入何时在利润表中确认
   c. 资产负债表中流动资产和流动负债的列报顺序
   d. 何时将成本在利润表中确认为费用
4. 公司销售积分会员卡给顾客,应当在何时确认收入?
   a. 当会员卡成功售出并收到顾客支付的现金
   b. 当顾客使用了会员卡里的金额
   c. 在会员卡销售当年的年末
   d. 以上都不是
5. 如果公司错误地将本应记为费用的支付款记为资产,该差错在当期对净利润有何影响?
   a. 净利润偏高   b. 净利润偏低
   c. 净利润将不受影响   d. 没有人知道结果
6. 公司应当在什么时候将购买保险的成本确认为费用?
   a. 当公司签订保险合同的时候
   b. 当公司为保险支付现金的时候
   c. 当公司在保险覆盖期从保险中受益之时
   d. 当公司从保险公司收到保险索赔的时候
7. 在一定会计期间,如果费用超过收入(不存在利得或损失)时:
   a. 股东的所有者权益不会受到影响
   b. 股东的所有者权益将会增加
   c. 股东的所有者权益将会减少
   d. 在没有收入和费用的具体信息的情况下,无法决定对所有者权益的影响
8. 当确认收入时,以下哪个会计账户最不可能记录借方?
   a. 应付账款   b. 应收账款
   c. 现金   d. 预收账款

9. 威必公司(Webby Corporation)在利润表中报告了如下数据:服务收入 32 500 美元;公共支出费用 300 美元;净利润 1 600 美元,以及所得税 900 美元。如果除此之外,利润表中还报告了唯一的另一个项目是销售费用,销售费用的金额是多少呢?
   a. 2 200 美元   b. 29 700 美元
   c. 30 000 美元   d. 30 900 美元

10. 一个律师事务所收到一个新客户支付的现金,该现金对应的服务将由律师事务所在未来期间为顾客提供,在这项活动中,该律师事务所应做的分录为:
    a. 借:应收账款   贷:法律服务收入
    b. 借:预收账款   贷:法律服务收入
    c. 借:现金   贷:预收账款
    d. 借:预收账款   贷:现金

选择题答案:
1. b 2. b 3. d 4. b 5. a 6. c 7. c 8. a 9. b 10. c

小练习

M3-1　报告收付实现制和权责发生制下的收益

莫扎特音乐公司(Mostert Music Company)在 3 月发生了如下交易:
  a. 向客户销售价值 10 000 美元的音乐课程,其中 6 000 美元以现金支付,剩余 4 000 美元为赊账。
  b. 支付当月的工资费用 600 美元。
  c. 收到公共支出的账单 200 美元,公司将在 4 月支付。
  d. 收到客户预付 1 000 美元现金,公司将在 4 月为该客户提供等价的音乐课程。

完成下表:

收付实现制下的利润表		权责发生制下的利润表	
收入		收入	
现金销售	$	销售额	$
客户预付现金			
费用		费用	
已付工资	――	工资费用	
		公共支出费用	――
现金收入	$	净收益	$

M3-2　确定收入

比尔极限保龄公司(Bill's Extreme Bowling Inc.)经营多家保龄球服务中心,下述交易是该公司 2009 年 7 月的交易。标明需要在 7 月确认的收入的金额;如果某项收入不需要在 7 月确认,解释原因。

活动	金额或解释
a. 比尔从客户收到12 000美元的现金,该现金对应的保龄球比赛服务已经在7月提供完毕。	
b. 在7月的最后一天,比尔向顾客开出一张250美元的账单,该顾客租用中心场地举行了活动。顾客将在8月支付现金。	
c. 比尔收到顾客上个月(6月)赊账的1 000美元销售款。	
d. 男女保龄球协会提前支付比尔总额1 500美元的现金,该现金对应的服务比尔将在从9月开始的一个季度内提供。	

M3-3　确定费用

比尔极限保龄公司经营多家保龄球服务中心,下述交易是该公司2009年7月的交易。标明需要在7月确认的费用的金额;如果某项费用不需要在7月确认,解释原因。

活动	金额或解释
e. 比尔支付水管工人修理卫生间管道破裂的费用1 500美元。	
f. 比尔为6月的电费支付2 000美元的现金,并收到7月2 500美元的账单,这笔账单将在8月支付现金。	
g. 比尔支付员工7月的工资5 475美元。	

M3-4　记录收入

根据本章提供的格式为M3-2中的交易编写日记账。

M3-5　记录费用

根据本章提供的格式为M3-3中的交易编写日记账。

M3-6　指明涉及收入的经营活动对财务报表的影响

比尔极限保龄公司经营多家保龄球服务中心,下述交易是该公司2009年7月的交易。根据以下交易,完成电子数据表,标明每项交易的金额及影响(增加的标示"+",减少的标示"-")。如果没有影响,标示"NE"。将收入作为所有者权益的子范畴反映,第一笔交易给出了例子。

交易	资产	负债	所有者权益
a. 比尔公司收到顾客12 000美元现金,该现金对应的保龄球比赛服务已经在7月提供完毕。	+12 000	NE	比赛服务收入(+收入) +12 000
b. 在7月的最后一天,比尔向顾客开出一张250美元的账单,该顾客租用中心场地举行了活动。顾客将在8月支付现金。			
c. 比尔收到顾客上个月(6月)赊账的1 000美元销售款。			
d. 男女保龄球协会提前支付比尔总额1 500美元的现金,该现金对应的服务比尔将在从9月开始的一个季度内提供。			

M3-7 指明涉及费用的经营活动对财务报表的影响

比尔极限保龄公司经营多家保龄球服务中心,下述交易是该公司2009年7月的交易。根据下述的交易,完成电子数据表,标明每项交易的金额及影响(增加的标示"+",减少的标示"-")。如果没有影响标示"NE"。将收入作为所有者权益的子范畴反映,第一笔交易给出了例子。

交易	资产	负债	所有者权益
e. 比尔支付水管工人因修理卫生间管道破裂的费用1 500美元。	-1 500	NE	维修费用(+费用) -1 500
f. 比尔为6月的电费支付2 000美元的现金,并收到7月2 500美元的账单,这笔账单将在8月支付现金。			
g. 比尔支付员工7月的工资5 475美元。			

M3-8 编制利润表

根据M3-6和M3-7所给的交易(包括例子),为比尔极限保龄公司编制2009年7月的利润表。(这份利润表是"初步的",因为这些数据是未经调整的余额)

M3-9 确定收入

位于美国东北部的斯未哈德联合公司(Swing Hard Incorporated)提供室内高尔夫课程,以下是斯未哈德联合公司2008年2月的部分交易。标明需要在2月确认的收入的金额;如果某项收入不需要在2月确认,请解释原因。

活动	金额或解释
a. 斯未哈德由于在2月为客户提供了高尔夫课程而收取现金15 000美元。	
b. 斯未哈德在2月向客户销售了一张价值200美元的会员卡。	
c. 斯未哈德收到1月向客户赊销的4 000美元现金。	
d. 斯未哈德提前收取2 250美元的现金,这项现金收入对应的高尔夫课程将从6月开始教授。	
e. 斯未哈德在2月25日至2月28日为客户提供了高尔夫课程,并向客户开出125美元的账单。客户将于3月支付现金。	

M3-10 确定费用

位于美国东北部的斯未哈德联合公司提供室内高尔夫课程,以下是斯未哈德联合公司2008年2月的部分交易。标明需要在2月确认的费用的金额;如果某项费用不需要在2月确认,请解释原因。

活动	金额或解释
f. 斯未哈德为高尔夫球教练2月的工作支付4 750美元现金。	
g. 斯未哈德为1月的电费支付1 750美元现金。	
h. 斯未哈德收到2月电费的账单800美元,斯未哈德将在3月支付现金。	

M3-11 记录收入

根据本章提供的格式为 M3-9 中的交易编写日记账。

M3-12 记录费用

根据本章提供的格式为 M3-10 中的交易编写日记账。

M3-13 指明涉及收入的经营活动对财务报表的影响

位于美国东北部的斯未哈德联合公司提供室内高尔夫课程。下述交易是该公司 2008 年 2 月的交易。根据下述的交易,完成电子数据表,标明每项交易的金额及影响(增加的标示"+",减少的标示"-")。如果没有影响,标示"NE"。将收入作为所有者权益的子范畴反映,第一笔交易给出了例子。

交易	资产	负债	所有者权益
a. 斯未哈德由于在 2 月为客户提供了高尔夫课程而收取现金 15 000 美元。	+15 000	NE	课程收入(+收入) +15 000
b. 斯未哈德在 2 月向客户销售了一张价值 200 美元的会员卡。			
c. 斯未哈德收到 1 月向客户赊销的 4 000 美元。			
d. 斯未哈德提前收取 2 250 美元的现金,这项现金收入对应的高尔夫课程将从 6 月开始教授。			
e. 斯未哈德在 2 月 25 日至 2 月 28 日为客户提供了高尔夫课程,并向客户开出 125 美元的账单。客户将于 3 月支付现金。			

M3-14 指明涉及费用的经营活动对财务报表的影响

位于美国东北部的斯未哈德联合公司提供室内高尔夫课程。下述交易是该公司 2008 年 2 月的交易。根据下述的交易,完成电子数据表,标明每项交易的金额及影响(增加的标示"+",减少的标示"-")。如果没有影响,标示"NE"。将收入作为所有者权益的子范畴中反映,第一笔交易给出了例子。

交易	资产	负债	所有者权益
f. 斯未哈德为高尔夫球教练 2 月的工作支付 4 750 美元。	-4 750	NE	工资费用(+费用) -4 750
g. 斯未哈德为 1 月的电费支付 1 750 美元。			
h. 斯未哈德收到 2 月电费的账单 800 美元,斯未哈德将在 3 月支付现金。			

M3-15 编制利润表

根据 M3-13 和 M3-14 所给的交易(包括例子),为斯未哈德公司编制 2008 年 2 月的利润表。(这份利润表是"初步的",因为这些数据是未经调整的余额。)

M3-16 根据试算平衡表编制财务报表(包括股息)

巴克公司(Buck Up! Inc.)提供牛仔竞技课程服务。下列账户来自巴克公司截至 2008 年 12 月 31 日的日记账。

巴克公司		
未经调整的试算平衡表		
2008 年 12 月 31 日		
账户名	借方	贷方
现金	$59 750	
应收账款	3 300	
预付保险费	1 200	
设备	64 600	
土地	23 000	
应付账款		$29 230
预收账款		1 500
长期应付票据		74 000
投入资本		5 000
留存收益（2007 年 12 月 31 日）		14 500
股息	3 500	
马收入		25 200
牛仔竞技课程收入		10 500
工资费用	3 900	
维修费用	410	
其他费用	270	
总计	$159 930	$159 930

要求：

根据上面提供的未经调整的试算平衡表，为巴克公司编制 2008 年的资产负债表、留存收益表以及利润表（这些报表是"初步的"，因为数据未经调整）。

提示：依据图表 1.3、图表 1.4，以及图表 2.10 的格式，首先编制利润表，之后编制留存收益表，最后再编制资产负债表。

M3-17 编制利润表

下面账户是来自时代华纳公司（Time Warner, Inc.）截至 2005 年 12 月 31 日的财务报表。

订金收入	$22 222 000 000
其他收入	13 818 000 000
薪金费用	10 478 000 000
现金	4 220 000 000
应收账款	6 411 000 000
利息费用	1 266 000 000
应付账款	1 380 000 000
广告收入	7 612 000 000
长期负债	20 238 000 000
其他费用	27 816 000 000
预收账款	1 473 000 000
设备	13 676 000 000
所得税费用	1 187 000 000

要求：

为 2005 年编制利润表。

提示：上面给出的账户中有部分不属于利润表账户。

提示：将数据用合适的计量单位简化。

M3-18 编制利润表

1955 年，亨利（Henry）和理查德·布洛赫（Richard Bloch）一起成立了 H&R 报税公司（H&R Block Inc.）。亨利在二战期间作为一名导航员服务于 B-17 轰炸机，而理查德在四年级的时候创立了第一份自己的生意并在 16 岁时进入沃顿（Wharton）。他们将 H&R Block Inc. 发展成了世界最大的税务服务公司，该公司为全球 11 个国家超过 2 000 万人服务。下面账户是来自 H&R 报税公司（H&R Block Inc.）截至 2006 年 4 月 30 日的年度财务报表。

服务成本	$2 383 299 000
应付薪金	330 946 000
薪金费用	1 112 585 000
应付账款	768 505 000
服务收入	3 463 111 000
所得税费用	336 985 000
现金	1 008 427 000
应收账款	999 765 000
软件收入	492 502 000
其他收入	917 188 000
利息费用	49 059 000
其他费用	500 465 000
长期应付票据	417 539 000
留存收益（2005 年 4 月 30 日）	3 492 059 000

要求：

为截至 2006 年 4 月 30 日的会计年度编制利润表。

提示：上面给出的账户中有部分不属于利润表账户。

提示：将数据用合适的单位简化。

练习

E3-1 配比的定义及术语

在空格内填入与术语相对应的定义的字母编号。

术语	定义
____ 1. 费用	A. 在赚取收入的过程中发生费用并记录。
____ 2. 配比原则	B. 一项负债账户，记录将来为客户提供允诺的服务或退还客户预付的现金的一项义务。
____ 3. 收入原则	C. 公司牺牲一定资源从而赚取收入的过程中发生的成本。
____ 4. 收付实现制	D. 在收入赚取时予以确认，而不必等到实际收到现金时。
____ 5. 预收账款	E. 在收到现金时记录收入，在支付现金时记录费用。
____ 6. 权责发生制	F. 一项资产账户，记录在相应费用发生前预得的利益。

_____ 7. 预付费用　　　　　　　G. 收入在赚取时予以记录，费用在其发生时予以确认。

E3-2　确定收入

根据收入原则，收入应当在赚取时予以确认，也就是当公司为顾客执行允诺的行为之时。对大部分企业来说，商品或服务提供的时点就是收入确认的时点。以下交易发生在 2009 年 9 月：

　　a. 顾客支付 10 美元从苹果音乐铺购得 10 首 MP3 音乐文档。从苹果公司的角度回答。

　　b. 家庭补给站（Home Depot）因提供地毯安装而收到 2 000 美元的现金。其他公司提供同一档次的安装服务收费 3 000 美元。

　　c. 美国电话电报公司（AT&T）计划下周为奥斯汀地区 1 000 户居民安装数字电缆。公司向每户居民收取 100 美元的安装费。合约条款要求居民在安装工作完成之后的 30 天内向 AT&T 公司支付费用。从 AT&T 公司的角度回答问题。

　　d. AT&T 公司完成了 c 中描述的安装工作。从 AT&T 公司的角度回答问题。

　　e. AT&T 公司收到 c 中描述的各居民支付的安装费。从 AT&T 公司的角度回答问题。

　　f. 客户花费 500 美元购买了美国航空公司（American Airlines）的 12 月的机票。从美国航空公司的角度回答问题。

要求：

上述的交易中，如果收入需要在 9 月确认的，标明应确认的收入金额。如果收入不能在 9 月确认，解释原因。

E3-3　确定收入

根据收入原则，收入应当在赚取时予以确认，也就是当公司为顾客执行允诺的行为之时。对大部分企业来说，商品或服务提供的时点就是收入确认的时点。以下交易发生在 2009 年 9 月：

　　a. 通用汽车公司（General Motors）增发 2.6 亿美元的普通股。

　　b. 加州大学（Cal University）出售 80 000 张全套五场足球季度赛的门票，收到现金 2 000 万美元。这些比赛都尚未进行。

　　c. 加州大学进行了（b）中提到的第一场足球季度赛。

　　d. 霍尔建筑公司与客户签订了建造新仓库的合约，工程造价 50 万美元。在合约签订之时，公司从客户处收到 5 万美元的支票作为保证金，当完成第一阶段的建筑施工之后，保证金转为该阶段公司的收入。从霍尔建筑公司的角度回答问题。

　　e. 滑雪杂志公司收到订阅者支付的 1 800 美元现金。杂志的订阅从下一个会计年度开始。从滑雪杂志公司的角度回答问题。

　　f. T 移动公司（T-Mobile）向顾客销售价值 100 美元的 9 月期间的移动电话服务计划，该顾客用信用卡结账。从 T 移动公司的角度回答问题。

要求：

上述的交易中，如果收入需要在 9 月确认的，标明应确认的收入金额。如果收入不能在 9 月确认，解释原因。

E3-4　确定费用

在权责发生制下，费用应当在发生时予以确认，也就是在产生费用的活动发生的时候予以确认。假设下列活动发生在 2008 年 1 月：

a. 捷威公司(Gateway)支付电脑服务技术员薪水9万美元,其中一半的金额是为支付技术员2007年12月的工作,另一半金额对应的技术员工作时间在2008年1月。从捷威的角度回答问题。

b. 1月初,特纳建筑公司(Tuner Construction Company)购买2008年头三个月的职工赔偿保险,支付现金4 500美元。

c. 麦格劳-希尔公司——《商业周刊》和本书英文版的出版者——在1月使用了价值1 000美元的电和天然气,该部分费用尚未收到账单。

d. 普尔勒公司(Pooler Company)为1月的咨询服务支付咨询公司1 500美元的现金,并收到咨询公司出具的发票。

e. 校园书店接受价值5 000美元的咨询服务。条款规定校园书店应当在咨询结束前的30天内支付现金。

f. 舍尔格维奇公司(Schergevitch Incorporation)在1月修理了一辆运输大货车,该项维修赊账。

要求:

上述交易中,如果费用需要在1月确认的,标明应确认的费用金额。如果费用不能在1月确认,解释原因。

E3-5 确定费用

在权责发生制下,费用应当在发生时予以确认,也就是在产生费用的活动发生的时候予以确认。假设下列活动发生在2008年1月:

a. 美国运通(American Express)为2008年12月的财务咨询服务的销售支付销售人员4 200美元的佣金。

b. 1月31日,美国运通决定在2月初为销售人员1月份的销售业绩支付4 200美元的佣金。从美国运通的角度回答问题。

c. 在1月初,奥马哈城(Omaha)雇用废品管理公司(Waste Management, Inc.)为城市提供废品收集服务。奥马哈城提前支付废品管理公司一年的服务费用720万美元。从奥马哈城的角度回答问题。

d. 佛罗里达大学(Florida University)为到加利福尼亚洲参加棒球锦标赛的队员购买了可退回的飞机票,提前支付现金1万美元。第一场比赛将在3月进行。从佛罗里达大学的角度回答问题。

e. 休斯敦公共学院的雇工在1月31日为学院工作了8个小时,平均每小时的酬劳为15美元,这项费用学院在2月3日支付。从学院的角度回答问题。

f. 王安电脑公司(Wang Company)在1月支付3 600美元购买了火险。保期覆盖从1月1日开始的未来12个月。从王安电脑公司的角度回答问题。

g. 齐格勒公司(Ziegler Company)是一个农业设备公司,公司收到1月份电话账单230美元。账单到期时公司尚未支付现金。

要求:

上述交易中,如果费用需要在1月确认的,标明应确认的费用金额。如果费用不能在1月确认,解释原因。

E3-6 标明各项交易对财务报告的影响

下列交易发生在当年:

a. 支付当年的工资费用(例)
b. 从当地银行借钱
c. 以赊账的形式购买设备
d. 赚取了销售收入并收到现金
e. 发生公共支出费用,尚未支付现金
f. 赚得销售收入,尚未收到现金
g. 支付赊账的现金
h. 发生派送费用,支付了现金
i. 赚取了服务收入,其中一半已经收到现金,另一半记在账上
j. 收到赊账客户支付的现金
k. 发生广告费用的一半已支付现金,另一半赊账

要求:

根据上述的交易完成下面的表格,标明每项交易的影响(增加的标示"+",减少的标示"-")。如果没有影响,标示"NE"。将收入作为所有者权益的子范畴反映,交易 a 给出了例子。

交易	资产	负债	所有者权益
(a) 例	-	NE	工资费用(+费用) -

E3-7 标明各项交易对财务报告的影响

狐狼世界公司(Wolverine World Wide, Inc.)为诸如毛虫(Caterpillar)这类的品牌代工生产军靴、工作鞋、运动鞋以及休闲鞋和皮质产品。下述交易发生在当前的会计期间。数据以千美元为单位。

a. 销售并收到现金 $49 000(例)。
b. 以赊账的形式购买了价值 $300 000 的原材料。
c. 通过长期票据借款 $58 000。
d. 购买了价值 $18 600 的房地产、车间和设备。
e. 发生了 $87 000 的销售费用,其中 2/3 以现金形式支付,剩下的部分对方记在账上。
f. 为利息费用支付 $4 700。

要求:

根据上述的交易完成下面的表格,标明每项交易的影响(增加的标示"+",减少的标示"-")。如果没有影响,标示"NE"。将收入作为所有者权益的子范畴反映。交易 a 给出了例子。

交易	资产	负债	所有者权益
(a) 例	+49 000	NE	销售收入(+费用收入) +49 000

E3-8 登记日记账

西斯科公司(Sysco)成立于 1969 年,是美国最大的食品销售和分销商,公司服务于近 250 000 家医院、汽车旅馆、学校、游轮、餐馆及其他机构。下述交易发生在当前的会计期间(所有数据近似到千美元)。

a. 从银行借款 8 万美元,签订短期应付票据的协议。

b. 为客户提供价值1万美元的服务，其中9 500美元客户赊账，剩余部分公司已收到现金。
c. 支付现金13万美元购买车间和设备。
d. 支付员工工资1 000美元。
e. 从客户处收回410美元的应收款。
f. 支付现金40万美元购买了燃料，该燃料已经用在今年的货运大客车运转中。
g. 支付8 200美元现金偿还应付账款。
h. 当年发生了2万美元的公共支出，其中1.5万美元已经以现金的形式支付，剩余部分记在账上。

要求：
为上述交易编制日记账。每做一个分录后都检查会计恒等式是否平等，借方是否等于贷方。

E3-9 登记日记账

希腊巅峰（Greek Peak）是在纽约北部的滑雪专业机构。公司出售滑雪设备并教授滑雪课程。公司还经营了多家餐馆，出租镇上小屋给滑雪度假的游客们。假定下述交易发生于2008年12月：

a. 12月1日公司向银行借款50万美元，签订了6个月到期的应付票据。
b. 12月31日，支付现金2万美元购买新的扫雪机。
c. 以赊账的形式购买价值1万美元的滑雪设备。
d. 发生缆车日常维修费用2.2万美元，已支付现金。
e. 顾客购买下一年部分季节的入场券，公司收到现金7.2万美元。
f. 公司这个月的日常门票出售收到现金7.6万美元。
g. 收到客户预交的320美元，该客户将于2009年1月租用镇上小屋5天。
h. 以现金支付c中赊账交易的金额的一半。
i. 以现金支付员工12月的工资1.8万美元。

要求：
为上述交易编制日记账。记住将每个账户归类：资产（A），负债（L），所有者权益（SE），收入（R），或者费用（E），并检查每笔交易记录后借方是否等于贷方。

E3-10 登记日记账

罗兰逊航空运输服务公司（Rowland & Sons Air Transport Service, Inc.）已投入运营三年。下列交易发生在2009年2月：

2月1日　　为2月租用的飞机棚支付200美元租金。
2月2日　　以赊账的形式购买价值450美元的燃料，该燃料将用于飞往达拉斯的航班。
2月4日　　收到客户支付的800美元现金，公司将在下个月为该客户运一批货物到费城。
2与7日　　客户支付之前赊账的从丹佛到达拉斯的航空货运费900美元。
2月10日　　支付飞行员2月的工资1 200美元。
2月14日　　为2月14日在当地报纸刊登的广告支付60美元的广告费。

1月18日　两位客户用同一航班从丹佛到美国新墨西哥州中部大城运送货物,费用为1700美元,其中一位客户支付公司500美元现金,另一位客户要求赊账。

2月25日　赊账1350美元为飞机购买备用零件。

要求:

为上述交易编制日记账。记住将每个账户归类:资产(A),负债(L),所有者权益(SE),收入(R),或者费用(E)。

E3-11　登记日记账并转到T形账户

瑞克钢琴修理公司(Rickey's Piano Rebuilding Company)已经经营了2008年。在2009年初,公司的利润表账户的余额为零,资产负债表的账户余额如下:

现金	$6 000	应付账款	$8 000
应收账款	25 000	未实现利润(预存)	3 200
原材料	1 200	应付票据	40 000
设备	8 000	投入资本	8 000
土地	6 000	留存收益	9 000
建筑	22 000		

要求:

1. 为资产负债表的账户以及钢琴修理收入、租金收入、工资费用、公共支付费用等账户设立T形账户,填入期初余额。
2. 为下列2009年的交易编制日记账:
   a. 收到客户预存的500美元现金,该客户要求公司在2月为其提供钢琴修理服务。
   b. 将建筑物的一部分租给一个自行车修理铺,租金300美元将在1月收到。
   c. 为5位客户提供了钢琴修理服务,客户支付1.45万美元现金。
   d. 为2位客户提供了价值7 000美元的钢琴修理服务,客户要求赊账。
   e. 从客户处收到6 000美元的赊账款。
   f. 收到1月份的电和天然气账单350美元,公司将在2月支付。
   g. 订购800美元的原材料。
   h. 为1月的账单支付1 700美元现金。
   i. 支付员工1月的工资1万美元。
   j. 收到交易g中订购的原材料并支付对方现金。
3. 将日记账转入T形账户,写出T形账户未经调整前的账户余额。

E3-12　编制未经调整的试算平衡表

根据E3-11的资料。

要求:

用E3-11中完成的T形账户的余额编制2009年1月末的未经调整的试算平衡表。

E3-13　推断经营交易并编制未经调整的试算平衡表

虚拟高尔夫公司(Virtual Golf Corporation)经营室内高尔夫模拟器,该模拟器可以让客户或高尔夫俱乐部的成员不出小区就能经历诸如小鹅卵石沙滩或奥古斯塔的高尔夫课程。公司在商场和购物中心租用了部分空间经营实体店铺。2008年4月公司进行了第一个月的经营,在此期间,虚拟高尔夫公司完成了下列八项交易:

账户	资产				=	负债		+	所有者权益	
	现金	应收账款	原材料	设备		应付账款	预收账款		初始投入资本	留存收益
期初余额	$0	$0	$0	$0		$0	$0		$0	$0
a	+100 000								+100 000	
b	−30 000			+30 000						
c	−200		+1 000			+800				
d	+9 000	+1 000								销售收入 +10 000
e	−1 000									工资费用 −1 000
f						+1 200				公共支出费用 −1 200
g	+2 000						+2 000			
期末余额	$79 800	$1 000	$1 000	$30 000		$2 000	$2 000		$100 000	$7 800

要求：

1. 简单解释 a 到 g 的交易。

2. 利用每个账户的期末余额，为虚拟高尔夫公司编制 2008 年 4 月 30 日的未经调整的试算平衡表。

E3-14　推断经营交易并用 T 形账户计算影响额

道琼斯公司（Dow Jones & Company）是世界上商业及财务信息的先锋（《华尔街日报》的出版者）。以下账户出现在道琼斯公司最新的年报中（金额以百万美元计）：

借 +	应收账款（资产）	贷 −		借 +	预付费用（资产）	贷 −		借 −	预收账款（负债）	贷 +
1/1	313			1/1	25				240	1/1
	2 573	?			43	?		?	328	
12/31	295			12/31	26				253	12/31

要求：

1. 分别描述能使上述 T 形账户的余额增加或减少的交易。

2. 用等式描述每个 T 形账户（期初余额 + 增加额 − 减少额 = 期末余额），并求出各个未知数（以百万美元为单位）。例如，应收账款账户可以写成：313 + 2 573 − ? = 295。通过解方程式处理我们可以得出：313 + 2 573 − 295 = ?。

E3-15　作为投资者查找财务信息

你通过评估你的投资组合以找出那些表现没有达到你的预期要求的投资项目，你已拿到你投资的所有公司的最新年度报告。

要求：

指出下述交易提供的信息应在公司财务报表的哪部分反映。

1. 当年发生的所有的修理维护成本。
2. 应收账款。
3. 公司收入确认原则的描述。
4. 当年发生的工资成本。

E3-16　指出下列交易对财务报表的影响

唐古公司（Tongo，Inc.）提供品牌咨询服务，处理公司下列 2009 年 1 月各项交易对会计恒等式的影响，标明账户、金额以及影响的方向。A 是提供的例子。

a.（例）由于公司 1 月提供咨询服务，收到现金 9 500 美元。

b. 发行股票,从投资者处融资 1 万美元现金。
c. 购买价值 1.2 万美元的设备,其中 25% 已经支付现金,剩余部分将以票据形式在未来 2 年内付清。
d. 提前收到将在 2 月提供的咨询服务的费用 7 500 美元。
e. 以赊账的方式购买价值 1 000 美元的原材料。
f. 收到 1 月公共支出的账单 1 250 美元,该账单将在 2 月 15 日之前支付现金。
g. 1 月为客户提供咨询服务,费用总计 1.59 万美元,公司将在 2 月收到客户支付的现金。
h. 收到 2008 年 12 月为客户提供咨询服务的费用 1.2 万美元现金。
i. 支付交易 e 中赊账购买原材料的费用 500 美元。

a. 资产 = 负债 + 所有者权益
现金 +9 500   服务收入(+收入) +9 500

E3-17 编制日记账
为 E3-16 中的交易(包括例子)编写日记账。

E3-18 将日记账转到 T 形账户
将 E3-16 中的交易(包括例)转到 T 形账户中,并标明账户余额,期初余额已知。a 为例子:

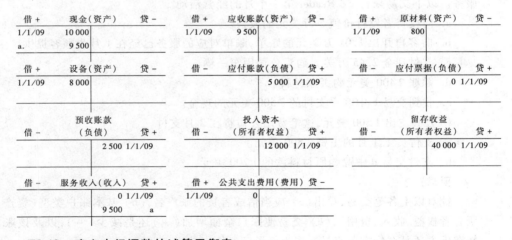

E3-19 建立未经调整的试算平衡表
根据 E3-18 T 形账户的信息,为唐古公司编制 2009 年 1 月 31 日的未经调整的试算平衡表。

E3-20 推断利润表的交易并建立财务报表
纳帕公司(NepCo)是一家网络服务提供商,我们分析了该公司投入运营的第一个月(2008 年 7 月)的交易情况。下表解释了留存收益的增减变动:

	资产				= 负债	+	所有者权益	
	现金	应收账款	原材料	设备	应付账款		投入资本	留存收益
(a)					+710			-710 公共支出费用
(b)		+5 000						+5 000 服务收入
(c)	+11 000						+11 000	
(d)	-6 000			+10 000	+4 000			
(e)	+1 000							+1 000 服务收入
(f)			+550		+550			
(g)	-3 000				-3 000			
(h)	-2 000							-2 000 工资费用
(i)	-750							-750 租金费用
(j)	+1 500	-1 500						-1 000 股息
(k)	-1 000							

要求：
1. 描述导致上述会计恒等式变动的经营交易行为。
2. 编制 7 月的利润表和留存收益表，以及 2008 年 7 月 31 日的资产负债表。

E3-21 指出各项交易对财务报表的影响

约翰·安德鲁(John Andrew)在 2009 年 1 月创立 EZ Reader，公司提供课文朗读及录音服务。以下交易来自 EZ Reader 第一个月的经营活动。

a. 向投资者发行价值 5 万美元的股票。
b. 向客户开出 1.05 万美元的账单，账单对应的服务已经在 1 月为顾客提供。
c. 支付现金 2.45 万美元购买公司用车一辆。
d. 赊账 2 400 美元购买原材料。
e. 收到交易 b 中客户支付的 7 500 美元的现金。
f. 公共支出 1 500 美元，这笔费用公司将在 2 月支付。
g. 支付员工 1 月的工资 3 500 美元。
h. 支付交易 d 中赊购原材料款的 1 200 美元。

要求：

针对以上各笔交易，写出(a)应当借或者贷的账户名,(b)基本账户类型(资产、负债、所有者权益、收入、费用),(c)交易使账户余额增加(+)还是减少(-)，以及该账户的余额在借方还是在贷方。交易 a 作为例子已经给出：

分录的借方			
账户名	账户类型	变动的方向	正常余额
（a）现金	资产	+	借方

分录的贷方			
账户名	账户类型	变动的方向	正常余额
初始投入资本	所有者权益	+	贷方

E3-22 综合练习

布莱德·麦奎德(Brad McQuaid)和杰弗·巴特勒(Jeff Butler)出于创建多玩家在线游戏(MMO)的目的,于2002年建立了魔兽在线公司(Sigil Games Online, Inc.)。到目前为止,该公司主打产品是2007年冬天发布的《先锋:英雄传奇》(Saga of Heros)。公司打算销售这个在线游戏的订阅。出于练习的目的,我们假设魔兽在线公司已经在2008年全年销售《先锋》订阅,每月费用15美元。2009年初公司利润表的账户余额为零,资产负债表账户余额如下:

现金	$1 500 000	应付账款	$108 000
应收账款	150 000	预收账款	73 500
原材料	14 700	长期应付票据	60 000
设备	874 500	投入资本	2 500 000
土地	1 200 000	留存收益	1 419 700
建筑物	422 000		

除了以上账户,魔兽在线公司的账户还包括:订阅收入、授权收入、工资费用、广告费用以及公共支出费用。

要求:

1. 在会计恒等式中分析以下2009年1月的交易的影响,参考107页案例的格式。

   a. 收到客户2008年订阅费用5万美元。

   b. 收到电子艺术公司(Electronic Arts, Inc.)支付的2.5万美元现金,该现金对应的授权收入已经在2009年1月赚得。

   c. 购买10台电脑服务器,总价格是3.35万美元,公司已支付现金1万美元,剩余的部分赊账。

   d. 为2009年1月在雅虎网站(Yahoo!)登出网络广告支付1万美元。

   e. 销售了15 000个单月订阅,这些订阅都在2009年1月提供了服务,每个订阅15美元。其中一半的金额收到了客户支付的现金,剩余部分客户赊账。

   f. 收到2009年1月公共支出部分电和天然气的账单5 350美元。公司将在2月支付。

   g. 支付员工1月的工资37.8万美元。

   h. 赊账购买价值3 000美元的原材料。

   i. 支付交易h中的原材料供应商3 000美元。

2. 为要求1中列示的2009年1月的交易编制日记账。

3. 创建T形账户,输入题目给出的期初余额,将日记账转到T形账户中,并在T形账户中计算出未经调整的期末余额。

4. 编制2009年1月31日的未经调整的试算平衡表。

5. 编制2009年1月的利润表,使用要求4中未经调整的余额。

6. 编制2009年1月的留存收益表,使用题中所给的期初余额以及要求5中的净收益,假设魔兽在线公司没有股息。

7. 用你得出的要求6的结果,编制2009年1月31日的资产负债表。

辅导题

CP3-1　记录缺少金额的日记账

下面的列表包含了 B 球公司（B-ball Corporation）一系列的账户，该公司已经经营了 3 年。这些账户按首字母的顺序用数字编号。账户下面是一系列交易。对于每项交易，标明需要借或者贷的账户——用对应的账户标识数字。如果某项交易不需要做日记账，在交易后面写上 none。第一项交易作为例子已经给出。

提示：在交易 h 中，回忆配比原则的内容。

提示：将交易 j 想成两项交易（1）发生费用和负债，（2）支付部分负债。

账户编号	账户名	账户编号	账户名
1	应付账款	8	应付票据
2	应收账款	9	预付保险费
3	现金	10	租金收入
4	投入资本	11	服务收入
5	设备	12	原材料费用
6	所得税费用	13	原材料
7	应付所得税		

交易	借	贷
a. 例：购买在经营活动中使用的设备；其中 1/3 款项支付现金，剩余的签订了应付票据赊账。	5	3,8
b. 向新的投资者发行股票。		
c. 为当期的租金支付现金。		
d. 当期提供的服务收到了现金。		
e. 上期提供服务的收入记入应收账款中的部分收到相应的现金。		
f. 以赊销的形式在本期提供服务。		
g. 为上期发生的记入应付账款的费用支付现金。		
h. 支付现金购买将在以后期间使用的原材料。		
i. 在经营活动使用部分原材料。		
j. 支付今年所得税费用的 3/4，剩余部分将在下一年支付		
k. 在当期的最后一天，支付现金购买接下来两年的保险。		

CP3-2　记录日记账

赖安·奥森（Ryan Olson）创立了新的公司——米童公司（MeToo, Inc.）。该公司提供个人空间、页面、好友列表以及其他电子网络社会的在线网络管理服务。赖安认为公司的潜在客户是在校大学生及高中生。你被雇用来记录开始于 2009 年 5 月 1 日的公司头两周的经营活动交易。

a. 5 月 1 日：向投资者发行每股 30 美元的普通股 1 000 股。

b. 5 月 1 日：向银行借款 5 万美元为公司初始经营融资。票据期限为 2 年。

c. 5 月 1 日：支付 2 400 美元购买一年的火灾保险（记录为预付保险费）。

提示：为方便起见，直接将支付的所有金额记到资产项目中（预付保险费）。在每月末，调整该账户的余额。我们将在第 4 章学习这个调整过程，现在就让它作为预付保险费记在账上。

　　d. 5 月 3 日：以赊账的形式为小店购买价值 1.5 万美元的家具和固定设备。公司必须在 30 天内支付现金。

　　e. 5 月 5 日：支付 250 美元现金在当地大学报纸上刊登广告。

　　f. 5 月 9 日：销售 400 美元的服务，并收到现金。

　　g. 5 月 14 日：支付 5 月 3 日赊账购买家具和固定设备的所有费用。

要求：

　　为上述的交易编制日记账。将每个账户归类入：资产、负债、所有者权益、收入或费用。

CP3-3　通过 T 形账户分析交易的影响并编制未经调整的试算平衡表

芭芭拉·琼斯（Barbara Jones）是一个教材编者，她于 2008 年 1 月创立了芭芭拉书业（Barb's Book Fixing）。公司专营会计教材的编写。现在，你被指任为经理。你的任务是维护公司的日常财务记录。下列交易发生在 2008 年 1 月，公司初始经营的头一个月。

　　a. 通过发行股票，收到股东初始投入公司的 1.6 万美元现金。

　　b. 支付三个月的店租，每月 800 美元（记为预付租金）。

提示： 为方便起见，直接将支付的所有金额记到资产项目中（预付租金）。在每月末，调整该账户的余额。我们将在第 4 章学习这个调整过程，现在就让它作为预付租金记在账上。

　　c. 购买 300 美元的原材料。

　　d. 通过谈判，获得 2 年期的银行贷款，在公司银行账户内存入 1 万美元。

　　e. 用完了 d 中银行账户里的金额，其中 2 500 美元购买了电脑，剩余部分为书店购置家具及固定设备。

　　f. 支付 425 美元在当地的报纸上刊登广告。

　　g. 完成了总额 1 800 美元的销售，其中的 1 525 美元收到现金，剩余部分作为应收账款。

　　h. 支付员工当期工资 420 美元。

　　i. 从客户处收到 50 美元的应收账款。

　　j. 花费 120 美元修理一台电脑。

提示： 大部分修理包含着成本并且不会提供额外的未来经济收益。修理意味着维护一项资产的现存收益。

要求：

　　1. 设立合适的 T 形账户：现金、应收账款、原材料、预付租金、设备、家具和固定设备、应付票据、投入资本、服务收入、广告费用、工资费用以及修理费用。所有账户的期初余额为零。

提示： 在编制 T 形账户时，将各个账户按下列类别归类是个不错的方法：资产、负债、所有者权益、收入和费用。

　　2. 在 T 形账户中用各项交易对应的字母标出芭芭拉书业 2 月各项交易的影响，并计算出未经调整的 T 形账户的余额。

　　3. 编制 2 月末未经调整的试算平衡表。

　　4. 基于未经调整的试算平衡表中收入和费用的信息，给芭芭拉写一份备忘录，告诉她你对公司头一个月经营结果的看法和建议。

A 组问题

PA3-1 记录缺少金额的日记账

下列账户来自帝王俄拉德集团（Dewan & Allard, Incorporated），该集团已经经营了两年。这些账户按首字母的顺序编号，账户下面是一系列交易。对于每项交易，标明需要借或者贷的账户——用对应的账户标识数字。如果某项交易不需要做日记账，在交易后面写上"none"。第一项交易作为例子已经给出。

账户标号	账户名	账户标号	账户名
1	应付账款	9	土地
2	应收账款	10	应付票据
3	广告费用	11	预付保险费
4	建筑物	12	服务收入
5	现金	13	原材料费用
6	投入资本	14	原材料
7	所得税费用	15	工资费用
8	应付所得税		

交易	借	贷
a. 例：向新的投资者发行股票。	5	6
b. 以赊销的形式在本期提供服务。		
c. 以赊账的方式购买原材料，原材料不在当期使用。		
d. 本期预付购买下一年12个月的火灾保险费用。		
e. 本期购买一栋建筑物，以现金首付20%，剩余部分签订应付票据。		
f. 今年收到现金，对应的服务已经在上一年提供并确认收入。		
g. 支付员工当期的工资。		
h. 支付供应商现金，结清上一期间赊账购买原材料的款项。		
i. 为当期发生的广告费用支付现金。		
j. 本期发生的广告费用在本期确认，将在下一期间支付现金。		
k. 以现金形式收到本月提供服务的收入。		
l. 使用了部分原材料清理办公室。		
m. 记录了当期所得税费用并将在下一年初支付现金。		
n. 当期，股东将其手上部分股票以高于初始发行价的价格出售给另一个人。		

PA3-2 记录日记账

黛安娜·马克（Diana Mark）是正面服务公司（ServicePro, Inc.）的总裁，正面服务公司为非营利机构提供临时雇工。正面服务公司已经投入经营5年，公司的收入逐年递增。现在，你被聘请去帮助黛安娜分析2009年4月头两周的交易：

4月2日   赊账500美元购买办公用品。

4月5日   向当地的联合卫公（United Way）办公室开出1950美元的账单，对应的临时服务公司已经提供。

4月8日　　为上一期间购买并记录了的原材料支付250美元现金。

4月8日　　支付400美元在当地报纸上刊登了广告。

4月9日　　支付2 300美元现金为办公室购置新的电脑。

4月10日　　支付员工4月的工资1 200美元。

4月11日　　收到联合卫公司偿还4月5日的账单的一部分金额1 000美元。

4月12日　　购买了价值10 000美元的土地作为公司将来的办公地点,支付了2 000美元的首付,剩余的签订应付票据。

4月13日　　为建造新的办公场所进行融资,增发2 000股普通股,每股发行价40美元。

4月14日　　为本月向家庭小孩服务(Family & Children's Service)提供的服务开出账单。

4月15日　　收到4月份的电话账单245美元,公司将于下个月支付该账单。

要求:

为上述的交易编制日记账。将每个账户归类入:资产、负债、所有者权益、收入或费用。

PA3-4　通过T形账户分析交易的影响并编制未经调整的试算平衡表

山胡椒马厩公司(Spicewood Stables, Inc.)于2008年4月1日在田纳西成立。公司提供马厩、动物护理以及骑马养马的空地,你被聘请为该公司的主计长助理。以下2008年4月的交易是交给你来审核的:

　　a. 收到5名投资者投入投资20万美元(每人4万美元)。

　　b. 花费14.2万美元建造畜棚。公司在4月1日以现金支付该费用的一半,剩余部分签订3年期的应收票据。

　　c. 以赊账的形式向客户提供总额为15 260美元的动物照料服务。

　　d. 将马厩租给客户,收到现金13 200美元。

　　e. 一客户提前支付公司1 500美元,要求公司在5月至7月喂养她的马(记为预收账款)。

　　f. 赊账3 210美元购买干草和饲料。

　　g. 支付当期使用的水费840美元。

　　h. 为之前的赊购产生的应付账款支付1 700美元。

　　i. 收到客户1 000美元的应收账款。

　　j. 支付员工当月工资4 000美元。

　　k. 在月底,为购买接下来两年的保险支付现金3 600美元。

　　l. 收到4月份电费账单1 200美元。公司将在下个月支付该账单。

要求:

1. 设立合适的T形账户,所有账户的期初余额为零。

2. 在T形账户中用各项交易对应的字母标出山胡椒马厩公司4月各项交易的影响,并计算出未经调整的T形账户的余额。

3. 编制4月末未经调整的试算平衡表。

4. 基于未经调整的试算平衡表中收入和费用的信息,给5位所有者写一份简短的备忘录,告诉他们你对公司头一个月经营结果的看法和建议。

B 组问题

PB3-1 记录缺少金额的日记账

阿贝克隆比 & 费奇（Abercrombie & Fitch Co.）是个性休闲服的零售商。该品牌成立于 1892 年。以下账户来自阿贝克隆比，对于每项交易，标明需要借或者贷的账户（用对应的账户标识数字）。如果某项交易不需要做日记账，在交易后面写上"none"。交易 a 作为例子已经给出。

账户标号	账户名	账户标号	账户名
1	应付账款	7	预付租金
2	应收账款	8	租金费用
3	现金	9	原材料费用
4	投入资本	10	原材料
5	设备	11	预收账款
6	利息收入	12	工资费用

交易	借	贷
a. 例：发生工资费用并支付现金。	12	3
b. 收到赊账客户支付的现金。		
c. 当期用完原材料（例如：收银机的磁带等）。		
d. 销售礼券给客户，没有客户在当期使用这些礼券。		
e. 购买设备，部分支付现金，部分赊账。		
f. 为购买原材料的应付款项支付现金。		
g. 增发股票，收到现金。		
h. 支付商场下个月的租金。		
i. 赚得投资利息并收到现金。		

PB3-2 记录日记账

洛宾·哈林顿（Robin Harrington）在 2009 年 1 月 1 日建立时间可知运输公司（Time Definite Delivery）。下列交易发生在公司最近一个季度。

a. 发行股票筹资 8 万美元。
b. 为客户提供运输服务，收到 1.6 万美元现金，剩余 7.2 万美元记为应收账款。
c. 购买价格为 8.2 万美元的设备，全额签订长期应付票据。
d. 发生修理费用 3 000 美元，尚未支付现金。
e. 收到赊账客户支付的 6.5 万美元的现金。
f. 签订长期应付票据，取得借款 9 万美元。
g. 预付 7.4 万美元在下个季度租用设备和航行器。
h. 支付本季度员工工资 3.8 万美元。
i. 支付现金 4.9 万美元购买了燃料，这些燃料已经在本季度内全部用于运输车工作。
j. 为应付账款支付现金 2 000 美元。
k. 订购了价值 700 美元的原材料，尚未收到货。

要求：

为上述的交易编制日记账。将每个账户归类入：资产、负债、所有者权益、收入或费用。

PB3-3　通过 T 形账户分析交易的影响并编制未经调整的试算平衡表

杰西卡·波西娅(Jessica Pothier)在 2008 年 6 月 1 日成立了平面乐趣公司(Fun Flatables)，该公司出租月球行走之类的非平面幻灯片供小聚会或者公司的活动使用。该公司获得当地购物中心一个废弃溜冰场的使用权，公司可以在这个废弃溜冰场里展示产品。下列交易发生在公司投入经营的第一个月。

a. 杰西卡投入 5 万美元现金，并获得公司股份。
b. 支付 2 万美元现金购买非平面设备。
c. 收到商场支付的产品租金 5 000 美元。
d. 将设备租给客户，客户支付了 1 万美元中的 2 000 美元，剩余部分赊账。
e. 收到公司客户支付的 2 500 美元订金，预定 7 月 4 日的社交会组织。
f. 开始准备 7 月 4 日社交会，赊账 600 美元购买了社交会需要的物资。
g. 为这个月的商场租金支付现金 6 000 美元。
h. 下个月商场租金预付现金 6 000 美元。
i. 收到赊账客户支付的 1 000 美元现金。
j. 支付本月员工工资 4 000 美元。
k. 支付本月在电视台播放广告的费用 1 000 美元。

要求：

1. 设立合适的 T 形账户，所有账户的期初余额为零。
2. 在 T 形账户中用各项交易对应的字母标出平面乐趣公司 6 月各项交易的影响，并计算出未经调整的 T 形账户的余额。
3. 编制 2008 年 6 月末未经调整的试算平衡表。
4. 杰西卡发现公司现金账户的余额下降了，请你基于未经调整的试算平衡表中收入和费用的信息，给杰西卡写一份简短的备忘录，告诉她你对公司头一个月经营结果的看法和建议。

技能拓展训练

S3-1　获取财务信息

参考兰德里餐饮公司的财务报告，可从本书的网站 www.mhhe.com/phillips2e 下载。

要求：

1. 在最近的一年，兰德里的总收入增加了还是减少了？增加或减少了多少？将这个变动数除以上一年的总收入求出收入变动率。
2. 写出兰德里的最新利润表里数额最大的费用的金额并描述该费用对应的交易。这项费用相比去年增加了还是减少了？变动率是多少？

S3-2　比较财务信息

参考澳拜客牛排坊(Outback Steakhouse, Inc.)的财务报告，可从本书的网站 www.mhhe.com/phillips2e 下载。

要求：

1. 在最近的一年，澳拜客牛排坊的总收入增加了还是减少了？增加或减少了多少？将这个变动数除以上一年的总收入求出收入变动率。澳拜客牛排坊总收入的趋势相比兰德里餐馆较好还是不容乐观？

2. 写出澳拜客牛排坊的最新利润表里数额最大的费用的金额并描述该费用对应的交易。这项费用相比去年增加了还是减少了？变动率是多少？相比兰德里餐饮公司，澳拜客牛排坊最大费用的趋势是好还是不容乐观？

S3-3 基于网络的团队调查：检查年度报表

作为一个团队，选择一个行业来研究。用网络浏览器，每个团队成员应该提交年度报告或该行业上市公司的 10-K 年度报告，每个成员应选择不同的公司（看第 1 章中 S1-3 所描述的可能有助于这次任务的资料）。

要求：

1. 就个人而言，每名队员应该写一个简短的报告，其中包含的内容有：

a. 在最新的利润表中收入和费用的账户都有哪些？

b. 描述公司是如何遵循收入原则。

c. 计算收入-费用比率和净收益-费用比率。

2. 作为一个团队，编写一个简短的报告，用这些指标来和你的公司比较并对比。讨论团队成员观察的公司的不同情况，为不同的发现而提供潜在可能的解释。

S3-4 道德决策的制定：一个真实的案例

阅读以下摘自《财富》(*Fortune*) 杂志 2002 年 9 月 2 日的文章，并回答接下来的问题。

忘记欺诈吧。那些公司不需要通过撒谎、欺骗、窃取等行为来愚弄投资者。聪明的管理者有并且一直有办法运用完美的合法诡计让公司的资产负债表和利润表看起来比实际的情况好很多。尽管在今天，他们也不会碍于这些诡计而不敢向证券交易委员会（SEC）报告，相反，他们始终有能力向证券交易委员会发誓公司的情况越来越好……最具争议性的一个数字游戏中是费用资本化——正是这个原因导致世通公司陷入困境。这项做法对报表有显著影响。

---

1. 你已经在本章中学过，当一个公司发生成本，公司的财会人员需要决定该将成本记做一项资产还是费用。当这项成本被记做一项资产，就叫资本化。这建立在第 2 章的概念——某项支出拥有一定的特征才可以将其记录为资产。这些特征都是什么呢？

2. 文章的作者指出即使存在上面问题 1 中提到的明确的规范，会计始终还是有漏洞让管理者们玩弄诸如"费用资本化"的诡计。你认为作者所说的"费用资本化"是指什么呢？

3. 假设在一个会计期间，一个公司将本应当记做费用的成本不恰当地记到了资产中。这个会计决策对当期的净利润有何影响呢？对下一会计期间的净利润又会有什么样的影响呢？

4. 在文章的后面（例题中没有给出）作者写道，可视游戏行业最经常将软件开发成本记到资产中。这些成本包括：支付给编程师的工资，支付给图像设计师的费用，以及支付给游戏测试者的费用。请你评估软件开发成本是否具有资产的主要特征。你能想出一些软件开发成本中可能不包含这些特征的情况吗？

5. 你是否认为能够很简单、很直接地决定一项成本应当资本化还是费用化？你是否认为能够很简单、很直接地决定一个经理的行为是否道德？举例解释你的观点。

S3-5 道德决策的制定：一个小例子

麦克·林奇（Mike Lynch）是一家保险公司在纽约北部区域的经理。作为区域经理，他的收入包括基本工资、佣金，以及当区域新增的保险销售额超过区域配额部分而获得的奖金。近期，麦克处在巨大的压力之下，该压力主要来自两个因素：第一个因素是由于家庭成员的疾病让麦克承担了巨额的个人债务；第二个因素更让他头痛，区域新保险的销售额在这些年中第一次降到了标准配额之下。

你已经为麦克工作了两年，并且正如办公室里的其他成员一样，你为能有像麦克这样懂得支持下属的老板而感到很幸运。过去几个月你也为麦克的个人问题而深感同情。你作为区域办公室的会计，你同样很关注新保险销售额的下降以及该情况将对经理奖金产生的影响。正当你在编制年末财务报表的时候，麦克在你的办公室前停了下来。

麦克要求你在已经记录的当地一家大型商业购买的新房地产保险中做些变动。关于销售金额的一张巨额支票在会计年度的最后一天 12 月 31 日已经寄来了。支票对应的期间开始于下年 1 月 5 日。你将收到的支票存到了银行账户，并正确地做了分录，借现金账户，贷预收账款账户。麦克说："嗨，我们今年得到这些钱，为什么不把它记做收入呢？我从来都无法理解为什么你们会计人员对这些事情这样讲究呢？我希望你能改变你记录交易的方式。我觉得你可以贷收入账户。无论如何，我在过去给了你们不少好处，我希望你帮我做点小事情作为回报。"说完这个，他就离开了你的办公室。

要求：

你该如何处理这种情况呢？麦克的要求暗含哪些道德牵连？如果你同意了麦克的请求，谁将受益？谁的利益会受到损害？如果你没有遵循麦克的要求，你将如何向他解释你的处境呢？写出并证实你的答案。

S3-6 判断思索：分析账户变动并编制试算平衡表

好狄卡克绘画服务公司（Hordichuk Painting Service Company）由三个人于 2008 年 1 月 20 日组建，这三个人每个人都得到新公司 5 000 股的股票。下列表格是截至 2008 年 1 月 31 日公司的交易账户余额汇总表：

账户	累计余额								
	a	b	c	d	e	f	g	h	i
现金	$75 000	$70 000	$85 000	$71 000	$61 000	$61 000	$46 000	$44 000	$60 000
应收账款			12 000	12 000	12 000	26 000	26 000	26 000	10 000
原材料					5 000	5 000	4 000	4 000	4 000
办公设备		20 000	20 000	20 000	20 000	20 000	20 000	20 000	20 000
土地				18 000	18 000	18 000	18 000	18 000	18 000
应付账款				3 000	3 000	3 000	1 000	1 000	
应付票据		15 000	15 000	19 000	19 000	19 000	19 000	19 000	19 000
投入资本	75 000	75 000	75 000	75 000	75 000	75 000	75 000	75 000	75 000
绘画收入			27 000	27 000	27 000	41 000	41 000	41 000	41 000
原材料费用							1 000	1 000	1 000
工资费用					8 000	8 000	23 000	23 000	23 000

要求：

1. 分析上表中各个交易引起的账户变动，并解释各项交易。交易 a 和 b 作为例子如下所示：

   a. 现金账户增加 7.5 万美元，初始投入资本增加 7.5 万美元。因此，交易 a 为公司发行股票融资 7.5 万美元。

   b. 现金账户减少 5 000 美元，办公室的固定设备（资产）增加 2 万美元，以及应付票据（负债）增加 1.5 万美元。因此，交易 b 为购买价格为 2 万美元的固定设备，其中 5 000 美元以现金形式支付，剩余 1.5 万美元计入应付票据。

2. 根据上表，编制未经调整的试算平衡表。

S3-7 分析交易并编制未经调整的试算平衡表

假设你最近成立了一家新公司，公司出租制造冰镇饮料的设备。支付 100 美元，公司将为客户送去设备，提供原材料（草莓、纸杯），安装好设备，并且在第二天帮忙撤走设备。该城市其他的公司出售混合饮料及其他原材料。作为个体经营者，你全权负责购货、营销、经营以及会计。

你决定将每个月发生的业务记在笔记本上，并在月末进行会计核算。你认为这样更有效率。而且，到月底做账的话，会更少犯错误，因为那时你已学过了会计循环。

你的笔记本里记录的第一个月的经营情况如下所示：

10 月 2 日　　合并斯拉西加西公司（Slusher Gusher Inc.），并投资 1 万美元购买该公司的股票。

10 月 12 日　　支付 1 500 美元现金从 eBay 上购买了三台冰镇饮料设备。超值哦！

10 月 13 日　　支付现金 70 美元从沃尔玛（Wal-Mart）购买了原材料。

10 月 16 日　　收到过去三个星期的租金 500 美元。我发财啦！

10 月 17 日　　确认成本 45 美元的原材料已经使用完。嗯，看来我该再购买些！

10 月 20 日　　赊账 100 美元购买原材料。

10 月 23 日　　完成一周忙碌的工作，好累啊。本周完成了六笔租出业务。收到 400 美元现金，还有 200 美元将在本周内收到。

10 月 25 日　　收到客户之前赊账的 100 美元。已经打电话让另一位顾客提醒他。

10 月 26 日　　支付 25 美元在当地报纸刊登广告。或许这份广告能招徕更多的业务。

10 月 27 日　　收到完全圣徒纪念日活动预付的 150 美元现金，将在 11 月 1 日为该活动提供两台设备。

要求：

建立电子数据表记录 10 月份交易的影响情况并计算各账户的月末余额。利用电子数据表编制未经调整的试算平衡表，检查借方总额是否等于贷方总额。由于此次你是自己承担经营，你想确认你的做法是否正确，所以你给你的朋友欧文（Owen）发了一封咨询邮件。以下是欧文的回复：

发件人：Owentheaccountant@yahoo.com

收件人：Helpme@hotmail.com

抄送：

主题：Excel 帮助

  哇！你已经成为 CEO 啦？我一直都认为你只是在来回搬运设备而已。你希望我针对如何建立电子数据表给你提点建议。我的建议是希望你看看我上回给你发的邮件。这里我要说的是，你需要在所有者权益栏目下增加收入和费用栏目。下面的截图是你需要在你工作表右边增加的内容。你应该注意到费用会降低所有者权益，所以费用记在借方。

	P	Q	R	S	T	U	V	W	X
7		负债			+		所有者权益		
8									
9									
10		应付账款		预收账款		投入资本		租金收入		工资费用
11		借− 贷+		借− 贷+		借− 贷+		借− 贷+		借+ 贷−
12									
13									
14									
15									
16									

  在准备试算平衡表的时候，你首先建立三栏。在第一栏中剪切粘贴上账户名。以如下方式将第二栏账户借方余额链接：在空格中输入"="，然后单击某个T形账户借方栏目。在每项T形账户中重复这道程序。贷方也用同样的方法。在试算平衡表的下方，用"SUM"函数计算出总数。

  最后，记住要用可识别的标题为文档命名。

第4章 账项调整、财务报表和财务报告质量

学习目标

了解企业
学习目标1　解释为什么需要账项调整

学习会计方法
学习目标2　在会计期末进行账项调整
学习目标3　编制调整的试算平衡表
学习目标4　编制财务报表
学习目标5　解释结账程序

评估结果
学习目标6　解释账项调整对信息质量的影响

本章复习

前章回顾

在上一章,你学习了如何分析、记录并总结经营性交易对资产负债表和利润表账户的影响。

本章重点

本章重点关注账项调整、编制财务报表和结账过程,以完成会计循环。

如果你曾经使用过像"黑板"(Blackboard)这样的在线课程管理系统,你就会知道它在随时查看你的课程方面有多强大的功能。如果你没有使用过像这样的系统,就想象一下它能随时帮你查看你的课程学分。使这样的系统有效工作的关键,就是确保这个系统能使用最新的和完整的成绩信息。为了更新信息,它需要根据你导师提供的测试分数随时做调整。为了使信息完整,它需要包含所有功课评分和测试成绩。有了像这样最新的和最完整的信息,你能准确地知道你在哪里学这些课程,以及有更好的信息作出决定,接下来你将在哪里付出你有限的学习时间。

在企业里有同样的需求存在。投资者和债权人需要决定将在哪里投资他们有限的

资源,他们需要包含有最新和完整信息的财务报告。为了确保这种信息,在财务报表编制好之前,会计师需要调整公司的会计记录,之后向使用者公开。这些调整称为账项调整,用于更新已经存在会计记录,以及将那些作为交易发生了的可是没有记录的事件包括进去。对于快速剪发公司而言,这里包括了最新的一个月内使用的洗发水的供应账户,以及公司债务的利息。这些调整是按照公认会计原则的要求,以确保财务报表能包括这个期间公司所有行为的财务结果。

在本章的第一部分,我们将帮助你来理解为什么在权责发生制会计中账项调整是很必要的。一旦你明白了账项调整的意图,你就会更好地理解需要调整的账项,以及它们在会计系统中怎样记录和总结。第二部分总结了会计周期中涉及的最后步骤。在本章的第三部分,你将学习为财务报表外部使用者进行账项调整的重要性,同时,一如往常,最后一部分提供了用于复习、练习的材料。

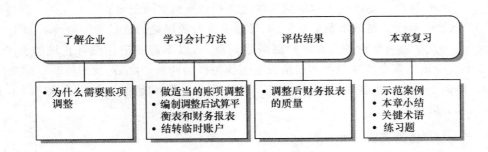

了解企业

为什么需要账项调整

会计系统是用来记录经常的日常交易,特别是包含现金的交易。当现金被收到或者支出时,都在会计系统中记录。有些时候,只关注现金是可以的,特别是现金的接受和支出都发生在同一时期,并直接导致利润和费用时。正如在图表4.1上半部分展示的,如果现金的接收和支出作为相关的行为,发生在相同的会计期间,就不需要调整以在正确的期间来报告利润和费用。相反,图表4.1的下半部分显示了另一种情形:引起收入或费用的行为发生在当前会计期间,而相应的现金收支则发生在其他期间。这时,为了将来自交易的收入和费用记录在适当的时期,必须在当前的会计期间内对会

学习目标 1

解释为什么需要账项调整。

你应该知道

每一个会计期间末都需要调整,以使收入和费用在适当的期间报告,并使资产和负债以正确的数目报告。

计记录作调整。

图表 4.1 什么时候需要调整

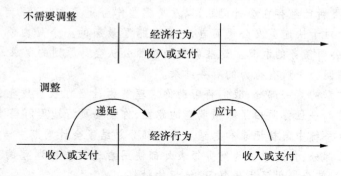

调整包括对利润表及资产负债表账户的调整。它们需要确保：

- 当赚到收入时需要记录（收入原则）；
- 费用应该记录在相关收入的相同期间（匹配原则）；
- 资产需要以代表本期期末的经济利益的总数来记录；
- 负债需要以本期末所欠的、导致未来资源损耗的数量来记录。

几乎每一个财务报表账户都需要调整，所以不需要记住没有止境的例子，取而代之，应该把重点放在学习一般情况下需要怎样的调整。之后，我们将基本原则应用于具体例子，并给出很多材料来练习。一般来说，调整能被分为两大类：（1）递延，和（2）应计。

1. 递延调整

"递延"代表拖延到过期。在会计中，如果我们直到下一个会计期间才在利润表里记录费用或者利润，叫做费用或者收入被"递延"。正如在第 3 章看到的，当快速剪发预先支付它的租金，费用在最初是作为资产在资产负债表中（在一个叫"预付租金"的账户）被递延的。这一部分的调整来得较晚，在这个月的月末，当一个月的预付租金被用尽之后来做调整。递延调整包括了减少资产"预付租金"以及在利润表中增加租金费用。

递延调整同样包括对收入的调整。比如，当 GQ 在发出订阅的杂志之前，收到用于订购的现金时，这部分收入最初作为负债出现在资产负债表上（在一个叫做"预收账款"的账户里）。负债表明了公司未来发送杂志的义务。之后，当公司发送了杂志，就兑现了它的义务并且获得了收入，就需要递延调整，减少资产负债表里的负债，同时增加利润表里的订阅收入。

你应该注意这里的两个关键点：

1. 对递延的调整用来减少先前递延到资产负债表账户的数字，并增加利润表中的相关账户数字。由于公司在确认收入前收到了现金，或者在发生费用前付出了现金，所以这些先前的递延总额出现在资产负债表里。当收入确认了（收入原则定义的）或者费用发生了（配比原则定义的），原先递延的总额就因使用了递延调整而转移到利润表里。

2. 每一次递延调整都包括一对匹配的资产和费用账户或者负债和收入账户。图表 4.2 展示了需要递延调整的账户。

第 4 章 账项调整、财务报表和财务报告质量

图表 4.2 受调整影响的账户例子

	递延调整			应计调整		
	资产负债表	利润表		资产负债表	利润表	
资产	原材料————原材料费用 预付租金————租金费用 预付保险————保险费用		费用	资产	应收利息————利息收入 应收租金————租金收入	收入
负债	未实现门票收入——门票销售收入 未实现订阅收入——订阅收入		收入	负债	应付所得税————所得税费用 应付工资————工资费用 应付利息————利息费用	费用

2. 应计调整

当交易已发生却没有记录在会计系统里时,就需要应计调整。这种调整在当公司在现在的期间确认收入或者发生了费用,但是由于相关的现金直到下个期间才支付或收到的情况下经常发生。例如,如果快速剪发还没有就这一期的收入缴纳税款,就需要在这个月末进行应计调整来记录增加的所得税费用以及应付所得税。同样的,如果投资所得的利息已经获得但是只有到下个期间才能收到现金,就需要在月底进行应计调整来记录增加的公司利息收入和应收利息。

你应该注意以下两个关键点:

1. 应计调整用于收到或者支付现金前,但收入和费用已发生时确认它们,同时调整相应的资产负债表账户。

2. 每一次应计调整都包括一对资产和收入账户,或者负债和费用账户。注意这个配对组合是和递延调整的组合(资产对费用,负债对收入)不同的。图表 4.2 展示了需要应计调整的账户的列表。

现在稍微停一下,再回头看一下 139 页图表 4.1 下半部。左边的箭头表示需要递延调整而右边的箭头就表示需要应计调整。

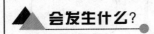

自 我 测 试

对于下面的每一个情况,指出在 10 月 31 日需要的是递延调整(D)还是应计调整(A),同时哪一对账户将会受影响:

	调整的类型	受影响账户	
		资产负债表	利润表
1. 在 9 月,六面旗公司收到了来自客人的 6 000 美元票款,这些票款是用于 10 月允许入园参观用的。			
2. 派尔斯博瑞租赁办公室在 10 月将房子租给房客,但是房款要到 11 月才能收回。			
3. 在 7 月 1 日,《福布斯》杂志社获得了一份两年的贷款,利息每年 6%。			
4. 在 10 月 1 日,苹果电脑有限公司,为 10 月、11 月、12 月支付了 24 000 美元的保险费。			

> **自测答案**
> 1. D/预收账款和门票收入
> 2. A/应收租金和租金收入
> 3. A/应付利息和利息费用
> 4. D/预付保险和保险费用

学习会计方法

做适当的账项调整

做调整的过程和你在第2章、第3章学习的很像。如图表4.3所示,最主要的不同点在于,调整是在每一个会计期间的期末,于预备财务报表前进行。调整不是每天做的,那是因为在每一个期末将所有的调整一起更有效率。在确定必要的调整之后(步骤1),它们就以调整分录(AJE)的形式被记录(步骤2),然后再在账户中被汇总(步骤3)。调整后试算平衡表,是用来确保在这些调整分录过账之后,贷方总额还等于借方总额。如果账户是平衡的,就能够编制财务报表,并分发给有兴趣的使用者。

> **学习目标2**
> 在会计期末进行账项调整。

> **你应该知道**
> 调整分录以借贷平衡的形式指出期末调整的效果。

图表4.3 会计周期中月末调整部分

时间	1. 分析	2. 记录	3. 汇总
日报	交易	分录	1. 总分类账(T形账户) 2. 未调整的试算平衡表
月末	调整	调整分录	1. 总分类账(T形账户) 2. 调整后试算平衡表 3. 财务报表

调整分析、记录和汇总

没有调整过的试算平衡表是调整步骤的一个关键起始点,因为它代表了每一个账户没有调整过的余额情况,这有助于你区分需要调整的账户。图表4.4展示了快速剪发9月底没有调整过的试算平衡表。这个试算平衡表与103页图表3.8相同,除了我们列出了快速剪发账户表中列出的所有账户的余额,包括那些现在余额已为0的账户。通过未调整的试算平衡表,我们可以确认在9月底需要调整的账户。

图表 4.4 未调整的试算平衡表

账户名称	借	贷	对所需调整的解释
快速剪发 未调整的试算平衡表 2008 年 9 月 30 日			
现金	$6 100		
原材料	630		因 9 月使用的原材料减少
应收账款	200		因为管理者修剪头发而获得收入的权利增加
预付租金	7 200		因用于预付 9 月租金的金额减少
预付保险	3 600		因用于预付 9 月保险金的金额减少
设备	60 000		
累计折旧		$0	因 9 月使用的设备费用调整
应付账款		1 030	
预付账款		300	因 9 月实现的礼物卡片的权益减少
应付工资		0	因 9 月还没有支付的工资增加
应付所得税		0	因发生在 9 月的所得税增加
应付利息		0	因 9 月还未支付票据的利息增加
应付票据		20 000	
投入资本		50 000	
股利	0		
剪发收入		15 500	
工资费用	8 100		
租金费用	0		
折旧费用	0		
公共费用	600		
广告费用	400		
保险费用	0		因 9 月用掉的保险利益增加
原材料费用	0		因 9 月实用的供货增加
利息费用	0		因 9 月在未支付票据上的利息增加
所得税费用	0		因发生在 9 月的所得税增加
总数	86 830	86 830	

在这一节，我们展示了怎样去分析、记录以及汇总需要的调整。仔细阅读这一节，它包含了人们认为在这一章中最有难度的内容。

递延调整　让我们从研究递延调整开始，这些调整是用来更新滞后在资产负债表的总数。

（a）在期间内使用的原材料

8 月收到的 630 美元原材料，有 400 美元原材料 9 月 30 日还在手里未使用。

原材料最初被当做 8 月的资产记录，但是它们中的一些在 9 月 30 日已被用完了。配比原则要求做出调整，将这个月的原材料成本作为一项费用来记录（来对收入匹配）。为了确定用完的原材料成本，你必须做一些小的计算。如果有 630 美元原材料可用，同时，到了月末又只有 400 美元原材料在手里，那么必然有 230 美元差额是这个月使用的原材料成本。采用会计术语,你需要减少资产(原材料)230 美元,同时将这一数字作为费用展示(原材料费用)。这部分调整对会计等式的作用在 142 页做了展示,同时列出了需要的调整分录和受其影响的账户。

1. 分析	资产	=	负债	+	所有者权益
	(a) 原材料 −230	=			原材料费用(+E) −230

2. 记录
(a) 借:原材料费用(+E, −SE)   230
    贷:原材料(−A)   230

借+ 原材料(A) 贷−	借+ 原材料费用(S,SE) 贷−
未调整余额 630	未调整余额 0
230 AJE(a)	AJE(a) 230
调整后余额 400	调整后余额 230

3. 汇总

考虑调整分录的一个办法是考虑它们之前从哪里来(未调整余额,在未调整试算平衡表中显示),应该去哪里(期望在财务报表中报告的调整后余额)。比如(a),原材料和原材料费用的未调整余额分别为 630 美

> **辅导员提示**
> "原材料费用(+E)−230"表示增加的费用引起了所有者权益的减少(通过减少净利润和留存收益),回顾 96 页的图表 3.6。

元和 0 美元,但是在期末调整后的余额为 400 美元和 230 美元,为了达到这个数字你需要减少原材料 230 美元(贷记这个账户)然后增加原材料费用(借记这个账户)。这些通过调整分录(a)达到。图表 4.5 显示了这项调整对财务报表的影响。

图表 4.5 将资产的成本转移到费用账户

原材料
(资产负债表上的资产)   转移到   原材料费用
                                (损益表上的费用)

−230 美元   +230 美元

(b) 期间内存在的租金利息

三个月的租金 7 200 美元在 9 月 1 日支付,但是只有一个月租金实现了,剩下另外两个月的租金在 9 月 30 日已预付。

图表 4.6 展示了成本是怎么和时间期间联系起来的,时间箭头显示 9 月支付的 7 200 美元实际上分成三份,每个月 2 400 美元。第一份的效益已经实现,所以它需要在利润表中作为费用出现。其他的两个月(2/3)在 9 月 30 日还是作为预付资金。因此,9 月 1 日预付的 7 200 美元需要在 9 月 30 日作调整,4 800 美元(2/3 × $7 200)作为剩下两个月的预付租金应该在 9 月 30 日的资产负债表中报告。

图表 4.6　用时间箭头来计算调整

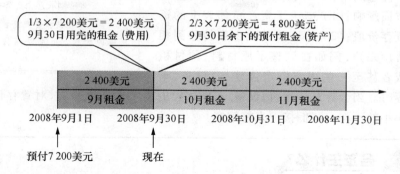

上面的分析决定了调整需要减少预付租金 2 400 美元,从 7 200 美元到 4 800 美元。这样就要增加 2 400 美元的租金费用,这些调整的影响如下所示:

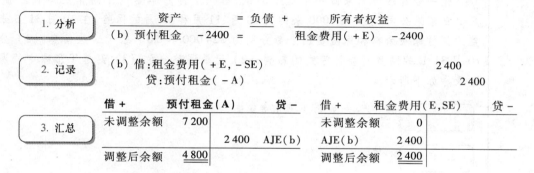

(c) 期间内发生的保险利益

在 9 月 1 日预付了 12 个月的 3 600 美元保险,但是只有一个月实现了,在 9 月 30 日剩下 11 个月的预付保险。

在一张纸上,试着画一张时间表(类似于图表 4.6),通过它来进行调整。保险费用 3 600 美元在 9 月 1 日是预付的,并作为一项资产被记录。一个月的保险费用已实现 ($300 = 1/12 \times \$3 600$),9 月 30 日还有 11 个月剩下的 3 300 美元。因此需要调整,增加保险费用 300 美元,减少预付保险 300 美元,从 3 600 美元到 3 300 美元。

	资产	=	负债	+	所有者权益	
1. 分析	(c) 预付保险　-300	=			保险费用 (+E)　-300	

2. 记录	(c) 借:保险费用 (+E,-SE)		300	
	贷:预付保险 (-A)			300

	借+	预付保险(A)	贷-	借+	保险费用(E,SE)	贷-
3. 汇总	未调整余额	3 600		未调整余额	0	
			300　　AJE(c)	AJE(c)	300	
	调整后余额	<u>3 300</u>		调整后余额	<u>300</u>	

145 注意到事件(a),(b),(c),递延调整有两方面影响:(1) 减少了资产负债表上的资产置存价值;(2) 将账户的减少额转移到相关费用账户,例如在调整了原材料、预付租金或者甚至一些固定资产像建筑、设备、车辆等时。当会计对像建筑、设备、车辆之类的固定资产做账时,对置存价值的减少有一点小小的不同。我们接下来将解释。

> **你应该知道**
>
> 置存价值是指资产或者负债在财务报表里汇报的数额。也可以叫做净面值或者账面价值。

会发生什么?

自 我 测 试

花一分钟的时间来做一下这个测试,看一下你对本章的了解情况如何。在10月1日苹果公司花了 $24 000 来购买10月、11月和12月的保险,在10月31日未调整的预付保险余额和保险费用余额分别为 $24 000 和 $0。基于这些信息:(1) 分析10月31日的调整对会计等式的影响;(2) 记录调整分录;(3) 汇总T形账中的调整分录。如下所示。

1. 分析   资产 = 负债 + 所有者权益

2. 记录   借:
         贷:

3. 总结

借 +	贷 −	借 +	贷 −
期初未调整余额		期初未调整余额	
调整后余额		调整后余额	

自测答案

1. 资产 = 负债 + 所有者权益
   预付保险 −8 000   保险费用(+E) −8 000

2. 借:保险费用(+E, −SE)   8 000
   贷:预付保险(−A)   8 000

3.
借 +	预付保险(A)	贷 −	借 +	保险费用	贷 −
未调整余额	24 000		未调整余额	0	
		8 000 AJE	AJE	8 000	
调整后余额	16 000		调整后余额	8 000	

(d) 设备的折旧记账

沙龙的设备,预计可以使用五年,现在已使用了一个月,预计费用为 1 000 美元。配比原则指出当设备在当期使用产生收入时,它的部分成本需要被转移到费用账户中。这个过程叫做折旧，这样有一个叫做折旧费用的账户用来记录设备与当期相关的成本。用一个费用账户来记录资产的使用对你来说不是一个新鲜的知识了。新鲜的是，折旧不是直接从设备账户中减少数额，而是建立一个备抵账户来一步步记录设备的折旧。备抵账户叫做累计折旧，就像资产账户中的负的资产账户，从资产负债表中的设备中扣减出来，如下所示。

> **你应该知道**
>
> 折旧是将像建筑、设备、车辆等资产的成本分摊到使用年限内的过程。备抵账户是一个账户冲抵或者减少另一个账户。

设备	$60 000	←设备最初成本
减：累计折旧	(1 000)	←期间运营的总折旧
设备净值	59 000	←置存价值（或净账面价值）

在我们下面的分析中，我们用小的"x"表示备抵账户，所以资产的备抵账户符号就是"xA"。备抵账户的增加是(+xA)，减少的置存价值为(-A)。

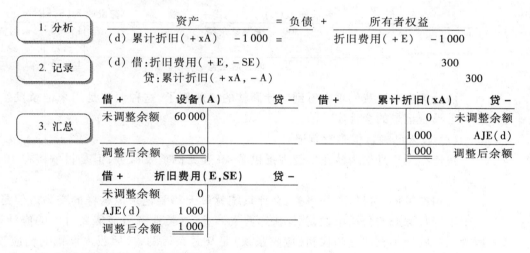

这个例子有四个方面需要注意：

1. 累计折旧是一个资产负债表账户，而折旧是一个利润表账户。
2. 通过以与设备账户分离的累计折旧账户来记录折旧，你能同时报告设备的原始成本以及设备的运营成本。这给了财务报表使用者一个大概的想法，关于资产的原始价值到资产负债表日减少了多少。在我们的例子中，大概设备的 1/60（$1 000/$60 000）在 9 月 30 日使用完毕。
3. 备抵账户经常用来抵消账户的减值。比如，增加的累计折旧要记录在贷方，因为这个账户是设备的减值，设备最先是按借方来记的。
4. 折旧的总数基于用什么样的方法来计算它。折旧的方法将在第 9 章进行介绍。

正如递延调整用来记录当使用资产时费用的发生，它们同样用来记录当公司实现向顾客提供服务或产品时之前收到的收入的义务。例如，美国航空、道琼斯和 T 移动公司在提供航班、报纸和手机服务前就收到了现金。它们最初是增加（借）现金的同时增加（贷）

负债账户预收账款。之后当它们履行了自己的义务,递延调整就要记录了,减少负债(借)然后记录从服务中确认的收入(贷)。让我们对快速剪发也采取这样的想法。

(e) 履行礼品卡服务

快速剪发履行了 175 美元礼品卡的义务,用于顾客剪发服务。

未调整试算平衡表上的预收账款有 300 美元,说明快速剪发有义务履行顾客先前支付了的剪发服务。由于 175 美元是这个月剪发的礼品卡,快速剪发完成了义务并获得了收入。因此需要做出递延调整来减少预收账款,增加剪发收入。

> **辅导员提示**
>
> "预收账款"中的"预收"一词意味着公司尚未履行任何承诺。换句话说,公司有义务在未来提供服务。

1. 分析

资产	=	负债	+	所有者权益
(e)		预收账款 −175		剪发收入(+R) +175

2. 记录

(e) 借:预收账款(−L)　　　　　　　　　　　175
　　　贷:剪发收入(+R, +SE)　　　　　　　　　　175

3. 汇总

借 −	预收账款(L)	贷 +		借 −	剪发收入(S,SE)	贷 +
	300	未调整余额			15 500	未调整余额
175	AJE(e)				175	AJE(e)
	125	调整后余额			15 675	调整后余额

应计调整　让我们现在看到应计调整的一般例子,这种调整是用来记录发生了交易但是没有记录的会计实务的。

(f) 收入已确认但是没有记录

快速剪发 9 月份为沙龙的经理提供了 40 美元的剪发服务,但是付款将在 10 月才能收到。

公司如果经常提供赊账服务,会计系统就每天都要记录像这样的交易。但是对于一个不经常赊账的公司来说,就像快速剪发沙龙,这类业务可能需要月末的应计调整。因为这些收入和收回它的权利(应收账款)是 9 月获得的,按照收入原则它们应该在 9 月份记录。应计调整将增加应收账款同时增加剪发收入。

1. 分析

资产	=	负债	+	所有者权益
(f) 应收账款 +40	=			剪发收入(+R) +40

2. 记录

(f) 借:应收账款(+A)　　　　　　　　　　　40
　　　贷:剪发收入(+E, +SE)　　　　　　　　　　40

3. 汇总

借 +	应收账款(L)	贷 −		借 −	剪发收入(R,SE)	贷 +
未调整余额	200				15 500	未调整余额
AJE(f)	40				175	AJE(e)
调整后余额	240				40	AJE(f)
					15 715	调整后余额

还有其他由于确认收入但是没有记录而需要应计调整的情况。例如,投资所得的

利息每天都在获得但是一般都只有一年获得一次现金,所以每个月都需要应计调整来增加确认了但是没有记录的应收利息和利息收入。同样,如果公司跨越超过两个会计年度提供服务,如斯派和斯派广告公司,通常不会在完成对客户服务之前收到服务费用的。因此,需要调整以在月底时记录正确的总收入额。

(g) 发生了但是没有记录的工资费用

快速剪发欠了发型师 9 月最后 3 天的 900 美元工资。

在第 3 章,快速剪发向员工支付了到 9 月 27 日 8 100 美元的工资(每天 300 美元)。在 9 月 30 日,另外完成了三天工作的工资是 900 美元。尽管这部分钱要到 10 月才支付,但是与费用相关的工作在 9 月已经完成,所以配比原则要求调整,来确认快速剪发欠员工的另外 900 美元工资。

1. 分析	资产	=	负债	+	所有者权益
	(g)		(f) 应付工资 +900		工资费用(+E) −900

2. 记录　(g) 借:工资费用(+E,+SE)　　　　　　　　　　900
　　　　　　　贷:应付工资(+L)　　　　　　　　　　　　　　900

借 −	应付工资(L)	贷 +	借 +	工资费用(E,SE)	贷 −
	0	未调整余额	未调整余额	8 100	
	900	AJE(g)	AJE(g)	900	
	900	调整后余额	调整后余额	9 000	

(h) 已发生但是没有记录的利息

快速剪发还没有支付和记录这个月欠银行应付票据的利息 100 美元。

由于这部分利息是发生在 9 月,需要做出调整来记录利息费用,因为利息还没有支付,所以需要调整来记录一项负债叫做应付利息。目前,未调整的试算平衡表显示的是 0 美元的应付利息和 0 美元利息费用。

1. 分析	资产	=	负债	+	所有者权益
	(h)		应付利息 +100		利息费用(+E) −100

2. 记录　(h) 借:利息费用(+E,−SE)　　　　　　　　　100
　　　　　　　贷:应付利息(+L)　　　　　　　　　　　　　　100

借 −	应付利息(L)	贷 +	借 +	利息费用(E,SE)	贷 −
	0	未调整余额	未调整余额	0	
	100	AJE(h)	AJE(h)	100	
	100	调整后余额	调整后余额	100	

如果在当期发生了费用,对费用有负债(但是还没有记录),同样可能要求对其他费用做出应计调整,像财产税和公共费用。这些调整分录与(h)中展示的完全一样,除了词"利息"可能被特定的发生的成本替代,同时需要用到适当的数额。基于我们的快速剪发中的例子,我们假设还需要记录的费用就是这个月发生的应计所得税,但是所得税要到下个会计期间才支付。

（i）所得税发生但是没有记录

快速剪发支付的所得税平均税率是税前所得的 40%。

> **辅导员提示**
> 在考虑了所有的收入和费用后再计算所得税费用。

一个公司在当期的收入大于费用时才需要缴纳所得税。所得税的计算需要：（1）公司调整后的所得（税前所得）乘以（2）公司的适用税率。149 页的表计算了调整后的所得（税前），从未调整的试算平衡表（图表 4.4）中的未调整的收入和费用开始，然后加上有效的收入和费用调整。用 40% 税率乘以调整后的税前所得（1 685 美元）得到所得税总额（674 美元）。

	收入	费用	
未调整总数	$15 500	$9 100	← 从图表 4.4 算出： （$9 100 = $8 100 + 400 + 600）
调整：(a)		+230	
(b)		+2 400	
(c)		+300	
(d)		+1 000	
(e)	+175		
(f)	+40		
(g)		+900	
(h)		+100	
调整后总数	$15 715 −	$14 030	= $1 685 ← 调整后的税前所得

未调整的试算平衡表显示没有记录所得税（应付所得税和所得税费用都是 0 美元）。因为收入是在 9 月记录，根据配比原则要求我们在 9 月记录 674 美元的所得税费用。因为还没有支付税款，所以需要记录一项负债。

1. 分析	资产	=	负债	+	所有者权益
	(i)		(i) 应付所得税 +674		所得税费用（+E） −674

2. 记录　　(i) 借：所得税费用（+E, −SE）　　　　　674
　　　　　　　　贷：应付所得税（+L）　　　　　　　　　　674

借 −	应付所得税（L）	贷 +	借 −	利息费用（E, SE）	贷 +
3. 汇总	0	未调整余额	未调整余额	0	
	674	AJE(i)	AJE(i)	674	
	674	调整后余额	调整后余额	674	

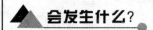

自 我 测 试

在应计调整市场拓展费用 500 万美元之前，Pixar 调整后的税前所得是 24 500 万美元。假设公司平均适用税率为 40%。首先分析所得税调整对会计等式的影响，然后编制调整分录，假设没有任何所得税记录。

1. 分析	资产 = 负债 + 所有者权益
2. 记录	借: 贷:

自测答案

1. 调整后税前所得 = 24 500 − 500 = 24 000（万美元）

   所得税 = 24 000 × 40% = 9 600（万美元）

$$资产 = \frac{负债}{应付所得税 + 9\,600\,万} + \frac{所有者权益}{所得税费用（+E）- 9\,600\,万}$$

2. 借：所得税费用（+E, −SE）　　　　　　　　　　9 600 万

   贷：应付所得税（+L）　　　　　　　　　　　　　　9 600 万

附加评述

在完成这节的学习之前有两个关键点需要学习。第一点很简单。注意没有一个调整分录影响现金账户。调整分录绝不会包括现金。

第二点与股利有关，股利是分发利润以作为对股东投资公司的回报。对于是否发放股利是董事会在得到利润之后做出的决定，所以股利不是商业活动中的费用。相反，它是股东权益中的留存收益的一个减项。因此，股利不会出现在利润表上，但是作为一个减项出现在留存收益表上（如第1章介绍的）。股利在特定的账户——已宣布股利里做记录。因为股利是股东权益的减项，它就像其他股东权益账户一样需要借记。现在我们知道快速剪发这个月有利润，我们假设公司要向股东支付股利。（专业的说，股利可以在一年的任何时间发生，所以当宣布股利时它应该作为一项日常交易来记录，而不是作为一项期末的调整分录。但是我们在这里为了方便这样做。）

(j) 宣布和支付股利

快速剪发宣布并支付了500美元的现金股利。

股利是作为股东权益的一个减项在叫做已宣布股利的特别账户中记录的。因为减少了股东权益，所以它需要借记，相应的需要贷记现金。

1. 分析	资产	=	负债	+	所有者权益
	(j) 现金　−500				已宣布股利（+D）　−500

2. 记录	(j) 借：已宣布股利（+D, −SE）　　　　　　　　500
	贷：现金（−A）　　　　　　　　　　　　　　500

3. 总结	借 +	现金（A）	贷 −	借 +	已宣布股利（D, SE）	贷 −
	未调整余额	6 100		未调整余额	0	
			500　(j)	(j)	500	
	调整后余额	5 600		调整后余额	500	

编制调整后试算平衡表和财务报表

调整后试算平衡表

就像在第3章的未调整的试算平衡表，调整后的试算平衡表是用来检查有余额的账户的。唯一的不同在于调整后的试算平衡表是在所有调整记录后做出的。为了替快速剪发编制调整后试算平衡表，我们首先要搜集图表4.7中的所有T形账。我们已经用141页到145页的a—j交易的分录来更新了未调整余额（图表4.4）。图表4.7中的期末余额就是要出现在调整后的试算平衡表（图表4.8）中的余额，总的借贷值已经算出。试算平衡表总量平衡（总借方 = $89 544 = 总贷方），所以可以准备财务报表。

> **学习目标 3**
> 编制调整后试算平衡表。

> **你应该知道**
> 调整后试算平衡表列出了所有账户及其调整后余额，以检查记录的质量。

图表4.7 快速剪发的调整账户

借 +	现金(A)	贷 −	借 −	应付账款(L)	贷 +	借 +	工资费用(E,SE)	贷 −
未调整余额	6 100			1 030	未调整余额	未调整余额	8 100	
	500	(j)				AJE(g)	900	
调整后余额	5 600					调整后余额	9 000	

借 +	原材料(A)	贷 −	借 −	预收账款(L)	贷 +	借 +	租金费用(E,SE)	贷 −
未调整余额	630				300 未调整余额	未调整余额	0	
		230 AJE(a)	AJE(e)	175		AJE(b)	2 400	
调整后余额	400				125 调整后余额	调整后余额	2 400	

借 +	应收账款(A)	贷 −	借 −	应付工资(L)	贷 +	借 +	折旧费用(E,SE)	贷 −
未调整余额	200				0 未调整余额	未调整余额	0	
AJE(f)	40				900 AJE(f)	AJE(b)	1 000	
调整后余额	240			900	调整后余额	调整后余额	1 000	

借 +	预付租金(A)	贷 −	借 −	应付所得税(L)	贷 +	借 +	公共费用(E,SE)	贷 −
未调整余额	7 200				0 未调整余额	未调整余额	600	
		2 400 AJE(b)			674 AJE(i)			
调整后余额	4 800			674	调整后余额			

借 +	预付保险(A)	贷 −	借 −	应付利息(L)	贷 +	借 +	广告费用(E,SE)	贷 −
未调整余额	3 600				0 未调整余额	未调整余额	400	
		300 AJE(c)			100 AJE(h)			
调整后余额	3 300				100 调整后余额			

借 +	设备(A)	贷 −	借 −	应付票据(L)	贷 +	借 +	保险费用(E,SE)	贷 −
未调整余额	60 000				20 000 未调整余额	未调整余额	0	
						AJE(c)	300	
						调整后余额	300	

借 −	累计折旧(xA)	贷 +	借 −	投入资本(SE)	贷 +	借 +	原材料费用(E,SE)	贷 −
		0 未调整余额			50 000 未调整余额	AJE(a)	230	
		1 000 AJE(d)				调整后余额	230	
		1 000 调整后余额						

			借 −	留存收益(SE)	贷 +	借 +	利息费用(E,SE)	贷 −
					0 未调整余额	未调整余额	0	
						AJE(h)	100	
						调整后余额	100	

			借 +	已宣布股利(D,SE)	贷 −	借 +	所得税费用(E,SE)	贷 −
			未调整余额	0		未调整余额	0	
			AJE(f)	500		AJE(i)	674	
			调整后余额	500		调整后余额	674	

			借 −	剪发收入(R,SE)	贷 +			
					15 500 未调整余额			
					175 AJE(e)			
					40 AJE(f)			
					15 715 调整后余额			

图表 4.8 快速剪发 调整试算平衡表

快速剪发
调整 T 形账
2008 年 9 月 30 日

账户名称	借	贷
现金	$5 600	
原材料	400	
应收账款	240	
预付租金	4 800	
预付保险	3 300	
设备	60 000	
累计折旧		$1 000
应付账款		1 030
预收账款		125
应付工资		900
应付所得税		674
应付利息		100
应付票据		20 000
投入资本		50 000
留存收益		0
已宣布股利	500	
剪发收入		15 715
工资费用	9 000	
租金费用	2 400	
折旧费用	1 000	
公共费用	600	
广告费用	400	
保险费用	300	
原材料费用	230	
利息费用	100	
所得税费用	674	
总计	$89 544	$89 544

所有在试算平衡表中的账户余额只能在利润表、留存收益表或资产负债表中出现一次。通常,利润表是最先准备的,因为它的净利润数字,将会流入留存收益表。然后留存收益表中的数字又会流入资产负债表中。正如你们将在这本书以后的章节看到的一样,现金流量表和财务报表附注都是最后准备的,因为它们包括了来自利润表、留存收益表和资产负债表(加上其他来源)的信息。

辅导员提示

在试算平衡中,按资产负债表、留存收益表和利润表的顺序列出账户。

利润表和留存收益表

从一般的表头(谁、什么、什么时候)开始准备利润表,同时从调整试算平衡表中列出每一个收入和费用账户的名字和总数,如

学习目标 4

编制财务报表。

图表 4.9 所示。注意在利润表上每一个主要部分都在计算本期净利润之前汇总。

来自调整的试算平衡表的账户余额同样用于留存收益表,如图表 4.9 所示。注意来自调整试算平衡表的总数是年初的留存收益余额。这个账户余额还没有包括收入、费用和当期股利,因为它们已经在自己独立的账户里记录过了。最后它们将转到留存收益中去,但是这些只在每年末进行。现在,在调整试算平衡表的留存收益账户为留存收益表提供了期初值。留存收益表中下一行的净利润的总数来自于利润表,而已宣布股利数来自于调整后试算平衡表。

> **辅导员提示**
> 已宣布股利只在留存收益表中报告。

图表 4.9 编制利润表和留存收益表

快速剪发 调整后试算平衡表 2008年9月30日		
账户名称	借	贷
现金	$5 600	
原材料	400	
应收账款	240	
预付租金	4 800	
预付保险	3 300	
设备	60 000	
累计折旧		$1 000
应付账款		1 030
预收账款		125
应付工资		900
应付所得税		674
应付利息		100
应付票据		20 000
投入资本		50 000
留存收益		0
已宣布股利	500	
剪发收入		15 715
工资费用	9 000	
租金费用	2 400	
折旧费用	1 000	
公共费用	600	
广告费用	400	
保险费用	300	
原材料费用	230	
利息费用	100	
所得税费用	674	
总计	$89 544	$89 544

快速剪发 损益表 2008年9月30日	
收入	
剪发收入	$15 715
总收入	15 715
费用	
工资费用	9 000
租金费用	2 400
折旧费用	1 000
公共费用	600
广告费用	400
保险费用	300
原材料费用	230
利息费用	100
所得税费用	674
总费用	14 704
净利润	$1 011

快速剪发 留存收益表 2008年9月30日	
9月1日留存收益	$0
净利润	1 011
已宣布股利	(500)
9月30日留存收益	$511

资产负债表

就像其他报表,资产负债表也是从 T 形账户中来的,如图表 4.10 所示。当在准备资产负债表时,需要注意三点:第一,记得如果资产和负债将在 12 个月以内被用完、转为现金或者归还时,则把资产和负债归为"流动"的;第二,注意累计折旧是要从资产部分的设备中减除的;第三,从留存收益表中得到留存收益余额,而不是从调整后试算平衡表中得到(调整试算平衡表依然只记录期初留存收益余额)。

图表 4.10 编制资产负债表

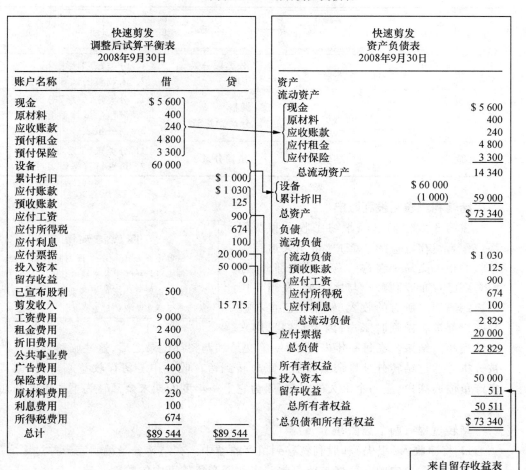

现金流量表和注释

如果你觉得不是很累,我们可以在这里再花掉一个小时的时间来谈谈现金流量表和财务报表的注释是怎么准备的。但是看起来,你很快会有个休息时间,所以我们将现金流量表留到第 12 章,所以我们将在剩下的章节中讨论有关财务报表的注释。

结转临时账户

在会计循环里的最后一步被称为结转过程。正如在图表 4.11 第一栏显示的,这一步只在每年末做,在财务报表都准备好之后。结转的过程清理会计中的记录,来使它们下一年度起始平衡。这像是清零你车上的旅程表或者按复印机上的重设键。

> **学习目标 5**
> 解释结账程序。

图表 4.11 年终结账结束会计循环

时间	1. 分析	2. 记录	3. 汇总
日报	交易	分类账分录（JES）	1. 分类账（T形账） 2. 未调整的试算平衡表
月末	调整	调整分录（AJES）	1. 分类账（T形账） 2. 调整后试算平衡表 3. 财务报表
年底	结转	结转分录	1. 分类账（T形账） 2. 过账试算平衡表

结转利润表和股利账户

在第 3 章你们已经学习了收入和费用账户作为留存收益的子账户，将用来追踪当年收益相关交易。在这一章的前面部分，你们看到已宣布股利账户与之类似，在当年用来追踪股利。所有的收入、费用和已宣布股利账户都被看做临时账户，因为它们只用来追踪当年的结果。在每一年末，当每一笔交易和调整都记录之后，这些临时性账户就会被分析并通过结转分录将余额从临时账户转到留存收益中。留存收益账户，就像其他资产负债表账户，是一个永久的账户，因为它上一年度的期末余额转为下一年度的期初余额。

> **你应该知道**
>
> 临时账户显示一个有限期间内的财务成果。每一会计年度末其余额归零。
>
> 永久性账户年底的余额会进入下一年度，从而显示逐年累积的财务成果。

结转过程有两个意图①：

1. 将净收入（损失）和股利转移到留存收益中。在结转分录编制完毕并过账之后，在留存收益账户中的余额将与留存收益表和资产负债表中的数额一致。

2. 使所有利润表和股利账户中余额为零。在结转分录编制完毕并过账之后，临时账户中的余额将恢复为零并开始计算下一年度的经营成果。

结转分录也要遵守交易分录（第 2 章、第 3 章中的）和调整分录（本章前面内容中的）借贷平衡的形式。因为它们是一年中最后做的事项，它们直接往账户中过账（一些财务系统中记录和结转分录过账是自动的）。需要两类结转分录：

1. 正确借记每个收入账户中贷方余额，贷记每个费用账户中借方余额，差额记入留存收益中。如果完成这一步，留存收益的贷方总额将等于利润表中的净利润。（如果公司亏损，那么留存收益将会是借方余额。）

2. 贷记已宣布股利账户中贷方余额总数，并且在留存收益中借方记录相同数额。

图表 4.12 展示了快速剪发沙龙的结转过程（假设它在 9 月的最后一天结转账目）。

---

① 有些公司采用四步结账：（1）结转收入；（2）结转费用到一个特定的汇总账户，称为"收入汇总"；（3）将"收入汇总"账户结转到留存收益；（4）结转已宣布股利。

图表4.12　分析、准备和汇总结转分录

1. 分析	结转临时账户的分析步骤只需要你从调整后的试算平衡表区分借方余额（贷记）和贷方余额（借记）的临时账户。

2. 记录	CJE1. 结转收入和费用账户：	
	借：剪发收入（-R）	15 715
	贷：工资费用（-E）	9 000
	贷：租金费用（-E）	2 400
	贷：折旧费用（-E）	1 000
	贷：公共费用（-E）	600
	贷：广告费用（-E）	400
	贷：保险费用（-E）	300
	贷：原材料费用（-E）	230
	贷：利息费用（-E）	100
	贷：所得税费用（-E）	674
	贷：留存收益（+SE）	1 011
	CJE2. 结转已宣布股利账户：	
	借：留存收益（-SE）	500
	贷：已宣布股利（-D）	500

3. 汇总

借+	剪发收入（R,SE）	贷-	借+	保险费用（E,SE）	贷-
	15 715	调整后余额	调整后余额	300	
CJE(1)	15 715			300	CJE(1)
	结算余额	0	结算余额	0	
借+	工资费用（E,SE）	贷-	借+	原材料费用（E,SE）	贷-
调整后余额	9 000		调整后余额	230	
		9 000　CJE(1)			230　CJE(1)
结算余额	0		结算余额	0	
借+	租金费用（E,SE）	贷-	借+	利息费用（E,SE）	贷-
调整后余额	2 400		调整后余额	100	
		2 400　CJE(1)			100　CJE(1)
结算余额	0		结算余额	0	
借+	折旧费用（E,SE）	贷-	借+	所得税费用（E,SE）	贷-
调整后余额	1 000		调整后余额	674	
		1 000　CJE(1)			674　CJE(1)
结算余额	0		结算余额	0	
借+	公共费用（E,SE）	贷-	借+	宣布股利（D,SE）	贷-
调整后余额	600		调整后余额	500	
		600　CJE(1)			500　CJE(2)
结算余额	0		结算余额	0	
借+	广告费用（E,SE）	贷-	借+	留存收益（SE）	贷-
调整后余额	400			0	调整后余额
		400　CJE(1)	CJE(2)　500	1 011	CJE(1)
结算余额	0			511	结算余额

结转试算平衡表的过账程序

在结转分录过账之后,所有的临时账户都应该余额为 0。这些账户已经为记录下一年度的交易做好了准备。在留存收益中的期末余额已更新(与留存收益表和资产负债表中的年末总额相匹配),同时它将作为下一年的期初额出现。作为会计循环的最后一步,你应该准备一个结转试算平衡表(如图表 4.13 所示)。在这个环境下,过账就意味着"之后",所以结转试算平衡表是一种过账后的试算平衡表,是为了最后检查来确定贷方总额等于借方总额,同时所有的临时账户都已经结转。

> **你应该知道**
> 结转试算平衡表在会计循环的最后一步编制,以检验借、贷总额是否相等,以及所有临时账户是否已归零。

> **辅导员提示**
> 结转试算平衡表的借方总额不等于资产负债表中的总资产,因为累计折旧(试算平衡表中的贷方余额)在资产负债表中被减去了。

图表 4.13 快速剪发的结转后试算平衡表

快速剪发
结转后试算平衡表
2008 年 9 月 30 日

账户名称	借	贷
现金	$5 600	
原材料	400	
应收账款	240	
预付租金	4 800	
预付保险	3 300	
设备	60 000	
累计折旧		$1 000
应付账款		1 030
预收账款		125
应付工资		900
应付所得税		674
应付利息		100
应付票据		20 000
投入资本		50 000
留存收益		511
已宣布股利	0	
理发收入		0
工资费用	0	
租金费用	0	
折旧费用	0	
公共费用	0	
广告费用	0	
保险费用	0	
原材料费用	0	
利息费用	0	
所得税费用	0	
总计	$74 340	$74 340

现在我们已经完成了会计循环,是时候再次总结了。156 页的图表 4.11 展示了组织会计循环的一种方式。图表 4.14 以稍微不同的形式展示了相同的想法。在灰底、白底和点底框子里的步骤分别是每天、每月和每年完成的步骤。

图表 4.14　会计流程

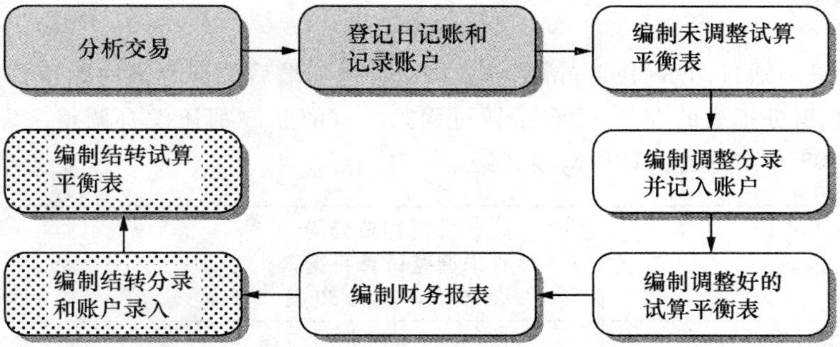

分析交易 → 登记日记账和记录账户 → 编制未调整试算平衡表 → 编制调整分录并记入账户 → 编制调整好的试算平衡表 → 编制财务报表 → 编制结转分录和账户录入 → 编制结转试算平衡表

评估结果

调整后财务报表的质量

毫无疑问你一定听过关于管理者是怎样鼓励自己的会计师们利用调整分录,来产生原本不存在的收入或者费用的故事。(例如,看这章最后的案例 S4-4)。这里有许多引人注意的会计舞弊,所以经常出现在新闻里。问题就在于,它给了公众一种印象:管理者和会计会频繁制造不存在的资产和收入或隐瞒存在的负债和费用。同时,当你每年听到大量舞弊造成重大损失的案例时,你却没有听到递延或应计调整怎样帮助财务报表的使用者能更好地判断公司的运营情况。为了给予你有关调整的真实效果的印象,请阅读下面的道德观察。

> **学习目标 6**
> 解释账项调整对信息质量的影响。

▲ 道德观察

调整能增加信息质量吗?

许多会计研究文献都在关注一个问题:是否应计和递延调整能或多或少使得财务报表提供更多信息。它们发现:尽管管理者可能利用调整来误导使用者,大致上,调整能明显地提高财务报表的质量。当发生收入及相关费用时能确保这些收入和费用被记录,这些调整能帮助报表的使用者更好地评估公司的过去以及预测未来的财务情况。

* P. Healy and J. Whalen, "A Review of the Earnings Management Literature and Its Implications for Standard Setting," *Accounting Horizons* 13, no. 4 (December 1999).

本章复习

示范案例

我们最后通过图示展示古博割草公司会计循环最后的部分来回顾该公司的会计行为：调整过程、财务报表的准备，还有结转过程。所有的账户都还没有调整。你将从下面的未调整的 2008 年 4 月的试算平衡表开始：

古博割草公司
未调整试算平衡表
2008 年 4 月 30 日

账户名称	借	贷
现金	$4 510	
应收账款	1 700	
应收票据	1 250	
预付保险	300	
设备	4 600	
累计折旧		$0
土地	3 750	
应付账款		620
预收账款		1 600
应付工资		0
应付利息		0
应付所得税		0
应付票据		4 000
投入资本		9 000
留存收益		0
割草收入		5 200
工资费用	3 900	
燃料费用	410	
保险费用	0	
折旧费用	0	
利息费用	0	
所得税费用	0	
总计	$20 420	$20 420

通过回顾未调整的试算平衡表，你鉴别出三个递延账户（预付保险、设备和预收账款），还可能需要调整与工资、所得税和应付票据发生利息有关的应计调整。下面的信息是在会计循环结束时确定的。

递延调整

A. 4 月初从城市收到 1 600 美元现金的 1/4，是 4 月割草服务的收入。在预收账款的 1 600 美元是四个月服务的收入（从 4 月到 7 月）。

B. 4 月初购买了覆盖 6 个月（4 月到 9 月）的价值 300 美元的保险。4 月的保险已经使用了。

C. 割草机、剪刀、耙子和手工工具（设备）在 4 月已经使用过以获得收入。公司预计每年有 300 美元的折旧。

应计调整

D. 4 月 28 日已经支付了工资。员工在 4 月最后两天工作的工资将在 5 月支付。工资为 200 美元每天。

E. 4 月发生及应付的应付票据利息是 35 美元。

F. 古博割草公司预计的所得税税率是 35%。

要求：

1. 基于会计基本等式（资产 = 负债 + 所有者权益），来区分事件 A-F 需要调整的作用，使用本章展示的格式。

2. 在 4 月末记录要求的调整分录。

3. 汇总在 T 形账户中的每一个受影响账户的调整分录的效果。从没有调整的试算表中获得期初余额，然后将要求 2 中的调整分录过账，同时计算 4 月 30 日的调整后余额。

4. 准备一个调整试算平衡表来确保借贷平衡，记住要包括试算平衡表中的所有账户（不仅仅是受调整分录影响的账户）。

5. 准备从调整过的试算平衡表中得到总数的利润表、留存收益表以及分类资产负债表。

6. 如果古博草地公司财务年度在 2008 年 4 月 30 日结束，编制结转分录。

按照要求完成了 1—6 之后，用下面的答案来核对你的答案。

参考答案：

1. 调整分析：

A. 预收账款的未调整余额是 1 600 美元，同时割草的收入为 5 200 美元。其中 4 月已经确认收入 1 600 美元中的 1/4（$400 = 1/4 × 1 600），因此这个月总的割草收入为 5 600 美元（$5 200 + $400）。四月底剩余的预收账款为 1 600 美元的 3/4（$1 200 = 3/4 × 1 600）。为了实现这些，我们需要以下调整：减少预收账款 400 美元，同时增加割草收入 400 美元。

资产	=	负债	+	所有者权益
		预收账款　−400		割草收入（+R）　+400

B. 预付保险未调整的余额是 300 美元，同时保险费用的未调整余额为 0。300 美元中的 1/6 在 4 月已经发生，因此这个月的保险费用为 50 美元（1/6 × $300）。为了实现这些，我们需要做一个调整，减少预付保险中的 50 美元，同时增加保险费用 50 美元。

资产	=	负债	+	所有者权益
预付保险　−50				保险费用（+E）　−50

C. 累计折旧和折旧费用的未调整余额均为 0 美元。每年的折旧是 300 美元，平均下来每个月是 25 美元（$300 × 1/12）。为使得未调整余额 0 美元达到我们想要的 25 美元，我们增加费用和备抵账户余额 25 美元。

资产	=	负债	+	所有者权益
累计折旧（+xA）　−25				折旧费用（+E）　−25

D. 应付工资未调整的余额是 0 美元,工资费用未调整余额是 3 900 美元。由于 4 月最后两天的已经完成的工作是没有支付的,我们需要记录 400 美元(2 × $200)的负债。这个月总的工资费用应该包括从 4 月 1 号到 28 号支付的 3 900 美元加上没有支付的 4 月 29 号和 30 号的 400 美元。为了达到这个期望的余额,我们需要进行调整,增加 400 美元的应付工资和增加 400 美元的工资费用。

资产	=	负债	+	所有者权益
		应付工资　+400		工资费用(+E)　-400

E. 应付利息和利息费用的未调整余额为 0。4 月发生 35 美元利息费用,所以需要调整,给账户的两边都加上 35 美元。

资产	=	负债	+	所有者权益
		应付利息　+35		利息费用(+E)　-35

F. 应付所得税以及所得税费用的未调整余额为 0。计算出来的所得税将同时增加这两个账户。这个月的所得税需要按调整后的税前所得的 35% 来计算,如下:

	收入	费用	
未调整总数	$5 200	$4 310	← 从未调整试算平衡表中算来
			($4 310 = $3 900 + 410)
调整:(a)	+400		
(b)		+50	
(c)		+25	
(d)		+400	
(e)		+35	
调整后总数	$5 600	- $4 820	= $780 调整后的税前所得
			×35% 税率
			$273 所得税

资产	=	负债	+	所有者权益
		应付所得税　+273		所得税费用(+E)　-273

2. 调整分录

　A. 借:预收账款(-L)　　　　　　　　　　400
　　　贷:割草收入(+R,+SE)　　　　　　　　　　400
　B. 借:保险费用(+E,-SE)　　　　　　　　50
　　　贷:预付保险(-A)　　　　　　　　　　　　50
　C. 借:折旧费用(+E,-SE)　　　　　　　　25
　　　贷:累计折旧(+xA,-A)　　　　　　　　　25
　D. 借:工资费用(+E,-SE)　　　　　　　　400
　　　贷:应付工资(+L)　　　　　　　　　　　400
　E. 借:利息费用(+E,-SE)　　　　　　　　35
　　　贷:应付利息(+L)　　　　　　　　　　　35
　F. 借:所得税费用(+E,-SE)　　　　　　　273
　　　贷:应付所得税(+L)　　　　　　　　　　273

3. T形账

借 +	预付保险(A)	贷 -		借 -	应付利息(L)	贷 +		借 +	预付保险(A)	贷 -
期初余额	300				0	期初余额		期初余额	0	
		50 (b)			35	(e)		(b)	50	
期末余额	250				35	期末余额		期末余额	50	

借 -	累计折旧(xA)	贷 +		借 -	应付所得税(L)	贷 +		借 +	折旧费用(E)	贷 -
		0	期初余额			0	期初余额	期初余额	0	
		25	(c)			273	(f)	(c)	25	
		25	期末余额			273	期末余额	期末余额	25	

借 -	预收账款(L)	贷 +		借 -	割草收入(R)	贷 +		借 +	利息费用(E)	贷 -
		1 600	期初余额			5 200	期初余额	期初余额	0	
(a)	400					400	(a)	(e)	35	
		1 200	期末余额			5 600	期末余额	期末余额	35	

借 -	应付工资(L)	贷 +		借 +	工资费用(E)	贷 -		借 +	所得税费用(E)	贷 -
		0	期初余额	期初余额	3 900			期初余额	0	
		400	(d)	(d)	400			(f)	273	
		400	期末余额	期末余额	4 300			期末余额	273	

4. 调整试算平衡表

古博割草公司
试算平衡表
2008 年 4 月 30 日

账户名称	借	贷
现金	$4 510	
应收账款	1 700	
应收票据	1 250	
预付保险	250	
设备	4 600	
累计折旧		$25
土地	3 750	
应付账款		620
预收账款		1 200
应付工资		400
应付利息		35
应付所得税		273
应付票据		4 000
投入资本		9 000
留存收益		0
割草收入		5 600
工资费用	4 300	
燃料费用	410	
保险费用	50	
折旧费用	25	
利息费用	35	
所得税费用	273	
总计	$21 153	$21 153

5. 利润表、留存收益表和资产负债表

古博割草公司 利润表 2008年4月30日		古博割草公司 留存收益表 2008年4月30日	
收入:		4月1日余额	$0
割草收入	$5 600	净利润	507
总收入	5 600	股利	0
费用:		4月30日余额	$507
工资费用	4 300		
燃料费用	410		
保险费用	50		
折旧费用	25		
利息费用	35		
所得税费用	273		
总费用	5 093		
净利润	$507		

古博割草公司 资产负债表 2008年4月30日			
资产		负债	
流动资产:		流动负债:	
现金	$4 510	应付账款	$620
应收账款	1 700	预收账款	1 200
应收票据	1 250	应付工资	400
预付保险	250	应付利息	35
总流动资产	7 710	应付所得税	273
设备	4 600	应付票据	4 000
减:累计折旧	(25)	总流动负债	6 528
土地	3 750	所有者权益	
总资产	$16 035	投入资本	9 000
		留存收益	507
		总负债和所有者权益	$16 035

6. 结转分录

如果古博割草公司采用4月30日为会计期间年末,这个公司就需要分录来将它的收入和费用账户上的余额结转到留存收益中。因为公司没有股利,股利账户则不需要结转到留存收益中。需要结转收入和费用到留存收益中的结转分录为:

借:割草收入(-R)		5 600
贷:工资费用(-E)		4 300
燃料费用(-E)		410
保险费用(-E)		50
折旧费用(-E)		25

利息费用（-E）	35
所得税费用（-E）	273
留存收益（-SE）	507

本章小结

学习目标1：解释为什么需要账项调整，第138页

调整需要确保：
- 当确认收入时需要记录收入（收入原则）
- 当收入发生相应费用时，费用需要被记录（配比原则）
- 资产需要按照符合当期期末经济利益的总数来记录
- 负债要按照当期期末所欠的将导致未来资源流出的总值来记录

学习目标2：在会计期末进行账项调整，第141页
- 进行调整的过程包括：

1. 分析在资产负债表和利润表中需要调整的对应的一对账户的未调整余额，计算需调整数额，需要时可画出时间线。
2. 编制调整分录。
3. 在总分类账（T形账）中汇总调整分录。
- 调整分录绝不会影响现金账户。

学习目标3：编制调整的试算平衡表，第151页

调整试算平衡表就是在合适栏位列出所有账户的调整后借贷余额进行检查，使借贷平衡的表。

学习目标4：编制财务报表，第153页

调整后账户余额用来准备以下的财务报表：
- 利润表：收入 – 费用 = 净利润
- 留存收益表：期初留存收益 + 净利润 – 已宣布股利 = 期末留存收益
- 资产负债表：资产 = 负债 + 所有者权益
- 现金流量表和财务报表注释都是调整后财务报表的重要组成部分，但是对它们的学习将放在以后的章节。

学习目标5：解释结账程序，第155页

结转分录要求要做到：a. 转移净利润（或损失）和已宣布股利到留存收益中；b. 结转所有的临时性账户（收入、费用、已宣布股利），使下一年度这些临时账户初始余额为0。
- 两个结转分录是必需的：

1. 借记所有收入账户，贷记所有费用账户，同时在留存收益中记录差额（等于净利润）。
2. 贷记已宣布股利账户余额，同时在留存收益中借记相同数额。

学习目标6：解释账项调整对信息质量的影响，第159页

研究表明，大体上，调整明显提高了财务报表的质量，使得财务报表使用者能更好地评估过去决策和预测未来的财务状况。

关键术语

账项调整　138 页
调整试算平衡表　151 页
调整分录　141 页
置存价值（净值、账面价值）　145 页
备抵账户　145 页

折旧　145 页
临时账户　156 页
结转试算平衡表　158 页
永久账户 156 页

练习题

问答题

1. 简要解释账项调整的目的。
2. 解释账项调整和第 3 章一些概念的关系：a. 会计期间假设；b. 收入原则；c. 配比原则。
3. 列出账项调整的两种类型，并分别举例说明两种调整是怎样影响收入和费用的。
4. 解释调整分录对现金的影响。
5. 什么是备抵账户？举例说明。
6. 解释折旧费用和累计折旧的区别。
7. 什么是试算平衡表？其目的是什么？
8. 12 月 31 日，一个公司支付了 9000 美元的第二年 1 月、2 月、3 月的租赁仓库费用。请展示 12 月 31 日交易对会计等式的影响，同时还有 1 月 31 日、2 月 28 日、3 月 31 日需要做的调整。
9. 利用问题 8 的信息，来决定在 1 月 31 日资产负债表以及 1 月 31 日利润表需要记录的总额和账户。
10. 利用问题 8 的信息，准备 12 月 31 日、1 月 31 日、2 月 28 日、3 月 31 日需要做的调整分录。
11. 以下报表的等式是什么？a. 利润表；b. 资产负债表；c. 留存收益表。
12. 解释问题 11 中的报表相互间有什么联系。
13. 结转分录的目的是什么？
14. 永久性账户和临时性账户有什么不同？
15. 为什么利润表账户要结转而资产负债表账户则不用？
16. 股利是作为一项资产、负债还是所有者权益来考虑的？它是永久性账户还是临时性账户？它也有一般的借贷平衡吗？
17. 什么是结转试算平衡表？它是会计循环中有用的部分吗？请解释说明。

多项选择题

1. 下列哪个账户不会出现在结转分录中？
   A. 利息收入　　　B. 累计折旧　　　C. 留存收益　　　D. 销售费用

2. 下列哪个账户最不可能出现在调整分录中？
   A. 现金　　　　　B. 应收利息　　　C. 所得税费用　　D. 应付工资

3. 当一个音乐会主办单位在表演前两个月收到票款，下列哪个账户需要被记录？
   A. 应计负债　　　B. 应收账款　　　C. 预付费用　　　D. 预收账款

4. 在12月31日，一项调整需要用来减少预收账款并确认收入。多少个账户需要包括在这项调整分录中？
   A. 一个也没有　　B. 一个　　　　　C. 两个　　　　　D. 三个

5. 一次需要确认应计的应付薪金的调整分录将引起下列哪一种结果？
   A. 减少资产和所有者权益
   B. 减少资产和负债
   C. 增加费用、负债和所有者权益
   D. 增加费用和负债，减少所有者权益

6. 调整试算平衡表
   A. 在结转调整试算平衡表之前以借贷形式报告期末余额
   B. 在结转分录过账后编制
   C. 是财务分析人员用来回顾公司的表现的工具
   D. 展示来自借贷形式下调整分录的期末余额

7. 公司A拥有一幢楼已经很多年了，下列哪句话从会计角度来看是错误的？
   A. 本年的折旧费用将等于累计折旧数额
   B. 折旧是一项在建筑物使用年限内的每年记录的估计费用
   C. 当记录折旧时，所有者权益就减少
   D. 当记录折旧时，总资产减少

8. 下列哪一项试算平衡表是当做准备利润表的资源来使用的？
   A. 未调整试算平衡表
   B. 预调整试算平衡表
   C. 调整试算平衡表
   D. 结转调整试算平衡表

9. 假设预付保险的余额是2 500美元，但它却应该是1 500美元，调整的分录应该包括下列哪一项？
   A. 借记预付保险1 000美元
   B. 贷记保险费用1 000美元
   C. 借记保险费用1 000美元
   D. 借记保险费用1 500美元

10. 假设一个公司需要支付10 000美元作为当期会计年度的广告费用。如果这笔钱没有在年末记录，那应该包括哪些调整分录？

A. 借记广告费用 10 000 美元
B. 贷记广告费用 10 000 美元
C. 借记应计负债 10 000 美元
D. 需要更多信息

选择题答案:
1. b 2. a 3. d 4. c 5. d 6. d 7. a 8. c 9. c 10. a

小练习

M4-1 理解与账项调整相关的概念
将下列情形与需要调整的原因匹配。

____ 1. 西北航空公司本月为上月支付了飞机票款的顾客提供航班服务。
____ 2. 阿尔卡贝公司收到了本月电话服务的费用单,这笔费用必须在下月缴纳。
____ 3. GSD + M 完成了一项广告活动,这项活动收入的现金将在下个月收到。
____ 4. 木老虎工作室使用了 35 000 平方米的建筑(用于教导学生辩论知识、太空知识和视频资源)。

A. 确认收入
B. 费用发生
C. 负债发生
D. 负债偿还
E. 资产增加
F. 资产使用

M4-2 编制调整试算平衡表
迈克公司有下列调整账户和年末余额(2009 年 6 月 30 日):

应付账款	$300	现金	$1 020	预付费用	$40
应收账款	550	投入资本	300	工资费用	660
应计负债	150	折旧费用	110	销售收入	3 600
累计折旧	250	所得税费用	110	原材料	710
管理费用	820	利息费用	180	租金费用	400
建筑和设备	1 400	利息收入	50	留存收益	120
		土地	200	预收账款	100
		长期贷款	1 300		

要求:
为迈克公司编制 2009 年 6 月 30 日的调整试算平衡表。

M4-3 将交易与合适的账项调整匹配
将下列交易与需要的调整类型匹配,在提供的空白处填上适当字母。

交易 | 调整类型
____ 1. 费用未发生,预先支付了费用 | A. 应计调整
____ 2. 租金未收到,但已经确认了 | B. 递延调整
____ 3. 工作室现有的原材料将在下个会计年度使用
____ 4. 费用已经发生,但没有支付也没有记录。
____ 5. 收入预先收到,但稍后才能确认

M4-4 将交易与合适的账项调整配对

将下列交易与需要的调整类型配对，在提供的空白处填入适当字母。

交易	调整类型
____ 1. 工作室今年购买了 500 美元的原材料，年末还有 100 美元的原材料在手上。	A. 应计调整
____ 2. 年末确认了应收票据的 250 美元利息，尽管利息要到下个会计年度才能收到。	B. 递延调整
____ 3. 年末应付工资 3 600 美元，没有支付也没有记录。	
____ 4. 年末，服务收入 2 000 美元以现金形式收到，但只有部分可以确认。	

M4-5 确认账项调整对会计等式的影响

对于以下每一项天空灯泡公司的交易，给出 2008 年 12 月 31 日月末调整对会计等式的影响：

A. 收到从 2008 年 12 月 1 日到 2009 年 2 月 28 日的 1 200 美元租金，这些是作为预收租金在 2008 年 12 月 1 日贷记的。

B. 在 2008 年 12 月 1 日支付了 2 400 美元作为 2 年的保险费用，上述金额借记为预付保险。

C. 在 2008 年 12 月 1 日购买了一台价值 4.8 万美元的机器，公司预计每年折旧 4 800 美元。

M4-6 记录调整分录

使用 M4-5 中的信息，为公司准备 2008 年 12 月 31 日所需的调整分录。

M4-7 确定账项调整对会计等式的影响

对于以下每一项天空灯泡公司的交易，给出 2008 年 12 月 31 日月末调整对会计等式的影响：

A. 12 月用电的电费 600 美元，将在 2009 年 1 月支付。

B. 12 月底，还欠 10 位员工工作 3 天（每天 100 美元）的工资。公司将在 2009 年 1 月第一周周末支付给他们。

C. 在 2008 年 12 月 1 日，借给一位员工一笔钱，他承诺将支付 1 200 美元作为一年的利息。

M4-8

使用 M4-7 的信息，为公司准备 2008 年 12 月 31 日所需的调整分录。

M4-9 编制利润表

天空灯泡公司在 2008 年 12 月 31 日准备了如下的调整试算平衡表：

	借	贷
现金	$1 230	
应收账款	2 000	
预付保险	2 300	
应收票据	3 000	
设备	12 000	

（续表）

	借	贷
累计折旧		$300
应付账款		1 600
应付应计负债		3 200
应付所得税		2 900
预收租金		600
投入资本		2 400
留存收益		1 000
股利	300	
销售收入		42 030
租金收入		300
工资费用	21 600	
折旧费用	300	
公共费用	220	
保险费用	100	
租金费用	9 000	
所得税费用	2 900	
总计	$54 950	$54 950

为 2008 年编制利润表，天空灯泡公司在 2008 年获得了多少净利润？

M4-10 编制留存收益表

参考 M4-9，为 2008 年编制留存收益表。

M4-11 编制资产负债表

参考 M4-9，在 2008 年 12 月 31 日编制分类资产负债表。天空公司的资产是通过普通股还是债务来融资的？

M4-12 编制结转分录

参考 M4-9 的调整试算平衡表。在 2008 年 12 月 31 日编制结转分录。

M4-13 编制和记录调整分录

在 12 月 31 日，奇科斯记录的未调整试算平衡表上的原材料存货为 9000 美元，同时原材料费用为 0 美元，在 12 月 31 日原材料库存为 1300 美元，在 2008 年 12 月 31 日准备调整分录，对每个账户建立 T 形账，录入未调整余额，记入调整分录，并报告调整后余额。

M4-14 编制和记录调整分录

在 12 月 31 日，奇科斯记录的未调整试算平衡表上设备为 3 万美元，同时累计折旧和折旧费用是 0 余额，这个期间的折旧费预计是 6 000 美元。准备调整分录，在每个账户独立的 T 形账中，加入未调整余额，记入调整分录，并报告调整后余额。

M4-15 编制和记录调整分录

在 12 月 31 日，奇科斯记录的未调整试算平衡表上记录的预付保险为 7 200 美元，同时保险费用为 0，保险是 7 月 1 日买的，包含了 12 个月的保险费。准备调整分录，在每个账户独立的 T 形账中，加入未调整余额，记入调整分录，并报告调整后余额。

第 4 章　账项调整、财务报表和财务报告质量

M4-16　编制和记录调整分录

在 12 月 31 日,奇科斯记录的未调整试算平衡表上预收账款为 500 美元,同时销售和服务收入为 3.38 万美元。12 月 31 日一半的预收账款已确认。准备调整分录,在每个账户独立的 T 形账中,加入未调整余额,记入调整分录,并报告调整后余额。

M4-17　编制和记录调整分录

在 12 月 31 日,奇科斯记录的未调整试算平衡表上应付工资为 0 美元,同时工资费用为 2 万美元。员工工资支付到 12 月 27 日,但他们在 12 月 28 日到 12 月 31 日的工资 1 200 美元还没有支付和记录。准备调整分录,在每个账户独立的 T 形账中,加入未调整余额,记入调整分录,并报告调整后余额。

M4-18　编制和记录调整分录

在 12 月 31 日,奇科斯记录的未调整试算平衡表上应付利息为 0 美元,同时利息费用为 0 美元,发生在 12 月的利息总额为 500 美元。准备调整分录,在每个账户独立的 T 形账中,加入未调整余额,记入调整分录,并报告调整后余额。

M4-19　编制和记录调整分录

在 12 月 31 日,奇科斯记录的未调整试算平衡表上,已宣布股利为 0 美元,应付股利为 0 美元,12 月 27 日宣布有 200 美元的股利,三星期后用现金支付股利。准备调整分录,在每个账户独立的 T 形账中,加入未调整余额,记入调整分录,并报告调整后余额。

M4-20　编制调整试算平衡表

奇科斯记录的未调整试算平衡表上有下列账户余额:现金 5 000 美元;应收账款 500 美元;原材料存货 9 000 美元;预付保险 7 200 美元;设备 2.8 万美元;应付账款 200 美元;预收账款 5 000 美元;应付票据 3 000 美元;投入资本 2.2 万美元;留存收益 5 700 美元;销售和服务收入 3.38 万美元;工资费用为 2 万美元。准备 12 月 31 日的调整试算平衡表(包括从 M4-13 到 M4-19 的所有分录)。

M4-21　跨越多个会计期间的预付费用进程

密迪斯工厂在 2008 年 1 月 2 日购买了价值 3 万美元的三年期保险。编制在 2008 年 1 月 2 日、12 月 31 日和 2009 年 12 月 31 日需要的所有交易分录、调整分录和结算分录。在预付保险、保险费用、现金和留存收益的 T 形账户中汇总这些分录。假设在 2008 年 1 月 2 日,这些账户的余额分别是 0 美元、0 美元、9 万美元和 8 万美元。只需要给出保险项目的分录,指出在 2008 年 12 月 31 日和 2009 年 12 月 31 日资产负债表和利润表上这些账户的数额。

练习

E4-1　从调整后账户余额来编制调整试算平衡表

基伯索咨询有限公司是一家为零售业的客户提供市场调查服务的公司。公司在 2008 年 12 月 31 日有下列账户余额:

应付账款	累计折旧	应计负债
160 000	18 100	25 650
现金	管理费用	原材料
173 000	320 050	12 200
工资和福利费	预付费用	利息费用
1 590 000	10 200	17 200
应付账款	顾问收入	留存收益
225 400	2 564 200	?
应付所得税	差旅费	建筑和设备
2 030	23 990	323 040
公共费用	股利	预收顾问收入
25 230	5 000	32 500
其他收入	应付账款	土地
20 800	86 830	60 000
其他运营费用	投入资本	培训费用
188 000	233 370	18 600
租金费用	其他资产	
152 080	145 000	

要求：

1. 在 2008 年 12 月 31 日为基伯索咨询有限公司准备调整试算平衡表，计算出留存收益中的"?"。

2. 在要求 1 中的留存收益的余额代表 2008 年 12 月 31 日还是 2007 年 12 月 31 日的余额？解释原因。

E4-2 查阅试算平衡表来鉴别账项调整

寇兹公司是手提包和其他男女搭配物的制造商，原先它属于萨拉李公司，直到 2001 年 4 月，寇兹独立成立了公司。假设下表是寇兹的试算平衡表，并用来准备它 2007 年 6 月 30 日和年末的财务报表。

寇兹公司
调整试算平衡表
2007 年 6 月 30 日
（以百万美元为单位）

	借	贷
现金	$143	
应收账款	84	
存货	233	
预付费用	41	
不动产和设备	399	

（续表）

	借	贷
累计折旧		$100
其他资产	726	
应付账款		80
应付工资		250
应付所得税		12
应付票据		35
其他负债		60
投入资本		585
留存收益		10
销售收入		2 111
销售成本	473	
销售和管理费用	874	
利息收入		33
所得税费用	303	
	$3 276	$3 276

要求：

1. 基于试算平衡表上的信息，列出可能在 6 月 30 日需要递延调整的资产负债表和利润表对应账户（不需要计算）。

2. 基于试算平衡表上的信息，列出可能在 6 月 30 日需要应计调整的资产负债表和利润表对应账户（不需要计算）。

E4-3 记录调整分录

莫博是无线电运营商，在 2008 年 12 月 31 日完成了它第一年的运营，所有的业务都记录了，除了以下的业务：

A. 在年末，员工已经确认 6 000 美元工资，将在下一个工资支付日 2009 年 1 月 6 日支付。

B. 在年末，公司确认了 3 000 美元的利息收入，将在 2009 年 3 月 1 日收到。

要求：

1. 这个公司的会计年报告期间是什么？
2. 区分哪些是递延调整，哪些是应计调整。
3. 展示每个要求的调整对会计等式的影响，用示范案例中的格式。
4. 为什么需要调整？

E4-4 记录调整分录

参考 E4-3。

要求：

为交易 A，B 记录要求的分录。

E4-5 确定账项调整对会计等式的影响

菲斯公司正在准备 2008 年 12 月 31 日的调整分录。你了解到了以下信息：

a. 在 2008 年 1 月 1 日，支付了两年期的价值为 7 200 美元的保险费，从支付的那一天开始算起,在 2008 年 12 月 31 日,预付保险和保险费用的未调整余额为 7 200 美元和 0 美元。

b. 在 2008 年 12 月 31 日,你获得下列与运输原材料相关的数据。

2008 年运输原材料未调整余额为	15 000 美元
2008 年未调整运输原材料费用为	72 000 美元
2008 年 12 月 31 日手中还有的原材料	10 000 美元

要求:

1. 在 2008 年的利润表上保险费用的数额是多少?2008 年 12 月 31 日资产负债表上预付保险的数额是多少?
2. 运输原材料费用在 2008 年利润表上的数额是多少?运输原材料在 2008 年 12 月 31 日的资产负债表上记录的数额是多少?
3. 用示范案例中的格式,指出要求保险和运输原材料的调整对会计等式的影响。

E4-6　记录调整流水账

参考 E4-5。

要求:

为(a)保险、(b)运输原材料准备 2008 年 12 月 31 日的调整分录。

E4-7　记录具有代表性的调整分录

捷沃滑雪板商店在 2008 年 12 月 31 日结束了第一个会计期间。2008 年的交易已经记录并过账。下列数据用于确定需要的调整分录:

a. 2008 年 12 月 31 日,原材料未调整金额为 850 美元。2008 年 12 月 31 日未调整原材料费用为 0 美元。年末结算发现还有 100 美元的原材料。

b. 员工已经确认的 2008 年 12 月的工资在 12 月 31 日没有支付和记录的总数为 3 700 美元。最后一次支付发生在 12 月 28 日;下一次支付将会在 2009 年 1 月 6 日。2008 年 12 月 31 日工资费用的未调整余额为 4 万美元。

c. 商店的一部分地下室租给费雷,租金是每月 1 100 美元。在 2008 年 11 月 1 日,商店收到费雷预付的六个月房租 6 600 美元。当收到房租时,将房租全部作为预收租金来记录。2008 年 12 月 31 日租金收入的未调整余额为 0 美元。

d. 年初商店购买了运输设备。尽管没有任何记录,但预计 2008 年折旧为 3 000 美元。

e. 2008 年 12 月 31 日,预付保险的未调整余额为 4 800 美元。金额在年中支付,为期两年,从 2008 年 7 月 1 日开始计算。保险费用的未调整余额为 800 美元,这是 2008 年 1 月 1 日到 6 月 30 日的保险成本。

f. 捷沃商店为费雷进行一些滑雪板维修工作。到 2008 年 12 月 31 日,费雷还没有支付完成工作的 750 美元酬劳。这部分费用还没有记录为维修收入。预计在 2009 年 1 月收到费用。

要求:

1. 对上述每一项目,指出需要在捷沃年末资产负债表和利润表中记录的调整账户名称和调整后余额。
2. 对每一种情况,准备捷沃需要在 2008 年 12 月 31 日记录的调整分录。

E4-8　决定 7 个典型调整分录对财务报表的影响

参考 E4-7。

第 4 章　账项调整、财务报表和财务报告质量

要求：

对于 E4-7 中的每一笔交易，指出调整分录对会计等式要素的影响。用下面的格式，符号 + 代表增加，– 代表减少，NE 表示没有影响。使用本章展示的格式加入账户名称。

交易	资产	负债	所有者权益
a			
b			
c			
……			

E4-9　记录包括调整和结转分录的交易

下列账户是一个游戏制造商网虫公司使用的：

A	应收账款	K	应付票据
B	累计折旧	L	办公设备
C	现金	M	原材料
D	投入资本	N	留存收益
E	折旧费用	O	服务收入
F	已宣布股利	P	原材料费用
G	应付股利	Q	预收服务账款
H	利息费用	R	工资费用
I	应付利息	S	应付工资
J	利息收入	T	不在以上账户中

要求：

对于下列的每一种独立情况，加入适当的代码和总额来做出会计分录。我们完成第一种情况，作为例子。

	独立情况	借		贷	
		代码	数额	代码	数额
a	在年底没有支付和记录的已确认工资 400 美元（例子）	R	400	S	400
b	预先收到服务收入 600 美元				
c	已宣布股利，并在年内支付了 900 美元				
d	本年折旧费用 1 000 美元				
e	确认了的服务收入但是年末还没有收到现金 1 000 美元				
f	原材料账户余额为 400 美元；年末手中的原材料 150 美元				
g	年末，没有记录和支付的应付票据利息为 220 美元				
h	年末，服务收入账户调整后的余额为 75 000 美元。做出结转分录来结转这个账户				
i	年末，利息费用账户调整后的余额为 420 美元。做出结转分录来结转这个账户				

E4-10　来自增加账户的推断交易

德瑞公司于1868年成立,现在也是世界上农业设备的龙头制造企业。公司同时还提供赊账业务、健康管理计划以及面向商业产品和一般公众的保险服务。下面的信息是从它目前的年报中截取出来的(以百万美元为单位):

应付所得税				应付利息		
	期初余额	87			期初余额	65
84	(a)	?		544	(c)	?
	期末余额	227			期末余额	79

公共费用		
	期初余额	87
(b) ?		211
	期末余额	53

要求:

1. 对于每一个应计负债账户,描述可能引起它增加或减少的典型交易。
2. 用等式形式表示每个T形账,然后算出所缺的(a),(b),(c)数额(以百万美元为单位)。例如,应付利息T形账能描述为:期初余额(65) + 增加(?) − 减少(544) = 期末余额(79)。重新组织等式后你会解出? = 79 + 544 − 65。

E4-11　分析调整分录对利润表和资产负债表的影响

2008年12月31日,艾伦公司准备了利润表和资产负债表,但是他们很愚蠢地忘记了四个调整分录。利润表,基于这错误基础,报出的税前所得为30 000美元,资产负债表(在记录所得税影响之前)显示的总资产为90 000美元,总负债为40 000美元;所有者权益为50 000美元。调整分录所需要的数据如下所示:

　　a. 每年设备的8 000美元折旧费用没有记录。
　　b. 2008年12月最后三天的1.7万美元的工资没有支付也没有记录(下一个工资日将会是2009年1月10日)。
　　c. 2008年12月1日收到4 800美元租金收入,租金是从2008年12月1日到2009年2月28日的三个月办公室租金。当收到时,全部的4 800美元贷记为预收账款。
　　d. 所得税没有记录,公司的适用税率为30%。

要求:

完成下面的表并说明四个调整分录的影响(以括号表示扣减额)。

项目	净收入	总资产	总负债	所有者权益
报告数额	$30 000	$90 000	$40 000	$50 000
折旧影响	————	————	————	————
工资影响	————	————	————	————
租金收入影响	————	————	————	————
调整后余额	6 600	82 000	55 400	26 600
所得税影响	————	————	————	————
正确数额	————	————	————	————

E4-12 调整后的利润表

德叶公司于 2008 年 12 月 31 日完成了它第一年的运营。因为这是会计年末,公司的簿记员准备了下列预备利润表:

	利润表 2008 年	
租金收入		$114 000
费用:		
工资和薪金费用	$28 500	
维修费用	12 000	
租金费用	9 000	
公共费用	4 000	
汽油费用	3 000	
其他费用	1 000	
总费用		57 500
净收益		$56 500

你是公司聘请的独立审计师,来审计公司的会计系统和财务报表。在审计过程中,你发现了下面的附加信息:

a. 12 月最后三天的 310 美元工资没有支付也没有记录。
b. 2008 年 12 月的 400 美元电话费没有记录也没有支付。
c. 租用汽车的折旧,2008 年总数是 2.3 万美元,没有记录。
d. 德叶公司没有记录应付票据的 500 美元利息。
e. 租金收入中还包括了 2009 年 1 月才能确认的 4 000 美元收入。
f. 2008 年使用了 600 美元的生产材料成本,但这些没有记录。
g. 2008 年所得税费用为 7 000 美元,但这些费用直到 2009 年才会支付。

要求:
1. 在 2008 年 12 月 31 日需要为事件 a—g 做怎样的分录? 如果不需要做,请解释原因。
2. 按合适的格式为公司编制 2008 年的调整后的利润表。

E4-13 记录调整分录和编制调整的试算平衡表

尼佳星公司在 2008 年 12 月 31 日第二个运营年度末准备了未调整的试算平衡表。

账户名称	借	贷
现金	$12 000	
应收账款	6 000	
预付租金	2 400	
机器设备	21 000	
累计折旧		$1 000
应付账款		1 000
应付公共费用		0
应付所得税		0
投入资本		29 800

		（续表）
账户名称	借	贷
留存收益		2 100
销售收入		45 000
销售成本	25 000	
公共费用	12 500	
租金费用	0	
折旧费用	0	
所得税	0	
总计	$78 900	$78 900

其他数据没有在 2008 年 12 月 31 日记录：

a. 发生在 2008 年的 1 200 美元租金。
b. 2008 年折旧费用 1 000 美元。
c. 应付公共费用 9 000 美元。
d. 所得税费用 800 美元。

要求：

1. 使用示范案例中的格式指出每项调整对会计等式的影响。
2. 准备在 2008 年 12 月 1 日的调整分录。
3. 在 T 形账中汇总调整分录，加入期初余额并计算出调整后期末余额后，在 2008 年 12 月 31 日完成调整后的试算平衡表。

E4-14　记录四个调整分录编制调整试算平衡表

名特清洁公司于 2008 年 12 月 31 日，即它的第二个运营年年末准备了下面的未调整试算平衡表。为了简化练习题，题目中提供的数字以千美元为单位。

账户名称	借	贷
现金	$38	
应收账款	9	
预付保险	6	
机器	80	
累计折旧		
应付账款		$9
投入资本		76
留存收益		4
销售收入		80
销售成本	26	
工资费用	10	
总计	$169	$169

其他还没有在 2008 年 12 月 31 日记录的数据有：

a. 发生在 2008 年的保险费用,5。
b. 发生在 2008 年的折旧费用,4。

c. 应付工资,7。
d. 所得税费用,9。

要求:
1. 完成2008年的调整分录
2. 使用T形账,来决定每个账户的调整后的金额,并完成2008年12月31日的调整后试算平衡表。

E4-15 利润表,留存收益表,资产负债表

参考E4-14。

要求:

使用E4-14中调整后的余额,完成2008年公司的利润表、留存收益表、资产负债表。

E4-16 记录结转分录

参考E4-14。

要求:

使用E4-14中调整后的余额,完成2008年所需的结转分录。在会计年度末"结转账目"的意图是什么?

E4-17 记录最初交易和随后的调整

在9月,特斯卡特公司有下列商业活动:

a. 在9月1日,支付了6个月的货车设备租金共1.2万美元。
b. 9月1日,收到了6万美元的季票票款,这些票款是用于未来12个月允许进入赛道用的。
c. 9月1日,一家私人组织预定了赛道使用,他们每个月使用一次赛道,每次的费用是2000美元,租用金将在下月支付。该组织在9月30日使用了赛道。
d. 9月1日,聘用了一个新的经理,他的工资是每个月3000美元,工资在每个月第一个星期一支付。

要求:

使用下面的表,首先完成9月1日每一个商业活动所需的分录。然后准备9月30日需要的调整分录。

事件/日期	分录和调整分录
(a) 9月1日 9月30日	
(b) 9月1日 9月30日	
(c) 9月1日 9月30日	
(d) 9月1日 9月30日	

辅导题

CP4-1 编制调整试算平衡表、结算分类账和过账试算平衡表

戴尔公司(Dell)最初命名为个人电脑有限公司,是世界上最大的直接向客户销售的电脑系统公司。下面的列表是 2006 年 2 月 3 日公司会计年度末的账户和账户数额。这些账户有正常的借贷余额同时数字省略到百万。

应付账款	$9 840	长期贷款	$504
应收账款	5 452	其他资产	14 635
应计负债	6 087	其他负债	2 549
累计折旧	749	不动产、房屋和设备	2 005
现金	9 807	研发费用	463
投入资本	4 129	留存收益	5 045
销售成本	45 958	销售收入	55 908
所得税费用	1 002	销售和管理费用	5 140
利息收入	227		
存货	576		

要求:

1. 在 2006 年 2 月 3 日准备调整试算平衡表。留存收益的余额 5 045 将会是 2006 年 2 月 3 日资产负债表上的数额吗?
2. 在 2006 年 2 月 3 日完成需要结算分录。
3. 在 2006 年 2 月 3 日完成过账结算试算平衡表。

CP4-2 分析并记录调整分录

乔丹公司会计年度结束于 12 月 31 日。现在是 2008 年 12 月 31 日,所有的 2008 年的分录都已做出,除了下面的这些事件:

a. 公司 2008 年 10 月 1 日欠银行 400 美元的票据利息费用。这部分利息费用将会在 2009 年 9 月 30 日偿还账务的时候支付。

b. 2008 年 9 月 1 日,乔丹收到了存货仓库的六个月 4 800 美元的租金费用。收到的时候乔丹借记现金并贷记预收租金 4 800 美元。

c. 公司确认了已在 2008 年 12 月 29 日完成的特定工作的服务收入 3 000 美元。这笔收入将在 2009 年 1 月收到。目前没有做任何分录。

d. 在 2008 年 11 月 1 日,乔丹支付了一年期的财产保险费用 4 200 美元,从支付的那天开始算。支付时贷记现金,借记预付保险。

e. 在 2008 年 12 月 31 日,已经确认了但是并没有支付的工资总额是 1 100 美元。工资将在下一个工资支付日 2009 年 1 月 15 日支付。

f. 提供服务的卡车的折旧费用 1 000 美元必须在本年度确认并记录。

g. 在 2008 年 12 月 27 日,公司收到了来自城市 2008 年土地税的 400 美元税务费用单。税务单需要在 2009 年 1 月支付。

h. 在任何调整及税前的收入是 27 400 美元。公司适用税率为 30%。基于上述的 a—g 来计算应该需要记录的所得税费用。

第4章 账项调整、财务报表和财务报告质量

要求:
1. 确定每个要求的调整的对会计等式的影响。

提示:在交易 b 中,乔丹公司实现了它六个月中的四个月的义务,因此确认收入 4/6 的租金。

提示:交易 d 中,两个月的保险费用已经实现。

提示:基于 a—g 调整收入应该是 3 万美元。

2. 完成 2008 年 12 月 31 日所有需要的调整分录。

CP4-3 确定调整分录对财务报表的影响

参考 CP4-2。

要求:

指出每一个调整分录对财务报表的影响(数额和方向)。用下面的格式,符号 + 代表增加, - 代表减少,NE 表示没有影响。为任何收入和费用提供合适的账户名称。

提示:第一个交易已经作为例子在图表中完成

交易	资产	负债	所有者权益
a	NE	+400	利息费用(+E) -400
b			
c			
……			

CP4-4 分析学生的业务并完成调整利润表

在苏珊从初中到高中的夏天,为了即将要来的学年,她需要赚到足够的钱。由于不能找到一份合适薪金的工作,她决定开始为期三个月的草坪照料业务。苏珊成立了"苏珊草坪服务"公司,同时用 1 500 美元买了一辆二手小货车,在每一个门上喷上"苏珊草坪服务,电话 555-4487"。她还花了 900 美元来购买收割机、修剪机和其他工具。为了获得这些,她通过签订一个应付票据借到了 2 500 美元现金,并承诺在三个月后(结束日期为 8 月 31 日)偿还 2 500 美元和 75 美元的利息。

在夏季快要结束的时候,苏珊认识到她做了很多工作,同时她的银行账户看起来也不错。这个情况让她想要了解到究竟赚到了多少利润。

她回顾了她的票根,发现了下列情况:银行收到来自顾客的现金总额为 12 600 美元。发生了下列支出:天然气、汽油,还有润滑油共 920 美元;小货车的维修费 210 美元;收割机的维修费 75 美元;杂费 80 美元;帮手 4 500 美元;工资税 175 美元;在准备工资税时请助手花费 25 美元;保险 125 美元;电话费用 110 美元;还有 2 575 美元(在 8 月 31 日)支付了应付票据和利息。笔记加上一些没有支付的账户,显示一些顾客还有 800 美元的草地服务费没有给她,她还有 200 美元的天然气和石油的费用没有支付(使用信用卡)。她预计小货车和其他设备三个月的折旧大概为 500 美元。

要求:

1. 为苏珊草地服务公司完成一份权责发生制的利润表,会计期间为 2008 年 6 月 1 日到 8 月 31 日。假设这些业务不属于所得税的纳税主体。

提示:记住当使用权责发生制会计时,收入包括现金收入总额以及赊销的总额。

提示:应付票据的利息是一项费用,但是偿还应付票据并不是一项费用(是负债的一个减项)。

3. 假设苏珊的草地服务还将继续经营,你看一下此后这个公司是否还需要为 2008 年准备其他的财务报表?解释原因。

CP4-5 综合回顾问题:从记录交易(包括调整分录)到准备财务报表和结转分录(第 2,3,4 章)

亨利和亨曼兄弟俩于 2007 年 1 月 1 日开始经营他们的器械商店(H&H 工具有限公司)。会计年度在 12 月 31 日结束。2008 年 1 月 1 日的试算平衡表如下(总数简化到以千美元为单位):

账户编码	账户名称	借	贷
01	现金	$3	
02	应收账款	5	
03	原材料	12	
04	土地		
05	设备	60	
06	累计折旧(设备)		$6
07	其他资产	4	
11	应付账款		5
12	应付票据		
13	应付工资		
14	应付利息		
15	应付所得税		
21	投入资本		65
31	留存收益		8
32	已宣布股息		
35	服务收入		
40	折旧费用		
41	所得税费用		
42	利息费用		
43	原材料以及其他运营费用		
	总计	$84	$84

2009 年的交易(以千美元为单位)如下:

a. 借了 2009 年 3 月 1 日到期的短期应付票据,12 美元现金
b. 购买了未来会建楼的土地,以现金支付 9 美元。
c. 2009 年确认的收入为 160 美元,其中赊账 40 美元,120 美元已收现金。
d. 发行了另外的价值 3 美元的股票。
e. 确认了 2006 年的经营费用 85 美元,其中 15 美元赊账,70 美元以现金支付。
f. 收到应收账款 24 美元。
g. 购买其他资产,支付 10 美元现金。
h. 支付应付账款 13 美元。
i. 购买了为将来使用的原材料,18 美元。
j. 签约了从 2010 年 2 月 1 日开始生效的 25 美元的服务合同。
k. 宣布并支付了现金股利 17 美元。

调整分录的数据:

l. 2009 年 12 月 31 日清点的原材料为 10 美元。

m. 今年的设备折旧费为 6 美元。
n. 应付票据的应计利息为 1 美元。
o. 从 12 月 24 日开始的已确认工资还没有支付,金额为 12 美元。
p. 本年度所得税为 8 美元,将会在 2010 年支付。

要求:
1. 为试算平衡表中的账户设立 T 形账,并且加入期初余额。
2. 为交易 a—k 记录分录并且将它们填入 T 形账中。

提示:交易 e 中,当账款是用于经营成本,通常应该使用应付账款而不是应计负债。应计负债账户通常只在期间末用在应计调整中。

3. 准备未调整试算平衡表。
4. 记录项目 l—p 并登入调整分录。

提示:在决定对 l 的调整时,考虑试算平衡表中账户的期初余额,以及 i 和 l 中的信息。

5. 完成调整后的试算平衡表。
6. 完成利润表、留存收益表和资产负债表。
7. 完成并登入结转分录。
8. 准备登入结转试算平衡表。
9. 2009 年 H&H 工具公司获得了多少净利润?公司最初是通过负债还是股东权益来融资的?

A 组问题

PA4-1 准备试算平衡表、结转分录和结转试算平衡表

星巴克购买和烘烤高质量的咖啡豆并且将它们做成刚煮好的咖啡来销售,它拥有多种精选的咖啡种类、意大利风味的蒸馏咖啡和特殊的茶,所有的产品都有各种各样好听的名字和样式。除了通过公司直属经营的零售店来销售,星巴克同样通过其他渠道来销售咖啡和茶产品。下表是它简单的一个账户和数额的表。账户有正常的借贷余额,并且总数是以百万美元为单位。假设会计期间年末是 2005 年 9 月 30 日。

应付账款	$221	其他流动资产	$71
应收账款	191	其他长期资产	461
应计负债	354	其他经营费用	197
累计折旧	300	预付费用	94
现金	307	不动产,设备和厂房	2 142
投入资本	151	留存收益	1 445
折旧费用	340	销售成本	2 605
日常管理费用	357	服务收入	6 369
所得税费用	302	短期银行借款	476
利息收入	92	商店运营费用	2 166
长期负债	196	原材料	546
		预收账款	175

要求:
1. 完成 2005 年 9 月 30 日的调整试算平衡表。留存收益的余额 1 445 美元是将在 2005

年9月30日出现在资产负债表上的数吗?

2. 在2005年9月30日完成需要的结转分录。

3. 在2005年9月30日完成需要的结转试算平衡表。

PA4-2 分析和记录调整分录

博客贝公司在2008年12月31日正处在它的会计年度期末。下列必须考虑的数据来自公司记录和相关文件:

a. 在2008年7月1日,支付了价值600美元的三年期的设备保险,并且全部借记为预付保险。覆盖期间从7月1日开始。

b. 在2008年末,公司原材料账户的未调整余额为1 000美元。在2008年12月31日人工清算了原材料,发现还有价值300美元的原材料可用。

c. 在2008年12月31日,YY修车厂完成了对博客贝一辆汽车的修理,花费800美元。这笔数目还没有记录,同时将在2009年1月支付该费用。

d. 在2008年12月收到来自城市的财产税单1 600美元。税款没有记录但是将在2009年2月15日缴纳。

e. 在2008年12月31日,公司完成了和州外公司签订的合同工作,顾客将在30天之内支付7 900美元。没有收到任何现金,也没有做任何记录。

f. 2008年7月1日,公司购买了一辆新的运货车。7月到12月的折旧预计总数为2 750美元,这笔数额还没有被记录。

g. 到12月31日,公司欠银行2008年10月1日到期的债券利息500美元。利息将在2009年9月30日偿还债款时一起缴纳。目前还没有记录利息。

h. 调整前的税前收入是3万美元,公司适用税率为30%,基于前面所给的信息计算出所得税,然后确定并记录所得税费用。

要求:

1. 确定每个要求调整对会计等式的影响。

2. 对2008年12月31日需要的交易做调整分录。

PA4-3 确定调整分录对财务报表的影响

参考PA4-2。

要求:

指出每一个调整分录对财务报表的影响(数额和方向)。用下面的格式,符号+代表增加,-代表减少,NE表示没有影响。为任何收入和费用提供合适的账户名称。

交易	资产	负债	所有者权益
a			
b			
c			
……			

PA4-4 分析学生的业务并且准备调整后的利润表

从高中毕业后,约翰·爱贝立即接受了一份为一个大片区的本地电器修理公司做助手的工作。三年的辛苦劳动后,约翰获得了执照并决定开始自己的事业。他用自己存的12 000美元投资到他的事业中。首先,他将这笔钱从他自己的储蓄账户中转到了爱贝电子修理厂名下的银行账户中。他的律师建议他将企业注册为公司。于是,他用9 000美元现金买了一部二手小型运货汽车，同时花了 1 500 美元买了二手工具，在一栋小楼里租了房间，在地方报纸登了广告，并于 2008 年 10 月 1 日开门营业。很快，约翰变得非常忙，一个月之后他聘请了一位助理。

尽管约翰知道自己对财务方面一无所知，但是他了解到需要提交很多报告，同时成本和收款必须控制得很好。年底，鉴于需要关注他的所得税状况（以前他只需要上报工资薪金），约翰意识到对财务报表的需要。他的妻子简为业务完成了一些财务报表。在 2008 年 12 月 31 日，在一个朋友的帮助下，她收集了过去 3 个月的一些数据。电器维修服务所得的银行账户的总数为 32 000 美元。签发了以下支票：电工助理 8 500 美元；工资税 175 美元；原材料购买和花费在工作上的费用为 9 500 美元；天然气、汽油和货车维修 1 200 美元；保险 700 美元；租金 500 美元；水电费用和电话费 825 美元；杂类费用（包括广告）600 美元。同时还没有收到的已确认的电器维修服务费总数是 3 000 美元。12 月的 200 美元租金还没有支付。约翰预计这三个月货车和工具的折旧应该是 1 200 美元，这三个月的所得税是 3 480 美元，并且将在下个月支付。

要求：

1. 约翰知道你对这些数字非常在行，所以他想要请你为电器维修公司准备从 10 月到 12 月 31 日三个月期间的季度利润表。完成它。

2. 你认为约翰还需要更多的 2008 年财务报表吗？解释原因。

PA4-5 综合回顾问题：从记录交易（包括调整分录）到准备财务报表到结转分录（第 2,3,4 章）

基恩・费叶曼和格里在 2008 年 1 月 1 日开始经营他们的心理咨询诊所——南陆心理治疗。年度会计期间在 12 月 31 日结束。2009 年 1 月 1 日的试算平衡表如下所示（为了计算简便，以千美元为单位）：

账户编码	账户名称	借	贷
01	现金	$7	
02	应收账款	3	
03	原材料	3	
04	设备	6	
05	累计折旧（设备）		$1
06	其他资产	6	
11	应付账款		5
12	应付票据		
13	应付工资		
14	应付利息		
15	应付所得税		
16	预收账款		
21	投入资本		15
31	留存收益		4
32	已宣布股利		
35	服务收入		
40	折旧费用		
41	所得税费用		
42	利息费用		
43	原材料以及其他运营费用		
	总计	$25	$25

2009年的交易有：
a. 借了2009年7月1日到期的短期应付票据，22美元现金。
b. 2009年7月1日购买了25美元的设备。
c. 再发行了额外的5美元股票。
d. 2009年确认的收入为55美元，包括8美元赊账，收到47美元现金。
e. 确认2009年运营费用为30美元，包括5美元赊账，25美元现金。
f. 购买其他资产，现金3美元。
g. 收到9美元应收账款。
h. 支付应付账款10美元。
i. 购买为未来使用的原材料7美元。
j. 收到来自医院的3美元支票签单，签订的是从2010年1月5日开始的合同。
k. 宣布和支付的现金股利4美元。

调整分录的数据：
l. 2009年12月31日清点的原材料为3美元。
m. 2009年折旧费4美元。
n. 应付票据的应计利息为1美元。
o. 从12月27日起确认但未支付的工资总数为3美元。
p. 2009年所得税为4美元，将在2010年支付。

要求：
1. 为试算平衡表中的账户设立T形账，并且加入期初余额。
2. 为交易a—k记录分录并且将它们填入T形账中。
3. 准备未调整试算平衡表。
4. 记录项目l—p并登入调整分录。
5. 完成调整后的试算平衡表。
6. 完成利润表、留存收益表和资产负债表。
7. 完成并登入结转分录。
8. 准备登入结转试算平衡表。
9. 2009年南陆心理治疗公司获得了多少净利润？公司最初是通过负债还是股东权益来融资的？

B组问题

PB4-1 编制调整试算平衡表、结转分录，和结转试算平衡表

加利福尼亚和平阳光公司经营着三个零售点，分别以"和平阳光装"（也叫做"佩克阳光"）、"和平阳光装经销店"和"德摩"来命名。下表是公司2006年1月28日会计年度末的账户和总数的列表（以千美元为单位）。

应付账款	$47 550	利息费用	$5 673
应收账款	12 679	存货	215 140
应计负债	33 649	长期负债	138 300
累计折旧	247 140	净销售收入	1 391 473
现金	95 185	其他流动资产	81 357
投入资本	24 603	其他长期资产	332 893
折旧费用	74 617	预付费用	22 360
日常管理费用	309 218	不动产、厂房和设备	295 087
所得税费用	76 734	留存收益	508 314
应付所得税	14 896	销售费用	884 982

要求：

1. 在2006年1月28日准备调整后试算平衡表。留存收益中的508 314美元是将会在2006年1月28日资产负债表里出现的数字吗？

2. 准备在2006年1月28日的结转分录。

3. 准备在2006年1月28日的结转试算平衡表。

PB4-2 记录调整分录

福吉利公司的会计年度期末在6月30日。现在是2008年6月30日，所有2008年的分录都做了，除了下列分录：

a. 公司确认了在2008年6月29日完成的一项特殊服务的收入2 000美元。但要到2008年7月才能收到现金，没有做任何分录。

b. 在2008年3月31日，支付了一份价值3 200美元、期间为6个月的财产保险金，覆盖期间从购买日算起。贷记现金并且借记预付保险。

c. 在2008年6月30日，员工已经确认但是没有支付的工资为900美元。将会在下一个工资支付日2008年7月15日支付。

d. 在6月1日，收到了两个月维修收入450美元。在那一天，借记现金同时贷记预收维修收入450美元。

e. 2007年6月1日买的服务用卡车的折旧费1 500美元必须确认。

f. 2008年5月1日收到4 200美元现金，服务从5月1日起一直延续到下一年。当收到现金时，贷记预收服务账款。

g. 公司负有2008年2月1日到期的银行债券的600美元利息。利息将在2009年1月31日偿还债款时一起缴纳。

h. 调整前的税前利润是31 675美元，公司适用税率为30%，基于前面所给的信息计算出所得税，然后确定并记录所得税费用。

要求：

1. 确定每项调整对会计等式的影响。

2. 在2008年6月30日做出对每笔交易的调整分录。

PB4-3 确定调整分录对财务报表的影响

参考 PB4-2。

要求：

指出每一个调整分录对财务报表的影响（数额和方向）。用下面的格式，符号+代表增加，-代表减少，NE 表示没有影响。为任何收入和费用提供合适的账户名称。

交易	资产	负债	所有者权益
a			
b			
c			
……			

PB4-4 分析学生的业务并且准备调整后的利润表

在凯莉开始春季入学以前，她需要赚到一些钱。她在使用展示软件上很专业，同时对其他图片剪切工具的使用也很熟练，所以她想最好的赚钱方法就是开发一下她高中老师能在课堂上使用的有趣的应用软件。带着家人和朋友的建议，她开了一家叫戈登闪图的公司，2008 年 7 月 1 日，开始了自己的事业。她用自己的 1 000 美元投资到公司中并且叫她的妈妈投资了 3 000 美元在其中。她很快就用那些钱买了一些电脑硬件和软件，总成本为 3 000 美元。她然后就在一栋楼里租了一间房，向她以前的老师发了宣传小单，然后就建了一个网站并制作了一些可用样本。没有多久，她的一些老师就开始联系她，并且想购买她的服务。

在两个月这样疯狂的工作后，她的老师问她工作得怎样。她说她有足够多的工作，使她生命的每一分钟都保持忙碌，但是她公司的银行账户却没有怎么受影响。她的老师建议她完成一张利润表，来确定是否她的工作在赚钱。在他的帮助下，她收集了 2008 年 9 月 30 日之前三个月的以下数据。公司银行账户告诉她，凯莉为准备电脑演示收到的总金额为 3 000 美元。签了下面的支票：助手的工资 1 800 美元；工资税 60 美元；工作上花销和电脑原材料购买 200 美元；保险 165 美元；租金 400 美元；水电费用、电话费和调制解调器费用 325 美元；还有其他杂费（包括广告费）300 美元；还没有从客户那里收到的软件项目服务费总数为 1 400 美元。9 月的 200 美元租金还没有支付。凯莉预计在电脑硬件和软件上这三个月的折旧费用大概是 450 美元。这三个月的所得税为 500 美元。

要求：

1. 为戈登闪图公司准备从 6 月到 9 月的季度利润表。
2. 你认为凯莉还需要更多的 2008 年财务报表吗？解释原因。

PB4-5 综合回顾问题：从记录交易（包括调整分录）到准备财务报表到结转分录（第 2、3、4 章）

埃尔森和杰克在 2008 年 1 月 1 日开始经营他们的家具维修公司。会计年度在 12 月 31 日结束。2009 年 1 月 1 日的试算平衡表如下所示（数字简化为以千美元为单位）：

账户编码	账户名称	借	贷
01	现金	$5	
02	应收账款	4	
03	原材料	2	
04	小工具	6	
05	设备		
06	累计折旧(设备)		
07	其他资产	9	
11	应付账款		$7
12	应付票据		
13	应付工资		
14	应付利息		
15	应付所得税		
16	预收账款		
17	应付股利		
21	投入资本		15
31	已宣布股利		
32	留存收益		4
35	服务收入		
40	折旧费用		
41	所得税费用		
42	利息费用		
43	原材料以及其他运营费用		
总计		$26	$26

2009 年的交易有：

a. 借了 2009 年 7 月 1 日到期的短期应付票据,21 美元现金。

b. 2009 年 7 月 1 日购买了 18 美元的设备。

c. 再发行了额外的 5 美元股票。

d. 2009 年确认的收入为 65 美元,包括 9 美元赊账、收到 56 美元现金。

e. 确认 2009 年运营费用为 35 美元,包括 7 美元赊账、28 美元现金。

f. 购买其他小工具,支付现金 3 美元。

g. 收到 8 美元应收账款。

h. 支付应付账款 11 美元。

i. 购买未来使用的原材料 10 美元。

j. 收到 3 美元支票签单,签订的是从 2010 年 1 月 15 日开始的合同。

k. 宣布和支付的现金股利 10 美元。

调整分录的数据：

l. 2009 年 12 月 31 日清点的原材料为 4 美元。

m. 2009 年折旧费为 2 美元。

n. 应付票据的应计利息为 1 美元。

o. 从 12 月 24 日起确认但未支付的工资总数为 3 美元。

p. 2009 年所得税为 4 美元,将在 2010 年支付。

要求：

1. 为试算平衡表中的账户设立 T 形账,并且加入期初余额。

2. 为交易 a—k 记录分录并且将它们填入 T 形账中。
3. 准备未调整试算平衡表。
4. 记录项目 l—p 并登入调整分类账。
5. 完成调整后的试算平衡表。
6. 完成利润表、留存收益表和资产负债表。
7. 完成并登入结转分录。
8. 准备登入结转试算平衡表。
9. 2009 年公司获得了多少净利润？公司最初是通过负债还是股东权益来融资的？

技能拓展训练

S4-1 寻找财务信息

参考兰德里餐厅的财务报表，可从本书网站 www.mhhe.com/phillips2e 下载它的年报。

要求：

1. 公司的预付费用包括在资产负债表中叫做"其他流动资产"的项目中。参考财务报表中的附注来确定 2005 年 12 月 31 日预付费用的确切数字。

2. 参考财务报表中的附注，来确定在资产负债表中的应计负债包括了什么内容。针对这些特定的负债，解释为什么兰德里需要调整。

3. 在它的会计年末兰德里欠了多少工资、薪金以及其他薪金费用？与上一年度比，这些是增加还是减少了？

4. 在利润表的哪一行包括了租用餐厅费用？

S4-2 比较财务信息

参考澳拜客牛排坊的财务报表，可从本书网站 www.mhhe.com/phillips2e 案例章节下载这些报表。

要求：

1. 澳拜客牛排坊比兰德里多报还是少报了"预付账款"（参考财务报表附注 2）？

2. 区分包含在澳拜客牛排坊资产负债表里的两项应计负债（参考财务报表附注 6）并解释为什么公司需要在这些项目上作应计调整？

3. 澳拜客牛排坊欠了多少应计薪金以及相关费用（附注 6）。这些应计薪金负债比兰德里的应计薪金负债多还是少？给出解释为什么这两个公司的应计薪金负债会不同的一个原因。

S4-3 基于网络的小组研究：检查递延和应计

组成一个小组，选择一个企业来研究。使用你们的网页浏览器，每一个小组成员应该接触年报或者接触一个行业中的上市公司，每一个成员需要选择不同的公司（参考第一章的 S1-3 对这个任务可能的资源描述）。

要求：

1. 在独立的情况下，每一个小组成员需要写一个简短的报告，列出以下项目：
   a. 每一年末公司的总资产和总负债。
   b. 公司每一年末的预付费用和应计负债。

c. 预付费用占总资产的百分比和应计负债占总负债的百分比。
d. 描述并解释在财务报表注释中应计负债的类型。

2. 讨论你们作为小组观察到的模式。然后,基于先前的特征,小组写一个简短的报告来比较各公司的情况。如果发现任何不同的地方,就提供任何可能的解释。

S4-4　道德决定:真实案例

2002年12月12日,SEC提起了一场对科林安全公司四名高管的诉讼,公司是国内领先的提供工业品废弃物收集和处置服务的公司。最初的问题是公司高管指使别人在1999年和2000年做了不正确的调整,这些调整夸大了这两个年度的净利润情况。下面的表包括了SEC向法庭提交的材料,来证明调整对净利润正确或不正确的(联合)影响。(所有数额以百位为单位。)

	年份(季度)				
	1999(一季度)	1999(二季度)	1999(三季度)	1999(四季度)	2000(一季度)
调整前的净利润	$90.9	$76.7	$47.9	$57.3	$47.0
调整的影响	36.6	30.9	75.5	53.1	69.8
调整后的净利润	$127.5	$107.6	$123.4	$110.4	$116.8

下面是来自SEC的对两个不恰当调整的陈述:

不恰当地将运营费用资本化

26. 作为欺诈的一部分,【三位高管】不正确地记录了一些调整分录来将一般运营费用资本化。这些调整引起公司给出的材料夸大了它的资产和收入。例如,在1999财务年度第三季末,他们不正确地资本化了大概460万美元与市场和起始行为有关的工资薪金费用。

对应计不恰当的处理

33. 在1999财务年度第四季度,菲尔斯(首席财务官)虚构了收入,使其他会计高管抵消了1999财务年度提供给管理者、但应在下一季支付的奖金760万美元。菲尔斯的行为说明在本年没有奖金。实际上1999年奖金已经支付。

要求:

1. 讨论是否大的调整,像这些包括在科林安全1999、2000年度的调整,必然导致不正确的会计步骤。

2. SEC在26段提出三位高管"不正确地记录了一些调整分录来将一般运营费用资本化"是什么意思?根据第2、3章相关的概念,来解释为什么将市场人员的工资薪金费用作为资产是错误的。

3. 假设33段提到的760万美元奖金是在1999年第三季度记录的,需要用什么分录来记录这项应计项目?假设这项应计项在1999年第四季度扣减。需要做什么样的调整来记录扣减前面的应计项?需要什么样的分录来记录2000年第一季度支付的奖金(假设应计项在1999年第四季转移)?当支付给管理者奖金而不是管理者赚到的工资时,将奖金记为费用违背了什么会计原则?

后记:

在2005年4月,联邦法院判决了公司的CEO和CFO犯有职务过失,罚款两亿美元。

S4-5 道德决定:小案例

假设你是一家国有电影出租公司博克布斯特公司最高决策办公室的会计助理。伴随着网上电影租赁业务的流行,你们公司遇到了达到今年收入目标的困难。公司在今年完成收入目标非常重要,因为下个月公司就要重新商议一项银行贷款,而这部分贷款必须基于公司良好的财务表现。同时,公司计划来年向公众发行更多的股票,来获得资金发展公司现在的在线电影租赁业务。公司的首席财务官要求你来解决收入的窘境问题。她希望将可多次使用的 DVD 放映机的折旧年限从 3 个月扩展到 15 个月。她解释到加长折旧年限能够将折旧费用数额变少,从而得到较高的净利润。她声称公认会计原则允许像这样的估计,所以不会有任何不妥。

要求:

讨论首席财务官的解决方案。在你们的讨论中,考虑一下问题:本年度的折旧费用按照财务官说的方案能否影响本年度的净利润?如何影响来年的净利润?当财务官说改变预计折旧年限符合 GAAP 规定时,她是对的吗?当做决定时,谁会用视频公司的财务报表?为什么他们的决策能被财务官的解决方案影响?他们的决定能否不被影响?你应该怎么做?

S4-6 批判性思考:递延和应计调整利润表和资产负债表

皮特运输公司从 2008 年 1 月 1 日起成立。现在是 2008 年 12 月 31 日,它的会计期间年末。公司第一年在财务上没有很好的表现,尽管收入相当不错。公司有 3 个股东管理,但是他们不很关注账簿。对于一连串现金短缺的情况,他们向你的银行申请 20 000 美元的贷款。作为贷款审核人员,你要求一份完整的财务报表。下面是公司员工准备的 2008 年财务报表。

皮特运输公司 利润表 2008 年 12 月 31 日		皮特运输公司 资产负债表 2008 年 12 月 31 日	
运输收入	$85 000	资产	
费用:		现金	$2 000
薪金费用	17 000	应收账款	3 000
原材料费用	12 000	原材料	6 000
其他费用	18 000	设备	40 000
总费用	47 000	预付保险	4 000
净利润	$38 000	剩余资产	27 000
		总资产	$82 000
		负债	
		应付账款	$9 000
		所有者权益	
		投入资本	35 000
		留存收益	38 000
		总负债和所有者权益	$82 000

在简略看过报表并且"了解情况之后",你要求重新做财务报表(在一些专业的帮助下),考虑"公司折旧、应计、原材料清点和所得税等"。结果,在回顾了记录和相关文件后,

第4章 账项调整、财务报表和财务报告质量

发现以下增加的信息：

a. 资产负债表中的6 000美元原材料在2008年还没有调整。2008年12月31日清点显示手上的原材料为1 800美元。

b. 2008年为2008年和2009年支付了保险费用。在2008年支付时总的保险金全部借记为预付保险，并且至今没有做任何调整。

c. 2008年1月1日购买的设备花费4万美元。预计每年折旧为8 000美元。2008年没有记录任何折旧。

d. 未支付（未记录）的工资薪金在2008年12月31日总额为2 200美元。

e. 在2008年12月31日提前收到的运输收入为7 000美元。2008年，这一部分收入在收到现金时全部记入运输收入。

f. 今年所得税按税前的25%计算。

要求：

1. 基于上面增加的信息，在2008年12月31日准备需要的调整分录。你可能需要增加利润表或者资产负债表中没有的账户。
2. 在考虑了调整分录之后重新做前面的报表。下面是组织你的工作的一种方法：

项目	汇报总额	费用		修改后总额
		加项	减项	
（在这里列出两个报表的每个项目）				

3. 调整分类账的影响是

a. 增加或减少（选择一项）净收入（$ ）。

b. 增加或减少（选择一项）总资产（$ ）。

4. 写一封信给公司来解释调整的结果和你初步的分析。

S4-7 利用调整后试算平衡表上的账户来编制利润表、留存收益表和资产负债表

假设你现在在印度，为艾斯克拉德公司工作，这家公司是篮球系统的制造商，也是很好的乒乓球用品供应商。你的第一个工作就是回顾公司的调整后试算平衡表，然后确定可以加入到财务报表中的账户。基于对会计系统的查询，你能获得下面的账户列表，还有它们12月31日调整后的余额。

应付账款	$2 792	成品存货	$10 263	应付保险	$108
应收账款	34 141	半成品存货	4 536	应付租金	434
应计应付利息	42	原材料存货	5 750	租金费用	7 350
应计应付工资	5 856	长期银行贷款	14 000	留存收益	27 571
应计保证金	1 324	长期应付合同	1 837	工资薪金	3 582
累计折旧	26 198	长期应付票据	2 700	销售佣金费用	3 349
现金	3 370	设备	12 962	销售篮球系统	98 998
投入资本	7 165	应付票据	11 390	销售其他产品	28 710
销售成本	111 164	应收票据	400	销售乒乓桌	27 747
折旧费用	862	公司建筑	2 301	运输费用	1 448
厂房	7 070	公司设备	2 363	运输设备	7 560
所得税费用	5 804	公司原材料费用	69	预收账款	8 144

（续表）

应付所得税	1 189	其他应计负债	1 638	公共费用	2 111
保险费用	2 368	其他长期资产	28 310	工资费用	3 024
利息费用	950	包装费用	1 010	保证费用	1 226
应收利息	415			仓库	3 001

192 要求：

根据上面的账户名称和余额，准备一张调整后的试算平衡表。同时，根据调整后的试算平衡表或者其他合适的表中的金额，准备利润表、留存收益表和资产负债表。如果相近的账户能汇总到每一个财务报表的一个账户，用一个算式来计算合并后的总额。为了确保你知道如何合并从其他空白表来的数字，你发了电子邮件给你的朋友欧文，下面是他的回复。

来自：Owentheaccountant@yahoo.com

寄给：Helpme@hotmail.com

抄送：

主题：Excel帮助

你好，你在工作之间不断转换，就像你公司销售的乒乓球。好了，从另外的空白表格，你首先单击你想要数字出现在那里的位置。比如，如果你想要键入资产负债表里的现金余额，你先单击资产负债表的现金数量的位置，然后键入等号（=），然后再单击包含试算平衡表的工作表标签。在这个工作表中，单击你想要加入数字的栏位，然后按回车。这将出现一个从调整后试算平衡表和资产负债表栏位的链接。在这封邮件的最后，我已经加上了截图，来告诉你如何输入公式，将试算平衡表中三个与存货相关的账户合并。不要忘记用你自己知道的名字来保存文档。

第5章 公司财务报告及其分析

学习目标

了解企业
学习目标1 说明财务报表使用者的需求
学习目标2 描述财务报告的环境,包括2002年发布的《萨班斯·奥克斯利法案》

学习会计方法
学习目标3 编制可比较的资产负债表、多步式利润表和所有者权益变动表
学习目标4 描述财务报告程序中其他的重要方面,包括外部审计和财务信息的发布

评估结果
学习目标5 把结果与一般基准对比
学习目标6 计算并且解释资产负债率、资产周转率以及净利润率

本章复习

前章回顾
前一章介绍了产生基本财务报表的会计系统。

本章重点
本章描述的是使用财务报表的商业环境,并介绍了一般的比率分析。

一位朋友要你对他最喜爱的篮球队是否有可能胜出锦标赛给出建议,尽管只根据他们队有多少高个子的球员来判断很容易,但是你知道你要发掘的不仅仅是这样。有些队比其他队更富创造才能。

当预测你朋友最中意的公司的财务业绩时你也将会遇到相同的问题。如果你正在评估动视公司——索尼、任天堂和微软的一家主要视频游戏制造商,你也许倾向于看它推出了多少款不同的游戏,但其实你应该分析它公布的财务报表。从观察其销售水平开始,然后深入分析,考虑销售所带来的收入,以及要带来这些销售需要的资产投资。在这一章,我们将会通过一个对财务报表分析的简单框架来介绍这些内容。

现在你已经看到在商业活动中会计的基本步骤,是时候追溯并开始看看存在于现实环境中的财务报告了。这一章的第一部分内容集中在财务报告的环境。因为很多人要依靠财务报告来做出决定,连同欺诈调查和法规强制,财务报告已经成了一个高压环境;本章的第二部分内容集中在财务报表本身,解释它们在格式和分布状态方面的改进怎么使得它们对于财务报表使用者来说更加有用;第三部分说明怎样通过分析财务报表来了解一个公司的运作良莠;如之前一样,最后一部分为你回顾本章内容和分析展示的材料提供一些机会。

本章结构

了解企业	学习会计方法	评估结果	本章复习
• 财务报表使用者的需求 • 财务报告的环境	• 会计报表格式 • 独立外部审计 • 发布财务信息	• 与一般基准的对比 • 财务报表比率分析	• 示范案例 • 本章小结 • 关键术语 • 练习题

了解企业

财务报表使用者的需求

第 1 章为我们提供了那些依赖财务报表来做出决定的人们的一般看法,接下来解释的是四类主要使用人群的看法,见图表 5.1。

学习目标 1
说明财务报表使用者的需求。

图表 5.1 会计信息的使用者和用途

使用者	用途
管理者	管理(运作企业)
董事	治理(监督企业)
债权人	订约(执行企业合同关系)
投资者	估价(评估企业价值)

管理者

一个公司内的所有级别的管理者都要使用会计使息来进行企业运作,为了对动视公司作出正确的决定,管理者们需要知道类似于游戏(如滑板天王)和游戏平台(PlayStation,X-box,Wii,PC)的销售量,各类型产品所带来的利润(如战斗、角色扮演等)和游戏开发商的成本这类细节的信息。当会计信息被用来管理企业时,它就是正在履行一种被称为"管理"的功能。

董事

董事是董事会成员的简写,由公司股东选举出来作为他们的代言人;董事监督公司的管理者,以确保其管理和财务决定都有利于股东为主要目标;董事将通过财务报表来评估首席执行官、财务总监以及其他高层管理者关于资产投资金额做出的决定是否明智,以及是否尽力让投资的资产带来足够的销售量和净收入;当会计信息被用来监督企业时,它就是正在履行一种被称为"治理"的功能。

债权人

债权人通过许多方式来使用会计信息。例如,供应商在决定是否与另一家公司签订合约时,会部分基于这家公司是否有足够的资产偿还它的债务。银行家频繁地使用会计信息。他们通过要求公司满足类似于保持一

> **你应该知道**
> **贷款契约**是贷款协议的条款。如果一旦被违反,贷方将有权重新商议贷款条款或强制执行偿还。

定水平的资产或所有者权益这样的财务目标来限制公司的活动。这些**贷款契约**有利于确保公司在到期日时有能力偿还银行的贷款。当会计信息被用来执行合同关系时,它就是正在履行一种被称为"订约"的功能。

投资者

投资者(以及他们的顾问)使用会计信息来评估企业的财务实力,从而最终评估企业的价值。这种分析部分涉及预测企业的未来收入、费用和净收入。最后的目标是决定是购入、持有,还是售出这家公司的股份。在本书写作时,投资顾问对于动视公司的股票有着不同的意见,有一部分人建议购入,但是另一部分人建议"持有",也就意味着投资者应该暂停动作,因为此时的价格没有低到建议购买的程度也没有高到建议售出的程度。当会计信息被用来评估股价时,它就是正在履行一种被称为"估价"的功能。

正如图表 5.1 指出的,不同的使用人群使用会计信息来作出决定。这些决定可以是广范围的,影响雇员奖金、股价和贷款利息。所有这些对公司财务结果的关注造成了一个高压和潜在爆发性的环境,下一部分将会对这一点作出讨论。

财务报告的环境

> **学习目标 2**
> 描述财务报告的环境,包括 2002 年发布的萨班斯·奥克斯利法案。

会计界被近十年来的一些丑闻和欺诈行为所震惊,导致了在财务报告环境的一系列重要变化。在这一节,我们将会阐明是什么可能助长了欺诈行为以及会计监管者如何对那些将会影响你未来职业的变化作出反应的。

会计欺诈行为

会计欺诈行为的确认必须满足三个条件:(1)必须是有动机的欺诈行为;(2)必须有发生欺诈行为的时机;(3)欺诈行为的当事人必须拥有可以使得欺诈合理化和隐蔽化的品格。欺诈行为调查人把这三点称为"欺诈三角",见图表 5.2。

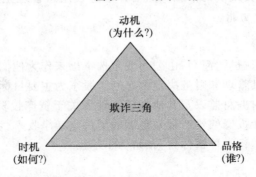

图表 5.2　欺诈三角

欺诈行为的动机　财务误报是不道德和不合法的,所以一定会有巨大的动机促使一些会计和企业管理者进行欺诈。如图表 5.3 所表明的,动机可以分为两类:(1)创造商机,(2)满足私欲。

图表 5.3　参与会计欺诈的可能动机

创造商机	满足私欲
• 满足贷款契约	• 加强工作保证
• 增加权益融资	• 囤积个人财富
• 吸引商业合伙人	• 获取更高薪水

1. **创造商机**:基于至少三个商业理由,管理层总是处于要发布合意的财务结果的持续压力之下。

   • **满足贷款契约**　正如之前在本章中提到的,出借人总是依靠财务报表来判定一个企业是否因为不满足一些特定的财务目标而违反了贷款契约,通过检查公司的财务状况,经营者可以避免违反那些可能因此要求公司支付更高的利息、立即偿还贷款或者是被强制提供额外抵押品来保证贷款的贷款契约。

   • **增加权益融资**　那些由发行股票筹来的资金数量部分是由发行时的股价决定的。在发行 100 000 股时,每股 20 美元产生的资金将会是每股 10 美元时的两倍。如果经营者夸大公司的财务业绩,将会导致投资者为公司股票支付更多。

   • **吸引商业合伙人**　通过让企业看起来比实际更加稳固,经营者可以使得供应商和其他企业希望与该企业建立商业关系。

2. **满足私欲**:通过发布合意的财务结果,管理高层的成员们可以在三个方面获利:

   • **加强工作保证**　财务报表是对公司和公司管理层业绩的汇报卡。如果高层管理者发布有利的财务结果,他们就有可能保住这份高薪水的工作。

   • **囤积个人财富**　管理高层的成员们常常会持有公司的股份,所以如果公司发布会提高股价的财务报告时,他们的个人股权也会升值(他们的个人财富也会增加)。

   • **获取更高薪水**　经营者获得的现金奖金常常是由企业发布财务业绩的优劣决定的。较佳的报告结果总是意味着更多的奖金。动视公司的竞争者之一(Take-Two Interactive)在 2003 年给它的(前任)首席执行官支付了 300 万美元的奖金。大约在同一时期,证券交易委员会以夸大利润为由起诉了这家企业。

欺诈行为的动机　从第 2 章至第 4 章,我们知道财务报表是由一个包括分析、记录和总结经营活动结果的会计系统发布的。这个系统的缺点为欺骗性信息的渗入提供了机会,同时也增加了财务报表谎报的风险。为了降低这种风险,可以实行特定的程序和政策来确保那些存在于会计系统中的以及在财务报表中报告的信息是正确和完整的。那些内部控制正像听起来的那样,尽管不能完全避免欺诈的可能性,但是如果有效实施的话也可以在一定程度上降低其发生的可能性。在第 6 章会介绍更多关于特定内部控制的内容。

使欺诈行为合理和隐蔽的品格　对于参与欺诈并且使之隐蔽的人来说,他们一定会对自己的行为表示"赞同"。大多数的欺诈者通过对个人权利的认识达到这种"赞同",这种个人权利超过了其他的像公平、诚实和考虑他人这样的道德准则。有一些人是自我主义的并且拥有说谎和迫使其他人漠视的能力。① 要清除这些不适的特点并不容易,但是近来财务报告环境的变化开始起到这种清除的作用,我们将在下一节进行讨论。

2002 年颁布的《萨班斯·奥克斯利法案》

自从 19 世纪 30 年代《证券法》的提出之后,2002 年颁布的《萨班斯法案》是美国财务报告环境中最为重大的改变,所有以美国股票交易的公司都必须遵守《萨班斯法案》的新要求。商界的每个人都感受到了法案的影响力,不管你是不是会计专业人士,你都有可能受到该法案的影响。

> **你应该知道**
>
> 《萨班斯·奥克斯利法案》是 2002 年国会通过的一系列法规,旨在改良财务报告环境以及重建投资者的信心。

法案的发布是为了回应 20 世纪 90 年代末和 21 世纪初发生的很多财务欺诈行为和丑闻,像安然(已经破产)和世通公司这样的财务欺诈案件使得人们对股票市场的信心动摇了,议会通过该法案试图改良财务报告环境以及重建投资者的信心。《萨班斯法案》提出了很多新的要求,下面解释了其中一些关键的改变,并在图表 5.4 中作出了总结。

图表 5.4　2002 年颁布的《萨班斯·奥克斯利法案》提出的重要变化

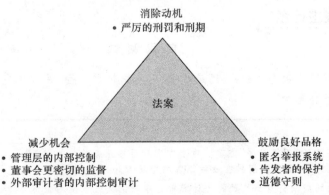

消除欺诈行为的动机　那些蓄意地误报财务结果的人将会面对严厉的刑罚,包括高达 500 万美元的罚金。同样的,最长的刑期也增加到了 20 年,由于联邦判刑指引允

---

① David T. Wolfe and Dana R. Hermanson, "The Fraud Diamond: Considering the Four Elements of Fraud," December 2004, *The CPA Journal*, pp. 38—41.

许法官为每项违法行为申报连续刑期,它甚至可以是更长的。

减少发生欺诈的机会　在欺诈三角的三个部分中,企业所有者、管理者和会计能做得最多的就是这一部分了,所以它成为被《萨班斯法案》影响得最多的一部分也并不奇怪。法案应用在这一部分的主攻方向就是改良对于公司财务报告的内部控制。法案以下列三种方式达到这个目标:

1. 管理者必须对在这一年中内部控制运行如何作出评论,并且发布一个表明对于财务报告的控制是否有效运行的报告,这个新的要求意味着大多数的营销经理现在拥有更多的会计责任,比如决定他的职员是否递交了真实的销售和费用报告。

2. 公司的董事会也被要求成立一个由独立董事组成的审计委员会来监督公司的财务事务,这个委员会的主要功能之一就是雇用外部审计人员并且确保他们能有效执行如第三点所述的工作。

3. 公司的外部审计人员则被要求检验该企业的内部控制运行效率并且发布一个表明他们是否同意管理层对于内部控制的报告结果(如第一点所述)的报告。同法案颁布之前的情况一样,外部审计人员也必须检查企业的财务报表并且汇报他们是否按照公认会计原则来编制的。

在雇员中鼓励良好品格　必须承认的是,尽管对任何法律来说要做到这一点非常困难,但是《萨班斯法案》中的一些规定可以帮助具有良好品质的雇员来抵制那些品格低下的雇员。例如,审计委员会现在必须建立举报系统,这样的系统使得雇员可以秘密地递交对于其他人参与的可疑的会计或审计行为的关注。更多的是,《萨班斯法案》为这些告发者提供合法保护,所以他们不会被那些因为欺诈被起诉的人们报复,如果你随口说你的上司参与了欺诈性的费用申报,他们不能因此而解雇你。最后,为了强调良好品格的重要性,企业都必须对中高级财务总监采用道德守则。谷歌公司以"不作恶"作为守则的首条,并且以详细的英语解释它的意义(见 investor.google.com/conduct)。

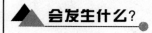

自 我 测 试

判定下列事项增加(+)还是减少(-)了欺诈风险,并判断它是从动机、时机还是品格方面引起的。

	+/-	I/O/C
1. 安然实施了"等级排序"方案。这个方案是对各业务单位的财务业绩排序,并且将解雇排在最后 20% 的管理者。		
2. 微软公司鼓励将对于可疑的会计或审计事项的关注以匿名或保密形式提交至 msf.buscond@alertline.com。		
3. 根据制度性股东服务条款,H.J. Heinz 公司的董事会是美国最强大的董事会之一。		

> **自测答案**
> 1. 增加动机（为发布更具经济实力的财务报表施加了更大压力）
> 2. 减少品格（不道德行为被漏报的可能性更小）
> 3. 减少时机（董事们的监督更加严格）

 道德观察

你不能确认那个！

大多数大型的会计诈骗案例都涉及不确定判断或者是那些较为复杂、之后发现并不恰当的会计决策。然而，一些诈骗也涉及明显的不道德行为。在一个著名的案例中，博士伦公司的经营者装载了两年期的接触镜给那些甚至根本没有订购它们的光学家。这些装载的货物被计为销售收入，从而导致了财务结果的高估并带来了不合理的奖金。之后的一项调查表明充满极端压力的环境会衍生动机，薄弱的内部控制提供时机，不按道德原则办事的经营者则具有参与欺诈的人格。

学习会计方法

在之前的章节里，我们讨论了关于抵制财务欺诈以及改善公布的财务报表的质量的一些合法步骤。在这一节，我们将阐述会计过程的三个重要方面，这三个方面不仅可以改善公布的财务报表质量，还可以让它们对使用者发挥更大的作用，这三个方面包括：(1) 改进财务报表的格式；(2) 采用独立的外部审计；(3) 发布更多的财务信息。图表 5.5 以动视公司为例，展示了一条揭示这些事情发生的顺序的时间线。

图表 5.5　动视公司财务报告过程中的重要事项

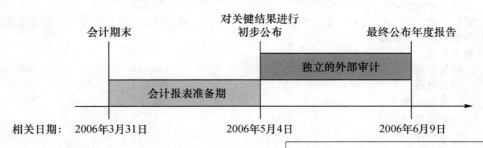

会计报表格式化

> **学习目标 3**
> 编制可比较的资产负债表、多步式利润表和所有者权益变动表。

前些章节介绍的财务报表很好地介绍了它们的基本结构和内容，然而与你即将在现实中见到的相比,它们还是显得过于简单了一些。在这一节,我们将介绍三种可以为财务报表使用者提供更多信息的不同的格式。

可比较的财务报表

为了让财务报表使用者能更容易地对比不同会计期间的账户余额,大多数公司都采用可比较的财务报表。可比较的财务报表包括至少两列以上的数据,每一列展示的是不同时期的财务结果。例如,如图表 5.6

> **你应该知道**
> 可比较的财务报表报告至少两期以上的数字,以便让财务报表使用者更容易对比不同期间的账户余额。

所示,动视公司的可比较资产负债表中一列数据说明的是最近一个会计年度末的账户余额(2006 年 3 月 31 日),另外一列是前一会计年度末的账户余额(2005 年 3 月 31 日),这使得我们可以很清楚地看到应收账款大幅度地下降了(从 109 百万美元到 28.8 百万美元),注意到资产负债表正像第 2 章介绍的那样依然是分类的,在可比较资产负债表中唯一的不同就是它以不同列对不同时点的财务结果进行列示。

图表 5.6 可比较资产负债表示例

Activision 公司 资产负债表 (以 1 000 美元为单位)	2006 年 3 月 31 日	2005 年 3 月 31 日
资产		
流动资产:		
现金和短期投资	$944 960	$840 864
应收账款	28 782	109 144
存货	61 483	48 018
其他流动资产	80 830	124 438
流动资产合计	1 116 055	1 122 464
软件开发和智能资产许可	102 432	32 672
资产和设备净值	45 368	30 490
商誉	100 446	91 661
其他非流动资产	55 222	29 676
资产合计	$1 419 523	$1 306 963
负债和所有者权益		
流动负债		
应付账款	$88 994	$108 984
应计负债	103 169	98 067
流动负债合计	192 163	207 051
其他非流动负债	1 776	—
负债合计	193 939	207 051
所有者权益		
投入资本	837 071	753 298
留存收益	388 513	346 614
所有者权益合计	1 225 584	1 099 912
负债和所有者权益合计	$1 419 523	$1 306 963

利润表也可以以可比较的形式编制,如图表5.7所示,可比较利润表通常说明三个期间的结果,经营者和会计以三列的形式揭示了持续三个会计期间的趋势,例如,图表5.7暗示了从2004年起,动视公司的收入就一直在增长。

图表5.7　多步式利润表示例

动视公司利润表 （以1 000美元为单位）				
	会计年度末为3月31日			
	2006	2005	2004	
总销售收入	$1 468 000	$1 405 857	$947 656	⎫
费用				⎪
销售成本	940 362	844 946	567 147	⎪
产品开发	131 782	86 543	97 859	⎬ 核心结果
销售费用	283 220	230 058	128 221	⎪
管理费用	94 679	59 739	44 612	⎪
经营费用合计	1 450 043	1 221 286	837 839	⎭
经营活动产生的收入	17 957	184 571	109 817	
投资收益	30 630	13 092	6 175	} 次要结果
税前利润	48 587	197 663	115 992	
所得税	6 688	59 328	38 277	
净利润	41 899	138 335	77 715	

多步式利润表　如果仔细观察图表5.7,你将注意到利润表的格式与之前章节中所用到的利润表的格式有另一方面的不同。之前章节中所用的格式是包括独立一组的收入以及独立一组的费用,这种格式被称为单步式利润表。图表5.7展示了一种被称为多步式利润表的格式。两种格式最后都在底部得到相同的净利润金额。然而,它们的不同之处在于如何得到这个数额的。多步式利润表的目的在于揭示关于除净收入以外的利润的重要特点,像图表5.7中所列示的那样,它是通过增加新的小计来达到目的的。

1. 经营活动产生的收入。当一位投资者或债权人对动视公司的长期优良业绩感兴趣时,他比较可能在意的是公司从核心活动产生收益的能力,例如,开发、制造和销售计算机游戏;次要的活动,例如获得投资收益,因为它们并不是动视公司经营的关键(它们也不一定还会在将来发生),所以从长期来看并不是那么重要。为了能更容易地区别核心活动和次要活动,如图表5.7所示,上半部分的利润表发布的是核心活动引起的收入和费用,并且小计为经营活动产生的收入。这是一个有效的方法,因为在动视公司这个案例中,它揭示了公司核心活动所带来的收入、投资收益也被列示在利润表中,因为它构成了净利润的一部分。但是因为它并不是该公司的核心活动,所以它被排列在经营活动产生的收入之后。其他的公司,特别是像第一资本金融公司(Capital One)

> **你应该知道**
> 单步式利润表从单独的一组收入中减去单独一组费用来得出净收益。多步式利润表分别计算核心业务和附属业务的小计来得出不同种类的收入。

和美国银行这样的金融公司,都会把投资收益作为公司的核心活动,但是动视公司是一个以销售电脑游戏而非投资利得作为收入来源的公司。

2. 税前利润。这是在图表 5.7 中另一个新出现的小计,它表明如果没有所得税的话,公司应该公布多少收入,这个小计很有用,因为并不是所有的公司都以相同的税率计算所得税。因此,如果你正在决定是要投资辉瑞(Pfizer)还是谷歌,而在 2006 年它们的实际税率是 15% 到 39%,你应该着重比较它们税前的收入水平。当然,在从税前利润中扣除所得税之后得到的净利润,也是需要加以注意的。不管是单步式利润表还是多步式利润表,它们最后得到的净利润都是一样的。

所有者权益变动表 之前的章节指出公司都会编制留存收益的报表,来表明在本期间内净利润是如何增加以及股利是如何减少留存收益的账户余额的。尽管这类信息有用,但它并没有揭示整个过程,因为留存收益只是所有者权益的科目之一。投入资本是所有者权益的另一个重要科目,它的余额在一个期间内也会有变化。为了表明这些变化,很多企业都会以一个更加全面的角度来报告留存收益,这种方式就是编制所有者权益变动表。在所有者权益变动表中,每一列都是一个股东的权益科目,并且表明在这一会计期间内影响其上升和下降的因素。图表 5.8 展示了动视公司的一个修正后的所有者权益变动表,值得注意的是,每个科目的期初数和期末数是如何与资产负债表相对应的(见图表 5.6)。

图表 5.8 所有者权益变动表例

Activision 公司
所有者权益变动表
2006 年 3 月 31 日
(以 1 000 美元为单位)

	投入资本	留存收益
2005 年 3 月 31 日余额	$753 298	$346 614
净利润		41 899
已宣布股利		0
股票发行	90 055	
股票回购	(6 282)	
2006 年 3 月 31 日余额	$837 071	$388 513

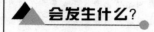

自 我 测 试

百思买公司(Best Buy)的可比较资产负债表公布了在 2005 年 2 月 26 日留存收益账户余额是 3 315 美元,而在 2006 年 2 月 26 日留存收益账户余额为 4 304 美元。假设所有者权益变动表只有两个账户,另一个是投入资本,其在 2005 年 2 月 26 日的余额为 1 134 美元。多步式利润表中表明税前利润是 1 721 美元,所得税为 581 美元。假设在截止到 2005 年 2 月 26 日的这个会计期间中,发行股票带来了 591 美元,并且宣告了 151 美元的股利,同时公司回购了 772 美元的股票,填好下表中空白处的数字,并且完成该所有者权益变动表。

	投入资本	留存收益
2005 年 3 月 31 日余额	$1 134	$3 315
净利润		
已宣布股利		(151)
股票发行	591	
股票回购	(772)	
2006 年 3 月 31 日余额		$4 304

自测答案

净利润 = $1 721 − 581 = $1 140

投入资本期末余额 = 期初余额 + 股票发行 − 股票回购 = $1 134 + 591 − 772 = $953

独立外部审计

为了确保在之前章节提到的财务报表能够正确地编制,证券交易委员会要求所有上市公司必须让外部审计人员来审计公司的内控以及财务报表。一些私人企业应其债权人或私人投资者的要求,也常常对本企业的财务报表进行审计。外部审计由那些独立于公司之外的注册会计师来进行,这些接受过培训的专业人员以发现重大错报为目的,对公司的财务报表以及会计核算系统进行检查。对审计人员来说,要审查每个经营环节以确保它们是正确记录是不现实的,所以他们并不能百分之百确保他们发现了每一个错误。相反的,他们的审计为财务报表使用者提供合理的担保。在完成审计之后,外部审计人员对财务报表将出具一份给出合格或未合格意见的报告。一份无保留意见的审计报告代表合格,A19 页对于兰德里餐饮公司的审计报告就是一个无保留意见审计报告的例子,如果财务报表不符合公认会计原则的要求,或者是审计人员无法完成用以决定财务报表的编制是否符合公认会计原则的要求的必要测试,审计意见将会是保留意见(就像是一篇负面的电影评论)。

> **学习目标 4**
> 描述财务报告过程的其他重要方面,包括外部审计以及其财务信息的发布。

> **你应该知道**
> 如果财务报表中的错报已经大到可以影响报表使用者的决策时,它就被称为是重大的。
> 无保留意见审计报告表明财务报表是按照公认会计原则来编制的;保留意见审计报告表明财务报表的编制不符合公认会计原则,或者是审计人员无法完成用以决定财务报表的编制是否符合公认会计原则的要求的必要测试。

发布财务信息

初步发布

为了给所有的外部使用者提供及时的财务信息,上市公司每年或每季通过新闻发布会把财务结果发布给新闻媒体。这种发布会通常是在会计期间结束的三到五周之后进行,它包括关键数据、经营者对财务结果的讨论,以及包括简要利润表和资产负债表的附录。图表5.9展示了一个典型的关于动视公司的摘要,值得注意的是从该企业的会计期间结束(3月31日)到发布的时间(5月4日)已经过去了五周的时间。在这段时间里,该公司的会计们在忙着编制调整分录以及会计报表,而经营者则在准备分析和讨论财务结果。

图表5.9　对关键结果的初步发布

动视公司发布2006年会计年度末的财务结果:

圣莫尼卡——2006年5月4日——动视公司(纳斯达克代码:ATVI)今天宣告截止到2006年3月31日会计年度的账面净利润。

与截止到2005年3月31日会计期间的账面收入净额1 406 000 000美元对比,截止到2006年3月31日会计期间的账面收入净额为1 468 000 000美元,本会计年度的净利润为41 900 000美元或者每股稀释后盈利为0.14美元,而上一会计年度的净利润为138 300 000美元,或者是每股稀释后盈利为0.50美元。

动视公司的董事长兼首席执行官,罗伯特·可特可评论说,动视2006会计年度的1 468 000 000美元收入净额,标志着14年连续不断的收入增长。我们对第四季度的业绩提出了比预期更好的报告。我们的资产负债表依然是这个产业中最好的之一,它包括10亿美元的现金和短期投资,以及价值12亿美元的股东权益。

包括动视公司在内,有很多公司会通过一个被称为广播的会议在网络上发布结果,这个会议允许分析家们盘问公司的高级行政人员关于财务结果的问题。通过这些讨论,你可以更多了解这个公司的经营战略、它对未来的期望,以及分析家们认为当评价一个公司时会涉及的关键点。你可以通过访问每个公司自己的网页来查看这些有用的信息,或者是登录 biz.yahoo.com/cc 获取这些会议录音的档案。

财务报表发布

在初步发布之后的几个星期中,上市公司会发布他们的完整财务报表,作为年度报告(或季度报告)的一部分。年度报表被分为两部分。报告的第一部分常常以一封友好的信为开始,这封信是由公司的首席执行官写给投资者们的。接着它用很多鲜艳图片来描述这个公司的产品以及繁荣的报道,这些产品以及报道都是关于这个公司在整个行业中卓越地位的。在其前半部分用这种令人舒适的营销策略建立了愉悦的心情之后,年度报告开始展示更加实质性的部分,也就是财务部分。财务部分中最典型的要素已经列示在图表5.10中,并且附有解释。

> **辅导员提示**
>
> 公司要求在初步发布之后的几个星期之内收集财务报表附录中或是年度报告中需要的信息,外部审计者也可以在这几个星期内完成他们的工作。

图表 5.10　年度报告财务部分的典型要素

财务部分名称	揭示的信息	附录 A 中的例子
1. 总结性的财务数据	• 覆盖 5 年或者 10 年的关键数据	A11
2. 管理层的讨论和总结（MD&A）	• 对于公司财务状况和经营成果的真实详细的分析,主要财务报表使用者必须要读的文件	A12
3. 管理层关于内部控制的报告	• 描述管理层对保证对财务报表有合理内部控制的责任的报告,以及描述这些控制在本年度有效性的报告。	A17
4. 审计报告	• 审计人员对于财务报表是否遵循公认会计原则编制的意见（还有对于上市公司来说,内部控制是否有效）。	A18
5. 可比较的财务报表	• 对近几年四个基本财务报表的展示	A20
6. 财务报表附注	• 对于财务报表的额外信息,是了解财务报表数据的关键。	A24
7. 最近股价数据	• 对这一年最高股价和最低股价的简要总结	A30
8. 未审计过的季度数据	• 每季度结果的简要总结	A41
9. 董事和职员	• 一份关于监督和运营公司人员的名单。	

公司的季度报告可以说是年度报告的浓缩版。在致股东们的一封简短的信和对财务结果的简要讨论之后,就是由精简版的每季度利润表,每季度末的资产负债表和现金流量表组成的季度报告。这些简要版的财务报表并不像年度报告那样展示很多细节,它常常省略留存收益表以及在年度报告中的附注。而在图表 5.10 中的第 4,7,8 和 9 项也常常被省略掉。季度报告不用审计,所以它们也常常标记以"未审计"。很明显,由于这些限制,季度报告并不如年度报告那么信息化,但是从及时性来看,它们所披露的信息还是比较占优势的（三个月一次而不是每年一次）。

证券交易委员会档案　为了保证投资者能获取足够的和相关的信息,证券交易委员会要求上市公司必须以电子文档保存相关的财务结果,包括 10-K 表格的年度报告,10-Q 表格的季度报告,以及 8-K 表格的流动事项报告（我们不必拘泥于这些表格的代号,除非大多数人都以符号来命名它）。其中一些报告要求除了季度报告和年度报告所揭示的信息之外,还要展示更多的信息,这些额外的信息可以让你更多地了解这个公司。例如,动视公司 2006 年的 10-K 阐述了公司面临的 30 个重大经营风险以及概括了公司对于定位这些风险所做出的策略,而 8-K 描述了发生在财务报表期间的重大的经营事项,例如对另一家公司的兼并,年末事项的调整或者是审计人员的调整。

这些档案一旦被证券交易委员会的电子收集系统和检索服务器接收,它们就可以对公众开放。所以,在公司以邮件或邮寄方式在公司网页上发布年度报告的几个星期之前,大多数财务报表使用者可以在证券交易委员会的档案中获得关于任何一个公司的财务结果的详细信息。在 www.sec.gov 或者是 edgarscan.pwcglobal.com 中单击"搜索公司档案"便可以找到一家公司的档案。

投资者信息网页　除了上面说到的网页,Hoovers.com、TheStreet.com、Fool.com 以及雅虎财经(Yahoo! Finance)就是成千上万包含上市公司信息的投资者信息网页中的四个,投资者信息网页中的一些部分可以为评估和预测这个公司的财务业绩提供有效信息,而其他的网页则不可以。例如,你可以在雅虎财经找到关于动视公司和其产业部分的非常有价值的财务信息,包括类似于在本章后面我们将学到的财务比率。但是,在 messages.yahoo.com 你也可以用化名与其他人讨论这样的话题。

在这些网页里面最明显的问题就是你很难分辨哪些是有用的信息,哪些是无效信息。例如,以财务比率来说,你很难知道其中所包括的信息有没有被审计过。因此,要分辨这些分析是不是像它们看起来那样可靠是很难的。同样的,很多网页并不会把计算这些比率的公式展示出来,这可能会是一个很大的迷惑,因为有着相似名称的比率常常有着不同的计算方法。在很多情况下,你最好用下一节我们展示的方法自己去分析。

评估结果

与一般基准的对比

你已经知道在商业环境中财务报表是如何展示的以及如何获得它们,那么现在你可以开始准备如何评估它们了。和大多数人一样,你也许会认为要知道动视公司的 4 200 万美元的净收益是不是令人满意的业绩水平是一件很困难的事情。为了解释财务报表数据,找到一个比较点,或者说是基准点是非常有用的。常用的两个基准点有:

> **学习目标5**
>
> 把结果与一般基准相比。

1. 前期。通过比较动视公司的本期结果和前期结果,我们大约可以知道这个公司的业绩是怎样在一段时间内变化的。在华尔街,这种以同一公司在不同时间段的对比的分析被称为时间序列分析。

2. 竞争者。尽管针对一个公司的分析非

> **你应该知道**
>
> **时间序列分析**是把一个公司某个时间的业绩与其他各个时期的业绩进行对比。
>
> **横截面分析**是把一个公司的业绩与相同行业中其他公司的业绩相对比。

常有效,但是它并不能揭示整个行业所发生的事情。尽管动视公司有可能在发展(良好),但是依然没有超过在相同行业中其他的公司(不够好)。或者动视公司的业绩水平正在下降(衰退),但是它规避了在相同行业中其他公司都面临的财务问题(并不是那么差)。为了以这种行业观念的角度看问题,大多数的分析家会把某一个行业中竞争者的业绩拿来比较,这种把同一行业中公司之间的结果互相对比的分析方法叫做横截面分析。

> **辅导员提示**
> 一致性是会计信息的定性特征(见第 1 章),并使得时间序列分析更加精确。

在图表 5.11 中,我们展示了把动视公司的资产负债表和利润表中一些关键的财务结果进行自身对比的时间序列分析。从表中我们可以看到该公司的财务概况在 2005 至 2006 年间改变了,与 2005 年末的账户余额相比,在 2006 年末债务有所减少。这样一种债务的减少伴随着所有者权益的增加,暗示着该公司的融资方式由债务融资转向权益融资,我们也可以从图表 5.11 中看到,公司以平稳的势态在发展,并且总资产和销售收入在 2006 年都达到了比 2005 年要好的水平。奇怪的是,公司 2006 年的净利润却比 2005 年的要少,这也是分析家们想要了解更多的。

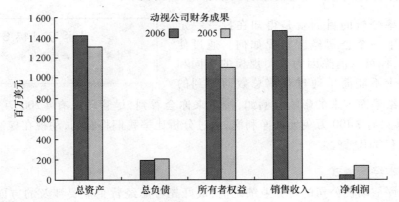

图表 5.11　时间序列分析图表

在图表 5.12 中,我们展示了对于动视公司与同行业的两个主要竞争者 THQ 公司和电艺公司(ERTS)对比的交叉剖视分析。这种分析是以 2006 年 3 月 31 日结束的会计年度的财务报表数据为基础的。

> **辅导员提示**
> 可比性是会计信息的定性特征,使得横截面分析更加数确。

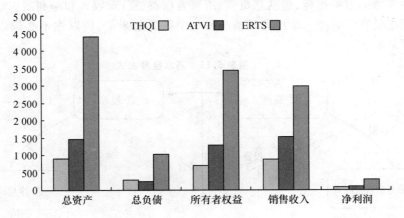

图表 5.12　对电脑游戏竞争者的交叉剖视分析

图表 5.12 中的条性统计图表明根据大多数财务指标,动视的业绩处于 THQ 与电艺公司之间,不容忽视的是电艺公司的条形图远远高出于其他公司,这表示电艺公司在这个产业中占有首要地位。事实上,就算动视和 THQ 联合起来,电艺公司在任何一方面都要比它们强。在规模区别如此之大的前提下,分析家们还能简单地说在投资额度一定时电艺公司一定是胜者吗?一句话,不能。所有这些只能说明电艺公司规模比其他要大一些而已,它并不能说明电艺公司在利用投资资源方面比其他公司做得更好。要做出这种结论,通常需要更加详细的分析,也就是经营者们常常提到的财务报表比率分析。

> **辅导员提示**
>
> 每个行业的平均数也可用于横截面分析,可以从风险管理协会出版的年度报表研究中获得这些数据。

财务报表比率分析

比率分析的目的就是得知在投资一定的情况下一个公司经营状况如何。通过使用比率,你可以消除因为公司规模的不同和一些由于不能简单通过观察总数而得到的未公认结果而带来的影响。例如,接下来你会看到,尽管动视有 4 200 万美元净利润,而 THQ 只有 3 400 万美元的净利润,通过分析比率我们将看到,动视在控制费用方面做得并没有 THQ 好。

> **学习目标 6**
>
> 计算和解释资产负债率、资产周转率以及净边际利润率。

基本经营模式

在评估动视公司的财务业绩之前,最好先考虑经营企业要涉及的方面。大多数企业可以分为四个部分:

1. 从债权人和投资者处获得融资,这些资金被用于投资资产。
2. 对资产进行投资,用于产生收入。
3. 产生收入,从而获得净利润。
4. 获得净利润,从而偿还债务和满足投资者的利益,并且为将来的扩展提供资源。

如此说来,一个经营模式可以是像图表 5.13 中这样的形式,经营包括之前分析过的一些关键的财务指标,包括总负债、所有者权益、资产、收入和净利润。这个经营模式的有用之处在于它把一个经营环节与另一个联系起来了,所以你不必像以前那样仅限于观察总数。

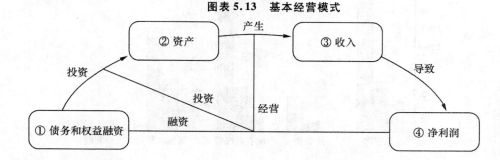

图表 5.13 基本经营模式

图表5.13中的经营模式为理解我们在下一节将要介绍的比率提供了一个框架。比率为关键财务结果提供了估量方法,它通常检查一个经营环节与另一个经营环节之间的联系,这将会是一个考虑比率的有效方式,因为企业的经营也是以这样一种方式呈现的,也就是一系列相互联系的决策。我们最不愿看到的事情就是你只是以"一系列不同的公式"这样一个概念来记忆比率,而不是通过理解它们的涵义来掌握它。而且,比率其实是描述企业内关键联系的方法,就像你用一个计速器来测量车的速度,而它们是以英里/加仑为单位来描述你燃料的效率。

财务报表比率

图表5.13中的经营模式包括了三个环节:(1)债务和权益的融资被用于投资资产;(2)资产用于产生收入;(3)收入最后导致净利润。通过这些环节,可以得出一些关键的财务比率,见下表:

财务分析工具

比率	公式	涵义
1. 资产负债率	$\dfrac{总负债}{总资产}$	1. 由债务融资而来的资产的比例 2. 高比率意味着更大的融资风险
2. 资产周转率	$\dfrac{销售收入}{平均资产}$	1. 资产产生收入的效率如何 2. 高比率意味着高效率
3. 净利润率	$\dfrac{净利润}{销售收入}$	1. 费用的控制水平 2. 高比率意味着更好的业绩

图表5.14的下半部分是这三个游戏公司财务报表的相关数据,而在上半部分则用这些数据计算了这三个比率。需要注意的是,要计算资产周转率,要先知道公式中的平均资产,因此你需要两个资产负债表中的数据。在接下来的讨论中,我们将会解释每个比率的意义并且将举例说明如何将相似的分析应用于其他企业。

图表5.14 对电脑游戏公司的分析

		THQ公司	动视公司	电艺公司
资产负债率	$\dfrac{总负债}{总资产}$	$\dfrac{\$220}{\$851}=0.259$	$\dfrac{\$194}{\$1\,420}=0.137$	$\dfrac{\$978}{\$4\,386}=0.223$
资产周转率	$\dfrac{销售收入}{平均资产}$	$\dfrac{\$807}{(\$851+\$747)/2}=1.01$	$\dfrac{\$1\,468}{(\$1\,420+\$1\,307)/2}=1.08$	$\dfrac{\$2\,951}{(\$4\,386+\$4\,370)/2}=0.67$
净利润率	$\dfrac{净利润}{销售收入}$	$\dfrac{\$34}{\$807}=0.042$	$\dfrac{\$42}{\$1\,468}=0.029$	$\dfrac{\$236}{\$2\,951}=0.080$

财务报表信息	THQ公司		Activision公司		电艺公司	
	2006	**2005**	**2006**	**2005**	**2006**	**2005**
总资产	$851	$747	$1 420	$1 307	$4 386	$4 370
总负债	220	199	194	207	978	872
所有者权益	631	548	1 226	1 100	3 408	3 498
销售收入	807	757	1 468	1 406	2 951	3 129
净利润	34	63	42	138	236	504

1. 资产负债率

资产负债率是用总负债比上总资产,它通常保留三位小数,并且都乘上 100 以百分数来表示,这个比率表明了通过债务融资获得资产的比例。了解要获得一定的资产需要进行多少债务融资是非常重要的,因为不管企业财务业绩是好是坏,债务在未来某个时候是一定要偿还的。如果资产主要是通过债务融资而不是权益融资得来的,资产负债率将会更高,这也说明企业采用的是更加冒险的融资策略,如果企业总是发生超过其偿还能力的债务,最后会被强制破产。图表 5.14 表明了这一点,对于三个公司来说,在为获得资产的融资中,债务只是占了很小的一部分,动视的资产负债率 0.137(或 13.7%)是三个公司中最小的,它低于 THQ 的 0.259(或 25.9%)和电艺公司的 0.223(或 22.3%)。这意味着动视在短时间内偿还债务的能力是比较值得相信的,所以它面临的财务风险也相对较低。

> **你应该知道**
> 资产负债率通过计算企业通过债务融资获得的资产比例来评估企业的财务风险。

> **辅导员提示**
> 基本会计等式(资产 = 负债 + 所有者权益)暗示资产负债率越小,资产权益率则会越大(同时权益债务率会越小)。

2. 资产周转率

资产周转率是用销售收入比上平均资产,它通常保留两位小数,并且不以百分数来表示。这个比率表明了在这个企业每投资价值一美元的资产能获得多少收入,比率越高,则这个企业利用资产的效率就越高,利用率相对较低的企业的资产周转率也会更加低一些,因为它的资产更多的闲置而不是产生收入。在图表 5.14 中,我们可以看到 Activision 和 THQ 在每投资价值一美元的资产中能获得更多的收入(分别为 1.08 和 1.01),相反电艺公司则显得不那么有效率,它的资产周转率为 0.67。这表示电艺公司在每价值 1 美元的资产中可以获得 0.67 美元(即 67 美分)的销售收入,这明显地少于动视和 THQ。

> **你应该知道**
> 资产周转率通过用总资产除以销售收入来表明能够产生收入的资产有多少。

3. 净利润率

净利润率计量的是每一美元的销售收入可以获得净利润的金额,它通常保留三位小数,并且常常乘上 100 以百分数来表示。净利润率是一个非常关键的比率,因为它表明一个企业对于其费用支出的控制情况。尽管对一个企业来说取得销售收入是非常关键的,但是控制费用支出也同样重要,一个公司如果无法控制成本,就算有再多的销售收入,最后也会破产。图表 5.14 表明电艺公司(0.080 或 8.0%)每一美元的销售收入可以获得比 THQ(0.042 或 4.2%)和动视公司(0.029 或 2.9%)更多的净利润。通过阅读这三个公司年度报告的管理层讨论和总结部分(MD&A),我们可以发现导致这些不同的原因:THQ 和动视公司在 2006 年为了要使销售量上升都发生了金额可观的销售费用;相反,电艺公司则抱着在 2007 年通过发行新产品(微软的 X-box 360、索尼的

> **你应该知道**
> 净利润率通过用净利润除以销售收入来表明对费用的控制情况。

PS3以及任天堂的Wii)来提高销售量的期望,在2006年并不对销售量采取任何措施。

我们通过以联系的观点看这些比率来进一步地分析,这也许会让我们发现在2006年这些公司在经营情况上的不同,净利润率暗示动视公司从每一美元的销售收入获得的净利润比电艺公司和THQ都更少(0.029对0.080和0.042)。但是,正如资产周转率所表现的,动视从每一美元资产获得的销售收入要比其他公司更多。在某种程度上来看动视公司所采用的经营策略和沃尔玛的经营策略有些类似,沃尔玛从每一美元的销售收入中得到的利润要比它的竞争者要少,但是它以从每价值一美元的资产中获得更多的销售收入来弥补了这一点,这被称为薄利多销策略。

很多其他的财务报表比率是为了评估盈利能力(在当期获得收入的能力)、偿付能力(用流动资产偿付债务的能力)以及流动性(当债务到期时偿还债务人的能力),我们将会在第6—12章逐步介绍,并且在第13章将会通过全面的分析来进行总结。

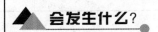

自 我 测 试

科乐美公司是一家日本公司,从事制造和销售电脑游戏,例如食蛇者,2005年和2006年的财务报表信息在下面已经列示,计算相关比率,来说明相对于动视来说,科乐美在以下方面有更高或者更低水平:a. 财务风险;b. 资产利用效率;c. 利润率。

	2006	2005
总资产	$302 637	$304 321
总负债	138 822	198 464
所有者权益	163 815	105 857
销售收入	262 137	260 691
净利润	23 008	10 486

自测答案

  a. 资产负债率 = 138 822/302 637 = 0.459
   这表明对于动视的0.137来说,它面临更高的财务风险。
  b. 资产周转率 = 262 137/(302 637 + 304 321)/2 = 0.86
   这表明对于动视的1.08来说,它的资产利用率更低。
  c. 净利润率 = 23 008/262 137 = 0.088
   这表明对于动视的0.029来说,它有着更高的盈利能力。

本章复习

示范案例

一些分析家声称电脑游戏的经营与书籍的经营是类似的,在这个案例中,我们从财务结果方面来看它们的相似之处。如果我们分析出版这本书的公司的财务报表,也许不能看到清晰的对比,因为麦格劳·希尔国际出版公司不光出版书籍,它还经营着一家名为标准普尔的理财公司。所以,我们将分析的财务报表是来自于我们的出版商的竞争者之———约翰·威立国际出版公司(John Wiley & Sons),它的经营范围只限于书籍行业。下面是关于这个公司的财务报表的一些简要概括:

约翰·威立公司
利润表(修正版)
(以 1 000 美元为单位)
截止到 4 月 30 日的会计年度

	2006	2005
销售收入	$1 044 185	$974 048
销售成本	342 314	325 048
经营与管理费用	535 694	496 726
其他费用	12 373	9 375
经营活动产生的收入	153 804	142 886
利息	9 960	7 223
税前收入	143 844	135 663
所得税	33 516	51 822
净利润	$110 328	$83 841

约翰·威立公司
资产负债表(修正版)
(以 1 000 美元为单位)
4 月 30 日

	2006	2005
资产		
流动资产	$326 308	$338 918
其他资产	699 701	693 651
总资产	$1 026 009	$1 032 569
负债和所有者权益		
流动负债	$362 109	$341 311
其他负债	262 060	294 684
总负债	624 169	635 995
所有者权益	401 840	396 574
总负债和所有者权益	$1 026 009	$1 032 569

要求:

1. 计算威立公司在2006年和2005年末的资产负债率,该公司从2005年到2006年是如何改变其经营战略的?这种策略是更具风险还是更安全?书籍出版商债务融资的比例与图表5.14中分析的电脑游戏公司债务融资的比例有几分相似?

2. 计算威立公司在2006年和2005年的资产周转率。(以1 000美元为单位,威立在2004年4月30日的资产总额为1 014 582美元)。在2005—2006年间,该公司使用资产产生收入的效率是否有所变化?书籍出版商在每投资一美元的资产中获得的收入比图表5.14中分析的电脑游戏公司多还是少?

3. 计算威立公司在2006年和2005年的净利润率,公司在财务业绩的这方面是否有变化?书籍出版商在每一美元销售收入中获得的净利润比图表5.14中分析的电脑游戏公司多还是少?

4. 2001年安然事件的丑闻导致了全球最大会计师事务所——安达信的倒闭。在2002年4月15日,公司宣布毕马威将替代安达信作为其审计者,公司将如何将这个消息向证券交易委员会报告?

在完成要求1—4之后,你可以通过以下解答检查你的答案。

参考答案:

1. 资产负债率 = 总负债/总资产

	2006	2005
总负债/总资产	$\dfrac{\$624\,169}{\$1\,026\,009} = 0.608$ 或 60.8%	$\dfrac{\$635\,995}{\$1\,032\,569} = 0.616$ 或 61.6%

在2006年Wiley通过更少的债务融资(从2005年的61.6%降至2006年的60.8%)转向了更加安全的融资策略。尽管有所改变,但相对于图表5.14中的电脑游戏公司(债资融资只占全部资产的不到25%)来说,威立还是更加依融于债务融资。

2. 资产周转率 = 销售收入/平均资产

	2006	2005
销售收入/平均资产	$\dfrac{\$1\,044\,185}{(\$1\,026\,009 + \$1\,032\,569)/2} = 1.01$	$\dfrac{\$974\,048}{(\$1\,014\,582 + \$1\,032\,569)/2} = 0.95$

Wiley在2006年在每投资一美元的资产中获得的销售收入(1.01)要比2005年(0.95)获得的更多。与之前提到的电脑游戏公司对比,威立在从资产中获得销售收入这方面似乎效率不相上下。

3. 净利润率 = 净利润/销售收入

	2006	2005
净利润/销售收入	$\dfrac{\$110\,328}{\$1\,044\,185} = 0.106$ 或 10.6%	$\dfrac{\$83\,841}{\$974\,048} = 0.086$ 或 8.6%

威立已经使其净利润率从2005年的8.6%增加到了2006年的10.6%。这意味着在2006年,公司在每一美元的收入中获得了10.6美分的净利润。这些比率比电脑游戏公司

中的比率要更加可观一些。

4. 8-K 表格被用来报告这种像更换审计人员的重大事项。

本章小结

学习目标 1：说明财务报表使用者的需求，第 196 页

四种财务报表的主要使用者：

管理者，借助会计信息来管理企业。

董事会，借助会计信息来监督企业运行。

债权人，借助会计信息执行商业合约。

投资者，借助会计信息来评估企业价值。

学习目标 2：描述财务报告的环境，包括 2002 年发布的《萨班斯·奥克斯利法案》，第 197 页

a. 对于参与欺诈的人来说，必须有三个条件，即动机、时机和欺诈行为的当事人必须拥有可以使得欺诈合理化和隐蔽化的品格。

b. 动机使得管理者误报财务报表，包括创造商机（满足贷款契约、增加权盗融资以及吸引商业合伙人）和满足私欲（加强工作保证、囤积个人财富和获取更高薪水）。

c.《萨班斯法案》通过引入更加严厉的惩罚降低了参与欺诈的动机。同时它也通过管理报告、审计委员会职能和外部审计报告增强了内控，从而限制了参与欺诈的时机。最后，它支持有着良好品格的职员抵制参与欺诈的职员。

学习目标 3：编制可比较的资产负债表、多步式利润表以及所有者权益变动表，第 201 页

a. 可比较的财务报表对不同时期的财务结果分以不同列来展示，图表 5.6 就是一个例子。

b. 多步式利润表包括了用以分开主要和次要结果的小计，并且强调了所得税的影响，图表 5.7 就是一个例子。

c. 所有者权益变动表代替了留存收益表，并且为每一个股东的权益都列示了一个账户，并且展示了在本期内影响其升高或降低的因素，图表 5.8 就是一个例子。

学习目标 4：描述财务报告程序中其他的重要方面，包括外部审计和财务信息的发布，第 205 页

a. 财务信息可以通过媒体、证券交易委员会的档案、投资者信息网页以及季度和年度报告发布。

b. 媒体的发布包括一些关键数据（销售收入、净利润）、经营者对财务结果的讨论以及一个作为简要版利润表和资产负债表的附件。

c. 表格 10-K 是年度报告在证券交易委员会的版本，它包括年度财务报表、审计报告、管理层的讨论和分析、股价数据以及其他财务程序。表格 10-Q 是季度报告在证券交易委员会的版本，它包括季度财务报告以及管理层的讨论和分析；表格 8-K 是企业向证券交易委员会报告重大事项时所采用的形式，例如审计者的变化、媒体发布以及与其他企业的兼并。

学习目标 5：将结果与一般基准对比，第 208 页

一般基准包括：前期（被用于时间序列分析）和竞争者（被用于横截面分析）。

学习目标 6：计算并且解释资产负债率、资产周转率以及净利润率，第 209 页

　　a. 资产负债率是用总负债比上总资产来计算的，它表明企业由债务融资的比例，越高则表示采用的是越具冒险性的策略。

　　b. 资产周转率是用销售收入比上该期间平均资产来计算的；平均资产通常由期初总资产和期末总资产加起来再除以二计算得来；资产周转率表明企业是如何使用资产来产生销售，越高则意味着利用效率也高。

　　c. 净利润率是用净利润除以销售收入计算的，它表明企业控制费用的情况，较高的比率表示更为良好的业绩。

财务分析工具		
比率	公式	涵义
1. 资产负债率	总负债/总资产	• 由债务融资而来的资产的比例 • 高比率意味着更大的融资风险
2. 资产周转率	销售收入/平均资产	• 资产产生收入的效率如何 • 高比率意味着高效率
3. 净利润率	净利润/销售收入	• 费用的控制水平 • 高比率意味着更好的业绩

关键术语

资产周转率　211 页

可比较的财务报表　202 页

时间序列分析　208 页

净利润率　211 页

贷款契约　197 页

重要性　205 页

单步式利润表　203 页

资产负债率　211 页

无保留审计意见　205 页

《萨班斯·奥克斯利法案》　199 页

多步式利润表　203 页

横截面分析　208 页

保留性审计意见　205 页

练习题

问答题

1. 描述四种报表使用者中每一种使用财务报表信息的一种用法。
2. 欺诈三角的三个点是什么？如果失去其中的一个要素，欺诈的可能性变小还是变大？
3. 为什么经营者要误报他们公司的财务结果？这样做的动机又是什么？
4. 2002 年《萨班斯法案》的哪些方面会抵制参与欺诈的动机？
5. 2002 年《萨班斯法案》的哪些方面会削弱参与欺诈的时机？
6. 2002 年《萨班斯法案》的哪些方面会鼓励职工良好的品格？

7. 审计者在财务报告的过程所扮演的是一个怎样的角色？
8. 不实财务报告和学术欺骗（例如考试作弊）在哪些方面有相似之处？可以从欺诈三角的三个方面加以考虑。
9. 在依靠投资者信息网页获取财务报表比率分析时有哪两个潜在的问题？
10. 公司财务报表在哪些方面与前四章介绍的财务报表有所不同？
11. 通常使用哪两类基准来解释和评价特定财务报表项目的金额？
12. 比率分析的目的是什么？
13. 解释以获得融资为开始，并且继以投资和经营决策的简单经营模式。
14. 为什么有一些比率只需要用到期末余额而另一些则要用到期初和期末的平均数？
15. 资产负债率、资产周转率和净利润边际率评估的关键经营活动是什么？

多项选择题

1. 如果总资产增加,但是总负债不变,对于资产负债率有什么影响？
   a. 增加　　　　　　b. 减少　　　　　　c. 不变　　　　　　d. 不能确定
2. 好事多和山姆会员店是低价出售大件打包商品的两家公司。这样的策略会增加总的销售额,但是会导致每一美元销售获得的利润更少,因为这种策略,下面哪项比率会增加？
   a. 净利润率　　　　b. 资产周转率　　　c. 资产负债率　　　d. 上述所有
3. 下面哪项会在当年提高净利润率？
   a. 在这一年的最后一个月增加研发成本
   b. 在这一年的最后一个月减少销售量
   c. 推迟本来应该在这一年完成的日常维修工作
   d. 上述所有
4. 下列哪类经营决策会直接影响资产周转率？
   a. 经营和投资活动
   b. 经营和融资活动
   c. 投资和融资活动
   d. 经营、投资和融资活动
5. 下列哪项需要每年在证券交易委员会存档？
   a. 表格 10-Q　　　b. 表格 8-K　　　c. 表格 10-K　　　d. 媒体发布
6. 下列哪项描述了对你学术表现的横截面分析？
   a. 计算你成绩报告单中 A 的个数
   b. 将你今年拿到 A 的个数与去年拿到 A 的个数相对比
   c. 将你今年拿到 A 的个数与你朋友拿到 A 的个数相对比
   d. 计算你们整个班级拿到 A 的个数
7. 下列哪项描述了对你学术表现的时间序列分析？
   a. 计算你成绩报告单中 A 的个数
   b. 将你今年拿到 A 的个数与去年拿到 A 的个数相对比
   c. 将你今年拿到 A 的个数与你朋友拿到 A 的个数相对比

d. 计算你们整个班级拿到 A 的个数

8. 下面哪项常常包括在年度报告中,但是从不出现在季度报告中?
   a. 资产负债表　　　　　　　　　　b. 利润表
   c. 管理层的讨论与分析　　　　　　d. 审计报告

9. 下面哪个事项将会提高资产负债率?
   a. 企业对股东发行股票　　　　　　b. 企业用现金购买土地
   c. 企业为了购买设备发行债券　　　d. 以上都不是

10. 一个企业会希望下面哪项审计报告被放入其年度报告中?
    a. 保守审计报告　　　　　　　　　b. 保留意见审计报告
    c. 可比的审计报告　　　　　　　　d. 无保留意见审计报告

选择题答案:
1. b 2. b 3. c 4. a 5. b 6. c 7. b 8. d 9. c 10. d

小练习

M5-1　将财务报告过程中的角色及其定义配比

通过在空白处填入合适的字母,将每个角色与他的相关定义配比起来

角色	定义
____ 1. 独立审计师	A. 投资者和债权人
____ 2. 外部使用者	B. 由股东选举出来并监督公司管理层的人
____ 3. 董事会	C. 审查财务报表并为其公允性做鉴证的注册会计师

M5-2　将《萨班斯法案》的要求与欺诈三角配比

通过在空白处填入合适的字母,将下列《萨班斯法案》的要求与欺诈三角中相对应的要素联系起来:

____ 1. 建立可以让职员检举不良行为的举报系统　　　A. 动机
____ 2. 将最高惩罚升至 500 万美元　　　　　　　　　B. 时机
____ 3. 要求管理层对内部控制的有效性给出报告　　　C. 品格
____ 4. 合法的告发者保障制度
____ 5. 要求外部审计师对内部控制的有效性给出报告

M5-3　确定财务报告的顺序和披露

说明下列上市公司发布的报告与披露的顺序:

序号	标题
____	表格 10-K
____	年度报告
____	媒体发布年度收入

M5-4　编制和说明多步式利润表

坚果男孩剧院公司编制了下列单步式利润表,为该剧院公司编制多步式利润表,计算净利润率并与 2007 年的 8% 对比,在哪一年公司会从每一美元的销售收入中获得更多的利润?

财务会计学原理

坚果男孩剧院公司
利润表
截止到 2008 年 12 月 31 日的会计年度

收入	
售票收入	$50 000
特许权收入	2 500
利息收入	200
其他收入	50
总收入	52 750
费用	
工资	30 000
广告费用	8 000
公用事业费用	7 000
所得税	2 500
总费用	47 500
净利润	$5 250

M5-5　编制所有者权益变动表

WER 制造从 2007 年开始,拥有 10 万美元的投入资本和 2 万美元的留存收益,在这一年当中,公司的交易事项如下。为截止到 2007 年 12 月 31 日的会计年度编制所有者权益变动表。

 a. 发行 5 万美元的股票。

 b. 宣布并发放 5 000 美元现金股利。

 c. 销售收入为 12 万美元,总费用为 8.7 万美元。

 d. 回购 1 万美元的 WER 股票(这些股票之前以 1 万美元发行,并且在回购的基础上注销了)。

M5-6　确定交易事项所带来的会计等式的影响

完成下列表格,表明每项交易的影响的方向和大小(+ 表示增加, – 表示减少,NE 表示无影响)。为包括在所有者权益内的每笔收入或是费用交易标明账户,可以独立考虑每笔交易。

 a. 记录提供的服务在账户上为 500 美元。

 b. 记录购买 50 美元的供应品。

 c. 记录发生了 1 000 美元的广告费用,但仍未付现。

交易	资产	负债	所有者权益
a			
b			
c			

M5-7　确定交易事项对资产负债率、资产周转率以及净利润率的影响

用上题中的交易完成下列表格,表明每项交易的影响的方向和大小(+ 表示增加, – 表示减少,NE 表示无影响),可以独立考虑每笔交易。

交易	资产	负债	所有者权益
a			
b			
c			

M5-8 确定交易事项所带来的会计等式的影响

完成下列表格,表明每项交易的影响的方向和大小(+表示增加,-表示减少,NE 表示无影响),为包括在所有者权益内的每笔收入或是费用交易标明科目,独立考虑每笔交易。

a. 发行 10 000 股股票,获得 9 万美元现金。
b. 通过发行债券购买价值为 4 000 美元的设备。
c. 对设备计提 1 000 美元的折旧。

交易	资产	负债	所有者权益
a			
b			
c			

M5-9 确定交易事项对资产负债率、资产周转率以及净利润率的影响

用上题中的交易完成下列表格,表明每项交易的影响的方向和大小(+表示增加,-表示减少,NE 表示无影响),独立考虑每笔交易。

交易	资产	负债	所有者权益
a			
b			
c			

M5-10 计算并说明净利润率

快乐高尔夫公司最近在它的财务报表中(以 1 000 美元为单位)发布了以下年末数据:

	去年	本年
经营活动产生的收入	$1 700	$1 400
净利润	850	700
总资产	10 000	9 000
所有者权益	8 000	7 500
销售收入	9 000	7 000

计算本年和去年的净利润率,这些分析说明了什么?

M5-11 计算并说明资产负债率

用上题的数据,计算本年和去年的资产负债率。这些分析说明了什么?

M5-12 计算并说明资产周转率

用上题的数据,计算本年和去年的资产周转率。假设去年的资产周转率为 85.2%(0.852),这些分析说明了什么?

M5-13 计算并说明财务比率

下面是哥伦比亚运动服(Columbia)和李维斯(Levi Strauss)公司的关键财务比率。通过使用本章介绍的两个比率,对比它们的这些能力:(1)从资产中获得收入;(2)从收入中获得利润,哪个公司在这些方面更成功?

	哥伦比亚运动服(以1 000美元为单位)	李维斯公司(以1 000美元为单位)
销售收入	$1 156	$4 125
净利润	131	156
2005 年的总资产	971	2 814
2004 年的总资产	949	2 886

练习

E5-1 将下列财务报告过程的组成部分与其定义相联系

通过在空白处填入合适的字母,将每个组成部分与其相关定义配比起来

组成部分	定义
____ 1. 投资者信息网页	A. 为了所有权、养老基金或是共有基金在公司购买股票的个人
____ 2. 外部审计人员	B. 贷款给企业的金融机构或者是供应商
____ 3. 投资人	C. 审查企业财务报表并担保其公允性的独立的注册会计师
____ 4. 债权人	D. 规定财务披露要求的证券交易委员会
____ 5. SEC	E. 从不同的资源收集、合并并且将财务及相关信息传达出去

E5-2 将上市公司发布的信息与其定义配比

下列是不同媒体发布的信息的名称。通过在空白处填入合适的字母,将每种信息发布与其相关定义配比起来

信息发布	定义
____ 1. 年度报告	A. 包括四个基本财务报表和相关附注、管理层和审计者的报告,以及其他对企业活动描述的全面性报告
____ 2. 表格 8-K	B. 由上市公司和证券交易委员会存档并包括详细财务信息的年度报告
____ 3. 媒体发布	C. 由上市公司和证券交易委员会存档并包括未审计的财务信息的季度报告
____ 4. 表格 10-Q	D. 由公司准备的公告,常常对主要新闻媒体发布
____ 5. 季度报告	E. 每季度发布的简短的未审计报告,常常包括简要的利润表和资产负债表(未审计的)

第 5 章 公司财务报告及其分析

_____ 6. 表格 10-K　　　　　F. 由上市公司和证券交易委员会存档的,对特殊事项的报告(例如,审计人员的改变,合并和兼并)

E5-3　寻找财务信息:将信息项目与财务报道配比

下列是包括在不同财务报告中的信息项目。通过在空白处填入合适的字母,将信息项目与其最可能出现的财务报告配比:

信息项目	报告
_____ 1. 对于新的销售副总裁上任的初次公告	A. 年度报告
_____ 2. 季度收入的初次公告	B. 表格 8-K
_____ 3. 审计人员变动的初次公告	C. 媒体发布
_____ 4. 完成季度利润表、资产负债表以及现金流量表	D. 表格 10-Q
_____ 5. 本年基本的四个财务报表	E. 季度报告
_____ 6. 本季度总结性的利润表信息	F. 表格 10-K
_____ 7. 对企业经营风险和策略的详细讨论	G. 上述都不是
_____ 8. 财务报表的详细附注	
_____ 9. 最近的股价数据	
_____ 10. 五年或十年期的总结性财务数据	

E5-4　了解财务报告的过程

在 2006 的前半年,Mad Catz(魔音盒)合作公司完成了其会计年度报告并向证券交易委员会提交,并且向公众发布了不同的报告。通过在空白处填入合适的字母,将下列表中日期与相关活动配比起来:

提交/发布日期	活动
_____ 1. 2006 年 3 月 31 日	A. 向媒体发布年度收入
_____ 2. 2006 年 6 月 8 日	B. 提交表格 8-K 进行媒体发布
_____ 3. 2006 年 6 月 8 日	C. 提交表格 10-K
_____ 4. 2006 年 6 月 28 日	D. 完成会计年度

E5-5　将事项与概念配比

下列是在第 1 章到第 5 章中提到过的会计概念。通过在空白处填入合适的字母将各事项(A-K)与其相关概念(1-10)配比起来,每个字母只能填入一次。

概念	事项
_____ 1. 财务报表的使用者	A. 在期末计算未用过的原料并评估其价值。
_____ 2. 财务报表的目标	B. 以成本价来为一项资产定价,尽管其市场价值已经大幅度升高。
_____ 3. 一致性	C. 通过分析财务报表来评价企业的业绩。
_____ 4. 可比性	D. 建立这样一个会计政策,即销售收入只有在产品或服务提供给客户的时候才能确认。
_____ 5. 会计主体	E. 编制并且发布能提供有效财务信息的财务报表。

_____ 6. 计量单位　　　　F. 建立这样一个政策,即不把企业所有者的私人经济事项包括在财务报表中。

_____ 7. 成本原则　　　　G. 为了与本行业中其他企业的做法相适应而改变企业期末余额。

_____ 8. 收入原则　　　　H. 在财务报表中披露所有与企业相关的财务信息(包括财务报表附注)。

_____ 9. 配比原则　　　　I. 建立这样一种会计政策,即每年都以同一种方式报告企业的经营事项。

_____ 10. 谨慎性　　　　　J. 为了展示本期的租赁成本而改变租赁账户。

K. 当在经营中获得一项交通工具时,以购买时的商定价格而不是更高的账面价格来报告。

E5-6 了解有效财务信息和财务报告过程的特征

Atari 以 250 美元和一个关于名为 Pong 的电脑游戏的想法创建一个公司,最后成为一个规模达 2 800 万美元的企业。在这些年中,Atari 拥有很多不同行业的公司,包括时代华纳公司、孩之宝和最近的 Infogrames(法国的一家上市公司)。Infogrames 在 2003 年做出了以下公告:

> 在 2003 年 3 月 28 日,公司宣布将会计年末从 6 月 30 日变动至 3 月 31 日。由于这个改变,这个公司在 2003 的会计年度期间将变成 9 个月。公司相信 3 月 31 日的会计期末与电脑游戏行业中的大多数同行是一致的,这使得可以在这个行业中进行更多有意义的分析和对比。

要求:

1. 在第 1 章中介绍的有效财务信息的四个特征中,这个公司涉及哪一个?
(提示:了解整个公告的含义,而不是只关注其中的关键术语。)

2. 会计年度末的时候应该以什么形式向证券交易委会报告这一改变?

3. 因为 2003 年 3 月 31 日的会计年度只包括 9 个月,资产负债率、资产周转率还有净利润率对于这个期间来说还有意义吗?解释并给出理由。

E5-7 了解有效财务信息和财务报告过程的特征

THQ 公司是世界五大电脑游戏制造公司之一,在 2003 年 2 月 13 日 THQ 发布了以下公告:

> 在 2003 年 2 月 13 日,公司宣布将会计年末从每年的 12 月 31 日变动至 3 月 31 日,从 2003 年 3 月 31 开始生效,我们相信由于这项改变将更好地反映我们经营的本质,并且为我们能在假期销售季后提供财务导向。

要求:

1. 改变年度期末的理由是否暗示这个改变会让 THQ 的财务报表信息对其使用者来说更有用?有没有一个理由会让年度期末的改变最后为使用者带来更多有用的信息?

2. 这类会计年度期末的改变应以什么形式向证券交易委员会报告?

3. 因为 2003 年 3 月 31 日的会计年度只包括 3 个月,资产负债率、资产周转率以及净利润率对于这个期间来说还有意义吗?解释并给出理由。

E5-8　计算并解释净利润率

在2006年扩张经营之前,圣达特公司拥有并经营超8汽车旅馆、华美达、绿地豪生酒店、21世纪、Ortibz.com、Avis和Budget。圣达特公司同样因为在20世纪90年代末期发生的涉及金额高达33亿美元的财务欺诈案件而臭名昭著,这起案件同样也把其前任副总裁送进了监狱并被判监禁10年。在2006年2月13日,该公司通过媒体发布了截止到2005年12月31日会计年度的相关数据(以百万美元为单位):

	2005	2006
酬金收入	$18 236	$16 689
经营活动产生的收入	869	1 365
净利润	1 341	2 082

要求:

计算本年和去年的净利润率。这些分析说明了什么?

E5-9　了解财务报告的过程

1. 练习5-8中的信息暗示圣达特公司的媒体发布是在2月13日,而公司的会计年度期末是12月31日,要早六个星期。为什么公司要拖延至这个时候进行媒体发布呢?为什么不在1月1日发布财务结果呢?

2. 10-K是在2006年3月1日提交的,为什么公司要拖延至这个时候提交呢?为什么不在媒体发布的同时进行提交呢?

3. 公司的年度报告将可能在10-K递交之前还是之后发布?

E5-10　分析并解释资产周转率和净利润率

棒约翰(Papa John)是国内一家正在快速发展的比萨快递和外卖餐厅连锁店,下面是挑选出来的一些利润表和资产负债表的数据(以百万美元为单位)。

	本年	去年
销售收入	$969	$925
净利润	46	23
平均资产	363	361

要求:

1. 计算本年和去年的资产周转率和净利润率。

2. 在这些变化的基础之上,这些分析将可能提高或降低股票的价值?通过解释这两个比率的涵义来解释。

E5-11　分析并解释资产周转率和净利润率

Radioshock公司的店铺遍布世界,从希腊到加拿大。在美国,大约有94%的美国人居住或工作在离电子零售商五分钟路程之内,这对于最初像American Hide & Leather那样起步的公司是不错的,下面是Radioshock公司发布的利润表和资产负债表中的一些数据。

	2005	2004	2003
销售收入	$5 081	$4 841	$4 649
净利润	267	337	298
总资产	2 205	2 517	2 244
总负债	1 616	1 595	1 475

要求：

1. 计算2005年和2004年的资产周转率和净利润率。
2. 在这些变化的基础之上，分析师将提高还是降低对股票的估值？解释这两个比率的变化的涵义。
3. 计算2005年和2004年的资产负债率。
4. 在这些变化的基础之上，分析将更可能提高还是降低对Radioshock公司偿还债务的估计能力？解释这个比率变化的含义。

E5-12 确定交易事项对会计等式的影响

La-Z-Boy公司是一家家具制造商，下列是最近一年第一季度的一系列交易事项（以百万美元为单位），完成下列表格，表明每项交易的影响的方向和大小（+表示增加，-表示减少，NE表示无影响），为包括在所有者权益内的每笔收入或是费用交易标明科目，独立考虑每笔交易。

a. 为发放给银行的债券偿还每股10美元
b. 收回客户欠的32美元

交易	资产	负债	所有者权益
A			
B			

E5-13 确定交易事项对资产负债率、资产周转率以及净利润率的影响

用5-12的信息，完成下列表格，表明每项交易的影响的方向和大小（+表示增加，-表示减少，NE表示无影响）。为包括在所有者权益内的每笔收入或是费用交易标明科目，独立考虑每笔交易。

交易	资产	负债	所有者权益
A			
B			

E5-14 编制和解释财务报表

下面是Sportlif Gym公司在2007年和2008年12月31日的调整试算平衡表。

	2008		2007	
	借方	贷方	借方	贷方
现金	$31 500		$30 000	
应收账款	2 500		2 000	
存货	13 000		13 000	
预付租金	3 000		3 000	
设备	350 000		350 000	
累计折旧		$20 000		$10 000
其他长期资产	20 000		12 000	
应付账款		5 000		6 000
预收账款		72 000		80 000
应付所得税		13 000		14 000
长期负债		10 000		200 000
投入资本		214 000		50 000
留存收益		50 000		19 400
已宣布股利	5 000		0	
会员收入		399 000		398 000
培训收入		11 000		10 000
工资	321 000		319 400	
租赁费用	12 000		12 000	
折旧费用	10 000		10 000	
其他经营费用	6 150		7 700	
利息收入		750		700
利息费用	600		15 000	
所得税	20 000		14 000	
	$794 750	$794 750	$788 100	$788 100

要求:

1. 编制 2007 年和 2008 年可比较的资产负债表和可比较的多步式利润表,以及 2008 年的所有者权益变动表。2008 年投入资本的变动是由股票的发行引起的。

2. 确定 2008 年变动较大的两个资产负债表科目和两个利润表科目。这样的变动可能是由什么原因引起的?

3. 计算并解释 2007 年和 2008 年的资产负债率、资产周转率和净利润率,2006 年 12 月 31 日的总资产为 40 万美元。

E5-15 寻找财务报表信息

确定下列各项会被列示在资产负债表(B/S)、利润表(I/S)还是所有者权益变动表(SSE)中。

1. 今年支付明年到期的保险费用
2. 今年期满的保险费用
3. 还未付的保险费用
4. 本会计期内购买设备的成本
5. 设备的账面价值

6. 股东的投资
7. 到会计期末的存货余额
8. 本期内消耗的存货
9. 至年末应付未付的账款
10. 本年宣告并发放的股利

辅导题

CP5-1 确定交易事项对会计等式的影响

雅虎公司是主要的网络产品和服务供应商,下列是 2005 年的一些交易事项(以百万美元为单位),完成下列表格,标明每项交易的影响的方向和大小(+ 表示增加, - 表示减少,NE 表示无影响);为包括在所有者权益内的每笔收入或是费用交易标明科目,独立考虑每笔交易。

a. 营销收入为 4 594 美元
b. 通过发行股票获得 747 美元现金
c. 现金支付产品开发支出 547 美元

交易	资产	负债	所有者权益
a			
b			
c			

CP5-2 确定交易事项对资产负债率、资产周转率以及净利润率的影响

用 5-1 的信息,完成下列表格,表明每项交易的影响的方向和大小(+ 表示增加, - 表示减少,NE 表示无影响);为包括在所有者权益内的每笔收入或是费用交易标明科目,独立考虑每笔交易。

提示:为了确定一项交易事项对比率的影响,试着代入数据。例如,假设资产周转率为 9/10 或 10/9,当分母或分子增加 1 时观察其变化。

提示:资产 = 负债 + 所有者权益暗示总资产总是大于负债,这意味着当资产和负债改变相同金额时,对负债的影响要大于对资产的影响。

交易	资产负债率	资产周转率	净利润率
a			
b			
c			

CP5-3 解释资产负债率、资产周转率以及净利润率

下列是百思买公司以及其竞争者巡回城市百货公司的一些比率,由 edgarscan. pwcglobal. com 网站的基准助手获得,在下列比率的基础上对比这两个公司:

比率	百思买	巡回城市百货
资产负债率	0.57	0.45
资产周转率	2.8	2.8
净利润率	3.6%	0.6%

要求：

1. 哪个公司会更依赖于债务融资？描述要回答这个问题所要用到的比率，并解释其涵义。
2. 哪个公司在使用资产方面更有效率？描述要回答这个问题所要用到的比率，并解释其涵义。
3. 哪个公司在控制费用方面做得更好？描述要回答这个问题所要用到的比率，并解释其涵义。

A 组问题

PA5-1　确定交易事项对会计等式的影响

棒约翰公司是美国第三大的比萨公司，下列是该企业在每季度发生的一些交易事项（以百万元为单位）。完成下列表格。表明每项交易的影响的方向和大小（+表示增加，-表示减少，NE 表示无影响）；为包括在所有者权益内的每笔收入或是费用交易标明科目，独立考虑每笔交易。

a. 偿还银行贷款 700 万美元。
b. 现金支付购买仪器设备款 600 万美元。
c. 通过发行 200 万美元的债券购买更多的仪器设备。
d. 特许版权收入 2 000 万美元。

交易	资产	负债	所有者权益
a			
b			
c			
d			

PA5-2　确定交易事项对资产负债率、资产周转率以及净利润率的影响

用 5-1 的信息，完成下列表格，表明每项交易的影响的方向和大小（+表示增加，-表示减少，NE 表示无影响，CD 表示不能确定）。为包括在所有者权益内的每笔收入或是费用交易标明科目，独立考虑每笔交易。

交易	资产负债率	资产周转率	净利润率
a			
b			
c			
d			

228

PA5-3 解释资产负债率、资产周转率以及净利润率

下列是 Kohl's 公司和其竞争者 Dillards 公司的比率,由 edgarscan.pwcglobal.com 网站的基准助手获得,在下列比率的基础上对比这两个公司:

Dillards	比率	Kohl's
资产负债率	0.35	0.58
资产周转率	1.68	1.35
净利润率	6.3%	1.6%

要求:

1. 哪个公司会更依赖于债务融资?描述要回答这个问题所要用到的比率,并解释其涵义。
2. 哪个公司在使用资产方面更有效率?描述要回答这个问题所要用到的比率,并解释其涵义。
3. 哪个公司在控制费用方面做得更好?描述要回答这个问题所要用到的比率,并解释其涵义。

B 组问题

PB5-1 确定交易事项对会计等式的影响

帝王娱乐公司是世界上最大的电影公司,占据的票房收益超过了整个美国的 20%。下面是该企业在每季度发生的一些交易事项(以百万美元为单位)。完成下列表格。标明每项交易的影响的方向和大小(+表示增加,-表示减少,NE 表示无影响);为包括在所有者权益内的每笔收入或是费用交易标明科目,独立考虑每笔交易。

a. 现金支付购买仪器设备款 30 美元。
b. 宣布并发放现金股利 40 美元。
c. 设备折旧共 78 美元。
d. 入场费现金收入为 450 美元。

交易	资产	负债	所有者权益
a			
b			
c			
d			

PB5-2 确定交易事项对资产负债率、资产周转率以及净利润率的影响

用 5-1 的信息,完成下列表格。表明每项交易的影响的方向和大小(+表示增加,-表示减少,NE 表示无影响,CD 表示不能确定);为包括在所有者权益内的每笔收入或是费用交易标明科目,独立考虑每笔交易。

交易	资产负债率	资产周转率	净利润率
a			
b			
c			
d			

PB5-3 解释资产负债率、资产周转率以及净利润率

下列是麦当劳公司以及其竞争者百胜餐饮集团的一些比率，由 edgarscan.pwcglobal.com 网站的基准助手获得，在下列比率的基础上对比这两个公司：

比率	麦当劳	百胜
资产负债率	0.49	0.75
资产周转率	0.73	1.60
净利润率	12.7%	8.2%

要求：

1．哪个公司会更依赖于债务融资？描述要回答这个问题所要用到的比率，并解释其涵义。

2．哪个公司在使用资产方面更有效率？描述要回答这个问题所要用到的比率，并解释其涵义。

3．哪个公司在控制费用方面做得更好？描述要回答这个问题所要用到的比率，并解释其涵义。

技能拓展训练

S5-1 获取财务信息

参考兰德里餐厅的财务报表，可从网站 www.mhhe.com/phillip2e 下载年度报告。

要求：

1．计算 2005 年和 2004 年的资产负债率，根据计算，可知兰德里餐厅的融资在 2005 年比 2004 年更冒险还是更安全？

2．计算 2005 年和 2004 年的资产周转率（在 2003 年 12 月 31 日，总资产为 1 104 883 000 美元），根据计算，可知兰德里餐厅使用资产的效率更高还是更低？

3．计算 2005 年和 2004 年的净利润边际率。根据计算，可知兰德里餐厅在 2005 年比 2004 年从每一美元的收入中获得的利润更多还是更少？

S5-2 对比财务信息

参考澳拜客牛排坊的财务报表，可从网站 www.mhhe.com/phillip2e 下载年度报告。

要求：

1．计算 2005 年 12 月 31 日的资产负债率（为了解决这个问题，可以将少数股东权益作为其他负债），根据计算可知澳拜客牛排坊的融资在 2005 年比兰德里餐饮公司更冒险还是更安全？

财务会计学原理

2．计算 2005 年 12 月 31 日的资产周转率，根据计算，可知澳拜客牛排坊使用资产的效率比兰德里餐厅更高还是更低？

3．计算 2005 年 12 月 31 日的净利润率。根据计算，可知澳拜客牛排坊在 2005 年从每一美元的收入中获得的利润比兰德里餐饮公司获得的更多还是更少？

S5-3 基于网络的小组调查：审查年度报告

以小组为单位选择一个行业进行分析。每个组员可以使用浏览器获取在行业中公开交易公司的年度报告或表格 10-K，并且每个组员只能选择不同的公司（见第 1 章的 S1-3 查看获取资源的途径）。

要求：

1．在个人工作的基础上，每个组员必须写一份包括以下信息的报告：

a．计算本年和去年末的资产负债率，并且解释这两年间的变化。

b．计算本年和去年末的资产周转率，并且解释这两年间的变化（为了计算去年的平均资产，你需要去年期初的资产金额。如果在本年年度报告中没有总结性的财务数据，你将可以从去年的年度报告或者是 10-K 中获得相关信息）。

c．计算本年和去年年末的净利润率，并且解释两年间的变化。

2．然后以小组为单位撰写一个简短的报告，将你们的企业进行对比，讨论各自分析的企业是否有同一个模式，并且对于不同之处给出可能的解释。

S5-4 道德决策的制定：一个真实的案例

在 2000 年 2 月 18 日，欧若拉饮食公司——Duncan Hines 和 Mrs. Butterworth's 产品的制造商——的董事会通过媒体发布会宣布一个专门调查企业内会计事项的特殊委员会已经成立了。在 1999 年 12 月 31 日财务报表的审计过程中，欧若拉的审计者发现了导致对公司是如何通过增加营销成本去怂恿杂货店店主去推动产品提出问题的文件。在这个公告发布之后，欧若拉的股价在一周内下跌了 50%。

在经过大约一年的调查，欧若拉向证券交易委员会提交了修订版的季度报告，表明公司并没有适当地预提发生在 1998 年第三、第四季度和 1999 年前三个季度的负债和费用，最初发布的关键财务数据和之后重置的数据如下：

以百万美元为单位	1998 9 月 30 日		1998 12 月 31 日		1999 3 月 31 日		1999 6 月 30 日		1999 9 月 30 日	
	最初发布	重置发布	最初发布	重置发布	最初发布	重置发布	最初发布	重置发布	最初发布	重置发布
资产	$1 457	$1 455	$1 434	$1 448	$1 474	$1 463	$1 558	$1 521	$1 614	$1 553
负债	869	879	830	868	862	882	937	944	983	972
收入	220	219	280	277	261	254	222	214	238	231
净利润（损失）	1	(12)	16	5	8	0	8	(4)	11	4

证券交易会依然进行了调查并提交了一份文件，宣称欧若拉 36 岁的财务总监违反了联邦证券法，他指导会计人员编制了错误的分录，并且分别为企业内部使用和审计人员准备了两套不同的账。证券交易委员会宣称他的行为使得欧若拉可以达到华尔街的分析家们和欧若拉的投资者们设定的利润目标，并且获得了大通曼哈顿银行和其他出借人的贷款，财务总监被判监禁 57 个月，再也不能担当上市公司的高级行政人员职务，并且不得不

返还以前由于错误的财务结果分发给他的公司的股份和红利。

后记:在2003年12月8日,在违反了一些出借人的贷款契约之后,欧若拉饮食提交了破产保护文件。在2004年3月19日,欧若拉饮食与Pinnacle饮食公司——Vlasic Pickles 和 Swanson TV dinners 的制造商——合并了。

要求:

1. 用初步发布的数据,计算每季度末的资产负债率(以保留一位小数的百分数表示)。
2. 用重置发布的数据,计算每季度末的资产负债率(以保留一位小数的百分数表示)。
3. 从总体角度来看,初步发布的数据是否比重置发布的数据更具财务风险?从本章图表5.1中财务报表使用者提到的因素中,哪一项最容易被资产负债率影响?
4. 用初步发布的数据,计算1998年最后一季度和1999年前三个季度的资产周转率(至三位小数)。(注意这里的资产周转率将会比之前本章中提到的要小,因为它们只用了三个月的收入,不需要将它们转为整年的数据。)
5. 用重置发布的数据,计算1998年最后一季度和1999年前三个季度的资产周转率(至三位小数)。
6. 从总体角度来看,是初步发布的还是重置发布的数据能表示欧若拉处于一个较好的情况,从本章图表5.1中财务报表使用者提到的因素中,哪一项最容易被资产周转率影响?
7. 用初步发布的数据,计算每季末的净利润率(以保留一位小数的百分数表示)。
8. 用重置发布的数据,计算每季末的净利润率(以保留一位小数的百分数表示)。
9. 从总体角度来看,是初步发布的还是重置发布的数据能表示欧若拉处于一个较好的情况。从本章图表5.1中财务报表使用者提到的因素中,哪一项最容易被净利润率影响?
10. 欧若拉的审计者在本案例中扮演了怎样重要的角色?
11. 通过案例中的特定信息,确定会诱使财务总监误报欧若拉财务结果的动机或目的。回顾其不诚实行为的顺序,她是在长期还是短期达到了目的?推测如果2002年发布的《萨班斯法案》在1998年以前就已经存在的话,它的要求会如何影响财务总监的行为?

S5-5 道德决策的制定:一个小例子

假设你已经被雇用为一个小型上市公司的会计人员,在你工作的第二个月以后,财务总监向你指派了一个"特殊任务":该企业在年初刚刚完成了一条生产线的安装,财务总监要求你查看企业的费用账户,找到与设备安装相关的成本,或是硬把它们配比起来以让这条生产线正常运行,他告诉你前任的会计人员就是没有理解这些成本应该当做生产线(一项资产)的成本而不是计入当期费用。财务总监暗示这是一项紧急情况,因为企业不得不尽快完成其季度报告以提交给证券交易委员会。而且企业处在即将违反其贷款契约的境地,所以它需要在本期增加更多的利润来保证银行不会让它立即偿还贷款。在你考虑这些情况的时候,你应该记起在本书第2章所提到的资产的关键特征。

要求:

1. 本章提到的三个比率(资产负债率、资产周转率和净利润率)中,哪些会因为将成本记为资产而不是费用而受到影响?指出每个比率因为将成本记为资产而不是费用将升高或降低。
2. 案例中你被告知去做的事情是否让你感到不适?

财务会计学原理

3. 你应该怎样做？写一份书面报告给财务总监说明并解释你的立场。

S5-6　判断思索：分析以利润表为根据的主管人员奖金

Callaway Golf 要考虑主管人员对企业业绩做出的贡献，应该考虑财务数据。假如在最近的一年中，Gallaway 同意支付主管人员高达基本工资 60% 的奖金，只要 a. 资产周转率达到或超过 0.8；b. 净利润率达到或超过 5.0%。Callaway 2005 年的利润表如下：

Callaway Golf 公司
利润表
截止到 2005 年 12 月 31 日的会计年度（以百万美元为单位）

销售收入	$998 093
销售成本	583 679
销售费用	290 074
管理费用	80 145
研究开发费用	26 989
经营费用合计	980 887
经营活动产生的收入	17 206
利息费用	2 279
其他费用	390
税前利润	14 537
所得税	1 253
净利润	$13 284

如果资产周转率达到或超过 0.8 或净利润率达到或超过 5.0%，Callaway 的主管人员将会获得奖金。而如果资产周转率达到或超过 1.6，或净利润率达到或超过 7.0%，他们的奖金会更多。在 2004 年和 2005 年 12 月 31 日的总资产分别是 735 737（000）美元和 764 498（000）美元。

要求：

1. 用上述信息来确定 Callaway 的主管人员在 2005 年是否达到了那两个获得奖金的要求。

2. 解释奖金协议为什么要以资产周转率和净利润率同时作为根据，而不是只以其中一个作为根据？

S5-7　计算、绘制图表并解释时间序列与横截面分析

假设 Candy Industry（糖果产业）杂志已经和你签约要写一篇讨论好心思食品公司（Hershey Foods）近些年来财务状况的文章，编辑建议你通过将好心思公司的财务状况与其竞争者，像 Tootsie Roll 公司和口香糖制造商箭牌公司（Wm. Wrigley Jr）的财务状况进行对比来写这篇文章，你通过三家公司的 10-K 获得以下信息（都是以 12 月 31 日作为会计年度末）：

第 5 章　公司财务报告及其分析

（以百万美元为单位）	好心思公司			Tootsie Roll 工业	箭牌公司
	第一年	第二年	第三年	第三年	第三年
负债	$2 100	$2 109	$2 302	$128	$700
资产	3 247	3 481	3 583	665	2 520
销售收入	4 137	4 120	4 172	393	3 069
净利润	207	403	458	65	446

要求：将上述信息输入电子表格软件并进行下列分析。

1. 时间序列分析。通过绘制总负债、总资产、销售收入以及净利润的图表说明好心思公司在这几年规模的变化。

2. 横截面分析。通过绘制第三年这三个公司的总负债、总资产、销售收入以及净利润的图表，说明好心思食品公司的规模与 Tootsie Roll 工业和箭牌公司的不同。

3. 比率分析。通过计算第三年的资产负债率和净利润率，将好心思公司的业绩与 Tootsie Roll 工业和箭牌公司进行对比。

尽管你可以很确定地认为你可以用电子计算软件完成这些分析，你也需要 Owen 的帮助来绘制这些图表来进行时间序列分析和横截面分析。下面就是他的回复。

发件人：Owentheaccountant@yahoo.com
收件人：Helpme@hotmail.com
抄送人：
主题：Excel 帮助

　　很明显那些糖果制造杂志的读者们处于繁忙时期，所以把时间序列分析和横截面分析以简单易懂的图表来展示是非常有必要的。而采用 Excel 中的图表功能是非常困难的。最先要做的事就是把数据精确地录入电子表格软件，然后，通过单击视图/工具栏/图表，显示图表的工具栏。

　　为了制作时间序列分析图表，单击包含 Hershey Foods 公司第三年负债数据的窗格，并将其拖至包含赫希食品公司第一年净利润数据的窗格。当这些窗格被选中，单击立体图标使数据变为图表形式，你可以通过单击"图表"然后在其下拉菜单内单击"图表/数据源"来改变外观。单击"数据范围"按键来显示数据在电子计算软件中的显示是为纵向还是横向。单击"序列"按键，一次选择一个并且对每一个输入名称来增加标签（序列 1 应该被命名为第三年）。在选择之前，单击在"坐标轴标签"旁边的图标，将会回到电子表格软件，再一次通过单击"负债"选中财务报表类别并将其拖至"净利润"，在选中这些窗格之后，敲入回车键。如果你正确地在这些指导下操作，你将会看到清晰的时间序列分析图。通过选择立体图表改变外观。可以通过同样的步骤获得横截面分析图表。

第6章 现金及商品经营的内部控制和财务报告

学习目标

了解企业
学习目标1　区别服务、商业和制造经营
学习目标2　解释内部控制的一般原则

学习会计方法
学习目标3　将现金与银行账单进行对账的关键控制
学习目标4　解释将永续盘存制作为一项控制手段的必要性
学习目标5　分析永续盘存制下的购买和销售交易

评估结果
学习目标6　分析商业企业的多步式利润表

本章复习

前章回顾

之前的章节重点放在那些经营活动主要是为客户提供服务而不是销售产品的公司。

本章重点

本章将重点放在向客户销售商品的公司,以及它们控制和报告经营成果的方式。

在经过一晚上的学习之后,没有什么像恢复活力的小点心那样更让人兴奋了,对吗?如果你打开一盒品客薯片,却发现它里面是空的,想想你会有多失望吧。这怎么会发生呢?你是否记得你已经把它们吃完了,或者是有别人偷吃了?哦,对了,你总能在冰箱里找到奶酪,等等,它们已经发霉了。看起来你似乎得去自动取款机取一些钱才能在附近的便利店里买一些好吃的。但如果你发现在上个月似乎有人把你的银行账户都用光了会怎样呢?这将是一个多让人厌恶的吃惊事件。如果你对你的日常活动进行严格控制的话,一切问题都会得到避免。

从小的7-11便利店到沃尔玛这样的大超市,每个企业都需要良好的控制。从最基本的层面上讲,这些企业面临着上面所说的你可能会遇到的潜在问题。它们需要确定有能满足客户需求的存货,但是它们也不希望库存太多的商品,因为商品在卖给客户之前有可能会变质、不新鲜、损坏、过时甚至被盗。为了应对这些潜在的问题,大多数企业都采用特殊的会计系统来跟踪和控制存货的购入和销售。这些企业同样采取严格的控制来监控现金水平,因为像存货项目一样,现金同样具有容易被盗的两个特征:易于携带和容易使用。本章我们将讨论一些一般的控制,这些也许会让你更加理解企业经营是如何管理的,也会让你对如何保证你的小点心和现金不再不明原因地失踪有一些有效的想法。

在公司成立17年之后,沃尔玛每年的销售收入已经达到每年超过十亿美元的水平。又过去14年,它一周的销售收入就达到了这一水平。在此之后的8年,沃尔玛每天的销售收入就达到了十亿美元以上。① 它的货车每周送来5 000万台的货物,迎宾人员每周要欢迎多于1亿的客人。② 沃尔玛需要艺术级的会计系统来跟踪它的存货的购入和销售,并且保证这些活动涉及的现金已经正确记账。在这一章,你将会学到经营一个像沃尔玛这样的商业企业特有的方面以及控制经营活动的特有系统。你也会了解在一个商业企业的财务报表中应注意什么。下面就是本章的大纲。

本 章 结 构

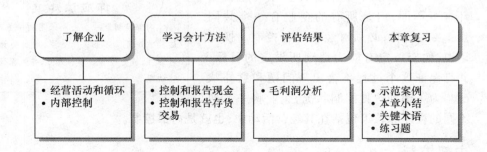

了解企业

经营活动和循环

根据不同的经营活动,企业可以分为三类:(1)服务性企业;(2)商业性企业;(3)制造性企业。如图表6.1,这些企业在经

学习目标 1

区别服务、商业和制造经营。

---

① "The 2002 Fortune 500," *Fortune. com*, March 31, 2002.
② "Lord of the Things," *Business 2.0* magazine, March 1, 2002.

营循环方面有一些不同。经营循环是公司用于产生收入并最后获得现金的一系列活动。经营循环对于像 Supercuts 美发沙龙和 WorldGym 健身中心这样的服务性企业来说较为简单,即通过使用现金为客户提供服务,最后再获取现金。而对于商业性企业来说经营循环有另一个步骤:使用现金购买存货,然后将存货销售给客户并从这些客户中获得现金。制造性企业,像福特和美泰,也销售实体产品。除了像商业性企业那样获取存货准备销售,制造性企业还要用原材料制造自己的产品。

> **你应该知道**
> **服务性企业**向客户提供服务而不是实体商品。**商业性企业**销售从供应商处获得的商品。**制造性企业**销售自己制造的商品。

本章主要讨论商业性企业。当涉及商业性企业时,大多数经营人士会提到两个特定的子范畴:直接销售商品给客户的零售商,例如沃尔玛和老海军(Old Navy),以及销售商品给零售商的批发商,前者最后将产品卖给客户,像 The Pampered Chef。本章对两种企业都将给予讨论。

正如图表 6.1 所展示的那样,在之前章节所学过的服务性企业的会计程序也可以应用在商业性企业中。不同的是你现在要了解企业是如何考虑产品的购入与销售的。不像不可以储存起来用于未来销售的服务,产品可以在以后销售。这些被储存起来的产品,被称为存货,它导致了你将在本章学习的很多新会计问题。

尽管在图表 6.1 中各种企业的经营循环有所不同,但是所有的企业有一个共同点:要想成功,必须对经营进行控制。换句话说,他们一定有能力达到所设定的目标,并且保证这个过程不会出现问题和意外状况。为了达到这种控制状况,企业将一系列不同的程序和政策包括在其经营活动中,也就是**内部控制**。

> **你应该知道**
> **内部控制**是一个企业采用的一系列方法,这些方法可以防止资产被盗,增加会计信息的可靠性,提升经营效率和效力,并且保证符合法律法规。

内部控制

内部控制对于任何规模的企业来说,都是很重要的一部分。然而,随着 20 世纪初出现的安然和其他企业的一系列企业失败和会计丑闻,而今内部控制已经得到越来越多的关注。在第 5 章,2002 年发布的《萨班斯法案》要求上市公司对于财务报告的内部控制要给出报告并对其进行独立外部审计。这些新的准则使得企业可以加强内部控制,并且更好地告知会计报表的使用者关于企业的会计系统在编制准确的财务报表方面是否有效。有效的内部控制在营造一个良好的道德环境并最终改进会计业绩方面起了关键性的作用。一项研究表明,重视企业内部控制和道德文化的企业比其他没有这些事项的企业增长收入的速度要快 4 倍,股价的增长也要快 12 倍。[3]

> **学习目标 2**
> 解释内部控制的一般原则。

---

[3] "Corporat Culture and Performance,"作者:J. P. Kotter 和 J. L. Heskett,纽约,Maxwell MacMillan International。

图表 6.1 服务性、商业性以及制造性企业的经营循环

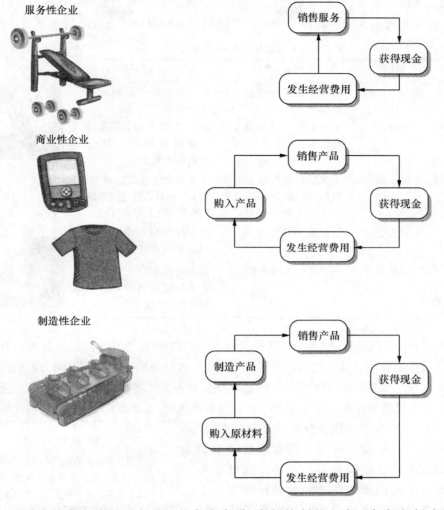

从首席执行官或是财务总监的角度来看,内部控制是一个不仅仅包括会计的广泛概念,它还包括逐步灌输道德原则,为企业设定战略性目标,确定企业面临的风险,雇用好的雇员,激励他们达成企业目标,并且为完成这些目标提供资源和信息。与其向你展示一系列主管人员必须要考虑的 20 条主要原则[④],我们将着重关注 5 条基本原则,当雇员渐渐融入企业时将会了解这 5 条基本原则。我们需要你了解为什么会存在特定控制,那么在面对你以后的事业时,你将会重视它并且确保其他人也尊重它。

内部控制的原则

图表 6.2 展示了用于设计会计系统的内部控制的 5 条基本原则。这些原则被应用于企业的所有活动,例如人力资源管理、融资和营销,但是这里只关注那些与商品经营

---

④ 这 20 条主要原则在 "Internal Control for Financial Reporing—Guidance for Smaller Public Companies" 有归纳,由监督委员会在 2006 年 6 月发表于 www.coso.org。

有关的活动。我们应该提到的还有其他的原则和很多很多的例子。我们不可能展示所有的,所以在本章,我们只是给出一些例子来展示经营者是如何将这些原则应用于涉及现金、存货的购入和销售的活动中。其他的内部控制也将会在之后的章节进行探讨。

图表6.2 内部控制的一般原则

原则	解释	例	
1. 建立责任感	将每个任务分派给不同的职员。	沃尔玛的每个出纳都有不同的现金抽屉。	
2. 职责分离	不让某个职员为整个交易负责。	沃尔玛的出纳,其最终完成销售,不对价格变动的批准负责。	
3. 限制权限	不提供对资产或信息的权限,除非为了满足被分派的任务。	沃尔玛确保自己的视频、现金和它自己的电脑系统的安全(密码、防火墙)。	
4. 记录程序	记录发生的活动。	沃尔玛用预先编号的支票向供应商付款。	
5. 独立核实	检查其他人的工作。	沃尔玛将账户上的现金余额与银行的现金余额相比较,以发现差异。	

1. **建立责任感** 将每个任务分派给不同的职员,因为这样能决定是谁导致了错误或资产被盗的发生。这也是为什么沃尔玛在每一次轮班的开始都为不同的出纳提供不同的现金抽屉。如果两个出纳用同一个现金抽屉,就不太可能判定是哪一个让现金流失了。通过让一个出纳负责放入现金,让另一个负责取出现金,那谁要为现金流失负责就很明确了。

2. **职责分离** 职责分离涉及分配责任,那么一个职员就不可以在所有职员都不知道的情况下犯错或是参与欺诈。这也是为什么沃尔玛的出纳在校验的时候需要一个管理者来同意价格的变动。没有了这种控

> **你应该知道**
> **职责分离**也是被设计入会计系统的内部控制的一种,它涉及分离雇员的职责,那么一个职员的工作就可以拿来检查另一个职员的工作。

制,出纳可以在销售中在客户那里取得现金,之后便可以少报销售额,在没有人知道的情况下把多余的收入据为己有。当相关活动的责任被分配至两个或更多的职员,以及当记账的责任被分配至不对自己记录的资产进行处理的职员时,职责的分离是最有效的。一个职员不应该开始、批准、记录并有权利处理同一笔交易。

为了以有效的方式来进行职责分离,企业应该:
(1)不要给同一个员工开始、批准、记录同一笔交易的权限;
(2)将实际处理资产的权限与对这些资产进行记录的权限分离开。

3. **限制权限** 一些控制涉及一些明显的步骤,像锁住有价值的资产(例如沃尔玛的视频录像)和对其他资产和信息的电子权限(例如获得打开现金柜的密码或在电脑系统中设立防火墙)。权限应该建立在视需要而定的基础上。如果这不在你的职责之内,你就应该没有权限进入它。

4. **记录程序**　文件是企业非常普遍的一部分，你也许没有注意到它其实也是内部控制的一部分。通过记录每一项经营活动，企业可以记录商品是否已经发货，客户是否已经付款，现金是否收讫等情况。没有记录，企业也不会知道交易已经发生或需要被录入会计系统。为了增强这方面的控制，大多数企业为每份记录连续编号，然后在每个会计期末检查每份记录是否与会计系统中的唯一分录相对应。所以下次当你从当地的AMC剧院拿到电影票，从时代华纳拿到其电信服务的支票，或者是PayPal的电子支票，你将会意识到这意味着重要的内部控制。

5. **独立核实**　独立核实可以不同方式来进行。最明显的方法就是雇用一些人（内部审计人员）来对公司内部人员的工作进行审查，看其是否是正确的并有记录支持。独立核实也可以作为一个人的工作。例如，沃尔玛在给出支票为装载商品付款时，会有一个员工核实这张支票是否与实际收到的货物相关以及金额是否正确。独立核实的最后形式涉及将公司的会计信息与独立第三方记录的会计信息相比较。这通常发生在公司的现金记录与银行发布的账户记录之间的对比。这个程序被称为银行对账，将在下一节进行介绍。

内部控制的局限性

我们要意识到的一件事情就是内部控制不可能规避所有的错误和欺诈。人们也有可能在执行控制程序的时候犯错误，联合起来避开控制甚至凌驾于控制之上。

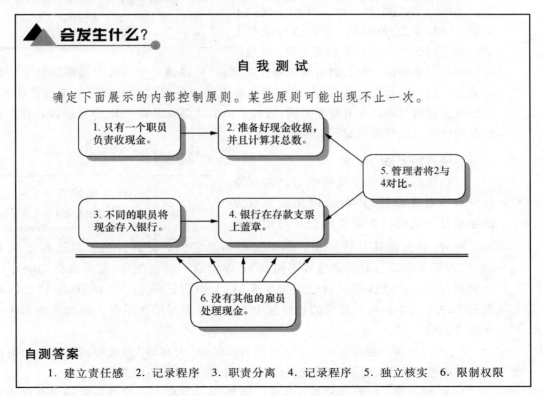

学习会计方法

控制和报告现金

每一类型的企业——服务性、商业性、制造性——都对其现金施以严格的控制。你也许根本不知道其实你用于控制现金的方式有很多企业都在用。完成下列表格,我们将评价你控制得如何。

你是否	是	否
手头上的现金总是保持一定数额	☐	☐
不允许其他人通过你的银行账户开出支票	☐	☐
定期计算你的账户上和银行账户上现金金额的不同	☐	☐

如果你像大多数人一样,你也许会对前两个选项回答是,而对最后一个问题回答否。不幸的是,这个例子中,2/3 的正确并不算好。计算你的现金账户上和银行账户上数额的不同的这个过程被称为对账,这是现金控制中最重要的一种。通过编制**银行对账单**,你将确定你的账户和那些独立于你的企业的人员的记录之间的差异,这也意味着这是一种双向检查你记录正确性的方法。企业认为银行对账单是非常重要的,所以每一个月都要编制一次,你也应该这样。在下面我们将展示如何编制银行对账单。

> **你应该知道**
>
> **银行对账单**是为了证实银行账户和企业或个人的现金账户的正确性而编制的一种内部报告。

对银行对账单的需求

一份银行对账单涉及将你自己的现金账户与银行账户进行对比,以便发现双方的记录是否契合。如果你的记录与银行的记录吻合,那么就算是做好了。你要关心的是它们的差异。由于以下两个基本原因,你的记录和银行的记录会有不同:(1)你记录了一些项目,但是在你编制账户的时候银行并不知道这些项目已经发生了;(2)银行记录了一些项目,但是在你看到银行账户之前你并不知道它们已经发生了。这些差异的例子在下面和图表 6.3 中都作出了总结:

> **学习目标 3**
> 将现金与银行账单进行对账的关键控制。

1. 银行失误。在现实生活中银行的失误就像"大富翁"游戏中的那样。如果你发现了一项银行失误,你需要告知银行进行更改,并且你不用更改你的记录。

2. 时间差异。时间差异非常普遍。例如,当你在银行正常营业时间之外存款的时候就出现了时间差异。你知道你已经存款了,但是银行直到第二天查看存款的时候才知道有这么一笔存款。时间差异涉及的存款被称为在途存款。另外一种普遍的时间差异异是未偿付支票。当你开出并将支票寄往一个企业时,你的银行只有在这个企业在自己的银行进行存款并告知你的银行时才知道这笔交易的发生,时间差异就发生了。之后你将会看到,在途存款和未偿付支票都是银行对账单的一个重要部分,但是它们并不要求你对自己的记录作出修改。

3. 存入利息。你也许知道银行会付你利息,但是你不能确定具体金额是多少,因为它会因为你每个月末账户余额的不同而不同。当你读到你的银行账户时,你才会了解有多少利息要加入你的记录。

4. 电子资金转账(EFT)。这种情况并不是每天都发生,但是有时候资金常常在你不知道的情况下转入或转出你的账户。如果你在银行账单上发现类似这样的交易的话,你应该在自己的记录中予以调整。

5. 服务费用。这些是银行帮你处理交易所收取的费用。一般是直接从你的账户上转走,而不是给你寄去账单并等你付款。你需要在你的记录中减去这些费用。

图表 6.3 对账差异

有可能为银行所不知的	有可能为你自己所不知的
1. 银行失误	3. 银行存入你账户的利息
2. 时间间隔	4. 电子资金转账(EFT)
a. 你最近发生的存款	5. 从银行账户转出的服务费用
b. 你最近开出的支票	6. 客户对你开出的支票但是被退回
	7. 你的失误

6. 空头支票。这是你之前存入你的银行的支票,但是之后被银行拒付,因为开出支票的那一方在银行已经没有足够的资金来支付这张支票。因为在你初次存入的时候银行就已经在账户上增加了金额,所以

> **你应该知道**
> 空头支票也常常被称为 NSF(存款不足)。当你的客户并没有足够的存款来支付所开出的支票时,这种情况就会出现。

在发现这是空头支票时,银行又将在账户减去这个金额。这个时候你也需要减少你的现金余额,并且你不得不去收回那些未支付的款项。

7. 你的失误。这是你所犯的错误,或者是你还没有在账户上增加的金额。你也需要根据这些项目来调整你的账户。

银行对账单

在我们涉及编制银行对账单的基本情况之前,我们可以先看一下典型的银行账单。图表 6.4 展示了 Wonderful Merchandise and Things(WMT)的银行账单。

图表 6.4　银行报表示例

资产负债表最后余额	支票清算		存款		其他		之后的资产负债表余额
	序号	总额	序号	总额	序号	总额	
7 762.40	4	$720.00	2	$3 500.00	4	$96.00	$10 638.40
时期	支票清算		存款		其他		日常余额
2006-01							7 762.40
2006-06	#100	500.00		3 000.00			10 262.40
2006-19	#101	55.00					10 207.40
2006-23	#102	100.00		500.00			10 607.40
2006-24					利息收入	20.00	10 627.40
2006-25					空头支票	18.00	10 609.40
2006-26					电子资金转账	100.00	10 709.40
2006-30	#104	65.00			服务费用	6.00	$10 638.40

一般来说，银行账单上的期末现金余额与企业账面的期末现金余额是不一致的，例如，WMT 在 6 月末的现金账户包括下列在 T 形账户中的信息。

借方 +	现金			贷方 −
6 月 1 日余额	7 762.40			
6 月 6 日存入	3 000.00	500.00	在 6 月 4 日开出 100 号支票	
6 月 23 日存入	500.00	55.00	在 6 月 17 日开出 101 号支票	
6 月 30 日存入	1 800.00	100.00	在 6 月 20 日开出 102 号支票	
		145.00	在 6 月 24 日开出 103 号支票	
		56.00	在 6 月 30 日开出 104 号支票	
		815.00	在 6 月 30 日开出 105 号支票	
期末余额	11 391.40			

在图表 6.4 中，银行账单的现金余额为 10 638.40 美元，与 WMT 的现金余额 11 391.40 美元不同。为了确定正确的期末余额，要对这些余额进行对账。图表 6.5 展示了 WMT 编制的 6 月的银行对账单。完整的对账单发现最新的余额应该是 11 478.40 美元，不同于银行和 WMT 的账户余额。这个余额是 WMT 的账户余额经过下列分录调整之后得出来的。

为了编制图表 6.5 中的银行对账单，WMT 将现金账户中的分录与银行账单（图表 6.4）进行对比：

1. 确定在途存款。通过将 WMT 记录的存款和银行记录对比，WMT 在 6 月 30 日存入了 1 800 美元的存款，但是并没有列入银行账户。银行更有可能在下一个经营日也就是 7 月 1 日记录这笔存款。WMT 不需要因为这一项调整账项，因为在 6 月 30 日 WMT 的账上已经存在这一笔了。这只是很简单的时间差异，所以将其录入银行对账单来更新银行的记录。

图表 6.5　银行对账单示例

更新银行账户			更新企业账户		
现金期末余额		$10 638.40	现金期末余额		$11 391.40
增加			增加		
（1）在途存款		1 800.00	（3a）从银行获得的利息		20.00
		12 438.40	（3b）从客户获得电子资金转账		100.00
					11 511.40
减少			减少		
（2）未支付支票			（3c）R. Smith 的空头支票		18.00
103 号	145.00		（3d）银行服务费用		6.00
105 号	815.00	960.00	（4）记录第 104 号支票的失误		9.00
更新后现金余额		$11 478.40	更新后现金余额		$11 478.40

2. 确定未支付支票。通过银行的支票记录与企业开出支票记录的对比可知，在 6 月 30 日 103 和 105 号支票至今还未支付（银行还未处理）。它们被录入银行对账单来减少银行的余额，因为银行最后在支票清算的时候也要减少其余额（它们已经从企业的现金账户中减去了）。与在途存款类似，未支付支票也是由于时间差异产生的。银行和企业都没有错，但是我们必须把它包括在银行对账单中来计算最新的账户余额。

3. 在银行对账单上记录的其他交易。

   a. 从银行收到的 20 美元利息——录入银行对账单增加账面余额，因为它已经包括在银行账户中，但是还没有被企业的账户记录下来。

   b. 来自于客户的电子资金转移 100 美元——录入银行对账单增加账面余额，因为它已经包括在银行账户中，但是还没有被企业的账户记录下来。

   c. 被拒绝的空头支票 18 美元——录入银行对账单减少账面余额，因为它已经从银行账户中减去，但是还没有被企业的账户记录下来。

   d. 服务费用 6 美元——录入银行对账单减少账面余额，因为它已经从银行账户中减去，但是还没有被企业的账户记录下来。

4. 确定误差的影响。在完成上述的三个步骤之后，WMT 发现发现银行对账单比余额多出 9 美元。通过检查本月记录下来的日常分录，WMT 发现公司账户上的第 104 号支票金额为 56 美元，事实上，开出去的用于支付应付账款的支票金额为 65 美元。如 242 页图表 6.4 所展示的，银行在 6 月 30 日记录的支票金额为 65 美元。为了修正这个误差，WMT 必须从公司的账户中减去 9 美元（65 – 56）。

> **辅导员提示**
>
> 本例涉及企业记录支票金额的错误。在其他情况中，银行如按错误金额记录支票，也将犯错。在所有情况下，支票上的金额都是记录交易的正确金额。

现在我们知道最新的现金余额为 11 478.40 美元，我们需要编制和记录调整分录，将现金余额调整为这个数。需要注意的是银行账户的调整是不需要做分录的，因为当银行下个月处理它们的时候会自动调整。我们需要记录下来的只是关于公司账面余额的调整项目，用下列的分录：

收到利息：

借：现金（+A）　　　　　　　　　　　　　　　20

　　贷：利息收入（+R，+SE）　　　　　　　　　　　20

记录从银行收到的利息

电子资金转账：

借：现金（+A）　　　　　　　　　　　　　　　100

　　贷：应收账款（−A）　　　　　　　　　　　　　100

记录客户的电子资金转账

空头支票被拒：

借：应收账款（+A）　　　　　　　　　　　　　18

　　贷：现金（−A）　　　　　　　　　　　　　　　18

记录被银行拒付，客户依然未付的金额

服务费用：

借：其他费用（+E，−SE）　　　　　　　　　　6

　　贷：现金（−A）　　　　　　　　　　　　　　　6

记录银行收取的服务费用

企业失误：

借：现金（−L）　　　　　　　　　　　　　　　9

　　贷：利息收入（−A）　　　　　　　　　　　　　9

修正记录付给债权人的支票时出现失误

会发生什么？

自 我 测 试

确定当诺顿（Nordstorm）公司在编制银行对账单时，发现下列哪项时需要在诺顿公司的现金账户上进行记录。

1. 未支付支票
2. 在途存款
3. 银行服务费用
4. 之前存入的空头支票

自测答案

只有 3 和 4 要记录下来。

3. 从公司账户上扣除服务费用，因此现金要减少，费用要增加。

4. 当支票存入时，所有的支票都被记录下来，并增加了现金账户。当之后银行拒付空头支票时，现金必须减少，而相关的应收账款要增加。

现金及现金等价物报告 在财务报表中,**现金**包括存入银行的现金和手头上的现金(也叫备用金)以及现金等价物。**现金等价物**是短期的、具有高度流动性的在至购买日起三个月到期的投资。它们被认为与现金等价,因为它们随时都可以转化为明确数量的现金,而且由于到期日短所以它们很少会有价值变动。在你的生活中,现金等价物通常包括你收到但还没有存入银行的支票,或者购买的三个月到期的存款单。

> **你应该知道**
>
> **现金**包括货币和任何银行会接收为公司账户存款和短期贷款的工具,例如,支票,汇票以及银行汇票。
>
> **现金等价物**是短期的、具有高度流动性的在至购买日起三个月到期的投资。

道德观察

奶奶创造的时机

奶奶看起来总是让人信赖。但是在一个广为众知的案例中,一位奶奶作为簿记员偷走了她所在的小公司里的将近 50 万美元。她是如何做到的呢?这其实很容易,因为企业所有者不了解会计,他授予她这个公司所有会计工作的权限,并从来不独立审查她的工作。奶奶逐渐意识到这种缺乏内部控制的环境给了她无限的机会,于是她为自己开出支票,并记录其为存货购买。当她进行银行对账时,她销毁了支票来保持一致。她从事这种欺诈长达八年,但是最后还是为自己的罪行忏悔。如果你想知道为什么人们对实际并没有发生但是却记录下来的存货购买没有怀疑,下面一节将会揭晓答案。

控制和报告存货交易

商业性企业常常耗费大量的时间和金钱来追踪它们的存货交易,因为存货管理对于企业经营活动来说是非常重要的。一个强有力的会计系统在存货管理过程中扮演了三个角色:第一,它必须提供关于存货数量和成本的最新信息,那么经营者可以做出明智的决定。第二,为编制财务报表提供正确的信息。存货在售出之前,都被记录为资产;而在售出之后,它就从资产负债表中移到利润表,作为一项支出,被称为销货成本。第三,为存货系统提供控制存货并防止被盗的信息。企业常常使用两种存货系统:永续盘存制和实地盘存制。

> **学习目标 4**
>
> 解释将永续盘存制作为一项控制手段的必要。

永续盘存制

在**永续盘存制**中,存货的记录需要不断地更新,也就是在存货购入、售出以及返还的时候都要更新。你也许没有意识到,但是沃尔玛在付款台的条形码阅读器有这样两

> **你应该知道**
>
> **在永续盘存制中**,存货的记录需要不断地更新,也就是在存货购入、售出以及返还的时候都要更新。永续盘存制的使用常常与条形码和光电扫描仪结合起来。

个目的:(1) 它们对你买的每件产品计算和记录销售收入;(2) 它们将产品的成本从沃尔玛的存货记录中移除。类似的扫描仪也被用于当产品从货车上卸载下来和产品退还时。由于这个持续的或者是不断的以每项交易为基础的更新,存货和销售成本账户常常保持着最新的数据。

实地盘存制

实地盘存制在很多方面都与永续盘存制不同,这些我们将在本章后面进行详细介绍。而现在你应该了解的最重要的不同就是实地盘存制只在会计期末更新存货记录,而不是像在永续盘存制中那样在每次销售和购入时都更新存货记录。因此,本期内的存货记录并不能获得。为

> **你应该知道**
>
> 在**实地盘存制**中,存货的记录每期更新一次,也就是在每个会计期末。为了确定有多少商品出售,实地盘存制要求在每期末实地盘点存货。

了确定这些数额,存货需要实地盘点。这种存货核算被用来计算存货和销货成本的正确余额,并在本期末进行调整。

存货控制

永续盘存制中对存货交易的记录使得企业可以在正确的时间保持在库存货的正确数量。一项研究表明,在 1995—1999 年间,与沃尔玛永续盘存制相关的效率占据了美国经济中一般商品销售生产率收益的 50%。[5] 这种让人难以置信的业绩将很有可能持续到将来,当企业采用微型集成电路片技术,即用无线电波从进入,在内部转移,移出以及再进入贮备系统的各存货项目自动传输数据。

永续盘存制的另一个好处是它使得经营者可以评估短缺。也就是可以修正存货因为被盗、欺诈和失误的损耗。这种独立核实是非常重要的,因为最近一项研究表明,在 2005 年有价值 370 亿美元的存货从美国的零售商手里不见了。[6]

也许你想知道企业是如何估计有多少存货遗失了。现在就介绍它们是如何做到的,以及如果有人窃取你的东西,你将如何运用类似的程序去发现。这依赖于记录在存货账户中交易的类型。

1. 决定期初余额。
2. 监控本期每一笔进入和退出储存的存货交易。
   a. 增加购入的数额。
   b. 减去售出的数额。

---

[5] "Retail: The Wal-Mart Effect," *The Mckinsey Quarterly*, No.1(2002).
[6] "2005 National Retail Security Survey," Profesor Richard Hollinger, University of Florida.

通过不停地跟踪每一笔运作,你的存货记录一定会与你的实际存货相吻合,除非有不正当的存货操作。

3. 清点存货以确定实际数额。如果你的记录表明你账面存货数量要比实际存货的数量要多,那么这两者的差异就是存货短缺,也就是未经同意从存货中被拿走的数量。

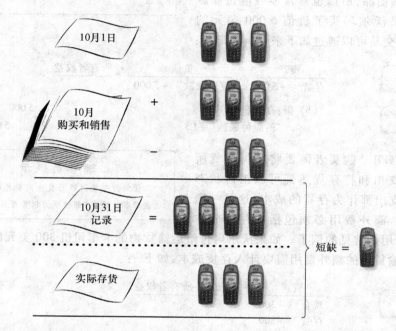

注意到在实地盘存制下你无法做到这种检查性的工作,因为在你清算存货时它不能提供实际存货的最新数量的记录。而且,就算是在永续盘存制下,你也需要偶尔对存货进行清查(至少一年一次)来确保会计记录是正确的,以及任何存货短缺都能够被发现。如果你不进行实物清查,你可能会像 245 页的那个"道德观察"故事中的企业一样结束营业。那个奶奶之所以能够以购入存货的名义将支票开给自己,也就是因为没有人对这项记录是否真正发生进行核查。

以前由于永续盘存制的应用成本很高,实地盘存制应用比较普遍。但是现在这项技术的价格越来越便宜并且普遍,所以如果不采用永续盘存制,一个经营者是很难在现在维持下去的。为了保证你能了解到最新的存货核算信息,本章的下一节将重点介绍在永续盘存制中的会计程序。事实上,无论在小公司或大公司,你都有可能遇上实地盘存制,所以我们在本章补充内容中介绍实地盘存制的会计程序。

学习目标 5
分析永续盘存制下购买和销售交易。

存货购入和销售交易

购入　在永续盘存制中，所有存货的购入都直接计入存货账户。正如在之前的章节提到的，大多数企业通过信用额度而不是现金来购买商品，所以也常常涉及应付账款账户。如果沃尔玛买了价值 5 000 美元的DVD，这笔交易可以通过如下来分析和记录：

> **辅导员提示**
> 存货只包括购入和用于出售的商品。其他的购入，例如内部使用的用品，则记录在其他账户中。

1. 分析

资产	=	负债	+ 所有者权益
存货 +5 000		应付账款 +5 000	

2. 记录

(b) 借:存货(+ A)　　　　　　　　5 000
　　　贷:应付账款(+ L)　　　　　　　　5 000

运输费用　购买者需要将获得存货所需的任何支出和将存货达到可以销售状态所发生的支出都作为存货的成本，这是一项一般准则。额外费用必须包括在存货成本中，运输费用是常见的例子。如果沃尔玛付给运输货物的卡车司机 300 美元的现金，那么这些运输货物的额外费用需要计入存货成本，如下⑦：

> **辅导员提示**
> 任何为存货销售而发生的费用(如将货物送达顾客的运费)都被视为销售费用。

1. 分析

资产	=	负债	+ 所有者权益
现金 −300			
存货 +300			

2. 记录

(b) 借:存货(+ A)　　　　　　　　300
　　　贷:现金(− A)　　　　　　　　　300

购买退货和抵扣　当从供应商处购买的商品有损坏或是不尽如人意，购买者可以退回它们要求退还全额或者是保留它们并要求成本抵减(被称为抵扣)。这些**购买退货和抵扣**被记做存货成本的抵减和现金退还，或者是对供应商负债的减少。例如，假设沃尔玛将商品退回给其供应商并得到对其债务账户的 400 美元的抵减。这笔交易的分析和记录如下:

> **你应该知道**
> **购买退货和抵扣**是与不合意商品相关的对存货成本的抵减。

1. 分析

资产	=	负债	+ 所有者权益
存货 −400		应付账款 −400	

2. 记录

(b) 借:应付账款(− L)　　　　　　　400
　　　贷:存货(− A)　　　　　　　　　400

---

⑦ 尽管运输费用应包括在存货成本中，但是有些企业用一个独立账户记录它，以便该信息用于决策。为简单起见，我们将所有与存货相关的成本都记入存货账户。

第6章 现金及商品经营的内部控制和财务报告

销售折扣 当经营者赊购商品时，常常会有像 2/10, n/30 这样的条款界定。2/10 表示如果购买者在购买之后的 10 天之内付款，将会给购买者 2% 的**购买折扣**，即从购买成本中抵减 2%。尽管 2% 看起来很小，但是如果在整年的购买中都实行这个政策，会省下很大一笔支出。n/30 表示如果没有在 10 天的折扣期内支付，那么在购买后的 30 天内要支付全额。如果在这个信用期内购买者没有支付，那么供应商通常要收取利息，以后的赊购也会被拒绝，并且会有收款代理人向购买者追讨欠债。图表 6.6 表示了在 11 月 1 日发生的 2/10, n/30 购买：

> **你应该知道**
> **购买折扣**是一种因为对赊购的迅速支付带来的现金折扣。

图表 6.6　解释信用条款

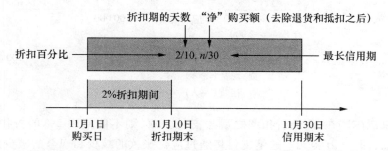

购买者在获得购买折扣时，他一般分两步来考虑这个问题。最开始，存货购买以全额计入成本，因为在购买发生时，他并不能确定是否能利用这项购买折扣。之后，如果在折扣期内支付，因为折扣，购买者将减少存货成本。让我们来看一个例子。你可以开始涉及第一部分的 100 000 美元存货的初步购买（见自我测试），如果需要帮助，可以回顾 248 页 DVD 的例子。我们将进行第二部分，即在假设购买者在折扣期内支付的前提下，分析和记录这项购买折扣。

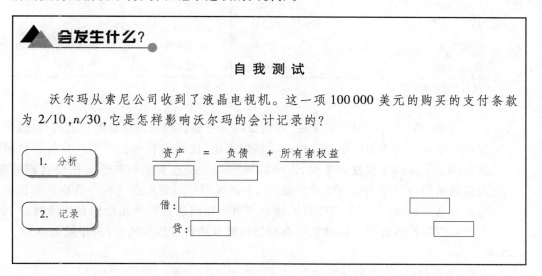

自 我 测 试

沃尔玛从索尼公司收到了液晶电视机。这一项 100 000 美元的购买的支付条款为 2/10, n/30，它是怎样影响沃尔玛的会计记录的？

自测答案

1. 分析

资产	=	负债	+ 所有者权益
存货 +100 000		应付账款 +100 000	

2. 记录

借:存货(+A)　　　　　　　　　　　　　　100 000
　　贷:应付账款(+L)　　　　　　　　　　　　　　100 000

如果沃尔玛利用了这个支付条款,在10天的折扣期内支付了款项,这个折扣会使存货成本减少2 000美元(2%×100 000)。这笔交易会影响沃尔玛的会计记录如下:

1. 分析

资产	=	负债	+ 所有者权益
现金　-98 000		应付账款　-100 000	
存货　-2 000			

2. 记录

(b) 借:应付账款(-L)　　　　　　　　　　100 000
　　　贷:现金(-A)　　　　　　　　　　　　　　98 000
　　　　　存货(-A)　　　　　　　　　　　　　　2 000

如果沃尔玛在10天折扣期之后才支付款项,则不能使用2%的折扣,所以它将支付全额款,即10万美元。这笔支付将通过应付账款的减少和现金的减少来记录。⑧

与购买相关的交易的总结　你已经知道一些与购买相关的交易的类型。在你了解如何考虑销售商品之前,需要确定你已经知道这些与购买相关的交易如何影响存货账户,如图表6.7所总结的。

图表6.7　与购买相关的交易的影响

借 +	存货		贷 -
期初余额	1 290 000		
购入	5 000		
运输费用	300	400	购买退货与抵扣
购入	100 000	2 000	购买折扣
可以出售的存货	1 392 900		

销售　对所有的经营者来说,当商品的所有权已经被转移给其他人时,就意味着销售已经发生。对于像沃尔玛这样的零售商来说,这样的转移在当客户在付款台的时候就发生了。而对于批发商来说,这样的转移发生在在买卖双方签订销售合同的时候。大多数销售合同使用以下两种方法:(1)离岸(FOB)航运点——当货物从销售者所在地的成品库运出时;(2)离岸目的地——当货物到达客户所在地的目的地时。⑨ 例如,本书我们假设所有权的转移发生在当货物离开销售者所在地时(离岸航运点)。

---

⑧ 还有一种记录购买折扣的会计方法(称为净价法),这一内容将在中级会计课程中讨论。
⑨ FOB是"离岸"(Free on Board)的缩写。

第6章 现金及商品经营的内部控制和财务报告

在永续盘存制中,当存货售出时有两个影响需要被记录下来:

1. 记录销售收入的增加,并相应地增加现金(如果是现金销售)或是应收账款(如果是赊销)。

2. 记录存货的减少,并且相应地增加销售成本。

例如,假设沃尔玛销售Schwinn山地车的价格为225美元,而沃尔玛的成本为175美元。这笔交易的分析和记录如图表6.8所示。

图表6.8 在永续盘存制下的商品销售

	资产	=	负债	+	所有者权益
1. 分析	(a) 现金 +225				销售收入(+R) +225
	(b) 存货 −175				销售成本(+E) −175

(a) 售价225美元
(b) 存货175美元

2. 记录
(a) 借:现金(+A)　　　　　　　　　　225
　　　贷:销售收入(+R, +SE)　　　　　225
(b) 借:销售成本(+E, −SE)　　　　　　175
　　　贷:存货(−A)　　　　　　　　　　175

注意到在图表6.8中,沃尔玛分录的第一部分涉及现金和销售收入,是以销售价格225美元来记录的。第二部分涉及的销售成本和存货,用的是沃尔玛的成本价175美元。其中50美元的销售价格和成本价格的差异被称为毛利润。毛利润并不是直接记录在账户中,但是会体现在从销售价格中减去成本价格的小计中。

销售退货和抵扣 销售退货和抵扣和购买退货和抵扣可以说是同一件事,只不过它是从销售者的角度出发,不像购买退货和抵扣是站在购买者的立场上。例如,在沃尔玛销售给Schwinn山地车之后,它们被退回给了沃尔玛。假设这些山地车看上去依然是新的,沃尔玛将退还225美元给客户,并且拿回自行车,并且假装这笔销售没有发生。

为了让会计记录能反映这个情况,沃尔玛将做出两笔分录,从本质上冲回在这笔销售最初发生时所做的分录。我们所说的"从本质上"是因为沃尔玛并不会直接减少其销售收入账户。不同的是,沃尔玛将会把销售退货和抵扣计入收入账户的备抵账户中,也就是将会减少销售收入的账户。⑩ 通过使用备抵收入账户而不是直接减少销售收入,沃尔玛可以了解退货商品的数额,这也为客户对沃尔玛产品的质量和价格是否满意提供了线索。为显示备抵收入账户的增加减少销售收入,进而减少所有者权益,如下所示:

> **你应该知道**
>
> **销售退货和抵扣**是在商品抵达之后客户不满意的价格抵减。

---

⑩ 我们假设退货和销售发生在同一期间,当销售期间后可能发生大量退货时,厂商用第8章介绍的方法,记录这些相关销售收入的一个估计值。我们还假设了退货的自行车是新的,第7章介绍了如何处理损毁存货。

财务会计学原理

		资产	=	负债	+	所有者权益	
1. 分析		(a) 现金 −225				销售收入(+xR) −225	
		(b) 存货 +175				销售成本(−E) +175	

2. 记录	(a) 借:销售收入(+xR, −SE)		225	
	贷:现金(−A)			225
	(b) 借:存货(+A)		175	
	贷:销售成本(−E, +SE)			175

销售折扣　你已经了解到有时候购买者常常能得到一些购买折扣来鼓励他们尽快支付未付款项。从销售者的观点来看，**销售折扣**涉及两个方面：(1) 初步销售；(2) 为了鼓励尽快支付而给出的销售折扣。

> **你应该知道**
> **销售折扣**提供给客户以得到对应收账款的快速支付。

让我们分开来看，用这个作为让你锻炼之前所学知识的一个机会——用永续盘存制来记录初步销售。然后我们将会展示如何记录折扣。

会发生什么？

自我测试

假设沃尔玛的库栈店(也叫山姆俱乐部)以 1 000 美元向你的大学书店销售打印纸，支付款项为 2/10, n/30。这些打印纸在沃尔玛的成本为 670 美元。分析并记录这笔销售。

	资产	=	负债	+	所有者权益
1. 分析					

2. 记录	借:	
	贷:	
	借:	
	贷:	

自测答案

1. 分析

资产	= 负债 +	所有者权益
应收账款 +1 000		销售收入 +1 000
存货 −670		销售成本 −670

2. 记录

借：应收账款　　　　　　　　　　　　　1 000
　　贷：销售收入　　　　　　　　　　　　　　1 000
借：销售成本　　　　　　　　　　　　　　670
　　贷：存货　　　　　　　　　　　　　　　　670

如果沃尔玛在 10 天的折扣期内收到了客户的支付款为 980 元美元（1 000 − 20），将做如下记录：

1. 分析

资产	= 负债 +	所有者权益
现金 +980		销售折扣（+xR） −20
应收账款 −1 000		

2. 记录

（b）借：现金（−A）　　　　　　　　　　980
　　　销售折扣（+xR，−SE）　　　　　　　20
　　　　贷：应收账款（−A）　　　　　　　　　1 000

如果在折扣期末客户依然还没有支付，沃尔玛不会再为其就这笔交易提供任何折扣。相反，客户要支付 1 000 美元的全额，沃尔玛将通过现金的增加和应收账款的减少来记录。如果客户根本就没有支付会发生什么呢？我们将在第 8 章对这种情况进行详细讨论。

> **辅导员提示**
> 销售折扣在考虑了退货和抵扣后计算。

在结束销售折扣这个话题之前，我们需要整理一下一个普遍误区。销售折扣不同于你在购买清仓物品时的更低销售价格。这里讨论的销售折扣指的是针对企业间交易的为了鼓励尽快支付的折扣。对于消费者，一般不提供这类的折扣。

与销售相关交易的总结　本节介绍的各种与销售相关的交易是通过与备抵收入账户记录下来的。图表 6.9 总结了它们对销售的影响。

正像我们讨论的那样，与收入备抵账户相关的记录程序作为一项内部控制，使得经营者可以监督和控制销售折扣、退货和抵扣如何影响企业的收入。例如，如果客户频繁地因为产品损坏将产品返还，这将会通过销售退货和抵扣科目的增加体现出来。看到这种上升，沃尔玛的管理者可以决定停止销售这项产品或者是寻找新的供应商。

与销售折扣和退货有关的详细信息是商业经营运作中很重要的一部分，所以最后不要把这些信息泄露给竞争者，大多数企业只在内部财务报表中报告这些收入备抵科目，就像在图表 6.9 中展示的那样。对外报告的利润表通常不反映收入备抵科目。相反，它们只从净销售收入入手。尽管存在这种保密性，但是财务报表的使用者也可以通过有效的财务报表分析来获取信息，下一节我们将介绍这一点。

图表 6.9　与销售相关交易的影响

销售收入	$4 225
减：销售退货和抵扣	225
销售折扣	20
净收入	3 980

评估结果

毛利润分析

商业的基本性质之一就是商品要以一定的利润售出才能使经营者维持经营下去。现金当然要控制，但是如果商品不以一定利润售出的话也没有足够的现金能够控制。这也是像沃尔玛这样的公司能产生足够的现金来偿付其经营费用的唯一方式。为了让财务报表使用者在没有其他经营支出的影响下，更容易看到从产品销售中盈利了多少，商业企业通常以多步形式来展示其利润表。

> **学习目标 6**
> 分析商业企业的多步式利润表。

第 5 章介绍了关于多步式利润表的想法，鉴于你有可能错过了或者是忘记了，我们现在将再一次介绍。多步式利润表与你在之前章节中看到的利润表是类似的，就是从收入中减去费用，然后得到净收入。较大的不同就是多步式利润表将与核心活动相关联的收入和费用同那些与次要活动相关联的收入和费用区分开了。对于商业企业来说，关键步骤是去除销售成本之后得到的利润，所以它们的多步式利润表将销售成本与其他费用区分开了。正如图表 6.10 中所展示的那样，另外的一步产生了被称为**毛利润**的小计，也就是企业由销售产品获得的收入在

> **你应该知道**
> **毛利润**（通常被称为毛利）是由销售收入减去销售成本得到的。它只是一个小计，而不是一个科目。

去除销售成本之后得到的利润。如果你买 70 美元的东西，并且以 100 美元的价格将其售出，则毛利润就是 30 美元。

在图表 6.10 中，在毛利润线之后，多步式利润表展示其他项目的方式与你在第 3 章中看到的服务性企业展示的方式（图表 3.1）是类似的。被称为销售和管理费用的一项包括各种各样的经营费用，像工资、公用设施费用、广告费和租赁费。这些费用将从毛利润中减去并得到经营活动产生的利润，在考虑利息、所得税以及非经常性项目的影响之前，这是对企业从日常经营活动得到收入的计量。

图表 6.10 多步式利润表示例

沃尔玛利润表
截止到 1 月 31 日的会计年度（以百万美元为单位）

	2006	2005	2004
净销售收入	$312 427	$285 222	$256 329
销售成本	240 391	219 793	198 747
毛利润	72 036	65 429	57 582
销售和管理费用	53 506	48 338	42 557
经营活动产生的收入	18 530	17 091	15 025
其他费用	1 172	986	832
税前利润	17 358	16 105	14 193
所得税	6 127	5 838	5 139
净利润	11 231	10 267	9 054

毛利率

让我们继续来关注图表 6.10 中利润表中的毛利润线。尽管净利润的金额让人印象深刻——是的，沃尔玛在 2006 年产生了超过 720 亿美元的毛利润——但是这个数据很难解释。在图表 6.10 中，我们可以看到沃尔玛的毛利润从 2004 年到 2006 年一直是增长的。问题是这段时间里沃尔玛的销售量也一直在增长，所以我们不能确定毛利润的增长是因为沃尔玛增加了其销售量还是从每笔销售中获得了更多利润。为了决定每一美元销售收入中所获得毛利润的数额，分析家常常估计毛利率。

财务分析工具

指标名称	公式	含义
毛利率	$\dfrac{（净销售收入 - 销售成本）}{净销售收入} \times 100$	● 在考虑销售成本之后，每一美元销售收入中利润的百分比； ● 更高的比率意味着有更多利润可以用来偿付经营费用和其他费用。

毛利率估量的是企业销售产品超出成本的利润有多少。如下面所讨论的，这个比率将用于：(1) 分析企业经营状况的改变；(2) 将一个企业与另一个企业进行对比；(3) 确定企业是否有足够的盈利来偿付它的经营费用。较高的毛利率意味着企业售出产品取得的收入要比成本更高。

> **你应该知道**
>
> **毛利率**表示在考虑销售成本之后，每美元销售收入中获得利润的比率。

如下图所示，从 2004 年到 2006 年，沃尔玛的毛利率缓慢增长。2006 年每一美元的销售收入包含了 23.1 美分的毛利润，而在前两年，每一美元的销售收入包含了 22.9 美分和 22.5 美分的毛利润。所以沃尔玛在 2006 年不仅有更高的销售收入，也在每一美元的收入中获得了更多的利润。这怎么可能呢？你可以参考沃尔玛年度报告中的"管理层讨论和分析"部分寻找答案。你将会看到沃尔玛减少了存货损失和低价销售，

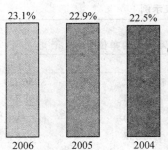

这就意味着每美元销售收入有更多的利润。你也许会想知道讨论从 2004 年的 22.5% 到 2006 年的 23.1% 的 0.6% 的毛利率的增加有什么意义。事实上毛利率的微小变化可以导致净收入很大的变化。在沃尔玛的案例中,因为企业的销售量很大(3 120 亿美元),即使是只有 0.1% 的毛利润增长也有大约 3 亿美元。

跨企业与行业进行经营结果对比 要知道毛利率在不同企业之间差别是很大的。沃尔玛的 23.1% 的毛利率是其口号"永远低价"的特征,相反的,Sak 的高端部门也带来了高价格,最后的毛利率是 37.5%。这两个企业代表了两个极端,而商业企业的平均毛利率为 28.1%。正如图表 6.11 所展示的,毛利率在企业之间也有不同。制药企业最近发布的其行业平均毛利率为 74.2%,而汽车制造商的平均毛利率是 15.2%。当然这些跨行业的差异是在预期中的,药品企业需要比汽车制造商更高的毛利率,因为它们有更多的研究开发费用需要偿付。

图表 6.11 平均毛利率

商业部门
- 沃尔玛 22.1%
- 其他企业 28.1%
- Saks 37.5%

生产部门
- 汽车制造业 15.2%
- 制药企业 74.2%

附录:实地盘存制

正如在本章正文中描述的那样,实地盘存制只在会计期末更新存货的记录。不像永续盘存制,实地盘存制在本期内并不跟踪销售成本。相反的,这些信息由下面四步的过程决定:

1. 确定期初存货。通过观察上期的期末存货余额便可以得到这个数。
2. 关注本期的购入。所有与存货相关的交易成本都被分别记入购买、购买折扣、购买退货和抵扣这些科目中。

3. 确定期末存货。在期末现存的存货数额是由存货清查决定的。这些数字最后要乘上每单位的成本,从而得出期末存货的成本。

4. 计算销售成本。这一步骤与前三步得出的结果相结合便可以得出销售成本。将期初存货成本加上你在本期购买的每一笔存货成本(除去购买折扣或是购买退货和抵扣的影响),得到的结果是你在本期可以出售的存货。如果你将所有存货都售完,那么这个数字也就是本期的销售成本。但是你知道有一些存货并不会在本期售出,所以那些你实际售出存货的成本就等于可以出售的存货成本与你没有售出的存货成本之差。为了说明这个,让我们将这个公式代入一些假设性数据:

期初存货		$2 000
+净购入量		
购入	$5 000	
-购买折扣	(10)	
-购买退货和抵扣	(15)	4 985
可售出存货的成本		6 985
-期末存货		(1 000)
=销售成本		$5 985

下面是一些实地盘存制中典型的分录,并且与在永续盘存制的日记账分录进行对比。然后将总结这些分录给会计等式带来的影响。注意到总的影响还是不变的,不同之处只在时间和记录的性质。

在这个例子中,假设沃尔玛只储存和出售一种商品——Iowna 电话,然后下面是 2007 年发生的事项:

  1 月 1 日 期初存货:800 件,单件成本为 50 美元。
  4 月 14 日 购入 1 100 件,单件成本为 50 美元。
  11 月 30 日 出售 1 300 件,出售价格为 83 美元。
  12 月 31 日 清查还有 600 件,单件成本为 50 美元。

实地盘存制		永续盘存制	
A. 购入时记录		A. 购入时记录	
2007 年 4 月 14 日		2007 年 4 月 14 日	
借:购买(1 100 件,单件成本为 50 美元)	55 000	借:存货(1 100 件,单件成本为 50 美元)	55 000
贷:应付账款	55 000	贷:应付账款	55 000
B. 销售时记录(但不记录销售成本)		B. 销售时记录(但不记录销售成本)	
2007 年 11 月 30 日		2007 年 11 月 30 日	
借:应收账款	107 900	借:应收账款	107 900
贷:销售收入(1 300 件,售价为 83 美元)	107 900	贷:销售收入(1 300 件,售价为 83 美元)	107 900
无销售成本分录		借:销售成本	65 000
		贷:存货(1 300 件,单件成本为 50 美元)	65 000

（续表）

实地盘存制	永续盘存制

C. 记录期末调整
在会计期末,采用四步法计算销售成本,并在存货科目中进行调整。
1. 期初存货(上期期末数) $40 000
2. 加上净购买数   55 000
  可供出售的存货   95 000
3. 减去期末余额(实地清查——600 件,
  单位成本 50 美元)   30 000
4. 销售成本 $65 000
 	
2007 年 12 月 31 日
 将期初余额与净购买量转入销售成本
 (假设所有存货都已售出)：
借:销售成本   95 000
 贷:存货(期初数)   40 000
   购买量   55 000
通过减去现存的存货成本调整销售成本：
(因为不是所有的存货都售出)
借:存货(期末余额)   30 000
 贷:销售成本   30 000
	C. 记录期末调整
	在会计期末,销售成本科目的余额会在利润表中报告。因为销售成本总是在随时更新,所以没有必要再另行对销售成本进行计算。而且存货科目表示的是在资产负债表上的存货期末余额。为了评估永续记录的精确度和确定被盗以及其他形式的损失,实地盘查还是有必要的。任何的损失都应该通过减少存货科目和增加费用科目(例如存货损失或者是销售成本)来记录。这里假设没有发现任何的存货损失
	不做任何分录

资产	=	负债	+	所有者权益	资产	=	负债	+	所有者权益
购买 +55 000		应付账款 +55 000		销售收入 +107 900	存货 +55 000		应付账款 +55 000		销售收入 +107 900
应收账款 +107 900				销售成本(+E) -95 000	应收账款 +107 900				销售成本(+E) -65 000
存货 -40 000				销售成本(+E) +30 000	存货 -65 000				
购买 -55 000									
存货 +30 000									
总计 +97 900		+55 000		+42 900	总计 +97 900		+55 000		+42 900

本章复习

示范案例 A

  Kat Bardash,一个大学的学生,刚刚收到她截止到 9 月 30 日的第一份支票账单。这是她第一次进行银行对账。银行对账单如下所示：

9月1日的银行余额	$1 150
9月的存款	650
9月清算的支票	900
银行服务费用	25
利息收入	5
9月30日的银行余额	880

Kat 对于银行账单上并没有记录她在 9 月 29 日存入的 50 美元感到很惊讶,同时也对于她的 200 美元的支票没有清算而觉得庆幸。9 月 30 日她的账面余额为 750 美元。

要求:

1. 完成 Kat 的银行对账。如果需要调整的话,她应该对自己的账面余额做出怎样的调整?

2. 对于个人和企业来说,为什么每月与银行进行对账如此重要呢?

参考答案:

1. Kat 的银行对账单:

对银行账单的更新		对 Kat 账户的更新	
9月30日的现金余额	$880	9月30日的现金余额	$750
增加		增加	
在途存款	50	利息收入	5
减去		减少	
未支付支票	(200)	银行服务费用	(25)
更新过的现金余额	$730	更新过的现金余额	$730

Kat 应该在其支票余额上就银行付给的利息收入增加 5 美元以及就付给银行的服务费用减少 25 美元。在日记账上,应该有以下分录:

借:现金	5	
贷:利息收入		5
借:其他费用	25	
贷:现金		25

2. 不管是个人还是企业,银行账单应该每个月进行对账来保证存款户的账面反映的是一个正确的余额。如果不进行银行对账,失误没有被发现的风险就会增加,从而可能导致错误地开出支票。企业进行对账有一个另外的原因,在对账期内计算出来的更新后的余额要在资产负债表中进行反映。

示范案例 B

假设奥克利公司——太阳镜、护目镜以及其他产品的制造商——将成本为 137 200 美元的商品以 405 000 美元的价格赊销给太阳镜小屋,支付条款是 2/10,n/30。有一些商品与太阳镜小屋订购的不一样,所以奥克利公司同意给它 5 000 美元的抵扣。太阳镜小屋在折扣期内支付了款项。

要求：

1. 假设两个公司都采用永续盘存制，针对下面的交易对奥克利和太阳镜小屋编制分录。
   a. 奥克利对太阳镜小屋的销售。
   b. 奥克利答应给予的抵扣。
   c. 太阳镜小屋对奥克利的款项支付。
2. 假设销售退货和抵扣以及销售折扣被看做是收入备抵科目，计算奥克利的净销售。
3. 计算奥克利的销售收入毛利润和毛利率。将这个比率与 Luxottica 集团最近公布的 68.4% 的毛利率进行对比，这个集团是一家制造 Killer Loop 和 Ray-Ban 太阳镜的公司，并通过太阳镜小屋销售。这暗示了关于这两家公司的什么情况？

参考答案：

1. 分录

   a. 奥克利对太阳镜小屋的销售：

> **辅导员提示**
> 交易 b 只有抵扣而无退货。如果有退货，奥克利还应增加存货，减少销售成本。

奥克利		太阳镜小屋	
借：应收账款	405 000	借：存货	405 000
贷：销售收入	405 000	贷：应付账款	405 000
借：销售成本	137 200		
贷：存货	137 200		

   b. 奥克利答应给予的抵扣：

奥克利		太阳镜小屋	
借：销售退货和抵扣	5 000	借：应付账款	5 000
贷：应收账款	5 000	贷：存货	5 000

   c. 太阳镜小屋对奥克利的款项支付

奥克利		太阳镜小屋	
借：销售折扣	8 000	借：应付账款	400 000
现金	392 000	贷：存货	8 000
贷：应收账款	400 000	现金	392 000
（8 000 = 400 000 × 2%）			

2. 销售退货和抵扣以及销售折扣应该从销售收入中减去，从而得到净销售收入：

销售收入	$405 000
减：销售退货和抵扣	5 000
销售折扣[0.02 × (405 000 − 5 000)]	8 000
净销售收入	392 000

3. 毛利润和毛利率的计算过程如下：

	以美元	占净销售收入的百分比
净销售收入（在 2 中计算出来）	$392 000	100.0%
减：销售成本	137 200	35.0%
净利润	254 800	65.0%

65% 的毛利率表示奥克利在每一美元的销售收入中获得的利润中要比 Luxottica 少 3.4 美分（68.4－65.0）。这个差异表明 Luxottica 在其销售价格上有更高的利润幅度。

本章小结

学习目标 1：区别服务性、商业性与制造性经营，第 236 页
- 服务性企业出售服务而不是实体商品，因此它们的利润表展示的是服务成本而不是销售成本；
- 商业性企业出售从供应商处获得的商品。零售商将商品直接销售给消费者，而批发商将商品销售给零售商；
- 制造性企业出售的是它们自己制造的商品。

学习目标 2：解释内部控制的一般原则，第 238 页
- 内部控制的含义非常广泛。大多数人都在有着以下五个基本原则的公司工作：(1) 对每个项目建立责任感；(2) 职责分离，那么一个雇员就不能自己发起、记录、批准和处理单独一项交易；(3) 限制那些已经被分配责任的雇员的权限；(4) 记录已经实施的程序；(5) 独立核实在企业内或企业外的人员做的工作。

学习目标 3：将现金与银行账单进行对账的关键控制，第 241 页
- 银行对账需要决定两类项目：(1) 那些已经在企业账户上记录但是并没有在银行账单上进行记录的项目；(2) 那些在银行账单上记录但是并没有在企业账户上进行记录的项目。第二类的项目为即将在资产负债表中报告的现金余额提供了调整需要的数据。

学习目标 4：解释将永续盘存制作为一项控制手段的必要，第 246 页
- 永续盘存制防止未发现的偷窃，因为它们在任何时点都为现存应有存货记录提供了最新的数据，这些数据可以与通过实地清查所得到的实际现存存货的数据进行对比。
- 永续盘存制可以提高经营的有效性和效率，因为它们在存货购入、出售或是返还的时候随时更新存货记录。

学习目标 5：分析永续盘存制下的购买和销售交易，第 247 页
- 在永续盘存制中，只要有存货购入，存货科目就会增加。存货应该包括所有的成本，例如装载成本，也就是使得存货达到可以出售的状态所发生的支出。
- 在永续盘存制中，只要发生购买者退还商品给供应商或是因为及时付款被给予折扣，购买者的存货科目就会减少。
- 在永续盘存制中，存货售出时有两笔分录要做：第一笔分录记录销售收入（同时相应地记录在现金或者是应收账款的借方），另一笔分录记录销售成本（并且相应地记录在存货的贷方）。

- 销售折扣与销售退货和抵扣被记录为收入备抵科目,是对销售收入的抵减。

学习目标6:分析商业企业的多步式利润表,第254页

- 商业企业多步式利润表的关键项目之一就是毛利润,即将销售成本从净销售收入中减去之后得到的小计。毛利率的计算方法和含义如下:

财务分析工具

指标名称	公式	含义
毛利率	$\dfrac{（净销售收入-销售成本）}{净销售收入}\times 100$	• 在考虑销售成本之后,每一美元销售收入中利润的百分比; • 更高的比率意味着有更多利润可以用来偿付经营费用和其他费用。

关键术语

银行对账　241页

现金　245页

现金等价物　236页

毛利润　254页

内部控制　238页

制造性企业　236页

商业性企业　236页

空头支票（存款不足）　242页

实地盘存制　246页

永续盘存制　246页

购买折扣　249页

购买退货和抵扣　248页

销售折扣　252页

职责分离　239页

服务性企业　236页

练习题

问答题

1. 服务性企业和商业性企业的区别是什么?商业性企业和制造性企业的区别是什么?零售商和批发商的区别是什么?
2. 从一个首席执行官或是财务总监的角度来说,内部控制意味着什么?
3. 内部控制的五条基本原则是什么?
4. 为什么将一种工作分配给一个雇员是个好方法?
5. 为什么对于不同职责（像现金处理和现金记录）的责任需要分离?什么类型的责任需要分离?
6. 限制权限有哪些方法?
7. 记录程序在哪些方面可以作为一项控制?
8. 独立核实会在什么情况下发生?
9. 内部控制的三个局限性是什么?

10. 银行对账的目的是什么？哪些余额需要对账？
11. 定义现金和现金等价物，并示明哪些项目应该被记录为现金和现金等价物。
12. 永续盘存制与实地盘存制的主要区别是什么？哪种体系对存货提供了更好的内部控制？解释其原因。
13. 在实地盘存制中为什么有必要对存货进行实地盘查？为什么这一项工作在永续盘存制中也同样必要？
14. 描述商业性企业在永续盘存制中是如何记录获得存货的交易成本的。解释这种会计处理的原因。
15. 购买退货和抵扣与购买折扣之间的区别是什么？
16. 什么是购买折扣？通过支付条款 1/10, $n/30$ 来说明。
17. 在永续盘存制中，当存货赊销时，用文字来描述应该做出的分录。
18. 描述销售收入和净销售收入的不同。
19. 为什么要使用收入备抵科目，而不直接从销售收入科目中进行抵减（通过增加销售收入的借方）？
20. 什么是毛利润？毛利率是如何计算的？假设净销售收入是 10 万美元，销售成本是 6 万美元，计算毛利率并对其进行解释。

多项选择题

1. 低帮营地鞋（Mountain Gear）公司在 Rugged Rock 公司购买了一批自行车、帐篷以及一些攀登用品用于销售给消费者，那么低帮营地鞋公司是什么类型的企业？
   a. 服务性　　　　b. 零售商　　　　c. 批发商　　　　d. 制造性
2. 下面哪项没有增强内部控制？
   a. 对不同的雇员给予不同的职责
   b. 确定保持正确的记录
   c. 只有在要求完成被分配任务的时候才有权限
   d. 以上都不是——以上三项都增强了内部控制
3. 在对你的企业银行账单进行复核的时候，你发现你最近从客户那获取的支票，在存入银行的时候作为空头支票被银行拒存了。在编制企业银行对账单的时候，下面哪项描述了应该采取的措施。

	银行余额	企业余额
a.	减少	不变
b.	增加	减少
c.	不变	减少
d.	减少	增加

4. 在对你最近的银行账单进行复核的时候，你发现你对供应商开出的支票本该是 76 美元，但是在你自己的现金和应付账款科目上被记录成了 67 美元。在编制企业银行对账单的时候，下面哪项描述了应该采取的措施。

	银行余额	企业余额
a.	减少	不变
b.	增加	减少
c.	不变	减少
d.	减少	增加

5. 对于永续盘存制的说法,下列哪一项是错误的?
   a. 因为记录是以每笔交易为基础的,所以从来不用进行实地清查存货。
   b. 存货科目的余额在每笔存货购入和销售时都进行更新。
   c. 当记录销售收入时,销售成本也随之增高。
   d. 当获得存货时,不使用购买账户。

6. 购买折扣的支付条款是 2/10, n/30 意味着:
   a. 在 30 天内支付可以获得 10% 的折扣。
   b. 在 10 天内支付可以获得 2% 的折扣,或者在 30 天内支付则需要支付全额。
   c. 在 30 天内支付可以获得 0.2% 的折扣。
   d. 上述都不是

7. 下列哪项描述了在永续盘存制中,如果购买方在购买折扣期内向供应商支付款项应该做的记录(使用本章介绍的方法)?
   a. 减少现金,减少应付账款。
   b. 减少现金,减少应付账款,减少存货。
   c. 减少现金,减少应付账款,增加购买折扣。
   d. 减少现金,减少应付账款,减少购买折扣。

8. 下面哪项不是净销售收入的组成部分?
   a. 销售退货和抵扣   b. 销售折扣
   c. 销售成本   d. 销售收入

9. 在 5 月 1 日发生了一笔 1 000 美元的销售,支付条款为 2/10, n/30。销售价格为 100 美元的物品于 5 月 3 日被退货了。如果在 5 月 9 日收到支付的款项,一共应该支付多少?
   a. 700 美元   b. 800 美元
   c. 882 美元   d. 900 美元

10. 在上半年,在支付一笔商品存货的款项时,你的企业商定了一大笔购买折扣,这笔折扣全年有效。与去年对比,这个因素将会对企业今年的毛利率产生怎样的影响?
    a. 比率不变   b. 比率降低
    c. 比率增高   d. b 或 c

选择题答案:
1. b 2. d 3. c 4. c 5. a 6. b 7. b 8. c 9. c 10. b

小练习

M6-1 经营循环的区分

确定下列企业是为服务性企业(S)、零售商(RM)、批发商(WM),还是制造性企业(M)。

1. 该企业在其资产负债表中没有存货这一项。
2. 该企业的客户支付速度很慢,因为它们自己的客户的支付速度也很慢。
3. 该企业的存货在可以出售之前,大约有三分之一需要再加工。
4. 该企业在销售商品给顾客时很少提供信贷。

M6-2 确定对于财务报告的内部控制

Fox Erasing 有包括下列程序的内部控制系统,将这些程序与相应的内部控制原则配比起来。

程序	内部控制原则
____ 1. 财务主管在支票上签字。	A. 建立责任感
____ 2. 财务主管不允许进行银行存款。	B. 职责分离
____ 3. 企业的支票要预先编号。	C. 限制权限
____ 4. 未使用的支票要保存在银行金库中。	D. 记录程序
____ 5. 每月编制银行对账单	E. 独立核实

M6-3 确定商业性企业应用的内部控制原则

确定下列图表中每一点展示的内部控制原则。

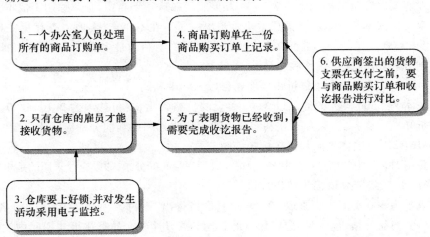

M6-4 在银行对账中组织项目

确定下列项目是应该从企业账户还是银行对账单的银行账户中增加(+)或减少(-)。

对账项目	银行账户	企业账户
a. 未支付支票 12 000 美元		
b. 银行服务费用 15 美元		
c. 在途存款 2 300 美元		
d. 利息收入 5 美元		

M6-5　在银行对账之后编制分录

采用 M6-4 中的信息,编制需要的分录来调整企业账户。

M6-6　永续盘存制与实地盘存制的选择

诺顿公司在 1901 年开始经营。最后从实地盘存制转为永续盘存制花费了 100 年的时间(2002 年)。撰写一个简短的报告,描述这样的改变怎样改进了企业的存货控制。

M6-7　在永续盘存制中计算存货损失

Corey's Campus 公司在本月初有现存 5 万美元的存货。在这个月当中,企业购入了 8 000 美元的存货并销售了成本为 3 万美元的存货。在本月末,现存的存货为 2.5 万美元。这个月发生了多少存货损失。

M6-8　在永续盘存制中确定存货成本

假设安达信的库房从美国批发商处赊购了成本为 2.3 万美元的商品。如果国立货运要企业支付 650 美元的运输费用,并且企业立即将成本为 1 200 美元的货物退还给美国批发商,并且获得了 2/10,n/30 的支付条款,也在折扣期内支付款项。那么安达信应该记录的存货成本是多少?

M6-9　在永续盘存制中针对购买、购买折扣以及购买退货和抵扣编制分录

采用 M6-8 中的信息,为记录存货交易编制日记账分录,假设安达信采用的是永续盘存制。

M6-10　在永续盘存制中针对购买和销售交易编制分录

在年初时存货的期初成本为 1.34 万美元。在这一年当中,企业赊购了成本为 5.4 万美元的存货。成本为 6 万美元的成本也赊销出去了。在本年末,实地清查存货并且其成本被认定为 7 400 美元。(a)是否存在存货损失?(b)毛利润是多少?(c)假设采用的是永续盘存制,编制分录来记录这些交易。

M6-11　记录带有销售折扣的净销售收入和毛利润

成本为 1 500 美元的商品以 2 000 美元的价格售出,支付款项为 2/10,n/30。如果购买者在折扣期内支付款项,那么在利润表中净销售收入和毛利润分别应该为多少?

M6-12　为销售收入和销售折扣编制分录

采用 M6-11 中的信息,分别编制销售和收到现金时的分录,假设企业采用的是永续盘存制。

M6-13　编制分录记录销售折扣

成本为 500 美元的存货以 700 美元的价格售出,支付款项为 2/10,n/30。编制分录来记录(a)商品的销售和(b)应收账款的收讫。假设这些交易都在折扣期间内发生(采用本章介绍的记录销售折扣的方法)。

M6-14　编制多步式利润表

Sellall 公司在截止到 2008 年 12 月 31 日的会计年度末编制的试算平衡表中报告了以下数据:管理费用 2 400 美元,销售成本 22 728 美元,所得税 3 000 美元,利息费用 1 600 美元,利息收入 200 美元,一般费用 2 600 美元,销售收入 4.2 万美元,销售折扣 2 200 美元,销售退货和抵扣1 920美元,以及运输成本300美元。编制多步式利润表对外部财务报表使用者发布信息,采用与图表6.10中类似的表格形式。

M6-15 计算并解释毛利率

采用M6-14中的信息,计算2008年的毛利率。利用图表6.11作为基准评估企业的业绩。

M6-16 计算并解释毛利率

Ziehart制药公司报告了17.8万美元的净销售收入和5.8万美元的销售成本。Candy电力公司报告了3.6万美元的净销售收入和2.62万美元的销售成本。计算这两个公司的毛利率。从这些计算当中,你是否可以确定哪家公司更加成功,并解释原因。

M6-17 评价折扣和退货对毛利润的影响

太阳镜制造商奥克利公司是少数会向公众报告其销售折扣和退货情况的公司之一。在其2005年的年度报告的管理层讨论和分析部分当中,奥克利报告了以下这些关于销售折扣和退货的信息:

	截止到12月31日的会计年度		
	2005	2004	2003
	以1 000美元为单位		
销售收入	$693 342	$621 652	$567 077
折扣和退货	(45 211)	(36 184)	(39 043)
净销售收入	648 131	585 468	528 034
销售成本	277 230	262 483	245 578
毛利润	370 901	322 985	282 456

要求:

1. 计算每年的销售折扣和退货百分比(用折扣和退货除以销售收入再乘上100)。在这些比率的基础上,解释销售折扣和退货在2005年和2004年对哪一年的影响比较大?
2. 用本章介绍的公式,计算每年的毛利率。
3. 将净销售收入替代为销售收入,重新计算每年的毛利率。
4. 在2和3计算出的结果对比的基础上,了解毛利率是用净销售收入还是用销售收入计算得来的有多重要?

练习

E6-1 确定内部控制原则和财务报告控制目标

在大多数的电影剧院,一个员工售票,而另一个人负责收票。有一天,当你在剧院时,你的朋友评价说这种做法是在浪费剧院的资金。

要求:

1. 确定与这种情况相关的内部控制原则。
2. 对你的朋友解释,如果同一个人做这两件事情的话会有什么后果。

E6-2 确定财务报告控制目标

你们学校的学生会近期自愿承担以当地某慈善机构的名义上门收取募捐。当慈善机构的会计听说你只对需要收据的人写了收据的时候,她大发雷霆。

要求:确定你违反了哪项控制原则,并且解释为什么会计的反应会如此强烈。在之后应该采取怎样的控制会比较合适?

E6-3　编制银行对账单、分录,以及报告现金

希尔(Hill)公司在 2008 年 6 月 30 日的银行账单以及 6 月现金的分类账如下:

银行账单				
	支票	存款	其他	余额
2008 年 6 月 1 日余额				$7 200
6 月存入		$18 000		25 200
6 月支付的支票	$19 100			6 100
银行服务费用			$30	6 070
2008 年 6 月 30 日余额				6 070

		（增加）	现金	（减少）		
6 月 1 日	余额	6 800				
6 月	存入	19 000		19 400	6 月	签写支票
6 月 30 日	余额	6 400				

要求:

1. 编制银行对账单。签出支票与在银行支付的记录对比表明还有 700 美元未支付支票。其中的一些在 6 月进行清算的支票事实上在 6 月之前就已经开出了。在 5 月并没有在途存款,但是在 6 月末有一笔在途存款。
2. 编制因为银行对账而要做出的分录。
3. 在银行对账分录之后现金科目的余额是多少?
4. 除了在银行账户上的余额之外,希尔公司还有现存的 300 美元现金。这个金额被另外记录在一个称为现存现金的账户上。在 6 月 30 日在资产负债表中反映的现金一共有多少?

E6-4　编制银行对账单、分录,以及报告现金

卡迪尔(Cadieux)公司 2009 年 9 月 30 日的银行账单和 9 月的现金分类账如下:

银行对账单				
	支票	存入	其他	余额
2009 年 9 月 1 日余额				$2 000
9 月 7 日			空头支票　$100	1 900
9 月 11 日		$3 000		4 900
9 月 12 日	101 号　$800			4 100
9 月 17 日	102 号　1 700			2 400
9 月 26 日	103 号　2 300			100
9 月 29 日			电子转账　150	250
9 月 30 日			服务费用　20	230

		（增加）	现金	（减少）	
9月1日	余额	2 000			
9月10日		3 000	800	9月10日	101号支票
9月30日		2 500	1 700	9月15日	102号支票
			2 300	9月22日	103号支票
			50	9月28日	104号支票
9月30日	余额	2 650			

在 8 月没有未支付支票也没有在途存款。然而，在 9 月末有未支付支票和在途存款。空头支票与电子资金转账和卡迪尔公司的客户之间的交易有关。

要求：

1. 编制银行对账单。
2. 经过银行对账之后，编制需要的分录。
3. 在记录 2 中的分录之后，在现金科目中的余额应该是多少？
4. 如果企业还有现存的现金 400 美元（记录在另外单独的科目中），在 9 月 30 日的资产负债表中企业应该报告多少现金？

E6-5 用永续盘存制推断存货损失

对下列独立的案例计算存货的损失：

案例	存货期初数	购入	销售成本	清查的存货期末数	损失
A	$100	$700	$300	$420	$?
B	200	800	850	150	?
C	150	500	200	440	?
D	260	600	650	200	?

E6-6 用永续盘存制推断存货损失

JCPenney 公司是一个百货公司遍布 50 个州的主要零售商。公司经营的主要部分由通过百货公司向顾客提供的商品和服务组成。在 2006 年公司报告了 114.05 亿美元的销售成本，本年末的期末存货为 32.34 亿美元，去年末（2005 年）存货成本为 31.67 亿美元。

要求：

如果你知道存货购入的成本是 114.74 亿美元，你能否估计这一年的损失成本？如果可以，写出估计过程；如果不可以，解释原因。

E6-7 记录商业性企业的购入成本

Apparel.com 购入了 80 件新衬衫，并且记录其总成本为 3 015 美元。如下：

发票成本	$2 600
运输成本	165
装载给客户的预计成本	250
	$3 015

要求：

计算正确的存货成本。

E6-8　用永续盘存制计算购买和购买折扣

在 1 月和 2 月中，Axe 公司从三个供应商处购买产品。交易发生的顺序如下：

1 月 6 日　　从 Green 处以 1 200 美元购买产品，支付条款为 $2/10, n/30$

1 月 6 日　　从 Munoz 处以 900 美元购买产品，支付条款为 $2/10, n/30$

1 月 14 日　　全额支付给 Green。

2 月 2 日　　全额支付给 Munoz。

2 月 28 日　从 Reynolds 处以 350 美元购买产品，支付条款为 $2/10, n/45$

要求：

假设 Axe 采用的是永续盘存制，在 1 月初企业并没有现存的存货，在 1 月和 2 月也没有任何的销售，计算 2 月 28 日的存货成本。

E6-9　用永续盘存制记录关于购买和购买折扣的分录

用 E6-8 中的信息，编制分录来记录这些交易，假设 Axe 采用的是永续盘存制。

E6-10　用永续盘存制报告关于购买、购买折扣和购买退货

在 6 月，Ace 公司从两个供应商处购买产品。交易发生的顺序如下：

6 月 3 日　　从 Diamond 公司处以 3 200 美元购买产品，支付条款为 $2/10, n/30$

6 月 5 日　　将成本为 1 100 美元的产品退货给 Diamond 公司

6 月 6 日　　从 Club 公司处以 1 000 美元购买产品，支付条款为 $2/10, n/30$

6 月 11 日　　支付对 Diamond 公司的未付款

6 月 12 日　　全额支付对 Club 公司的未付款

要求：

假设 Ace 采用的是永续盘存制，而且在本月初企业并没有现存存货。计算在 6 月 30 日的存货成本。

E6-11　用永续盘存制报告关于购买、购买折扣和购买退货

采用 6-10 中的信息，编制分录来记录这些交易，假设 Ace 采用的是永续盘存制。

E6-12　报告带有赊销和销售折扣的净销售收入

在 1 月和 2 月中，Solitare 公司销售产品给三个顾客。交易发生的顺序如下：

1 月 6 日　　销售 100 美元产品给 Wizard 公司，支付条款为 $2/10, n/30$。这些产品在 Solitare 公司的成本为 70 美元。

1 月 6 日　　销售 80 美元产品给 SpyderCorp，支付条款为 $2/10, n/30$。这些产品在 Solitare 公司的成本为 60 美元。

1 月 14 日　　收回在 Wizard 公司的应收账款。

2 月 2 日　　收回在 SpyderCorp 的应收账款。

2 月 28 日　　销售 50 美元的产品给 Bridges，支付条款为 $2/10, n/45$。这些产品在 Solitare 公司的成本为 30 美元。

要求：

假设销售折扣被记为收入备抵科目，计算截止到 2 月 28 日的这两个月的净销售收入。

E6-13 编制分录,报告带有赊销和销售折扣的净销售收入

采用 6-12 的信息,编制分录来记录这些交易,假设 Solitare 公司采用的是永续盘存制。

E6-14 报告带有赊销和销售折扣的净销售收入

下面这些交易是从长荣(Evergreen)公司的记录中选中的一些:

7月12日　销售商品给 Wally Butler,并收到 1 000 美元的现金。这些产品在长荣公司的成本为 600 美元。

7月15日　销售商品给 Claudio's Chair 公司,售价为 5 000 美元,支付条款为 3/10, n/30。这些产品在长荣公司的成本为 3 500 美元。

7月20日　销售商品给 Otto's Ottomans,售价为 3 000 美元,支付条款为 3/10, n/30。这些产品在长荣公司的成本为 1 900 美元。

7月23日　收到 Claudio's Chair 公司的支付款。

8月25日　收到 Otto's Ottomans 的支付款。

要求:

假设销售折扣被记为收入备抵科目,计算截止到 8 月 31 日的这两个月的净销售收入。

E6-15 编制分录,报告带有赊销和销售折扣的净销售收入

采用 6-14 的信息,编制分录来记录这些交易,假设长荣公司采用的是永续盘存制。

E6-16 报告带有赊销、销售折扣和销售退货的净销售收入

下面这些交易是从泰迪熊主题行销店(Bear's Retail Store)2008 年的记录中选中的一些:

11月20日　销售商品给 Cheryl Jahn,收到 400 美元的现金。产品成本为 300 美元。

11月25日　销售 20 个商品给 Vasko Athletics,售价为 4 000 美元,支付条款为 3/10, n/30。产品成本为 2 500 美元。

11月28日　销售 10 个相同的商品给 Nancy's Gym,售价为 6 000 美元,支付条款为 3/10, n/30。产品成本为 4 000 美元。

11月29日　Nancy's Gym 返还了 28 日购买的一件商品,这件商品状况完好,因此给予了客户信用。

12月6日　Nancy's Gym 支付了全额货款。

12月30日　Vasko Athletics 针对 2008 年 11 月 25 日的销售支付款项。

要求:

假设销售折扣被记为收入备抵科目,计算截止到 2008 年 12 月 31 日的这两个月的净销售收入。

E6-17 编制分录,报告带有赊销、销售折扣和销售退货的净销售收入

采用 E6-16 的信息,编制分录来记录这些交易,假设泰迪熊主题行销店采用的是永续盘存制。

E6-18 确定赊销、销售折扣、销售退货和抵扣对利润表类别的影响

罗克兰(Rockland)制鞋公司将销售退货和抵扣及销售折扣计为收入备抵科目。完成下列表格,指出每笔交易对在罗克兰为内部使用编制的利润表中的每个项目的影响的大小和方向(+指增加,-指减少,NE 指无影响),确保是总的影响。

7月12日　罗克兰在其工厂店销售商品给 Kristina Zee,收到 300 美元的现金。这些产品的成本为 160 美元。

7月15日　以 5 000 美元的售价销售商品给鞋模店,支付条款为 3/10,n/30。这些产品的成本为 3 000 美元。

7月20日　收到鞋模店的支付款。

7月21日　以 2 000 美元的售价销售商品给 Fleet Foot 公司,支付条款 2/10,n/30。这些产品的成本为 1 200 美元。

7月23日　Fleet Foot 公司返还了 1 000 美元的鞋,并且保证会在 8 月为其余的商品付款。这些返还的鞋状态良好,并且成本为 600 美元。

交易日	7月12日	7月15日	7月20日	7月21日	7月23日	总数
销售收入						
销售退货和抵扣						
销售折扣						
净销售收入						
销售成本						
毛利润						

E6-19　分析附有折扣的销售和购买

Cycle 批发销售商品时的支付条款为 2/10,n/30。在 2008 年 2 月 1 日,以 800 美元的售价销售商品给 Sarah's Cycle,销售成本为 500 美元。在 2008 年 3 月 4 日,Cycle 批发从供应商处赊购了一批自行车,售价为 8 000 美元,支付条款为 1/15,n/30。假设 Cycle 批发采用的是永续盘存制。

要求:

计算对 Sarah's Cycle 的销售的毛利率,假设这笔款项在 2008 年 2 月 9 日全额收到。
3 月 4 日发生的自行车购买应该以怎样的成本记录,假设它们在 2008 年 3 月 12 日支付了。

E6-20　记录带有折扣的销售和购买

采用 E6-19 的信息。

要求:

1. 销售交易

a. Cycle 批发如果要记录对 Sarah's Cycles 的销售,应该做怎样的分录?

b. 假设这笔款项在 2008 年 2 月 9 日收到,给出记录这笔收到现金的分录。

c. 如果这笔款项在 2008 年 3 月 2 日收到,给出记录这笔收到现金的分录。

2. 购买交易

a. 给出要记录赊购的分录。

b. 假设这笔款项在 2008 年 3 月 12 日支付,给出要记录这笔支付的分录。

c. 假设这笔款项在 2008 年 3 月 28 日支付,给出要记录这笔支付的分录。

E6-21 根据利润表的关系推断出遗漏数据

威廉森(Williamson)公司 2008 年的利润表如下所示,对于每种不同的情况填入遗漏数据。

	例 A	例 B	例 C
销售收入	$8 000	$6 000	$?
销售退货和抵扣	150	?	275
净销售收入	?	?	5 920
销售成本	5 570	4 050	5 400
毛利润	?	1 450	?

E6-22 根据利润表的关系推断出遗漏数据

李维斯(Lewis)零售商 2008 年的利润表如下所示,对于每种不同的情况填入遗漏数据。

例	销售收入	期初存货	购入	销售成本	期末存货成本	毛利润
A	$650	$100	$700	$300	$?	$?
B	900	200	800	?	150	?
C	?	150	?	200	300	400
D	800	?	600	650	250	?
E	1 000	50	900	?	?	500

E6-23 在多步式利润表的基础上分析毛利率

下面是 Mytery 公司提供的在截止到 2008 年 12 月 31 日的会计年度的记录:

以现金销售商品	$240 000
赊销商品	42 000
销售成本	165 000
销售费用	40 200
管理费用	19 000
销售退货和抵扣	7 000
所得税	17 600

要求:

1. 根据这些数据,为内部报告编制多步式利润表(表现为毛销售收入、净销售收入、毛利润,以及其他必要的小计)。
2. 毛利润是多少?毛利率是多少(用本章介绍的公式计算)?解释这两个数据意味着什么?
3. 已知 2007 年的毛利率是 38%,评价 2008 年的业绩。

E6-24 在多步式利润表的基础上分析毛利率

狐狼世界公司通常以自己是"美国名牌非运动鞋类的世界级制造商"而自豪。下面这些数据(以 1 000 美元为单位)是从其 2005 年年报中摘录下来的:

销售收入	$1 060 999
所得税	36 780
付出的现金股利	14 814
销售和管理费用	291 891
销售成本	655 800
利息费用	3 647
其他收入	1 736

要求:

1. 根据这些数据,为内部报告编制多步式利润表。

2. 毛利润是多少? 毛利率是多少(近似到小数点之后三位)? 解释这两个数据的涵义。

3. 已知2004年的毛利率是37.7%,评价2005年的业绩。

4. 将狐狼的毛利率与沃尔玛的平均毛利率23.1%对比,根据这些信息,你能否得出谁比较成功的结论? 为什么?

E6-25 对比多步式利润表

百思买和Circuit City截止到2006年2月28日的会计年度的简要版利润表如下所示:

	百思买	Circuit City
净销售收入	$30 848	$11 598
销售成本	23 122	8 767
毛利润	7 726	2 831
经营费用	6 082	2 611
经营活动产生的收入	1 644	220
其他收入	77	19
税前收入	1 721	239
所得税	581	88
净利润	$1 140	$151

要求:

1. 哪个企业获得了更多的净利润和毛利润?

2. 哪个企业有着更高的毛利率? 写出计算过程。

3. 解释你在1和2中所得出的结论。

E6-26 (附录)分别用永续盘存制和实地盘存制记录购买和销售

袋鼠吉姆公司报告其期初的存货有100单位,并且其单位成本为25美元。在2006年有以下购买和销售交易:

1月14日	以每件45美元的价格销售25件商品。
4月9日	以每件25美元的价格购入15件商品。
9月2日	以每件50美元的价格销售50件商品。
12月31日	对存货进行实地清查,确定有40件现存。

要求:

假设袋鼠吉姆公司采用的是(a)永续盘存制;(b)实地盘存制,记录每笔交易。

辅导题

CP6-1 编制银行对账单、分录以及报告现金

在 2008 年 4 月 30 日,KMaxx 企业的银行账单和现金分类账如下所示:

银行账单				
	支票	存入	其他	余额
2008 年 4 月 1 日余额				$6 000
4 月 5 日	101 号 $700			5 300
4 月 9 日		2 500		7 800
4 月 12 日	102 号 200			7 600
4 月 19 日	103 号 500			7 100
4 月 22 日	104 号 1 000			6 100
4 月 27 日			电子资金转账 $200	5 900
4 月 30 日			服务费用 25	5 875

	(增加)	现金	(减少)	
4 月 1 日	余额	6 000		
4 月 8 日		2 500	700	4 月 2 日 101 号支票
4 月 28 日		500	200	4 月 10 日 102 号支票
			500	4 月 15 日 103 号支票
			1 100	4 月 20 日 104 号支票
			300	4 月 29 日 105 号支票
4 月 30 日余额		6 200		

在 3 月没有任何的未支付支票和在途存款。然而,在 4 月末有支付支票和在途存款。电子资金转账每个月自动转给 KMaxx 的一个债权人。104 号支票被写成 1 100 美元。

要求:

1. 编制 4 月的银行对账单。

提示:将已经同时出现在银行对账单和企业账户的项目旁边作上标记。则没有作上标记的项目就要在银行对账中调整。

2. 编制在银行对账过程中需要的分录。

提示:记得只要对企业需要调整的项目编制分录,而银行账单调整则不用。

3. 在记录 2 中的分录之后,现金科目的余额是多少?

4. 如果企业现存的现金为 100 美元(在另外单独的科目中记录),那么企业在 4 月 30 日应该报告的现金及现金等价物的总数是多少?

CP6-2 确定未支付支票和在途存款,并且编制银行对账单和日记账分录

玛莎(Martha)公司在 2008 年 8 月的银行账单和现金账户如下:

	银行账单			
	支票	存入	其他	余额
8月1日余额				$17 470
8月2日	$300			17 170
8月3日		$12 000		29 170
8月4日	400			28 770
8月5日	250			28 520
8月9日	890			27 630
8月10日	310			27 320
8月15日		4 000		31 320
8月21日	400			30 920
8月24日	21 000			9 920
8月25日		7 000		16 920
8月30日	800			16 120
8月30日			利息收入 $20	16 140
8月31日			服务费用 10	16 130

		（增加）	现金	（减少）	
8月1日	余额	17 470	存入		
开出支票					
8月2日		12 000	300	8月1日	
8月12日		4 000	400	8月2日	
8月24日		7 000	250	8月3日	
8月31日		5 000	310	8月4日	
			890	8月5日	
			290	8月15日	
			550	8月17日	
			800	8月18日	
			400	8月19日	
			21 000	8月23日	
8月31日	余额	20 280			

在7月末没有任何未支付支票和在途存款。

要求：

1. 确定并列出在8月末的在途存款。

提示：将同时出现在银行对账单和企业账户的项目旁边作上标记。

2. 确定并列出在8月末的未支付支票。
3. 编制8月的银行对账单。
4. 在银行对账过程中需要编制的日记账分录。它们为什么是非常必要的。
5. 在对账的日记账分录已经转入之后，分类账中现金账户的余额应该是多少？
6. 如果企业现存100美元的现金，并记录在另外单独的一个叫做现存现金的科目中，在2008年8月31日的资产负债表中现金以及现金等价物的总额是多少？

CP6-3 编制带有销售折扣及销售退货和抵扣的多步式利润表,并计算毛利率

Psymon 公司销售大型建设工程的设备,会计年度截止到每年的 12 月 31 日。下面是 2008 年 12 月 31 日从分类账中编制出的试算平衡表:

科目名称	借方	贷方
现金	$42 000	
应收账款	18 000	
存货	65 000	
设备	50 000	
累计折旧		$21 000
负债		30 000
投入资本		90 000
2008 年 1 月 1 日的留存收益		11 600
销售收入		182 000
销售退货和抵扣	7 000	
销售折扣	8 000	
销售成本	98 000	
销售费用	17 000	
管理费用	18 000	
一般费用	2 000	
所得税	9 600	
总计	$334 600	$334 600

要求:

1. 为了内部报告编制多步式利润表,将销售折扣及销售退货和抵扣账户作为销售收入备抵科目。

提示: 有一些科目只在资产负债表中出现,而不在利润表中出现。

2. 针对外部报告编制多步式利润表,以净销售收入为开始。

提示: 从销售收入中减去销售折扣与销售退货和抵扣就可以计算出净销售收入。

3. 计算并解释毛利率(用本章介绍的公式)。

CP6-4 记录带有折扣和退货销售和购买

Campus Stop 公司是一种学生的消费公社。它采用的是永续盘存制。下面是它在 2008 年的一些交易:

a. 以现金销售商品(这些商品的成本为 137 500 美元) $275 000
b. 收到客户因为不满意而退回的商品(但实际上在良好状态),将现金归还(这些商品的最初成本为 800 美元) 1 600

从供应商处赊购下列商品:

c. 从 Super Supply(超霸贸易)公司处购买商品,支付条款为 3/10,n/30 5 000
d. 从其他供应商处购买商品,支付条款为 3/10,n/30 120 000
e. 购买商场需要使用的设备,以现金支付。 2 200
f. 购买商场未来需要的办公用品,以现金支付。 700
g. 运入购买的商品,以现金支付。 400

在本期支付的应付账款如下：

h. 在折扣期之外支付超霸贸易公司的货款。 5 000
i. 在3%的折扣期内支付其他供应商的货款。 116 400

要求：

1. 假设在本期初现存的存货为20万美元。那么在本期末应报告的存货成本是多少？

提示：存货成本包括使存货达到可销售条件和地点的所有成本。

2. 针对本期的销售收入计算毛利润和毛利率。

3. 对交易 a—i 编制日记账分录。

提示：存货只包括为了销售而购买的商品。其他的购入，例如内部使用的用品，则记录在其他单独的科目中。

CP6-5 在永续盘存制下，报告批发商与零售商之间的带有销售/购买抵扣和销售/购买折扣的销售和购买

下列是关于联合纺织和美国时尚公司的一些比较典型的交易。联合纺织是一个批发商企业，而美国时尚是零售商企业。假设下列发生在截止到2008年12月31日的会计年度中两个企业之间的交易是按照其记录的顺序发生的。假设联合纺织所有对美国时尚的销售的支付条款都是2/10，n/30，并且两个企业采用的都是永续盘存制。

在2008年发生的交易：

a. 联合纺织以23万美元的售价销售商品给美国时尚，这笔商品的成本为17.5万美元。

b. 两天以后，美国时尚投诉说其中的一些商品与其之前订购的商品有所不同。联合纺织也同意给美国时尚5 000美元的销售抵扣。

c. 三天以后，美国时尚支付了所有在联合纺织的未支付款项。

要求：

1. 对 a—c 的交易，从以下几个方面来确定其对联合纺织影响的大小和方向（+表示增加，-表示减少，NE表示无影响）。

销售收入	销售退货和抵扣	销售折扣	净销售收入	销售成本	毛利润

2. 上面哪一项比较有可能在联合纺织的对外财务报表中出现，而哪些比较有可能只是在内部财务报表中出现？

3. 确定每笔交易对美国时尚存货账户的影响的方向和大小。

提示：当没有存货退货但是有销售抵扣时，销售商只是在应收账款中进行抵减，而不对存货科目进行任何调整。

CP6-6 在永续盘存制下，为批发商与零售商之间的带有销售/购买抵扣和销售/购买折扣的销售和购买编制分录

采用 CP6-5 中的信息，完成下列要求。

要求：

1. 编制联合纺织可能要记录的日记账分录，并且写出计算过程。

提示：当采用永续盘存制时，在产品销售时销售商常常要做两笔分录。

2. 编制美国时尚可能要记录的日记账分录，并且写出计算过程。

CP6-7 （补充）在实地盘存制下，为批发商与零售商之间的带有销售/购买抵扣和销售/购买折扣的销售和购买编制日记账分录

采用 CP6-5 中的信息以及交易 a 来完成下列要求，并假设两个企业都采用实地盘存制。

要求：

1. 编制联合纺织针对交易 a 可能要记录的日记账分录，并且写出计算过程。

提示：当采用实地盘存制时，在产品销售时销售商常常只要做一笔分录。

2. 编制美国时尚针对交易 a 可能要记录的日记账分录，并且写出计算过程。
3. 假设在本年中，美国时尚赊销了 16 万美元的商品。编制美国时尚要记录的日记账分录。
4. 假设在本年末，美国时尚对从联合纺织购买的现存存货进行实地清查，然后确定其成本为 8 万美元。编制美国时尚可能要记录的日记账分录，并且写出计算过程。

A 组问题

PA6-1 编制银行对账单和日记账分录，并且报告现金

马丁（Martin）公司的簿记员让你编制 2008 年 5 月 31 日的银行对账单。2008 年 5 月 31 日的银行账单，5 月的现金 T 形账户如下所示：

在 2008 年 4 月末马丁公司的银行对账单表明现金余额为 1.88 万美元。在 4 月末并没有在途存款，但是在 5 月末发生了在途存款。

		银行账单		
	支票	存入	其他	余额
2008 年 5 月 1 日余额				$18 800
5 月 2 日		$8 000		26 800
5 月 5 日	301 号 $11 000			15 800
5 月 7 日	302 号 6 000			9 800
5 月 8 日		10 000		19 800
5 月 14 日	303 号 500			19 300
5 月 17 日			利息 $120	19 420
5 月 22 日			空头支票 280	19 140
5 月 27 日	304 号 4 600			14 540
5 月 31 日			服务费用 60	14 480
2008 年 5 月 31 日余额				14 480

		（增加） 现金 （减少）		
5 月 1 日	余额	18 800		
5 月 1 日		8 000	11 000	5 月 2 日 301 号支票
5 月 7 日		10 000	6 000	5 月 4 日 302 号支票
5 月 29 日		4 000	500	5 月 11 日 303 号支票
			4 600	5 月 23 日 304 号支票
			1 300	5 月 29 日 305 号支票
5 月 31 日	余额	17 400		

要求：
1. 编制5月的银行对账单。
2. 编制任何银行对账过程中需要的日记账分录。它们为什么是必要的？
3. 在结转对账的日记账分录之后，在分类账中现金的余额应该是多少？
4. 如果在企业的另外一个被称为现存现金的账户中，企业还有50美元的现存现金，那么在5月末企业在资产负债表中应该反应多少现金及现金等价物？

PA6-2 确定未支付支票和在途存款，并且编制银行对账单和日记账分录

视图尔特（Stewart）公司2008年12月的银行账单和现金T形账户如下所示：

		银行账单		
时期	支票	存入	其他	余额
12月1日余额				$48 000
12月2日	$500			47 500
12月4日	7 000			40 500
12月6日	120			40 380
12月11日	550	$28 000		67 830
12月13日	1 900			65 930
12月17日	12 000			53 930
12月23日	60	36 000		89 870
12月26日	900			88 970
12月28日	2 200			86 770
12月30日	17 000	19 000	空头支票* $300	88 470
12月31日	1 650		利息收入 50	86 870
12月31日			服务费用 150	86 720

*空头支票是客户J. Left开出的。

		（增加）	现金	（减少）
12月1日	余额	48 000	在12月开出的支票	
存入：				
12月11日		28 000	500	60
12月23日		36 000	7 000	900
12月30日		19 000	120	150
12月31日		13 000	550	17 000
			1 900	3 500
			12 000	1 650
			2 200	
12月31日余额		96 470		

在11月30日没有任何的未支付支票和在途存款。

要求：
1. 确定并列出在12月末的在途存款。
2. 确定并列出在12月末的未支付支票。
3. 编制12月的银行对账单。

4. 编制任何银行对账过程中需要的日记账分录。它们为什么是必要的?
5. 在结转对账的日记账分录之后,在分类账中现金的余额应该是多少?
6. 如果在企业的另外一个被称为现存现金的账户中,企业还有 300 美元的现存现金,那么在 2008 年 12 月 31 日企业在资产负债表中应该反映多少现金及现金等价物?

PA6-3 编制带有销售折扣及销售退货和抵扣的多步式利润表,并计算毛利率

大汤姆公司是一家当地的杂货店,成立于 7 年以前。这家店有良好的地理位置,并且销售量逐年增长。在 2008 年末,簿记员编制了以下表格(假设所有数据都是正确的,但是要注意错误的术语和格式)。

大汤姆公司
利润表
2008 年 12 月 31 日

	借	贷
销售收入		$420 000
销售成本	$279 000	
销售退货和抵扣	10 000	
销售折扣	6 000	
销售费用	58 000	
管理费用	16 000	
一般费用	1 000	
所得税	15 000	
净利润	35 000	
合计	$420 000	$420 000

要求:
1. 针对内部报告编制多步式利润表。将销售退货和抵扣与销售折扣作为销售收入备抵科目。
2. 针对外部报告编制多步式利润表,以净销售收入作为开始。
3. 计算并解释毛利率(用本章介绍的公式)。

PA6-4 记录带有折扣和退货的销售和购买

Hair World(美发用品)公司是发艺供应的批发商。公司采用的是永续盘存制。下面这些交易是从其 2008 年的交易中摘录出来的:

a. 以现金销售商品,商品成本为 30 600 美元。	$51 200
b. 收到客户因为不满意而退回的商品(但实际上在良好状态), 进行现金归还(这些商品的最初成本为 360 美元)。	600
从供应商处赊购商品:	
c. 从 Cari's Comb 公司购买商品,支付条款为 3/10, n/30。	1 000
d. 从其他供应商处购买商品,支付条款为 3/10, n/30。	24 000
e. 购买商场中需要使用的设备,以现金支付。	400
f. 购买未来需要用到的办公室物品,以现金支付。	140
g. 运入购买的商品,以现金支付。	100

全额支付本期的应付账款：
  h. 在折扣期之外支付 Cari's Comb 公司的款项。　　　　　　　　　　1 000
  i. 在3%的折扣期内支付其他供应商的款项。　　　　　　　　　　　23 280
要求：
1. 假设美发用品公司在本期初现存的存货为10万美元。那么在本期末应报告的存货成本是多少？
2. 针对本期的销售收入计算毛利润和毛利率。
3. 对交易 a—i 编制日记账分录。

PA6-5 在永续盘存制下，报告批发商与零售商之间的带有销售/购买抵扣和销售/购买折扣的销售和购买

下列是关于流行新书(New Books)公司和读者俱乐部的一些比较典型的交易。流行新书公司是一个批发商企业，而读者俱乐部是零售商企业。假设下列发生在截止到2008年8月31日的会计年度中两个企业之间的交易是按照其记录的顺序发生的。假设流行新书公司所有对读者俱乐部的销售的支付条款都是 2/10, n/30，并且两个企业采用的都是永续盘存制。

在2008年8月31日发生的交易：

a. 流行新书公司以55万美元的售价销售商品给读者俱乐部，这笔商品的成本为41.5万美元。

b. 两天以后，读者俱乐部投诉说其中的一些商品与其之前订购的商品有所不同。流行新书公司也同意给读者俱乐部1万美元的销售抵扣。

c. 三天以后，读者俱乐部支付了所有在流行新书公司的未支付款项。

要求：
1. 对 a—c 的交易，从以下几个方面来确定其对流行新书公司影响的大小和方向（+ 表示增加，− 表示减少，NE 表示无影响）。

销售收入	销售返还和抵扣	销售折扣	净销售收入	销售成本	毛利润

2. 上面哪一项比较有可能在流行新书公司的对外财务报表中出现，而哪些比较有可能只是在内部财务报表中出现？
3. 确定每笔交易对读者俱乐部存货账户的影响的方向和大小。

PA6-6 在永续盘存制下，为批发商与零售商之间的带有销售/购买抵扣和销售/购买折扣的销售和购买编制日记账分录

采用 PA6-5 中的信息，完成下列要求。
要求：
1. 编制流行新书公司可能要记录的日记账分录，并且写出计算过程。
2. 编制读者俱乐部可能要记录的日记账分录，并且写出计算过程。

PA6-7 （补充）在实地盘存制下，为批发商与零售商之间的带有销售/购买抵扣和销售/购买折扣的销售和购买编制日记账分录

采用 PA6-5 中的信息以及交易 a 来完成下列要求，并假设两个企业都采用实地盘存制。

要求：
1. 编制流行新书公司针对交易 a 可能要记录的日记账分录，并且写出计算过程。
2. 编制读者俱乐部针对交易 a 可能要记录的日记账分录，并且写出计算过程。
3. 假设在本年中，读者俱乐部赊销了 25 万美元的商品。编制读者俱乐部要记录的日记账分录。
4. 假设在本年末，读者俱乐部对从流行新书购买的现存存货进行实地清查，然后确定其成本为 13.5 万美元。编制读者俱乐部可能要记录的日记账分录，并且写出计算过程。

B 组问题

PB6-1　编制银行对账单和日记账分录，并且报告现金

汤尼（Tony）公司的簿记员让你编制 2008 年 2 月 29 日的银行对账单。2008 年 2 月 29 日的银行账单、2 月的现金 T 形账户如下所示：

银行账单				
	支票	存入	其他	余额
2008 年 2 月 1 日余额				$49 400
2 月 2 日	101 号　$15 000			34 400
2 月 4 日		$7 000		41 400
2 月 5 日			空头支票　$320	41 080
2 月 9 日	102 号　11 000			30 080
2 月 12 日	103 号　7 500			22 580
2 月 14 日		9 500		32 080
2 月 19 日	104 号　9 000			23 080
2 月 23 日		14 150		37 230
2 月 26 日	105 号　6 700			30 530
2 月 28 日			利息收入　150	30 680
2 月 29 日			服务费用　40	30 640

（增加）	现金	（减少）	
2 月 1 日　余额	49 400		
2 月 2 日	7 000	15 000	2 月 1 日 101 号支票
2 月 13 日	9 500	11 000	2 月 7 日 102 号支票
2 月 21 日	14 150	7 500	2 月 11 日 103 号支票
2 月 28 日	7 800	9 000	2 月 17 日 104 号支票
		6 700	2 月 25 日 105 号支票
		1 200	2 月 29 日 106 号支票
2 月 29 日余额	37 450		

要求：
1. 编制 2 月的银行对账单。
2. 编制任何银行对账过程中需要的日记账分录。它们为什么是必要的？

3. 在结转对账的日记账分录之后,在分类账中现金的余额应该是多少?
4. 如果在企业的另外一个被称为现存现金的账户中,企业还有 50 美元的现存现金,那么在 2 月末企业在资产负债表中应该反映多少现金及现金等价物?

PB6-2 确定未支付支票和在途存款,并且编制银行对账单和日记账分录

Terrick 公司 2008 年 9 月的银行账单和现金 T 形账如下所示:

银行账单				
时期	支票	存入	其他	余额
9月1日余额				$75 900
9月2日	$620			75 280
9月4日	2 000			73 280
9月6日	1 500			71 780
9月11日	300	$14 000		85 480
9月13日	650			84 830
9月17日	10 000			74 830
9月23日	90	27 000		101 740
9月26日	700			101 040
9月28日	8 000			93 040
9月29日	730	17 000	空头支票* $500	108 810
9月30日	400		利息收入 60	108 470
9月30日			服务费用 40	108 430

*空头支票是客户 B. Frank 开出的。

	（增加） 现金 （减少）		
9月1日 余额	75 900	在 9 月开出的支票	
存入:		620	8 000
9月11日	14 000	2 000	730
9月23日	27 000	1 500	400
9月29日	17 000	300	500
9月30日	21 000	650	6 000
		10 000	90
		700	
9月30日余额	123 410		

在 8 月 31 日没有任何的未支付支票和在途存款。

要求:
1. 确定并列出在 9 月末的在途存款。
2. 确定并列出在 9 月末的未支付支票。
3. 编制 9 月的银行对账单。
4. 编制任何银行对账过程中需要的日记账分录。它们为什么是必要的?
5. 在结转对账的日记账分录之后,在分类账中现金的余额应该是多少?
6. 如果在企业的另外一个被称为现存现金的账户中,企业还有 200 美元的现存现金,

那么在 2008 年 9 月 30 日企业在资产负债表中应该反映多少现金及现金等价物?

PB6-3 编制带有销售折扣与销售退货和抵扣的多步式利润表,并计算毛利率

Emily Greenhouse 公司是一家当地的杂货店,成立于 10 年以前。这家店有良好的地理位置,并且销售量逐年增长。在 2008 年末,簿记员编制了以下表格(假设所有数据都是正确的,但是要注意错误的术语和格式)。

Emily Greenhouse 公司
利润表
2008 年 9 月 31 日

	借	贷
销售收入		$504 000
销售成本	$311 000	
销售退货和抵扣	11 000	
销售折扣	8 000	
销售费用	61 000	
管理费用	13 000	
一般费用	3 000	
所得税	18 000	
净利润	79 000	
合计	$504 000	$504 000

要求:

1. 针对内部报告编制多步式利润表。将销售退货和抵扣及销售折扣作为销售收入抵消科目。
2. 针对外部报告编制多步式利润表,以净销售收入作为开始。
3. 计算并解释毛利率(用本章介绍的公式)。

PB6-4 记录带有折扣和退货的销售和购买

Larry's Hardware(拉利硬件)公司是硬件供应的批发商。公司采用的是永续盘存制。下面这些交易是从其 2008 年的交易中摘录出来的:

a. 以现金销售商品,商品成本为 325 000 美元。	$500 000
b. 收到客户因为不满意而退回的商品(但实际上在良好状态), 进行现金归还(这些商品的最初成本为 1 900 美元)。	3 000
从供应商处赊购商品:	
c. 从 Do It Yourself 公司购买商品,支付条款为 3/10,n/30。	27 000
d. 从其他供应商处购买商品,支付条款为 3/10,n/30。	237 000
e. 购买商场中需要使用的设备,以现金支付。	5 000
f. 购买未来需要用到的办公室物品,以现金支付。	400
g. 运入购买的商品,以现金支付。	350
全额支付本期的应付账款:	
h. 在折扣期之外支付 Do It Yourself 公司的款项。	27 000
i. 在 3% 的折扣期内支付其他供应商的款项。	229 890

要求：

1. 假设拉利硬件公司在本期初的存货为35万美元。那么在本期末应报告的存货成本是多少？
2. 针对本期的销售收入计算毛利润和毛利率。
3. 对交易 a—i 编制日记账分录。

PB6-5 在永续盘存制下，报告批发商与零售商之间的带有销售/购买抵扣和销售/购买折扣的销售和购买

下列是关于南方运动产品公司和 R Us 运动的一些比较典型的交易。南方运动产品公司是一个批发商企业，而 R Us 运动是零售商企业。假设下列发生在截止到 2008 年 12 月 31 日的会计年度中两个企业之间的交易是按照其记录的顺序发生的。假设南方运动产品公司所有对 R Us 运动的销售的支付条款都是 2/10，n/30，并且两个企业采用的都是永续盘存制。

在 2008 年 8 月 31 日发生的交易：

a. 南方运动产品公司以 12.5 万美元的售价销售商品给 R Us 运动，这笔商品的成本为 9.4 万美元。

b. 两天以后，R Us 运动投诉说其中的一些商品与其之前订购的商品有所不同。南方运动产品公司也同意给 R Us 运动 3000 美元的销售抵扣。

c. 三天以后，R Us 运动支付了所有在南方运动产品公司的未支付款项。

要求：

1. 对 a—c 的交易，从以下几个方面来确定其对南方运动产品公司影响的大小和方向（+表示增加，-表示减少，NE 表示无影响）。

销售收入	销售退货和抵扣	销售折扣	净销售收入	销售成本	毛利润

2. 上面哪一项比较有可能在南方运动产品公司的对外财务报表中出现，而哪些比较有可能只是在内部财务报表中出现？
3. 确定每笔交易对 R Us 运动存货账户的影响的方向和大小。

PB6-6 在永续盘存制下，为批发商与零售商之间的带有销售/购买抵扣和销售/购买折扣的销售和购买编制日记账分录

采用 PB6-5 中的信息，完成下列要求。

要求：

1. 编制南方运动产品公司可能要记录的日记账分录，并且写出计算过程。
2. 编制 R Us 运动可能要记录的日记账分录，并且写出计算过程。

PB6-7 （补充）在实地盘存制下，为批发商与零售商之间的带有销售/购买抵扣和销售/购买折扣的销售和购买编制日记账分录

采用 PB6-5 中的信息以及交易 a 来完成下列要求，并假设两个企业都采用实地盘存制。

要求：

1. 编制南方运动产品公司针对交易 a 可能要记录的日记账分录。
2. 编制 R Us 运动针对交易 a 可能要记录的日记账分录。
3. 假设在本年中，南方运动产品公司赊销了 9.7 万美元的商品。编制 R Us 运动要记

录的日记账分录。

4. 假设在本年末,R Us 运动对从南方运动产品公司购买的现存存货进行实地清查,然后确定其成本为 4.3 万美元。编制 R Us 运动可能要记录的日记账分录,并且写出计算过程。

技能拓展训练

S6-1　寻找财务信息

参考兰德里餐饮公司的财务报表,可从 www.mhhe.com/phillip2e 网站上下载年度报告。

要求:

1. 在本年末,企业应该报告的现金及现金等价物的数额为多少?
2. 假设销售收入成本也就是销售成本,计算企业在最近两年毛利率。它是升高还是降低? 解释这种变化的含义。
3. 假设兰德里在最近的会计年度中都没有存货损失。通过资产负债表和利润表,估计最近这些会计年度的购入量。

S6-2　对比财务信息

参考澳特拜牛排坊的财务报表,可从 www.mhhe.com/phillip2e 网站上下载年度报告。

要求:

1. 在本年末澳特拜牛排坊所报告的现金及现金等价物比兰德里餐饮公司多还是少?
2. 假设销售收入成本也就是销售成本,计算企业在最近两年毛利率。它是升高还是降低? 解释这种变化的含义。
3. 假设澳特拜牛排坊在最近的会计年度中都没有存货损失。通过资产负债表和利润表,估计最近这些会计年度的购入量。在 2005 年澳特拜牛排坊的购入量比兰德里餐饮公司多(少)多少?

S6-3　在线小组研究:审查年度报告

以小组为单位选择一个行业进行分析。每个组员可以使用浏览器获取在行业中公开交易公司的年度报告或 10-K,并且每个组员只能选择不同的公司(见第 1 章的 S1-3 查看获取资源的途径)。

要求:

1. 以个人为单位,每个组员要编制一份包括以下内容的报告:

a. 以足够的细节来描述这个企业的经营,界定它是一个服务性企业、商业性企业还是制造性企业。这家企业提供的产品或服务是什么?

b. 计算本年度以及上年度的毛利率,并解释两年间的变化。

2. 然后以小组为单位,撰写一个简短的报告,将你们的企业进行对比。讨论各自分析的企业是否有同一个模式,并且对于不同之处给出可能的解释。

S6-4　道德选择:现实案例

当联想到存货失窃时,人们常常想到一个商品扒手背着一个装满了商品的背包从商品里跑出来。但在芝加哥的马德里街,著名鞋类百货的经营者并不这样想。事实上,他们认为他们自己的雇员才是他们高居不下的存货损失额的主要原因。其中的一个花招是不忠的收银员会让她们的朋友带走一双斯凯杰并且不用为此而付款。为了让这双鞋看起来像是被买走的,收银员会记录销售,但是只会收取2美元作为一瓶鞋油的销售,而不是50美元的一双鞋。这也是经营者决定让其会计系统开始运作的时刻。在两年之内,企业减少了马德里街一半的存货损失。下面是一篇描述关于百货店的改进的新闻:

零售商减少了员工偷窃存货
芝加哥,2000年9月10日,今日南方海岸
《华尔街日报》作者 Calmetta Coleman

著名鞋类建立了一系列注册监控的系统,来发现可疑的交易,例如不寻常的大金额的退款或是空白,或者是低价商品的重复出售。

在员工可以执行现金退款之前,另一个员工必须在场看到客户并且检查商品。

为员工建立不用付费的热线,以报告任何可疑的同行。

这些在存货控制方面的改进对于 Brown Shoe 公司的投资者和债权人来说是值得高兴的好消息。这家企业拥有著名鞋类公司。尽管芝加哥百货有了这些改进,Brown Shoe 还是不得不在其他城市完全关闭经营。

要求:
1. 解释注册监控的系统是怎样帮助著名鞋类减少员工偷盗事件的?
2. 在著名鞋类采用的新现金退款程序中,控制的名称和财务报告控制的目标是什么?
3. 如果著名鞋类采用的是实地盘存制,而不是永续盘存制,那么该企业应该怎么发现存货损失?
4. 考虑并且列举出至少四种不同的群体的利益会因为这个案例中所描述的存货被窃而受到损害。

S6-5 道德选择:小案例

假设你是在一个制造和销售运动服装的大型公司的商品部门中作为一个会计。为了激励你的部门在每个人的销售中能尽量地多盈利,部门主管是按照每个人的毛利率来发放工资的。为了刺激对于部门运作费用的控制,部门主管也根据部门的净收入来发放工资。

你现在正在编制部门的财务报表。这个部门正在经历业绩良好的一年,10万美元的销售收入,5万美元的销售成本,6 000美元的销售退货和抵扣,4 000美元的销售折扣,以及3万美元的其他费用(假设该部门并不上报所得税)。部门主管认为销售退货和抵扣、信用卡折扣以及销售折扣应作为销售费用,而不是作为销售收入备抵科目。他称他并不打算你修饰数字,只是相信如果将这个作为费用会更加恰当。另外,他宣称,作为一个大公司的一个部门,你不一定非要遵守公认会计原则。

要求:
1. 采用本章介绍的类别为这个部门编制利润表,并通过利润表计算这个部门的毛利率。
2. 采用部门主管建议的类别为这个部门编制利润表,并通过利润表计算这个部门的毛利率。
3. 除了"正确报告"之外,你认为还有什么其他的原因会促使部门主管对你提出这样的建议?

4. 你同意部门主管的"他并不打算要求你修饰数字"这种说法吗?
5. 你同意部门主管的不一定要遵守公认会计原则的说法吗?
6. 你应该如何回应部门主管的"友好的建议"?

S6-6 关键性思考:分析内部控制的弱点

Snake Creek 公司有一个被信任的雇员,按照公司所有者的说法,该雇员"掌管公司所有的簿记和纸面工作"。该雇员负责清点、核实及记录现金收支,进行每周的银行存款,为大额支出准备支票(由所有者签署),从现金保管箱中取钱负责日常小额费用支出,以及收回应收账款。所有者向当地银行申请 20 000 美元的贷款,银行要求必须对刚结束的会计年度实施审计。独立审计师(当地的 CPA)和所有者进行了一场私人谈话,提出了关于该雇员在过去的一年内以下行为的证据:

a. 现金销售款有时未放入现金保管箱,该雇员每月约将 50 美元据为己有。

b. 从现金保管箱中取出(被该雇员据为己有)的现金被代之以伪造签名的费用记录(约每天 12 美元)。

c. 从镇外一位客户那里收回的 300 美元应收账款被该雇员据为己有,而被以下分录掩盖:借记销售退货,贷记应收账款。

d. 从当地一位客户那里收回的 800 美元应收账款被该雇员据为己有,而被以下分录掩盖:借记销售折扣,贷记应收账款。

要求:

1. 过去一年内,大约有多少钱被盗?

提示:假设该雇员一周工作 5 天,一年工作 52 周。

2. 你对所有者的建议是什么?

S6-7 编制多步式利润表,计算毛利率

假设你被 Big Sky 公司雇用,公司正忙于编制年度财务报表。你被要求编制供内部报告和供外部报告使用的利润表各一份。你的老板还要求你基于要编制的报表计算公司的毛利率。2008 年 5 月 31 日,公司有以下调整后试算平衡表:

账户名称	借方	贷方
现金	$57 000	
应收账款	67 000	
存货	103 000	
不动产和设备	252 000	
累计折旧		$103 000
负债		75 000
投入资本		120 000
留存收益,2007 年 6 月 1 日		145 900
销售收入		369 000
销售退货和抵扣	9 500	
销售折扣	14 000	
销售成本	248 000	

（续表）

账户名称	借方	贷方
销售费用	19 000	
管理费用	23 000	
一般费用	5 000	
所得税费用	15 400	
合计	$812 900	$812 900

你的老板希望你建立以下电子表格——当收入备抵账户变化时，可以自动重新计算净销售和其他相关数字。为实现这一目标，你知道需要在工作表内使用公式，甚至需要在工作表之间导入数据或建立链接。再一次，你的朋友欧文打算帮忙。

From：Owentheaccountant@yahoo.com
To：Helpme@hotmail.com
Cc：
Subject：Excel Help

看起来你这个夏天会获得很好的经验。为了从另一张工作表导入数据，你首先要单击你希望数据显示的单元格。例如，如果你想将净销售数据导入外部利润表，先单击外部利润表中净销售数据将会显示的单元格，键入等号（=）；然后单击包含内部利润表数据的工作表标签；在该工作表中，单击你希望导入外部利润表的数据所在的单元格，然后按回车键。这将建立内部利润表单元格和外部利润表单元格之间的链接。以下的截屏显示了你导入数据后将会出现的公式。

不要忘记用一个你能明白的名字保存文件。

要求：

在电子表格内键入试算平衡表的信息，完成以下项目：

1. 编制供内部报告使用的多步式利润表，将销售退货和抵扣以及销售折扣视为收入备抵账户。
2. 编制供外部报告使用的多步式利润表，从净销售数额开始。
3. 计算毛利率。

第7章 报告和解释存货及销售成本

学习目标

了解企业
学习目标1　描述存货管理目标
学习目标2　描述存货的种类

学习会计方法
学习目标3　用四种存货成本计算方法计算存货成本
学习目标4　解释为什么用成本或市价中的较低者报告存货

评估结果
学习目标5　计算并解释存货周转率
学习目标6　解释不同的会计核算方法是如何影响存货管理的评估的

本章复习

前章回顾

在上一章,我们假设所有的商品其单个购买成本是相同的。

本章重点

本章向我们展示了如何对以不同单位成本购买的类似商品进行会计处理。

现在看来,一个学期已经差不多过去一半了,所以很有必要在这个时候问问自己到底学得怎么样了。如果到目前为止,你已经参加了三次测试,第一次测试得了40分,第二次测试得了70分,第三次测试得到了100分,那么你觉得你是考得很糟糕、很出色还是一般呢?其实答案可能是以上三者中的任何之一,这取决于你是较重视第一次测试,还是第三次测试,又或者是比较平衡地对待所有的三次测试。如果存在能够解释你测试结果的规则的话,是不是解释起那些测试结果来就会简单得多呢?

当公司报告它们所持有的存货的成本的时候,同样的事情也会发生。通货膨胀能够引起存货成本随时间持续上升,而技术革命能引起存货成本的下跌。在以上两种方式的任何一种下,存货看上去好像是按以下方式构成的:其中的一些项目是以较低的成本获得的,其他的一些项目又是以较高的成本获得的。假设太阳镜制造者奥克利公司分别以 40 美元、70 美元和 100 美元生产三副直角太阳镜。这些数字是否就能够表明这些太阳镜的成本是低廉、适中还是昂贵的呢?就好像上面提到的测试结果一样,答案很可能是三者中的任何一种,这就取决于你是如何看待它们的。不同的存货成本计算方法会带来不同的结果,当决定存货成本和已售商品的成本时,公认会计原则允许会计师选用多种存货成本计算方法之中的一种。存货成本计算方法选择的灵活性是一件好事,因为它使一个公司的管理人员能够使用最适合于该公司商业环境的存货成本计算方法。然而,这种选择的灵活性同样也使人能够了解到哪种方法正在被使用以及这些方法是如何操作的,这就是我们将在本章学到的内容。

你知道当管理者要做与存货相关的决策的时候,他们担心的是什么吗?你知道他们决策的结果是如何被报告出来的吗?你又知道如何运用报告结果来评估那些与决策有关的存货的质量吗?对于以上问题的答案,你的回答中只要有一个是否定的,那么你真的很有必要学习本章。在本章,我们会一一呈现以上问题,本章所包含的具体主题如下:

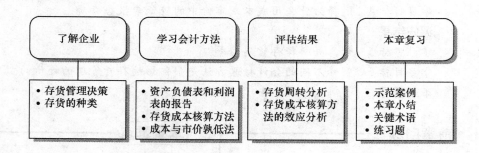

了解企业

存货管理决策

你可能不会去制造或者销售存货,但是你一定会去购买存货。那些你作为消费者考虑的东西也会是做出存货决策的管理者

学习目标 1
描述存货管理目标。

们考虑的。存货管理人员的首要目标是:(1) 持有充足的存货来满足消费者的需要;(2) 确定存货质量能够满足顾客的期望以及公司的标准;(3) 管理人员会尝试最小化取得和运送存货所需耗费的成本(包括与购买、生产、存储、损毁、偷盗、淘汰以及融资有关的成本)。对于很多管理人员来说,存在着第四个因素会影响到他们关于存货的

决策:产品的革新。事实上,奥克利是如此强烈地相信产品革新,以至于他曾经把自己的公司描述成"一家技术型公司,致力于找出现有产品存在的问题并通过再定义产品类别的方式来解决这些问题"①。以上提到的四个因素很难驾驭,因为只要其中之一改变了(比如,质量因素),其他三个要素也会跟着发生变化(比如,成本因素)。最终,存货管理通常达到这样一种结果,即去购买那些获得以后就会立即被销售出去的商品。

存货的种类

"存货"一词是指在正常的商业流程中持有的用于销售的商品或者被用于生产其他用于销售的产品的商品。货商持有货物存货,这些存货都是已经完工,不需要再加工就可以直接用于出售的产品。制造商通常持有三种类型的存货,每种存货代表了制造过程的一个阶段。首先是原材料,如塑料、钢材或者织物。当这些原材料进入生产阶段,它们就变成在产品的一部分了,在产品包括了那些处于制造阶段的货物。在产品完工后就变成了产成品,产成品是准备用于销售的产品,就好像前面提到的货物存货一样。本章我们将把重点放在货物存货上,但要注意的一点就是,我们覆盖的定义也同样适用于制造商的存货。

> **学习目标 2**
> 描述不同种类的存货。

除了"存货",另外两个名词也会被用来描述存货。"委托代销存货"是指公司持有的、代该存货所有者销售的存货。当一种商品很难销售出去时,公司更愿意以获得代销费用而不是获得商品所有权的方式来销售商品。委托代销存货会出现在其所有者的资产负债表里,而不是出现在其持有者的资产负债表里。"运送中存货"是指正处在运输状态的存货。这一类型的存货会出现在其所有者的资产负债表里,而不是出现在其持有者的资产负债表里。你可能会记得在第 6 章里提到过,存货的所有权归属是由该存货的销售合同决定的。如果销售属于**到岸销售**,那么货物归销售者所有,直到货物到达购买者手中。如果销售属于**离岸销售**,从货物离开销售者所在地的那一刻起就归购买者所有。

> **你应该知道**
> **到岸销售**是一种销售方式,在这一销售方式下货物一直都归销售者所有,直到货物到达购买者的手中。
> **离岸销售**是一种销售方式,在这种销售方式下货物从离开销售者所在地那一刻起就归购买者所有了。

---

① Oakley, Inc. 2002 Form 10-K.

学习会计方法

资产负债表和利润表的报告

如图表 7.1 所示,存货是作为一项流动资产被列示在资产负债表中的。存货之所以被归入流动资产,是因为包括在存货中的商品预期将在一年之内损耗掉或销售出去。存货中包括的商品的成本就是如果获得该商品而使之处于销售的情况和地点所要花费的金额。在第 6 章我们曾经讨论过,存货成本包括了购买价格,同时也包括了使存货达到预计可销售状态的附加成本。将存货运送到销售者所在地的所花费的成本(运费)包含在存货成本中。如果存在任何现金折扣,应该将其从存货成本中扣除。

图表 7.1 在资产负债表中报告存货

奥克利集团 2003—2005 年末的合并资产负债表

	2005	2004	2003
(以千为单位)			
资产			
流动性资产			
现金和现金等价物	$82 157	$51 738	$49 211
短期应收款(净值)	99 430	102 817	77 989
存货	119 035	115 061	98 691
预付所得税及其他	33 554	27 274	21 395
流动性资产小计	334 176	296 890	247 286

当商品被销售出去时,其相关成本记录从"存货"科目中移出,作为一项费用被报告在利润表中,该费用叫做商品销售成本。正如图表 7.2 的利润表所示,商品销售成本(CGS)是紧跟着销售收入列示的。销售收入是通过将整个会计期间的商品销售数量乘以单个商品的销售价格计算出来的。商品销售成本是通过将整个会计期间的商品销售数量乘以单个商品的成本计算出来的。销售收入和商品销售成本之间的差额就是毛利润。

图表 7.2 在利润表中报告产品销售成本

奥克利集团 2003—2005 年末的合并利润表

	2005	2004	2003
(以千为单位)			
净销售收入	$648 131	$585 468	$528 034
商品销售成本	227 230	262 483	245 578
毛利润	370 901	322 985	282 456

虽然存货的成本和商品销售成本是被报告在不同的财务报表中,但是两者之间有着密切的联系。一个公司在每个会计期间开始时都持有一定数量的存货,这类期初持有的存货叫做期初存货(BI)。在整个会计期间,新购买的商品(P)会被添加到存货科

目中去。正如图表7.3所示,以上两种存货的成本之和就代表了持有以备销售的存货的成本,即在当前会计期间所有的持有以备出售的存货的成本。这些存货中的一些会在当期被销售出去,剩下的未售的存货将在期末继续持有。持有以备销售的商品出售以后会被报告在利润表中的"商品销售成本"科目下。期末留存的未销售出去的存货会被报告在资产负债表中的"期末存货"(EI)科目下。一个会计期间的期末存货就是下一个会计期间的期初存货。以上这些存货之间的关系可以通过商品**销售成本等式**来表示(BI + P − EI = CGS)。

图表7.3 存货和商品销售成本之间的关系

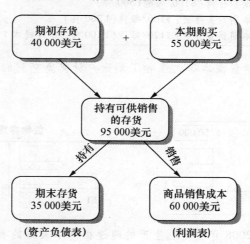

为了解释商品销售成本(CGS)等式,我们假设奥克利公司在会计期初持有期初存货价值为4万美元的奥克利雷管系列(Detonator)的手表,其在整个会计期间购买的手表的价值为5.5万美元,期末存货价值为3.5万美元。如下表所示,将以上数据结合起来最终可以计算出商品销售成本为6万美元。

> **你应该知道**
> 销售成本等式(CGS):BI + P − EI = CGS

期初存货	$40 000
+本年购入存货	+ 55 000
=持有以备销售的存货	= 95 000
−期末存货	− 35 000
=商品销售成本	= $60 000

相同的关系可以被呈现在T形账里:

+	货物存货(A)	−	
期初存货	40 000		
本期购入存货	55 000	60 000	商品销售成本
期末存货	35 000		

如果以上这些值中有一个是未知的,我们都可以通过商品销售成本等式或者是利用存货T形账户来计算未知值。下面让我们来做做自我测试题吧。

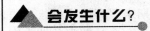

自 我 测 试

2008年奥克利的超速档高尔夫鞋生产线的相关信息假设如下:

> 期初存货:$100/每件(500件)
> 本期购买存货:$100/每件(1 200件)
> 本期销售存货:$120/每件(1 100件,每件成本$100)

1. 使用商品销售成本等式或者T形账户计算奥克利的超速档高尔夫鞋的期末存货价值。

			+ 货物存货(A) −		
期初存货	$	50 000	BI		
+ 本期购进存货			P		CGS
− 期末存货			EI		
= 商品销售成本	$				

2. 试着编制2008年奥克利生产的超速档高尔夫鞋的利润表(只要计算出毛利润部分就够了)

自测答案

1. BI:500 × $100 = $50 000 　　 BI + P − EI = CGS
   P:1 200 × $100 = $120 000　　50 000 + 120 000 − EI = 110 000
   CGS:1 100 × $100 = $110 000　50 000 + 120 000 − 110 000 = EI
   　　　　　　　　　　　　　　　　　　　$60 000 = EI

2. Net sales　　　　　　$132 000
   Cost of goods slod　　 110 000
   Gross profit　　　　　　 22 000

存货成本核算方法

在自我测试中提到的关于超速档高尔夫鞋的例子中,所有鞋子的成本都是一样的,即100美元。如果存货成本一直保持不

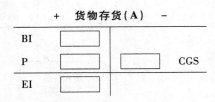

学习目标 3
用四种存货成本核算方法计算存货成本。

变,我们的工作就此完成了。但是正如你不可能总在测试中得到100分一样,存货的成本不可能永远保持不变。近年来,很多种存货的成本都有一定幅度的上升。但其他存货,比如液晶电视的成本,其下降幅度就非常显著。

如果存货成本长期处在变化的状态,我们很难判断用哪种成本来决定商品销售成本(和留存存货的成本)。为了让你了解到我们所表达的意思,考虑一下下面这个关于奥克利公司的简单例子:

1月1号　　期初存货是两副单价均为70美元的雪地护目镜;
3月12号　　购买了五副单价均为80美元的雪地护目镜;
6月8号　　购买了一副单价为100美元的雪地护目镜;
11月5号　　以每副120美元的价格销售了五副雪地护目镜。

11月5号以每副120美元的价格销售出去的五副雪地护目镜会带来600美元(120×5)的销售收入,但是用何种存货的成本作为商品销售成本呢?由于从1月到6月以来,护目镜的成本一直都在上升,所以答案就取决于我们对被销售出去的存货的成本的认定。这五副眼镜是3月12号买的那五副单价为80美元的眼镜吗?还是说销售的五副眼镜中既有单价为70美元的眼镜、也有单价为80美元的眼镜、还有单价为100美元的眼镜呢?这个看上去很简单的会计决策的影响可以是戏剧性的。据一项研究估计,这个决策对美国大公司利润产生的综合效益超过了60亿美元。②

这里我们提供四种被广泛接受的存货成本核算方法来决定商品销售成本(和期末存货成本)到底是多少:

1. 个别计价法
2. 先进先出法(FIFO)
3. 后进先出法(LIFO)
4. 加权平均法

这四种方法通过不同的方式将持有以备销售的商品成本分配给期末存货成本和商品销售成本。在美国,这四种方法中的任何一种都被认定为公认会计原则。* 第一种方法会具体认定哪些存货项目被留存下来,哪些存货项目被销售出去了。剩下的三种方法假设存货成本以一种特定的方式从资产负债表中的"存货"科目流向利润表中的"商品销售成本"科目。

1. 个别计价法

当使用个别计价法时,每个售出存货的成本都会单独确认并被记录为商品销售成本。这个方法要求逐一辨认存货的购买成本,通常会给每个存货项目设置一个编号,

> **你应该知道**
> 个别计价法是确认售出的每一项存货的成本的存货成本核算方法。

同时为每个编号制作一份关于成本的相关记录。在前面的那个例子中,如果那五副被销售出去的护目镜包括了一副成本为70美元的护目镜、三副成本为80美元的护目镜和一副成本为100美元的护目镜的话,那么所有五副眼镜的成本410美元(70+80+80+80+100)会被报告在商品销售成本科目中。剩余存货的成本230美元(70+80+80)会被报告在期末的资产负债表中的存货科目中。

---

② "Big Oil's Accounting Methods Fuel Criticism," *The Wall Street Journal*, August 8, 2006, C1.
* 中国现行会计准则不允许使用后进先出法。——编辑注

奥克利实际上并没有采用个别计价法,这是因为同一生产线生产出的每个存货项目都是相同的,并且单个项目的成本很低。只有当单个存货项目价格相对较高且型号相对较特别时,即当了解单个存货的成本显得很重要时,我们才倾向于采用个别计价法。例如,车美仕(CarMax)使用个别计价法来核算二手车的成本,又如托·布朗斯(Toll Brothers)——美国别墅的领军建造者——使用个别计价法来报告其家庭建筑物的成本。

对于那些持有大量类似存货的公司来说,一个更现实的方法是假设一种从"存货"到"商品销售成本"的特定的成本流。在这些成本流假设下,存货成本并非建立在真实的上下架存货流动的基础上。更确切地说,存货成本是建立在一个假设的成本流动的基础上,这个假设的成本流从资产负债表流向利润表。这就是为什么这种流动被称为成本流假设的原因了。为了帮助你在脑海中勾勒出这些成本流的画面,我们将会使用类似于产品流程的图解。需要记住的是,公认会计原则没有要求一个公司采用能够真实反映其现实存货流动的成本流假设。我们运用后三种存货成本核算方法时,假设当期所有的购买都发生在记录所有的商品销售收入和商品销售成本之前。③

控制重点

疯牛病、RFID 系统和存货成本核算

回应备受关注的疯牛病事件时,美国农业部允许将 RFID 系统作为国家动物识别系统的一部分。RFID 标签使始终如一地反映以及电子化收集每只动物的信息成为现实。紧跟着这个趋势,福特汽车公司(Ford)和沃尔玛百货公司(Wal-Mart)现在也把 RFID 标签嵌入被选中的存货项目中。根据以上这些发展现状,一些会计师预计存货核算方法有向"个别计价法"方向发展的趋势。

2. 先进先出法(FIFO)

不,这不是一只狗的名字。**先进先出法**的英文缩写是 FIFO,当计量存货成本时,FIFO 是一种被普遍接受的成本流假设。其假设最先购买的商品的成本被首先用来计算商品销售成本,然后相对较新的存货成本被用来计算期末存货成本。这种存货成本的流进流出方式跟牛奶盒从货架进入杂货商店的道理是一样的(看图表 7.4)。先进先出法主要包括以下两个步骤:

> **你应该知道**
> **先进先出法**假设最先购买的(先进的)存货成本就是最先卖出去的存货的成本。

步骤 1:每次购买进的存货都被看成好像它们是按顺序被存放在了货架上并且依次划到了货架底部。在我们的例子中,最早购买的存货(单价为 70 美元的两件期初存

---

③ 由于假设所有购买发生在记录销售收入和销售成本之前,这里我们假设采用的是实地盘存制。你可能对此感到奇怪,因为第 6 章称大多数现代公司采用永续盘存制,我们出于几个原因做此假设,在本章附录 A 会有所解释。如果想了解永续盘存制下的成本流假设,参见本章附录 A。在本章的例子和练习中,均未考虑存货损失(第 6 章讨论的主题之一)。

图表7.4 使用先进先出法计算存货成本流（FIFO）

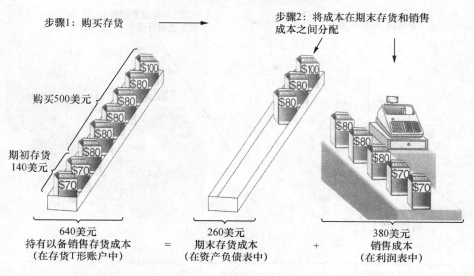

货）被摆在了货架的最底端，然后是较早购买的存货（单价为80美元的五件存货），最后是新近购买的存货（单价为100美元的一件存货）。那么综合看来，持有可供销售的所有存货的成本就是640美元。

步骤2：之后销售出去的商品成本要按顺序来移动，就好像是最先购买的商品就会最先被销售出去一样。在我们的例子中，有五件存货被销售了出去，所以商品销售成本就等于期初两件单价为70美元的存货成本加上之后购买的三件单价为80美元的存货的成本。总成本380美元被报告在商品销售成本（CGS）中。

剩下存货的成本（两件单价为80美元的存货加上一件单价为100美元的存货，总共为260美元）被报告在期末存货成本中。先进先出法分配最早购买的（先进的）存货成本进商品销售成本，而最新购买的存货成本进期末存货成本。

3. 后进先出法

后进先出法，通常称为LIFO，假定最新购买的存货成本（后进）就是最先销售出去的存货成本，即首先发生的成本作为期末存货成本。这种成本流动计量方式可以想象为从石堆的顶端开始抽取石块。接下来，让我们先看看图表7.5，之后再回到这里来。

> **你应该知道**
>
> **后进先出法（LIFO）**假设最新购买的存货成本（后进）就是最先销售出去的存货成本（先出）。

步骤1：和在先进先出法下类似，每一次的购买都被看做是自上而下堆积存货（期初购买2件单价为70美元的存货，随后购买5件单价为80美元的存货，最后购进1件单价为100美元的存货），因此持有以备销售存货成本为640美元。

步骤2：与先进先出法所规定的从存货堆积的底部开始消除成本的方法不同，后进先出法规定每一件销售存货的成本都应从存货堆积的顶端开始按顺序消除（从最后购买的成本开始）。在我们的例子中，这就意味着假设我们售出5件存货，其中则包括1

图表 7.5 使用后进先出法计算存货成本流（LIFO）

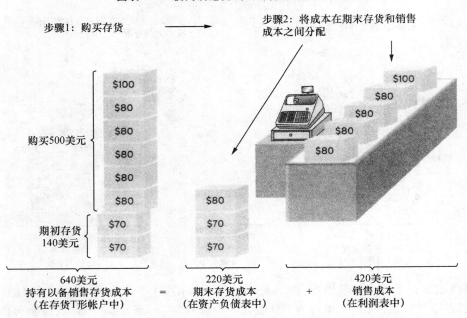

件单价为 100 美元的存货和 4 件单价为 80 美元的存货。这 5 件最后购进存货的总成本（420 美元）则被记录为最先售出的 5 件存货的总成本。

剩余存货的成本（1 件单价为 80 美元和 2 件单价为 70 美元的存货）则被记录为期末存货。后进先出法将最后购买的存货成本作为销售成本，将最先发生的存货成本作为期末存货成本。

应该注意的是，用后进先出法计量的成本流量与先进先出法计量下的成本流量是完全相反的。现在，让我们总结下在资产负债表和利润表上，究竟是用最新还是最早购入的存货成本来计量存货的。

	先进先出	后进后出
存货（资产负债表）	最新购进存货成本	最早购进存货成本
销售成本（利润表）	最早购进存货成本	最新购进存货成本

同时也要注意到，尽管这两种方法都是存货成本计量方法，它们的命名十分真实地形容了它们计量销售成本的方法。即先进先出法和后进先出法的"先出"部分都是指已经销售出的商品而非期末剩余的存货。

4. 加权平均成本法

加权平均成本法提供的是一个方法论，类似于教你如何计算平均绩点。首先，持有以备销售存货的单位加权平均成本的计算涵盖了所有以不同单位成本购入的存货总数（如下步骤 1a 和 1b 所示）。此单位加权平均成本随后则用于计算销售成本和期末

> **你应该知道**
> **加权平均成本法**计算持有以备销售存货的平均成本，再分配给销售成本和期末存货。

存货(如步骤 2)。

步骤 1a:决定存货数量以及持有以备销售存货的成本。运用我们上述的例子,计算过程如下:

存货数量	×	存货成本	=	总成本
2	×	$70	=	$140
5	×	$80	=	400
1	×	$100	=	100
8		可供销售		$640

步骤 1b:计算单位加权平均成本,过程如下:

> **辅导员提示**
> 计算加权平均成本时,确保以数量为权重,而不是不考虑数量进行简单平均。

$$\text{加权平均成本} = \frac{\$ \text{可供销售的存货成本}}{\# \text{可供销售的存货数量}}$$

此步骤具有将所有单位成本混合在一起的作用,如图表 7.6 所示。在我们所用的例子中,具体计算方法如下:

$$\text{加权平均成本} = \frac{\$640}{8 \text{件}} = \$80 \text{每件}$$

图表 7.6 使用加权平均成本法计算存货成本流

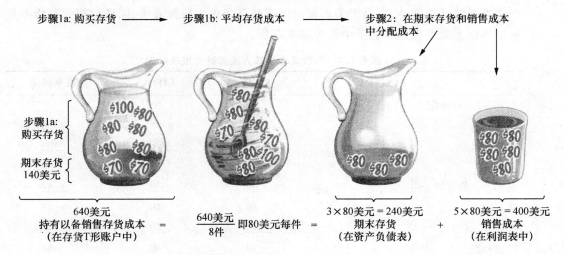

步骤 2:设销售成本与期末存货的单位加权平均成本都相等。在我们所用的例子中,可以这样计算:

```
销售成本 = 5 件 × $80 = $400
期末存货 = 3 件 × $80 = $240
```

成本计量方法对财务报表的影响

接下来的计算结果是体现在会计系统中的,用于减少存货并增加销售成本的金额总数。例如,某公司运用加权平均成本法计算(如图表7.6所示)将在报告中体现以下信息,在日记账中的数据如下:

1. 分析

资产	=	负债	+	所有者权益
存货 −400	=			销售成本(+E) −400

2. 记录

(b) 借:销售成本(+E, −SE)　　　　400
　　　　贷:存货(+A)　　　　　　　　　　　400

图表7.7总结了先进先出法、后进先出法和加权平均法的财务报表效应。需要我们注意的是,这些方法只在如何在期末存货和销售成本之间分配持有以备销售的商品成本的方法上有所不同。如果商品成本被计入期末存货,那么它一定不会在销售成本中出现。正因为如此,一种成本核算方法如果会导致最高的期末存货成本,那么它也一定会导致最低的销售成本。当成本呈上升趋势,如图表7.7所示,先进先出法会带来一个相对较高的存货价值(使资产负债表看上去很令人满意),同时也会导致一个相对较低的销售成本(产生一个较高的毛利润,使公司看上去获利更多)。当成本呈下降趋势,先进先出法会产生完全相反的效应,即会带来最低的期末存货成本和最高的销售成本——这简直就是一个双重打击啊!我们需要记住一点,以上这些财务报表效应不会产生真正的经济效益,这是因为不管使用哪种存货成本核算方法,同样数额的存货不是被销售出去就是仍持有在手中作为期末存货。

图表7.7　存货成本核算方法的财务报表效应

	FIFO	LIFO	加权平均法
利润表(I/S)效应			
销售收入	$480	$480	$480
销售成本	380	420	400
毛利润	100	60	80
销售及一般管理费用	40	40	40
营业收入	60	20	40
其他收入(费用)	20	20	20
税前利润	80	40	60
所得税费用(假设为25%)	20	10	15
净利润	$60	$30	$45
资产负债表(B/S)效应			

（续表）

	FIFO	LIFO	加权平均法
存货	$260	$220	$240
销售成本等式（把 B/S 和 I/S 联系起来）			
期初存货	$140	$140	$140
加：购买存货	500	500	500
持有以备出售的存货成本	640	640	640
减：期末存货（在资产负债表上）	260	220	240
销售成本（在利润表上）	$380	$420	$400

了解完以上效应，你可能想知道为什么一个公司会使用能产生较低存货成本和较高销售成本的存货核算方法。答案其实就在图表 7.7 叫做"所得税费用"的那一行中。当单位成本呈上升趋势，就好像在我们的例子中，一个使用先进先出法的公司将会产生更高的所得税费用。这种所得税效应是一种真正的成本，它意味着公司必须在当年支付更多的所得税费用，因而减少了公司所获的利润。

人们会问的一个很普遍的问题是，是否管理者们能自由选择后进先出法在一个时期，然后在下一个时期转向先进先出法，之后再转回使用后进先出法，而这些选择的主要依据是在一定时期内单位成本是呈上升趋势还是呈下降趋势。由于不断转换成本核算方法会导致比较不同时期的财务结果变得很难进行，所以会有专门的会计规范来阻止这种随意转换行为。我们允许核算方法的改变，但是只有在该转变能够提高财务结果和财务状况的精确度的情况下。然而，公司可以对不同的生产线采用不同的存货核算方法，只要这些方法能被持久使用。相关的税收法规也会限制可用的存货成本核算方法。在美国，后进先出整合法规中规定：如果后进先出法被用于所得税返还，其也一定要被用在财务报表的报告中。在加拿大和欧洲，禁止将后进先出法用于税收目的，因此其很少被用于财务报表中。国际会计准则甚至不允许后进先出法的使用。

 道德观察

你究竟是为谁工作呢？

给出先进先出法和后进先出法让我们选择，大部分股东都会想要管理者采用那种可以产生最低的所得税费用的方法，因为这样将为公司节约很大一笔钱。从另一个方面看，管理者可能倾向于使用可以产生最高净利润的方法，特别当他们获得的奖金数被建立在所报告利润的基础上时。很明显，当管理者选择一种不是最有利于公司本身但是会增加其自身收入的会计处理方法时，他们的职业道德会受到质疑。

额外的存货成本流计算

我们已经看过了这些成本流假设是如何运作的,我们也知道了它们会引起财务报告结果的不同,现在让我们来看一个更复杂的例子。在接下来的问题中,我们将会告诉你如何使用先进先出法计算期末存货的成本和销售成本。

假设奥克利公司在一年的时间里购买并销售了一个新的产品系列,并产生了如下交易,这些交易使持有以备销售的存货成本总额为 5 850 美元。通过期末盘点存货,奥克利了解到仍然有 200 件期末存货。要求使用先进先出法计算期末存货成本和销售成本。

日期	描述	数量	单位成本	总成本
1 月 1 号	期初存货	60	$10	$600
3 月 13 号	购买	40	10	$400
4 月 27 号	购买	100	11	1 100
6 月 15 号	购买	150	12	1 800
8 月 11 号	购买	150	13	1 950 5 250
	持有以备出售的存货	500		$5 850

持有 或 销售

FIFO 期末存货	数量	单位成本	总成本	FIFO 销售成本	数量	单位成本	总成本
8 月 11 号	150	$13	$1 950	1 月 1 号	60	$10	$600
6 月 15 号	50	$12	600	3 月 13 号	40	10	400
总数	200		$2 550	4 月 27 号	100	11	1 100
				6 月 15 号	100	12	1 200
				总数	300		$3 300

在这个例子中,我们直接计算了期末存货成本和销售成本。为了双保险检测一下你的计算,你可以把它们放进 CGS 等式或者 T 形账户再算一遍,我们可以这样:

期初存货	$600
+ 当年购买的存货	+ 5 250
= 持有以备销售存货成本	= 5 850
− 期末存货	− 2 550
= 销售成本	= $3 300

借 +	货物存货		贷 −
期初存货	600		
购买	5 250	3 300	销售成本
期末存货	2 550		

现在,使用同样的例子,让我们来回顾如何运用后进先出法计算期末存货成本和销售成本。注意持有以备销售的存货成本仍然是 5 850 美元没有变。先进先出法和后进先出法唯一的不同在于它们假设的售出存货是不同的,所以两种方法下计算出的期末存货成本和销售成本也是不同的。

日期	描述	数量	单位成本	总成本	
1月1号	期初存货	60	$10		$600
3月13号	购买	40	10	$400	
4月27号	购买	100	11	1 100	
6月15号	购买	150	12	1 800	
8月11号	购买	150	13	1 950	5 250
	持有以备出售的存货	500			$5 850

持有 或 销售

LIFO 期末存货	数量	单位成本	总成本		LIFO 销售成本	数量	单位成本	总成本
1月1号	60	$10	$600		8月11号	150	$13	$1 950
3月13号	40	10	400		6月15号	150	12	1 800
4月27号	100	11	1 100		总数	300		$3 750
总数	200		$2 100					

▲ 会发生什么？

自 我 测 试

使用 CGS 等式和 T 形账户证明以上 LIFO 计算方法的正确性。

期初存货	$ ☐
+ 本年购买存货	5 250
= 持有以备销售存货成本	☐
− 期末存货	☐
= 销售成本	☐

借 +	货物存货		贷 −
BI	☐		
P	☐	☐	CGS
EI	☐		

自测答案

1. BI + P = CGAS − EI = CGS

   $600 + 5 250 = 5 850 − 2 100 = 3 750$

2.
借 +	货物存货		贷 −
BI	600		
P	5 250	3 750	CGS
EI	2 100		

如果我们在上面的例子中使用加权平均法的话，期末存货的成本和销售成本计算如下：

日期	描述	数量	单位成本	总成本
12月31日	持有以备销售存货	500		$5 850

单位存货的平均成本 = $5 850/500 = $11.70

持有 或 销售

期末存货成本	数量	单位成本	总成本	销售成本	数量	单位成本	总成本
总共	200	$11.70	$2 340	总共	300	$11.70	$3 510

成本与市价孰低法

学习目标 4
解释为什么用成本或市价中的较低者报告存货。

你已经花了一些时间去学习如何使用不同的方法计算存货成本了,正如成本原则所述,你所花的这些时间是很值得的,因为存货在大部分时间都是以其成本来报告的。

然而,你的任务还没有完成,因为你还需要知道当存货价值低于其原来记录的成本时究竟会发生什么样的事情。存货价值低于其初始记录成本基于以下两个原因:(1)此类存货很容易被与之相同但是成本更低的商品所替代;(2)该类存货已经过时了或者损毁了。第一种情况涉及高科技产品,比如手机或奥克利的吉祥星太阳眼镜,当公司能够更有效率地去制造它们时,它们就变得更加便宜了。第二种情况通常发生在时尚或季节性的产品身上,比如奥克利的沙滩泳裤,它们的价值在夏季末的时候会下跌很多。从任何一方面来说,当存货价值低于其原计量的成本时,存货要被重新记录为更低的市场价格。这个规则被称为是以**成本与市价孰低(LCM)**来报告存货,这样做可以避免存货价值被高估。下面让我们来看看这种存货减值是如何确定和记录的吧。

> **你应该知道**
> 成本与市价孰低(LCM)是一种价值规则,这个规则要求当存货价值下降到其初始记录成本以下时,存货账户的金额也要相应减少。

假设奥克利的期末存货包括两个项目,它们的重置成本在最近有所降低,这主要是由产品技术的重大改善所引起的。每个存货项目的重置成本被用于作为市场价值的估计,然后再将其与原记录成本比较。这两个数中更低的一个被称为成本或市价孰低,然后再将其乘以持有的存货数量计算出在所有的调整都完成后存货应该被报告的真实价值。

项目	数量	单位成本	单位重置成本（市场价）	单位 LCM	成本或市价孰低总数
吉祥星太阳眼镜	1 000	$165	$150	$150	1 000 × $150 = $150 000
无框眼镜	400	20	25	20	400 × $20 = 8 000

因为1 000副吉祥星太阳镜的市场价(150美元)低于原记录成本(165美元),那么单位期末存货应该少计15美元(165－150)。如果奥克利有1 000个存货,那么总共减值15 000美元(15×1 000)。减值对会计等式和日记账的影响记录如下:

1. 分析	资产	=	负债	+	所有者权益
	存货 −15 000	=			存货减值(+E) −15 000

2. 记录 （a）借:存货减值(+E,−SE)   15 000
             贷:存货(−A)   150 000

由于其他商品的原始成本(20美元)仍然低于市场价值(25美元),没有发生减值。那么无框眼镜仍然以原单位成本20美元(总共8 000美元)计入账簿。它们不会被增加到较高的重置成本,因为公认会计原则要求存货要被报告为成本或市价孰低者。

大部分的公司把存货减值作为正常的营业费用报告出来,同时它们在财务报表附注的注解1中解释了使用LCM规则来记录存货。奥克利的相关注解见图表7.8。

图表7.8　存货会计政策注释的样本

奥克利公司
合并财务报表附注

附注1——重大的会计政策

存货——存货以购买和(或)制造成本以及当前估计市场价值中的较低者记录,采用先进先出法。公司通常会盘点其持有的存货并记录盘盈和过时的存货,以求在公司对产品需求和生产需要的估计基础上近似反映出所有滞销的和中断的存货的可变现净值。

无法准确地近似估计存货的市场价值是众多财务报表错误中的一个。如果想要学习更多关于这些和其他的存货错误是如何影响财务报表的话,可以看这一章的附录B部分。

评估结果

存货周转分析

如果你看到一个公司的存货余额从一个时期的10万美元增加到了另一个时期的13万美元,这是一个好消息还是一个坏消息呢?如果其发生是由于公司的管理者为了能够在不久的未来增加销售而正在建立存货储备的话,这就有可能是一个好消息。从另一方面来看,如果存货余额的增加是由于购买或积累了太多无人问津的过时的存货,那么这就有可能是一个坏消息。如果你在这个公司里工作,对你来说很容易判断存货持有水平的改变是坏消息还是好消息:你只要跟销售经理聊天就可以了。但是如果你是一个典型的外部财务报表使用者,你能怎么说呢?大部分的分析者会使用的方法被

学习目标5
计算并解释存货周转率。

你应该知道
存货周转就是购买和销售存货的过程。

称为**存货周转**分析。

存货周转分析的思路可以从图表7.9中看出。一个公司购买商品时,它的存货数量就会上升,当它销售商品时,存货数量就会下降。这种买和卖的过程就叫做存货周转,这种周转会在每个会计期间,在每个生产线不断重复地发生。

图表7.9 存货周转分析

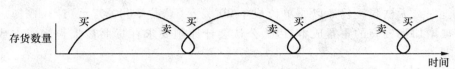

分析师通过计算存货周转率评估出在一定期间内存货被买(或制造)和卖的次数。一个较高的比率暗示存货从购买(或制造)到销售的速度更快,减少了储存和废弃成本。由于更少的钱被花费在了存货上,那么更多的钱就可以用来投资以获得利息收入或者减少债务,这些都会减少利息费用。更有效的购买和制造技术再加上高的产品需求将会使存货周转率直线上升。分析师和债权人比较一个时期到另一个时期的存货周转率,因为突然的下降可能意味着公司正面临着一个不可预计的需求下跌或者公司正在经历糟糕的存货管理。

不用评估存货在一年之内周转的次数,一些人发现仅考虑销售存货所要花费的时间长度(按天数)会来得更简单。把存货周转率转换成销售存货平均所要花费的时间是一件很简单的事。只要简单地将365除以存货周转率你就能得到**销售存货**平均所要花费的时间。这种方法不会告诉你公司购买能力和销售能力之间的任何不同——它仅仅是更容易解释罢了。在图表7.9中可以看到,存货周转率显示了在一个给定时期内发生的购买销售周转次数,相比之下至销售天数告诉你两个购买销售周转之间花费的平均天数。

> **你应该知道**
>
> **至销售天数**是一种计量方法,计量存货从购买到销售的天数的平均值。它是通过将365除以年存货周转率计算出来的。至销售天数的其他名字是持有存货天数和销售存货天数。

财务分析工具

计量的名称	公式	告诉了你什么
存货周转率	$\dfrac{销售成本}{存货平均数}$	1. 在一定期间存货周转的次数 2. 一个更高的比率意味着更快的周转
至销售天数	$\dfrac{365}{存货周转率}$	1. 从购买到销售花费的平均天数 2. 一个更高的比率意味着要花费更长的时间去销售

与基准尺度比较

存货周转率和至销售天数可以用来比较不同公司的存货管理实务。但是使用它们的时候要非常小心,因为这些计量在应用于不同的行业时可能有很大区别。对于货商来说,存货周转就是购买和销售商品,然而对于制造商来说,存货周转就是制造和传递存货给消费者。这些不同被反映在了图表 7.10 中,图表 7.10 中显示麦当劳的存货周转率为 35.4 次,这意味着其要花费 10 天来销售它所有的食物存货(包括在冷藏箱中的食材)。哈利-戴维森(Harley-Davidson)摩托车销售要花费更多的时间,正如它的存货周转率为 14.7 次所示,它要花费 25 天的时间去制造和销售。奥克利的年存货周转率只有 2.4 次,就是说每 152 天才周转一次。

图表 7.10　存货周转率分析小结

公司名称	相关信息 (以百万为单位)			2005 年的存货周转率	2005 年的至销售天数
		2005	2004		
奥克利	销售成本 存货	$277.2 $119.0	$262.5 $115.1	$\dfrac{\$277.2}{\$(119.0+115.1)/2}=2.4$ 次	$\dfrac{365 \text{ 天}}{2.4 \text{ 次}}=152.1$ 天
		2005	2004		
哈利-戴维森牌 摩托车	销售成本 存货	$3 301.7 $221.4	$3 115.6 $226.9	$\dfrac{\$3\,301.7}{\$(221.4+226.9)/2}=14.7$ 次	$\dfrac{365 \text{ 天}}{14.7 \text{ 次}}=24.8$ 天
		2005	2004		
麦当劳	销售成本 存货	$5 207.2 $147.0	$4 852.7 $147.5	$\dfrac{\$5\,207.2}{\$(147.0+147.5)/2}=35.4$ 次	$\dfrac{365 \text{ 天}}{35.4 \text{ 次}}=10.3$ 天

　　身处同一行业内的两个公司的存货周转率也很可能大不相同,特别是当它们用不同的方法来给它们的存货定价时。在第 6 章,我们看到了沃尔玛遵从比成本略高的定价政策,这意味着沃尔玛把自己的售价仅定的比成本略高一点。这个政策使沃尔玛在每一美元的销售中可以赚到 23 美分的毛利润,相比之下桑科斯(Saks)可以赚到 37 美分的毛利润。但是当你考虑到存货周转计量时,你就可以看到这种比成本略高的定价政策意味着什么了。沃尔玛每年的存货周转次数为 7.8 次(48 天),相比之下桑科斯每年的存货周转次数只有 3.2 次(114 天)。所以通常来说,一个有着相比而言较低毛利率的公司有一个更高的存货周转率。

　　由于不同行业、不同公司之间的存货周转率变动都很大,因此比较一个公司在不同期间的存货周转率显得比较有用。为了让大家练习一下如何计算存货周转率并将其与以前期间的存货周转率相比较,大家可以尝试做一下下面的这个小测试,这个测试要求你计算奥克利公司 2004 年的存货周转率和至销售天数。

会发生什么？

自我测试

图表7.1和7.2（在第293页和294页）呈现了奥克利以前年度的资产负债表和利润表。为了方便大家的计算，数字以百万为单位。

（1）计算欧克利2004年的存货周转率和至销售天数。

（2）从2004（由1中计算出来的结果）到2005年奥克利的存货周转率上升了还是下降了呢？

$$\frac{2004\text{年存货周转率}}{(\boxed{} + \boxed{})/2} = \boxed{}\text{次} \qquad \frac{2004\text{年至销售天数}}{\boxed{}\text{次}} = \boxed{}\text{天}$$

自测答案

（1）$\dfrac{262.5}{(115.1+98.7)/2} = 2.5$ 次

（2）奥克利的存货周转率在2005年下降了（存货要多花6天才能销售出去）。

存货成本核算方法的效应分析

正如你起先在图表7.7中（第301页）看到的，不同的存货成本流假设下所报告出的存货成本和销售成本是不同的，即使是在同一笔交易的情况下。由于存货成本和销售成本是计算存货周转率和至销售天数的很重要的因素，所以这两种周转度量法都会被所选择的存货成本流假设所影响。作为一个财务报表使用者来说，这对于你来说会是一个很大的问题，因为正如左边的图表所示，不是所有的公司都使用相同的存货成本流假设的。

学习目标6

解释不同的会计核算方法是如何影响存货管理评估的。

幸运的是，使用后进先出法的美国上市公司也会在它的财务报表附注中报告如果使用先进先出法的话它们的存货账户会是一种什么样的情况。对于会计师来说，这不是一个很大的负担，因为大部分使用后进先出法的公司在现实中会先使用先进先出法跟踪当年的存货成本和销售成本，然后再在年末使用被称为后进先出准备的账户将相关账户调整为后进先出法。图表7.11给出了一个这种调整是如何被放在帝瑞公司（Deere&Company）的财务报表附注中的例子，这里提到的帝瑞公司是约翰·帝瑞（John Deere）农场、草场、建造设备的制造者。直

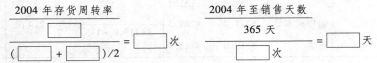

美国公司使用的存货核算方法

FIFO 47%

LIFO 29%

加权平均法 21%

其他方法 3%

到 2005 年末约翰·帝瑞做后进先出调整前,它的存货都是以先进先出法报告在账簿中的,数额为 32.67 亿美元。在调整核算方法为后进先出法后,约翰·帝瑞仅在其资产负债表中报告了数额为 21.35 亿美元的存货成本。

图表 7.11　后进先出法下存货的报告

帝瑞 & 公司合并财务报表附注

附注 13——存货

帝瑞 & 公司和它在美国的分公司所拥有的大部分存货都是在后进先出法(LIFO)的基础上以成本记录的。如果所有的存货都被以先进先出法记录的话,那么 10 月 31 号的存货成本应该是如下所示(以百万为单位):

	2005	2004
先进先出法总成本	$3 267	$3 001
调整到后进先出法	1 132	1 002
存货成本	$2 135	$1 999

对于约翰·帝瑞这个在 1868 年成立的老企业来说,先进先出法和后进先出法所带来的不同是巨大的。在先进先出法下算出的存货成本(2005 年达 32.67 亿美元)是后进先出法下计算出的存货成本(2005 年达 21.35 亿美元)的 1.5 倍以上。当进行类似于存货周转率这样的分析时,两种存货成本核算方法之间的巨大差别有可能会造成很大的影响。到目前为止,我们学到的道理就是,当分析一个公司的存货或其销售成本时,你应该仅将其与公司以前期间的对应数据相比较,或者将其与另外一个使用相同存货成本流假设的公司相比较。④

附录 A:在永续盘存制基础上运用先进先出法和后进先出法

在本章之前的部分,有很多好理由向大家展示成本流假设是如何在实地盘存制中运用的,即使当下大部分的公司使用的是永续盘存制。第一,在永续盘存制和实地盘存制下,只有后进先出法和加权平均成本法下的计算结果才是不同的。而全美接近一半的公司使用的都是先进先出法,所以即使它们在永续盘存制的基础下计算存货成本,得出的答案跟在实地盘存制下计算出的结果是一样的。第二,大部分使用后进先出法的公司在整个会计期间用的是先进先出法,直到会计期末才调整为后进先出法。等到整个会计期末才做后进先出法的相关调整,这就好像当期所有的购买都被记录于计算和记录销售成本之前一样。换句话说,这就好像是这些公司使用实地盘存制去决定它们的存货在后进先出法下的数值,即使它们是在永续盘存制的基础上追踪购买和销售的存货的。第三,各公司通常会在期末调整它们的存货记录去配合期末的存货盘点工作,

---

④　可以用财务报表附注中的信息将后进先出法下的销售成本数字转换为先进先出法下的数字,我们将这种计算留到中级会计教科书中讨论。

所以从实用的角度来看,公司实际是在实地盘存制的基础上管理存货的。第四,实地盘存制更直观,所以出于教学目的,实地盘存制很适合被用来介绍成本流假设。

尽管有以上这些原因,了解如何在永续盘存制的基础上应用成本流假设还是有用的。在本附录中,我们就要告诉你如何在永续盘存制的基础上使用后进先出的成本流假设来计算销售成本和期末存货成本。⑤ 在永续盘存制下,后进先出的数字是通过将最近购买的存货的成本作为销售日成本的方法计算出来的。这不同于实地盘存制,在实地盘存制下销售成本是通过假设所有的销售都发生在整个会计期末的方法计算出来的。为了解释这个不同,我们进行如下假设:

1月1日　　期初存货包括两副单价为70美元的雪上护目镜。
3月12日　　购买了5副单价为80美元的雪上护目镜。
4月27日　　以单价120美元销售了5副雪上护目镜。
6月9日　　购买了1副单价为100美元的雪上护目镜。

注意这个例子跟本章之前所举的那个例子是相同的,除了一点很重要的不同以外。实地盘存制假设在所有的购买之后才销售那五副眼镜。在现在的这个例子中,销售发生在4月27日(并且必须被记录在永续盘存制的基础上),在6月9日的购买发生和记录之前。这个小小的不同改变了后进先出法下的销售成本和期末存货计算,这是因为在销售发生时,最近购买的雪上护目镜是在3月12日以80美元的单价获得的,这就排除了在6月9日以100美元购买的那副雪上护目镜。由于在永续盘存制的基础上6月9日的购买发生在销售成本被记录之后,所以该购买就被记录在期末存货成本中了。图表7S.1解释了这些永续盘存制下的后进先出成本流假设。

图表7S.1　在永续盘存制基础下的后进先出成本流计算(LIFO)

日期	描述	商品存货			销售商品		
		数量	单位成本	总成本	数量	单位成本	总成本
1月1日	期初存货	2	$70	$140			
3月12日	购买	5	80	400			
	持有以备销售	7		540			
4月27日	销售	(5)	80	(400)	5	$80	$400
	持有以备销售	2		140			
6月9日	购买	1	100	100			
	总数	3		$240	5		$400

注意一点,本例中成本呈上升趋势,在永续盘存制下按后进先出法计算出的销售成本400美元,如图表7S1.1所示,低于在实地盘存制下按后进先出法计算出的销售成本420美元。由于永续盘存制下计算出的销售成本更低,所以税前利润就会比较高,这就意味着永续后进先出法下的所得税费用高于实地后进先出法下的所得税费用。实地盘存制下后进先出法带来的潜在税收节约可以解释为什么很多采用后进先出法的公司在会计期末计算并调整它们的销售成本和期末存货成本,就好像它们使用的是实地后进

---

⑤ 在永续盘存制下使用加权平均成本流假设将在中级会计课程中讨论。

先出存货体制一样。

附录 B：期末存货错误的影响

正如本章之前提到过的，未将 LCM 法则正确地运用到期末存货中去被认为是一个错误。当不恰当的数量或单位成本被用以计算存货成本时，其他错误也会发生。先不管原因，存货错误会在很大程度上影响资产负债表和利润表。正如销售成本等式所示，期末存货和销售成本之间存在直接的关系，因为不包括在期末存货中的项目就一定是被销售出去了。因此，任何发生在期末存货中的错误都将会影响到资产负债表（流动资产）和利润表（销售成本、毛利润和净利润）。这种存货错误的影响会延续超过一年，因为当年的期末存货就是下一年的期初存货。

为了决定存货错误对当年和下一年财务报表的影响，我们可以使用销售成本等式。比如说，让我们假设 2007 年的期末存货成本被高估了 1 万美元，错误直到 2008 年才被发现。这个错误对 2007 年将产生如下影响：

2007	
期初存货	正确
＋本年购买存货	正确
－期末存货	高估 $10 000
＝销售成本	低估 $10 000

由于销售成本被低估了，2007 年的毛利润和税前利润都被高估了 1 万美元。（净利润也会被高估同样的数值，虽然由于所得税费用被高估这个影响会被抵消掉一部分。）

2007 年的期末存货就是 2008 年的期初存货，所以即使 2008 年的期末存货计算是正确的，2007 年造成的错误也会导致 2008 年的数字发生错误，如下面的这个表格所示：

2008	
期初存货	高估 $10 000
＋本年购买存货	正确
－期末存货	正确
＝销售成本	高估 $10 000

由于销售成本被高估，2008 年的毛利润和税前利润将会被低估相同数值。（净利润也会被高估同样的数值，虽然由于所得税费用被高估这个影响会被抵消掉一部分。）

忽略所得税的影响，这些错误对 2007 年和 2008 年净利润的影响被显示在了图表 7S.2 中。注意一点，销售成本在第一年被低估，第二年被高估。在两年的时间里，这些错误刚好互相抵消了。只要在第二年的年末正确计算出期末存货并将其调整到正确的数值的话,那些存货错误就会"自动更正"。

	2007		2008	
	纠错前	纠错后	纠错前	纠错后
销售收入	$120 000	$120 000	$110 000	$110 000
期初存货	$50 000	$50 000	$45 000	$35 000
购买	75 000	75 000	70 000	70 000
持有以备销售	125 000	125 000	115 000	105 000
期末存货	45 000	35 000	20 000	20 000
销售成本	80 000	90 000	95 000	85 000
毛利润	40 000	30 000	15 000	25 000
营业费用	10 000	10 000	10 000	10 000
净利润	$30 000	$20 000	$5 000	$15 000

净利润被高估 ——→ 互抵 ←—— 净利润被低估
$10 000 $10 000

本章复习

示范案例

易贝特电子公司(Ebert Electronics)生产很多种电子产品。我们选择其中的一种用在本例中。假设下面的这些交易都发生于2008年,截止到12月31日,这些交易按时间顺序排列(假设所有的交易都是现金交易):

	数量	单位成本
a. 期初存货(1月1日)	11	$200
b. 购买存货(3月15日)	5	209
c. 购买存货(7月21日)	9	220
d. 销售收入(售价$420)	12	

要求:

1. 以实地盘存制为基础,使用先进先出法、后进先出法和加权平均成本法计算下面的数值:

	期末存货		销售成本	
	数量	成本	数量	成本
先进先出法(FIFO)				
后进先出法(LIFO)				
加权平均成本法(WA)				

2. 假设这种产品的存货成本可能会遵循例子中所示的趋势,并且易贝特电子公司想要

最小化所得税费用,那么你建议公司选择哪种存货成本核算方法去核算所有的这些存货项目呢?请解释你的答案。

3. 假设营业费用是500美元,所得税税率是25%,请编制一份当期的利润表,使用问题2中所选的方法。

4. 使用所选的存货成本核算方法,计算并解释当期存货周转率。

参考答案:

1. (计算过程在下一页。)

	期末存货		销售成本	
	数量	成本	数量	成本
先进先出法(FIFO)	13	$2 816	12	$2 409
后进先出法(LIFO)	13	2 618	12	2 607
加权平均成本法(WA)	13	2 717	12	2 508

日期	详细说明	单位	单位成本	总成本
1月1日	期初存货	11	$200	$2 200
3月15日	购进存货	5	209	1 045
7月21日	购进存货	9	220	1 980
	可供销售总存货	25		$5 225

在库 或 已售出

先进先出法

期末存货	单位	单位成本	总成本
7月21日	9	$220	$1 980
3月15日	4	209	836
合计	13		$2 816

先进先出法

销售成本	单位	单位成本	总成本
1月1日	11	$200	$2 200
3月15日	1	209	209
销售成本	12		$2 409

后进先出法

期末存货	单位	单位成本	总成本
1月1日	11	$200	$2 200
3月15日	2	209	418
合计	13		$2 618

后进先出法

销售成本	单位	单位成本	总成本
7月21日	9	$220	$1 980
3月15日	3	209	627
销售成本	12		$2 607

加权平均法

加权平均成本 = $\frac{\$5\,225}{25\,件}$ = $209(件)

期末存货	单位	单位成本	总成本
合计	13	$209	$2 717

加权平均法

销售成本	单位	单位成本	总成本
合计	12	$209	$2 508

2. 应该选用后进先出法。由于成本在递增,后进先出法增加销售成本,降低税前收入,从而降低所得税。

3.

易贝特电子公司
利润表
2008 年 12 月 31 日

销售收入(12 × $420)	$5 040
销售成本	2 607
利润	2 433
其他费用	500
税前利润	1 933
所得税费用(25%)	483
净利润	$1 450

4. 存货周转率 = 销售成本 ÷ 平均存货
   = $2 607 ÷ [($2 200 + $2 618) ÷ 2]
   = 1.08

存货周转率反映了在一定时期内平均存货被购买和销售了多少次。建立在我们计算的基础上,易贝特电子公司在一年的时间里购买和销售它的平均存货次数要比以前略多一些,这意味着它的至销售天数有 338 天(365/1.08)。这看上去似乎很令人同情,当你想到百思灵(Best Buy)周转它的电子器件存货平均只需要 46 天。

本章小结

学习目标 1:描述存货管理目标,第 292 页

● 通过尽可能花费最低的成本制造或者购买数量多、质量好、有新意的产品,就能把产品销售出去并赚到理想中的利润。

学习目标 2:描述存货的种类,第 292 页

● 经销商购买来的货物是准备销售出去的。当原材料被使用在制造商的生产流程中时,它们就变成在产品了,在产品经过进一步的加工成为产成品后就可以销售给最终的消费者了。

学习目标 3:用四种存货成本核算方法计算存货成本,第 296 页

● 在会计期末,这四种被普遍认同的存货成本核算方法中的任何一种都可以被用于将持有以备销售商品的成本分配给销售出去的商品和仍然留存的商品。

● 个别计价法通过追踪和定位每种特定的存货项目,将成本分配给期末存货和售出商品。

● 在先进先出法下,先购入的存货成本被分配给了销售成本,后购入的存货成本(最新购买的)被分配给了期末仍持有在手中的存货项目。

● 在后进先出法下,后购入的存货成本被分配给了销售成本,先购入的存货成本(最早购买的)被分配给了期末仍持有在手中的存货项目。

● 在加权平均法下,单位存货的加权平均成本被均等分配给了售出商品和期末仍持有在手中的存货项目。

学习目标 4：解释为什么用成本或市价中的较低者报告存货，第 304 页
- LCM 规则确保存货成本不会以高于其价值的数额报告出来。

学习目标 5：计算和解释存货周转率，第 304 页
- 存货周转率可以测量出存货管理的有效性。它反映了在一定期间平均存货被购买和出售的次数。存货周转率是通过将平均存货除以销售成本的方式计算出来的。

学习目标 6：解释不同的会计核算方法是如何影响存货管理的评估的，第 307 页
- 为了帮助财务报表使用者比较使用不同存货成本流假设的公司的存货水平和比率，采用后进先出法的公司要在它们的财务报表附注中报告它们采用先进先出法情况下的存货价值。大部分公司采用后进先出调整方法来表现后进先出数值是如何转换为先进先出数值的。

财务分析工具

计量的名称	公式	告诉了你什么
存货周转率	$\dfrac{销售成本}{存货平均数}$	• 在一定期间存货周转的次数 • 一个更高的比率意味着更快的周转
至销售天数	$\dfrac{365}{存货周转率}$	• 从购买到销售花费的平均天数 • 一个更高的比率意味着要花费更长的时间去销售

关键术语

销售成本等式　第 295 页　　　　　存货周转率　第 305 页
至销售天数　第 306 页　　　　　　后进先出法（LIFO）　第 298 页
先进先出法（FIFO）　第 297 页　　成本或市价孰低（LCM）　第 304 页
离岸价　第 293 页　　　　　　　　个别计价法　第 296 页
到岸价　第 293 页　　　　　　　　加权平均成本法　第 209 页
持有以备销售商品　第 294 页

练习题

问答题

1. 存货管理的四个目标是什么？
2. 分别描述货商和制造商所报告存货的具体种类。
3. 如果位于芝加哥的一家公司（Chicago-based）在 9 月 30 日采用到岸销售的方式运送商品给位于夏威夷（Hawaii）的客户，那么这个在芝加哥的公司需要在其 9 月的财务报表中报告它的存货或销售吗？
4. 请给持有以备销售商品下定义，并说明它和销售成本有何不同？
5. 请给期初存货和期末存货下定义。

6. 这章讨论了四种存货成本核算方法。请列出这四种方法并简单地解释一下。

7. 哪种存货成本流方法跟以下流动最类似：(1)盛有球形口香糖的机器；(2)砖块堆里的砖块；(3)从罐中流出的汽油。

8. "只要有可能,存货成本核算方法应模拟出产品流动的现实情况。"你同意这个观点吗？请解释出来。

9. 请比较先进先出法(FIFO)和后进先出法(LIFO)在存货成本呈上升趋势和存货成本呈下降趋势的情况下对期末存货的不同影响。

10. 请比较先进先出法(FIFO)和后进先出法(LIFO)在存货成本呈上升趋势和存货成本呈下降趋势的情况下对利润表(主要针对销售成本和毛利润)的不同影响。

11. 请简要解释如何将LCM规则应运到期末存货中去。描述当市场价低于初始成本时LCM规则对资产负债表和利润表的影响。

12. (附录A)通过描述销售成本在何时计算以及如何计算的途径来区别永续盘存制和实地盘存制。

13. (附录B)解释为什么某一个时期期末存货计量的错误会影响到下一时期。

多项选择题

1. 以下关于销售成本的描述中哪些是正确的？
   i 销售成本代表了公司当期发生的购买或者制造的存货的成本。
   ii 销售成本是作为一项费用被报告在利润表中的。
   iii 一个公司所选择的存货成本核算方法会对销售成本的计算造成一定的影响(先进先出法、后进先出法,等等)。
   a. 只有 i 是对的   c. ii 和 iii 是对的
   b. 只有 ii 是对的   d. 以上所有的描述都是对的

2. 一个公司选择的存货成本核算方法会影响到
   a. 资产负债表   c. 留存收益表
   b. 利润表   d. 以上所有

3. 下面的哪一项不是存货的具体名称呢？
   a. 产成品   c. 原材料
   b. 货物商品   d. 持有以备出售的产品

4. 每个时期,持有以备出售的产品成本都被分配给：
   a. 资产和负债   c. 资产和收入
   b. 资产和费用   d. 费用和负债

5. 纽约的一个婚礼服装设计师制作高档次的定做型婚纱,他需要知道每件婚纱的精确成本是多少,那么他最适合采用哪种存货成本核算方法呢？
   a. 先进先出法   c. 加权平均法
   b. 后进先出法   d. 个别计价法

6. 如果成本呈上升趋势,那么下面哪种说法是正确的呢？
   a. 使用后进先出法计算出的销售成本会比在加权平均法下计算出的销售成本更高。

b. 使用先进先出法计算出的期末存货成本会比使用后进先出法计算出的期末存货成本更高。

c. 在先进先出法下计算的毛利润会比在后进先出法下计算出的毛利润更高。

d. 以上所有的描述都是对的。

7. 以下哪种存货成本核算方法不仅使利润表中当期成本和销售收入更好地配比起来,而且会使较早购买的存货价值被报告在资产负债表中的存货科目中?

  a. 先进先出法   c. 后进先出法

  b. 加权平均法   d. 个别计价法

8. 下面哪些关于存货成本或市价孰低规则的描述是正确的呢?

  ⅰ 成本或市价孰低是历史成本准则中的一个例子。

  ⅱ 当存货的重置成本下跌到该存货在财务记录中的原始成本以下时,净收益也会下降。

  ⅲ 当存货的重置成本下跌到该存货在财务记录中的原始成本以下时,总资产价值也会下降。

  a. 只有 ⅰ 是对的   c. ⅱ 和 ⅲ 是对的

  b. 只有 ⅱ 是对的   d. 以上所有的描述都是对的

9. 存货周转率的增加

  a. 意味着从订购到收到存货所花费的时间较长。

  b. 意味着从订购到收到存货所花费的时间较短。

  c. 意味着从购买到收到存货所花费的时间较短。

  d. 意味着从购买到收到存货所花费的时间较长。

10. 如果公司以后进先出法报告存货,那么下面哪种说法是正确的呢?

  a. 将会有较高的所得税费用。

  b. 将会有较高的存货余额。

  c. 以上两项描述都是正确的。

  d. 以上两项描述都是错误的。

选择题答案:

1. c   2. d   3. d   4. b   5. d   6. d   7. c   8. c   9. c

小练习

M7-1 存货中包含的项目

解释是否下面的项目会被包括在集团 Knot 的存货中,Knot 是一个为情侣提供婚礼安排、供应婚礼服务和其他婚礼相关咨询的公司。

  a. 诺特集团持有的祖母绿婚宴(Emerald Bridal)委托其代销的商品。

  b. 在运送往威斯顿婚礼咨询所(Winston Wedding)途中的商品,这些商品是诺特集团采用离岸价格方式销售的商品。

  c. 在运送往诺特集团途中的商品,这些商品是诺特集团采用到岸支付方式购买来的。

M7-2 将不同的存货种类与不同的商业形式相配比

通过在相应的表格中打勾的方式将不同的存货种类与不同的商业形式配比起来：

存货种类	商业种类	
	经销业	制造业
商品		
产成品		
在产品		
原材料		

M7-3 利用销售成本等式推算出购买的存货价值

帝拉德斯集团拥有遍布在西南、东南和中西部29个州的330个百货商店。在其2006年1月28日的年报上，公司报告了价值50.14亿美元的销售成本、当年价值18.03亿美元的期末存货成本以及去年价值17.33亿美元的期末存货成本。有没有可能为该公司当年购买了多少价值的存货做一个合理的估计呢？如果不能的话，请解释原因。

M7-4 将财务报表效应和存货成本核算方法配比起来

完成下表，分析哪种存货成本核算方法（先进先出法和后进先出法）在列中显示的每种环境下会产生反应在行中的那些效应。

	1. 成本呈上升趋势	2. 成本呈下降趋势
a. 最低的净收益		
b. 最低的期末存货成本		

M7-5 将对存货成本核算方法的选择和不同的公司环境配比起来

分析一个对最小化所得税费用感兴趣的公司在下面的每种环境下应该选用先进先出法还是后进先出法。

a. 成本呈下降趋势

b. 成本呈上升趋势

M7-6 分别在先进先出法、后进先出法和加权平均成本法下计算销售收入、销售成本和毛利润

给定下面的这些信息，分别在（a）先进先出法、（b）后进先出法和（c）加权平均法下计算销售收入、销售成本和毛利润。假设实地盘存制被采用。

		数量	单位成本	单位售价
7月1日	期初存货	100	$10	
7月13日	购买	500	13	
7月25日	销售	(200)		$15
7月31日	期末存货	400		

M7-7 使用先进先出法、后进先出法和加权平均法（在实地盘存制下）计算销售成本和期末存货成本

给定下面的这些信息，分别在（a）先进先出法、（b）后进先出法和（c）加权平均法下计算期末存货成本和销售成本。

		数量	单位成本
7月1日	期初存货	2 000	$20
7月5日	销售	1 000	
7月13日	购买	6 000	22
7月17日	销售	3 000	
7月25日	购买	8 000	25
7月27日	销售	5 000	

M7-8 使用先进先出法、后进先出法和加权平均法（在实地存盘制下）计算销售成本和期末存货成本

在经营的第一个月。知识就是财富书店(Literacy for the Illiterate)开了一家新的书店并购买了如下商品：(1) 1月1日购买了单价为7美元的300件商品，(2) 1月8日购买了单价为8美元的450件商品，(3) 1月29日购买了单价为9美元的750件商品。假设在1月末仍持有900件商品，分别采用(a)先进先出法、(b)后进先出法和(c)加权平均法计算1月31日的销售成本和期末成本。假设实地盘存制被使用。

M7-9 在成本或市价孰低法下报告存货

珠宝愚公司(Jewel Fool)在年底持有如下存货项目：

	数量	单位成本	单位重置成本
项链	50	$75	$70
手镯	25	60	50

计算每单位的成本与市价孰低值，并为每种存货计算其应被报告在资产负债表中的总价值。

M7-10 决定存货管理方法的改变会对存货周转率产生什么样的效应

分析以下存货管理方法的改变最有可能对存货周转率产生什么样的效应（+代表增加，-代表减少，NE代表没有影响）。

____ a 供应商由每周（大数量）供应存货改为每天（小数量）供应存货。
____ b 生产过程由10天缩短到8天。
____ c 将存货购买的付款期限由15天延长到30天。

M7-11 计算存货周转率和至销售天数

使用M7-3中的数据计算帝拉德斯的存货周转率和至销售天数（精确到小数点后一位）。近年来，马氏曾报告过2.6的存货周转率。那么哪个公司的存货周转速度更快呢？

M7-12 在财务报表附注中报告后进先出法下的期末存货

蔻斯公司是一个有95个雇员的专门制造和销售立体照相机的公司。蔻斯在2005年6月30日报告了后进先出法下的期末存货成本为7 595 803美元。在其财务报表的附注1中，蔻斯报告了先进先出法下期末存货的成本比2005年6月30日报告的后进先出法下的金额高873 393美元。在图表7.11的指导下，分析蔻斯是如何在其财务报表附注中报告这一点的。

M7-13 (附录 A)使用先进先出法、后进先出法和加权平均法(在永续盘存制下)计算销售成本和期末存货成本

回顾 M7-7,在永续盘存制的假设下完成要求 a 和 b。

M7-14 (附录 A)使用先进先出法和后进先出法计算销售成本和期末存货成本(假设在永续盘存制的情况下)

重复计算 M7-8 的内容(只做 a 和 b 两部分),但是假设知识就是财富书店使用永续盘存制并在 1 月 9 日和 1 月 28 日之间销售了 600 件产品。

M7-15 (附录 B)决定存货错误的财务报表效应

假设徐氏·徐瑞姆·水科(Shea's Shrimp Shack)2007 年的期末存货成本被低估了 1 万美元。解释这一错误将会如何影响 2007 年和 2008 年的销售成本和毛利润。

M7-16 (附录 B)决定存货错误的财务报表效应

重复计算 M7-15,但是假设 2007 年的期末存货成本被高估了 10 万美元。

练习

E7-1 包含在存货中的项目

电脑购物中心集团是一个直销电脑硬件、软件、外部设备和电子器件的公司。在公司 2005 年的年报上,公司报告其是在客户收到商品时才确认的销售收入,并报告说公司在 2005 年 12 月 31 日的存货中也包括了正在运送给客户途中的存货。

要求:

1. 分析电脑购物中心集团的销售是离岸价销售还是到岸价销售。

2. 假设电脑购物中心集团在 2005 年 12 月 28 日以赊账方式销售存货给易成本公司(Ecost.com),这批赊销的存货会在 2006 年 1 月 3 日运送给客户。该批存货的成本为 2.5 万美元,售价为 3 万美元。那么与该项交易相关的什么样的金额会被报告在电脑购物中心集团 2005 年,又或者是 2006 年的资产负债表和利润表中呢?

3. 在 2005 年中的一个四个月的时段内,电脑购物中心集团将部分存货委托给了它的一个客户代销。那么在这个期间,该批存货会被报告在电脑购物中心集团还是它的客户的资产负债表中呢?

4. 假设电脑购物中心集团在 2005 年 12 月 29 日购买了一批电子器件,然后在 2006 年 1 月 2 日收到了这些东西。那么请问在什么样的条件下可以使得这些电子器件被包括在电脑购物中心集团 2005 年 12 月 31 日的存货中呢?

E7-2 建立在利润表的基础上推断未知的数值

根据下面提到的每种情况计算路易斯零售商(Lewis Retailers)2008 年的利润表中遗漏的数值:

事例	销售收入	期初存货	购买	持有以备销售存货	期末存货	销售成本	毛利润	销售费用和一般费用	营业收入
A	$800	$100	$700	$?	$500	$?	$?	$200	$?
B	900	200	700	?	?	?	?	150	0
C	?	150	?	?	250	200	400	100	?
D	800		600	?	250	?	?	250	$100

E7-3 推断购买商品的数值

盖普集团是一个零售商,经营商店销售 Gap、Fourth and Towne、Banana Republic 和老海军等品牌的衣服。假设你是一个受雇于该公司的存货分析师,你的老板刚看完了该集团 2006 年 1 月 28 日的年报。她提供给你她做的笔记,但是上面缺失了一些你需要的信息。她的笔记上显示盖普集团当年的期末存货成本为 16.96 亿美元,上一年的期末存货成本为 18.14 亿美元。当年的销售收入为 160.23 亿美元。毛利润为 58.69 亿美元,净收益为 11.13 亿美元。通过你的分析,你了解到你还需要知道的是当年购买存货的价值和销售成本。

要求:

你是打算向你的老板要一份年报的复印件呢,还是利用你从她笔记里获得的信息自己推算出来呢? 请解释一下并呈现计算过程。

E7-4 使用先进先出法、后进先出法和加权平均法计算期末存货成本和销售成本

假设阿虎·凯凯(Oahu Kiki)使用实地盘存制,在实地盘存制下 1 月共销售出去了 240 件商品。

	日期	数量	单位成本	总成本
期初存货	1月1日	120	$8	$960
购买	1月15日	380	9	3 420
购买	1月24日	200	11	2 200
持有以备销售存货				$6 580

要求:

1. 分别在(a)先进先出法、(b)后进先出法和(c)加权平均法下计算销售出去的那 240 件产品的成本。
2. 分别在(a)先进先出法、(b)后进先出法和(c)加权平均法下计算期末存货的成本。
3. 使用销售成本等式验算问题 1 和 2 的答案是否正确。

E7-5 使用先进先出法、后进先出法和加权平均法分析和解释财务报表效应

洛神·电熨斗集团(Orion Iron Corp.)使用的是实地盘存制,在 2009 年 12 月 31 日,即年度会计期末,会计记录提供了以下信息:

交易内容	数量	单位成本
a. 2008 年 12 月 31 日的存货	3 000	$12
2009 年间		
b. 4 月 11 日购买的存货	9 000	10
c. 6 月 1 日购买的存货	8 000	13
d. 5 月 1 日以单价 40 美元销售存货	3 000	
e. 7 月 3 日以单价 40 美元销售存货	6 000	
f. 经营费用(除了所得税费用),195 000 美元		

要求:

1. 分别在(a) 先进先出法、(b) 后进先出法和(c) 加权平均法下计算销售成本。

2. 编制 2009 年的利润表,其中采用先进先出法编制的利润表放在第一列,采用后进先出法编制的利润表放在第二列,采用加权平均法编制的利润表放在第三列。在利润表中要包括以下各项内容:销售收入、销售成本、毛利润、营业费用、营业收入。

3. 比较在以上三种方法下所报告出的营业收入和期末存货成本。解释相同的和不同的地方。

4. 从所得税的角度看,哪种存货成本核算方法会受到洛神·电熨斗集团的青睐呢?解释原因。

E7-6 分析并解释先进先出法、后进先出法和加权平均法的财务报表效应

思高思佰集团(Scoresby Inc.)使用的是实地盘存制。在年会计期末,2008 年 12 月 31 日,会计记录提供了以下信息:

交易内容	数量	单位成本
a. 2007 年 12 月 31 日的存货	3 000	$8
2008 年间		
b. 3 月 5 日购买的存货	9 500	9
c. 9 月 19 日购买的存货	5 000	11
d. 4 月 15 日以单价 29 美元销售存货	4 000	
e. 10 月 31 日以单价 31 美元销售存货	8 000	
f. 经营费用(除了所得税费用),250 000 美元		

要求:

1. 分别在(a) 先进先出法、(b) 后进先出法和(c) 加权平均法下计算销售成本。

2. 编制 2008 年的利润表,其中采用先进先出法编制的利润表放在第一列,采用后进先出法编制的利润表放在第二列,采用加权平均法编制的利润表放在第三列。在利润表中要包括以下各项内容:销售收入、销售成本、毛利润、营业费用、营业收入。

3. 比较在以上三种方法下所报告出的营业收入和期末存货成本。解释相同的和不同的地方。

4. 从所得税的角度看,哪种存货成本核算方法会受到思高思佰集团的青睐呢?解释原因。

E7-7 评估存货成本核算方法对营业收入、所得税和净利润的影响（假设以实地盘存制为基础）

科特尼公司（Courtney Company）使用实地盘存制。2007年的资料如下：期初商品存货（2006年12月31日）有1 000件，单价为35美元；购买了4 000件商品，单价为38美元；营业费用（除了所得税费用以外）为7.1万美元；2007年12月31日盘点的期末存货有900件；销售价格为每件70美元；平均所得税率为30%。

要求：

1. 分别使用先进先出法、后进先出法和加权平均法编制利润表。

使用下面的这种格式：

利润表	数量	存货成本核算方法		
		先进先出法	后进先出法	加权平均法
销售收入	___	$___	$___	$___
销售成本	___	___	___	___
毛利润		___	___	___
营业费用		___	___	___
营业收入		___	___	___
所得税费用		___	___	___
净利润		___	___	___
销售成本等式：				
期初存货		$___	$___	$___
购买		___	___	___
持有以备销售商品		___	___	___
期末存货		___	___	___
销售成本		___	___	___

2. 先进先出法和后进先出法这两种方法中，(a)哪种方法能最大化营业收入，(b)哪种方法能最小化所得税费用？请解释。

3. 如果成本呈下降趋势，你对问题2的答案会是什么呢？请解释。

E7-8 评估存货成本核算方法对营业收入、所得税费用和净利润的影响

下面的这些信息是关于啼博公司（Timber Company）在三种不同的存货成本核算方法下的编制出的利润表的，假设使用实地盘存制。

	先进先出法	后进先出法	加权平均法
销售收入（单价为50美元）			
销售成本			
销售费用和一般费用	$1 600	$1 600	$1 600
税前利润			

	先进先出法	后进先出法	加权平均法
销售成本等式			
期初存货（330 件）	11 220	11 220	11 220
购买存货（475 件）	17 100	17 100	17 100
持有以备销售存货			
期末存货（510 件）			
销售成本			

要求：

1. 使用先进先出法、后进先出法和加权平均法计算销售成本，并完成销售成本等式。假设购买的475件存货的单位成本是一样的。
2. 在先进先出法、后进先出法和加权平均法下编制利润表（只要将利润表编到税前利润部分就可以了），并比较三种方法编制出的利润表的不同。
3. 按税前利润从高到低的顺序排列三种存货成本核算方法。
4. 计算三种方法下会产生的所得税费用，假设所得税税率为30%。
5. 按照所得税费用从低到高的顺序排列三种存货成本核算方法。

E7-9 分别成本上升或者下降的不同情况，比较先进先出法和后进先出法

使用以下的信息来完成这个练习题：销售收入为1.25万美元，共售出550件商品；期初存货数量为300件；购买存货数量为400件；期末存货数量为150件；营业费用为4 000美元。先完成以下表格，再按要求完成其他内容。

		成本呈上升趋势		成本呈下降趋势	
		情况 A 先进先出法	情况 B 后进先出法	情况 C 先进先出法	情况 D 后进先出法
销售收入		$12 500	$12 500	$12 500	$12 500
期初存货	$3 600				
购买	5 200				
持有以备销售	8 800				
期末存货	1 950				
销售成本		6 850	_____	_____	_____
毛利润		5 650			
营业费用		4 000	4 000	4 000	4 000
营业收入		1 650			
所得税费用（30%）		495			
净利润		$1 155			

要求：

1. 完成表格。在情况A和B下（成本呈上升趋势），假设：有300件单价为12美元的期初存货，总值3 600美元；购买了400件单价为13美元的存货，总值5200美元。在情况C和D下（成本呈下降趋势），假设恰好相反，即有300件单价为13美元的期初存货，总值3 900美元；购买了400件单价为12美元的存货，总值4 800美元。使用实地盘存制。

2. 请分别描述成本上升和下降对营业收入的影响。
3. 请分别描述每种情况对所得税费用的影响。
4. 请问你觉得先进先出法好还是后进先出法好呢？请解释出原因。

E7-10 以成本或市价孰低报告存货价值

皮特孙·家具设计公司（Peterson Furniture Design）正在编制 2007 年 12 月 31 日的财务报表。关于下面这五个待销售项目的期末存货信息表达如下：

种类	2007 年的期末存货			每单位的 LCM	LCM 总值
	持有数量	获得时的单位成本（先进先出法下）	年末的重置成本（市场价值）		
鳄式大型衣橱	50	$15	$12		
熊牌衣柜	75	40	40		
美洲狮床	10	50	52		
澳洲野犬童床	30	30	30		
大象碗橱	400	10	6		

要求：
完成表格的最后两列，再计算出每个种类的存货在使用 LCM 规则的情况下要报告的 2007 年的期末存货价值是多少。

E7-11 以成本或市价孰低报告存货价值

桑达斯公司（Sandals Company）是 2008 年 1 月 1 日建立的，正在编制其 2008 年 12 月 31 日的年财务报表。关于四种待售的主导产品的期末存货信息表达如下：

生产线	2008 年的期末存货		
	持有数量	获得时的单位成本（先进先出法下）	年末的重置成本（市场价值）
气流	20	$12	$14
炸弹	75	40	38
Coolonite	35	55	50
Dudesly	10	30	35

要求：
1. 计算出每个种类的存货在使用 LCM 规则时要报告的 2008 年的期末存货价值是多少。
2. 成本或市价孰低法下带来的存货减值会对公司 2008 年 12 月 31 日要报告的费用产生影响吗？

E7-12 编制分录来记录成本或市价孰低（LCM）调整

雷迪欧水科公司（雷迪欧水科）通过它的 4 972 家商店和 777 家售货亭销售电子产品和服务给消费者。在它准备上交给美国证券交易委员会（SEC）的 2005 年 12 月 31 日的年报中，公司报告了由于存货成本低于市价而导致存货价值减值了近 6 200 万元。使用公司可能会用到的会计等式和分录来说明这种调整可能带来的影响。

E7-13 分析和解释存货周转

北极星工业集团是世界上最大的雪地车制造商。它在它的财务报表中报告了下面这些信息(以百万为单位):

	2005	2004	2003
净销售收入	$1 870	$1 773	$1 552
销售成本	1 452	1 349	1 189
平均存货	188	179	169

要求:

1. 计算 2005 年、2004 年和 2003 年的存货周转率(精确到小数点后一位)和平均至销售天数。
2. 对任何显示出的趋势进行评论,并比较北极星的存货管理人员和其主要竞争者北极猫(Arctic Cat)的存货管理人员哪个更有效率,其中北极猫每年的存货周转率是 7.5 次(至销售天数为 48.7 天)。两个公司使用的存货成本核算方法是相同的,都是先进先出法。

E7-14 分析并解释选择先进先出法和后进先出法对存货周转率的不同影响

简约计划企业(Simple Plan Enterprise)使用的是实地盘存制。以下是相关记录:

> 2007 年 12 月 31 日的存货,使用先进先出法——→38 件×14 美元=532 美元
> 2007 年 12 月 31 日的存货,使用后进先出法——→38 件×10 美元=380 美元

交易名称	数量	单位成本	总成本
2008 年 1 月 9 日,购买	50	15	$750
2008 年 1 月 20 日,购买	100	16	1 600
2008 年 1 月 11 日,销售(单价 38 美元)	80		
2008 年 1 月 27 日,销售(单价 39 美元)	56		

要求:

1. 分别使用先进先出法和后进先出法计算销售成本和期末存货成本。
2. 分别使用先进先出法和后进先出法计算存货周转率(请写出计算过程)。
3. 建立在对问题 2 的答案的基础上,解释当比较公司间存货周转率时,分析师是否要考虑到存货成本核算方法的影响。

E7-15 比较复杂的财务报表练习

大学海岸(College Coasters)是一个位于 San Antonio 的经销商。公司在其 2007 年 12 月 31 日未调整的试算平衡表中报告了以下账户余额:

现金	$10 005	应付款	$1 500	销售成本	$8 900
应收款	2 000	应付薪酬	300	租金费用	1 100
存货	500	应付所得税费用	0	工资费用	2 000
预付租金	600	投入资本	6 500	折旧费用	110
设备	810	留存收益	3 030	所得税费用	0
累计折旧	110	销售收入	15 985	其他费用	1 400

公司从一个供应商手中购买所有的垫子，12月1日所有的应付款都是对这个供应商的应付款。2007年12月1日的存货包括了1 000个垫子，这1 000个垫子是在7月10日以0.50美元的单价批量购买来的。大学海岸使用的是先进先出法。

在2007年12月，公司发生了如下笔交易。其中的一些交易被描述的很详细。

12月1日　从平常的供应商那里赊购了500个垫子，购买单价为0.52美元，同时附带有2/10，n/30的合同条款。

12月2日　从平常的供应商那里赊购了1 000个垫子，购买单价为0.55美元，同时附带有2/10，n/30的合同条款。

12月15日　因赊销支付给供货商1 600美元。

12月17日　以单价0.90美元赊销了2 000个垫子。

12月23日　支付给员工500美元，其中300美元是支付给11月份工作的薪酬，剩下的200美元是本月初直到22日应付的薪酬。

12月24日　从客户处收到赊销款1 000美元。

12月31日　将1 000个垫子装上一艘货运船，这些垫子将会被运给客户。该销售是属于到岸销售方式，同时附带有2/10，n/30的合同条款。

其他相关信息如下所示：

a. "其他费用"是指一般费用、销售费用和管理费用。大学海岸还没有记录12月发生的一笔200美元的广告费用和一笔赊购。

b. 公司估计设备每个月的折旧额为10美元。一个月的折旧额需要被记录。

c. 12月23日到31日的应付薪酬和100美元将会在2008年1月15日支付。

d. 600美元的预付租金，租期为6个月，到期日为2008年5月31日。

e. 当2007年12月31日盘点存货时，没有发现存货减少或者被毁坏。

f. 公司本年不分配股利，也没有发生新增资本投入的相关交易。

g. 所得税税率为30%，公司当年还没有支付所得税。

要求：

1. 分析每笔交易对会计等式的影响，并分析在月底是否要作任何调整。
2. 编制分录来记录每笔交易和月底会作的任何调整。
3. 将分录转入T形账户中。确定T形账户中包括了2007年12月1日的余额作为期初余额。
4. 根据图表6.10、图表5.8和图表5.6的格式编制利润表、股东权益表和资产负债表。
5. 计算2007年的存货周转率和至销售天数（精确到小数点后一位），假设2007年1月1日的存货价值为500美元。将计算结果与2006年12月31日的12.0的存货周转率比较。

E7-16 分析下面将存货由后进先出法调整为先进先出法的财务报表注释,并计算这一调整对存货周转率和至销售天数的影响。

福特汽车公司使用后进先出法计算它的大部分存货,这些存货在年末被报告在如下表中:

	存货(以百万美元为单位)	
	2005	**2004**
产成品	$7 224	$7 799
原材料和在产品,储备	4 056	3 968
先进先出法下的存货总成本	11 280	11 767
减去:后进先出调整	(1 009)	(1 001)
存货总成本	$10 271	$10 766

要求:

1. 给定福特在2005年底的后进先出调整值,请问在这个行业成本是呈上升还是下降趋势呢?
2. 2005年福特报道的销售成本是1 449.44亿美元。使用销售成本等式和后进先出账户,计算2005年购买的存货成本为多少。
3. 如果福特使用了先进先出法,它2005年的销售成本将是1 449.52亿美元(在后进先出法下,该销售成本为1 449.44亿美元)。分别计算先进先出法和后进先出法下的存货周转率和至销售天数,并评论存货成本核算方法对分析福特的存货的重要性。

E7-17 (附录A)分别使用先进先出法和后进先出法(永续盘存制的条件下)计算期末存货成本和销售成本

请回顾E7-4的相关信息。假设阿虎·凯凯使用的是永续盘存制并且它的240件存货是在1月16日至23日之间被销售出去的。请分别使用先进先出法和后进先出法计算期末存货成本和销售成本。

E7-18 (附录A)分别使用先进先出法和后进先出法(永续盘存制的条件下)计算期末存货成本和销售成本

请回顾E7-5的相关信息。假设洛神·电熨斗集团使用的是永续盘存制。请分别使用先进先出法和后进先出法计算期末存货成本和销售成本。

E7-19 (附录B)分析并解释存货错误会产生的影响

达拉斯公司(Dallas Corporation)编制了如下两个利润表:

	2007年一季度	2007年二季度
销售收入	$15 000	$18 000
销售成本		
期初存货	$3 000	$4 000
购买	7 000	12 000
持有以备销售存货	10 000	16 000

	2007 年一季度	2007 年二季度
期末存货	4 000	9 000
销售成本	6 000	7 000
毛利润	9 000	11 000
营业费用	5 000	6 000
营业收入	$4 000	$5 000

在第三个季度期间,公司的内部审计师发现第一季度的期末存货应该是 4 400 美元。第二季度的期末存货成本是正确的。

要求:

1. 这个错误对两个季度的总营业收入会产生什么样的影响呢?请解释。
2. 这个错误分别对两个季度的季度营业收入会产生什么样的影响呢?请解释。
3. 为每个季度编制正确的利润表,这里我们忽略所得税的影响。

辅导题

CP7-1 在实地盘存制下分析四种不同的存货成本核算方法的影响

剃须刀供应商(Scrappers Supplies)使用的是实地盘存制。在年度会计期末,2008 年 12 月 31 日,存货的相关记录如下所示:

交易名称	数量	单位成本
2008 年 1 月 1 日的期初存货	200	$30
2008 年发生的各项交易:		
a. 购买,3 月 2 日	300	32
b. 销售,4 月 1 日(单价为 46 美元)	(350)	
c. 购买,6 月 30 日	250	36
d. 销售,8 月 1 日(单价为 46 美元)	(50)	

提示:虽然购买和销售是按照时间顺序列示的,但是在实地盘存制下销售成本是在所有的购买都发生后才确认的。

要求:

1. 使用下面的每种存货成本核算方法计算 2008 年 12 月 31 日的持有以备销售成本、期末存货成本和销售成本:

   a. 后进先出法;
   b. 加权平均法;
   c. 先进先出法;
   d. 个别计价法,假设在 2008 年 4 月 1 日销售的存货有 1/5 来自期初存货,4/5 来自于 2008 年 3 月 2 日购买的存货。假设 2008 年 8 月 1 日销售的存货都来自 2008 年 6 月 30 日购买的存货。

2. 在四种存货成本核算方法中,哪种会产生最高的毛利润?哪种会产生最低的所得税费用？

CP7-2 请评估成本或市价孰低对利润表和所得税费用的影响

斯玛特公司(Smart Company)编制了其在 2008 年 12 月 31 日的财务报表。公司当时使用了先进先出法,但是没有将 LCM 规则应运在期末存货中。原先的 2008 年的利润表如下所示：

销售收入		$280 000
销售成本		
期初存货成本	$30 000	
购买存货成本	182 000	
持有以备销售存货成本	212 000	
期末存货成本(先进先出法下)	44 000	
销售成本		168 000
毛利润		112 000
营业费用		61 000
营业收入		51 000
所得税费用(30%)		15 300
净利润		$35 700

提示:存货减值不会影响到持有以备销售存货成本,但是会影响到期末存货成本,这样一来就会使销售成本增加,然后使利润表中的其他项目的值降低。

假设让你重编 2008 年的财务报表去体现 LCM 规则。你有以下这些关于期末存货的信息：

项目名称	数量	初始成本		单位重置成本
		单位成本	总成本	市场价格
A	3 000	$3	$9 000	$4
B	1 500	4	6 000	2
C	7 000	2	14 000	4
D	3 000	5	15 000	2
			$44 000	

要求：

1. 重述利润表来体现 2008 年期末存货的 LCM 价值。对每个存货类别都应用 LCM 规则并要求显示计算过程。
2. 比较并解释 LCM 规则对问题 1 中被改变数值的影响。
3. 将 LCM 规则应用到商品存货的概念基础是什么呢？

CP7-3 计算并解释存货周转率和至销售天数

环城百货公司是美国销售电子设备、个人电脑和娱乐软件的龙头零售商,公司在它的财务报表中报告了以下数值(以百万为单位)。

	2006	2005
销售收入	$11 598	$10 470
销售成本	8 767	7 901
期初存货	1 455	1 517
期末存货	1 698	1 455

要求：

1. 计算公司2006年和2005年的存货周转率和至销售天数。答案精确到小数点后一位。

   提示：记住分子（销售成本CGS）和分母（平均存货成本）都要用成本来计算。

2. 对这些指标的任何改变发表评论，并比较环城百货公司的存货管理人员和百思买（Best Buy）的存货管理人员哪个更有效率，其中百思买的存货周转率为7.9次（至销售天数为46天）。

3. 环城百货公司使用加权平均成本法来计算销售成本和期末存货成本。相反，易趣使用的是先进先出法。如果电子商品的成本呈下降趋势，这两种成本核算方法中的哪种会导致更高的销售成本呢？导致更高销售成本的这种方法与另一种方法相比是会产生更高还是更低的期末存货成本呢？综合起来看的话，哪种方法会产生一个更快的存货周转率呢？

   提示：想要回答好这个问题，我们可以建立一个像下面这样的表格：

	先进先出法（FIFO）	加权平均成本法（WA）
销售成本	H L	H L
平均存货成本	H L	H L

针对存货周转比率的每个部分（分子和分母），划出在每种方法下该部分相对来说变的更高还是更低了。存货周转率更高的那一个一定会有一个H在顶部（分子）和一个L在底部（分母）。

CP7-4 （附录A）分析在永续盘存制下后进先出法会产生的影响

使用CP7-1中的信息，计算剃须刀供应商的销售成本和期末存货成本，假设使用的是后进先出法，并且是在永续盘存制的基础上。计算出答案后，将答案与CP7-1中的1a的答案比较，注意在CP7-1中的1a使用的是实地盘存制下的后进先出法。当成本呈上升趋势时，使用永续盘存制会产生一个更高还是更低的销售成本呢？

提示：在CP7-4中，在使用后进先出法的情况下，4月1日350件商品的销售被假设包括了300件3月2日购买的存货和50件期初存货。

CP7-5 （附录B）分析并解释存货错误的影响

豆&豆公司（Murphy&Murphy，M&M）的部分利润表如下所示：

	2005	2006	2007	2008
销售收入	$50 000	$49 000	$71 000	$58 000
销售成本	32 500	35 000	43 000	37 000
毛利润	17 500	14 000	28 000	21 000

在这些数值被报告出来后,豆&豆公司的会计师发现2006年12月31日的存货价值被低估了3 000美元。2007年12月31日的存货余额数值是正确的。

要求:

1. 在纠正完存货错误以后,重述这部分利润表以反映出正确的数值。

2. 计算这四年每年的毛利润百分比,包括(a)纠错之前和(b)纠错之后两种情况。是否得出的毛利润百分比的答案让你对你的纠错充满了信心呢?请解释原因。将你的答案约等到最近的百分位数。

提示: 毛利润百分比等于毛利润除以销售收入再乘以100。

A 组问题

PA7-1 在实地存盘制下分析四种不同的存货成本核算方法的影响

疯狂的石头公司(Gladstone Company)使用的是实地盘存制。在年度会计期末,2007年12月31日,存货的相关记录如下所示:

交易名称	数量	单位成本
2007年1月1日的期初存货	1 800	$5.00
2007年发生的各项交易:		
c. 购买,1月30日	2 500	6.20
b. 销售,3月14日(单价为5美元)	(1 450)	
d. 购买,5月1日	1 200	8.00
d. 销售,8月31日(单价为5美元)	(1 900)	

要求:

1. 使用下面的每种存货成本核算方法计算2007年12月31日的持有以备销售存货成本、期末存货成本和销售成本:

　　a. 后进先出法;

　　b. 加权平均法;

　　c. 先进先出法;

　　d. 个别计价法,假设在2007年3月14日销售的存货有2/5来自期初存货,3/5来自于2007年1月30日购买的存货。假设2007年8月31日销售的存货一部分来自剩余的期初存货,还有一部分来自2007年5月1日购买的存货。

2. 在四种存货成本核算方法中,哪种会产生最高的毛利润?哪种会产生最低的所得税费用?

PA7-2 请评估成本或市价孰低对利润表和所得税费用的影响

斯布拉格·安德森·吉姆纳斯迪克(Springer Anderson Gymnastics)编制了其在2007年12月31日的财务报表。公司当时使用了先进先出法,但是没有将LCM规则应运在期末存货中。原先的2007年的利润表如下所示:

销售收入			$140 000
销售成本			
期初存货成本		$15 000	
购买存货成本		91 000	
持有以备销售存货成本		106 000	
期末存货成本（先进先出法下）		22 000	
销售成本			84 000
毛利润			56 000
营业费用			31 000
营业收入			25 000
所得税费用（30%）			7 500
净利润			$17 500

假设让你重述 2007 年的财务报表去体现 LCM 规则。你有以下这些关于 2007 年期末存货的信息：

| 项目名称 | 数量 | 初始成本 | | 单位重置成本 |
		单位成本	总成本	市场价格
A	1 500	$3	$4 500	$4
B	750	4	3 000	2
C	3 500	2	7 000	1
D	1 500	5	7 000	3
			$22 000	

要求：

1. 重述利润表来体现 2007 年期末存货的 LCM 价值。对每个存货类别都应用 LCM 规则并要求显示计算过程。
2. 比较并解释 LCM 规则对问题 1 中被改变数值的影响。
3. 将 LCM 规则应用到商品存货的概念基础是什么呢？

PA7-3　计算并解释存货周转率和至销售天数

哈曼视听公司是一个生产扬声器和其他电子产品的世界级的生产商，它的产品包括 JBL、Infinity 和 Harman/Kardon 等品牌。公司在它的财务报表中报告了以下数值（以百万为单位）：

	2006	2005
销售收入	$3 248	$3 031
销售成本	2 095	1 999
期初存货	312	292
期末存货	345	312

要求：

1. 计算公司 2006 年和 2005 年的存货周转率和至销售天数。答案精确到小数点后一位。

提示：记住要分子（销售成本 CGS）和分母（平均存货成本）都要用成本来计算。

2．对这些指标的任何改变发表评论，并比较哈曼的存货管理人员和波士顿电子的存货管理人员哪个更有效率，其中波士顿音响公司的存货周转率为 3.7 次（至销售天数为 99 天）。两家公司采用的是相同的存货成本核算方法（先进先出法）。

PA7-4（附录 A）　分析在永续盘存制下后进先出法会产生的影响

使用 PA7-1 中的信息，计算疯狂的石头公司的销售成本和期末存货成本，假设使用的是后进先出法，并且是在永续盘存制的基础上。计算出答案后，将答案与 CP7-1 中的 1a 的答案比较，注意在 PA7-1 中的 1a 使用的是实地盘存制下的后进先出法。当成本呈上升趋势时，使用永续盘存制会产生一个更高还是更低的销售成本呢？

PA7-5（附录 B）　分析并解释存货错误的影响

奢武德公司（Sherwood Company）的部分利润表如下所示：

	2005	2006	2007	2008
销售收入	$2 000 000	$2 400 000	$2 500 000	$3 000 000
销售成本	1 400 000	1 660 000	1 770 000	2 100 000
毛利润	600 000	740 000	730 000	900 000

审计师发现 2006 年的期末存货价值被高估了 2 万美元。2007 年 12 月 31 日的存货余额数值是正确的。公司使用的是实地盘存制。

要求：

1．在纠正完存货错误以后，重述这部分利润表以反映出正确的数值。

2．计算这四年每年的毛利润百分比，包括（a）纠错之前和（b）纠错之后两种情况，将你的答案约等到最近的百分位数。是否得出的毛利润百分比的答案让你对你的纠错充满了信心呢？请解释原因。

B 组问题

PB7-1　在实地盘存制下分析四种不同的存货成本核算方法的影响

莫佐公司（Mojo Industries）使用的是实地盘存制。在年度会计期末，2009 年 12 月 31 日，存货的相关记录如下所示，单位售价为 9 美元：

交易名称	单位成本	数量	总成本
2009 年 1 月 1 日的期初存货	$2.50	250	$625
销售，1 月 10 日		(200)	
购买，1 月 12 日	3.00	300	900
销售，1 月 17 日		(150)	
购买，1 月 26 日	4.00	80	320

要求：

1．使用下面的每种存货成本核算方法计算 2009 年 12 月 31 日的持有以备销售存货成本、期末存货成本和销售成本：

a. 加权平均法；
b. 先进先出法；
c. 后进先出法；
d. 个别计价法，假设在 1 月 10 日销售的存货来自期初存货，1 月 17 日销售的存货来自 1 月 12 日购买的存货。

2. 在四种存货成本核算方法中，哪种会产生最高的毛利润？哪种会产生最低的所得税费用？

PB7-2　请评估成本或市价孰低对利润表和所得税费用的影响

莫迪塔制衣(Mondetta Clothing)编制了其在 2008 年 12 月 31 日的财务报表。公司当时使用了先进先出法，但是没有将 LCM 规则应运在期末存货中。原先的 2008 年的利润表如下所示：

销售收入		$420 000
销售成本		
期初存货成本	$45 000	
购买存货成本	273 000	
持有以备销售存货成本	318 000	
期末存货成本（先进先出法下）	66 000	
销售成本		252 000
毛利润		168 000
营业费用		93 000
营业收入		75 000
所得税费用（30%）		22 500
净利润		$52 500

假设让你重述 2008 年的财务报表去体现 LCM 规则。你有以下这些关于 2008 年期末存货的信息：

项目名称	数量	初始成本 单位成本	初始成本 总成本	单位重置成本 市场价格
A	3 000	$4.50	$13 500	$6.00
B	1 500	6.00	9 000	3.00
C	7 000	3.00	21 000	6.00
D	3 000	7.50	22 500	4.50
			$66 000	

要求：

1. 重述利润表来体现 2008 年期末存货的 LCM 价值。对每个存货类别都应用 LCM 规则并要求显示计算过程。
2. 比较并解释 LCM 规则对问题 1 中被改变数值的影响。
3. 将 LCM 规则应用到商品存货的概念基础是什么呢？

PB7-3 计算并解释存货周转率和至销售天数

亚马逊网上书店(Amazon)在它的财务报表中报告了如下数据(以百万为单位):

	2005	2004
销售收入	$8 490	$6 921
销售成本	6 451	5 319
期初存货	480	294
期末存货	566	480

要求:

1. 计算公司 2005 年和 2004 年的存货周转率和至销售天数。答案精确到小数点后一位。

2. 对这些指标的任何改变发表评论,并比较亚马逊网上书店的存货管理人员和边缘图书公司(Borders)的存货管理人员哪个更有效率,其中 Borders 的存货周转率为 2.2 次(至销售天数为 166 天)。以你的经验来看,亚马逊网上书店和边缘图书公司之间有何关键的不同,使得一个公司的财务数据那么有效率而另一个公司的财务数据看上去像一个图书馆数据一样。

PB7-4　(附录 A)分析在永续盘存制下后进先出法会产生的影响

使用 PB7-1 中的信息,计算莫佐公司的销售成本和期末存货成本,假设使用的是后进先出法,并且是在永续盘存制的基础上。计算出答案后,将答案与 PB7-1 中的 1c 的答案比较,注意在 PB7-1 中的 1c 使用的是实地盘存制下的后进先出法。当成本呈上升趋势时,使用永续盘存制会产生一个更高还是更低的销售成本呢?

PB7-5　(附录 B)分析并解释存货错误的影响

"哎哟,我又做到啦"是斯庇尔斯 & 肯楚欧(Spears & Cantrell)公司的会计师唱过的一首歌,当他们发现第二季度的期末存货被高估了3 000 万美元。在实地盘存制的基础下,存货一直到了第三季度的期末才被发现和更正。下面的表格里呈现的是原始数据(以百万为单位):

	一季度	二季度	三季度
销售收入	$3 000	$3 600	$3 750
销售成本	2 100	2 490	2 655
毛利润	900	1 110	1 095

要求:

1. 在纠正完存货错误以后,重述这部分利润表以反映出正确的数值。

2. 计算这四季度每季度的毛利润百分比,包括(a)纠错之前和(b)纠错之后两种情况,将你的答案约等到最近的百分位数。是否得出的毛利润百分比的答案让你对你的纠错充满了信心呢?请解释原因。

技能拓展训练

S7-1　找出财务信息

参考兰德里餐饮公司的财务报表,可从网址 www.mhhe.com/phillips2e 的案例部分下载年报。

1. 在最近一年的年底公司持有的存货是多少？这个数值与之前年份相比是增加了还是减少了呢？
2. 公司使用什么样的存货成本核算方法来决定它的存货的成本呢？描述你从哪里得到这些信息的。
3. 假设"销售收入所花费的成本"等同于CGS，计算公司最近一年的存货周转率和至销售天数（精确到小数点后一位）。这些数值与图表7.10中麦当劳的数值相同吗？这个分析要传达给我们的信息是什么呢？

S7-2 比较财务信息

参考澳拜客牛排坊的财务报表，可从网址www.mhhe.com/phillips2e的案例部分下载年报。

1. 在最近一年的年底，澳拜客持有的存货比兰德里持有的多还是少呢？
2. 澳拜客使用什么样的存货成本核算方法来决定它的存货的成本呢？评论一下这种方法是如何影响到澳拜客和兰德里报告的存货和销售成本的比较的？
3. 假设"销售收入所花费的成本"等同于CGS，计算澳拜客最近一年的存货周转率和至销售天数（精确到小数点后一位），并将其与兰德里的存货周转率和至销售天数比较。这个分析要传达给我们的信息是什么呢？

S7-3 以网络为基础的小组研究：研究一份年报

以小组为单位，去选择一个行业来研究。使用你的网络浏览器，每个组员都可以进入年报或者10-K一个所选行业的上市交易公司，每个成员都要选择一个不同的公司。（看第1章的S1-3对获得这些任务所需要的资源的可能的描述。）

要求：

1. 以个人为基础，每个组员都应该写一份简单的报告以体现以下内容：

a. 描述所选公司持有的存货种类。看看这个公司有没有在它的年报中体现出它的存货管理目标呢？

b. 描述所选公司使用的存货成本核算方法。你觉得公司为什么选这种方法而不是其他的方法呢？你认为它的存货成本是上升了还是下降了呢？

c. 计算当年和去年的存货周转率，并解释两者间的变化。（为了获得去年的期初存货成本，你需要去年的年报。）

d. 在10-K中查找关于公司将LCM规则运用到存货中去的相关方法的信息。这个公司是否在当年报告了存货减值呢？

2. 然后，以组为单位，使用这些属性写一份简单的报告比较并对比你们所选的那些公司。描述作为一个小组观察到的公司模式有哪些。对发现的任何不同之处给出可能的解释。

S7-4 做出道德决定：一个生活中的真实例子

假设你正身处陪审团参加对一个全国性大药店的审理。你目前的任务就是从以下这些可能暗示着有舞弊发生的事件中确定那些可疑的事件。

在仅仅7年的时间里，该公司从15家店扩张到拥有310家店，报告了超过3亿美元的销售额。一些零售专家曾认为这家公司一定会变成下一个沃尔玛。这个公司成功的一个很明显的秘诀就是通过以低于成本的价格销售商品来吸引顾客,再让他们买其他的东西,特别是药品,从中赚取高额的毛利润。这个策略似乎很有效,公司的首席执行官在它的商店内销售大量的药品,使得在最近的三年间存货总值从1 100万美元增加到3 600万美元,再增加到1.53亿美元。公司没有采用永续盘存制管理存货,所以需要盘点每个商店的存货来确认销售成本。为了帮助审计师证明这些存货盘点的精确性,管理层同意在盘点存货那天关闭要盘点的商店。由于审计师会提前告知公司他打算要盘点存货的商店,所以关于暂时关闭商店的消息会被传达给那些商店的员工和顾客。外部审计师每年会选择四家商店并会提前几周通知公司他们要进行盘点的打算。为了进一步帮助审计师盘点存货,管理层通过将被选商店的一些存货运往不需要盘点的商店的办法来减少被选商店的存货数。

在盘点完存货并且记录完成本后,公司会进行存货减值测试(LCM)。以单个商店为基础,管理层比较每个存货项目的单位成本和市场价值,然后准备分录记录存货减值。一些分录数额很大并有借"曲奇"科目(Cookies),贷"存货"科目。管理员报告说"曲奇"科目是用来累计公司旗下所有商店所发生的存货减值总额的。在财务报表完成之前,"曲奇"科目会被结清,通过将其分配回每个商店的方式。举一个例子,"曲奇"科目中有9 999 999.99美元被分配到一个叫"应计存货"科目。

要求:

列出一个单子总结出那些可能暗示着有舞弊发生的事件,针对你列在单子里的每一个项目,说明你怀疑的原因。

后记:

这个案例是建立在一个涉及法姆(Phar Mor)舞弊的真实事件的基础上,该舞弊是由《注册会计师日报》的戴维·克楚欧(David Cottrell)和史蒂芬·格拉沃(Steven Glover)在1997年7月发表的。法姆的管理层集体承担了超过100万美元的罚款,它的两个高层管理人员分别被判处33个月和5年的有期徒刑。公司的外部审计师由于未发现这一舞弊而导致错误的判断被罚超过3亿美元。

S7-5 做出道德决定:一个迷你案例

戴维·艾勒(David Exler)是艾克沃吉尔(AquaGear)公司,一个船只制造商的首席执行官。在跟公司董事会激烈辩论了很多个月之后,戴维获得了董事会的允许,将公司销售扩展到水上滑板销售领域。戴维坚信艾克沃吉尔公司在这个市场可以获得很大的利润,虽然近期生产水上滑板的成本在上升。这个月底将召开一场董事会,戴维需要在董事会上呈现第一季度销售水上滑板的财务结果。作为艾克沃吉尔公司的主计长,你告诉戴维这个财务结果不是很理想。虽然销售收入比预期的要好,达到了16.5万美元(销售出3 000件产品,每件售价55美元),但是销售成本就达到了14.75万美元。这就导致了毛利润只达到了1.75万美元。戴维知道这个数字一定不能取悦董事会众成员。为了不顾一切地挽救水上滑板项目,戴维让你"看看能不能用另一种存货成本核算方法来降低销售成本。我知道你们会计师可以用不同的方法来计算成本,所以可能你可以变出我最想要的结果呢"。你找出本季度购买存货的记录,使用后进先出法重新计算存货成本,而后进先出法通常被用于计算该公司的船只成本。

	日期	数量	单位成本	总成本
水上滑板的期初存货	1月1日	0	—	—
购买	1月15日	1 500	$30	$45 000
购买	2月18日	2 000	45	90 000
购买	3月29日	2 500	50	125 000

要求：

1．使用后进先出法计算销售成本。这个是否就可以满足戴维对第一季度利润的需要呢？

2．不做任何计算，有没有可能找到任何存货成本核算方法可以产生较低的销售成本呢？

3．使用先进先出法计算销售成本。使用这种方法可以解决戴维当前的困境吗？

4．公认会计原则是否允许公司使用一种存货成本核算方法报告水上滑板的同时使用另一种存货成本核算方法报告船只呢？

5．使用先进先出法解决戴维所面临的困境是否存在一些问题呢？

S7-6 谨慎的思考：后进先出法背后的利润操作

麦达利企业（Mandalay Industries）销售电子测试设备。在2008年期间，存货记录反映了如下信息：

	数量	单位成本	总成本
期初存货	15	$12 000	$180 000
购买	40	10 000	400 000
销售（45件，销售单价为25 000美元）			

使用后进先出法核算存货成本。在2008年12月28日，测试设备的单位成本下降到9 000美元。预计成本在下一年的第一个季度还会下降，但是之后会有所上升。

要求：

1．假设使用后进先出法，并且是在实地盘存制的基础上，完成下面这个利润表（显示计算过程）：

销售收入	$_____
销售成本	_____
毛利润	_____
营业费用	300 000
营业收入	$_____
期末存货	$_____

2．虽然成本在下一年的早期会继续下降，但是麦达利企业的管理层打算在2008年12月31日以9 000美元的单价再购买20件存货。重新编制一个利润表（和期末存货），假设购买发生在2008年12月31日。

3．因为2008年12月31日再购买存货的决定会带来多少营业收入？有没有证据显示这是一种操纵利润的行为呢？请解释。

S7-7　计算并记录成本或市价孰低（LCM）对期末存货的影响

假设你最近获得了一份在美国香水连锁店帕富莫尼尔（Perfumania）的迈阿密总公司工作的机会，帕富莫尼尔是全美最大的专销折扣香水的零售商。你的工作就是根据成本或市价孰低法则去评估该公司持有存货的减值情况。该公司采用的存货成本核算方法是加权平均成本法，存货总价接近7 000万美元，代表了公司比重最大、最重要的一部分资产。假设公司的会计经理要求你编制一个空白表格程序，这个程序要用来计算当年的存货减值数。该会计经理提供给你以下数字，这些数字将会被用在你要编制的表格中。

产品线	持有数量	单位加权平均成本	年底的单位重置成本（市价）
瓦化逊（Alfred Sung Shi）	80	$22	$20
安妮米尔（Animale）	75	15	16
阿莎罗（Azzaro）	50	10	10
曼波（Mambo）	30	16	17
OP 果汁（OP Juice）	400	8	7

你知道你需要将每种存货的数量乘以每单位的成本或市价中的较低者，但是你不知道怎么编制那个表格程序才能使其自动选择成本或市价中的较低值。所以你发电子邮件给你的一个叫欧文（Owen）的朋友寻求帮助，下面就是他给你的回复。

来自：Owentheaccountant@yahoo.com
写给：Helpme@hotmail.com
抄送：
主题：Excel 帮助

　　所以你没有关于如何设置 Excel 表使其自动选择成本或市价中的较低者的常识了？你其实可以通过很多种途径去做这个设置，但是最简单的办法就是使用 Excel 表中的最小值（MIN）指令。首先你建立一个像你传给我的那样的表格，然后在原有的基础上再加上两列，输入指令"＝MIN（成本单元，市价单元）"，这里成本单元就是包括单位成本的那个单元格，而市价单元就是包括单位市价的那个单元格。下一步，在新建的第二列中，将每种存货的数量乘以每单位的成本或市价孰低值。下面是一个关于你将要完成的表格的截图。

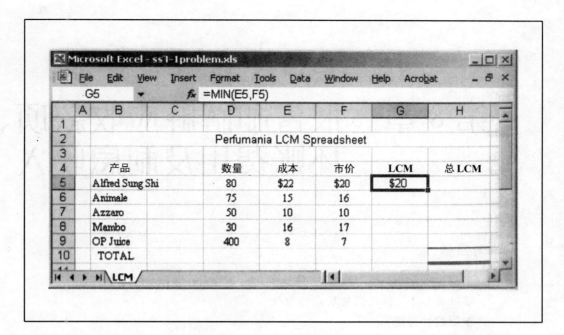

要确定你输入了一个可以得出所有香水存货总 LCM 成本的公式,只有这样才能将与存货初始成本比较从而得出总的减值数值。

要求:

1. 建立一个表格程序,计算存货成本或市价孰低(LCM)总值,要以每种香水存货为基础计算。

2. 建立分录来记录本问题中这五种香水产品的减值数。

第8章 报告和解释应收款项、坏账费用及利息收入

学习目标

了解企业
学习目标1　描述信贷展期的权衡

学习会计方法
学习目标2　估计和报告坏账产生的影响
学习目标3　计算和报告应收票据的利息

评估结果
学习目标4　计算和描述应收账款周转率

本章复习

> **前章回顾**
> 在之前的章节中,我们简单地假设所有赊销最后都能全部收回现金。

> **本章重点**
> 在本章中,你将了解当客户不能全额支付其欠款时,公司如何处理。

你的学习和职业生涯最具有挑战性的一个部分将包括管理你不能完全控制的事务。比如说,在这个学期,你有不得不完成的一组项目。从理论上说,你也许认为,这项工作从开始到结束仅仅会花费六天的时间。但是从以往的经验中你得知团队中的某个人可能会推迟完成任务,并且你不知道这个人会延误任务多久——这些事情的的确确大大超出了你的控制范围。基于某个人可能延误任务的考虑,你可以设立一个比实际任务期限更短的时间(比如说四天),让团队成员在此期限内完成工作。通过减少两天的时间限额,你将会有一个基于计划的现实基础,从而成功地完成这组项目。

这种情景与许多公司面临的问题相类似,世盖奇公司也不例外,世盖奇公司是一家向 Foot Lockers 公司以及其他大约300家公司出售鞋子的制鞋公司。当世盖奇公司向一家公司赊账出售鞋子时,它并不能确信该公司是否会偿还它的所欠款项。世盖奇公

司的管理者们从过去的经验中发现有些客户是不会偿还欠款的。但是问题在于,销售业务发生时,确认哪位客户是"坏"客户是不可能的。在本章的后面,你将要学习这些不确定事项的会计处理方法,这与上面提到的处理你的一组项目的时间限额方法相似。这些会计处理方法使得世盖奇公司的管理者们可以及时地报告公司可能从客户手中收回多少钱,这样也就为财务报告使用者提供了制定决策的现实基础。

在本章中,你将要学习针对应收款项的会计处理方法,应收款项产生于为顾客提供赊销商品或劳务(应收账款),或产生于根据合同提供的借款(应收票据)。首先,我们将会讨论当管理者们决定是否准予赊欠时,他们要考虑的一些重要权衡;然后,学习应收账款和应收票据的会计处理方法;最后,本章以分析方法结束,这些分析方法可以用来评估一家公司应收款项的管理水平,同时本章末尾附有大量的练习材料。以上是本章概要的简要描述。

了解企业

在 2006 年 12 月 31 日,应收账款和应收票据总额占世盖奇公司总资产的 25%。如果该公司要成功运营,它的资产必须被有效管理。但是,当为顾客提供赊销商品或劳务(应收账款),或根据合同提供借款给公司或个人(应收票据)时,管理者们需要考虑什么因素?

赞成和反对信贷展期

学习目标 1
描述信贷展期的权衡。

世盖奇公司要求商业客户(像 DSW 公司和 Foot Lockers 公司)开立账户,并且为它们提供赊购服务,但是世盖奇公司没有将这项选择扩展到个人客户。因为不同来源的应收账款有着不同的优点和缺点,世盖奇公司愿意接受来自于公司客户的应收账款,而不愿意接受来自于个人客户的应收账款。信贷展期的优点是:它使世盖奇公司保持与 Reebok 公司,Timber 公司和 Kenneth Cole 公司之间的竞争力,这些公司同样也为它们的公司客户提供信贷展期。信贷展期的缺点是下面提及的额外费用：
- 增加的工资成本。如果贷款被延期偿还，世盖奇公司不得不雇用人员(a)来评估每一个客户是否是值得信任的，(b)追查每个客户欠款的数额，以及(c)向每个欠款客户追讨应收款项。
- 坏账费用。不可避免的，有一些客户会争论他们的欠款数额，并且仅偿还他们所欠款项总数的一部分。最极端的情况下（比如客户破产），世盖奇公司也许收不到应收款项中任何欠款。这些"坏账"，正如其名字一样，会成为信贷展期的一项巨大的额外费用。
- 现金的延时收款。即使从客户手中收回了所有欠款，但是它仍然很有可能必须要等上30—60天的时间才能收到现金。在这期间，世盖奇公司也许不得不进行短期银行借款来为其他商业活动筹措现金。这样借款的利息是向客户提供信贷展期产生的又一项费用。

许多管理者们发现以赊账方式销售给公司客户取得的销售收入（又或者，更加准确地说是毛利润）比上面提到的额外费用要多。但是，当涉及个人客户时，附加的毛利润不能包含世盖奇公司可能引起的所有额外费用。

当决定是否签发应收票据时要考虑相类似的优点和缺点。当签发了正式书面合同（"票据"），该合同中有说明公司会收到其所放贷款的条款，应收票据就产生了。应收票据不同于应收账款之处在于通常要支付利息，相对于应收账款而言它具有更强的法律效应。但是，只有新的交易发生才能产生一张新的票据，也就是说票据与交易是对应的，因此，它们的使用并不广泛——通常是当公司销售较大金额的产品（如汽车），或者为没有建立信用记录的公司或个人提供借款时。

> **你应该知道**
> 应收票据是要求另一方按照书面协议支付欠款的承诺。

学习会计方法

应收账款和坏账

> **学习目标 2**
> 估计和报告坏账的影响。

你已经从前面的章节中知道当赊销货物或者服务时产生**应收账款**。但是你也许不知道有些应收账款是无法收回的，最近的研究表明全美公司的坏账费用高达净收入的5%。① 也许你的"朋友"会说他会稍后偿还，但是又因为各种各样的理由，他便不会

> **你应该知道**
> **应收账款**（也称做应收货款）等于客户在交易中所欠款项。

---

① *Value of Third-Party Debt Collection to the U. S. Economy: Survey and Analysis*, prepared June 27, 2006, for the Association of Credit and Collection Professionals by Pricewaterhouse Coopers National Economic Consulting.

偿还了。

有两个重要的会计原则与应收账款和坏账的会计处理紧密相关。谨慎性原则要求应收账款应该在资产负债表上以其实际被认为可以收回的数额("变现净值")记录和报告,而不是以客户应该偿还的全部数额记录和报告。与此同时,配比原则要求利润表应报告相关赊销会计期间中发生的所有的费用,这些费用中包括坏账。这两个会计原则目的在于解决同一个问题:在发生赊销的会计期间中,减少因为赊销业务无法收回欠款的应收账款和净利润的相应数额。

这与你需要花费一段时间来发现你不能信任的朋友一样,该解决方法的问题在于:在世盖奇公司发现哪项赊销无法收回之前需要一段时间。更有可能的是,这些坏账将会在销售之后的某个会计期间中被发现,而不是在其产生的那个会计期间被发现。如图表 8.1 所示,如果你在销售发生的会计期间记录销售,当坏账发生时在另外一个会计期间记录坏账,那么就不符合配比原则。坏账费用和销售收入没有在同一个会计期间配比,这样既扭曲了发生销售收入的那个会计期间的净利润,又扭曲了坏账产生时的那个会计期间的净利润。想要知道将会产生怎样的问题,现在立刻去看看图表 8.1。

图表 8.1　如果坏账与收入不配比,将会扭曲净利润

第一年(赊销发生时)		第二年(发现坏账)	
销售收入	$10 000	销售收入	$0
销售成本	6 000	销售成本	0
坏账费用	0	坏账费用	1 000
净利润	$4 000	净利润(损失)	$(1 000)

明显地,我们必须在销售发生时记录坏账。能够这样做的唯一方法就是在记录销售的同时估计可能发生的坏账数额。然后,当确定不能收回的应收账款的数额后,对会计记录进行调整。这种方法称为**备抵法**,它有两个步骤,我们将会在下面逐一介绍:

> **你应该知道**
> 备抵法是一种估计不能收回的欠款额(坏账)来减少应收账款(及净收入)的会计方法。

1. 当销售发生时,在其期末通过调整日记账分录,记录估计的可能发生的坏账费用。
2. 当它们被确认不能收回时,将其从专门的客户余额中除去("注销")。

1. 记录估计的可能发生的坏账费用

坏账费用是对本期不能收回的赊销款一项估计。在 2006 年 12 月 31 日,世盖奇公司已估计的坏账费用达 459.1 万美元。② 这表明,坏账大约占该公司销售收入的 1/4,净

> **你应该知道**
> 坏账费用是对本期间客户不能偿还的赊销款的估计。

---

② 在这一估计中,世盖奇还包括了估计的未来销售退货和抵扣。为理解简便,我们均称其为估计坏账费用。世盖奇以与估计坏账费用同样的方式估计未来销售退货和抵扣。

收入的6%。对坏账进行会计处理的第一步是按照会计制度的规定记录已估计的坏账。如下所述。

第一次记录赊销时,既对资产负债表产生影响(体现为应收账款的增加)又对利润表产生影响(表现为销售收入的增加)。在大多数情况下,这些赊销能够全部收回。但是有时,公司不能成功地收回由赊销产生的应收款项。由于考虑到这些赊销发生时,对应收账款和销售收入都做了会计分录,因此,应该同时在资产负债表和利润表中抵消应收账款和销售收入的数额。我们采用备抵法进行会计处理。在每个会计期末做一个调整分录,以减少应收账款账户的余额(用一个资产备抵账户,称作坏账准备)同时减少净收入账户的余额(用一个费用账户,称做坏账费用)。按照会计制度所做的调整分录及其产生的影响见下:

1. 分析	资产	=	负债	+	股东权益
	坏账准备(+xA) −4 591	=			坏账费用(+E) −4 591

2. 记录　　　借:坏账费用(+E,−SE)　　　　　　　　　　　4 591
　　　　　　　贷:坏账准备(+xA,−A)　　　　　　　　　　　　　4 591

图表 8.2 表明:在销售业务发生的会计期间,如何对被估计的坏账进行会计记录以抵消一部分原始赊销。同时还表明,资产负债表和利润表中的哪些账户用来记录坏账的发生。

图表 8.2　记录和报告估计的坏账

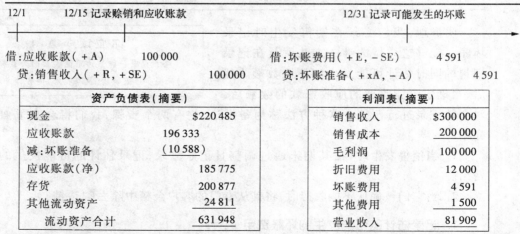

资产负债表(摘要)		利润表(摘要)	
现金	$220 485	销售收入	$300 000
应收账款	196 333	销售成本	200 000
减:坏账准备	(10 588)	毛利润	100 000
应收账款(净)	185 775	折旧费用	12 000
存货	200 877	坏账费用	4 591
其他流动资产	24 811	其他费用	1 500
流动资产合计	631 948	营业收入	81 909

当然,坏账准备账户与所有的资产备抵账户一样,也是永久性账户,因此,坏账准备账户的余额会由一个会计期间转入下一个会计期间。坏账费用账户是一个临时性账户,在每一个会计期末它的余额是零。所

辅导员提示

图表 8.2 中的应收账款(净)不是一个单独的账户。它是资产账户应收账款减去备抵账户坏账准备后的小计。

第 8 章 报告和解释应收款项、坏账费用及利息收入

以,坏账准备账户的余额只有在第一年使用坏账准备账户时才会与坏账费用账户的余额相等。这就是在图表 8.2 中资产负债表中坏账准备账户的余额与利润表中坏账费用账户的余额不相等的原因。

也许你想知道预期不能收回的应收账款金额不能简单地从应收账款账户中抵消,而是用计提准备账户来反映的原因(计提准备账户的金额从应收账款账户中减去)。因为在进行坏账估计时,我们无法知道哪一特定客户的应收账款是无法收回的,如果世盖奇公司对预期无法收回应收账款的客户账户进行注销,那么它将无法追踪这个仍然欠款的客户。如果发生这样的情况,世盖奇公司将无法知道它该继续向谁追讨欠款。所以,产生了坏账准备账户。因为坏账准备账户与应收账款账户备抵,所以世盖奇公司应该遵循谨慎性原则,即公司应该对可能收回的金额进行记录和报告。但是因为被估计的应收账款没有从应收账款账户余额中抵消,世盖奇公司仍然能向欠款客户追讨欠款——尽管他们被认为不可能偿还欠款。

2. 除去(注销)特定客户的余额

当已经明确某个客户将不会偿还其所欠款项时,世盖奇公司将会从它的应收账款分录中消除该客户的账户。世盖奇公司不再有必要为它计提坏账准备了。因此,相应的数额也从坏账准备账户余额中抵消。我们把这项消除不能收回款项的客户的账户并且抵消其相应的坏账准备的行为,称做**注销**。2006 年世盖奇公司在其年报中披露,它所放弃收回的所有应收账款的总额高达 122.9 万美元。注销的影响以及日记账分录如下:

> **你应该知道**
> 注销描述了从会计记录中消除不能收回的款项及其坏账准备的程序。

1. 分析

资产	=	负债	+	所有者权益
应收账款 −1 229				
坏账准备(−xA) +1 229				

2. 记录

借:坏账准备(−xA,+A)　　　　　　　　　　1 229
　　贷:应收账款(−A)　　　　　　　　　　　　　　1 229

3. 汇总

借 +	应收账款(A)	贷 −		借	坏账准备(xA)	贷 +
期初	197 562				7 196	期初余额
	1 229	注销		注销	1 229	4 591	估计
期末	<u>196 333</u>				<u>10 558</u>	期末余额

我们发现注销行为不会对利润表的账户余额产生影响。因为,在记录销售收入时已经对坏账费用和预期不能收回的应收账款做了调整日记账分录,所以,当注销此账户时没有任何额外的费用。同样道理,我们发现应收账款账户余额的减少与坏账准备账户余额的减少相互抵消,所以,注销行为对资产负债表中的"应收账款净额"合计并没有影响。

备抵法总结

为了使你更加容易地复习备抵法的两个主要步骤,下面是一个简单的总结。

步骤	时间	日记账分录	财务报表影响	
1. 记录调整估计的坏账	销售发生的期末	借：坏账费用 （+E，-SE） 贷：坏账准备 （+xA，-A）	**资产负债表** 应收账款　　　没有影响 减：坏账准备　　增加 应收账款（净）　减少	**利润表** 销售收入　　没有影响 成本　　　　没有影响 坏账费用　　增加 净收入　　　减少
2. 确认和注销实际发生的坏账	当应收款项被确认无法收回	借：坏账准备 （-xA，+A） 贷：应收账款 （-A）	**资产负债表** 应收账款　　　减少 减：坏账准备　　减少 应收账款（净）　没有影响	**利润表** 销售收入　　没有影响 成本　　　　没有影响 坏账费用　　没有影响 净收入　　　没有影响

 会发生什么？

自我测试

说明下面的每笔交易对净利润和总资产的影响。（+／-／没有影响）

	净利润	总资产

1. Polaris Industries 公司在 2007 年 12 月 31 日记录和报告了一笔增加的坏账。
2. Kellogg's 公司在 2008 年注销了十二位客户的应收账款账户余额。

自测答案
   1. — —　　2. NE NE*
*应收账款的减少被坏账准备的减少抵消。

估计坏账

在前面的例子中，我们直接提供了预计不能收回的坏账的数额。但是在实际工作中，这些坏账的数额是需要我们自己估计的。可以采用下面两种方法对坏账数额进行估计：账龄分析法和销售百分比法。其中，最常用的方法是账龄分析法。③ **账龄分析法**有时候也称做资产负债表法，因为它通过资产负债表中的一个账户（应收账款）来对

> **你应该知道**
> 账龄分析法（也称资产负债表法）基于每笔应收账款的账龄估计坏账。销售百分比法（也称利润表法）基于历史上坏账费用占销售额的百分比估计坏账。

---

③ 在对信贷研究协会成员的一次调查中，59% 的受访者称其坏账准备数的估计建立在对客户应收账款余额的分析上。

资产负债表中的另外一个账户(坏账准备)的数额进行估计。另外一种被普遍接受的方法是销售百分比法,有时候也被称做利润表法。**销售百分比法**使用利润表中的一个账户(销售收入)来对利润表中的另外一个账户(坏账费用)的数额进行估计。我们在本章附录 A 中介绍了这种方法。

账龄分析法之所以被称为账龄分析法,是因为它是在分析所欠账款的时间的基础上对坏账准备的数额进行估计。使用账龄分析法估计坏账准备有三个步骤,如图表 8.3 所示。

图表 8.3 用账龄分析法估计不能收回的坏账数额

客户	总额	未还款的天数				
		0—30 天	31—60 天	61—90 天	超过 90 天	
Adam's Sports 商店	$648	$405	$198	$45	—	
Backyard Shoe 公司	2 345	—	—	—	$2 345	←第一步——账龄
其他客户	193 340	99 628	52 822	37 935	2 955	
应收账款总额	$196 333	$100 033	$53 020	$37 980	$5 300	
×估计的坏账百分率		1%	4%	14%	40%	←第二步——估计
=估计的坏账	$10 588	$1 000	$2 121	$5 317	$2 120	←第三步——计算

1. 汇总应收账款的账龄,列出一张清单,这张清单要包含每一类应收账款的总计。在大多数的计算机化会计系统下,通过计算应收账款记录的日期可以自动地产生这张清单。

2. 估计每一类坏账费用百分比。由于每一家公司所处环境的不同,它们所用的坏账费用百分比也不一样。一般而言,一项应收账款的账龄越长被收回的可能性也就越小。所以,对 120 天后仍然没有收回的应收账款,其坏账费用百分比应该高于 30 天后没有收回的应收账款坏账费用百分比。

3. 利用步骤二中估计出的坏账费用百分比和步骤一中的清单,计算每一项应收账款的坏账准备,然后按照不同的账龄对其汇总。这个总计包含了所有不同账龄($1 000 + 2 121 + 5 317 + 2 120 = $10 558)的应收账款在会计期末的坏账准备余额。

借 −	坏账准备	贷 +
	5 976	未调整的余额
	?	调整后的数额
	<u>10 588</u>	最后的数额

坏账准备账户是一个永久性的账户,在年末不会被抵消,所以它有一个余额,在确定调整数额时需要考虑这个余额。即步骤三中计算出的数额是期望的坏账准备余额,而不是调整额。举例来说,如果世盖奇公司的坏账准备账户未调整的贷方余额是 5 967 美元,而且世盖奇公司决定坏账准备账户的贷方余额应该是 10 588 美元,所以必须记录(贷方)一项 4 591 美元(= $10 588 − $5 967)的调整,同时在坏账费用账户中(借方)记录相应的数额。在前面的 342 页中描述了这笔会计处理对会计等式和日记账分录产生的影响,之所以在这里再重复一遍,目的是避免以后犯错误。

1. 分析	资产	=	负债	+	所有者权益
	坏账准备(-xA) -4 591				坏账费用(+E) -4 591

2. 记录　　借:坏账费用(+E, -SE)　　　　　　　　　　　　　　　4 591
　　　　　　贷:坏账准备(+xA, -A)　　　　　　　　　　　　　　　　4 591

借+	坏账费用(E,SE)	贷-	借-	坏账准备(xA)	贷+
未调整的余额	0			5 976	未调整的余额
调整额	4 591			4 591	调整额
调整后的余额	4 591			10 558	调整后的余额

3. 汇总

尽管坏账准备账户通常有贷方余额,但是有时也会存在借方余额的情况。当公司已经对注销做了会计记录,并且注销的数额超过公司以前对不能收回的应收账款的估计的数额时,会发生这个情况。如果借方余额的情况发生,你仍然要运用账龄分析法计算出要调整的数额。唯一的区别在于:为达到期望的金额,你现在需要记录的金额为期望额加上目前的借方余额。调整后,坏账准备账户仍将有贷方余额。

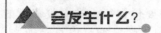

自 我 测 试

在前一会计年度, Mad Catz 公司对外报告的坏账准备账户的期初和期末余额分别是 $5 971 和 $6 329。Mad Catz 公司同样还对一笔预期无法收回的应收账款进行了注销处理,该应收账款的金额是 $3 979(所有的金额的计量单位都是千美元)。假设应收账款账户没有其他的变化,那么在此会计期间, Mad Catz 公司应该报告的坏账费用数额是多少? 使用下面的 T 形账户解决这个问题。

借+	坏账费用(E,SE)	贷-	借-	坏账准备(xA)	贷+
期初余额	0			5 971	期初余额
	____			____	
调整后的数额					调整后的数额

自测答案

借+	坏账费用(E,SE)	贷-	借-	坏账准备(xA)	贷+
期初余额	0			5 971	期初余额
估计	4 337		注销 3 979	4 337	估计
调整后的数额	4 337			6 329	调整后的数额

期初余额 + 坏账估计 - 注销 = 期末余额
5 971 　+ 　　X 　　 - 3 979 = 6 329; X = 4 337

其他问题

对估计进行修正 除非能准确预测未来,否则坏账的估计的数额总是与其以后作为不能收回应收账款的注销数额不同。我们应该在当期简单地修正对坏账的估计,而不是返回最开始对坏账的估计进行修正。因此,前面会计期间中过高的估计可以通过当期对坏账进行更低的估计而被降低,前面会计期间中过低的估计可以通过当期对坏账进行更高的估计而被提高。

恢复已经注销的账户 同样的道理,你已经对某个客户的应收账款做了注销,但是有可能他又做了某些事情从而"咸鱼翻身",

> **辅导员提示**
> 与之前的注销一样,恢复不影响净收入。

那么他也许会偿还已经被你注销了的欠款。收回以前已经注销了的账户在会计上称为恢复,它包括两个部分:第一,做相反的会计分录,重新在账簿中记录应收账款;第二,对收回的应收账款做会计记录。为了更好地描述,我们假设世盖奇公司在一个会计账户上收回了 50 美元,这个会计账户在前面的会计期间被注销了。这项恢复的记录的日记账分录如下:

```
(1) 借:应收账款(+A)        50
      贷:坏账准备(+xA, -A)     50      } 做注销分录的相反分录
(2) 借:现金(+A)           50
      贷:应收账款(-A)        50      } 对收回的应收账款做会计分录
```

仔细地观察恢复注销账户的日记账分录,你将会发现先是在借方记录 50 美元的应收账款,然后在贷方记录 50 美元的应收账款。也许你在想其实可以不做这些会计分录,但是如果不做这些会计分录将会对客户产生一个不准确的信贷历史记录。在完成上述会计分录后,因为已经收回了应收账款,会计记录应该反映这项交易,所以客户的应收账款账户的余额将会被进行转账处理而非注销处理。

其他可供选择的方法 在本章的这个部分,我们的焦点在于处理坏账的备抵法。但是你应当知道有些小公司是不会使用备抵法对应收账款进行会计处理的。与此相反,它们会采用**直接核销法**。尽管在进行会计处理时直接核销法相对于备抵法更加简单,但是它违背了谨慎性原则和配比原则,所以直接核销法是一个不被广泛接受的方法。但是,美国国税局(IRS)出于税务目的考虑使用的是直接核销法。基于直接核销法的应用可能性,我们在章节末尾的本章附录 B 中介绍。

应收票据及其利息收入

> **学习目标 3**
> 计算和报告应收票据的利息。

除了一点例外以外,应收票据的会计处理与应收账款的会计处理是相似的。与应收账款账户不考虑利息收入不一样,应收票据在签发的那一天起便开始收取利息。下面让我们来了解一下如何计算应收票据的利息。

计算应收票据的利息

在计算应收票据利息时,我们必须考虑三个变量:(1) **本金**,其数额就是应收票据的面值;(2) **利率**,应收票据上已经注明;(3) **利息计算时跨越的时间间隔**。尽管该应收票据的期限可能小于一年,但是利率总是以年利率的形式表示,所以"时间"变量表示利息计算时跨越的时间间隔在一年中所占的部分。如果一张票据上记载年利率是 10%,但是你仅仅结算 7 个月的利息,那么时间变量是 7/12(12 个月中的 7 个月)。利息计算公式见图表 8.4 所示,计算利息时,三个变量全部相乘:

> **你应该知道**
> 利息公式为:$I = P \times R \times T$,其中 I 为利息,P 为本金,R 为年利息率,T 为利息计算跨越的时间间隔(月份数/12)。

> **辅导员提示**
> "时间"变量指计息时间占一年的比例而不是占整个票据期的比例,3 年期票据 2 个月的利息计算的时间变量是 2/12 而非 2/36。

图表 8.4 利息计算公式

| 利息 | = | 本金 | × | 利率 | × | 时间 |

报告应收票据利息

尽管应收票据每天都产生利息,但是利息的支付与接收仅仅一年一次或者两次。这意味着持有应收票据的公司在每一个会计期末需要记录利息收入和应收利息(除非利息的支付和接收恰好在每一会计期间的最后一天)。

你可以借助如图表 8.5 所示的时间线来区别应计利息和利息支付。这条时间线将会帮助你理解什么需要计算和什么时候计算。一旦理解了这个,学习包括利息计算和登记日记账分录等在内的细节将会容易得多。在阅读下文时,请与图表 8.5 联系起来。

图表 8.5 使用时间线来记录和报告应收票据的利息

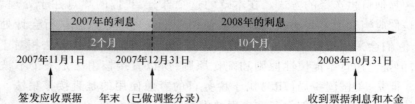

图表 8.5 描述了世盖奇公司在 2007 年 11 月 1 日签发一张一年期的应收票据的情况。世盖奇公司并不是每天对利息收入进行记录,而是在支付利息时或者在收到利息的那个会计期间的期末做会计记录。2007 年 12 月 31 日是世盖奇公司的会计年末。因为在 12 月 31 日还没有记录任何利息,所以世盖奇公司需要做一个调整分录来记录已经产生却还没有收到的利息。应计期间已经在图表 8.5 中用阴影表示出来。当利息收到时,如果世盖奇公司不用准备每月的会计报表或者季报,那么在 2008 年 12 月 31

日就不会有利息记录。图表 8.5 中的阴影部分表示在 2007 年 12 月 31 日的应付票据已赚得的和应计的利息,加上在 2008 年又赚得的利息。最后,在 2008 年 10 月 31 日世盖奇公司收到票据本金付款。这一简单的例子表明了任何一张票据都会发生的四个事件:(1) 签发票据,(2) 应计的但是还没有收到的利息,(3) 记录收到利息,(4) 记录收到本金。在更深入学习之前,检查你是否理解了应收票据的利息问题。

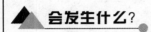

自 我 测 试

Kellogg's 公司在每年的 3 月 31 日、6 月 30 日、9 月 30 日和 12 月 31 日准备公司的财务报表。如果票据利息是在每年的 3 月 31 日和 9 月 30 日支付,试说明哪一天应计算应计利息?利用下面的时间线参考。

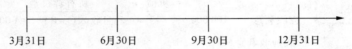

自测答案

应在 6 月 30 日(从 3 月 31 日到 6 月 30 日的期间)和 12 月 31 日(从 9 月 30 日到 12 月 31 日的期间)计算应计利息。

记录应收票据及其利息

现在对世盖奇公司的例子增加一些数据,这样既可以复习如何计算利息又可以介绍如何报告四个事件。在 2007 年 11 月 1 日,世盖奇公司借出 10 万美元给一位员工,产生一张在 2008 年 10 月 31 日按 6% 利率付给世盖奇公司利息的票据。世盖奇公司在 2008 年 10 月 31 日收到 10 万美元的本金还款。2007 年 12 月 31 日世盖奇公司准备会计年报,但是没有对 2007 年间的利息进行调整。下面将介绍如何进行会计处理:(1) 签发票据,(2) 应计的但是还没有收到的利息,(3) 记录收到的利息,(4) 记录收到本金。

签发票据 10 万美元的本票交易产生了一张应收票据,这张应收票据对会计等式有下面的影响,这些影响都通过下面的日记账分录被记录下来了:

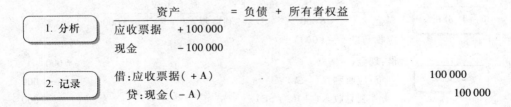

应计利息

在权责发生制会计下,当赚得利息时记录利息而不是以现金形式收到利息时记录利息。因为世盖奇公司的应收票据在 2007 年的整个 11 月和 12 月都是存在的,所以在

2007年12月31日世盖奇公司赚得了2个月的利息。如果在本期已经赚得利息却没有进行会计记录,那么在本期期末我们用调整分录来记录应计的利息。2007年两个月的利息数额计算如下:

$$\boxed{利息} = \boxed{本金} \times \boxed{利息率} \times \boxed{时间}$$
$$\$1\,000 = \$100\,000 \times 6\% \times 2/12$$

调整分录的影响以及在2007年12月31日记录的应计利息调整分录如下示:

> **辅导员提示**
> 除了银行外,利息都被视为产生收入的次要来源,因此它在利润表上显示在营业收入小计之后。

1. 分析

资产	= 负债 +	所有者权益
应收利息 +100 000		利息收入(+R) +1 000

2. 记录

借:应收利息(+A)   1 000
  贷:利息收入(+R,+SE)   1 000

记录收到的利息 在2008年10月31日世盖奇公司收到了6 000美元的现金利息(100 000 × 6% × 12/12)。如下面的时间线所示,这笔6 000美元的现金利息包括2007年12月31日应计的1 000美元利息,和2008年1月1日到10月31日10个月的期间内所赚得的5 000美元利息。

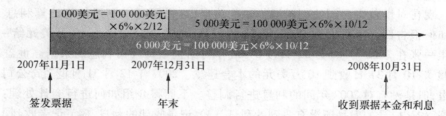

当世盖奇公司收到6 000美元利息时,前一会计年度发生的1 000美元应收利息会减少,剩余的5 000美元被记入2008年的利息收入。它们的影响和日记账分录如下:

1. 分析

资产	= 负债 +	所有者权益
现金 +6 000		利息收入(+R) +5 000
应收利息 −1 000		

2. 记录

借:现金(+A)   6 000
  贷:应收利息(−A)   1 000
     利息收入(+R,+SE)   5 000

记录收到的本金 收到应收票据的会计分录和收到应收账款的会计分录很类似。假设世盖奇公司收到了10万美元的票据本金,这项交易对会计等式的影响及其日记账分录如下:

	资产	=	负债	+	所有者权益

1. 分析

现金　　　　+100 000
应收票据　　-100 000

2. 记录

借:现金(+A)　　　　　　　　　　　　　　　　100 000
　贷:应收票据(-A)　　　　　　　　　　　　　　　　100 000

无法收回的票据的会计处理

与客户有可能不偿还应收账款一样,有些公司也可能不能支付它们所欠的应收票据本金(和利息)。与对预期无法收回的应收账款计提坏账准备一样,当公司预期无法收回应收票据时,应该对应收票据计提准备。

道德观察

重新给定时间

在本章前面,你发现当客户账户的账龄变长时,应该增加计提的坏账准备。在增加坏账准备账户余额的同时,我们要相应地增加坏账费用账户的余额,因为账龄越长的应收款项其收回的可能性就越小,所以销售收入净额也就减少了。世通公司的管理者清楚地了解这些影响,所以他们对客户的欠款"重新给定时间"以避免销售收入净额的减少。他们为客户提供借款,客户用这笔借款来付清他们应收账款账户的余额。世通公司通过产生新的应收票据来代替账龄长的应收账款,因此避免了记录大约7 000万美元价值的坏账。但是尽管如此,好景并没有持续多久。随后,管理者的欺骗行为被发现,这些涉及欺骗的管理者将要被判入狱并且被处以超过1 000万美元的罚款。为了更加深入地了解这项欺骗行为是如何运作的,请学习本章末的技能发展案例S8-4。

评估结果

应收账款周转率分析

学习目标4
计算和描述应收账款周转率。

管理者、经理、投资者和债权人通过进行应收账款周转率分析来评价公司借款和收回借款的效力。应收账款周转率分析的原理以及思路见图表8.6。当公司赊销货物或者提供劳务时,其应收账款余额增加;当收到应收账款时,应收账款余额减少。这个卖出和收回的过程称做**应收账款的周转**,并且在每一个会计期间它一遍又一遍地循环往复。

图表8.6 应收账款周转率分析

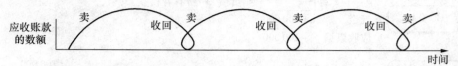

财务报表的使用者通过计算应收账款周转率来衡量会计期间中销售和收回应收账款的平均次数。应收账款周转率越高,表明应收账款回收得越快。同时,应收账款回收得越快,公司的运营循环时间就越短,这就意味着有更多的现金可以用于公司日常经营和管理。低的应收账款周转率可以作为一个警示信号,它表明公司需要更长的时间才能收回应收账款,更大的风险在于这笔应收账款可能永远也收回不了了。分析人员观察应收账款周转率的变化,因为应收账款周转率的突然下降也许意味着公司让客户尽可能多地购买它的货物,同时让客户推迟还款或者延长还款期间,这样便形成了一笔销售收入很高的会计记录——这种做法在会计实务中称做"暗转"。

> **你应该知道**
> 应收账款周转是销售和收回账款的过程,应收账款周转率决定了这一过程在会计期间中的平均次数。

一些人发现根据评估收回应收账款所花费的时间(以天为单位)比评估一年中应收账款周转的次数,更加容易发现问题。将应收账款周转率转化为**应收账款平均回收期**是很简便的:365÷应收账款周转率。这个衡量指标并不表示公司收回应收账款的能力与其他指标有什么区别——它只是更加容易理解。在图表8.6中,应收账款周转率是在给定的会计期间内圆圈的个数,应收账款平均回收期则告诉你这些圆圈间隔的平均天数。

> **你应该知道**
> 应收账款平均回收期是从销售发生到收回账款的平均时间。

> **辅导员提示**
> 全年应收账款平均余额用于分母,与分子(代表全年的销售结果)相对应。理想情况下,分子应只包括赊销额,但它并不单独报告,因此分析师通常用净销售额替代。

财务分析工具

评价方法	公式	告诉你的信息
应收账款周转率	销售收入净额 / 应收账款净额平均值	(1)在此会计期间内,应收账款周转的次数。 (2)更高的比率意味着应收账款周转得更快。
应收账款回收期	365 / 应收账款周转率	(1)应收账款收回的平均天数。 (2)更高的数字意味着应收账款收回的时间越长。

基准比较

赊销付款条件 通过计算应收账款平均回收期,可以比较公司的应收账款回收绩效和它的应收账款回收政策。你也许还记得在第6章中,当公司赊销货物时要明确贷款期限(和对于立即付款所享受的折扣)。通过将应收账款回收的天数和它的贷款期限进行比较,就能知道客户是否遵循了公司的应收账款回收政策。公司内部的管理者十分关注应收账款平均回收期,与此同时,公司外部的投资者和债权人也是如此。如果客户对应收账款回收期不屑一顾,那么他们也许在传递一个信号:他们对购买的货物或获得的服务不满意。

公司几乎从来不将它们正式的信用政策作为公司财务报表附注的一部分。举例来说,图表8.7中所示是Kellogg's公司2005年的财务报表附注的部分摘录。正如该附注所示,这个谷物食品加工公司的应收账款政策是:在一项销售发生后的11—16天中,要求客户付款。Kellogg's公司的应收账款回收期是18—19天,这表示一般而言客户是愿意遵守Kellogg's公司的还款期限的。

图表8.7　比较应收账款的回收期

Kellogg's公司年报摘录:"在美国,如果公司在购买货物后的7天或者16天内付款,一般都会享受折扣。例如,10天内付款会被给予发票价格2%的折扣,15天内付款享受的折扣是1%。一般而言,应收账款的回转天数(DSO)是18—19天。并且,还款越快享受的折扣越多。"

其他公司　应收账款周转率和应收账款回收期常常因为公司所在行业的不同而不同。为了更好地解释该不同,我们已经计算了图表8.8中世盖奇公司、波音飞机制造公司(Boeing)和Deere & Co.公司(一家农具制造公司)的应收账款周转率和应收账款回收期。如图表8.8所示,世盖奇公司的应收账款周转率是7.9次,应收账款回收期是46天。Boeing公司的应收账款周转率是11.1次,应收账款回收期大约是33天。Deere & Co.公司的应收账款周转率是最低的,只有6.1次,它的应收账款回收期大约是60天。因为不同的行业之间应收账款周转率有着如此大的不同,所以你应该将属于同一行业的公司的应收账款周转率进行比较,或者与该公司的前期比较。学习后面的自学测试,练习计算和比较前期应收账款周转率,在自学测试中它会要求你计算和解释世盖奇公司2004年的应收账款周转率和应收账款回收期。

图表8.8　应收账款周转率分析的总结

公司	相关信息 (以百万为计量单位)			2005年应收账款 周转率的计算	2005年应收账款 回收期的计算
世盖奇公司	销售收入净额 应收账款净额	2005 $1 006 $134.6	2004 $920 $120.4	$\dfrac{\$1\,006}{\$(134.6+120.4)/2}=7.9$次	$\dfrac{365\text{天}}{7.9\text{次}}=46.2$天
波音公司	销售收入净额 应收账款净额	2005 $54 845 $5 246	2004 $52 457 $4 653	$\dfrac{\$54\,845}{\$(5\,246+4\,653)/2}=11.1$次	$\dfrac{365\text{天}}{11.1\text{次}}=32.9$天
约翰迪尔 (John Deere)	销售收入净额 应收账款净额	2005 $19 401 $3 118	2004 $17 673 $3 207	$\dfrac{\$19\,401}{\$(3\,118+3\,207)/2}=6.1$次	$\dfrac{365\text{天}}{6.1\text{次}}=59.8$天

会发生什么?

自我测试

世盖奇鞋业公司在2003年12月31日对外报告的应收账款净额是$98.8(以百万为计量单位)。

a. 利用此信息和图表8.8的内容,计算世盖奇公司在2004年的应收账款周转率和应收账款回收期。

b. 世盖奇公司的应收账款周转率从2004年(a的计算结果)到2005年(图表8.8所示)是改善了还是恶化了?

自测答案

a. $\dfrac{920}{(120.4+98.8)/2} = 8.4$ 次 $365 \div 8.4 = 43.5$ 天

b. 世盖奇公司的应收账款周转率2005年下降了(慢了2.7天)。

加快应收账款的回收

应收账款转让 管理人员必须肯定应收账款可以按时收回以产生公司经营活动所需的现金。你也许想知道管理者们采取什么措施来加快应收账款的回收?一个显而易见的策略就是不停地督促客户还款。这个花费力气的方法至少存在两个缺点:(1)它是浪费时间的;(2)它可能会使客户感到厌烦,导致他们去寻找其他的生意伙伴。一个可供选择的方法是把应收账款卖给另外一个公司(称为代理人)。**转让应收账款**的具体操作方法是,你的公司收到卖出应收账款获得的现金支票(扣除代理费),然后代理人有权利向欠款客户追讨欠款。转让应收账款后,你可以立即在当地的支票兑现银行兑现现金。所以对于公司立刻获得现金,转让应收账款是一个快速而且简便的方法。但是,它同样是有成本的。首先,转让应收账款传递了一个潜在的消极信号:它可能被视为应收账款的持续滞留。其次,代理费可能高达应收账款总额的3%。假如世盖奇公司按照约定卖出价值10万美元的应收账款给代理人,那么世盖奇公司只能收到9.7万美元的现金,因为它放弃了收回10万美元的权利的同时产生了3 000美元的代理费用。对于一个定期卖出应收账款的公司,代理费用应该在利润表中作为一项销售费用被报告。如果一个公司很少转让应收账款,那么就应该把代理费用作为其他费用。

> **你应该知道**
>
> 转让是一种协议,公司将应收账款转让给另一家公司(代理人),以立刻获得现金(减去代理费)。

用信用卡进行付款 另外一个缩短应收账款回收时间的方法是要求客户使用诸如维萨卡(Visa)、万事达卡(MasterCard)、美国运通旅游信用卡(American Express)和发现卡(Discover Card)等信用卡支付货款,如果他们的信用卡账户中确实有足够的现金,那么现金会直接转入公司的银行账户。这不仅仅加快了现金的回收,同时还减少了客户使用空头支票给公司带来的损失。但是,与转让应收账款一样,这些好处的获得是要支付代价的。信用卡公司会为它们提供的服务收取一定的费用,通常是销售总额的3%左右。如果使用信用卡销售的总额达到10万美元,那么会扣除3 000美元的信用卡费用,只剩下9.7万美元的现金。这些信用卡费用包含在销售费用中,在利润表中反映。

控制重点

分离收回和销账

在本书的第6章中,我们介绍了适当的职责分离有助于避免错误和欺诈。将这一方法运用到应收账款,可以保证该公司不会在没有收到应收账款的情况下做了销账分录。如果这些业务没有充分的职责分离,一个不诚实的员工则可能会将客户的付款转入他自己的银行账户,然后在通过注销客户的余额来掩盖他的行为。

附录A 销售百分比法

销售百分比法是另一种估计坏账的方法。它通过计算历史坏账费用百分比乘以当年的赊销数目来估计坏账费用。举例来说,如果世盖奇公司当年赊销数目是183.64万美元,根据以往年份经验得出的坏账费用是0.25%,世盖奇公司则可以估计出当年的坏账费用是:

今年的赊销收入	$1 836 400
×坏账费用率(0.25%)	×0.002 5
今年的坏账费用	$4 591

尽管估计调整的金额可能不同,但是在账龄分析法和销售百分比法下都要将这个数目在贷方和借方同时登记。在销售百分比法下,不需要考虑现有的坏账费用账户余额,把计算出来的数据直接作为坏账费用记录。对会计等式的产生的影响以及日记账分录的登记与本章前面所介绍的一样:

1. 分析　　　　资产　　　　＝　负债　＋　　所有者权益
　　　　　　坏账准备(+xA)　-4 591　　　　　　坏账费用(+E)　-4 591

2. 记录　　借:坏账费用(+E,-SE)　　　　　　　　　　　4 591
　　　　　　贷:坏账准备(+xA,-A)　　　　　　　　　　　　　4 591

附录 B　直接核销法

本章前面已经提到,直接核销法是处理坏账的另外一种方法。直接核销法不对坏账进行估计,而且也不使用坏账准备账户。与备抵法相反,当销售收入发生时记录和报告销售收入,当坏账发生时对坏账记录。从避税角度考虑,这种方法是适合的,但是在公认会计原则下它并不适用。因此,对于外部的财务报告而言它不常用。

> **你应该知道**
> 直接核销法是坏账备抵法的一种替代选择,但并不为公认会计原则所认可。

由于直接核销法忽视了公认会计原则所要求的谨慎性原则和配比原则,因此不为公认会计原则所认可。直接核销法不是用估计可以实际收回的账款记录和报告应收账款(更加实际的观点),而是以客户所欠的账款总额记录和报告应收账款(过分乐观的视角),违背了谨慎性原则。直接核销法不是把坏账费用在各个会计期间内与收入配比,而是在应收账款确认不能从客户收回时记录和报告坏账费用,违背了配比原则。如342页的图表8.1所示,如果没有把坏账费用与当期的收入配比,则会扭曲当期的净收入以及发现坏账的那个会计期间的净收入。

在直接核销法下坏账发生时才做会计分录。当确认应收账款不可能收回时,直接核销法的日记账分录如下:

借:坏账费用(+E,−SE)	1 000
贷:应收账款(−A)	1 000

本章复习

示范案例 A

Shooby Dooby Shoe(SDS)公司在2008年以赊销方式发生了95万美元的销售业务。同样是在2008年,SDS公司确认它无法收回一位已故客户(Captain Cutler)所欠的价值500美元的欠款。

要求:

1. 表明核销Captain Cutler的应收账款将会对会计等式产生怎么样的影响,以及如何记录日记账分录。

2. 见下所示,假设SDS公司使用应收账款账龄分析法,估计年末应收账款有1.1万美元无法收回。设2008年12月31日,坏账准备账户有未调整贷方余额3 000美元。说明估计的坏账会对会计等式产生什么影响,做相应的日记账分录。

	总额	未收回的天数			
		1—30	31—61	61—90	大于90
应收账款总额	$171 000	$50 000	$80 000	$40 000	$1 000
×估计的坏账百分比		×1%	×5%	×15%	×50%
=估计的不能收回的应收账款	$11 000	$500	$4 000	$6 000	$500

3. 假设 SDS 公司在 2008 年 12 月 31 日报告的应收账款净额是 16 万美元,在 2007 年 12 月 31 日报告的应收账款净额是 167 586 美元。计算 2008 年的应收账款周转率。

4. 如果应收账款周转率在 2007 年是 6.4,那么 2007 年的应收账款平均回收期是多少? 利用问题 3 给出的条件,SDS 公司在 2008 年应收账款回收是否比 2007 年要快?

5. (附录 A)假设 SDS 公司使用销售百分比法估计坏账费用。如果 SDS 公司估计赊销收入的 1% 会是坏账,那么对会计等式会有什么影响? 如何做日记账分录?

参考答案:

1.

资产	=	负债	+	所有者权益
应收账款 −500				
坏账准备(−xA) +500				

借:坏账准备(−xA,+A)　　　　　　　　　500
贷:应收账款(−A)　　　　　　　　　　　　　　　500

2. 在应收账款账龄分析法下,我们确定了估计的坏账准备账户余额($11 000),然后再减去其未调整的余额($3 000),从而得到坏账准备账户调整后的账户余额($8 000 = $11 000 − $3 000)。

资产	=	负债	+	所有者权益
坏账准备(+xA) −8 000				坏账费用(+E) −8 000

借:坏账费用(+E,−SE)　　　　　　　　　8 000
贷:坏账准备(+xA,−A)　　　　　　　　　　　　8 000

3. 应收账款周转率的计算是:销售收入净额÷应收账款的平均数额。2008 年的应收账款的平均数额是 $163 793(=($160 000 + $167 586)/2),因此 2008 年的应收账款周转率是 5.8(= $950 000÷163 793)。

4. 应收账款回收期的计算是:365÷应收账款周转率。在 2007 年应收账款周转率是 6.4,所以 2007 年的应收账款回收期是 57 天(2008 年应收账款周转率是 5.8,应收账款回收期是 63 天)。2008 年应收账款的回收速度比 2007 年要慢。

5. 销售百分比法的计算方法是用本期的赊销收入金额($950 000)乘以历史坏账费用率(1%)来直接估计坏账费用的数额($95 000 = 1% × $950 000)。

资产	=	负债	+	所有者权益
坏账准备(+xA) −95 000				坏账费用(+E) −95 000

借:坏账费用(+E,−SE)(1% × $950 000)　　　95 000
贷:坏账准备(+xA,−A)　　　　　　　　　　　　95 000

示范案例 B

在 2006 年 3 月 1 日,落基山巧克力公司(Rocky Mountain Chocolate Factory,RMCF)报告

了 12 万美元的应收票据,应收票据的年利率是 10%。作为一家公众公司,RMCF 公司每个季度也就是每年的 5 月 31 日、8 月 31 日、11 月 30 日和 2 月 28 日要向外界报告它的财务报表。假设应收票据是在 3 月 1 日产生的,给另外一家公司提供借款,并且假设 RMCF 公司每半年(即每年的 7 月 31 日和 1 月 31 日)收一次利息。

要求:

1. 计算 RMCF 公司在 3 月 1 日票据签发后,每月赚取的利息收入数额。
2. 计算 RMCF 公司在 2006 年 7 月 31 日和 2007 年 1 月 31 日收到的利息金额。
3. 画时间线来展示每个季度赚取的利息数额,以及在每个收款时间收到的金额。
4. 做日记账分录记录和报告应收票据的签发、应计利息以及每个季度及每个收款日收到利息。

参考答案:

1. 已经赚得的利息 = 本金 × 利息率 × 时间
   = $120 000 × 10% × 1/12 = $1 000 每月

2. 3 月 1 日到 7 月 31 日是 5 个月,8 月 1 日到次年 1 月 31 日是 6 个月。

2006 年 7 月 31 日应计利息 = 本金 × 利息率 × 时间
   = $120 000 × 10% × 5/12 = $5 000。

2007 年 1 月 31 日应计利息 = 本金 × 利息率 × 时间
   = $120 000 × 10% × 6/12 = $6 000。

3. 时间线:

3月1日	5月31日	7月31日	8月31日	11月30日	1月31日	2月28日
3 000美元	2 000美元	1 000美元	3 000美元	2 000美元	1 000美元	
5 000美元			6 000美元			

4. 会计日记账分录:

2006 年 3 月 1 日(签发票据)

借:应收票据(+ A)	120 000	
贷:现金(− A)		120 000

2006 年 3 月 1 日(应计利息)

借:应收利息(+ A)	3 000	
贷:利息收入(+ R, + SE)		3 000

2006 年 7 月 31 日(收到票据利息)

借:现金(+ A)	5 000	
贷:应收利息(− A)		3 000
利息收入(+ R, + SE)		2 000

2006 年 8 月 31 日(应计利息)

借:应收利息(+ A)	1 000	
贷:利息收入(+ R, + SE)		1 000

2006 年 11 月 30 日(应计利息)

借:应收利息(+ A)	3 000	
贷:利息收入(+ R, + SE)		3 000

2007年1月31日(收到票据利息)
借:现金(+A)   6 000
    贷:应收利息(-A)   4 000
        利息收入(+R,+SE)   2 000
2007年2月28日(应计利息)
借:应收利息(+A)   1 000
    贷:利息收入(+R,+SE)   1 000

本章小结

学习目标1:描述信贷展期的权衡,第340页
- 通过给客户提供信贷展期,公司有可能吸引更多的客户来购买它的产品。
- 信贷展期的附加成本包括增加的工资成本、坏账成本以及现金的延时收款。

学习目标2:估计和报告坏账产生的影响,第341页
- 在公认会计原则下,公司必须用坏账备低法来计提坏账。这种方法包括下面几个步骤:
  1. 当销售发生时,在其期末通过调整日记账分录,增加坏账费用(借)同时增加坏账准备(贷),记录估计的可能发生的坏账费用。
  2. 当坏账被确认不能收回时,注销特定的客户余额。
- 调整(步骤1中)的日记账分录,减少应收账款净额同时减少净收入。注销(步骤2中)就是抵消应收账款和坏账准备,最终对"应收账款净额"或者净收入没有影响。

学习目标3:计算和报告应收票据的利息,第348页
- 通过将利率乘以本金再乘以时间间隔(一年12个月中所跨越的月份数)的方法计算利息。随着时间的推移,票据利息已经赚得时,利息数额必须被记录和报告,要做一个调整日记账分录来准确反映应收票据产生的应收利息。

学习目标4:计算并理解应收账款周转率,第351页
- 应收账款周转率用来衡量授信的有效性和应收账款回收活动的有效性。它反映在某个会计期间内应收账款收回的次数。
- 分析人员和债权人观察应收账款周转率,因为应收账款周转率的突然下降也许意味着公司放松了信贷条件,以让客户尽可能多地购买它的货物,甚至提前记录了日后才能收回货款的交易。

财务分析工具

指标名称	公式	告诉你的信息
应收账款周转率	$\dfrac{销售收入净额}{应收账款净额平均值}$	(1) 在此会计期间内,应收账款周转的次数。 (2) 更高的速率意味着应收账款周转得更快。
应收账款回收期	$\dfrac{365}{应收账款周转率}$	(1) 应收账款收回的平均天数。 (2) 更高的数字意味着应收账款收回的时间越长。

关键术语

应收账款　第341页

应收账款账龄分析法　第345页

备抵法　第342页

坏账费用　第342页

应收账款回收期　第352页

直接核销法（附录B）　第355页

应收账款转让　第354页

利息公式　第348页

应收票据　第341页

销售百分比法（附录A）　第345页

应收账款周转率　第352页

注销　第344页

练习题

问答题

1. 向客户提供信贷展期的优点与缺点是什么？
2. 应收票据相对于应收账款的优点是什么？为什么公司不对所有赊销交易使用应收票据？
3. 针对坏账的备抵法满足哪些基本会计原则？
4. 使用备抵法，确认坏账费用在哪个会计期间，是在销售者明确客户不能还款的那个会计期间，还是在与坏账相关的销售业务发生那个会计期间？
5. 备抵法下，注销不能收回的应收账款余额对净收入和应收账款净额会产生什么样的影响？
6. 应收账款和应收票据的主要区别是什么？
7. 利息收入公式的三个组成部分是哪三个？解释当利息期间少于一年时应该对利息公式做怎样的调整？
8. 利息收入是应该在应收票据还没有被支付时确认最为合适，还是公司收到现金利息时确认最为合适？
9. 应收账款周转率的增加一般而言是表明应收账款更快地收回还是更慢地收回？并解释。
10. 管理人员使用哪两种方法来加快应收账款的收回？并为每一种方法列举至少一个优点和缺点。
11. （附录A）估计坏账使用的应收账款账龄分析法和销售百分比法有什么区别？
12. （附录B）描述怎样使用以及什么时候使用直接核销法来处理不能收回的应收账款。这种方法的缺点是什么？
13. （附录B）当地的一家电话公司有一个客户在9月发生了300美元的花费，但是还没有交费。尽管一直保留这一客户账户的余额，公司在10月、11月以及12月都没有能力收回这笔欠款。到了次年的3月，公司最终决定放弃这笔应收账款，并且核销了账户余额。在业务发生的9月以及次年的3月，电话公司的销售收入、坏账费用以及净收入的数额各是多少？如果采用直接核销法，那么销售收入、坏账费用以及净收入的数额又是多少？哪种方法报告的财务结果更加准确？

多项选择题

1. 当使用备抵法从会计系统中核销一个客户的应收账款余额时，下面几种说法是正确的？
   - 所有者权益总额仍然不变
   - 资产总额仍然不变
   - 费用总额仍然不变

   a. 以上都不正确　　　c. 两种
   b. 一种　　　　　　　d. 三种

2. 使用备抵法，当记录和报告坏账费用时：
   a. 资产总额仍然不变，所有者权益总额仍然不变
   b. 资产总额减少，所有者权益总额减少
   c. 资产总额增加，所有者权益总额减少
   d. 负债总额增加，所有者权益总额减少

3. 你已经知道 Carefree 公司用应收账款账龄分析法来估计坏账费用。假设 Carefree 公司没有应收账款注销和恢复，通过账龄分析估计的不能收回的应收账款是：
   a. 当期的坏账费用
   b. 这个期间的坏账准备账户的期末余额
   c. 这个期间的坏账准备账户的改变金额
   d. a 和 c

4. 下面哪一选项对于在财务报表中展示应收账款的描述是正确的？
   a. 在资产负债表的资产部分记录和报告应收账款加上坏账准备的金额
   b. 在资产负债表的资产部分记录和报告应收账款，在利润表的费用部分记录和报告坏账费用
   c. 在资产负债表的资产部分记录和报告应收账款减去坏账费用的金额
   d. 在资产负债表的资产部分记录和报告应收账款减去坏账准备的金额

5. 如果坏账准备账户有一笔1万美元的期初余额，期末调整后的余额是2万美元，在这个会计期间内还发生了一笔5 000美元的注销，那么坏账费用的数额是多少？
   a. 5 000 美元
   b. 1 万美元
   c. 1.5 万美元
   d. 因为不知道是采用应收账款账龄分析法还是销售百分比法，所以无法确定坏账费用的金额

6. 当"恢复"应收账款时，
   a. 资产总额增加　　　　　b. 资产总额减少
   c. 所有者权益增加　　　　d. 以上均不正确

7. 在2006年1月1日，发行了一张面值是1万美元的应收票据，利率为10%，并且它的到

期还款日是2010年12月31日：
  a. 2006年不用记录和报告利息收入
  b. 应收票据将被视为流动资产
  c. 2006年记录和报告的利息收入是1 000美元
  d. 以上均不正确
8. 在某一年中，如果应收账款周转率下降：
  a. 应收账款回收期也下降
  b. 应收账款回收速度变慢
  c. 销售收入增加的速度比应收账款增加的速度要快
  d. 以上均不正确
9. 在2006年，可口可乐公司应收账款周转率是9.9。下面的哪一项会导致可口可乐公司应收账款周转率的增加？
  a. 注销更多客户账户的余额   b. 增加用于估计坏账的坏账百分比
  c. 转让它的应收账款   d. 以上均正确
10. 如果世盖奇公司转让它的一笔应收账款，数额是1万美元，代理费用是应收账款账面价值的3%，那么它的净收入是：
  a. 增加了1万美元   b. 增加了9 700美元
  c. 增加了300美元   d. 减少了300美元

选择题答案：
1. d 2. b 3. b 4. d 5. c 6. d 7. c 8. b 9. d 10. d

小练习

M8-1　信贷展期的决定

Nutware Productions公司去年产生了一笔3万美元的销售收入，其毛利润是1万美元。Nutware Productions公司估计如果它提供信贷展期，那么就会产生6万美元的销售收入，但是提供信贷展期的附加的相关工资和坏账成本总额是2.5万美元。Nutware Productions公司是否应该提供信贷展期？

M8-2　信贷展期的决定

在2003年12月22日，倍力健身俱乐部（Bally Total）发布了一个新闻，宣称它卖出了应收账款的绝大部分。Bally Total公司的CEO说"我们的目的是使业务简单化"，所以他们做了这个决定。解释倍力公司的举动以及如何简化它的业务。

M8-3　报告应收账款并用备抵法注销会计记录

在2008年年末，Extreme Fitness公司调整后的应收账款账户余额是80万美元，坏账准备账户余额是5.5万美元。在2009年1月2日，Extreme Fitness公司发现某个客户的应收账款已经不可能收回，因此，管理者授权做一笔5 000美元的注销分录。

  a. 在2008年12月31日，Extreme Fitness公司将如何报告其应收账款？同样在这一天，Extreme Fitness公司预期可以收回的应收账款数额是多少？
  b. 做2009年1月2日的会计日记账分录。

c. 假设在 2008 年 12 月 31 日至 2009 年 1 月 3 日之间，Extreme Fitness 公司没有发生其他业务。说明在 2009 年 1 月 3 日 Extreme Fitness 公司如何报告它的应收账款？同样在这一天，Extreme Fitness 公司预期可以收回的应收账款数额是多少？这个数额与 2008 年 12 月 31 日 Extreme Fitness 公司预期可以收回的应收账款数额相比，是否有变化？解释原因。

M8-4　用备抵法做恢复分录

让我们对 M8-3 的例子继续扩展。假设 2009 年 2 月 2 日，Extreme Fitness 公司收到了一位客户的还款，还款金额是 500 美元，同时该客户的账户已经注销了。做会计日记账分录记录这笔业务。

M8-5　用备抵法做注销和坏账费用的会计分录

为下面的每笔业务做会计日记账分录。

a. 在会计期间内，客户的应收账款账户被注销了，注销金额是 1.7 万美元。
b. 在此会计期末，估计的坏账费用是 1.4 万美元。

M8-6　确认在备抵法下注销和坏账费用对会计报表的影响

使用下面的科目，说明下面交易产生的影响，用"＋"符号表示增加，"－"符号表示减少，并且指出受影响的会计账户及其金额。

a. 在会计期间内，客户的应收账款账户被注销了，其注销金额是 8 000 美元。
b. 在此会计期末，估计的坏账费用是 1 万美元。

$$\underline{资产} = \underline{负债} + \underline{所有者权益}$$

M8-7　使用利息计算公式计算利息

计算下面表格中标有"？"符号的部分，填写下面的表格。

应收票据本金	年利息率	时间间隔	赚得的利息
A. $100 000	10%	6 个月	?
B. ?	10%	12 个月	$4 000
C. $50 000	?	9 个月	$3 000

M8-8　记录应收票据业务

Scotia Corporation 雇用了一位新的生产经理，并且许诺给他提供一笔为期 6 个月的 2 万美元乔迁贷款，该贷款是以签发票据的方式提供，票据的年利息率是 7%。为 Scotia Corporation 下面的交易做日记账分录，以日期标示每笔交易。

a. 在 2008 年 1 月 1 日，Scotia Corporation 贷出这笔款项。
b. 这位新员工在票据到期日全部偿还了本金以及利息给 Scotia Corporation。

M8-9　对不能收回的应收账款做会计分录

RecRoom Equipment 公司收到了一张票面价值是 8 000 美元，时间是 6 个月，票面利息率是 6% 的票据，该票据用来偿还一位客户 8 000 美元的欠款。为 RecRoom Equipment 公司下面发生的交易做日记账分录。

a. 在 2008 年 11 月 1 日，RecRoom Equipment 公司收到这张票据，公司将增加其应收票据余额，减少其应收账款余额。
b. 在 2008 年 12 月 31 日，RecRoom Equipment 公司记录和报告它的应计利息。

c. 在票据到期日，RecRoom Equipment 公司收到本金和利息。

M8-10 赊销政策的改变对应收账款周转率以及应收账款回收期的影响

说明下面赊销政策的改变对应收账款周转率以及应收账款回收期的最有可能发生的影响（+表示增加，-表示减少，NE 表示无影响）。

a. 向信用等级低的客户提供贷款。
b. 提供付款期限更短的贷款。
c. 增加应收账款回收方法的有效性。

M8-11 评估转让应收账款对应收账款周转率的影响，以及计算转让应收账款的成本

在应收账款周转率下降之后，Imperative 公司决定卖掉价值 50 万美元的应收账款给一家代理公司，这个决定是 Imperative 公司有史以来的第一次。这家代理公司收取的代理费是应收账款总额的 3%。说明这一举动在未来会对 Imperative 公司的应收账款周转率产生怎样的影响？Imperative 公司在转让应收账款以后会收到的现金数额是多少？计算代理费用，并且做 Imperative 公司的会计日记账分录。

M8-12 编制财务报表

Caterpillar 公司在 2005 年 12 月 31 日的财务报表中，报告了下面的会计账户及其账户余额。说明在资产负债表、利润表以及留存收益表中，它们是如何体现出来的？假设坏账准备账户是应收账款的备抵账户，与应收票据无关。

应付账款	$3 471 000 000	长期负债	$19 545 000 000
应收账款	7 828 000 000	长期应收票据	10 301 000 000
坏账准备	302 000 000	应收票据——流动	6 442 000 000
货币资金	1 108 000 000	其他流动资产	2 490 000 000
实收资本	1 859 000 000	其他流动负债	9 952 000 000
销售成本	26 558 000 000	其他长期资产	5 990 000 000
应付股利	645 000 000	其他营业费用	2 807 000 000
所得税费用	1 047 000 000	不动产、厂房及设备，净	7 888 000 000
财务费用	260 000 000	留存收益，12 月 31 日	6 573 000 000
利息收入	377 000 000	留存收益，1 月 1 日	4 364 000 000
存货	5 224 000 000	销售收入	36 339 000 000
应付票据——流动	5 569 000 000	销售、管理及行政费用	3 190 000 000

M8-13 （附录 B）在直接核销法下，记录和报告注销和应收账款

除了要求 Extreme Fitness 公司采用直接核销法以外，其他要求与 M8-3 完全一样。这意味着 Extreme Fitness 公司没有坏账准备账户。

练习

E8-1 在账龄分析法下，对估计的坏账费用和注销做会计分录

在 2008 年年末，Blackhorse Productions 公司用账龄分析法估计出它的坏账准备应该是 19 750 美元。在 2008 年 12 月 31 日，坏账准备账户有未调整的借方余额 1 万美元。

要求：

对每一项交易做日记账分录。

a. 记录 2008 年估计的坏账调整。

b. 在 2009 年 1 月 31 日，一笔 2008 年 3 月产生的价值 1 000 美元的应收账款被确认无法收回，并做注销分录。

E8-2 估计的坏账费用和注销对财务报表的影响

使用下面的科目，说明 E8-1 中发生的交易对财务报表相应账户的影响，以及影响的金额。用"+"符号表示增加，用"－"符号表示减少。

资产 ＝ 负债 ＋ 所有者权益

E8-3 在账龄分析法下，对注销、恢复和坏账费用做会计记录

Elite Electronics 公司，它的坏账准备账户借方余额是 2 000 美元。

要求：

对每一项交易做会计分录。

a. 在 2008 年 8 月 31 日，前一会计年度发生的一位客户的欠款被确认无法收回，其金额是 300 美元，并做注销记录。

b. 在 2008 年 12 月 15 日，在 2008 年 8 月 31 日注销的 300 美元应收账款又全部收回了。

c. 在账龄分析法下，Elite Electronics 公司在 12 月 31 日确认的坏账准备账户余额是 5 600 美元。在 2008 年 12 月 31 日，做合适的调整分录。

E8-4 注销、恢复和坏账费用对财务报表的影响

使用下面的科目，说明 E8-3 中发生的交易对财务报表相应账户的影响，以及影响的金额。用"+"符号表示增加，用"－"符号表示减少。

资产 ＝ 负债 ＋ 所有者权益

E8-5 使用账龄分析法计算坏账费用

Young and Old（YOC）公司使用两个账龄种类来估计不能收回的应收账款。账龄少于 60 天的应收账款被认为是"年轻的"，它的计提坏账准备率是 5%。账龄多于 60 天的应收账款被认为是"老的"，它的计提坏账准备率是 35%。

要求：

1. 如果 YOC 公司"年轻的"应收账款数额是 1 万美元，"老的"应收账款数额是 4 万美元。那么，应该报告和记录的坏账准备是多少？

2. 如果现在 YOC 公司的坏账准备账户有一个未调整的贷方余额，数额是 4 000 美元。那么在坏账准备账户中，还应该贷记多少？

3. 如果现在 YOC 公司的坏账准备账户有一个未调整的借方余额，数额是 5 000 美元。那么在坏账准备账户中，还应该贷记多少？

4. 解释 YOC 公司的坏账准备账户为什么可能有借方余额。

E8-6 使用账龄分析法计算坏账费用

Brown Cow Dairy 公司使用账龄分析法计算坏账费用。Brown Cow Dairy 公司把它的应收账款的账龄分成下面三个种类来计提坏账准备：(1) 1—30 天的账龄，应收账款总额是 1.2 万美元；(2) 31—90 天的账龄，应收账款总额是 5 000 美元；(3) 大于 90 天的账龄，应收账款总额是 3 000 美元。以往的经验显示,三个账龄种类的坏账费用率分别是:(1) 3%;(2) 15%;(3) 30%。在 2008 年 12 月 31 日(当年年末),在做当年调整分录以前,坏账准备账户的账户余额是 800 美元(贷方余额)。

要求:

1. 估计当年年末坏账准备账户的账户余额。
2. 当年的坏账费用账户应该记录的数额是多少?
3. 如果未调整的坏账准备账户的账户余额是 600 美元,在借方,那么 2008 年的坏账费用的数额应该是多少?

E8-7 在账龄分析法下,记录和报告坏账准备

创新技术公司(Innovative Tech)使用账龄分析法来估计坏账费用。创新技术把它的应收账款的账龄分成下面三个种类来计提坏账准备:(1) 1—30 天的账龄,应收账款总额是 7.5 万美元;(2) 31—90 天的账龄,应收账款总额是 1 万美元;(3) 大于 90 天的账龄,应收账款总额是 4 000 美元。以往的经验显示,三个账龄种类的坏账费用率分别是:(1) 1%;(2) 15%;(3) 40%。在 2009 年 12 月 31 日(当年年末),在做当年调整分录以前,坏账准备账户的账户余额是 100 美元(贷方余额)。

1. 估计当年年末坏账准备账户的账户余额。
2. 编制 2009 年的调整分录。
3. 显示 2009 年 12 月 31 日的资产负债表中与应收账款账户相联系的账户的情形。

E8-8 在账龄分析法下,记录和报告赊销收入和坏账的综合练习

奥克利公司在 2008 年 1 月开始向大的零售商,诸如 Walgreen's 公司,以及其他一些小的商店销售便宜的太阳眼镜。假设下面的交易发生在 2008 年的前 6 个月中,也就是 2008 年 1 月到 2008 年 6 月。

1 月 1 日	向 Walgreen's 公司销售货物,销售收入是 2 万美元。奥克利公司这批货物的成本是 1.2 万美元。
2 月 12 日	收到来自 Walgreen's 公司的货款。
3 月 1 日	向 Tony's Pharmacy 公司销售价值是 3 000 美元的货物。奥克利公司这批货物的成本是 1 400 美元。
4 月 1 日	向 Travis Pharmacy 公司销售货物,销售收入是 8 000 美元。奥克利公司这批货物的成本是 4 400 美元。
5 月 1 日	向 Anjuli 商场销售货物,销售收入是 2 000 美元。奥克利公司这批货物的成本是 1 200 美元。
6 月 17 日	收到来自 Travis Pharmacy 公司的 6 500 美元货款。

要求:

1. 完成下面的表格。

客户	总余额	没有付款			
		6月 (一个月)	5月 (两个月)	4月 (三个月)	3月 (大于三个月)
Anjuli Stores	$2 000		$2 000		
Tony's Pharmacy	3 000				$3 000
Travis Pharmaco					
Walgreen's					

2. 估计 2008 年 6 月 30 日的坏账费用,假设不能收回账款的坏账准备率是:1 个月, 1%;2 个月,5%;3 个月,20%;超过 3 个月,40%。

3. 在 2008 年 6 月 30 日的资产负债表中,奥克利公司如何报告它的应收账款?在 2008 年前 6 个月的利润表中,报告的应收账款的数额是多少?

4. 红利问题:在 2008 年 7 月 30 日,奥克利公司收到了来自 Tony's Pharmacy 公司的应收账款,但是发现 Travis Pharmacy 公司的应收账款需要被注销掉。利用这些信息,确定奥克利公司为 Travis Pharmacy 公司和 Tony's Pharmacy 公司以及全部应收账款所估计坏账准备的准确性。

E8-9 记录和报告应收票据,包括对应计票据利息的调整

以下是 Smart Solution 有限公司发生的几笔交易:

2007 年

7 月 1 日　向公司的一位员工提供贷款,贷款数额是 7 万美元。以票据方式提供,票据到期日是 1 年,票面利息率是 10%。

12 月 31 日　计算应计利息。

2008 年

7 月 1 日　收到票据的本金和利息。

要求:

针对上面的交易,为 Smart Solution 有限公司做会计分录。

E8-10 记录和报告应收票据,包括对应计票据利息的调整

以下是 Parker's 公司发生的几笔交易:

1 月 1 日　向一个公司以现金方式提供贷款,贷款数额是 5 万美元。同时收到该公司 1 年期限的票据,票面利息率是 7%。

6 月 30 日　计算应计利息。

12 月 31 日　收到票据的本金和利息。

要求:

针对上面的交易,为 Parker's 公司做会计分录。

E8-11 记录和报告应收票据,包括对应计票据利息的调整

为了吸引顾客来自己的购物中心,Marketplace Mall 公司签署正式合同向其租客提供借款,租客用这笔借款来装修店面。在 2008 年 11 月 1 日,Marketplace Mall 公司以应收票据方式借出 10 万美元的借款给新租客,票据的期限是 1 年,年利息率是 6%。在 2009 年 4 月 30

日,Marketplace Mall 公司将会收到利息,票据到期日是 2009 年 10 月 31 日。

要求:

针对 Marketplace Mall 公司上面的业务,在下面不同的时间点做会计分录:(a) 2008 年 11 月 1 日;(b) 2008 年 12 月 31 日(Marketplace Mall 公司的会计年度末);(c) 2009 年 4 月 30 日;(d) 2009 年 10 月 31 日。

E8-12 在财务报表中披露注销及坏账费用,并计算应收账款周转率

微软公司(Microsoft)在全球范围内开发、生产、营销它的 Windows 视窗操作系统。下面是关于微软公司的净收入和应收账款的一些信息(以百万美元为单位):

	2006 年 6 月 30 日	2005 年 6 月 30 日
应收账款(坏账准备净额分别是 $142 和 $171)	$9 316	$7 180
净收入	44 282	39 788

根据表格内容,微软公司报告的坏账费用是 4 000 万美元,没有对以前注销的应收账款做任何恢复处理。

要求:

1. 在 2006 年 6 月 30 日,计提的坏账准备的数额是多少?
2. 微软公司当年的应收账款周转率是多少?

E8-13 在财务报表中披露坏账费用

Sears Holding 公司的 2006 年的年报中,确认了下面的信息(以百万美元为单位):

	2005	2006
应收账款	$686	$846
坏账准备	(40)	(35)
应收账款净额	$646	$811

Sears Holding 公司财务报表的脚注披露:在 2005 年,注销的应收账款的数额是 1.02 亿美元;在 2006 年,注销的应收账款的数额是 9 200 万美元。假设 Sears Holding 公司没有做任何恢复。

要求:

根据上面的条件,确定 2006 年 Sears Holding 公司的坏账费用。

E8-14 确定不能回收的应收账款对应收账款周转率的影响

根据 E8-13 中给出的关于 Sears Holding 公司的信息。

要求:

完成下面的表格,说明 2006 年以下交易的影响("+"符号表示增加,"−"符号表示减少)

交易	赊销收入净额	平均应收账款净额	应收账款周转率
a. 注销不能收回的价值 $92 000 000 的应收账款			
b. 记录坏账费用			

E8-15 分析和解释应收账款周转率和应收账款回收期

联邦快递公司(FedEx)的最近年报如下所示(以百万为单位)：

	5月31日	
	2006年	2005年
应收账款	$3 660	$3 422
减去：坏账准备	$144	125
应收账款净额	$3 516	$3 297
销售收入净额	$32 294	

要求：

1. 确认当年联邦快递公司的应收账款周转率和应收账款回收期。答案精确到小数点后一位。
2. 解释每个数字的含义。

E8-16 注销坏账对应收账款周转率的影响

在2008年间，Jesse Enterprises公司记录的赊销收入是65万美元。在2008年年初，应收账款净额是5万美元。2008年年末，在坏账费用已经调整以后，但是在坏账注销以前，应收账款的净额是4.9万美元。

要求：

1. 假设在2008年12月31日，这年已经确认的不能收回并注销的应收账款的数额是6 000美元。2008年应收账款周转率是多少？精确答案到小数点后一位。
2. 假设在2008年12月31日，一笔价值7 000美元的应收账款被确认无法收回，并做了注销分录。那么，2008年的应收账款周转率是多少？精确答案到小数点后一位。
3. 解释为什么问题1和问题2的计算结果相同或不同。

E8-17 记录和报告注销、恢复、坏账费用对资产负债表和利润表的影响

学术腐败侦查社(Academic Dishonesty Investigations)经营针对高校和学术机构的剽窃侦察设备。

要求：

1. 为下面的交易做会计分录。

a. 假设在2008年3月31日，10位客户购买剽窃侦察设备，货款总额是2.5万美元。

b. 在2008年10月31日，上年度产生的一位客户的应收账款被确认无法收回，并做注销分录。

c. 在2008年12月15日，一位客户还款900美元，该客户的应收账款余额已经在上一会计年度注销。

d. 在2008年12月31日，2008年估计的坏账是500美元。

2. 完成下面的表格，说明每笔交易的影响和数额（"+"表示增加，"−"表示减少，"NE"表示无影响）。忽略所得税的影响。

财务会计学原理

交易	应收账款净额	销售收入净额	净收入
a			
b			
c			
d			

E8-18 （附录A）用销售百分比法记录、报告、估计坏账

在2007年12月31日，Kelly's Camera商店的销售收入是17万美元，其中赊销收入是8.5万美元。在2007年年初，应收账款账户的账户余额是1万美元，在借方。坏账准备账户有贷方余额800美元。2007年年间收回的应收账款数额是6.8万美元。

下面的交易发生在2007年：

a. 假设在2007年12月10日，一位客户上年度产生的应收账款被确认已经无法收回，金额是1 500美元。所以做了注销处理。

b. 在2007年12月31日，决定继续采用按年赊销金额的2%估计坏账的会计政策。

要求：

1. 为2007年12月发生的两笔交易做会计分录。

2. 在2007年的资产负债表和利润表中，展示应收账款和坏账费用的数额。

3. 以可获得的数据为基础，按照2%计提坏账是否合理？请解释理由。

E8-19 （附录B）在直接核销法下记录、报告和注销应收账款

Trevorson Electronics公司是一家私有的小企业，由Jon Trevorson所有。Jon Trevorson是一名为新房子安装电线的电工。因为公司准备财务报表仅仅出于避税目的，所以Jon使用的是直接核销法。2007年是Trevorson Electronics公司第一年经营，Trevorson Electronics公司提供的劳务收入是3万美元。这一年公司收回的应收账款是2.6万美元。同时，Jon深信仍然有价值4 000美元的应收账款可以收回。在2008年，Jon发现价值4 000美元的应收账款不可能收回。所以，他注销了这笔应收账款。更加糟糕的是，2008年Trevorson Electronics公司提供的劳务收入仅仅只有5 000美元。

要求：

1. 分别做2007年度和2008年的会计分录。

2. 使用提供的信息（不考虑税收的影响），编制2007年和2008年的可比利润表。通过利润表来看，2007年真的是盈利的吗？在利润表中，2008年真的比2007年要糟糕吗？如果Jon希望获得更多信息来评估他的公司获利能力，他该怎么做？

辅导题

CP8-1 用账龄分析法记录和报告应收账款

A.T. Cross公司因为它生产的Cross笔而声名远播。在2005年12月31日，A.T. Cross公司报告的未调整的试算平衡表如下所示：

	借方	贷方
应收账款	$32 850 941	
坏账准备		$907 050
销售收入		112 114 878

要求：

1. 假设 A.T.Cross 公司使用账龄分析法，并且估计有价值 100.7 万美元的应收账款不能收回。做 2005 年 12 月 31 日的调整分录来报告坏账费用。

提示：账龄分析法关注坏账准备账户调整后余额应为多少，因此，为确定调整额，需考虑期初余额。

2. 回到问题 1，这次假设 2005 年 12 月 31 日，未调整的 A.T.Cross 公司的坏账准备账户有一借方余额，金额是 10 050 美元。

提示：如何处理借方余额参见 346 页。

3. 如果在 2006 年，A.T.Cross 公司的一位主要客户被宣告破产，它的应收账款账户余额 1 万美元将被注销，如何做日记账分录？

CP8-2　（附录 A）在销售百分比法下记录和报告坏账

除了假设 A.T.Cross 公司使用销售百分比法以外，其他与 CP8-1 的条件完全一样，其中用于估计坏账的百分比是年销售收入的 0.25%。

提示：销售百分比法直接计算坏账费用。

CP8-3　解释坏账准备的披露

索尼克公司经营的是美国最大的路边汽车餐馆连锁店。它的坏账准备账户是为应收账款和应收票据共同准备的。在 2005 年，索尼克公司报告的坏账准备的变化如下所示（以千美元为单位）：

期初余额	坏账费用	注销的金额	恢复的金额	期末余额
$526	$414	$542	$109	$507

要求：

1. 对坏账准备做一个 T 形账户，并且将上表中的数据登记进去。然后以等式形式表明登记的正确性。

提示：估计坏账费用增加以及出现恢复时，坏账准备增加，账户被注销时坏账准备减少。

2. 做日记账分录：(a) 估计坏账费用；(b) 注销特定账户余额；(c) 对前面注销的账户进行恢复处理。

提示：使用"应收账款"账户来指代应收账款和应收票据。

3. 如果索尼克公司在这个会计期间又注销了一笔应收账款，其金额是 2 万美元。对应收账款和应收票据净额会产生怎样的影响？对净收入会产生怎样的影响？解释原因。

CP8-4　记录和报告应收票据

Jung & Newbicalm Advertising(JNA)广告公司最近为它在纽约的 Madison Avenue 创作室雇用了一位新的创意总监——Howard Rachell。为了促使 Howard 从旧金山搬去纽约，JNA

广告公司承诺在 2007 年 4 月 3 日向他预支一张价值 $100 000 的票据,票据还款期限是 1 年,利息率是 10%,该票据要求在 2007 年 10 月 31 日和 2008 年 4 月 30 日支付利息。JNA 广告公司每个季度,即在每年的 3 月 31 日、6 月 30 日、9 月 30 日和 12 月 31 日,公布会计报表。

要求:

1. 对 JNA 广告公司 2007 年 4 月 30 日产生的应收票据做会计分录。

提示:可以参考案例 B 中的类似情况。

2. 对每个季度 JNA 广告公司的应计利息以及在利息收到时做会计分录。

提示:应计利息应该在每个季度的季末记录和报告,在收到利息时减少应计利息的数额。

3. 在票据到期日,JNA 广告公司收到票据本金,做会计分录。

CP8-5　记录和报告应收账款和应收票据交易

美国运动器材公司(Sports USA)是一家全国性的运动器械供应商,它的主要客户是运动用品商店。它的绝大多数销售方式是赊销,但是一些特别大金额的项目(比如运动场设备)是以应收票据的方式赊销的。2007 年 12 月 31 日,运动器材公司的未调整的试算平衡表如下所示:

	借方	贷方
应收账款	$1 110 000	
坏账准备		$6 000
坏账费用	0	
应计利息	0	
利息收入		0
应收票据	30 000	

应收票据余额是由一位客户在 2007 年 11 月 1 日产生的票据的本金,该票据的还款期限是 2 年,利息率是 5%,并且要求客户在 2008 年 10 月 31 日和 2009 年的 10 月 31 日支付利息。运动器材公司没有对该票据收回的可能性进行考虑。运动器材公司估计它的应收账款中可能有 5.6 万美元无法收回。

要求:

1. 2007 年 12 月 31 日,做应收账款和应收票据的调整分录。

提示:2007 年的应收票据已经有两个月了,所以要求应收票据计提两个月的应计利息。

2. 在 2007 年 12 月 31 日,上面所示的试算平衡表中的会计账户将怎样在运动器材公司的财务报表中报告?

提示:流动资产包括在 2008 年耗用的和被转变为现金的资产。

CP8-6　分析坏账准备、应收账款周转率和应收账款回收期

美泰(Mattel)公司和孩之宝(Hasbro)公司是世界上两家最大的和最成功的玩具制造公司,就它们的玩具制造和应收账款管理而言尤其如此。参考下面给出的它们 2003 年、2004 年、2005 年对外提供的年报,评估它们收回应收账款的能力(以百万美元为计量单位):

年末	美泰			孩之宝		
	2005	2004	2003	2005	2004	2003
销售收入净额	$5 179	$5 103	$4 960	$3 088	$2 998	$3 139
应收账款	785	792	571	553	616	3 139
坏账准备	25	33	28	30	37	647
应收账款净额	760	759	543	523	579	39

要求：

1. 计算美泰公司和孩之宝公司2004年的应收账款周转率和应收账款回收期（精确到小数点后一位）。哪家公司变现的能力更强？

提示：在你的计算过程中，请使用应收账款净额平均数。

2. 在提交给美国证券交易委员会的年报中，美泰公司的管理部门对其财务结果进行分析。作为决定的一部分，美泰公司承认在2005年它转让了价值4.43亿美元的应收账款，在2004年转让了价值4.46亿美元的应收账款。利用附加的信息，重新计算在2005年如果美泰公司没有转让它的应收账款，那么美泰的应收账款周转率和应收账款回收期各是多少？（精确到小数点后一位。）计算的结果是否有助于解释问题1计算结果中的显著不同？

提示：为了解释转让应收账款的影响，将转让金额分别加入2004年和2005年的"应收账款净额"，然后再重新计算美泰公司的应收账款周转率和应收账款回收期。

A 组问题

PA8-1 使用应收账款账龄分析法记录和报告应收账款

卡夫食品公司（Kraft Food）是世界上第二大的食品和饮料生产企业。假设卡夫食品公司最近报告的2007年12月31日未调整的试算平衡表如下所示（以百万美元为计量单位）：

	借方	贷方
应收账款	$3 900	
坏账准备		$110
销售收入		32 010

要求：

1. 假设卡夫食品公司使用账龄分析法，并且它估计的不能收回的应收账款的数额是2.33亿美元。做2007年12月31日的调整分录，记录坏账费用。

2. 假设卡夫食品公司在2007年12月31日，坏账准备账户中未调整的账户余额是2 000万美元，在借方。其余条件和问题1一样。做2007年12月31日的调整分录，记录坏账费用。

3. 如果卡夫食品公司的一位主要客户在2008年宣告破产，其账户余额是1 500万美元。做会计分录注销其余额。

PA8-2　（附录 A）使用销售百分比法记录和报告应收账款

假设卡夫食品公司使用销售百分比法来估计坏账，并且坏账率是当年销售收入的 0.5%。其余条件和要求与问题 1 一样。

PA8-3　披露坏账费用

Stride Rite 公司是一家设计、研发和销售以绩效为主导的运动鞋、运动员服装和休闲皮鞋的公司。Stride Rite 公司最近对外披露的信息见下表，包括坏账准备：

表 Ⅱ
账户价值（以千美元为单位）

坏账准备	年初坏账准备账户余额	增加的坏账费用	坏账准备减少数额	年末坏账准备账户余额
2005	$1 547	$1 400	$1 638	$1 309
2004	3 216	?	2 280	1 547
2003	3 773	1 343	?	3 216

要求：

1. 做坏账准备的 T 形账户，并把 2005 年发生的交易（见上表格）填入 T 形账户。然后以等式形式表明以上项目表明了账户的变化。

2. 做 2005 年的会计分录：(a) 估计坏账费用；(b) 注销专门的账户。

3. 补充表格中 2004 年和 2003 年标有"?"的空格。

4. 如果 Stride Rite 公司在 2005 年注销了一笔价值是 20 万美元的应收账款。那么这笔注销业务会对 Stride Rite 公司当年的应收账款净额产生怎么样的影响？对当年的净收入产生怎么样的影响？请解释原因。

PA8-4　记录和报告应收票据交易

C&S Marketing(CSM) 公司最近为其位于镇上的 Minneapolis 工作室雇用了一位新的营销经理 Jeff Otos。作为人事安排的一部分，CSM 公司承诺在 2007 年 2 月 28 日向 Jeff 预支一张价值 50 万美元的票据，该票据还款期限是 1 年，利息率是 8%，并且要求在 2008 年 2 月 28 日也就是票据的到期日还本付息。CSM 公司在 6 月 30 日和 12 月 31 日披露公司财务报表。

要求：

1. 做 CSM 公司签发票据的会计分录。

2. 做 CSM 公司在 6 月 30 日和 12 月 31 日计算票据利息的会计分录。

3. 做 CSM 公司在 2008 年 2 月 28 日收到票据利息和本金的会计分录。

PA8-5　记录和报告应收账款和应收票据交易

Merle Adventures 公司是一家独木舟经销商。Merle Adventures 公司的绝大多数销售是以赊销方式进行的，但是对于某些金额巨大的销售业务 Merle Adventures 公司采用应收票据的方式进行销售。在 2008 年 12 月 31 日，Merle Adventures 公司报告的未调整的试算平衡表见下所示：

	借方	贷方
应收账款	$2 700 000	
坏账准备		$11 000
坏账费用	0	
应计利息	0	
利息收入		0
应收票据	20 000	

应收票据是一位客户所欠票据的本金,该票据2008年11月1日签发,为期两年,利率6%。票据利息在2008年10月31日和2009年10月31日支付。Merle Adventures公司未考虑无法收回款项的可能,Merle Adventures估计其应收账款将有25 000美元无法收回。

要求:

1. 做Merle Adventures公司2008年12月31日关于应收账款和应收票据的调整分录。
2. 以上资产负债表账户的调整后余额将如何在2008年12月31日Merle Adventures公司的分类资产负债表中显示?

PA8-6 分析坏账准备、应收账款周转率和应收账款回收期

可口可乐公司和百事公司(Pepsi)是世界上规模最大也是最成功的两家饮料生产企业,不仅仅是因为它们的产品出色,还因为它们卓越的应收账款管理。考虑下面提供的可口可乐公司和百事公司2003年、2004年和2005年的信息(以百万美元为计量单位),评估可口可乐公司和百事公司的应收账款回收能力:

年末	可口可乐			百事		
	2005	2004	2003	2005	2004	2003
销售收入净额	$23 104	$21 742	$20 857	$32 562	$29 261	$26 971
应收账款	2 353	2 313	2 152	3 261	2 999	2 830
坏账准备	72	69	61	105	116	121
应收账款净额	2 281	2 244	2 091	3 156	2 883	2 709

要求:

计算可口可乐公司和百事公司在2005年和2004年的应收账款周转率和应收账款回收期(精确到小数点后一位)。哪家公司变现能力更强?

B 组问题

PB8-1 用备抵法记录和报告应收账款

英特尔公司(Intel)因为其所提供的电脑芯片、电脑键盘、操作系统和软件闻名于世。假设英特尔公司在2008年12月31日报告的未调整的试算平衡表如下所示(以百万美元为计量单位):

	借方	贷方
应收账款	$3 300	
坏账准备		$65
销售收入		32 404

要求：

1. 假设英特尔公司使用账龄分析法估计坏账，并且它估计有价值 2 亿美元的应收账款可能无法收回。做 2008 年 2 月 31 日英特尔公司的调整分录，记录坏账费用。

2. 假设英特尔公司在 2008 年 12 月 31 日未调整的坏账准备账户有借方余额，数额是 2 000 万美元。其他条件与问题 1 一样。做 2008 年 2 月 31 日英特尔公司的调整分录，记录坏账费用。

3. 在 2009 年，如果英特尔公司的一位重要客户宣告破产，该客户的应收账款账户余额是 1 500 万美元。做注销会计分录。

PB8-2　（附录 A）在销售百分比法下记录和报告应收账款

假设英特尔公司使用的是销售百分比法估计坏账，并且坏账率是当年销售收入的 0.25%。其余条件和要求与问题 1 一样。

PB8-3　披露坏账费用

施乐公司（Xerox）是一家制造复印机的公司，尽管它现在宣称自己是一家提供技术和服务以帮助企业进行文件管理工作和提高生产力的公司，但是复印机仍然是其主营业务。施乐公司最近对外披露的信息见下表，包括坏账准备：

表 II
账户价值（以百万美元为单位）

坏账准备	年初坏账准备账户余额	增加的坏账费用	坏账准备减少数额	年末坏账准备账户余额
2005	$459	$72	$166	$365
2004	533	?	184	459
2003	606	224	?	533

要求：

1. 做坏账准备的 T 形账户，并把 2005 年发生的交易（见上表格）填入 T 形账户。然后以等式形式表明以上项目说明了账户的变化。

2. 做 2005 年的会计日记账分录：(a) 估计坏账费用；(b) 注销专门的账户。

3. 补充表格中 2004 年和 2003 年标有 "?" 的空格。

4. 如果施乐公司在 2005 年注销了价值 2 000 万美元的应收账款。那么这笔注销业务会对施乐公司当年的应收账款净额产生怎样的影响？对当年的净收入产生怎样的影响？请解释原因。

PB8-4　记录和报告应收票据交易

斯廷森公司（Stinson）最近同意向一位员工提供贷款用于购买新房子，贷款数额是 10 万美元。在 2007 年 3 月 31 日，贷款以票据方式提供，该票据还款期限是 1 年，利息率是 6%。并且要求在 2007 年 11 月 30 日和 2008 年 5 月 1 日支付利息。公司每个季度，也就是在每年的 3 月 31 日、6 月 30 日、9 月 30 日和 12 月 31 日报告财务报表。

要求：
1. 做斯廷森公司签发票据的会计分录。
2. 做斯廷森公司在每个季度记录和报告应计利息的会计分录。做公司收到票据利息的会计日记账分录。
3. 做公司收到票据本金的会计分录。

PB8-5 记录和报告应收账款和应收票据交易

Trators-R-Us 公司是一家园艺拖拉机供应商。Trators-R-Us 公司的绝大多数销售是以赊销方式进行的，但是对于某些金额巨大的销售业务，Trators-R-Us 公司采用应收票据的方式进行销售。在 2007 年 12 月 31 日，Trators-R-Us 公司报告的未调整的试算平衡表见下所示：

	借方	贷方
应收账款	$1 650 000	
坏账准备		$16 000
坏账费用	0	
应计利息	0	
利息收入		0
应收票据	115 000	

应收票据是由一位客户在 2007 年 1 月 1 日所欠的，还款期限是 2 年，利息率是 5%。该票据要求客户在 2008 年 6 月 30 日和 2009 年 6 月 30 日支付利息。Trators-R-Us 公司没有对票据收回的可能性进行考虑。但是，Trators-R-Us 公司预期其价值 2.5 万美元的应收账款可能无法收回。

要求：
1. 做 Trators-R-Us 公司 2007 年 12 月 31 日关于应收账款和应收票据的调整分录。
2. 以上资产负债表账户的调整后余额将如何在 2007 年 12 月 31 日 Trators-R-Us 公司的分类资产负债表上反映？

PB8-6 分析坏账准备、应收账款周转率和应收账款回收期

沃尔玛公司和塔吉特公司（Target）是世界上两家最大的和最成功的零售连锁企业，不仅仅是因为它们的产品出色，还因为它们卓越的应收账款管理活动。考虑下面提供的沃尔玛公司和塔吉特公司 2004 年和 2005 年的信息（以百万美元为计量单位），评估沃尔玛公司和塔吉特公司的应收账款回收能力：

年末	沃尔玛			塔吉特		
	2005	2004	2003	2005	2004	2003
销售收入净额	$312 417	$285 222	$256 329	$52 620	$46 839	$42 025
应收账款	2 662	1 715	1 254	6 117	5 456	4 973
坏账准备	186	129	90	451	387	352
应收账款净额	2 476	1 586	1 164	5 666	5 609	4 621

要求：
计算沃尔玛公司和塔吉特公司在 2005 年和 2004 年的应收账款周转率和应收账款回收期。（精确到小数点后一位）。哪家公司变现能力更强？

技能拓展训练

S8-1　发现财务信息

参考兰德里餐饮公司的财务报表，可从 www.mhbe.com/phillips2e 网站上下载财务报告。

1. 兰德里餐饮公司在资产负债表和利润表中报告了坏账准备吗？解释报告或没有报告的原因。（提示：考虑应收账款的性质。）

2. 计算兰德里餐饮公司最近几年的应收账款周转率和应收账款回收期。计算结果与图表 8.8 的结果可比吗？请解释不相同的原因。

S8-2　比较财务信息

参考澳拜客牛排坊的财务报表，可从 www.mhbe.com/phillips2e 网站上下载财务报告。

1. 在 2005 年 12 月 31 日，澳拜客牛排坊报告的应收账款数额是多少（在财务报表注释 2 中）？解释应收账款账户对于澳拜客牛排坊来说是否是一个很重要的资产账户。澳拜客牛排坊在 2005 年报告了坏账准备吗？解释报告或没有报告的原因。（提示：考虑澳拜客牛排坊经营业务的性质。）

2. 在你对问题 1 回答的基础上，描述应收账款周转率和应收账款回收期对那些只经营餐馆业务的公司的作用。你能找到以上结论同样适用的其他行业吗？

S8-3　基于网络的小组调查：检查年报

组成一个小组并选择一个行业的年报来分析。用你的网络浏览器，每个小组成员选择同一行业的不同公司，评估其会计年报。（可以参见第 1 章的 S1-3 对这一任务的资料来源的描述。）

要求：

1. 在个人工作基础上，每一个小组成员应该写一篇简短的小报告，报告应该包括以下内容：

a. 计算当年和前一会计年度的应收账款周转率，并解释两个会计年度应收账款周转率存在差别的原因。（你也许需要前一会计年度的财务报表来获得前一年度的应收账款的期初余额）。

b. 注意 10-K 中表 Ⅱ 的 "账户价值"，确定当年和前一会计年度销售收入中计提坏账费用的百分比。

2. 然后，全体小组成员一起写一个报告，讨论和比较你的调查结论。讨论作为一个小组你们所观察到的模式差异，对差异进行解释。

S8-4　道德决策：一个真实的社会案例

你在一家名为 MCI 的公司工作，并且你的工作是调整公司的坏账准备账户。你获得了如下所示的资料，该资料是截至 12 月 31 日的应收账款账龄清单：

截至 12 月 31 日的应收账款账龄清单

客户	总额	0—30 天	31—60 天	61—90 天	91—120 天	>120 天
AfriTel	40 000	20 000	10 000	5 000	5 000	0
CT&T	0	0	0	0	0	0
GlobeCom	28 000	0	18 000	8 000	1 000	1 000
Hi-Rim	35 000	0	0	0	0	35 000
Level 8	162 000	63 000	44 000	29 000	13 000	13 000
New Tel	0	0	0	0	0	0
Telemedia	0	0	0	0	0	0
Others	485 000	257 000	188 000	28 000	11 000	1 000
合计	750 000	340 000	260 000	70 000	30 000	50 000

从历史经验来看,不同账龄的坏账费用比率分别是:1%(0—30 天),5%(31—60 天), 8%(61—90 天),10%(91—120 天)和 50%(>120 天)。使用上面的这些比率,你可以计算需要计提的坏账准备。从 11 月月末开始,坏账准备账户有贷方余额 46 820 美元,并且没有做任何相关的会计分录。

为了检查计算的余额的合理性,你获得了一张上一会计年度的账龄清单(如下所示)。当你浏览这张清单时,你会发现一些奇怪的事情。几个账户的账户余额在 11 月末突然大幅度增加,在年末又突然全部消失。你就此事询问应收账款管理人员 Walter Pavlo, Walter Pavlo 解释说是因为客户"可能是得到了一些融资……",并且这些融资必须用来偿还他们的欠款。与此同样奇怪的是,你发现这些应收账款账户不再存在,所以已经不需要对它们计提坏账准备了。

应收账款总额

客户	一季度 (3 月 31 日)	二季度 (6 月 30 日)	三季度 (9 月 30 日)	(10 月 31 日)	四季度 (11 月 30 日)	(12 月 31 日)
AfriTel	19 000	19 000	21 000	16 000	20 000	40 000
CT&T	0	30 000	100 000	100 000	100 000	0
GlobeCom	29 000	28 000	31 000	27 000	28 000	28 000
Hi-Rim	0	0	25 000	35 000	35 000	35 000
Level 8	229 000	229 000	198 000	174 000	190 000	162 000
New Tel	0	0	25 000	25 000	25 000	0
Telemedia	0	0	2 000	2 000	2 000	0
Others	524 000	489 000	375 000	503 000	463 000	485 000
合计	801 000	795 000	777 000	882 000	863 000	750 000

要求:

1. 计算 12 月 31 日坏账准备账户中报告的账户余额。
2. 在 12 月 31 日,做调整分录。
3. 在 12 月 31 日的资产负债表中,应该报告的应收账款金额是多少?
4. 如果 CT&T 公司、New Tel 公司和 Telemedia 公司 11 月月末的账户余额一直持续到 12 月月末(在超过 120 天的账龄中),那么 12 月 31 日你估计的坏账准备是多少?这将如何改变 MCI 公司当年的净收入?请解释原因。

财务会计学原理

5. 几天以后,你无意中听到 Pavlo 先生谈论 Hi-Rim 公司的应收账款。从谈话中你可以明显地知道,世通公司不久以后将要向 Hi-Rim 公司提供贷款,以签发票据的方式进行。Hi-Rim 公司将会用这笔借款来偿还它以前所欠世通公司的款项。Pavlo 先生获得了 MCI 公司的奖金,这笔奖金是以公司当年的净利润为基础支付的。你是否应该进一步调查这件事情?请说明理由。

结语:上面所描述的事情是基于 2002 年 6 月 10 日《福布斯》(Forbes)杂志刊登的一篇文章而来的。这篇文章描述了在 20 世纪 90 年代中期,Walter Pavlo 如何在 MCI 公司进行会计舞弊。具有讽刺意味的是,后来 MCI 公司被世通公司接管——这家公司后来发生了世界上最大的会计舞弊。

S8-5 道德决策:一个小案例

你已经毕业并且获得了商务方面的学位,你决定在 Clear Optics 公司以初级会计师的身份开始你的职业生涯。Clear Optics 公司向全国的眼镜店以及零售商供应隐性眼镜、镜框和太阳镜。Clear Optics 公司正在计算它第三季度(Q3)的运营成果。所有的第三季度的调整分录,除了坏账费用账户以外都已经全部完成。第三季度的初步利润表见下所示,同时我们还提供了第二季度和第一季度的利润表。

Clear Optics 公司
季度利润表(计量单位:千美元)

	第三季度(准备)	第二季度(报告)	第一季度(报告)
净收入	$135 800	$135 460	$130 100
销售成本	58 400	58 250	55 900
毛利润	77 400	77 210	74 110
销售、管理及行政费用	56 560	53 975	53 690
坏账费用	—	6 050	4 200
税前收入	20 840	17 185	16 220
所得税费用	5 620	5 155	5 020
净收入	$15 220	$12 030	$11 200

Clear Optics 公司的主计长要求你分析公司的坏账准备账户,并且利用应收账款账龄清单为每个季度估计的坏账做调整分录。主计长说:"尽管这个季度我们客户的还款速度慢了一些,但是我们不可以增加坏账准备账户的余额。我们要想方设法降低它——我希望看到的是一个 8 000 美元的调整后余额。好好理解我们估计的坏账费用率直至你最后明白。"

你对主计长对你所说的话非常困惑,但是你把这归咎于你缺乏经验,并且决定分析坏账准备账户。你把所有的交易记录汇总到下面的 T 形账户:

坏账准备

		7 900	1 月 1 日期初余额
一季度注销	4 110	4 200	一季度估计的坏账准备
		7 990	3 月 31 日调整后
二季度注销	4 120	6 050	二季度估计的坏账准备
		9 920	6 月 30 日调整后
三季度注销	4 030	—	
		5 890	9 月 30 日调整后

要求：

1. 为了得到主计长希望的余额 8 000 美元，第三季度估计坏账费用应为多少？
2. 做会计调整分录，记录和报告估计的坏账。
3. 如果按照问题 2 的要求做了调整分录，那么会对第三季度的利润及利润趋势产生什么影响（假设不考虑所得税费用的变化）？
4. 重新考虑主计长对你所说的话。他的话是否遵循了采用账龄分析法来估计坏账的隐含逻辑？
5. 如果第三季度估计的坏账是第一季度和第二季度坏账费用的平均数，那么第三季度的净利润是多少？这三个季度的利润趋势是怎样的（假设不考虑所得税费用的变化）？
6. 在这个案例中是否有不道德的证据？请解释你的理由。

S8-6　批判性思考：分析

Problem Solved 公司是一家软件咨询公司，已经运营了五年。在此期间，Problem Solved 公司的销售收入和应收账款增长迅速。为了解决应收账款增长的难题，Problem Solved 公司聘用你作为第一位主计长。你采取了严格苛刻的准贷条件和严格的应收账款回收政策，因为你希望在年末应收账款可以降低大约 1/3。你收集了相关数据的变化，如下所示（以千美元作为计量单位）：

	（以千美元为计量单位）	
	年初	年末
应收账款	$1 000 608	$660 495
减：坏账准备	$36 800	10 225
应收账款净额	$963 808	$650 270
	去年	今年
销售收入净额	$7 515 444	$7 015 069

要求：

1. 针对下面三个不同的假设，计算应收账款周转率，精确到小数点后面一位：
   a. 严格苛刻的准贷条件降低了应收账款净额，还降低了销售收入（如上表所示）。
   b. 严格苛刻的准贷条件降低了应收账款净额（如上表所示），但是没有降低销售收入。
   c. 严格苛刻的准贷条件没有实行，结果导致应收账款的期初余额没有变化，同时销售收入账户的余额也没有变化。
2. 在问题 1 的基础上，写一个简短的备忘录，用来解释采取更加严格苛刻的准贷条件的潜在优点和缺点，以及它们是如何影响应收账款周转率的。

S8-7　使用账龄分析表来估计坏账并改善应收账款的回收

假设你最近被 Caffe D'Amore 公司聘用，Caffe D'Amore 公司生产具有世界一流口感的卡布其诺速溶咖啡，同时拥有数条卡布其诺速溶咖啡生产线。在 Caffe D'Amore 公司销售收入惊人增长的同时，公司的应收账款也随之增长。你的工作是对公司的应收账款进行评估，同时改进公司的应收账款回收。

通过对近五年的应收账款回收情况进行分析，你已经可以对不同账龄的应收账款估计坏账费用率。为了估计今年 Caffe D'Amore 公司预计不能收回的应收账款，你将历史坏账费

用率写了下来,如下所示:

客户	总额	没有收回的天数				
		1—30	31—60	61—90	91—120	超过120
接上页的总额	$280 000	$150 000	$60 000	$40 000	$20 000	$10 000
Junmp Jim's Coffee	1 000					1 000
Pasadena Coffee Company	24 500	14 500	8 000	2 000		
Phillips Blender House	17 000	12 000	4 000		1 000	
Pugsly's Trading Post	26 600	19 600	7 000			
Q-Coffee	12 400	8 400	3 000	1 000		
Special Slips	10 000	6 000	4 000			
Uneasy Isaac's	3 500	500				3 000
应收账款总额	375 000	211 000	86 000	43 000	21 000	14 000
坏账费用率		1%	5%	10%	15%	30%

要求:

1. 将总额登记到电子数据表中,然后计算预计不能收回的应收账款总额。

2. 对上面你计算出的坏账准备做年末会计调整分录。假设坏账准备账户有一个未调整的贷方余额 8 000 美元。

3. 仔细分析和观察上表,哪一位客户是你应该最先联系收回应收账款的?

4. 假设 Junmp Jim's Coffee 公司的应收账款已经确认无法收回,做注销会计分录。

第9章 报告和解释长期有形资产与无形资产

学习目标

了解企业
学习目标1　长期资产的定义、分类及其性质的解释

学习会计方法
学习目标2　长期资产取得时，应用成本原则计价
学习目标3　当未来经济利益随时间消耗时，运用各种折旧方法计提折旧
学习目标4　解释资产减值对财务报表的影响
学习目标5　分析长期固定资产的处置
学习目标6　分析无形资产的取得、使用和处置

评估结果
学习目标7　分析固定资产周转率
学习目标8　描述当进行公司间比较时应考虑的因素

本章复习

前章回顾

在之前的章节中，你学习了向顾客销售商品或提供服务的会计核算。

本章重点

本章关注能使公司制造并销售商品，以及提供服务的资产。

如果你是一个普通的美国公民，你每年大概要吃掉三磅的花生酱，这相当于在你高中毕业之前吃掉1500个花生酱三明治上花生酱的含量。[1] 这能让你清楚地知道分布在每个三明治上的花生酱的分量有多少，也能为你学习披露长期资产的折旧做充分的准备。这是真的。报告折旧和把花生酱分布在三明治上有很多相似之处。分布在每一

---

[1] Retrieved September 8, 2006, from www.peanutbutter.com/funfacts.asp.

个三明治上花生酱的分量就像分布在每一个会计期间的折旧数量一样。这与三方面有关:(1)瓶子里原有的花生酱分量(或会计账户上的初始成本);(2)要留在瓶子里(或会计账户上)的数量;(3)你准备涂抹花生酱的三明治(或分布的会计期间)的数量。就像花生酱在三明治上一样,如果资产使用很多年,折旧数就会较少;如果在很少的时间内使用,折旧的数量就会很多。

在这章接下来的部分,我们将会关注锡达菲尔游乐公园公司。我们不会完全把花生酱抛在脑后的,因为就像米奇老鼠是迪士尼的吉祥物,兔八哥是六旗主题公园的主要角色一样,史努比和查理·布朗关于花生酱的连环漫画是锡达菲尔公司的特色。锡达菲尔公司是世界上最大、最好的游乐公园公司之一,在美国已经有七家游乐公园和六个水上公园。② 2005年12月31日的报表上,其游戏设备、旅馆和其他长期资产占到其总资产的96%,因此它为你学习如何报告资产提供了一个很好的范例,而且通过分析,你能推断出他们到底管理得如何。

本章重要的主题列示如下:当你开始学习第一部分,应重点理解什么是长期资产以及为什么长期资产对许多公司的决策如此重要;在第二部分,你将学习到公司内部使用的会计方法和程序,来处理从资产取得开始到使用再到废弃这一过程的会计核算;在最后部分,你将看到考虑了不同会计方法对分析财务报告结果的影响之后,公司外部分析人员怎样评估使用这些资产的效率。

本章结构

了解企业	学习会计方法	评估结果	本章复习
• 长期资产的定义和分类	• 固定资产 • 无形资产	• 管理层决策 • 周转率分析 • 折旧差异的影响	• 示范案例 • 本章小结 • 关键术语 • 练习题

了解企业

长期资产的定义和分类

长期资产是企业为了使用而获得的、使用期限超过一年或若干年的资产。使用这些资产的目的不是为了再出售。相反,它们

学习目标 1
长期资产的定义、分类及其性质的解释。

---

② "Cedar Fair, L. P.'s Flagship Park, Cedar Point, again Voted Best Amusement Park in the World," company press release, August 28, 2006.

被认为是有生产能力的资产,在某种意义上说它们使企业能够生产产品出售给顾客和为顾客提供服务。举些例子,阿罗玛比萨店烘烤比萨的烤炉、快速剪发提供理发服务使用的理发厅、沃尔玛销售商品的商店、奥克

> **你应该知道**
>
> 长期资产是企业拥有的资源,使企业能够提供商品或服务,销售给客户。

利公司用来保护其生产的太阳眼睛免受盗版和假冒伪劣侵害的合法权利。因此当你听到"长期资产"时,不要仅仅只是想到笨拙古老的机器设备,因为资产的界定范围比这要宽广得多。所以,长期资产包括以下几类:

1. 固定资产。这是有实物形态的长期资产,简单地说就是你能看见、触摸到的资产。最显著的例子有土地、建筑物、机械设备、运载工具、办公设备、家具和设备,这些在资产负债表中有个单独的项目叫做"不动产、厂房和设备"。因为许多长期的有形资产是固定在某个地方的,因此它们也称为固定资产。锡达菲尔公司的固定资产包括遍布在加利福尼亚、美国的中西部和东北部的游乐主题公园里的50个过山车。

2. 无形资产。这些长期资产拥有特殊的权利,但是没有物质形态。大部分无形资产的存在都是有法律文件指定的,体现了一定的法律权利。不像你日常生活中能见到的商店建筑物和现金收银机这样的固定资产,你很可能会对无形资产不熟悉。出于这个原因,我们将在本章的后面部分详细地介绍各种无形资产。但是现在你可以认为无形资产包括品牌、商标以及锡达菲尔公司在其游乐公园内使用PEANUTS这个注册商标的权利。

长期资产的第三类是会随着时间的推移慢慢减少的,比如油井和金矿,这类长期资产在自然资源业很常见。本章附录A将会解释这些自然资源资产是怎样进行会计核算的。

图表9.1说明的是锡达菲尔公司在其资产负债表上怎样报告长期资产的。从这张表上,你能看到固定资产和无形资产对锡达菲尔公司是多么重要。锡达菲尔公司拥有10亿美元的资产,其长期资产超过9.67亿美元。

图表9.1 锡达菲尔公司的资产

12月31日	2005年	2004年
以千美元为单位		
资产		
流动资产		
现金	$4 421	$3 353
应收账款	7 259	4 766
存货	17 678	17 632
预付账款	11 252	7 209
流动资产总额	40 610	32 960

（续表）

12 月 31 日	2005 年	2004 年
不动产和设备		
土地	174 081	174 143
土地改良	163 952	153 498
建筑物	308 748	298 037
游乐设施	714 862	671 830
在建工程	23 434	20 470
	1 385 077	1 317 978
减：累计折旧	(417 821)	(371 007)
	967 256	946 971
无形资产	16 928	13 277
	$1 024 794	$993 208

学习会计方法

本章你将学习那些与长期资产相关的会计决策，我们会从固定资产开始学习并考虑与固定资产的取得、使用和处置相关的主要会计处理。无形资产的会计处理将会是本节最后部分的重点。

固定资产

图表 9.1 呈列了多种形式的不动产和设备，包括在前面几章介绍过的（如土地、建筑物和设备），也包括以前没有讨论过的另

> **学习目标 2**
> 长期资产取得时，应用成本原则计价。

外两个账户："土地改良"和"在建工程"。土地改良与土地不同，土地改良会随着时间的推移而损耗，而土地被假设能一直持续使用。土地改良包括人行道、马路、景观美化等。在建工程包括建造新建筑物和设备耗费的成本。当建造完成时，这些成本会从在建工程这个账户转移到可使用的建筑物或设备账户。

固定资产的取得

在成本原则下，固定资产计量的一般原则是为取得和使资产达到可用状态所花费的**所有合理的和必要的支出要计入这项资产的成本**。把成本计入资产的这项活动（而不是计入费用）就是会计人员和分析者称的成本资本化。

对于有形资产，取得和使资产达到可用状态所花费的支出是否合理和必要通常不是那么显而易见的，所以应该成本化还是费用化一项支出是需要判断的。这一分歧在

> **你应该知道**
> 将一项成本资本化是指将其记为一项资产而非费用。

第 9 章 报告和解释长期有形资产与无形资产 397

近年来开始备受关注,我们将会在接下来的"道德观察"专栏中讨论。当你读到下面的专栏和后面两页时,你要关注哪些支出应该资本化,哪些支出应该费用化。

 道德观察

最大和最简单的会计舞弊

2000 年初,世通公司(现在是 Verizon 公司)承认了 110 亿美元的会计舞弊,其中一部分是通过把租赁性质的资产资本化而没有费用化。这项会计决定使得世通产生成本的这段时期的财务报表中资产有巨大的增加(而不是费用增加)。这个结果使资产负债表看起来能传递更好的信息(因为资产多),利润表看起来比把这些成本费用化时有更多的利润(因为费用很少)。在这章最后的案例 S9-4 中,你将了解有关这一会计舞弊的更多内容。

为了帮你更好地理解取得一项固定资产时,哪种类型的成本该资本化,我们将在下面列举为了获取或准备固定资产必须计量的成本。要注意到要被资本化的成本并不只是购买和建造这项资产的数额。举个例子,在下图为 Sandusky 港湾购买土地权力时发生的律师费也应该包含在锡达菲尔公司的"土地"账户中。其他土地发生的土地测量费和调查费也应该资本化后计入"土地"账户。现在花一点时间阅读一下当取得资产和设备时,其他类似的应该被资本化的成本清单。

土地
购买成本
律师费
勘察费
产权检查费

设备
购买/建造成本
销售税
运输成本
安装启动费

建筑物
购买/建造成本
律师费
鉴定费用
建筑师雇用费

如果一家公司购买土地、建筑物或者一项使用过的机器设备并发生了整修成本、或投入使用以前的修理成本,这些附加的成本应该资本化后,成为土地、建筑物或设备的成本。因为这些成本是资产达到可使用状态所必要的,所以应该被资本化。

在一些实际情况中,土地、建筑物和机器设备会被合在一起购买。在 2004 年 4 月 8 日,锡达菲尔公司用 1.45 亿美元购买了六旗游乐公园的土地、建筑物和机器设备。当这种"整套购买"方式发生时,总成本按照资产的市场价值对应成比例地分配到每项资产中去。比如,如果锡达菲尔花 1 000 万美元购买一家旅馆和旅馆周围的土地,同时做了一项鉴定,这项鉴定评估了土地占资产总额的 40%,旅馆构成了剩下的 60%,锡达菲尔应该把总支出的40%（400万美元）记录为土地的成本，其他的60%（600万美元）记录为旅馆的成本。把购买的总成本分配在每个资产上是必要的，因为每一种资产在以后要按不同的时间折旧。例如，土地不会折旧，所以关于土地发生的任何费用将一直保留在这个账户上，直到土地被卖出。

为了详细阐述怎样记录固定资产的成本，让我们来考虑下锡达菲尔从 Intamin（一家瑞士过山车制造公司）购买的顶级惊险过山车。在购买时，顶级惊险过山车是世界上最大和最快的过山车。下图中列示了它的一部分规格。

顶级惊险过山车
悬架装载高度：42层
垂直落差：400英尺
轨道长度：2 800英尺
乘坐时间：17秒
下降角度：90°
旋转角度：270°
发射速度：4秒内每小时120英里
载客量：每小时1 500人

我们假设过山车公司的销售清单的价格（包括销售税）是2 600万美元，但是锡达菲尔享受了100万美元的折扣。这就意味着过山车公司卖给锡达菲尔的销售净额是2 500万美元。另外，我们假设锡达菲尔支付了12.5万美元的运输费和62.5万美元的安装费。锡达菲尔应列做资本的支出如下：

发票价格	$26 000 000
减：折扣	1 000 000
净现金发票价格	25 000 000
加：锡达菲尔公司支付的运输费	125 000
锡达菲尔公司支付的安装费	625 000
过山车的总成本	$25 750 000

总成本2 575万美元不管是以哪种方式支付或融资，应该记录到"游乐设施"账户。在下面的例子中，支付方式或融资方式只在以下情况会影响计量：将导致现金的减少，负债的增加，或现金减少的同时负债增加。

现金购买　假设锡达菲尔公司为过山车和相关的运输和安装费支付了现金，这项交易将会产生下面的影响，应该这样记录：

1. 分析

资产	= 负债 + 股东权益
现金　　　−25 750 000	
游乐设备　+25 750 000	

2. 记录

借：游乐设备（+A）	25 750 000	
贷：现金（−A）		25 750 000

你很难相信锡达菲尔会支付2 500万美元这么多现金，其实这并不罕见。公司经

常会使用经营活动产生的现金和从银行贷款的现金来购买资产。销售方也可能准许购买方赊欠,下面我们将介绍这种情况。

信用购买 假设锡达菲尔公司为另一部过山车开了一张应付票据,为运输和安装使用费支付了现金,会计等式将会变动,会计分录会变为:

	资产	=	负债	+ 股东权益
1. 分析	现金 −750 000		应付票据 +25 000 000	
	游乐设备 +25 750 000			
2. 记录	借:游乐设备(+A)		25 750 000	
	贷:现金(−A)		750 000	
	应付票据(+L)		25 000 000	

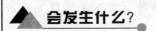

自 我 测 试

近年来,俄亥俄州的 New Bakery 公司使用一套价格为 2 100 万美元的计算机集成烘烤设备。这套设备每分钟制造 3 420 个面包,一年可以提供 12 亿的面包作为 Wendy 游戏室的三明治材料。假设公司支付 80 万美元的销售税、7 万美元的运输费和 5 万美元资产使用前的安装准备费。

1. 计算作为不动产、厂房和设备(PPE)的获取成本。

2. 在下面的假设中,指出取得此设备对会计等式的影响。使用 + 代表增加,− 代表减少,写出账户和金额。

	资产	=	负债	+	股东权益

a. 全部用现金支付。
b. 支付了 100 万美元的现金,剩下的开了应付票据。

自测答案

1. $21 000 000 + 800 000 + 70 000 + 50 000 = $21 920 000

2. 　　资产　　　　=　　　负债　　　　+权益

a. PPE +21 920 000
　 现金 −21 920 000

b. PPE +21 920 000　　应付票据 +20 920 000
　 现金 −1 000 000

Source:*American Way*, February 1, 2003, p.53.

在结束本节之前要提一下,不是所有的固定成本都要计入资产。有些资产的成本,像订书机和打孔机,只是很小一部分的金额,没有必要把它们计入固定资产。例如,在澳拜客牛排坊的财务报表中,所有发生的少于1 000美元的开支都作为费用。这种处理方法能被接受,是因为当分析财务报表时,无关紧要的项目(金额很少)不会影响到使用者作出判断和决策。其他作为费用的成本包括:保险费、购买固定资产的贷款利息费和普通维护修理费(下节中讨论)。

固定资产的使用

使用中发生的维修费用 在固定资产的使用中,为了维持和提高它们对经营的贡献,大多数的固定资产需要大量的支出。维修费在过山车行业中是一笔巨大的支出,因为维护机器的安全性是很重要的。除了经常使用和快速损坏带来的巨大压力外,奇怪的是很少有意外事件发生,一项近期评估报告了游乐公园的事故率只有2 300万分之一。而你被闪电击倒的概率都有这的38倍以上。③ 这种安全水平来自于对大型游乐设施花费的两种巨大维护修理费用。

1. **普通维修费**。普通维修费是对长期资产日常的保养和修理支出。就像你的车要经常换油一样,这项支出实质上是重复发生的,包括与每一次维护相关的小金额,并且没有直接影响资产的使用寿命。为了维持一项资产短期的生产力,这些支出经常发生,所以记录为当前费用。

> **你应该知道**
> 普通维修费是对长期资产进行日常维护的支出,被记录为费用。

在锡达菲尔公司的案例中,普通维修费包括给明尼苏达州 Valleyfair 公园的 Steel Venom 过山车轨道涂抹机油费用,为密歇根探索主题公园八层楼高的摩天轮替换灯管的费用,以及加利福尼亚纳氏水上城市乐园的滑水管道的焊合接口费。

2. **特别修缮费**。这项支出不是经常发生,有时数额很大。这项支出能通过效率的提高、生产力的增加或延长资产寿命等方式增加一项资产未来的经济利益。具体包括设施备件的添置、大型检修检查费、大修的费用、主要部件的替换和更新费(如替换掉过山车乘客车厢的费用)。这些支出增加了固定资产在原有基础上的使用价值,所以这些支出应该增加到对应的长期资产账户中。

> **你应该知道**
> 特别修缮费是能够增加一项资产未来经济利益的支出,被记录为资产账户的增加而非费用。与普通维修不同,特别修缮不经常发生,并且能产生持续的经济利益。

图表9.2是锡达菲尔公司2005年年报中"管理层讨论与分析"的一个摘录,这个摘录描述了正在使用的建筑物、游乐设施、器械,以及计算这些支出的会计政策。在看完锡达菲尔公司的会计政策后,花一分钟做后面的自我测试。

---

③ "Newtonian Nightmare Rack-and-Pinion Inversions and Pneumatic Accelerator. This is Fun?" *Forbes*, July 23, 2001, p.112.

图表 9.2 有形资产修理费用的会计政策

锡达菲尔公司
财务报表附注
主要的会计政策

维持固定资产原有贡献能力的支出计入费用,改良和更新费用计入资本。

 会发生什么?

自 我 测 试

众所周知,住在公寓、宿舍,或者房子、建筑物需要持续不断的维护和修理。对于下面的每一项支出,指出它们在当期应该费用化还是作为建筑物的成本被资本化。

费用化或资本化?

1. 替换房子所有的电线。
2. 修理房子前门的铰链。
3. 房屋内空气净化器每年的清理费。
4. 俱乐部会所主要结构改造费。

自测答案
1. 资本化——延长寿命。
2. 费用化
3. 费用化
4. 资本化——延长寿命。

折旧费用 除了修理和维护费,固定资产使用时还有一项费用每期都要披露。这项费用称为**折旧**,它不包括为使用资产而发生的新支出。相反,折旧费用是将以前记录的长期固定资产成本在现在分摊。其思路是,长期固定资产的成本本质上是一项预付成本,代表着未来经济利益的流入。当资产耗费完,经济利益也被使用完,因此按照配比原则,资产的部分成本应作为这一期间的费用,从资产负债表转移到利润表来产生收益。对于锡达菲尔公司,当游乐设施开放给游客使用时,公司赚得收入,所以折旧费用应在此刻记录,以反映产生收入的固定资产应分配的成本。

> **你应该知道**
> 折旧是用系统、合理的方法将长期固定资产的成本分配到其使用期间。

每一期记录为折旧的金额就是反映在利润表上的折旧费用。从资产取得之日起,折旧金额就要作为一个对应账户反映在资产负债表上,这个账户叫"累计折旧",应从相关的资产成本中扣除。资产负债表上的净额称为账面价值或置存价值。长期固定资产的账面价值是资产的取得成本减去从其获得日开始到资产负债表日这一期间的累计折旧。

> **你应该知道**
> 账面(或置存)价值是资产的取得成本减累计折旧。

如果不清楚这些项目是怎样披露的,快速地看一下383页的图表9.1。你将看到,在 2005 年末,锡达菲尔公司财产和设备总成本为 1 385 077 000 美元,累计折旧为 417 821 000 美元,账面价值为 967 256 000 美元(1 385 077 000 – 417 821 000)。此年的折旧费用(55 765 000 美元)在利润表中反映。尽管一些公司将折旧费用作为营业费用的一个独立项目披露,许多公司(包括锡达菲尔)为了外部报告的目的一般把它包括在营业和管理费用中。

计算折旧费用,需要三个金额:

1. 资产成本。包括所有为资产资本化了的成本,这些在前面已经讲解过,包括购买成本、销售税、律师费和其他为资产投入使用而发生和准备的成本。

2. 剩余价值(残值)。剩余价值是公司处置这项资产时将获得金额的估计。当处置过山车时,不管是完整的卖给当地的游乐公司或者把它们拆除,把各个部分卖给其他的过山车公司或废品公司,锡达菲尔公司将会获得一些原始成本的补偿。

> **你应该知道**
> 剩余价值是在资产估计寿命期末可能收回的金额,有时也称残值。使用寿命是资产对当前所有者的预计服务年限。

3. 使用寿命。使用寿命是对公司而言,资产具有经济价值的寿命期的估计(而不是对所有潜在使用者有用的经济寿命期)。经济寿命应该根据资产能力的年限或单位来表示,如以资产能生产的数量为单位,或以资产能行驶的路程为单位。**土地是唯一假设有无限使用寿命的资产,正因为如此,土地不用折旧。**

折旧的基本思想是:将资产金额的耗费(资产成本 – 残值)与资产可用于获取收入的时期(使用寿命)相匹配。计算折旧时,要考虑残值,因为折旧完成后,账户里会剩余一点资产的成本。这是因为,当处置资产

> **你应该知道**
> 折旧成本是资产成本中用以产生收入的部分。它的计算方式是资产成本减剩余价值,并被分配为资产使用寿命期间的折旧费用。

时,很可能会得到一些处置收入,这些收入相当于一部分成本的偿还。因此,在资产使用过程中折旧的金额,称为折旧成本,是资产的初始成本和残值之差。资产使用期限内每一年都要记录折旧,直到总的累计折旧额与资产的折旧成本相等为止。在这一时点之后,即使公司继续使用资产,也没有另外的折旧发生。

折旧的影响和怎样记录分录在第 4 章中有所介绍。迅速回顾一下,20 000 美元的折旧是这样分析的:

	资产	=	负债	+	股东权益	
1. 分析	累计折旧(+ xA) – 20 000				折旧费用 – 20 000	

2. 记录	借:折旧费用(+ E, – SE)		20 000	
	贷:累计折旧(+ xA, – A)			20 000

如果每家公司在计算折旧时都采用相同的方法,我们就此打住。但是,公司拥有的固定资产的种类和用途不同,因此会计人

> **学习目标 3**
> 当未来经济利益随时间消耗时,运用各种折旧方法计提折旧。

员和管理者可以从多种被认可的折旧方法中做出选择。不同的折旧方法产生的折旧数额不同,所以要学会不同的折旧方法以解释折旧中的不同点。

折旧方法　我们将讨论三种常用的折旧方法:
1. 直线法
2. 工作量法
3. 余额递减法

为了说明每种折旧方法,假设锡达菲尔公司在2007年1月1日取得一台新的推车玩具。图表9.3是相关信息。

图表9.3　各种折旧计算方法所需的信息

锡达菲尔公司新的推车玩具	
2007年1月1日购买成本	$62 500
预计的残值	$2 500
预计使用年限	3年,100 000英里

直线法　在直线折旧法下,固定资产预计使用年限的每期折旧数量都相等。计算每年折旧费用的直线法公式是:

> **你应该知道**
> 直线法是将资产成本以相同数额分配到其使用年限的折旧方法。

$$（固定资产成本 - 残值）\times \frac{1}{使用年限} = 折旧费用$$

在直线法公式中,(固定资产成本-残值)是折旧的总金额(折旧成本)。直线折旧率 = 1÷使用年限。如果用图表9.3中的数据,锡达菲尔公司新设备的折旧费用为每年20 000美元,计算结果如下:

	(固定资产成本-残值)×1/使用年限	利润表	资产负债表		
年份	每年的折旧额	折旧费用	成本	累计折旧	账面价值
取得时			$62 500	$0	$62 500
2007	($62 500 - $2 500)×1/3	$20 000	62 500	20 000	42 500
2008	($62 500 - $2 500)×1/3	20 000	62 500	40 000	22 500
2009	($62 500 - $2 500)×1/3	20 000	62 500	60 000	2 500
	总金额	$60 000			

直线法的特点如下:
- 每年的折旧费用是不变的
- 累计折旧每年以等额增加
- 账面价值每年以等额减少

而且,在使用寿命的最后一年,累计折旧(60 000美元)等于折旧成本(62 500 - 2 500),账面价值(2 500美元)等于残值。

和其他折旧法一样,直线法依赖于对资产预计使用寿命和末期残值的估计。有一个常被问到的问题是会计人员怎样估计使用年限和残值呢? 有些时候可以从固定资产供应商或其他地方(如经销商数据库、保险公司)获得信息,更为常见的是依赖于会计人员的职业判断。要精确估计使用年限和残值是很难的,因此鼓励会计人员经常重新估计计算折旧费用,我们在本章末的附录 B 中将讨论这个问题。

工作量法 就像直线法一样,工作量折旧法把资产的折旧费用分配到使用年限的每一期——但是有一点不同。直线法折旧的基础是时间,工作量法折旧的基础是资产的工作量。工作量可以是:路程、产量、机器工作时间。工作量法下计算折旧费用的公式是

> **你应该知道**
> 工作量法是基于资产在每一会计期间的产出与其预计总产出的关系将资产成本分摊到其使用寿命的方法。

$$(固定资产成本 - 残值) \times \frac{本期实际工作量}{预计总工作量} = 折旧费用$$

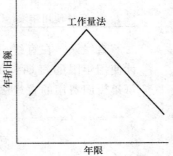

假设图表 9.3 中的推车玩具在 2007 年能够行驶 30 000 英里,2008 年 50 000 英里,2009 年 20 000 英里,这项资产每年按工作量折旧计算如下:

	(固定资产成本 - 残值)× 实际/预计总工作量	利润表	资产负债表		
年份	每年的折旧额	折旧费用	成本	累计折旧	账面价值
取得时			$62 500	$0	$62 500
2007	($62 500 - $2 500) × 30 000/100 000	$18 000	62 500	18 000	44 500
2008	($62 500 - $2 500) × 50 000/100 000	30 000	62 500	48 000	14 500
2009	($62 500 - $2 500) × 20 000/100 000	12 000	62 500	60 000	2 500
	总金额	$60 000			

注意到在工作量法下,折旧费用、累计折旧和账面价值每一期都不同,因为与每期的工作量挂钩。

余额递减法 在余额递减折旧法下,折旧费用在资产使用的前面几期要高些,在后面几期要低些。这就是为什么它常被称为加速折旧法。尽管加速折旧法在美国对外公布的财务报表里不太使用,但在日本和加

> **你应该知道**
> 余额递减法是将更多折旧分配到资产寿命的早期,更少折旧分配到资产寿命的后期的方法。

拿大等其他国家的财务报表里和美国的税务报告里经常使用。下面我们将详细阐述。

余额递减法是在会计期间之初给出一个账面价值的折旧率。在下面的公式中,使用的是账面价值(固定资产成本 - 累计折旧)而不是折旧成本(固定资产成本 - 残值)。

公式中些许的不同导致折旧的数量随着时间的推移而慢慢减少。在公式中使用的 2÷使用年限这一比率是直线法比率的两倍，因此，余额递减法中的这一特殊方法被称为双倍余额递减法：

$$（固定资产成本 - 累计折旧）\times \frac{2}{使用年限} = 折旧费用$$

注意公式在每年初使用了累计折旧余额。在资产使用的第一年，累计折旧数的初始余额为零。然而，随着每一年折旧的计提，累计折旧余额将增加，这会导致折旧金额的递减。也要注意，在余额递减法下计算折旧费用时，残值没有包括在公式中，因此，要特别注意，资产的账面价值不能低于其残值。如果正常计提折旧，资产账面价值减少，但减少后的余额低于残值，此时，应该减少计提折旧的数量，使得账面价值等于残值。来看看在这个例子中，是怎样计算这三年的折旧的。

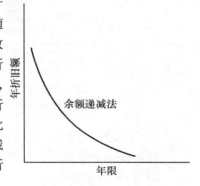

	（固定资产成本 - 累计折旧）×2/使用年限	利润表		资产负债表	
年份	每年的折旧额	折旧费用	成本	累计折旧	账面价值
取得时			$62 500	$0	$62 500
2007	($62 500 - $0)×2/3	$41 667	62 500	41 667	20 833
2008	($62 500 - $41 667)×2/3	$13 889	62 500	55 556	6 833
2009	($62 500 - $55 556)×20 000/100 000	~~4 629~~	62 500	~~60 185~~	~~2 315~~
		4 444		60 000	2 500
	总金额	$60 000			

（计算出的金额太大了）

注意到 2009 年计算出来的折旧费用（4 629 美元）没有记录进去。因为这会导致资产的账面价值低于残值。相反，只要计提 4 444 美元的折旧就能够使资产的资产的账面价值等于它的残值（2 500 美元）。

总结 图表 9.4 总结了在此例中三种不同的折旧法下每年的计提的折旧费用。在资产的使用期内，每年的折旧费用的数量都与方法的选择有关，这也意味着每年报告出的净收入在各种方法下也呈现不同。不管使用哪种折旧方法，在资产使用末期，在资产被完全折旧后，折旧的总金额等于资产的可折旧成本。

图表 9.4 各种方法带来的折旧费用的不同

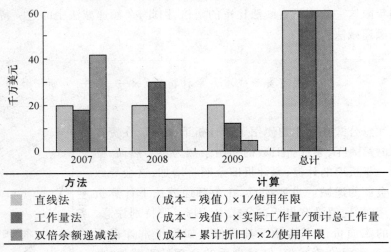

方法	计算
直线法	（成本－残值）×1/使用年限
工作量法	（成本－残值）×实际工作量/预计总工作量
双倍余额递减法	（成本－累计折旧）×2/使用年限

管理人员和会计人员都可以选择任何合理的、系统的折旧方法，但是使用的方法要在财务报表中披露。而且因为有形资产各不相同，不同类型的资产可以使用不同的折旧方法，只是在不同的会计期间，每一种资产要使用同一种折旧方法。这样财务报表使用者能够方便地对比不同期间的数据。公司一般使用什么方法呢？在最近一项调查中，直线法的使用概率最高（89%），其次是加速折旧法，如双倍余额递减法（7%），然后是工作量法（3%），其他（1%）。④ 直线法使用的最多是因为它最容易理解，而且当资产在它的使用期限内平均耗用时，直线法能很好地使折旧费用和收入配比。当不同期间，资产的使用频率不一样时，一般用工作量法，当资产在新投入使用时最有生产力而随使用过程迅速贬值的资产，最好运用加速折旧法。

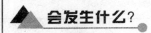

自 我 测 试

假设锡达菲尔公司取得一项新的资产，成本是 24 000 美元，设备的预计使用年限是 6 年，预计使用寿命是 5 000 小时，预计残值是 3 000 美元，计算出在以下每种方法下，第二年的折旧费用。

1. 直线法

$ (24 000 －   ) ×   /6 = $

---

④ AICPA 2005 *Accounting Trends & Techniques*. 其他折旧方法如年限总和法，将在中级会计教科书中介绍。

2. 双倍余额递减法。

第一年：$(24 000 − ☐) × ☐/☐ = $☐

第二年：$(24 000 − ☐) × ☐/☐ = $☐

3. 工作量法（假设第二年机器运转 800 小时）。

$(☐ − ☐) × ☐/5 000 = $☐

自测答案

1. $(24 000 − 3 000) × 1/6 = 3 500
2. 第一年：$(24 000 − 0) × 2/6 = $8 000
   第二年：$(24 000 − 8 000) × 2/6 = $5 333
3. $(24 000 − 3 000) × (800/5 000) = $3 360

税法折旧　在结束折旧方法的介绍之前我们要说明，很多上市公司在呈报给股东的年报里使用一种折旧方法，在计算所得税时，使用另一种方法。像这样做两套会计报告是合理的，也是合法的。因为公认会计原则的报告目标与美国税收法的目标不同。

财务报告（GAAP）	税法报告（美国税收法）
财务报告的目标是提供对预计未来公司现金流量有用的经济信息。	美国税收法的目标是取得足够的收入来支付联邦政府的支出并鼓励社会和经济行为。

政府的目标之一是鼓励经济的复苏和增长，为了达到这个目标，美国国税局（IRS）允许在购入长期资产后的早期年份里扣除比 GAAP 规定的更多的折旧。这种扣除在长期资产购买后的早期年份显著地减少了公司的所得税。[5] 尽管 IRS 允许在资产使用早期可以大量扣除，但是它不允许公司中超过可折旧成本的扣除，因此，在资产使用早期节省下来的税费最终将会在后面的年限里偿还。因税法折旧的扣除导致税款的推迟，作为递延所得税处理，在会计里属于长期负债。尽管这项递延只是暂时推迟需要付的税费，但保留两套报告还是很有价值的。以下公司披露了它们在 2005 年金额巨大的递延应税义务，这种义务由于税务和财务报告的不同目标而选择了不同的折旧方法产生的。

公司	递延的应税义务	因折旧方法不同而产生的影响比率
AT&T 公司	$15 713 000 000	89%
西南航空	2 905 000 000	77
Revlon 公司	26 000 000	94

上表表明，大部分公司遵循一个"最小和最迟"的经济规律。所有的纳税人都想在

---

⑤ 大多数公司使用 IRS 准许的修正加速成本回收系统（Modified Accelerated Cost Recovery System，MACRS）来计算其应税收入的折旧费用。MACRS 类似于余额递减法，采用 IRS 确定的相对短的资产寿命，以使早期的折旧费用取得更高的税收扣除。

法律允许范围内付最少的税款,而且越晚付越好。如果你要给联邦政府交 10 000 美元的税,可以选择今年年底,也可以明年年底交。你会选择明年年底。这样,你可以使用这些钱多做一年的投资并赚得收入。公司也一样,可以先扣除大量的折旧而把税费递延到以后年份。

资产减值损失

由于计提折旧,有形资产的账面价值随着时间的流逝而减少。然而,折旧并不是在资产当前的价值时反映资产。很可能长期有形资产逐渐下降的账面价值还是超过它当前的价值——尤其当它们减值时。当事件或环境的变化导致使用这项资产时,预计的未来现金流量低于它的账面价值,那么就发生了减值。如果预计未来现金流量比资产的账面价值低,那么记录资产的账面价值时应该减记至它实际的价值(称为公允价值),减记的金额作为一项减值损失。减值损失包括其他一些费用,列示在利润表底部的经营收入项目下面。

> **学习目标 4**
> 解释资产减值对财务报表的影响。

> **你应该知道**
> 当资金可能产生的现金流量低于资产的置存价值时,减值就发生了。

锡达菲尔公司经历了一次罕见的"漩涡脱落"的工程事件,由于淡季时眩晕弹弓游戏机里钢支持的小塔倒塌,公司在 2002 年记录了一项减值损失。即使只有其中的一台游戏机受到了影响,锡达菲尔公司还是移走了这两台眩晕弹弓游戏机。⑥ 看一看这种棘手的案例,我们怎么做会计处理呢?我们假设锡达菲尔公司这台游戏机的账面价值是 800 万美元,这台游戏机的未来现金流量只有 480 万美元。即使它们被修好了,也很少有人再去玩这台曾经倒塌的玩具了。如果这台游戏机的公允价值估计为 480 万美元,相当于其他的游乐公园公司和废品收购厂愿意收购此玩具的价格。那么减值损失是用 800 万美元减去 480 万美元。减值损失对会计等式的影响和记录 320 万美元的减值损失的会计分录如下:

1. 分析	资产	=	负债	+	股东权益
	游乐设施 −3 200 000				减值损失(+E) −3 200 000

2. 记录	借:减值损失(+E,−SE)	3 200 000	
	贷:游乐设施(−A)		3 200 000

当锡达菲尔公司在利润表上披露这项损失时,导致了净收入的大量减少。因为这项损失很大,平时也很少发生,因此报告为一个独立项目"非经常损失"。锡达菲尔公司在财务报表附注中披露了资产减值和减值损失,具体如图表 9.5。

> **辅导员提示**
> 若长期资产价值上升,会计记录不做调整。

---

⑥ "Insurer Refuses Damage Payment to Sandusky, Ohio-Based Amusement Park Company," *Knight Ridder/Tribune Business News*, February 11, 2003.

图表 9.5　财务报表附注描述了减值

长期资产减值　2002 年第一季度,公司撤除了公园里的某项固定资产,估计这些资产记录的 3 200 000 美元账面净值可能无法收回。

有形资产的处置

在一些案例中,公司可能决定不会一直持有某项长期资产。比如,本地的体育馆可能决定用椭圆形的跑道替换掉训练单车,或者一家公司把产品撤出生产线,以后不再需要生产产品的机器设备。为了处理曾经使用过的资产,公司的处理方法也会跟你一样。它们会把旧资产抵价变卖换取新资产,在 eBay 上出售,或者把它们报废。有时,它们会被暴风雪、火灾或事故损害与毁坏,这叫做自然处置。

> **学习目标 5**
> 分析长期固定资产的处置。

已提折旧的资产处置需要两项会计调整。

1. 更新折旧费用和累计折旧账户。如果一项长期资产在使用了半年时被处置,计提了半年的折旧。本章附录 B 将阐述怎样计算不足整年数折旧的信息。
2. 记录处置。资产的成本和处置日的累计折旧必须从其账户中注销。资产处置日收回的任何资源和处置日的账面价值的差额作为资产处置时的利得或损失,要在利润表中呈报。由于其并不是真的与经营活动相关,而是由附带的或偶发的活动产生,所以通常列示在利润表的中间,营业利润线下面。举个例子,在 254 页图表 6.10 中,资产处置的利得(或损失)与其他收入(费用)合并。

在本章前面部分,我们介绍了怎样计算和记录一项长期资产的折旧费用,因此让我们来看一个例子,现在只需要说明其处置。假设在第 16 年末,锡达菲尔公司变卖了它其中的一家旅馆,获得了现金 300 万美元。这家旅馆的初始成本是 2 000 万美元,用直线法按 20 年计提折旧,无残值(每年的折旧费用是 100 万美元)。处置的利得或损失是用资产最后的售价与账面净值的差额来计算的。账面净值如下:

旅馆的初始成本	$20 000 000
减:累计折旧($1 000 000 × 16 年)	16 000 000
出售日的账面净值(NBV)	$4 000 000

售价(300 万美元)比账面净值(400 万美元)少,所以差额(100 万美元)作为变卖的损失处理。损失对会计等式的影响和旅馆出售时的会计分录如下:

> **1. 分析**

资产		= 负债 +	股东权益	
建筑物	- 20 000 000		变卖损失(+ E)	- 1 000 000
累计折旧(- xA)	+ 16 000 000			
现金	+ 3 000 000			

2. 记录

借:现金(＋A) 3 000 000
累计折旧(－xA,＋A) 16 000 000
变卖损失(＋E,－SE) 1 000 000
贷:建筑物(－A) 20 000 000

一个常犯的错误是在资产账户中只转销账面净值,你不要这样做——而且应该减少资产账户的所有成本和累计折旧账户和所有累计折旧(更新到处置时)。

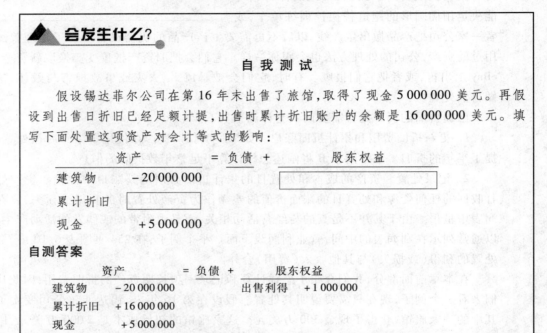

无形资产

无形资产是没有实物形态的长期资产。它们的存在是由法律文件规定的,各种类型如下:

学习目标6
分析无形资产的取得、使用和处置。

- 商标。商标是产品或公司的一个特殊的名称、符号、标识,如品牌舒洁或麦当劳的黄金拱门标志。符号®代表通过了美国专利和商标局注册过的商标,TM代表还没通过注册的商标——这两者都被认为是无形资产。

- 版权。版权是在作者去世后不超过70年的时间里,允许版权拥有者出版公开、使用、销售文学、音乐、艺术、戏剧等作品的专有权利。你正在使用的这本书就是获得过版权的,如果一位教师复印了本书的章节分发给学生,而没有首先得到版权所有者的许可,那么这样做就是违法的。

- 专利权。专利权是联邦政府承认许可的,给予发明了新产品或发现了新程序的作者的一项特殊权利,期限为20年。专利权使得专利所有者是唯一能使用、生产制造和出售专利项目的人。对专利的保护是为了鼓励人们的创造性,因为在他人单纯的模仿创新获利之前,发明者已经有时间从这种新产品或者过程中获利。第一台过山车的专利权是 1884 年取得的,随后过山车也叫做"脱离重力的快乐之旅"。

- 许可权。许可权是在具体条款和条件下,允许限制性地使用某物的权利。你的大学或学院可能获得了许可权,使得计算机程序在校园网内运用。许可权也使锡达菲尔公司可以在它的游乐公园里展示史努比。
- 特许经营权。特许经营权是一项契约性的权利,允许在这种权利约束下销售某样产品或服务,使用某个商标,或在某地举办活动。例如,Krispy Kreme,允许 Icon Doughnut Development 公司(食品公司)使用这项特权,它们能够在美国太平洋西北部的店面里使用 Krispy Kreme 这个名字,以及其店面装修风格、配方和原料。Krispy Kreme 通过特许经营权得到了每家商店 2 万—4 万美元的预付费用,外加每家店 4.5%—5.5% 的提成。⑦
- 商誉。商誉是披露的最多的无形资产。它包含很多内容,如优越的地理位置、建立的客户基础、好的信誉和成功的商业运作。虽然许多公司已经形成了商誉,但除非其他公司购买了它们的商誉,否则按照公认会计原则,商誉在资产负债表的无形资产一栏是不予披露的。原因将在下文解释。

取得、使用和处置

取得 只有当其他公司购买本公司无形资产时,其成本才能在资产里得到反映。如果一项无形资产是自建的或内部开发的,这些成本反映在"研发费用"里。自行开发无形资产的成本不是作为一项资产披露,而应该作为一项费用,主要是人们会任意地称他们开发了一项很有价值的无形资产(但是其他人看不见)。如果要相信他们说的价值,就要找到一些证据,证明这些无形资产确实值所说的这么多。只有当其他人愿意购买时能证明这一点。此时,购买者按取得时的成本记录无形资产。这个一般规律适用于商标、版权、专利权、许可权、特许经营权和商誉。

> **你应该知道**
> 研发成本是可能导致在某天获得专利、版权或其他无形资产的支出,但其未来经济利益的不确定性要求它们被计入费用。

商誉是一项特别有意思的无形资产,因为它代表其他公司付出的无法辨认的资产价值。你可能会纳闷,无法辨认的东西怎么可能有价值呢,但这是可能的。如果一家公司收购了另一家公司,收购价格往往高于公司所有净资产的价值。为什么当公司作为一个整体出售时比一件一件出售公司的资产时,收购者付的价格更高呢?答案就是获得了商誉。你可以很容易地买到生产的机器然后生产出普通的巧克力曲奇饼,但是这一策略就没有取得奥利奥公司的商誉来生产饼干那样成功。这就是卡夫食品公司愿意付出比纳贝斯克饼干公司(Nabisco)净资产多 400 亿美元的价格——来获得纳贝斯克公司的奥利奥和乐之的商誉的原因之一。

---

⑦ Krispy Kreme 2003 Annual Report, and May 1, 2001 press release, "Krispy Kreme Continues Expansion through New Area Developer Agreements and New Store Openings."

按照会计目标,商誉(也叫做取得时超过净资产的成本)是收购整个公司的价格和净资产的公平市价的差额:

> 购买价格
> – 可辨认资产减去负债后净额的公平市价
> = 应该列示的商誉

销售的双方都为公司的商誉估计了一个可接受的金额,然后把它加到公司净资产的估计价值中去。接着双方协商收购价格。按照成本原则,协商出来的商誉就作为无形资产(但是只有当购买成本可计量时)。

使用　无形资产购买后计量的原则分为这项无形资产是有限寿命还是一直存续。

- **有限寿命。**有时间期限的无形资产(版权、专利权、许可权、特许经营权)的成本要在直线法下分摊到每一期,称为摊销,这和折旧类似。许多公司不估计它们无形资产的残值,因为不像有形资产那样可以作为废品变卖,无形资产在它们寿命终了通常没有价值。摊销在利润表上作为费用,在资产负债表上直接从无形资产账户里扣除。⑧

> **你应该知道**
> 摊销指将无形资产的成本分配到其有限的使用寿命中。

我们假设锡达菲尔公司花 80 万美元为水上过山车购买了专利权,预计使用 20 年。每年,公司计提专利权的摊销费用 4 万美元($800 000 ÷ 20 年)。摊销对会计等式的影响及其分录为:

	资产	= 负债 +	股东权益
1. 分析	专利权　−40 000		摊销费用(+E)　−40 000

2. 记录　　借:摊销费用(+E, −SE)　　　　　　　　　　40 000
　　　　　　　贷:专利权(−A)　　　　　　　　　　　　　　　　40 000

- **无限使用。**无限使用的无形资产(商标和商誉)不进行摊销。然而,它们也应进行可能发生的减值测试,就像长期有形资产一样。如果无形资产发生减值,它的账面价值将降到公允价值。

处置　就像固定资产,当处置无形资产收回的金额大于(或小于)其账面价值时,则会导致利得(或损失)。

图表 9.6 是长期有形资产和无形资产使用的会计准则的概括和对比。

---

⑧ 为与记录累计折旧的程序一致,可以使用一个"累计摊销"账户,但在实践中,大多数公司直接减少无形资产账户的价值。

图表 9.6 长期有形资产和无形资产使用的会计准则的概括和对比

阶段	项目	有形资产	无形资产
取得时	购买资产	所有相关的成本都资本化	所有相关的成本都资本化
	修理和维护		
	普通	相关的成本作为费用	无
	特殊	相关的成本作为资产	无
使用时	折旧/摊销		
	有限寿命	方法之一 • 直线法 • 工作量法 • 余额递减法	直线法
	无限使用	不折旧（如土地）	不摊销（如商誉）
	减值测试	如有必要，减值	如有必要，减值
处置时	何时披露利得或损失	处置时比账面价值多（少）	处置时比账面价值多（少）

评估结果

管理层决策

公司管理层面临的最大挑战之一就是合理预测投资长期资产的数量。如果他们低估了需要投入生产产品和提供服务的投资数量,他们将损失一个获得利润的机会。另一方面,如果他们高估了投资数量,公司将发生额外的成本导致利润的减少。

学习目标 7
分析固定资产周转率。

如果你玩过过山车大亨(一款游戏),你会知道游乐公园公司正是上述长期资产问题的一个很好的例子。如果一家娱乐公园安置的游乐玩具比顾客需要的设施多,那么玩具运转时就多出了空位。公司将仍然发生运转机器的所有成本,但只会产生很少的收入。不像商品公司,游乐公园不会建造一个将来出售而现在用不上的产品"存货"。另一方面,如果没有足够多的玩具满足游客,游乐公园也会遇到麻烦,只要回想你最后一次排长队等了很久的情景。为了吸引游客而不让其排队,锡达菲尔公司经常添置新的玩具。为什么它的主题公园能一年又一年的在游乐产业界始终保持第一的地位,拥有最好、最合适数量的游乐玩具就是原因之一。

除了准确地预测游乐玩具的合适数量外,像锡达菲尔这样的公司通常也会选择合适的玩具类型。这是锡达菲尔公司在众多的类似迪士尼乐园、六旗公园、环球影城这样的竞争者中脱颖而出的关键。锡达菲尔公司拥有世界上最高、最快的过山车,并以此为荣。其战略就是持续地为公园引进最新的游乐设施技术,提高自身的竞争力来超越大公司,而不是一味地强调其他方面。

周转率分析

就像管理层详细地计划怎样投资长期资产一样,财务分析人员也要仔细地评估资产带来利润的效率。固定资产周转率可以帮助这种分析。

财务分析工具

指标	公式	公式反映的内容
固定资产周转率	销售净收入 / 固定资产平均净额	• 投资一美元的固定(有形)资产产生多少销售收入 • 比率越高,生产力就越高

固定资产周转率衡量的是每投入一美元的固定(有形)资产产生多少的销售收入。就像每公里油耗能够衡量汽油的使用效率一样,固定资产周转率是衡量经营效率的一种方法。一般来说,如果周转率比产业平均周转率高,或者比企业以前各期高,表明资产被充分利用,也意味着,每投入一美元固定资产能产生更多的销售收入。

注意固定资产周转率在每个行业是不一样的,因为资本密集度——有形资产的需要量——每个行业是不同的。像雅虎公司,不需要很多的固定资产,如果与锡达菲尔公司和六旗公司对比(它们需要投资大量的固定资产吸引顾客),雅虎将有很高的固定资产周转率。在图表 9.7 中,我们将列出这三家公司 2005 年的资产周转率。为了训练计算能力和进行不同期间的对比,试着做一下后面的自我测试。

图表 9.7 固定资产周转率分析汇总

公司	相关信息(以百万计)			2005 年固定资产周转率的计算
		2005	2004	
锡达菲尔	销售收入	$568.7	$542.0	$\dfrac{\$568.7}{\$(967.3+947.0)/2} = 0.59$
	固定资产净额	$967.3	$947.0	
		2005	2004	
六旗	销售收入	$1 089.7	$998.6	$\dfrac{\$1\,089.7}{\$(1\,927.6+1\,946.2)/2} = 0.56$
	固定资产净额	$1 927.6	$1 946.2	
		2005	2004	
雅虎	销售收入	$5 257.7	$3 574.5	$\dfrac{\$5\,257.7}{\$(697.5+531.7)/2} = 8.55$
	固定资产净额	$697.5	$531.7	

 会发生什么?

自我测试

锡达菲尔公司 2003 年 12 月 31 日固定资产净额为 $777.0(百万)。

a. 使用图表 9.7 及上述信息,计算 Cedar Fair 公司 2004 年固定资产周转率。

2004 年固定资产周转率 = ▭ / (▭ + ▭)/2

b. 锡达菲尔公司 2004 年到 2005 年，固定资产周转率上升还是下降了(2005 年数据见图表 9.7)?

自测答案

a. $\dfrac{542.0}{(947.0+777.2)/2} = 0.63$

b. 锡达菲尔公司资产周转率在 2005 年降低了。

折旧差异的影响

就像公司经营性质的不同会影响财务分析和结论，折旧的不同也会影响。因为使用了不同的折旧方法、不同的预计使用年限或不同的预计残值，每家公司的折旧都是不一样的。在这一节，我们会举一个例子来说明在资产使用过程中，折旧方法的不同是怎样影响分析结果的。不要被这个简单的例子迷惑，这个例子中的差别与现实世界发生的情况是一样的。

> **学习目标 8**
> 描述当公司间进行比较时应考虑的因素。

假设锡达菲尔公司和六旗公司在年初都取得了价值为 1 550 万美元的新过山车，预计使用期限是 7 年，使用终了残值是 150 万美元。过山车所有的信息都一样，但是锡达菲尔公司使用直线法折旧，六旗公司使用双倍余额递减法。图表 9.8 是两公司报告的每年的折旧额。注意到资产使用早期，在 1—4 年，锡达菲尔公司使用直线法的折旧费用比六旗公司余额递减法的折旧费用少。这意味着，即使两个公司拥有同样数量的顾客（导致相同的收入），报告出的净收入每年都会不同，因为两家公司使用了不同的折旧方法（两法都被认可）。这个例子说明，为什么一个财务报表使用者需要了解公司使用的会计方法是什么，以便进行对比。

图表 9.8　直线法和双倍余额递减法表

锡达菲尔公司（直线法）			年份	六旗公司（双倍余额递减法）		
折旧费用	累计折旧	账面价值		折旧费用	累计折旧	账面价值
$2 000 000	$2 000 000	$13 500 000	1	$4 429 000	$4 429 000	$11 071 000
2 000 000	4 000 000	11 500 000	2	3 163 000	7 592 000	$7 908 000
2 000 000	6 000 000	9 500 000	3	2 259 000	9 851 000	5 649 000
2 000 000	8 000 000	7 500 000	4	1 624 000	11 465 000	4 035 000
2 000 000	10 000 000	5 500 000	5	1 153 000	12 618 000	2 882 000
2 000 000	12 000 000	3 500 000	6	823 000	13 441 000	2 059 000
2 000 000	14 000 000	1 500 000	7	559 000	14 000 000	1 500 000

然而不仅仅是折旧费用会产生差异，让我们把这个例子再深入一步，假设两家公司在 4 年后出售了过山车，获得 600 万美元。假设处置发生在 4 年后的最后一天，在处置前已经提足了整年的折旧。因此，在处置日，锡达菲尔公司资产的账面价值是 750 万美元，六旗公司的账面价值是 403.5 万美元，如图表 9.8 所示。为了对第四年的处置作会计处理，公司应该记录他们获得的，注销他们放弃的（资产的账面价值）。收到和放弃

之间产生的差额,应将其确认为利得或损失。图表9.9反映的是两家公司的计算。

图表9.9　两家公司计算的利得/损失

	Cedar Fair 公司	六旗公司
售出价格	$6 000 000	$6 000 000
账面净值(NBV)	(7 500 000)	(4 035 000)
处置的利得或损失	$(1 500 000)	$1 965 000

基于图表9.9中的信息,哪一家公司看起来管理得更好? 一些不懂会计的人很可能会认为,六旗公司管理得更好,因为它处置时获得了利得。而锡达菲尔公司遭受了损失。这是不对的,因为两家公司都是经历着同样的经济事件,他们花同样的价钱购买了同样的资产,卖出时也得到了同样多的收入。他们之间的唯一不同就是锡达菲尔公司每年计提的折旧要少些,所以它的过山车处置时的账面价值更大。六旗公司在第一年到第四年计提的折旧更多,所以在处置时账面价值更小。作为一个财务报表使用者,你应该注意到,在利润表呈列的处置损失或利得更多地反映了先前折旧资产的方法,而非明显的"智慧"或管理层协商固定资产售价的能力。

尽管这个例子使用了不同的折旧方法,但如果长期资产使用相同的折旧方法,但预计使用年限或残值不同,对收入的影响也会不一样,预计使用年限的不同有几个原因: (a) 每个公司使用的设备类型不同,(b) 维修和维护的程度不同,(c) 使用的频率和持续性不同,(d) 管理层估计的保守程度不同。这些不同会有多大差距呢? 即使在同一行业,也存在相当的不同。例如,同一行业不同的航空公司的财务报表附注就列出了飞机和其他飞行设备不同的预计使用年限,如下所示。

公司	估计使用年限
美国航空	30 年
西南航空	25 年
阿拉斯加航空	20 年
新加坡航空	15 年

一些分析人员想要排除计算折旧结果的不同,可以通过不包含折旧影响在内的财务指标来达到。一个很流行的指标叫做EBITDA,这听起来很像傻傻的名字,但它实际是"折旧、摊销和息税前利润"的首字母的组合。分析人员计算EBITDA时,从净利润开始,把折旧和摊销费用加回来(非营业费用像利息、税收也要加回)。这一方法允许分析人员做财务分析时,不用处理因折旧和摊销带来的问题。

> **你应该知道**
> EBITDA是"折旧、摊销和息税前利润"的缩写,它是某些经理和分析师用以替代净利润来度量营运绩效的指标。

附录 A　自然资源

像石油、天然气、矿产和木材等是长期资产中的第三类,称为自然资源。这些自然资源,不管是来自油井、矿藏或木材地,都为产品提供原材料,像埃克森美孚石油公司

> **你应该知道**
> 折耗是将自然资源的成本分配到其提炼或采伐期的过程。

(Exxon Mobile)和国际纸业公司(International Paper)就销售此类产品。当一家公司首先取得或开发一项自然资源时,其成本按成本原则记录。当自然资源耗用完时,其取得成本按照配比原则分配到产生利润的每一期。**折耗**这个术语意思是在提炼或采伐期分摊自然资源成本的过程。经常用工作量法来计算折耗。

折耗与固定资产的折旧和无形资产的摊销概念很相似,但有一点不同。像森林这样的自然资源折耗时,公司保存了存货(木材)。因为必须要进行自然资源的折耗以获取存货,计算的折耗要加入到存货的成本中,而不是作为每一期的费用。例如,如果一块木材地价值是 53 万美元,在它的预计砍伐期限内折耗,砍伐率为每年 20%,每年应折耗 10.6 万美元。记录这项折耗对会计等式的影响,分录如下:

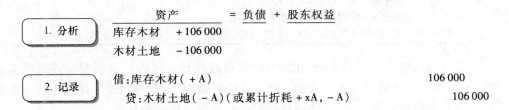

	资产	=	负债	+	股东权益
1. 分析	库存木材　+106 000				
	木材土地　−106 000				

2. 记录	借:库存木材(+A)	106 000	
	贷:木材土地(−A)(或累计折耗+xA, −A)		106 000

附录 B　折旧中的变动

估计的变动

折旧基于两方面的估计,使用年限的估计和残值的估计。需要折旧的资产在取得时,就要做这两项估计。随着对资产习性的逐渐了解,最初的一项或两项估计可能需要修正。另外,在资产使用过程中,有时会发生额外的修理、增添,这样就会增加它的初始成本。当估计需要有重大修正与资产成本变动这两项因素非常确定时,尚未折旧的资产余额(减去估计的残值)应该分配到预计使用寿命剩下的时间,并且使用新的折旧数量。这称为估计的可能变更。

为了计算上述变动产生的新的折旧费用,应用账面价值代替初始取得成本,新残值代替初始残值,预计剩余寿命代替初始使用寿命。我们将用直线法的公式详细说明。

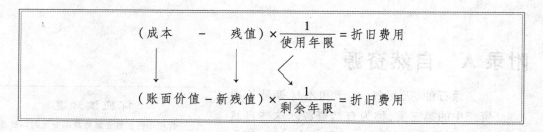

假设锡达菲尔公司购买了一台世界上最大、最快的过山车,价值是6 000万美元,使用年限是20年,预计残值为300万美元。在开始使用5年后,锡达菲尔公司改变了预计使用年限,变为25年,预计残值降低为240万美元。在第五年末,折旧费用新的计算方法如下:

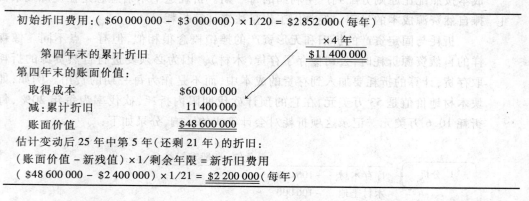

公司也可能改变折旧方法(比如从余额递减法到直线法),这项变动需要更多的披露,正如中级会计教科书上所说的。在公认会计原则下,只有当新估计或会计方法是衡量企业利润的更好方法时,才能进行折旧方法和会计估计的变更。

非整年数折旧的计算

长期资产在会计期间第一天和最后一天购买和处置,这种情况是非常少的。结果经常导致计算折旧的期间少于一整年。当使用直线法和余额递减法时,应用年折旧乘以该年折旧的时间,比如如果锡达菲尔公司的过山车刚用了2个月,它的年折旧应该乘以2/12,代表12个月中只使用了2个月。工作量法不需要改变,因为它以实际的工作量为基础。如果会计期间的长度少于一年,实际的工作量也会反映更短的会计期间。

本章复习

示范案例

Diversified Industries(DI)是一家房屋建筑公司,在近几年它已经扩张发展了重型建设、现成的预拌混凝土、砂石、建筑用品和推土服务等业务。公司在 2008 年完成了如下交易：
2008

1 月 1 日　　　管理层决定购买已使用 10 年的建筑物,价格是 17.5 万美元,建筑物下土地价格是 13 万美元,DI 支付 10 万美元的现金,剩下的金额开了一张应付票据。

1 月 3 日　　　DI 在建筑物投入使用前支付整修费,支付现金 3.8 万美元。

7 月 10 日　　　DI 支付现金为 1 200 美元的建筑物日常修理费。

12 月 31 日　　DI 考虑使用以下信息来确定年末的调整：

a. 建筑物按直线法折旧,使用年限为 30 年,预计残值为 3.3 万美元。

b. DI 两年前购买一家公司,支付的价格比净资产取得时的公允价值高 10 万美元,商誉可以无限期使用。

c. 在年初,DI 拥有一项设备,成本为 65 万美元,累计折旧为 15 万美元,设备用双倍余额递减法折旧,预计使用 20 年,无残值。

d. 在年末,DI 测试长期资产可能发生的减值。其中有一台旧的挖掘设备,成本为 15.6 万美元,账面价值为 12 万美元,在做了(c)中的调整后,由于设备规模小而且不安全,旧设备限制使用,未来现金流量和公允价值估计为 3.5 万美元。商誉不会减值。

2008 年 12 月 31 日是年度会计期间的最后期限。

要求：

1. 指出前述每一事件对账户的影响及金额,方向(增加为 +,减少为 -)和年末财务报表中的项目需要做出的调整,使用如下结构：

日期	资产	=	负债	+	股东权益

2. 写出此年发生的每一事项的会计分录和 12 月 31 日的调整分录。

3. 写出 2008 年 12 月 31 日下面两个项目在资产负债表中的金额。
固定资产——土地、建筑物和设备。
无形资产——商誉。

4. 假设公司此年的销售额是 100 万美元,年初固定资产账面价值为 50 万美元。计算固定资产周转率,并解释其含义。

参考答案

1. 事件的影响(计算值也包含在下表中)

日期	资产		=	负债		+	股东权益	
1 月 1 日	现金	-100 000		应付票据	+205 000			
	土地	+130 000						
	建筑物	+175 000						
1 月 3 日 (1)	现金	-38 000						
	建筑物	+38 000						
7 月 10 日 (2)	现金	-1 200					维修费 (+E)	-1 200

（续表）

日期	资产	=	负债	+	股东权益	
12月31日 (a)(3)	累计折旧(+xA)	-6 000			折旧费用(+E)	-6 000
12月31日 (b)(4)	无分录					
12月31日 (c)(5)	累计折旧(+xA)	-50 000			折旧费用(+E)	-50 000
12月31日 (d)(6)	设备	-85 000			资产减值损失(+E)	-85 000

(1) 支出的38 000美元要资本化，因为这是资产使用前的必要准备支出。

(2) 这是普通的维修费，应该费用化。

(3) 建筑物成本　　　　　　　　　直线法折旧

　　初始成本　　　$175 000　　（成本$213 000 - 残值$33 000）×1/30年

　　使用前的整修费　 38 000　　 = $6 000的每年折旧

　　取得成本　　　 $213 000

(4) 商誉可以无限期使用，因此不摊销。商誉作了减值测试，但是随后例子又说明商誉不会发生减值。

(5) 双倍余额递减法折旧

（成本$650 000 - 累计折旧$150 000）×2/20年 = 此年折旧$50 000。

(6) 资产减值测试

旧设备的账面价值（$120 000）超过了未来现金流量（$35 000）。资产发生了减值，所以需要减少到它的公允价值。

减值损失：	
账面价值	$120 000
减：公允价值	(35 000)
因减值发生的损失	$85 000

2. 此年事项的会计分录：

2008年1月1日

借：土地(+A)　　　　　　　　　　　　　　　　　　　　130 000

　　建筑物(+A)　　　　　　　　　　　　　　　　　　　175 000

　贷：现金(-A)　　　　　　　　　　　　　　　　　　　　100 000

　　　应付票据(+L)　　　　　　　　　　　　　　　　　　205 000

2008年1月3日

借：建筑物(+A)　　　　　　　　　　　　　　　　　　　 38 000

　贷：现金(-A)　　　　　　　　　　　　　　　　　　　　 38 000

2008年7月10日

借：维修费(+E, -SE)　　　　　　　　　　　　　　　　　 1 200

贷:现金(-A)   1 200

2008年12月31日调整分录:

  a. 借:折旧费用(+E,-SE)   6 000
        贷:累计折旧(+xA,-A)   6 000

  b. 不需要任何调整分录,因为商誉被认为可以无限期使用。

  c. 借:折旧费用(+E,-SE)   50 000
        贷:累计折旧(+xA,-A)   50 000

  d. 借:资产减值损失(+E,-SE)   85 000
        贷:设备(-A)   85 000

3. 2008年12月31日的部分资产负债表:

资产

固定资产
  土地 $130 000
  建筑物 $213 000
    减:累计折旧   6 000   207 000
  机器设备($650 000-85 000)   565 000
    减:累计折旧($150 000+50 000)   200 000   365 000
    固定资产总额   702 000

无形资产
  商誉   100 000

4. 固定资产周转率:

$$\frac{销售额}{(年初固定资产净额+年末固定资产净额)/2} = \frac{\$1\,000\,000}{(\$500\,000+\$702\,000)/2} = 1.66$$

这家建筑公司是资本密集型的。固定资产周转率衡量公司投资的不动产、厂房和设备产生利润的效率。每一美元的固定资产大约能产生1.66美元的收入。

本章小结

学习目标1:长期资产的定义、分类及性质,第382页

长期资产是一家公司长期持有,为了日常经营活动使用而不是为了销售的资产。可将其分为有形资产(土地、建筑物、设备)和无形资产(包括商誉、专利权、特许经营权)。

学习目标2:长期资产取得时应用成本原则计价,第383页

不动产、厂房和设备的取得成本是与现金等价的购买价格加上取得和准备资产发生的所有合理、必要的支出。资产投入使用后发生的支出或者费用化或者作为资产成本资产化。

  a. 以下支出应该费用化:经常发生,相关的金额较小,支出不直接延长资产寿命。这些支出通常是普通维修和维护费。

b. 作为资产成本资本化的支出是那些对以后或若干个会计期间产生利润的支出。包括维修、替换、增添。

学习目标 3：当未来经济利益随时间消耗时，运用各种折旧方法计提折旧，第 389 页

- 为了与配比原则一致，长期有形资产的成本（减去预计残值）要分摊折旧费用到每一个由资产产生利润的会计期间。
- 由于折旧，资产的账面价值逐渐减少；由于折旧费用，净利润也减少了。
- 一般的折旧方法包括直线法（每期的金额都固定）、工作量法（每期的金额都不一样）和双倍余额递减法（每期金额递减）。

学习目标 4：解释资产减值对财务报表的影响，第 394 页

- 当事件发生和环境的变动使得长期资产的未来现金流量低于账面价值时，资产的账面价值应该减记，减记的金额作为减值损失。

学习目标 5：分析长期有形资产的处置，第 395 页

当通过销售或废弃处置资产时：

- 记录从最后一次调整开始产生的额外折旧。
- 注销资产的成本和相关的累计折旧。
- 确认发生的现金（如果存在）。
- 当资产的账面价值不等于收到的现金时，确认损失或利得。

学习目标 6：分析无形资产的取得、使用和处置，第 397 页

- 无形资产以取得时的成本入账，但这仅限于购买的无形资产。内部开发的无形资产成本发生时，应该作为研发费用而费用化。
- 无形资产在资产负债表上以账面价值计量。
- 有限寿命的无形资产要用直线法摊销。
- 无限寿命的无形资产包括商誉，不摊销，但要做减值测试。

学习目标 7：分析固定资产周转率，第 399 页

- 固定资产周转率衡量企业投资的不动产、厂房和设备产生利润的效率。高的周转率意味着更高的效率。

学习目标 8：描述当进行公司间比较时应考虑的因素，第 401 页

- 不同行业的企业需要不同程度长期资产的投资。除此之外，你应该考虑折旧方法、预计使用年限和预计残值中是否存在不同。这些都会影响用长期资产账面价值和使用账面价值计算的固定资产周转率和资产处置时的利得或损失。

财务分析工具

指标名称	公式	说明的问题
固定资产周转率	$\dfrac{销售净收入}{平均固定资产净额}$	• 每投资一美元的固定资产产生多少销售收入。 • 高的比率意味着高的生产率。

关键术语

摊销　第 398 页	减值　第 394 页
账面价值　第 388 页	许可权　第 397 页
资本化　第 384 页	长期资产　第 382 页
版权　第 397 页	净资产　第 398 页
余额递减折旧法　第 391 页	普通修理和维护　第 387 页
折耗　第 403 页	专利权　第 397 页
可折旧成本　第 389 页	研究与开发　第 397 页
折旧　第 388 页	剩余价值（残值）　第 389 页
EBITDA　第 403 页	直线折旧法　第 390 页
额外修理　第 387 页	商标权　第 397 页
特许经营权　第 397 页	工作量法　第 391 页
商誉　第 397 页	使用期限　第 389 页

练习题

问答题

1. 说说长期资产的定义。长期资产一般包括哪两类？
2. 在成本原则下，长期资产的成本应该包括哪些？
3. 把成本计入资产而不是计入费用，这种处理方法叫什么名字？描述将成本计入资产而非费用的决策是如何影响资产负债表和利润表的？
4. 区分普通维修和额外修理。说一说它们是怎样做会计处理的。
5. 描述一下，长期资产的计量和配比原则之间的关系。
6. 为什么允许使用不同的折旧方法？
7. 在计算折旧时，应该了解或估计三种价值，分别描述一下。
8. 在以下各种方法下，应该用哪种折旧费用模式以及在什么时候使用？
   a. 直线法
   b. 工作量法
   c. 双倍余额递减法
9. 什么是资产减值？怎样做会计处理？
10. 什么是账面价值？当设备出售时，售价高于账面价值，这项交易怎样做分录？当售价低于账面价值时，又怎样做？
11. 区别折旧和摊销。
12. 定义商誉。什么时候商誉可以计入无形资产？
13. 固定资产周转率怎样计算？阐述其含义。

14.（附录 A）折耗是怎样影响资产负债表和利润表的？为什么核算折耗的方法与折旧和摊销的方法不同？

15.（附录 B）现存的长期资产的扩建应该在哪个期间折旧？并解释一下。

多项选择题

1. 当一个工厂取得一项生产设备时，下面哪项费用应该资本化？
   a. 销售税
   b. 运输费
   c. 安装费用
   d. 以上所有

2. 在做折旧的分录时，下面哪项表述是正确的？
   a. 总资产增加，股东权益增加。
   b. 总资产减少，总负债增加。
   c. 总资产减少，股东权益增加。
   d. 上述没有一个是正确的。

3. 在下面哪种(些)折旧法下，使用资产账面价值来计算每年的折旧？
   a. 直线法
   b. 工作量法
   c. 余额递减法
   d. 上述所有

4. 一家公司想要 GAAP 所能允许的最高的利润。因此，站在财务报告的角度计算折旧时，
   a. 公司将遵循 IRS 规定的 MACRS 的折旧税率。
   b. 公司可能按照 GAAP 选择最短的资产使用期限。
   c. 公司可能按照 GAAP 选择最长的资产使用期限。
   d. 公司将为资产选择低一点的残值。

5. Barber 公司对其建筑物按直线法计提折旧。2007 年 1 月 1 日取得建筑物，预计使用年限是 20 年，残值为 2 万美元。2007 年公司建筑物的折旧费用是 2 万美元。那么建筑物的初始成本是多少？
   a. 36 万美元
   b. 38 万美元
   c. 40 万美元
   d. 42 万美元

6. ACME 公司对其所有可折旧资产使用直线法折旧。在 2007 年 12 月 31 日卖出一项使用过的机器。取得该机器的时间是 2006 年 1 月 1 日，价格为 1 万美元。这项资产寿命为 5 年，无残值，2006 年 12 月 31 日累计折旧为 2 000 美元。如果卖出时的售价为 7 500 美元，那么处置的利得或损失是下面哪项金额？
   a. 损失 3 500 美元
   b. 利得 3 500 美元
   c. 损失 1 500 美元
   d. 利得 1 500 美元

7. 下面哪项资产应按直线法摊销？
   a. 土地
   b. 有限使用寿命的无形资产
   c. 无限使用寿命的无形资产
   d. 以上所有

8. 下面对商誉的阐述，有几条是正确的？
   • 商誉一般是不披露的，除了被购买时。
   • 每年都要检查商誉有没有发生可能的减值。

- 商誉的减值会导致净利润的下降。
  a. 无   c. 两个
  b. 一个   d. 三个

9. Simon 公司和 Allen 公司在 2006 年 1 月都购买了一台新的送货卡车。每个公司都为它们各自的车辆付了 3 万美元的成本。在 2007 年 12 月 31 日，Simon 公司卡车的账面价值比 Allen 公司卡车的账面价值少。对于账面价值的不同，以下哪项解释是可以接受的？
  a. 两家公司都采用直线折旧法，但是 Simon 公司估计了更长的使用年限。
  b. Simon 公司估计了更低的残值，但是预计使用年限相同，都采用直线折旧法。
  c. GAAP 对折旧的计算采取了硬性的规定，这种情况是不可能发生的。
  d. 上述没有一项解释了账面价值的不同。

10. （附录 B）Thornton 公司购买了价值为 4.5 万美元的机器，用直线法提折旧，使用寿命 10 年，残值为 3 000 美元。在第六年初，发生了大型检修，费用为 5 000 美元，使预计使用年限延长到 13 年，残值不变。那么，第六年的折旧费用是
  a. 1 885 美元   c. 3 250 美元
  b. 2 000 美元   d. 3 625 美元

选择题答案：
1. d 2. d 3. c 4. c 5. d 6. d 7. b 8. d 9. b 10. c

小练习

M9-1 长期资产分类和相关费用分配的概念
对以下每项长期资产，指出它的属性和相关的成本分配概念。使用右边缩写的字母：

资产	属性	成本分配	属性
1. 经营许可权	_____	_____	L 土地
2. 财产	_____	_____	B 建筑物
3. 旧机器的新配引擎	_____	_____	E 机器设备
4. 送货车	_____	_____	I 无形资产
5. 生产厂房	_____	_____	
6. 仓库	_____	_____	**成本分配**
7. 版权	_____	_____	D 折旧
8. 商标	_____	_____	A 摊销
9. 计算机	_____	_____	NO 不分配成本

M9-2 该资本化还是费用化
美国高尔夫公司在全国开了超过 170 家的高尔夫球场。在下面每一条中，判断其成本该资本化（C）还是费用化（E），选择正确的字母（C 或 E）。

交易

____ 1. 在加利福尼亚橘县购买的高尔夫球场。
____ 2. 为清理 100 英亩的球场场地付给园艺公司的清理费。
____ 3. 为 Coyote Hills 高尔夫球场的草坪的施肥付给园艺公司的费用。
____ 4. 聘请了一家建筑装潢公司,建造了一个 2 000 平方英尺的会所。
____ 5. 聘请了一家建筑装潢公司,更换会所和设备大棚的锁。
____ 6. 支付一家广告公司做广告建立商誉的费用。

M9-3 该资本化还是费用化

在下面每一条中,判断其成本该资本化(C)还是费用化(E),选择正确的字母(C 或 E)填写在左边。

交易

____ 1. 支付 $600 的普通维修费。
____ 2. 支付 $16 000 的额外修理费。
____ 3. 支付 $200 000 现金的旧建筑物扩建费。
____ 4. 支付 $250 的日常维护费。
____ 5. 购买一台机器,花费 $70 000;签发长期票据。
____ 6. 购买一项专利权,支付现金 $45 300。
____ 7. 为每月工资支付 $20 000。

M9-4 计算账面价值(直线法折旧)

一台机器成本为 20 万美元,使用了 2 年,残值是 4 万美元,预计使用年限是 4 年,计算其账面价值。公司使用直线法折旧。

M9-5 计算账面价值(工作量法)

一台机器成本为 20 万美元,使用了 2 年,残值是 4 万美元,预计使用期是 2 万小时,计算其账面价值。公司使用工作量法折旧,假设机器在第一年运转 3 000 小时,第二年运转 8 000 小时。

M9-6 计算账面价值(双倍余额递减法)

一台机器,成本为 20 万美元,使用了 2 年,残值是 4 万美元,预计使用年限是 4 年,计算其账面价值。公司使用双倍余额递减法计提折旧。结果精确到个位。

M9-7 指出资产减值

在以下每一项减值资产中,指出报告的减值损失:

	账面价值	公允价值	损失金额?
a. 机器	$17 000	$9 000	
b. 版权	41 000	39 000	
c. 厂房	60 000	30 000	
d. 建筑物	250 000	210 000	

M9-8 记录长期资产的处置

做以下交易的会计分录:

（a）Morrell 公司在两台计算机寿命终了时对其进行了处置。计算机的成本是 4 800 美元，累计折旧是 4 800 美元。最后无残值。

（b）假设与（a）中同样的信息，但累计折旧在处置日时是 3 600 美元。

M9-9　报告和记录长期资产的处置（直线法折旧）

作为年初的大型整修，Hauser Pharmaceuticals 公司卖出使用了 10 年的置物架（商店里用的），获得了现金 1 000 美元。置物架的初始成本是 6 400 美元，在这 10 年的使用寿命里都采用直线法折旧，残值为 400 美元。假设到出售日一直计提了折旧，说说这项处置对会计等式的影响。做出售置物架的会计分录。

M9-10　无形资产成本是资本化还是费用化

大多数公司花大量的金钱保护知识产权，确保在没有得到直接的许可时没人能使用这项资产。例如，为了使标志能印在本书中，我们要获得各家公司的书面许可——这个过程要持续一年的时间，而且这项请求经常被拒绝。有些人员要对使用他们公司标志的这项请求作出评估，有些人员要考察公司知识产权是否在没经过允许的情况下被别人使用。讨论公司支付上述情况的费用，应该将其资本化还是费用化。同样分析一下负责使用和保养有形资产的人员工资应该怎样处理。

M9-11　计算固定资产和专利权

Taste-T 公司已经经营了 30 年，而且长期以来发展了一大批餐馆忠实顾客。Down Home Foods 愿出价 600 万美元购买 Taste-T 公司。Taste-T 公司减去负债后的资产在出售日的市场价值为 560 万美元。Taste-T 公司持有公司发明的开槽机的专利权（这个专利权的市场价值为 20 万美元，Taste-T 公司从未将其计入资产，因为这是内部开发的）。Down Home Foods 在总价 600 万美元中为这项无形资产付出了多少成本呢？假设 Taste-T 公司接受了这次购买，哪家公司应该把商誉反映在资产负债表中。

M9-12　计算和估计固定资产周转率

下面是 Amuse Yourself Parks（AYP）2005 年呈报的信息：

固定资产净值（年初）	$8 450 000
固定资产净值（年末）	8 250 000
此年净销售收入	4 175 000
此年净利润	1 700 000

计算该公司此年的固定资产周转率。对比图表 9.7 中锡达菲尔公司 2005 年的固定资产周转率，你对 AYP 公司这一年的该比率有什么看法？

练习

E9-1　编制分类资产负债表

以下是 Hasbro 公司 2005 年 12 月 25 日账户和金额（以百万计）的列表，此公司是儿童及家庭游戏、玩具和互动娱乐软件的主导企业。

建筑物及其改良	$174	商誉	$467
预付和其他流动资产	185	机器和设备	332
坏账准备	30	累计折旧	227
其他非流动资产	226	存货	179
现金和现金等价物	942	其他无形资产净值	613
应收账款	553	土地及其改良	7

要求：

为 Hasbro 公司填写分类资产负债表的资产部分。

E9-2 计算和记录一揽子购买和直线折旧法

Bridge City Consulting 购买了建筑物及其下土地，付出现金 18.2 万美元。估计购买价格的 70% 是为土地付出的。公司还付出了 2.2 万美元的建筑物改良成本。

要求：

1. 改良成本应该如何核算？
2. 编制所有支出的会计分录。假设所有的交易都用现金支付并且发生在年初。
3. 用直线法计算在第一年末建筑物的折旧额。假设预计使用年限为 12 年，预计残值是 4 600 美元。
4. 在第二年末，建筑物和土地的账面价值是多少？

E9-3 资产的取得和直线法折旧对财务报表的影响

Conover 公司在 2007 年 1 月 1 日购买一台机器，买价是 3 万美元。在运输日，2007 年 1 月 2 日，公司支付了 8 000 美元，余额开了一张应付票据。在 2007 年 1 月 3 日，为机器支付了 250 美元的运费。在 1 月 5 日支付了 1 500 美元的机器安装费用。在 2007 年 12 月 31 日（会计期末），Conover 公司对机器采取直线法折旧，预计使用年限 10 年，残值 2 750 美元。

要求：

1. 指出每次交易（1 月 1 日，2 日，3 日和 5 日）对会计等式的影响（账户，金额，+ 或 −）。使用下面的表：

日期	资产	=	负债	+	股东权益

2. 计算机器的取得成本。
3. 计算 2007 年的折旧费用。
4. 2008 年年末机器的账面价值是多少？

E9-4 记录直线法折旧和维修

Wiater 公司经营一家小制造工厂。在 2008 年初，公司的资产账户余额如下：

制造设备	$160 000
2007 年累计折旧	$110 000

下面是 2008 年发生的机器维修和维护支出：

第 9 章　报告和解释长期有形资产与无形资产

日常机器维护和维修	$1 850
为提高效率发生的大型机器检修	$21 000

机器在直线法的基础上折旧,预计使用年限是 15 年,预计残值是 1 万美元。每年的会计期间在 12 月 31 日结束。

要求:

指出下面两项对会计等式的影响(账户,金额,+ 或 -)。使用下面的表。

1. 在 2007 年末折旧的调整。
2. 2008 年发生的两项维修和维护支出。

项目	资产	=	负债	+	股东权益

E9-5　指出直线法折旧和维修费对财务报表的影响

根据 E9-4 的信息。

要求:

1. 写出 2007 年末制造设备折旧的调整分录。
2. 从 2008 年初开始,剩余使用年限是多少?
3. 给出 2008 年这两项维修和维护支出的会计分录。

E9-6　计算各种折旧方法下的折旧

PlasticWorks 公司在年初购买了一台机器,成本为 1.2 万美元。预计使用年限是 5 年,残值是 2 000 美元。假设这台机器的预计生产寿命是 10 000 单位。预计每年的生产量是:第一年,3 000 单位;第二年,3 000 单位;第三年,2 000 单位;第四年,1 000 单位;第五年,1 000 单位。

要求:

1. 完成每种折旧方法下的折旧表。

   a. 直线法

   b. 工作量法

   c. 双倍余额递减法

年份	计算额	利润表	资产负债表		
		折旧费用	成本	累计折旧	账面价值
取得时					
第一年					

2. 哪种方法会导致第二年的净利润最高?这个更高的净利润是否意味着在这种折旧方法下机器使用得更有效率?

E9-7　计算在各种折旧法下的折旧

索尼克公司在其位于 San Marcos,TX 的饭店购买和安装了电子支付设备,成本是 2.7 万美元。设备的估计残值是 1 500 美元。在三年的使用寿命中,这项设备预期能处理 255 000 笔付款业务。每年,预期的付款交易为第一年,61 200 笔;第二年,140 250 笔;第三年,53 550 笔。

要求：

在各种折旧法下，完成下面的折旧表。

1. 直线法
2. 工作量法
3. 双倍余额递减法

年份	计算额	利润表	资产负债表		
		折旧费用	成本	累计折旧	账面价值
取得时					
第一年					

E9-8 解释在税法折旧目的和财务报告目的之间，管理层是怎样选择不同折旧方法的

联邦快递公司的年报包括以下信息：

为达到财务报告的要求，在资产服务期限内财产和设备的折旧和摊销都用直线折旧法。如果为了达到税法目标，一般采用加速折旧法。

要求：

解释为什么联邦快递公司为了财务目标和税法的目标要使用不同的折旧方法。

E9-9 直线折旧法涉及的资产年限

2007年1月1日，TuffTurf公司(TTC)生产设备的记录如下：

设备（预计残值，$2 000）	$14 000
累计折旧（直线法，1年）	2 000

要求：

基于上述数据，计算设备的预计使用年限。

E9-10 探讨资产减值对财务报表的影响

资料见 E9-9。

要求：

如果TTC的管理层估计设备未来现金流在2007年12月31日的公允价值为6 800美元。这会影响资产负债表和利润表吗？解释一下。

E9-11 描述账面价值对资产的处置报告的影响

联邦快递公司是世界上主要的快递公司，除了世界上最大的货运飞机队，此公司拥有接收包裹的53 700辆地面交通工具。假设联邦快递卖出了一辆运输卡车，卖价1.6万美元。联邦快递卡车的初始购买价格是2.8万美元，已经计提了三年的折旧。

要求：

1. 计算处置的损失或利得，假设
   a. 累计折旧是1.2万美元
   b. 累计折旧是1万美元
   c. 累计折旧是1万美元

2. 使用下面的结构，指出上述三种情况下，处置卡车对会计核算的影响（账户，金额，

+ 或 -)

部分	资产	=	负债	+	股东权益

3. 在上述三种情况下,解释一下处置时折旧的数量是怎样影响处置利得或损失的。

E9-12 简述账面价值对处置资产的会计分录的影响

参考 E9-11 中的信息。

要求:

1. 写出处置卡车时的会计分录,假设
   a. 累计折旧是 1.2 万美元
   b. 累计折旧是 1 万美元
   c. 累计折旧是 1.5 万美元

2. 基于以上三种情况,阐述一下资产处置时,折旧的金额是怎样影响处置利得或损失的。

E9-13 计算和报告三类无形资产的取得和摊销

Kreiser 公司在 2007 年末(会计期间末)有三项无形资产:

a. 2007 年 1 月 1 日从 J. Miller 公司购买了一项专利,支付现金 5 640 美元。取得时,专利权的预计使用年限是 15 年。

b. 在联邦政府花费 1 万美元注册的商标。管理层估计商标值 20 万美元,因为商标可以一直使用。

c. 2006 年 1 月 1 日,公司花 6 万美元取得计算机许可权,预计公司可以使用四年。

要求:

1. 计算每一项无形资产取得时的成本。
2. 计算 2007 年 12 月 31 日每项无形资产的摊销额。
3. 说一说这些资产和相关的费用怎样在 2007 年资产负债表和利润表上报告。

E9-14 记录专利的购买、摊销和减值

Nutek 公司拥有一项 Full Service 自助盘子专利权,公司 2003 年的 10-K 描述其为"获得专利的塑料板自助餐盘,让使用者可以同时把盘子和杯子放在手上",而且"有各式各样的用途,包括社交聚会,如后院烧烤、自助餐、野餐、挡板和其他各种形式"。Nutek 公司还购买了一项专利,价格为 100 万美元——"没电时,开关板盖子和出口板盖子可以自动点亮"。假设开关板专利权在 2007 年 1 月 1 日购买,将在 19 年内摊销。假设 Nutek 不使用累计折旧账户,直接从无形资产账户扣减摊销额。

要求:

1. 说说开关板专利购买和摊销时的分录对 2007 年资产负债表和利润表的影响。
2. 给出开关板专利在 2007 年购买和摊销时的会计分录。
3. 在若干个月不能成功生产开关板盖子后,Nutek 决定对这项专利进行减值并在 2008 年 1 月 1 日注销了账面价值。描述一下资产减值对会计财务报表的影响,写出记录减值的分录。

E9-15 从财务分析人员的角度计算和解释固定资产周转率

下面的数据摘自最近的苹果公司年报(以百万为单位):

	2005	2004	2003	2002	2001	2000	1999
净销售收入	$13 931	$8 279	$6 207	$5 742	$5 363	$7 983	$6 134
不动产、厂房和设备净值	817	707	669	669	564	419	318

要求:
1. 计算苹果公司 2000 年、2002 年和 2004 年的固定资产周转率。答案精确到小数点一位。
2. 如果你是一个财务分析人员,你对你的分析结果有什么看法?

E9-16 用各种折旧方法计算两年的折旧和账面价值并解释其对固定资产周转率的影响

Torge 公司用 6.5 万美元的现金购买了一台机器。预计使用年限是 5 年,预计使用残值是 5 000 美元。假设预计生产单位是 150 000,其中第一年为 40 000,第二年为 45 000。

要求:
1. 计算正确的金额完成下表,写出计算过程。

折旧方法	折旧费用		年末账面价值	
	第一年	第二年	第一年	第二年
直线法				
工作量法				
双倍余额递减法				

2. 哪种方法会导致第一年的净利润最低?第二年呢?
3. 哪种方法会导致第一年的固定资产周转率最低?第二年呢?

E9-17 站在潜在投资者的角度找出财务信息

你正在考虑投资很多股票。你已收到主要公司的年报。

要求:
指出以下年信息在报中的什么地方。
提示:以下信息可能在年报中的不止一处找到。
1. 长期资产的主要分类的细节。
2. 实现财务报表目标使用的会计核算方法。
3. 该年的资产减值损失金额。
4. 不动产、厂房和设备净额。
5. 摊销无形资产的政策。
6. 折旧费用。
7. 处置固定资产的任何重要利得和损失。
8. 以前年度累计折旧。

E9-18 会计经营活动(包括折旧)和财务报表综合练习题

Grid Iiron Prep 公司(GIPI)是一家在 2007 年 1 月组建的服务公司,对热衷于大学足球的运动员提供个人培训。2007年发生如下交易：

a. GIPI 发行股票换取现金 9 万美元。

b. GIPI 在年初购买了体育馆和体育设备，支付 5 万美元，其中 80% 与体育馆有关，20% 属于设备。

c. GIGP 在体育馆付诸使用前支付 250 美元进行了重新装修。

d. GIGP 在此年得到了培训费，现金 3.6 万美元，其中 2 000 美元是客户的订金，将在 2008 年赚得。

e. GIPI 支付 2.3 万美元的工资和 7 000 美元的公共设施费。

f. GIPI 在此年最后一个月进行了价值 3 000 美元的培训，预计在 2008 年能收款。

g. GIPI 将使用双倍余额递减法对体育馆进行折旧，期限 20 年。体育设备将使用直线法折旧，在为期 4 年的使用寿命终了后将获得残值 2 250 美元。

h. GIPI 收到 12 月 350 美元广告费的账单。账单还未付款或登记。

i. GIPI 预计 5% 的应收账款不可收回并且做了记录。

j. GIPI 的所得税税率是 30%。假设税法折旧和财务报告折旧相同。

要求：

1. 写出 a—j 中交易和调整的分录。
2. 编制 GIPI 的年利润表、留存收益表和分类资产负债表。

E9-19　（附录 A）计算和报告折耗

路易斯安那石油公司（Louisiana Oil）（LOC）为一项石油储藏支付 300 万美元，大约能开采出 50 000 桶油。预计产油量在第一年为 10 000 桶，第二年 30 000 桶，第三年 10 000 桶。LOC 公司准备从第二年开始卖石油。

要求：

假设估计是准确的，描述第一年末与石油储备和石油库存相关的金额、财务报表和分类。

E9-20　（附录 B）说说估计变更对财务报表的影响

信息如 E9-4。

要求：

使用下面的格式，指出 2008 年生产设备折旧调整的影响（账户，金额，+ 或 -）。假设预计使用年限和残值的估计不变，写出计算过程。

日期	资产	=	负债	+	股东权益

E9-21　（附录 B）记录估计变更

信息如 E9-4。

要求：

写出 2008 年末生产设备折旧的调整分录，假设初始估计年限和残值无变化，写出计算过程。

辅导题

CP9-1 计算取得成本,并在三种方法下报告折旧

McCoy 公司在年初从 Colt 公司购买了三台机器。机器立刻进行了检查、安装并开始运行。因为每台机器不同,所以账户的信息也不一样。

	A 机器	B 机器	C 机器
购买资产的金额	$6 600	$25 600	$6 400
安装成本	300	600	200
使用前的整修成本	1 500	400	1 000
生产开始后的维修	400	350	325

在第一年末,每台机器都运转了 8 000 小时。

要求:

1. 计算每台机器的成本。解释各种成本资本化或费用化的原因。
2. 写出第一年末折旧的会计分录,假设如下:

机器	估计		折旧方法
	寿命	残值	
A	5 年	$500	直线法
B	40 000 小时	1 000	工作量法
C	5 年	2 000	双倍余额递减法

提示:记住双倍余额递减法的公式是使用成本减去累计折旧(而不是残值)。

CP9-2 记录和解释长期资产的处置

在 2008 年,Bhumika 公司处置了两项不同的资产。2008 年 1 月 1 日,在处置前,账户及金额如下:

资产	初始成本	残值	估计年限	累计折旧(直线法)
A 机器	$76 200	$4 200	15 年	$57 600(12 年)
B 机器	20 000	3 000	8 年	12 750(6 年)

两种机器按如下方法处置:

　　a. A 机器:2008 年 1 月 2 日卖出,获得现金 8 200 美元。
　　b. B 机器:在 2008 年 1 月 2 日,机器在一次事故中遭受了无法挽回的损失,立刻被废品公司以零成本移除。

要求:

1. 给出 2008 年初处置机器的会计分录。

提示:当处置没收到现金时,损失等于资产处置时的账面价值。

2. 解释你记录每项处置的会计原理。

CP9-3 分析无形资产相关活动对财务报表的影响

在 2008 年这一会计期间内，Chu 公司完成了如下交易：

a. 在 2008 年 1 月 1 日，支付现金 4 200 美元购买了一项许可权（估计使用 3 年）。

b. 在 2008 年 7 月 1 日，用现金收购一家公司。13 万美元的买价里包括 11.5 万美元的公司有形资产和 2.4 万美元的负债（Chu 公司预计的金额）。剩下的部分作为商誉，可以一直使用。

c. 2008 年的研发费用总数为 8 700 美元。

要求：

1. 对下面每一项交易，指出对会计等式的影响（增加记 + ，减少记 - ），账户，金额。使用如下结构：

日期	资产	=	负债	+	股东权益

提示：商誉是超过资产净额的价值。净资产等于资产减负债。

2. 计算每一项无形资产 2008 年 12 月 31 日的摊销。

CP9-4　（附录 B）分析和记录关于预计年限和残值变动的会计分录

读者文摘（Reader's Digest）是一家杂志、书籍、音乐和录像制品的全球出版发行商，也是世界上的主导邮件商。许多直邮商人使用高速 Didde 印刷设备来印刷广告。这些设备的成本超过 100 万美元。假设读者文摘拥有 Didde 印刷设备，取得时的初始成本是 60 万美元。用直线法折旧，预计使用年限 20 年，预计残值 7.5 万美元。在 2007 年末，设备已经计提了 8 年整的折旧。在 2008 年 1 月，公司做了一项决定，基于改进后的维修程序，把估计年限变为 25 年，残值变为 10.95 万美元更符合实际。会计期间在 12 月 31 日截止。

要求：

1. 计算（a）2007 年记录的折旧费用金额，（b）2007 年末印刷设备的账面价值。

2. 计算将在 2008 年记录的折旧额，写出计算过程。

提示：在估计变更时，使用此时的账面价值，就好像从此时开始将资产的成本分摊到剩余使用年限上。

3. 做 2008 年 12 月 31 日的调整分录。

A 组问题

PA9-1　计算取得成本，并在三种方法下报告折旧

年初，Chemical Control 公司从 Radial Compressing 公司购买三台使用机器。机器立刻投入检修，安装并开始运行。由于三台机器不同，每台的账户信息都分别登记。

	A 机器	B 机器	C 机器
资产成本	$10 000	$31 500	$22 000
安装成本	1 600	2 100	800
使用前整修成本	600	1 400	1 600
生产后的维修	500	400	700

在第一年末,每台机器都运转了 7 000 小时。

要求:

1. 计算每台机器的成本。解释各种成本资本化或费用化的理由。
2. 写出第一年末折旧费用的会计分录。信息如下:

机器	估计		折旧方法
	寿命	残值	
A	4 年	$1 000	直线法
B	33 000 小时	2 000	工作量法
C	5 年	1 400	双倍余额递减法

PA9-2 记录和解释长期资产的处置

2007 年 Lyc 处置了两项资产。2007 年 1 月 1 日,处置前账户及金额如下:

资产	初始成本	残值	预计年限	累计折旧(直线法)
A 机器	$24 000	$2 000	5 年	$17 600(4 年)
B 机器	59 200	3 200	14 年	48 000(12 年)

机器用如下方法处置:

a. A 机器:2007 年 1 月 1 日卖出,获得现金 5 750 美元。

b. B 机器:2007 年 1 月 1 日,机器在一次事故中遭受了不可挽回的损失,并立刻被抢救公司无成本移除。

要求:

1. 写出 2007 年初与每台机器处置有关的分录。
2. 解释你记录每一项处置的会计原理。

PA9-3 确认与无形资产相关的活动对财务报表的影响

Norton Pharmaceuticals 发生的如下交易可能会影响无形资产:

a. 在 2007 年 1 月 1 日,公司花费现金 1.86 万美元购买了一项专利权,可以使用 15 年。

b. 在 2007 年,公司花费 $25 480 制造一项新药品,将在 2008 年呈送给食品及药物管理局测试。

c. Norton Pharmaceuticals 在 2007 收购了另一家公司,花费现金 65 万美元。商誉 7.5 万美元包括在买价中。

要求:

1. 对上述的每一项交易,指出账户、金额和对会计等式的影响(增加记 +,减少记 −)。使用如下结构:

项目	资产	=	负债	+	股东权益

2. 对每项无形资产,计算 2007 年 12 月 31 日的摊销额。

B 组问题

PB9-1　计算取得成本并记录三种可选方法下的折旧

年初 Oakmont 公司从美国制造公司购买了三台使用过的机器。机器立刻投入了检修，安装并开始使用。因为机器不同，每台机器在账户里单独记录。

	A 机器	B 机器	C 机器
为资产支付的金额	$19 600	$10 100	$9 800
安装成本	300	500	200
使用前的整修成本	100	300	600
生产开始后的维修费	220	900	480

第一年末，每台机器都工作了 4 000 小时。

要求：

1. 计算每台机器的成本。解释各种成本资本化和费用化的原因。
2. 给出第一年末记录折旧费用的会计分录，假设如下：

机器	估计 寿命	估计 残值	折旧方法
A	7 年	$1 100	直线法
B	40 000 小时	900	工作量法
C	4 年	2 000	双倍余额递减法

PB9-2　记录和解释长期资产的处置

在 2007 年中，Rayon 公司处置了两项不同的资产。2007 年 1 月 1 日，在处置前账户的记录如下：

资产	初始成本	残值	预计使用年限	累计折旧（直线法）
A 机器	$60 000	$11 000	7 年	$28 000（4 年）
B 机器	14 200	1 925	5 年	7 365（3 年）

机器按照如下方式处置：

a. A 机器：在 2007 年 1 月 2 日出售，获得现金 33 500 美元。

b. B 机器：在 2007 年 1 月 2 日，机器在一次事故中遭受了不可挽回的损失并立刻被抢救公司无成本移除。

要求：

1. 写出 2007 年初与每台机器处置相关的会计分录。
2. 解释记录每项处置的会计原理。

PB9-3　确定无形资产相关活动对财务报表的影响

Pandey 公司发生了两项交易很可能影响无形资产：

a. 在开始经营后不久，2006 年 1 月 Pandey 公司收购了另一家公司，支出了大量现金，金额为 40 万美元。商誉包括在买价中,金额为 6 万美元。该账户余额在过去两年中都未发生改变。

b. 公司在 2007 年 1 月 1 日购买一项专利权,支付现金 5.46 万美元。专利权的预计使用年限为 13 年。

c. 在 2007 年,Pandey 雇用了一名商标开发指导专家为公司的产品开创适应市场的身份。指导人员为工作投入了一整年的时间,费用为 12.5 万美元。

要求:

1. 对以上每项交易,指出 2007 年的账户、金额和对会计等式的影响(增加记 +,减少记 -)。使用如下结构:

项目	资产	=	负债	+	股东权益

2. 对每一项无形资产,计算截止到 2007 年 12 月 31 日的摊销额。

技能拓展训练

S9-1 找出财务信息

参考兰德里餐饮公司的财务报表,可从网上下载年报,网址是 www.mhhe.com/phillips2p,在其中的案例部分。

要求:

1. 公司使用的是何种折旧方法?
2. 在本年年末累计折旧的金额是多少?累计折旧占公司不动产和设备总成本的比例是多少(精确到小数点一位)?
3. 出于折旧目的,建筑物的预计使用年限是多少?
4. 本年报告的折旧费用和摊销费用金额是多少?占总收入的比例是多少(精确到小数点一位)?
5. 本年公司报告的无形资产金额是多少?
6. 本年的固定资产周转率是多少(精确到小数点两位)?
7. 对于上述每一个问题,你是从哪找到对应信息的?

S9-2 比较财务信息

参考澳拜客牛排坊的财务报表,可从网上下载年报,网址是 www.mhhe.com/phillips2p,在其中的案例部分。

要求:

1. 公司使用的是何种折旧方法?
2. 截止到 2005 年 12 月 31 日,累计折旧的金额是多少?累计折旧占公司不动产和设备总成本的比例是多少(精确到小数点一位)?这一比例比兰德里的大还是小?资产折旧的时间跨度能告诉你什么信息?
3. 澳拜客的建筑物预计使用年限与兰德里估计的年限不同。这一因素怎样影响两家公司的固定资产周转率?

4. 本年报告的折旧费用和摊销费用金额是多少？占总收入的比例是多少（精确到小数点一位）？与兰德里公司的这一比例进行比较，描述一下这暗含了两家公司经营的何种信息。

5. 本年公司报告的无形资产和商誉的金额是多少？

6. 本年的固定资产周转率是多少（精确到小数点两位）？与兰德里公司的这一比率进行比较，描述一下这暗含了两家公司经营的何种信息。

S9-3 基于互联网的小组研究：分析财务报表

组成一个小组并选择一个行业进行分析。使用你的网络浏览器，每个小组成员都应获得这个行业公共公司的年报或者 10-K 报表，每个成员选择不同的公司（参考第 1 章 S1-3 对这项任务信息来源的描述）。

要求：
1. 对于每个研究对象，每位成员写出一份小报告，报告应包含以下信息：
   a. 描述使用的折旧方法。
   b. 计算固定资产成本已经折旧的比例。这个比例意味着资产折旧时间跨度是多少？
   c. 计算此年和以前年度的固定资产周转率。由此推断出公司资产使用的效率怎样？
   d. 描述资产负债表上无形资产的种类。
2. 然后作为团队，使用这些信息写出一个简短报告，比较你们的公司的上述特性。讨论一下你们小组观察到的任何公司模式。为其中的不同点提供各种可能的解释。

S9-4 做出道德决定：一个真实的例子

假设你是一家大型跨国经营公司会计部门的职员。你的工作是回顾、审核与公司设备购买相关的文件。在确定购买行为可以认可之后，你要在会计系统做购买设备的会计分录。一般，你处理需要花费 10 万美元或更少的资产购买。

一天早晨，首席财务官（CFO）的执行助理与你联系。她说 CFO 想你立刻去他办公室一趟。尽管你老板的老板和 CFO 一起参加过一些会议，你在公司呆了三年也没见过 CFO。不用说，你肯定对这次会面很紧张。

在进入 CFO 的办公室之后，他热情微笑着接待了你，并与你友好地握手。CFO 表扬了你的工作做得很出色，并且这些年来对公司做出了贡献。尤其当 CFO 提到有一项特别的任务交给你时，你马上感觉到舒服自然了一点。他说他和 CEO 与公司的设备供应商进行了谈判，有一项新的安排，供应商要求公司为将来购买的设备提前付款。CFO 说，出于很多无法透露的原因，他将通过公司营业部门处理这项付款而不是设备核算组。由于付款是通过营业部门，最初这些付款将被分类为公司营业费用。他指出显然不动产和设备的预付款项应记录为资产，所以他与你联系，让你在每季度做一项调整分录，将归类为营业费用的金额资本化。他建议你出于这个考虑设立一个新的账户，叫做预付设备。他很快结束了此次会面，并且告诉你，这是机密，你不能同任何人谈起这件事。

几周后，在第一季度末，你接到了一个来自 CFO 的留言说："我们讨论的这个季度的调整额为 7.71 亿美元。"在删掉这条消息之前，你重听了一遍确认你听到的内容。你的公司每季度产生 80 亿美元的收入，并发生 60 亿美元的营业费用，但是你从来没有做过这么大金额的会计分录。因此，在确定了金额准确无误后，你又发了一封 E-mail 给 CFO 确定金额，他立刻回电话通知你："没错，就是这个数据。"你觉得有些尴尬，因为你怕惹恼了 CFO，然后你安静地做着调整分录。

对该年剩下的三个季度和明年的第一季度,你一直在做这种季度末的调整,CFO 给你的数据是:第二季度,5.6 亿美元;第三季度 7.42745 亿美元;第四季度,9.41 亿美元;明年第一季度,8.18204 亿美元。在此期间,你与 CFO 有过很多的会面,也吃过很多的午饭。CFO 就是在这些时候给你数据的。有时只是给你一张便条,上面写着这些数据。他经常表扬你努力工作,做得很好,而且承诺你很快就可以升职。

尽管 CFO 不断进行赞扬和承诺,你越来越对你的这些调整分录感到不安。一般来说,不论一项有预付款的机器何时购买,这项购买活动在几周后就会结束。此时,预付金额会从设备订金账户注销转移到合适的设备账户中。CFO 的特殊任务却不是这样做的,相反,预付设备账户不停地增长,现在已经超过 38 亿美元,却没有关于这个账户的余额怎样减少、什么时候减少的说法,也没有计提任何折旧。

正当你开始反映调整分录对公司固定资产、营业费用和营业利润的影响时,你收到副总裁打来的电话,要对你进行内部审计。她说这个下午想和你谈谈公司固定资产周转率奇怪的趋势和你做出的一些值得怀疑的分录。

要求:

1. 完成下表。指出如果你不按照 CFO 的特殊任务来做会计分录,公司的会计分录应该是怎样的。评论一下最初作为营业费用的金额如果资本化,会怎样影响公司每季度的营业利润的。

单位:百万美元	第一年一季度 (3月31日)		第一年二季度 (6月30日)		第一年三季度 (10月31日)		第一年四季度 (12月31日)		第二年一季度 (3月31日)	
	有分录	无分录	有分录	无分录	有分录	无分录	有分录	无分录	有分录	无分录
不动产和设备净额	$38 614	$	$35 982	$	$38 151	$	$38 809	$	$39 155	$
销售收入	8 825	8 825	8 910	8 910	8 966	8 966	8 478	8 478	8 120	8 120
营业费用	7 628		8 526		7 786		7 725		7 277	
营业利润	1 197		384		1 180		753		843	

2. 使用公开披露的数据(包括你做的特殊分录中的)。计算第一年二、三、四季度和第二年一季度的固定资产周转率(精确到小数点两位)。这个趋势能告诉你什么?这个趋势和公司报告的营业利润一致吗?

3. 在副总裁会见你要做内部审计之前,你思考了以上计算值和 CFO 的"特殊任务"的各种特殊环境。是什么提醒了你对你这项工作性质的怀疑?

4. 你与内部审计人员的会面短暂但是不愉快。副总裁指出在见你之前,她与 CFO 也讨论了一下这些问题,CFO 说他也注意到了固定资产周转率奇怪的趋势,但是他没有机会做进一步调查。他让内部审计人员查一些原始数据,他表示也许某人做了不恰当的会计分录,内部审计人员确定你就是分录的制作人。他们也找不到任何支持分录的文件。她建议你去请一位好的律师,然后结束了会面。在你现在的情况下,描述一下如果你提前预测到未来发生的事,你应如何早点行动。

5. 在实际案例中,内部审计人员苦恼于到底他们确实是发现了一项会计舞弊还是他们不小心推断错误。《华尔街日报》在 2002 年 10 月 30 日提到,通过内部审计人员的阐述,"他们的发现将损坏公司的名声和形象。他们担心他们的揭露是否会导致下岗。另外,他们害怕他们会被停止对这种情况的指责。"除了在这段话里提到的个人不良后果外,描述了内审人员的发现很可能损害公司的利益和公司的关联方的其他潜在可能。

后记:这个例子就是世通公司(现在叫做 Verizon)公司承认的会计舞弊。此例中的数字、不恰当的会计分录和执行舞弊的 CFO 角色的信息都是来自世通公司的破产调查员发布的报告。此例中的第一年就是 2001 年,第二年是 2002 年。此例不包括世通公司 110 亿美元舞弊中其他的舞弊行为。63 岁的 CEO 因为策划和执行了美国经济史上最大的舞弊行为,被判入狱 25 年。与 CEO 合作的 CFO,被判入狱 5 年。

S9-5 道德决定:一个小案例

假设你在一家小型的私人企业工作,是会计部门的三名财务成员之一。在此年初,公司扩大成为一家新企业,取得一项设备能生产出许多新产品。企业的老板和总经理指出,给新设备提供资金的条件之一是企业的银行要收到一份企业的年度财务报表。贷款的其他条件是公司的总资产不能低于 25 万美元。如果没有满足上述条件,银行就有权要求公司立刻偿还贷款。在调整此年的折旧之前,公司报告的总资产为 25.5 万美元。老板要求你考虑要引进新设备的情况,并且"改动一下数字使其一切符合银行的要求"。

新设备还没有采用任何的折旧方法折旧,公司对其他设备进行折旧时都是采用双倍余额递减法。新设备的成本是 3.5 万美元。经理估计在使用了四年之后,处置这台新设备还可获得"至少 7 000 美元"。因为新设备生产出的产品能够抓住消费者。公司今年使用设备只能生产 4 000 单位。预期,在四年的使用年限内,新设备能够生产 28 000 单位。

要求:

1. 计算今年应报告的折旧,用本章中介绍的三种方法,哪一种方法达到了老板的目标?
2. 评价一下如果推荐公司使用要求 1 中确定的折旧方法是否符合道德标准,这项推荐会直接影响哪两个组织?每个组织会怎样从中受益或受害?这项推荐有没有违反任何法律或使用规则?在你做推荐之前,你是否还会考虑其他因素?

S9-6 关键思考:分析折旧方法对利润的影响

作为一个有激情的财务分析人员,你供职于华尔街的一家主要公司作为暑期工作。为了观察你,公司给了你一个小案例让你学习,并让你评价一下在 2006 年 1 月 1 日开始经营的两家虚构公司的经营业绩。这两家公司来自同一行业,使用类似的资产,顾客基础也很相似。关于两家公司的附加信息在如下一张可对比的利润表上呈列。

	快公司		慢公司	
	2007 年	2006 年	2007 年	2006 年
净销售收入	$60 000	$60 000	$60 000	$60 000
销售成本	20 000	20 000	20 000	20 000
毛利润	40 000	40 000	40 000	40 000
销售和管理费用	19 000	19 000	19 000	19 000
折旧费用	3 555	10 667	5 000	5 000
营业利润	17 445	10 333	16 000	16 000
其他利得(损失)	2 222	—	(1 000)	—
税前利润	$19 667	$10 333	$15 000	$16 000

要求：

分析两家公司的财务状况，看看哪家公司经营得更好。如果除了公司财务报表的信息，你还能要求公司提供额外两项财务信息。说一说你会选择哪两项信息。他们将怎样帮助你做出决定。

S9-7　制作直线法和双倍余额递减法的折旧表

为了多赚些钱，你在互联网上准备些公司经营模式的表格模板，方便其他人下载（会收一点点费用）。在相关的信息都输入到对应的模板之后，电脑使用你输入的公式能自动计算出数值。对于折旧模板，你决定生成两张工作表——一张是在直线法下计算折旧和账面价值，另一张在双倍余额递减法下计算折旧和账面价值。当给出资产的成本、资产的预计使用年限和它的预计残值时，模板能直接计算出折旧值和账面价值。但是这些模板不会处理资产处置和会计估计变更——你想要生成一个更好的版本。为了验证你的模板确实能起作用，你输入了图表9.8中的信息来生成折旧表，以锡达菲尔公司和六旗公司为例。

尽管你能使用合适的公式产生直线法的模板，你对此非常自信，但是你还是对双倍余额递减法是否能生效有一点不确定，你发了一封电子邮件给你的好友欧文（Owen）寻求建议。下面是欧文的话：

来自：Owentheaccountant@yahoo.com

发送：helpme@hotmail.com

抄送：

主题：Excel帮助

我希望我想过对告诉你怎样处理普通的会计活动而收费。你现在让我有钱赚了。下面就是教你怎样建立工作表。首先，生成一个"输入值"部分。这一部分需要用户输入资产成本、残值和预计使用年限，放在与实际折旧表不同的地方。你肯定不希望用户在你输入的公式处输入这些金额。

折旧表上的其他单元将与工作表上"输入值"的单元密切联系。你希望在年份的第一行中输入一个公式，然后复制粘贴到其他年份中。这样做时，你将需要使用叫做"绝对引用"的概念，意思就是当一行复制并粘贴到另一行时，相关的单元不会改变。不像普通的引用单元有A1这样的格式，一个绝对引用的格式是\$A\$1，当拷贝一个单元到其他单元时，它防止电子数据表既不从（A）列变化也不从第（1）行变化。当使用直线法和双倍余额递减法时你将发现这是很重要的。

为了生成折旧表，使用五列标题：(1) 年份，(2) 期初累计折旧，(3) 折旧，(4) 期末累计折旧，(5) 期末账面价值。

第 9 章　报告和解释长期有形资产与无形资产　　443

```
Microsoft Excel - ss9-1.xls
File  Edit  View  Insert  Format  Tools  Data  Window  Help  Acrobat
D8    fx  =IF((C8+(($C$3-C8)*2/$C$5))>$C$3-$C$4,F7-$C$4,($C$3-C8)*2/$C$5)
```

	A	B	C	D	E	F
2		Input Values				
3		Cost	$ 15,500			
4		RV	$ 1,500			
5		Life	$ 7			
6						
7		Year	BOY-AD	Depn	EOY-AD	EOY-BV
8		1	0	$4,429	$4,429	$11,071
9		2	4,429	$3,163	$7,592	$7,908
10		3	7,592	$2,259	$9,851	$5,649
11		4	9,851	$1,614	$11,465	$4,035
12		5	11,465	$1,153	$12,618	$2,882
13		6	12,618	$823	$13,441	$2,059
14		7	13,441	$559	$14,000	$1,500

straight-line　double-declining

　　双倍余额递减法的模板比较难做,因为你在资产使用寿命的最后一年要考虑未折旧完的账面价值而不是残值。为了使模板自动考虑到这一点,你需要使用 IF 函数。邮件中有我做的模板的一个截屏图,其中用 IF 函数正确计算了资产使用寿命各年的折旧。注意顶部公式栏显示的公式。

要求:
　　做出用直线法和双倍余额递减法计算折旧和账面价值的模板。复制图表 9.8 中的数据,显示模板确实能起作用。

提示:
　　在公式单元和其值之间的转换,可以同时按下"CTRL"和"～",可以用 Excel 的帮助功能来获得有关 IF 函数的更多信息。

第10章 报告和解释负债

学习目标

了解企业
学习目标1 解释负债的报告能如何帮助投资者决策

学习会计方法
学习目标2 解释如何核算一般形式的流动负债
学习目标3 分析并记录债券交易

评估结果
学习目标4 解释流动比率和利息保障倍数
学习目标5 描述在财务报表附注中报告的额外的负债信息

本章复习

前章回顾	本章重点
之前的几章关注与资产负债表中资产部分相关的主题。	本章关注与资产负债表中负债部分相关的主题。

他们出现于财务报告中,他们等着听他们的评分,期望着能得到A,如果结果是B的话,他们会感到失望。这些听起来像是一个优秀生,对吗?但事实上,这是在说绿巨人、贝蒂妙厨、湾仔码头,还有他们通用磨坊的老板。是的,这个公司获得信用等级评分,就像你和你的朋友们得到分数一样。但是公司的评分等级与你们的有一点不同,因为他们的评分是信用评级机构设定的,比如标准普尔和穆迪,这种等级说明公司及时偿还负债的能力。还有一个不同就是,他们的评分可以从AAA级到D级。AAA等级说明公司的财务状况良好,D等级是指公司很可能连一半的负债也还不了。总之,高于BB等级的都是高质量的信用等级,这也是通用磨坊公司经常得到的等级。

在这一章中,你将学习到用于报告和解释负债的会计程序和财务比率,以及它们是如何影响信用评级的。虽然我们集中研究公司的报告和分析,但是通过这一章的学习,可以帮助你了解到,其他人在给你进行个人信用评级时所需要的信息。

正如你可能会怀疑,负债是信用评级中的一个关键成分。所以我们将从这里开始:

帮助你了解什么是负债,负债是如何来核算的。在以后学习财务分析和评价公司是否能履行应有的财务义务时,你将会用到这些知识。本章的知识结构如下图。

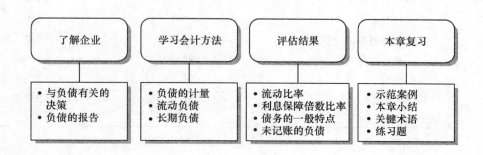

了解企业

与负债有关的决策

当一个朋友向你借样东西,并保证不久会还给你,这时你就与公司的信贷经理有相同的经历了。在借东西给朋友或给另一公司提供信用贷款之前,我们应该马上想到两个问题:

学习目标 1
解释负债的报告能如何帮助投资者决策。

1. 朋友或公司欠了别人多少钱?为什么会欠钱?
2. 朋友或公司能偿还他们的债务吗?什么时候还呢?

如果你是一名信贷经理,你一般能从该公司财务报表中找到这些问题的答案。假定我们是 Big G 公司(华尔街通用磨坊公司的简名)罐装蔬菜的供应商塞尼佳食品公司(Seneca)的信贷经理。让我们考虑通用磨坊公司 2006 年末的资产负债表的负债部分,如图表 10.1 所示,看看能否找到这些问题的答案。

从第一个问题开始,通用磨坊公司是否还有别的负债?当然!图表 10.1 所示的财务报表负债部分显示,通用磨坊公司在 2006 年末负债总额为 113 亿美元。如果你对通用磨坊公司一无所知,它欠了别人这么多钱,你可能会对公司的信誉感到不安。让我们看看当我们进入下一个问题后,这种感觉会不会改变。

图表 10.1　通用磨坊公司的负债

负债（百万）	2006	2005
流动负债		
应付账款	1 151	1 136
应计负债	1 353	1 111
应付票据	1 503	299
一年内到期的长期负债	2 131	1 638
总流动负债	6 138	4 184
长期负债	2 415	4 255
其他负债	2 746	2 818
总负债	11 299	11 257

负债的报告

你觉得通用磨坊公司会在什么时候偿还债务？资产负债表以流动性划分负债，从而回答了这个问题。流动负债是以在一个生产经营周期内或从资产负债表日起一年内的（以二者中较长者为准）流动资产来偿还的短期债务。大部分公司的经营周期短于一年，因此流动负债的定义可以简化为一年以内到期的负债。这意味着图表10.1所示的113亿美元的总负债额中，有61亿美元会在一年之内偿还。这应该会使你稍微放松点，特别是在你的公司要求通用磨坊在不超过一年的期限内偿还债务的情况下。剩下的52亿美元负债是自资产负债表日起偿还期长于一年的数据。虽然这些长期义务几乎没有单独的称呼，但是我们一般将它们看成是非流动或长期负债。

> **你应该知道**
> 流动负债是以当前营业周期或一年（取较长者）内的流动资产偿还的短期债务。

学习会计方法

负债的计量

当一项交易会导致未来公司资产或经济利润流出时，公司应将其作为负债确认。负债的金额由以下三个因素决定：

> **学习目标 2**
> 解释如何核算一般形式的流动负债。

1. 负债的初始额。负债初始记录为其现金等价额，该金额是指债权人在交易发生时所愿意接受的债务数。该金额不包括利息。这就像如果你从朋友那借了10美元，过不了多久便还给他，你就不用还利息了。

2. 需额外付给债权人的金额。只要公司要求赊购额外的商品或者劳务，或者债权人对未付清的余额收取利息，负债就会增加。

3. 付款或为债权人提供劳务。只要公司付款了或为债权人提供了劳务,负债就会减少。

流动负债

让我们更进一步了解图表 10.1 所示的各类流动负债。

应付账款

大部分的公司都是从其他公司赊购商品或劳务的。一般这些交易涉及以下三个阶段:(1)订购商品或劳务;(2)接受商品或劳务;(3)付款。会计人员在"公司确认放弃资产或劳务"阶段时记录负债。你认为通用磨坊公司什么时候有义务对它们购入用来做 Wheaties 和 Cheerios 的粮食付款?

如果粮食订单没有执行,通用磨坊公司是不会偿还债务的。所以负债产生并被记录是在收到商品或劳务时。与 Big G 公司一样,大部分的公司把这种负债称为"应付账款"。从图表 10.1 可以看出,通用磨坊公司在 2006 年末应收账款为 11 亿美元。使用应付账款购买商品或劳务的一个好处是,供应商一般不对应付账款的未付款额收取利息,除非他们逾期了。

应计负债

企业经常会在一个会计期间发生费用,而在之后的期间支付现金。考虑到这些情况,在这些情况出现的第一期一般会编制调整分录来记录费用和负债。在第 4 章中称此为应计调整,所以很多公司在资产负债表中单列一行来计量这类负债是非常合适的,这栏称为应计负债。公司将各种不同的费用记录到应计负债项目中,包括动力支出、薪水、税金和利息。如图表 10.2 所示,通用磨坊公司会在财务报表附注中对应计负债加以说明,包括薪水、税金和利息。

> **你应该知道**
> 应计负债报告的是已发生费用,但到会计期末尚未付款的债务。

图表 10.2 通用磨坊公司的其他流动负债

(百万)	2006
应计负债	
应计薪酬	$308
应交税金	743
应计利息	152
其他	150
应计负债总额	$1 353

应计薪酬 在每个会计年度末,员工的工资经常会被拖欠。例如,假设通用磨坊公司在 12 月 23 日发放工资,但是他们并没有付给员工这个月最后一星期 100 万美元的工资。为了将工资开支与员工前期工作相匹配,通用磨坊公司在 12 月 31 日记录了一笔 100 万美元的费用。既然在 12 月 31 日并没有支付,因此这项费用将被记为 100 万

美元的负债,如下所示:

	资产	=	负债	+	所有者权益
1. 分析			应付薪酬 +1 000 000		薪金费用(+E) −1 000 000

2. 记录	借:薪金费用(+E, −SE)	1 000 000	
	贷:应付薪酬(+L)		1 000 000

与未付薪酬一样,大部分公司还有承诺付而未付给员工的福利,包括退休计划、假期和健康保险。

应交工资税　一个公司的雇佣责任不仅仅只包括支付员工工资、提供假期和其他福利。所有的企业必须考虑各种工资税,包括联邦的、政府还有地方的所得税、社会保险税、失业税。如果你是一名职员,你可能已经知道了,政府要求雇主从你的薪金总额中扣除工资税。让我们看看工资税的两个最主要组成部分:员工所得税和联邦保险缴储法案税(FICA 税)。

1. 雇员所得税扣除。政府规定必须为每个员工扣除所得税,基本上将雇主变成了政府的代收机构。从员工工资中扣除的所得税的那天起,雇主就把它记录为一项流动负债,直到公司将该所得税额交给政府为止。

2. FICA 税扣除。FICA 税是用于支付《联邦保险缴储法案》所要求的医疗保险和社会保障的。在 2007 年,要求雇主从每个员工的收入中按 1.45% 扣除医疗保险,同时收入达到 97 500 美元的员工,按 6.2% 扣除社会保障,之后将这些款项交给政府。

为了说明这些方面产生的影响,让我们假设通用磨坊公司在 1 月的前两个星期内,有关工资记录的信息如下所示:

员工总薪金	$1 800 000	
减:员工所得税	275 000	
减:预扣员工 FICA 税金	105 000	欠政府
员工净薪金	$1 420 000	→付给员工

总薪金是 180 万美元,这被记录为一项费用。这项成本的最大部分用于支付员工(142 万美元),剩下的用于支付应交给政府的预扣所得税(27.5 万美元)和预扣 FICA(10.5 万美元)。这些项目对会计等式的影响如下图所示,相关的会计分录记录如下。

	资产	=	负债	+	所有者权益
1. 分析	现金 −1 420 000		应付预扣所得税 +275 000		薪金费用(+E) −1 800 000
			应付 FICA 税 +105 000		

2. 记录	借:薪金费用(+E, −SE)	1 800 000	
	贷:应付预扣所得税(+L)		275 000
	应付 FICA 税(+L)		105 000
	现金(−A)		1 420 000

工资税不仅仅影响到员工,我们也以付给员工的数额对雇主收取工资税。例如,雇主的 FICA 率与员工的相同。对于我们前面说的例子,这意味着通用磨坊公司应该对雇主扣除 10.5 万美元的 FICA 税。如下会计分录所示,这些表现为具有以下财务影响的额外成本。

1. 分析

资产	=	负债	+	所有者权益
		应付 FICA 税　+105 000		工资税费用(+E)　-105 000

2. 记录

借:工资税费用(+E,-SE)　　　　　　　　　105 000
　　贷:应付 FICA 税(+L)　　　　　　　　　　　　　105 000

我们注意到,考虑了雇主对 FICA 的贡献以后,总薪资成本(180 万美元的薪金 + 10.5 万美元的工资税)将大于承诺发放给员工的工资额。在现实中,薪资成本甚至比这里所展示的更高,因为雇主也可能会被要求对工人补偿津贴和失业保险作出贡献。

应计所得税　公司不仅需要对工资纳税,还要对取得的收入纳税,这一点和你一样。除了需要从收入中扣除相关费用来计算应纳税所得额外,公司的纳税申报表(税务局称之为 Form 1120)与公司的利润表是类似的。计算出应税所得后用应税所得乘以一个税率计算所得税,其中多数的大公司约为 35%。虽然大多数公司都要求须在年内预付,但是公司所得税一般在年终后的两个半月内支付。

应付票据

第 8 章中,我们讲述了公司借钱给其他人时,是如何记录应收票据本票的。在这本节中,你将看到这项交易的另一面——公司通过发行本票(应付票据)来借入资金。

为了说明这一点,我们假设 2007 年 11 月 1 日,通用磨坊与花旗集团进行谈判,借入 10 万美元一年期的现金借款。花旗集团按 6% 的利率收取利息,这是当时的一般利率。通用磨坊公司在一年后即 2008 年 10 月 31 日支付利息。同时,在到期日偿还本金。我们将假定通用磨坊公司会在 2007 年 12 月 31 日调整其会计记录。这些事件可以用图形归纳显示,如图表 10.3 所示。

图表 10.3　应付票据的时间轴

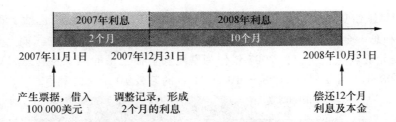

当形成这些票据的时候,通用磨坊公司需要记录增加的现金;同时,在偿还花旗集团利息和本金时,也需要记录减少的现金。此外,根据配比原则,通用磨坊公司需要调整其相关记录以考虑每个会计期间应计的利息。在实务中,通用磨坊公司需要在每月或每季末进行这类调整。为了简化说明,我们已经假定它仅发生一次(在 2007 年 12 月 31 日)。下面,我们从所有本票均应考虑的三方面因素来进行讨论。

1. 票据已经发行,现金收到。 当通用磨坊公司于 2007 年 11 月 1 日从花旗集团收到 10 万美元现金时,就形成了偿还这笔款项的义务。这将记录到分录中,从财务角度分析如下:

1. 分析	资产	=	负债	+	所有者权益
	现金 +100 000		应付票据 +100 000		

2. 记录　借:现金(+ A)　　　　　　　　　　　　　100 000
　　　　　　贷:应付票据(+ L)　　　　　　　　　　　　　　100 000

2. 每个会计期末计算应付的利息。 利息是随着时间的推移而因使用他人的钱支付的"租金"的一种。虽然利息不断积累,但是它定期支付的。通常利息是按月支付,在某些情况下,也可能是每年支付一次或两次。大多数公司在一个会计期间结束时记录利息。这些支付利息的义务,在账户中都记录为流动负债,称为应付利息或应计利息。

当通用磨坊公司在 2007 年 12 月 31 日调整其记录时,要记录在该会计期间应计但并未支付的利息。这段时间内在图表 10.3 中用阴影表示。我们可以回忆,在第 8 章中,利息计算公式为:

$$利息 = 本金 \times 利率 \times 期限$$

截至 12 月 31 日,票据只借入 2 个月,并且没有支付过利息,因此未付利息额为 $\$1\,000 = \$1\,000\,000 \times 6\% \times 2/12$。注意到在这种计算方法中,本金是利息期开始时所欠的金额,这是与 11 月 1 日记录在应付票据账户中的负债金额相等的。利息是按票据记录的年利率计算,时间是指一年中的百分比(12 月中的两个月)。

该调整产生的财务影响,以及相关分录如下所示。

1. 分析	资产	=	负债	+	所有者权益
			应付利息 +1 000		利息费用(+ E) −1 000

2. 记录　借:利息费用(+ E, − SE)　　　　　　　　　1 000
　　　　　　贷:应付利息(+ L)　　　　　　　　　　　　　　1 000

3. 付款给贷款人。 通用磨坊公司于 2008 年 10 月 31 日付息,包括了签发票据后 12 个月的利息。金额共计 6 000 美元(= $\$100\,000 \times 6\% \times 12/12$)。如下时间线所示,6 000 美元的利息支付包括 2007 年作为费用和负债记录的两个月利息(1 000 美元),另加从 2008 年 1 月 1 日到 2008 年 10 月 31 日的额外 10 个月的利息。

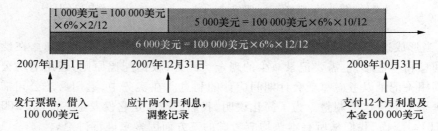

6 000美元利息支付的财务影响是,将减少2007年记录的1 000美元的利息负债,并报告与2008年相关的利息费用5 000美元。对这些影响的分析以及相关分录如下所示:

1. 分析

资产	=	负债	+	所有者权益
现金　-6 000		应付利息　-1 000		利息费用(+E)　-5 000

2. 记录

借:应付利息(-L)　　　　　　　　　　　　　　　1 000
　　利息费用(+E,-SE)　　　　　　　　　　　　5 000
贷:现金(-A)　　　　　　　　　　　　　　　　　　　　　6 000

100 000美元的本金支付也在2008年10月31日,这将消去应付票据,如下所示:

1. 分析

资产	=	负债	+	所有者权益
现金　-100 000		应付票据　-100 000		

2. 记录

借:应付票据(-L)　　　　　　　　　　　　　　　100 000
贷:现金(-A)　　　　　　　　　　　　　　　　　　　　　100 000

▲ 会发生什么?

自 我 测 试

假设星巴克公司12月1日发行利率为5%,面值为$12 000的票据。这项交易以及月末利息调整将如何影响会计恒等式?

资产 = 负债 + 所有者权益

1. 分析

12/1 _____

12/31 _____

自测答案

	资产	=	负债	+	所有者权益
12/1	现金　+12 000		应付票据　+12 000		
12/31			应付利息　+50		利息费用(+E)　-50

($50 = $12 000 × 5% × 1/12)

一年内到期的长期负债

我们记得,当在9年级时,你是不是感觉好像永远都无法高中毕业呢?在那个时候,毕业是在长期后才会发生的事情。但是到了后来,当你升入高年级的时候,高中毕业似乎已成为当前的事件了,只差不到一年。我们让你回忆这些,是为了帮助你更好地了解长期债务将发生什么情况。

如果一家公司借入一笔款项,并承诺在两年内偿还,这项贷款金额就被划分为长期债务。仅仅贷款的应计利息作为流动负债在该年度的资产负债表中列示。但是,一年之后,该项贷款成为一项流动负债,正如你毕业成为当前的事件一样。到那时,贷款就需要在资产负债表的流动负债部分披露。会计师实际上并没有设立一个不同的账户,他们只是将即将偿还的本金从总的长期负债总额中转出,并将其作为流动负债进行报告,称为一年内到期的长期负债。图表10.1(第433页)所示的通用磨坊公司报告的资产负债表中的流动负债部分的最后,展示了这方面的一个例子。我们应该注意,在2006年通用磨坊公司是如何将预计可在2007年偿还的21亿美元的长期债务列示为一项流动负债。同样的,在2005年的流动负债中,包括了长期负债预计在2006年偿还的部分。这样将长期负债重新划分为流动负债是必要的,以使资产负债表能准确地报告在即将到来的一年中,要偿还现有负债的美元总额。

会发生什么?

自 我 测 试

假定在2007年12月31日,百视达公司借入1万美元资金,预计每年的11月30日偿还一部分款项。具体地说,百视达公司将按以下方式归还本金:2008年,1 000美元;2009年,2 000美元;2010年,3 000美元;2011年,4 000美元。写出2008年12月31日如何记录这笔负债以及2007年的资产负债表如何列报,假设本金按规定日期偿还。

	截至12月31日	
	2007	2008
流动负债		
一年内到期的长期负债	$	$
长期负债		
负债总额	$9 000	$10 000

自测答案
一年内到期的长期负债:$2 000,$1 000;
长期负债:7 000,9 000;
负债总计:9 000,10 000。

额外的流动负债

由于Big G公司业务性质的特殊性,它并不报告在其他公司看来是很普遍的某些流动负债。在这一节,我们将看看两种这样的负债。

应计销售税　　除了五个州之外(阿拉斯加、特拉华、蒙大拿、新罕布什尔和俄勒冈),零售商都必须交纳销售税。零售商在销售商品时已经从消费者那里征收了销售税,并将其转交给州政府。就像工资税一样,公司所收到的税款是作为一项流动负债存在的,直至它们转交给政府为止。这并不是零售商的一种费用,因为公司所做的只是简单地收集税款并将它们转交给政府。因此,如果百思买公司销售电视机获得1 000美元的现金另加5%的销售税的话,那么该公司将获得1 000美元的销售收入,同时也产生了50美元销售税的负债。这一销售产生的财务影响以及相关分录如下所示:

1. 分析

资产	=	负债	+	股东权益
现金　+1 050		应计销售税　+50		销售收入(+E)　+1 000

2. 记录

借:现金(+L) 　　　　　　　　　　　　　　　　　1 050
　　贷:应计销售税(+L) 　　　　　　　　　　　　　　　50
　　　　销售收入(+R,+SE) 　　　　　　　　　　　　 1 000

当百思买公司向州政府支付销售税时,应计销售税(借)和现金(贷)将以相同数额相应减少。

预收账款　　早在第4章,你就知道了一些公司在提供商品或服务给客户前,就先收到了现金。航空公司是预先收款,之后提供航班的;零售商销售购物卡获得现金,卡可以用于以后采购商品和服务;其他公司订阅开始前就已经收到订金,美国互动公司(票务公司和Match.com的所有者)就是这方面的例子。互动公司在提供订阅服务之前先收到订阅费,因此它在最初记录为一项负债(即预收账款)。它之所以作为负债,是因为互动公司有义务为订阅者提供相应的服务。当该订阅服务提供以后,互动公司减少这项负债,并将收取的订阅费用转为收入。举例来说,假设在10月1日,互动公司收到一项为期3个月的预付现金,每月10美元。产生的财务影响以及相关分录发生在两个阶段,如下所示:

1. 收到现金并产生负债(10月1日):

1. 分析

资产	=	负债	+	股东权益
现金　+30		预收账款　+30		

2. 记录

借:现金(+A) 　　　　　　　　　　　　　　　　　　30
　　贷:预收账款(+L) 　　　　　　　　　　　　　　　30

2. 履行部分义务并赚取收入(10月31日)

1. 分析

资产	=	负债	+	股东权益
		预收账款　-10		订阅收入(+R)　+10

2. 记录

借:预收账款(-L) 　　　　　　　　　　　　　　　　10
　　贷:订阅收入(+R,+SE) 　　　　　　　　　　　　10

随着时间的推移,互动公司将作出调整(如上述的第2步),以说明它继续履行的义务以及取得的订阅收入。不要让例子中小小的数额糊弄了你。预收账款的金额可能是非常巨大的。对于互动公司来说,总额可能超过120万美元,超过了公司的应付账款额。

长期负债

当像通用磨坊这样的公司需要大量的资金以扩大其业务的时候,它要么会通过长期贷款(举债筹资)或发行更多股票(权益筹资)来取得借款。在本节中,我们介绍长期债务筹资,权益筹资将在第 11 章中介绍。在你更熟悉两者以后,我们还会在第 11 章讨论这两种筹资类型的优缺点。

> **学习目标 3**
> 分析并记录债券交易。

长期债务筹资通常可以通过两种方式来取得:私人贷款协议或公开发行债务证明书。在私人贷款协议中,借款人先确定有潜力的放款者,比如银行,并与之就借款的各方面进行谈判。这一点与你在前一节中所学的应付票据很像,除了在时间上,长期负债一般在一年以上。而当一家公司需要筹集的钱任何一个贷款人都没有能力提供时,可以考虑利用公开发行债务证明书来筹资。因为这种形式的筹资可能涉及几百,甚至是几千个贷款人,公司不可能与每个潜在的贷款人谈判不同的贷款条件。取而代之的是,公司借贷开始时制定将适用于每一个贷方的标准条款。接着,公司寻找感兴趣的贷款人。我们应该注意私人贷款协议与公开发行债务证书之间执行步骤的不同之处。如图表 10.4 所示,这个看似轻微的差别,在之后我们解释公开发行债务如何进行时将变得非常重要。

图表 10.4　公司举债筹资的两种方式

私人贷款	公开发行债务证明书
1. 寻找贷款人	1. 设立借款条件
2. 设计借款条件	2. 寻找贷款人
3. 借款(应付票据)	3. 借款(应付债券)

既然你已经学会了怎样去核算私人贷款及应计利息,我们在这一节就将重点放在如何处理由公开发行债务说明书而获得贷款上。这种类型借款的借款条件,比如利息率、什么时候全额偿还债务(即到期时间),都详列于叫作债券证书的文件里。债券证书的例子见第 444 页。感兴趣的贷款人在债券市场上"买进"公司的债券,这与股票交易类似。从公司的角度来看,"卖出"债券实际上是形成了一种称为应付债券的贷款。公司承诺根据债券证书上的条款偿还贷款,以此为代价而取得现金。

应付债券

从表面上看,债券市场看起来非常像银行贷款或长期本票。它规定了利息支付、到期日期,还有到期需支付的金额。支付利息通常是一年支付一次或两次,但是为了方便处理,在本书中,我们只包括每年支付利息的情况。于到期日支付的金额,即所谓的面值,一般为每张债券 1 000 美元。为了了解从债券发行之日起至它到期,借款人须支付给贷款人的现金,你只需要知道利息、到期日、面值——所有这些在债券证书中都已经规定了。

让我们来看一个例子。假定在 2007 年 1 月 1 日,通用磨坊公司收到 10 万美元到期日为 2011 年 1 月 1 日的债券,规定每年的 1 月 1 日支付利息,利率为每年 6%。债券偿还可以用一个时间表归纳如下:

这看起来非常像图表 10.3 中应付票据的时间表,不是吗?当贷款人以债券的面值支付款项时,其核算也是非常相似的。

按票面价值发行的债券核算 当出现以下情况时会产生财务影响:(1) 债券的首次发行,(2) 额外支付给贷款人的贷款利息,(3) 付款,以及 (4) 偿还债券。在本节中,我们用上文所述的通用磨坊公司作为例子来说明这些财务的影响。

1. **发行债券并收到现金**。对于通用磨坊公司而言,发行债券借入的资金产生了财务影响,我们分析如下,这些影响在 2007 年 1 月 1 日都将会确认,其相关分录是:

1. 分析	资产	=	负债	+	股东权益
	现金 +100 000		应付债券 +100 000		

2. 记录　借:现金(+A)　　　　　　　　　　　　　100 000
　　　　　　贷:应付债券(+L)　　　　　　　　　　　　　100 000

2. **会计期末欠的利息**。配比原则要求利息费用应按照应付债券的偿还责任记录于各个会计期间。如果通用磨坊公司从 1 月 1 日起并未对债券作出任何分录的话,将需要在 2007 年 12 月 31 日对 12 个月的利息费用予以记录。在我们的例子中,这种利息直到下一年度的 1 月 1 日才支付,因此,2007 年 12 月 31 日应该确认一项负债。利息的计算方式与应付票据的一致,正如在这章中之前解释的,它等于本金×利率×期限。这种利息能产生下列财务影响,相关分录如下。

> **辅导员提示**
> 如果利息支付与利息费用记录发生在同一天,分录 2 和分录 3 就可以合成一个,我们将其分开是为了提醒你,利息费用也要记录。

1. 分析	资产	=	负债	+	股东权益
			应付利息 +6 000		利息费用(+E) −6 000

2. 记录　借:利息费用(+E,−SE)　　　　　　　　　6 000
　　　　　　贷:应付利息(+L)　　　　　　　　　　　　　6 000

3. **付款**。当通用磨坊公司在 2008 年 1 月 1 日支付利息时,产生的财务影响和相关分录如下：

1. 分析

资产	=	负债	+	股东权益
现金 −6 000		应付利息 −6 000		

2. 记录

借：应付利息(−L)　　　　　　　　　　　　　　6 000
　　贷：现金(−A)　　　　　　　　　　　　　　　　6 000

应计的利息费用(步骤2)以及记录利息的支付将持续到到期日(步骤3)。债券在到期时将全部偿还，对会计恒等式产生如下影响，相关分录如下所示：

1. 分析

资产	=	负债	+	股东权益
现金 −100 000		应付债券 −100 000		

2. 记录

借：应付债券(−L)　　　　　　　　　　　　　　100 000
　　贷：现金(−A)　　　　　　　　　　　　　　　　100 000

低于或高于面值发行的债券　如果贷款人一直按面值购买债券的话，这个话题就不会存在了。不过，有时候贷款人预先愿意支付的金额，与借款人承诺到期偿还的金额

> **你应该知道**
> 面值是债券到期时支付的金额。票面利率是债券上标明的利率，用以计算利息。

是不相同的。在研究如何核算之前，弄明白为什么会发生这种情况是非常有用的。

理解这些关键的一点是要记住，借款人在寻找到感兴趣的贷款人之前，就已经设定好了债券的条件。因此，可能会有借款人承诺支付的利率(在债务证明书中规定的)与贷款人贷款给公司想要获取的利率不一致的情况出现。如果借款人确定的票面利率(如6%)低于贷款人期待获得的利率(如8%)，贷款人就不会购买债券。这就像你放弃1 000美元的家庭娱乐系统一样，因为它没有你所想要的所有功能。你是不会购买它的，除非(a)增加了必需的功能，或者(b)给你在初始价格上打点折。在债券中，是不能增加或改变其利率的，因为它经历了一个漫长监管机构的批准过程，并且这些已经印在债券证书上了。相反，会发生的情况是，贷款人少付一定的款项，这样他们便得到了一个折扣！该折扣可以允许他们支付更少的钱，并仍然能在到期日得到全部的面值，这样便增加了贷款人的收益了。从借款公司的角度来看，这个折扣率的影响是增加了计入债券的利息成本。

相反如果债券具有的特征使它们对贷款人很有吸引力的话。正如你可能得付出的额外的费用，以获得热门演唱会或体育赛事的入场券一样，贷款人可能愿意支付更多的金钱来购买该债券，如果其利率(6%)高于市场上类似债券的利率(4%)的话。贷款人愿意本来可以不用支付的额外费用以购买债券，这使他们获得与其他同样有吸引力的债券相当的收益。此处的重点是，如果债券票面利率与贷款人期望的利率不同时，债券的发行价格将异于其面值。

在我们讨论如何核算债券的发行价格不同于其面值之前，让我们总结一些重要的

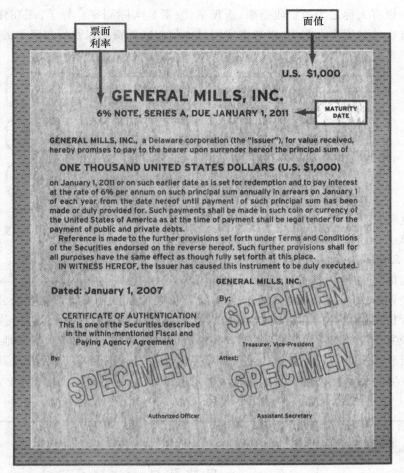

名词。首先,让我们从你可以从债务证书了解的信息开始。债券上规定的价值叫做票面价值。为明确起见,我们以后将一直用这个词,但你大概也知道,其他人使用替代性的词(比如平价)。债券上规定的利息率称为票面利率。同样,以后我们也会一直用这个名词,但替代词仍然存在(如息票率)。

现在知道了票面上记录的信息后,让我们来谈谈用于描述债券真正内涵的名词。发行债券时,借款人实际收到的金额即为所谓的发行价。发行价格的准确金额是指贷款人自行决定的,他们愿意放弃多少收益来收购债券。从理论上说,这个数额是根据称为现值的数学公式计算出来的,这将在这本书的附录 C 中讨论。债券交易商和新闻报道通常引用占债券面值的百分比作为债券的发行价格。所以 1 000 美元的债券以 95 的价格发行,指债券以 1 000 美元的 95% 为发行价格,即 950 美元。贷款人在债券市场上要求从债券购买中获得的利率称为市场

> **你应该知道**
> 发行价是债券发行时购买者支付(公司收到)的金额。现值是基于数学计算来确定的未来一期或多期支付在今天值多少钱。

> **你应该知道**
> 市场利率是贷款人要求的利息率。

利率。也有人称之为投资收益率、折现率，或者是实际利率。好了，现在你已经准备好将所有这些名词集合起来，以考虑它们是如何与额外费用以及折扣联系的，如下所示。

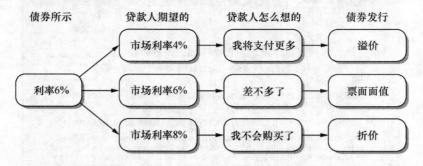

这时，有两个共同的问题，它们是"为什么借款人会允许给贷款人提供折扣呢"和"为什么贷款人会愿意支付溢价呢"。这两个问题的答案是一样的。折价或溢价仅仅是一个调整金额，它是为了确保债券的发行价能使借方和贷方都觉得是公平的。由于允许折价（或溢价）的存在，债券就能以双方都能接受的利率，即通过借款人与贷款人直接谈判债券的有关事项能确定的利率，给借方和贷方提供收益。简单地说，市场利率是指贷款人投资于其他类似的公司的债券时可以获得的利率，即公司从其他贷款人借入资金时需要承担的利率。从借款人的角度来看，市场利率代表了借款人真实的借贷成本。

> **你应该知道**
>
> 债券发行价高于面值,称为溢价发行;发行价低于面值,称为折价发行。

▲ 会发生什么?

自 我 测 试

在下面各个独立的条件下,说明债券是否以溢价（P）、折价（D）或者是票面面值（FV）发行。

1. 票面利率 = 7%, 市场利率 = 7%
2. 票面利率 = 5%, 市场利率 = 6%
3. 债券发行价格 = $10 100, 债券票面面值 = $10 000

自测答案
1. FV   2. D   3. P

折价发行债券的核算   债券折价发行和债券以票面面值发行的主要区别在于,折价发行时借款人获得的资金少于以面值发行时获得的资金。借款人仍需以债券规定的票面利率以及票面面值支付利息和面值。让我们看看通用磨坊公司发行债券的案例,债券面值为 10 万美元,4 年后到期,票面利率为 6%,当时的市场利率为 8%。为了获得预期 8% 的利率,贷款人只愿意支付 93 376 美元来购买债券。也就是说,他们通过现值计算确定,如果他们支付93 376美元购买债券,每年收回6 000美元利息,再加上到期时收到的10万美元,对于该债券他们就能获得8%的收益。面值为10万美元的债券以93 376美元的价格发行的话意味着折价为6 624美元。由于借款人在债券发行日收到93 376美元资金,这数额便是那一天所欠的数额。虽然最终在到期日支付额是10万美元面值。在确定会计等式的影响时,这些因素都需要考虑,会计分录记录如下:

	资产	=	负债	+ 股东权益
1. 分析	现金 +93 376		应付债券 +100 000	
			应付债券折价(+xL) −6 624	

2. 记录	借:现金(+A)		93 376
	应付债券折价(+xL, −L)		6 624
	贷:应付债券(+L)		10 000

注意到应付债券是按面值记录的(10万美元),该金额等于到期时应支付的本金数。为了有效地显示债券发行日的应付金额(93 376美元),我们引入一个称为应付债券折价的负债备抵科目。这个账户在资产负债表中是应付债券账户的抵减项,如图表10.5所示。应付债券账户报告的是通用磨坊公司到期时应支付的金额(10万美元美元),而应付债券净额那栏(经常称为置存价值)报告的是通用磨坊公司的债券发行时所欠的负债。通用磨坊公司在1月1日债券发行时只收到93 376美元,因此该净额于当日确认为一项负债。

> **辅导员提示**
> 尽管应付债券折价记录于借方,但它不是资产,而是负债的备抵账户。

图表10.5 资产负债表报告证券折价的例子

通用磨坊公司 2007年1月1日的资产负债表(摘录)	
长期负债	
应付债券	$100 000
减:应付债券折价	6 624
应付债券净额	93 376

在我们的例子中,通用磨坊公司在债券发行时只收到93 376美元,但在债券到期时必须偿还10万美元。Big G公司通过偿还高于初始负债额的方式,来调整贷款人赚取的利息率。我们还记得在债券发行的时候,债券各方面的条件已经确定了,所以只能通过折价发行的方式才能调整给予贷款者的利息,吸引投资。实际上,折扣代表了额外的利息。从通用磨坊公司的角度来看,此折扣优惠降低了发行价,这意味着借款人收到的金额少于在到期日需要偿还的金额,从而增加了总借贷成本。实际上,通用磨坊公司应负有等于8%的借入利率,而不是债券说明书上说的6%。

为了遵循配比原则,这种额外的借贷成本必须相应地计入相关会计期间。这需要在每一会计期间,从应付债券折价中提取一定的金额,并将其记入该期的财务费用中。

这一过程(即折扣摊销)会使应付债券折价随着时间的推移慢慢下降到0,从而导致债券的置存价值逐渐增加,直至债券到期日达到面值为止,如图表10.6所示。

图表10.6 债券折价的摊销

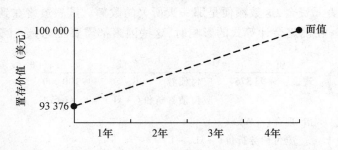

有两种不同的摊销方法,可以用来计算和记录从应付债券折价中提取,以记入财务费用的金额:(1)直线法,(2)实际利率法。公认会计原则规定,除非使用直线法计算的结果在数字上并没有显著不同,应该使用实际利率法计算。有人认为直线法是比较容易理解的方法,所以我们在这章的附录A中首先介绍它。附录B将详细介绍实际利率法(理论上更好的方法)。本章附录C介绍了一种组合了直线法的简单和实际利率法的概念力量的方法。如果你对这些附录感到困惑,我们会在后面告诉你何时是阅读它们的最佳时机。

溢价发行债券的核算 当债券溢价发行时,借款人可以收到债券的面值加上溢价。这意味着在发行的当天,该公司获得的金额不仅仅是面值。让我们看看以下情况下,市场利率为4%,但通用磨坊公司票面利率为6%。在这种情况下,贷款人都愿意支付的发行价格为107 260美元(用附录C所示的现值计算公式计算)。2007年1月1日发行债券对会计等式的影响,以及相关分录如下:

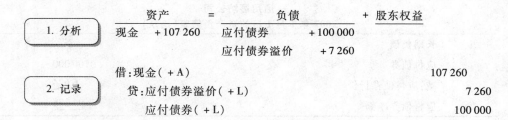

债券的置存价值是这两个账户的总额,即应付债券和应付债券溢价,如图表10.7所示。

图表10.7 资产负债表报告债券溢价的例子

通用磨坊公司2007年1月1日的资产负债表(摘录)	
长期负债	
应付债券	$100 000
加:应付债券溢价	7 260
应付债券,包括溢价	107 260

通用磨坊公司在债券发行时收到107 260美元,但在债券到期时只需偿还10万美元。溢价产生的影响是使借款人获得比到期需偿还更多的钱,从而降低了总借贷成本。与折扣一样,溢价7 260美元应分摊到每个利息期。这个摊销过程减少了应付债券的溢价额和每期的利息费用,并在债券期限内使应付债券溢价账户下降至零。同时,这也导致债券的置存价值减少,直至到期时达到债券面值为止,如图表10.8所示。这些程序将在本章A、B和C中解释。现在,你可以阅读在以前未看过的附录资料,之后再回到这里,学习本节剩下的内容。附录从第453页开始。

图表 10.8

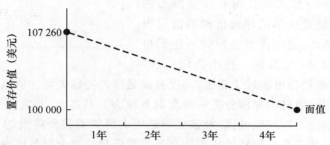

提前偿还的债务 多数债券是在到期日偿还的。然而,一些情况下,公司可能决定在债券到期前偿还债券。拥有大量现金的公司可以偿还债务,以减少未来的利息费用,从而增加未来的净收入。即使公司没有额外的现金流也可能提早偿还债券,尤其是如果债券发行后利率下降的话。通过以更低的利率发行新债券来偿还未到期的以前的债券,公司就可以减少未来的利息支出。

提前偿还的债券会在三个方面产生财务影响:(1)借款人支付现金,(2)借款人的债务责任消除了,(3)产生利得或损失。是产生利得还是损失,要看在提前偿还债券时,市场上的市场价值是多少。如果需要支付的提前偿还债券价值低于债券的置存价值的话,就会产生利得。相反,如果该公司需在提前偿债日支付多于债券置存价值的金额,就会产生损失。

为了说明这些影响,假设在1999年,通用磨坊公司发行了票面面值为100万美元的债券。九年后的2008年,《华尔街日报》报告的头条写到该债券将提前偿还,需要支付103万美元。提前偿还债务将导致下面的财务影响,相关分录如下所示:

1. 分析	资产	=	负债	+	股东权益
	现金 −1 030 000		应付债券 −1 000 000		提前偿债损失(+E) −30 000

2. 记录	借:应付债券(−L)		1 000 000
	提前偿债损失(+E,−SE)		30 000
	贷:现金(−A)		1 030 000

对上面的例子有两件事需要注意:第一,提前偿债产生的损失将在利润表的其他损益中报告,列于营业收入以及税前收入之间;第二,我们的例子中,并不涉及债券折价或

债券溢价,因为我们已经假设债券以面值发行。对于债券发行低于或高于面值时,任何溢价或折价余额,在提前偿债时,都会被注销。

现在你已经看到公司内部是如何处理负债的了,让我们从外面来考虑报表用户如何判断负债能否被全部还清?

评估结果

当评价另一个人或公司的偿债能力的时候,大多时候是从信用评级机构的信用报告开始的。然而,信用评级公司并不能汇报所有企业的得分(尤其是一些小公司)。即使那样,他们的报告可能过于笼统,并没有满足你的特殊关切。所以你需要真正了解自己如何像信用评级机构那样分析一整套财务报表。基本上,你需要去评估该公司是否有足够资产偿还当前的债务,以及该公司是否有可能筹集所需要的资源来偿还未来需付的款项。通常普遍使用流动比率和利息保障倍数这两个财务比率来进行评价。

> **学习目标 4**
> 解释流动比率和利息保障倍数。

财务分析工具

指标	公式	说明了什么
流动比率	流动资产/流动负债	1. 是否有足够的流动资产来支付流动负债 2. 高比率说明偿债能力高
利息保障倍数	(净利润 + 利息费用 + 所得税费用)/利息费用	1. 是否有足够的资源来偿还利息支出 2. 数值越高说明越保险

流动比率

你可能还记得第 5 章所介绍的一个指标,称为债务-资产率,说明负债总额占总资产的比例。这提供了一个衡量公司的长期偿债能力指标。流动比率是一个补充指标,常用来评价流动性的强弱,即在短期内偿还负债的能力。具体而言,流动比率计量的是该公司是否有足够的流动资产,以偿还其流动负债。一般来说,流动比率应该在 1—2 为宜。现在,许多成功的公司利用先进的管理技术,以最大限度地减少流动资产的投资额,因此,使流动比率低于 1。

> **你应该知道**
> 流动比率是流动资产对流动负债的比例,它用来评估流动性,即支付流动负债的能力。

通用磨坊公司就是一家能尽量减少它所持有的流动资产的公司。如图表 10.9 所示,其流动资产总额比其流动债务总额小,这使得流动比率小于 1。对于许多公司来说,比例小于 1 时可能值得特别关注。但对于通用磨坊公司来说,这没什么大不了的,

> **你应该知道**
> 信用额度是一种事先安排的协议,使企业在需要时在预定额度内借入所需现金。

因为在其财务报表附注中已经解释了,公司的经营活动将产生每天近 500 万美元现金。另外,该公司已经与银行签订了信用额度协议,可以按需要借入现金。不额外持有现金,可以提高其流动性,同时通用磨坊公司在需要资金时,也可以在其信用额度内借入借款。

图表 10.9　通用磨坊公司的流动资产和流动负债

（百万）	2006	2005
资产		
流动资产		
现金	$647	$573
应收账款净额	1 076	1 034
存货	1 055	1 037
预付费用和其他流动资产	398	411
流动资产总额	3 176	3 055
负债		
流动负债		
应付账款	$1 151	$1 136
其他流动负债	1 353	1 111
应付票据	1 503	299
一年内到期的长期负债	2 131	1 638
流动负债总额	6 138	4 184

 道德观察

修正的流动比率

　　虽然流动比率可以成为衡量一个公司的偿债能力的有用指标,但是分析家们必须认识到,在会计年度的期末,插入看起来很正常的交易就可以影响它的数值。举例来说,如果流动比率小于 1 的话,通过在财务报表日前购入存货就可以提高它了。如果该比率大于 1,也可以通过在财务报表日前偿还一部分应付账款来改善它。这些行动是否被认为是道德的,取决于它们是否有正当的商业理由,或仅仅是为了操纵数值以误导外部使用者。

利息保障倍数

　　通过学习会计师如何(以及何时)报告债务的应付利息,你现在已经知道债务不包括现有负债在未来需要支付的所有利息。负债只包括了至资产负债表日未付的利息。这意味着,流动比率和其他的比率是以记录的负债为基础计算的,它们并没有告诉你关于该公司将来是否有能力支付利息。其中

你应该知道

利息保障倍数以税前净收入除以利息费用,以确定在支付税收和融资成本前所赚的收入在多大程度上足以支付债务利息。

一种用来判断一个公司的未来支付利息的能力的方法是，分析在过去，公司是否产生了足够的收入以支付其利息开支。除非出现巨大的变化，过去可以作为未来的预测。大多数分析家使用的指标是利息保障倍数。

回忆一下在第 499 页"财务分析工具"中介绍的利息保障倍数公式。我们注意到，这个比率将利息和所得税费用加入到净利润中。原因相当简单。我们想知道公司在考虑了融资成本以及税收以前，是否会产生足够的收入以支付其利息开支。该方法通过将这些费用加回到净利润中来实现。一般来说，高比率比低比率更好。高比率说明，一旦未来的获利能力下降，还有一个额外的保险边界。

通用磨坊公司
利润表
2005 年和 2006 年

（百万美元）	2006	2005
销售收入	$11 640	$11 244
费用：		
销售成本	6 966	6 834
销售与管理费用	2 644	2 051
利息净额	399	455
费用合计	10 039	9 340
所得税前利润	1 631	1 904
所得税	541	664
净利润	$1 090	$1 240

2006 年利息保障倍数：

（净利润 + 利息费用 + 所得税费用）÷ 利息费用 =（$1 090 + $399 + $541）÷ $399 = 5.09

为了说明利息保障倍数比率的计算，我们在上边提供了一个浓缩版的通用磨坊公司利润表。2006 年，该比率的计算，需在净利润中加上利息费用（$399）及所得税费用（$541），将得到的结果（$2 030 = $1 090 + 399 + 541）除以利息费用（$399）。最后结果就是利息保障倍数 5.09。这意味着 Big G 公司可以产生足够多的收入，以支付其利息开支——每 1 美元的利息费用有 5 美元的收入（息税前收入）作为保证。

偶尔你会看到利息保障倍数小于 1 甚至可能是一个负数。当利息保障倍数小于 1 时，公司没有产生足够的收入以支付其利息费用。这是一个大问题。在这种情况下，大多数公司只生存了两三年之后便宣告破产了。

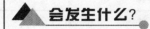

自 我 测 试

在第 450 页图表 10.9 中，报告了通用磨坊公司的资产负债表及其利润表的信息。

1. 计算通用磨坊公司在 2005 年的流动比率以及利息保障倍数（TIE）。精确到小数点后两位。

2005 年流动比率：　　　　　2005 年利息获得倍数比率：

☐ / ☐ = ☐　　　　☐ + ☐ + ☐ = ☐ times

2. 如果你是一位信用分析员，分析公司 2006 年的财务状况，你觉得通用磨坊公司有可能偿还以前年度的负债吗？

自测答案
1. 流动比率：0.73 = $3 055 ÷ $4 184
   利息保障倍数：5.18 =（$1 240 + 455 + 664）÷ 455
2. 流动比率和利息保障倍数 2006 年均下降了，显示公司偿债能力比 2005 年下降了。

债务的一般特点

咸、甜、脆而又耐嚼是形容 Big G 公司零食的形容词。这些形容词都是非常有用的，因为它们描述了不同产品之间的特点，帮助我们选择我们想要的产品。同样的方式，我

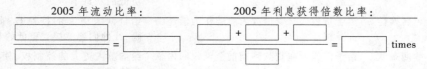

们可以用不同的形容词来形容债务协议中的关键条件，这可以帮助债权人和借款人选择他们想要的贷款条件。我们在下文中解释一些较为重要的条件。

为了减少贷款的风险，贷款人可以要求借款提供具体的资产作为贷款的担保。这很清楚地说明，如果借款人无法偿还其债务，贷款人将获得资产的所有权来作为抵押。由这类型的协议作保证的负债可以称为担保债务。大多数汽车贷款和房屋贷款，需要你提供你的汽车或房子作为担保。有些贷款人在没有抵押物的时候也愿意提供贷款，但考虑到额外的风险，他们通常会要求更高的回报率。另一个降低风险的策略，是用借款人的财务报表计算一个比率，当这个比率达到时，让贷方修改贷款条件，以修正与实际情况不符的地方。安全舱口与这个很像，在许多借款协议中这些都是常见的，即所谓的贷款契约。借款人需要在其财务报表附注中披露相关的贷款契约。图表 10.10 列出了上述条件和其他一般性的贷款条件及其解释。

图表 10.10　重要贷款条件的解释

贷款条件	含义	影响
抵押	当借款人无力偿债时,抵押物将会赔偿给贷款人	降低贷款人的风险,使他们愿意接受更低的利息率
贷款契约	如果违反契约时,允许贷款人重新制定贷款条件	降低贷款人的风险,使他们愿意接受更低的利息率
优先性	在公司破产时,先偿还"高级"债务人,之后才是"次级"债务人	降低高级贷款人的风险,使他们愿意接受更低的利息率
可转换性	给予贷款人接受借款人股票作为偿还的选择权	给贷款人更大的控制权,降低他们的风险,让他们愿意接受更低的利息率
赎回条款	给予借款人在贷款到期前全额收回借款的权力	给借款人更大的控制权,使贷款人要求更高的利息率

 道德观察

捉迷藏并不是游戏

　　捉迷藏是我们孩时玩的游戏。但是,当安然公司的高层人员用它来指导财务报表的报告时,所有的乐趣都结束了。投资者、债权人、审计师,几乎商业界所有的人都已经受到 2001 年爆发的安然丑闻的影响了。安然公司高管到底做错了些什么呢?有很多事情。为了准确了解他们所做的事情,你需要先学习财务会计的课程。从一个很简单的层面上说,他们的一个最大的罪是"隐藏"公司所欠的债务。在本质上,该公司没有真实地报告其所有的负债额。

未记账的负债

　　由于安然公司的影响,大家对于没有被资产负债表报告的财务事项变得更加敏感了。在这个部分你将学习到,欺骗并不是公司不记录有关负债的唯一的原因。在某些情况下,会计准则本身要求我们不需要在资产负债表中报告某些负债。在中级财务会计课本中,你将学习这些资产负债表表外负债。

　　或有负债是指由于过去交易或事件而出现的一个潜在的责任,但是在它确实发生或确实不发生之前,公司无法确定它实际上是否将会负债(或负债多少)。其中最普遍的例子是诉讼。在诉讼关于公司是否有义务,并且应承担义务的数额明确前,或有负债和潜在损失都只在公司的财务报表附注中报告。正如你期望的,实际会计规则并不使用晦涩语言,如"直到变得清楚"。相反,他们涉及公司产生义务的可能性,以及应承担责任的数额和损失是否是可估计的。图表 10.11 告诉你目前为止所需要知道关于或有负债的信息。

> **你应该知道**
>
> 　　或有负债是由过去的交易或事件的结果而导致的未来可能的负债。它的最终结果取决于未来某一事件是否发生。

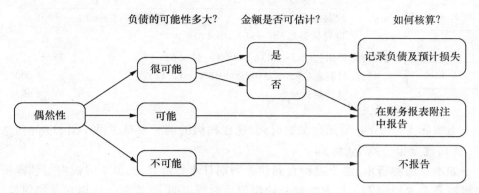

图表 10.11　或有负债的核算

最后,我们将提醒你这些未被记录的负债都不是非法的或不道德的。事实上,好的会计系统要求在有可靠的依据来记录之前,都不需做相关的记录。有些公司比较关心潜在发生的重大未被记录的负债,它们甚至会通过在资产负债表中另加一栏"承诺和意外情况"(在负债部分之后)来告诉你它们的存在,经常以财务报表附注具体披露。由于这些潜在的责任在会计记录中未被记录,因此该项目仅是个名字而已,没有对应的金额。起初也许这看起来很奇怪,但是我们就把它当做是在考虑潜在的重大负债(而当前尚未记录)方面的一个友好提示吧。兰德里餐馆的资产负债表为此提供了一个好例子。

附录 A　债券折价的直线摊销法

在本章前面,我们讲述了债券在何时会折价发行,贷款人给借款人提供比到期偿债额更少的金额来获得债券,这增加借贷成本,使债券的实际成本高于票面利率。例如,如果票面面值为10万美元的债券发行价格为93 376美元时,6 624美元的折价就是额外的借款费用,实际成本高于债券6%的票面利率。为了遵循配比原则,我们必须将这些额外的借款费用配比到相应的会计期间,即在每个会计年度,从应付债券折价中扣除相应的数额,并将它加入到该期的利息费用当中。

直线摊销法在债券的期限内,将这个额外费用平均地分摊到每个年度。在我们的例子中,债券的到期时间为四年后。因此,在每个年度的摊销率是 $6 624/4 = $1 656。我们将这数额加到承诺支付的利息费用中($6 000),得到该年的利息费用($7 656)。利用直线摊销法产生的财务影响,以及在12月31日的分录如下:

> **你应该知道**
>
> 直线摊销法将债券折价(或溢价)等额地分摊到债券存续的各会计期间,以调整因票面利率和市场利率不同而导致的利息费用差异。

	资产	=	负债	+	股东权益
1. 分析			应付利息 +6 000		利息费用(+E) −7 656
			应付债券折价(−xL) +1 656		

2. 记录	借:利息费用(+E, −SE)($6 000 + $1 656)	7 656	
	贷:应付利息(+L)($100 000 × 6% × 12/12)		6 000
	应付债券折价(−xL, +L)		1 656

当实际支付6 000美元利息的时候,这在我们的例子中是1月1日,应付利息将减少(借),现金也会减少(贷)。

如本章图解所示,这个过程直到债券到期日才会结束,到那个时候应付债券折价账户将被完全摊销到零。你大概也开始相信我们所说的了,实际上知道它是如何发生的,经常是非常有用的。在图表10A.1中,我们总结了发生在每个会计年度的变动,以及在每个会计期末它们是如何影响资产负债表的债券账户的。你可以在图表10A.1中看到在每个期间记录了相应的摊销额以后,债券折价(E栏)是如何以1 656美元的金额减少的。

图表10A.1 债券折价摊销表(直线法)

	年度内发生的变化			债券的期末余额		
期末	(A)	(B)	(C) = (A + B)	(D)	(E)	(F) = (D − E)
	应付利息	折价摊销	利息费用	应付债券	应付债券折价	应付债券净额
01/01/2007	—	—	—	100 000	6 624	93 376
12/31/2007	6 000	1 656	7 656	100 000	4 968	95 032
12/31/2008	6 000	1 656	7 656	100 000	3 312	96 688
12/31/2009	6 000	1 656	7 656	100 000	1 656	98 344
12.31/2010	6 000	1 656	7 656	100 000	0	100 000

借:利息费用(+E, −SE)	(C)	负债:	
贷:应付利息(+L)	(A)	应付债券	(D)
应付债券折价(−xL, +L)	(B)	减:应付债券折价	(E)
		应付债券净额	(F)

债券溢价的直线摊销法

和折价一样,当溢价存在的时候(前例中为$7 260),也必须在每个会计期间内进行摊销。使用直线法摊销的话,每期的溢价摊销额为$7 260/4 = $1 815。我们将从需支付的利息费用(6 000美元)中减去这个摊销额,从而得到每年度应报告的利息费用(4 185)美元。注意到,通过这种方法摊销溢价,公司的利息费用要少于每年度的应支付的利息费用,这点与我们之前的论述是一致的,即溢价有减少借贷成本的作用,它能使借款利率低于债务说明书中规定的利率。

从这个债券溢价的例子,我们可以得出其对会计等式的影响以及在12月31日利息费用的分录如下:

	资产 =	负债	+	股东权益
1. 分析		应付利息 +6 000		利息费用（+E） −4 185
		应付债券发行溢价 −1 815		

2. 记录	借：应付债券溢价（−L）	1 815	
	利息费用（+E，−SE）	4 185	
	贷：应付利息（+L）		6 000

当在 1 月 1 日支付利息的时候，应付利息（借方）和现金（贷方）都会减少。注意到每个会计期间 6 000 美元的利息支付额是由 4 185 美元当前的利息费用加上 1 815 美元的溢价分摊额组成的。换句话说，该支付额包括了当前年度的利息费用，还有一部分由贷款人在初始购买债券的时候支付的溢价回报。

在图表 10A.2 中，我们提出了一个摊销表，来总结发生在每个会计年度的变动，以及在每个会计期末它们是如何影响资产负债表的债券账户。我们注意到，在记录了摊销额（B 栏）以后，应付债券的溢价（E 栏）在每年度减少 1 815 美元，到四年后债券到期时，其值减为零。

图表 10A.2　应付债券溢价摊销表（直线法）

	年度内发生的变化			债券的期末余额		
期末	(A)	(B)	(C) = (A − B)	(D)	(E)	(F) = (D + E)
	应付利息	溢价摊销	利息费用	应付债券	应付债券溢价	应付债券净额
01/01/2007	—			100 000	7 260	107 260
12/31/2007	6 000	1 815	4 185	100 000	5 445	105 445
12/31/2008	6 000	1 815	4 185	100 000	3 630	103 630
12/31/2009	6 000	1 815	4 185	100 000	1 815	101 815
12/31/2010	6 000	1 815	4 185	100 000	0	100 000

借：利息费用（+E，−SE）	(C)	负债：	
应付债券溢价（−L）	(B)	应付债券	(D)
贷：应付利息（+L）	(A)	加：应付债券溢价	(E)
		应付债券净额	(F)

附录 B　实际利率摊销法

理论上认为，实际利率法在核算债券时是更好的方法，因为它通过用实际应支付给贷款人的金额乘以实际的借款利率，从而得到真实的借款成本。真实的借款成本是指贷款人用于确定债券发行价格的市场利率。实际欠贷款人的金额是指债券的置存价值，该金额等于债券发行时实际收到的现金数，再加上未支付的利息费用。

明确了解实际利率法，能帮助我们看清楚债券发行价格是如何取决于市场利率的。如我们在本章提及的，贷款人利用数学公式计算现值，来确定愿意支付多少现金用于购买债券。你可以阅读这本书最后的附录 C 来了解如何计算现值。现值说明了如果你现在购买一件东西的话,它会比将来未来同一时点购入更贵。例如,如果某人提供今天支付你 10 万美元或在 5 年后支付这 10 万美元的话,你最好是现在收款。因为这样你就可以投资并获得 5 年的利息,这样就可以收到超过 10 万美元的价值。同样的方法,我们可以解释如果让你乐于接受 5 年后的 10 万美元的话,现在支付的金额可以少于 10 万美元。要推测这个金额,你就需要计算 10 万美元的现值。这个计算需要的信息有:(1) 未来将收到的金额,(2) 这期间的月份数,(3) 你期待获得的利率。

在债券的情形下,贷款人从债券的票面得到一些信息,然后他们计算现值以确定应该支付多少钱购买债券。在本章,我们用图表 10B.1 来归纳一下这个演算过程,通用磨坊公司债券利率为 6%,4 年后到期。我们列出了三种不同市场利率的情况。第一栏计算的是,当贷款人的期望利率为 4% 时,他们愿意支付的金额。第二栏计算在贷款人的期望利率为 6% 时,他们愿意支付的金额。第三栏计算贷款人期望利率为 8% 时的愿意支付额。(图表 10B.1 的详细计算过程见书尾的附录 C。)

图表 10B.1　计算债券支付的现值

	市场利率		
	4%	5%	6%
4 年后支付 10 万美元面值(本金)的现值	$85 480	$79 210	$73 500
4 年中每年付息一次的 6 000 美元利息的现值	21 780	20 790	19 876
支付金额	$107 260	$100 000	$93 376

注意到,当债券的票面利率与市场上贷款人期望的利率完全相等的时候,他们愿意以票面面值支付它。如果债务说明书上的 6% 利率比贷款人期望利率(4%)更高的话,他们就溢价购买债券(如第一栏所示)。如果债务说明书上的 6% 利率比市场利率低的话,贷款人就可以折价购买债券了,造成第三栏中的折扣。我们现在看看在实际利率法下债券的折价和溢价会发生什么变化。

债券折价的实际利率法摊销

当公司折价发行债券时,它预先收到的金额数小于它在到期日偿还的金额。这使债券的借贷成本高于债券票面规定的利率。换句话说,真实的利息费用比实际支付的利息要高。在实际利率法下,这种额外(未付的)利息在每个会计期间都会被加到债券价值中去,这个过程就叫做债券折价的摊销过程。

我们继续在本章前面提到的债券折价例子。我们已经记录了票面面值为 10 万美元的债券,以及在每年 1 月 1 日支付的 6% 的利息。债券的发行价格为 93 376 美元,这暗示了折价为 6 624 美元,以及市场利率为 8%。

虽然利率实际是在 1 月 1 日才支付的,但是公司必须在每年 12 月 31 日记录利息费用。年利息费用通过实际取得的借款数额乘以市场利率计算出来($93 376 × 8% × 12/12 = $7 470)。承诺的支付利息额为,票面面值乘以票面利率($100 000 × 6% × 12/12

> **辅导员提示**
> 由于承诺的利息支付低于利息费用,债券负债将增加(备抵账户减少)。

= $6 000)。利息费用和承诺支付的利息差额就是折价的摊销额($7 470 − $6 000 = $1 470)。产生的财务影响,以及在 2007 年 12 月 31 日的分录如下所示:

1. 分析

资产	=	负债	+	股东权益
		应付债券折价(−xL) +1 470		利息费用(+E) −7 470
		应付利息 +6 000		

2. 记录

借:利息费用(+E,−SE)　　　　　　　　　7 470
　贷:应付债券折价(−xL,+L)　　　　　　　　1 470
　　　应计利息(+L)　　　　　　　　　　　　6 000

在 2008 年 1 月 1 日支付 6 000 美元利息时,应付利息(借方)和现金(贷方)都将减少。

```
         应付债券折价(xL)
1/1/2007    6 624
                      1 470   12/31/07
12/31/2007  5 154
```

上边的 T 形账户说明了上述的 1 月分录减少了应付债券折价账户的金额。这种减少额增加了长期债务账户的置存价值,如图表 10B.2 所示。

图表 10B.2　资产负债表报告证券折价的例子

通用磨坊公司 2007 年 1 月 1 日的资产负债表(摘录)		
	2007 年 1 月 1 日	2007 年 12 月 31 日
长期负债		
应付债券	$100 000	$100 000
减:应付债券折价	6 624	5 154
应付债券净额	93 376	94 846

现在让我们考虑一下 2008 年的利息费用。与 2007 年一样,2008 年的利息费用是根据市场利率计算出来的。然而,实际上 2007 年底应付债券应偿还的金额增加了,如图表 10B.2 所示。因此,以 2007 年 12 月 31 日的未付金额 94 846 美元(参见图表 10B.2)乘以市场利率计算的利息费用也增加了($94 846 × 8% × 12/12 = $7 587)。2008 年的利息费用($7 587)与承诺支付的现金($6 000)之间的差额就是 2008 年折价的摊销额($1 587 = $7 587 − $6 000)。因为真实的利息费用比承诺支付的利息要高,债券净额增加了。这对会计等式的影响,以及在 12 月 31 日的分录记录如下:

> **辅导员提示**
> 2008 年的利息费用比 2007 年高,因为 2008 年应付债券的置存价值高于 2007 年。

	资产 =	负债	+	股东权益
1. 分析		应付利息　　　　　　+6 000		利息费用(+E)　－7 587
		应付债券发行折价(−xL)　+1 587		

2. 记录	借:利息费用(+E,−SE)		7 587
	贷:应付债券折价(−xL,+L)		1 587
	应计利息(+L)		6 000

再次,当在1月1日支付6 000美元利息时,应计利息(借方)和现金(贷方)都将减少。

有些公司使用应付债券折价摊销表来归纳实际利率摊销法下详细的计算过程。图表10B.3是一个典型的摊销表。接下来的一段说明了如何阅读这张表。

图表10B.3　应付债券折价摊销表(实际利率)

期末	年度内发生的变化			债券的期末余额		
	(A)	(B)	(C) = (A − B)	(D)	(E)	(F) = (D − E)
	应付利息	利息费用	折扣摊销	应付债券	应付债券折价	应付债券净额
01/01/2007	—			100 000	6 624	93 376
12/31/2007	7 470	6 000	1 470	100 000	5 154	94 846
12/31/2008	7 587	6 000	1 587	100 000	3 567	96 433
12/31/2009	7 715	6 000	1 715	100 000	1 852	98 148
12/31/2010	7 852	6 000	1 852	100 000	0	100 000

借:利息费用(+E,−SE)	(A)	负债:	
贷:应付债券折价(−xL,+L)	(C)	应付债券	(D)
应付利息(+L)	(B)	加:应付债券折价	(E)
		应付债券净额	(F)

摊销表的第一行是,应付债券的期末余额(D栏,$100 000)和应付债券的发行时的折价(E栏,$6 624)。资产负债表上报告的应付债券净额的结存数(F栏,$93 376)是由票面面值10万美元减去6 624美元折价计算得来的。再用这个结存价值乘以市场利率计算第一年的利息费用(A栏,$7 470)。支付的利息(B栏,$6 000)是由债券的票面面值乘以票面利率计算得到的($100 000×6%×12/12)。折价的摊销数额($1 470),是由7 470美元的利息费用(A栏)减去6 000美元承诺支付的利息(B栏)计算而来的。应付债券折扣($6 624)减去本期的摊销额($1 470),便得到了期末余额($5 154)。同时,我们也可以计算债券的置存价值,即用票面面值(D栏,$100 000)减去折价的余额($5 154),得到计算结果为$94 846。这个新的置存价值是下一年计算利息费用的起点。现在花些时间看看你能不能计算出图表10B.3中2008年12月31日的金额。

债券溢价的实际利率法摊销

使用实际利率法摊销溢价时,与它摊销折价时是类似的。用当前未付余额乘以市场利率以及利息期限来计算利息费用。债券的溢价摊销额是指利息费用和承诺支付的债券利息额之间的差额。我们用之前所说溢价发行债券的例子来说明。其中债券的票面利率为6%,票面面值为10万美元,市场利率为4%。债券的发行价格是107 260美元,因此债券的溢价是7 260美元。

该年的利息费用是通过实际所欠的金额乘以市场利率计算而来的($107 260 × 4% × 12/12 = $4 290)。承诺支付的利息是用票面面值乘以票面利率计算而来的($100 000 × 6% × 12/12 = $6 000)。利息费用与承诺支付的利息之间的差额即为债券溢价($6 000 – 4 290 = $1 710)。对会计等式的影响以及相关分录如下:

> **辅导员提示**
> 注意,在每个付息期间,借款人的支付高于实际借款成本,超出的部分用来降低总的负债(通过减少溢价)。

1. 分析

资产 =	负债	+	股东权益
	应付债券溢价 −1 710		利息费用(+ E) −4 290
	应付利息 +6 000		

2. 记录

借:利息费用(+ E, − SE)　　　　　　　　　　　4 290
　　应付债券溢价(− L)　　　　　　　　　　　　1 710
　贷:应付利息(+ L)　　　　　　　　　　　　　　　　　6 000

在2008年1月1日支付6 000美元利息时,应付利息(借方)和现金(贷方)都将减少。我们注意到,在上述的例子中承诺支付的利息($6 000)比利息费用($4 290)要多,所以债券的溢价会减少。这就说明了实际利率法摊销债券的溢价和折价时的不同点。溢价摊销减少负债的置存价值,而折价摊销会增加负债的置存价值。图表10B.4提供的是一个溢价摊销的例子。我们完成了前两年的利息摊销,后两年的摊销作为自测题请你完成。

图表10B.4　应付债券溢价摊销表(实际利率)

	年度内发生的变化			债券的期末余额		
期末	(A)	(B)	(C) = (B − A)	(D)	(E)	(F) = (D + E)
	利息费用	应付利息	溢价摊销	应付债券	应付债券溢价	应付债券净额
01/01/2007	—	—		100 000	6 624	93 376
12/31/2007	4 290	6 000	1 470	100 000	5 154	94 846
12/31/2008	4 222	6 000	1 587	100 000	3 567	96 433
12/31/2009						
12/31/2010						

借:利息费用(+ E, − SE)　　(A)　　　　　负债:
　　应付债券溢价(+ L)　　(C)　　　　　　应付债券　　　　　　　(D)
　贷:应付利息(+ L)　　　　　　　　(B)　加:应付债券溢价　　　　(E)
　　　　　　　　　　　　　　　　　　　　应付债券净额　　　　　　(F)

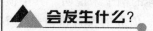

自 我 测 试

完成图表 10B.4 中 12/31/2009 至 12/31/2010 的溢价摊销。

自测答案

表中从左至右依次为：
12/31/2009：4 151；6 000；1 849；100 000；1 923；101 923
12/31/2010：4 077；6 000；1 923；100 000；0；100 000

附录 C　简化的实际利率法

这里所说的方法是指核算债券及其利息费用的简化方法。你应该知道这种方法是一个捷径。这个捷径将帮助你集中注意财务报告的最终项目，它要求我们忽略在现实的会计系统中使用的一些账户。请务必与你的老师交流一下(或看课程提要)，看看你是否希望阅读该部分的内容。

同大多数人一样，在阅读负债备抵科目减少会导致债券的置存价值增加时，你可能需要努力集中注意力来理解它。在开始能理解它之前，你甚至可能会静静地对自己自言自语几句。在这个部分，我们提出核算债券的一条捷径，这使你不再需要用"双重否定"这样的思维方式来理解债券了。当然，学习了它之后，阅读时，你也不再需要自言自语了。

这个捷径只涉及你在本章所学的一个方面。我们将溢价折价与应付债券记在一个账户里，称为"应付债券净额"，而不是像之前介绍的记入单独的账户中。这样做可以提醒你，我们集中于考虑在财务报表中到底报告了什么，而不是在其后实际使用了些什么。这种方法大大地简化了债券发行的初始核算、应付给贷款人的利息，以及债券到期的偿还。

低于面值发行的债券核算

初始发行

让我们结合本章提到的通用磨坊公司在 2007 年 1 月 1 日发行债券(发行价为 93 376 美元)的例子来进行说明。与该交易相关的会计等式变化以及相关分录如下所示：

1. 分析	资产	=	负债	+	股东权益
	现金　+93 376		应付债券净额　+93 376		

2. 记录　　借：现金(+A)　　　　　　　　　　　　93 376
　　　　　　　贷：应付债券净额(+L)　　　　　　　　　　93 376

由于应付债券存在折扣,我们需要将面值与折扣额加在一起记录到应付债券净额中(93 376 美元),而不是仅记录应付债券票面面值(10 万美元)。

使用这种简化方法,我们仍然能描述债券的溢价或折价发行,因为记录的负债可能高于或者低于其票面面值。但是,发生改变的是我们不再需要折价或溢价账户,来将票面面值调整至真实的负债。相反,报告的负债值即为应付债券的净额。

> **辅导员提示**
> 若本例涉及的是债券溢价,分录是相同的,只是金额不同(在本章例中,为 107 620 美元)。

所欠及支付的利息

所欠的利息 这种简化方法的一个优点是,我们不再需要在直线摊销法或实际利率摊销法之间做选择了,因为已经不存在折价和溢价摊销了。另一个好处是,利息费用是用你之前所学利息公式直接计算出来的:

$$\text{利息} = \text{所欠金额} \times \text{利率} \times \text{期限}$$

所欠的金额是指债券发行实际收到的现金,加上其他未支付的利息成本。使用简化方法时,所欠金额是应付债券净额在计息期开始时的数额,利率为债券发行时用于计算现值的市场利率。

让我们计算第一年度即 2007 年 12 月 31 日应计的利息,来说明这个问题。该年度期初所欠的金额为 2007 年 1 月 1 日的应付债券净额 93 376 美元。由此,我们计算利息费用为:

$$\$93\,376(\text{所欠金额}) \times 8\%(\text{市场利率}) \times 12/12(\text{期限}) = \$7\,470(\text{利息费用})$$

这里的利息支出与通用磨坊公司实际答应偿还的利息不同,从债券票面上,我们可以计算出该期间应该支付的利息金额:

$$\$100\,000(\text{票面面值}) \times 6\%(\text{市场利率}) \times 12/12(\text{期限}) = \$6\,000(\text{支付的利息})$$

我们注意到,通用磨坊公司计划支付 6 000 美元的利息,而实际的利息费用是 7 470 美元。由于该公司支付的利息低于利息的成本,因此应付债券净额将增加,其增加额为未支付的利息费用($1 470 = $7 470 − 6 000)。这对会计等式的影响,以及 2007 年 12 月 31 日的分录如下所示:

> **辅导员提示**
> 将 1 470 美元记入应付债券净额是合适的,因为通用磨坊公司要在债券到期时支付它(作为面值的一部分)。

1. 分析

资产 =	负债	+	股东权益
	应付债券净额　+1 470		利息费用(+E) 　−7 470
	应付利息　　　+6 000		

2. 记录	借:利息费用(+E,-SE)	7 470
	贷:应付利息(+L)	6 000
	应付债券净额(+L)	1 470

支付利息　2008 年 1 月 1 日支付利息时,对会计等式将产生以下的影响,相关分录如下:

1. 分析	资产	=	负债	+	股东权益
	现金　-6 000		应付利息　-6 000		

| 2. 记录 | 借:应付利息(-L) | 6 000 |
| | 贷:现金(-L) | 6 000 |

让我们继续看看债券在下一年度产生的财务影响。

所欠的利息　同样,利息费用是用该计息期初所欠的金额乘以市场利率计算出来的。在 2007 年 12 月 31 日,将 1 470 美元加入到应付债券之后,欠款额增加至 94 846 美元。由此,我们可以计算 2008 年利息费用为:

$$\$94\,846(\text{所欠金额}) \times 8\%(\text{市场利率}) \times 12/12(\text{期限}) = \$7\,587(\text{利息费用})$$

应计利息的金额是以通用磨坊公司实际承诺偿还数($6 000)为基础的。我们注意到,通用磨坊公司计划支付其承诺的利息费用($6 000),但是实际的利息费用为 7 587 美元。由于利息支付低于利息成本,因此该公司的应付债券净额将增加($1 587 = $7 587 - $6 000)。这对会计等式的影响,以及 2008 年 12 月 31 日的分录如下:

1. 分析	资产	=	负债	+	股东权益
			应付利息　　+6 000		利息费用(+E)　-7 587
			应付债券净额　+1 587		

2. 记录	借:利息费用(+E,-SE)	7 587
	贷:应付债券净额(+L)	1 587
	应付利息(+L)	6 000

支付利息　与前文类似,当通用磨坊公司于 2009 年 1 月 1 日支付利息时,对会计等式产生的影响,以及相关分录如下:

1. 分析	资产	=	负债	+	股东权益
	现金　-6 000		应付利息　-6 000		

| 2. 记录 | 借:应付利息(-L) | 6 000 |
| | 贷:现金(-A) | 6 000 |

利息费用和利息支付将一直持续到债券到期,只是利息费用的金额将随着应付债券净额的变化而变化。

在图表 10C.1 中,我们提供了一个债券的摊销表,该表归纳了每个计息期初(A 栏)应付债券的净额、在计息期内发生的变化(B、C、D 栏),以及计息期末的应付债券净额(E 栏)。从 E 栏中我们注意到,债券越接近到期日,应付债券净额就越接受债券的面值。

图表 10C.1　应付债券折价摊销表(实际利率)

	期初	期间的变化			期末
期间	(A) 应付债券 净额	(B) = (A) × 8% × 12/12 利息费用	(C) 应付 利息	(D) = (B) – (C) 计入应付 债券的利息	(E) = (A) + (D) 应付债券 净额
1/1/2007—12/31/2007	93 376	7 470	6 000	1 470	94 846
1/1/2008—12/31/2008	94 846	7 587	6 000	1 587	96 433
1/1/2009—12/31/2009	96 433	7 715	6 000	1 715	98 148
1/1/2010—12/31/2010	98 148	7 852	6 000	1 852	100 000

在资产负债表中报告

各期用以下分录记录:
借:利息费用(+ E, – SE)　　　　(B)
　贷:应付债券净额(+ L)　　　　　(D)
　　　应计利息(+ L)　　　　　　　(C)

在摊销表的第一行始于应付债券期初净额。利息费用(B 栏)是用计息期初所欠的金额(A 栏)乘以市场利率以及计息期的计算方法得到的。应付利息(C 栏)是用债券的票面面值乘以票面利率以及计息期计算的。未付利息(D 栏)是利息费用(B 栏)与将要支付的利息(C 栏)的差额。应付债券的期末净额(E 栏)是期初余额(A 栏)加上未付利息(D 栏)。上一年的期末余额(E 栏)在下一年便成了期初余额(A 栏)。这是计算这一年利息费用的起点。

高于面值发行债券的核算

当一个债券溢价发行时,利息费用和利息支付的核算方法与上一节所述的债券折价发行时是类似的。唯一不同的是,由于溢价发行时,利息费用小于承诺支付的利息,因此这就降低了借贷成本。这笔额外的金额使应付债券净额减少了。为了说明这一点,我们将本章之前举的溢价发行的例子扩展一下,在该例中,债务到期期限为 4 年(票面面值为 $100 000,票面利率为 6%),发行价格为 107 260 美元。这个价格隐含市场利率为 4%,因此,第一年的利息费用为 4 290 美元($107 260 × 4% × 12/12)。该年的票面利息为 6 000 美元($100 000 × 6% × 12/12),票面利息大于利息费用。包含在付款额中的 1 710 美元代表了债券本金的偿还。其对会计等式的影响,以及相关分录如下:

1. 分析

资产	=	负债	+	股东权益
		应付利息　　+6 000		利息费用(+ E)　–4 290
		应付债券净额　–1 710		

2. 记录	借:利息费用(+E,-SE)	4 290
	应付债券净额(-L)	1 710
	贷:应付利息(+L)	6 000

当1月1日支付6 000美元的利息时,应计利息(借方)和现金(贷方)都将减少。正如我们之前看到的,在之后的会计期间,还需要继续做类似的分录,直到债券到期或提前偿还。

本章复习

示范案例A:应计负债和预收账款

网络游戏公司在2007年12月31日报告了以下信息:

2007年12月收到的2008年服务的订金	$12 000
雇员赚取的薪金总额(12/26—12/31)	3 600
扣除的雇员所得税(12/26—12/31)	550
扣除的雇员FICA税(12/26—12/31)	210
支付给雇员的净额	2 840

2008年的订金将在2008年的每个月均匀地获得。2007年12月31日支付了员工2 840美元,但是扣缴款并没有转出,也没有与员工的FICA贡献配比。

要求:

1. 说明2008年的订金应该如何在资产负债表和利润表中报告。(a) 2007年12月31日;(b) 2008年1月31日。

2. 在下面情况下,写出会计等式的影响以及会计分录:(a) 2007年12月收到订金;(b) 2008年1月31日需作的调整。

3. 计算2007年12月26日至31日相关的工资成本总额。

4. 写出对会计等式的影响以及2007年12月31日的分录,以调整与2007年12月26日至31日相关的工资成本总额。

参考答案:

1. a. 2007年12月31日,预先收取的订金1.2万美元,在资产负债表中将作为一项流动负债,即预收账款。2007年的利润表并不会报告收到2008年的订金数。

b. 2008年1月31日,提供了一个月的服务,因此资产负债表中预收账款账户金额将减少1 000美元(= $12 000 × 1/12),同时,利润表中的收入将增加1 000美元。

2. a. 2007年12月(收到2008年的订金):

资产	=	负债	+	股东权益
现金 +12 000		预收账款 +12 000		

借:现金(+A)	12 000
贷:预收账款(+L)	12 000

b. 2008年1月31日（赚得2008年一个月的订金）

资产	=	负债	+	股东权益
		预收账款 －1 000		订购收入（＋R） ＋1 000

借：预收账款（＋L）   1 000

   贷：订购收入（＋R，＋SE）   1 000

3. 计算工资成本

雇员：员工的工资净额	$2 840
扣除的员工所得税	550
扣除的员工FICA税	210
工资薪金总额	3 600
雇主：FICA税（与贡献配比）	210
雇员与雇主的工资总额	$3 810

4. 与雇员相关的工资成本：

资产	=	负债	+	所有者权益
现金 －2 840		应付预扣所得税 ＋550		工资费用（＋E） －3 600
		应付FICA税 ＋210		

借：工资费用（＋E，－SE）   3 600

   贷：应付预扣所得税（＋L）   550

      应付FICA税（＋L）   210

      现金（－A）   2 840

与雇主有关的工资成本：

资产	=	负债	+	股东权益
		应付FICA税 ＋210		工资税费用（＋E） －210

借：工资税费用（＋E，－SE）   210

   贷：应付FICA税（＋L）   210

示范案例B：应付票据和应计利息

    2006年6月30日，卡特彼勒公司拥有243亿美元流动资产和211亿美元流动负债。在2006年8月3日，卡特彼勒公司发行了于2016年到期的本票，并收到了5亿美元。该票据于每年2月15日付息，利率为6.05%，该利率与市场上其他票据的利率差不多。公司的会计年度终结于12月31日。

    要求：

    1. 说明卡特彼勒公司资产负债表上的哪一类项目，会受到该票据发行的影响。

    2. 写出2006年8月3日发行票据的会计分录。

    3. 写出2006年12月31日利息费用的会计分录。假定该日之前没有计提任何利息费用。

4. 写出 2007 年 2 月 15 日第一次付息的会计分录。

5. 计算卡特彼勒公司 2006 年 6 月 30 的流动比率。

6. 假定截止到 2006 年 12 月 31 日,卡特彼勒公司并没有使用 2006 年 8 月 3 日发行票据收到的现金。如果有的话,票据的发行会给公司该会计年度末的流动比率产生什么影响?

参考答案:

1. 票据的发行使卡特彼勒公司的现金(流动资产)及其应付票据(长期负债)增加了 5 亿美元。

2. 2006 年 8 月 3 日(发行日):

借:现金(+ A)	500 000 000
贷:应付票据(+ L)	500 000 000

3. 2006 年 12 月 31 日(5 个月的应计利息费用):

借:利息费用(+ E, − SE)($500 000 000 × 6.05% × 5/12)	12 604 167
贷:应计利息(+ L)	12 604 167

4. 2007 年 2 月 15 日(首次付息日):

借:利息费用(+ E, − SE)($500 000 000 × 6.05% × 1.5/12)	3 781 250
应计利息(− L)	12 604 167
贷:现金(− A)($500 000 000 × 6.05% × 6.5/12)	16 385 417

5. 2006 年 6 月 30 日的流动比率 = 流动资产/流动负债
= 24 300 000 000/21 100 000 000 = 1.15

6. 2006 年 12 月 31 日的流动比率 = 流动资产/流动负债
= (24 300 000 000 + 500 000 000)
÷ (21 100 000 000 + 12 604 167) = 1.17

票据的发行使流动比率提高了,因为发行票据取得的 5 亿美元现金,增加了公司的流动资产;而流动负债的增加只是相对较少的利息部分。同时,5 亿美元的应付票据增加了公司的长期负债。

示范案例 C:应付债券

为筹集资金以建立一个新工厂,Reed 公司以下面条件发行了债券:

债券的票面面值:10 万美元

期限:2007 年 1 月 1 日至 2012 年 1 月 1 日,五年期

利率:每年 1 月 1 日付息,利率为 6%,

2007 年 1 月 1 日发行债券,以 104.3 的比例溢价发行。市场利率为 5%。Reed 公司每年 12 月 31 日为一个会计期末。

要求:

1. Reed 公司从债券发行中,可以收到多少现金?写出计算过程。

2. 应付债券的溢价金额是多少?溢价应该在多长时间内摊销完?

3. 说明该债券的发行对会计等式将产生什么影响,并写出2007年1月1日的相关会计分录。

4. (附录A)编制2007年12月31日与债券利息相关的分录,说明对会计等式的影响。用直线摊销法摊销。

5. (附录B)编制2007年12月31日与债券利息相关的分录,说明对会计等式的影响。用实际利率法摊销。

6. (附录C)编制2007年12月31日与债券利息相关的分录,说明对会计等式的影响。用简化的实际利率法摊销。

参考答案:

1. 债券的销售价格:$100 000 × 104.3% = $104 300
2. 应付债券的溢价:$104 300 - $100 000 = $4 300

摊销期:从发行日2007年1月1日起至到期日2012年1月1日为止 = 5年 × 每年12个月 = 60个月

3. 2007年1月1日(发行日):

资产	=	负债	+	股东权益
现金　+104 300		应付债券　　+100 000		
		应付债券溢价　+4 300		

借:现金(+A)　　　　　　　　　　　　　　　　　　　　　104 300
　　贷:应付债券溢价(+L)　　　　　　　　　　　　　　　　　4 300
　　　　应付债券(+L)　　　　　　　　　　　　　　　　　　100 000

4. 2007年12月31日(计提利息):

资产	=	负债	+	股东权益
		应计利息　　　+6 000		利息费用(+E)　-5 140
		应付债券溢价　-860		

借:应付债券溢价(-L)　　　　　　　　　　　　　　　　　　860
　　利息费用(+E,-SE)　　　　　　　　　　　　　　　　　5 140
　　贷:应付利息(+L)　　　　　　　　　　　　　　　　　　6 000

5. 2007年12月31日(计提利息):

资产	=	负债	+	股东权益
		应计利息　　　+6 000		利息费用(+E)　-5 215
		应付债券溢价　-785		

借:应付债券溢价(-L)　　　　　　　　　　　　　　　　　　785
　　利息费用(+E,-SE)　　　　　　　　　　　　　　　　　5 215
　　贷:应付利息(+L)　　　　　　　　　　　　　　　　　　6 000

6. 2007年1月1日(发行日):

资产	=	负债	+	股东权益
现金　+104 300		应付债券净额　+104 300		

借:现金(+A)　　　　　　　　　　　　　　　　　　　　　104 300
　　贷:应付债券净额(+L)　　　　　　　　　　　　　　　　104 300

2007年12月31日(计提利息)

资产	=	负债	+	股东权益
		应计利息 +6 000		利息费用(+E) −5 215
		应付债券溢价 −785		

借:应付债券溢价(−L)　　　　　　　　　　　　　　785
　　利息费用(+E,−SE)　　　　　　　　　　　　5 215
　　贷:应付利息(+L)　　　　　　　　　　　　　　　　　6 000

本章小结

学习目标1:解释负债的报告将如何帮助管理者决策,第432页
- 负债是指由过去的交易产生的未来经济利益流出企业的可能数。例如应付账款、应计负债、应付票据以及应付债券。
- 预计在一个经营周期内偿还或在一个资产负债表的时间内(一年)偿还的负债(取两者较长的)应归于流动负债,其他类型的负债就是长期负债。

学习目标2:解释如何核算一般形式的流动负债,第433页
- 负债的初始金额与其现金流相等,即为贷款人在产生负债的交易或事项发生时立即支付的现金数额。
- 当有额外的义务产生时(包括利息),负债就会增加。当公司偿还借款,或向贷款人提供劳务时,负债就会减少。

学习目标3:分析并记录债券交易,第441页
- 对于大部分公开发行的债务(债券),公司借入的金额一般与到期时偿还的数额不相等。债券折价发行产生的影响是,使借款人支付少于债券票面面值的资金来获得债券,使借款成本高于票面利率。债券溢价发行产生的影响是,使借款人支出多于到期时需要的资金来获得债券,使借款成本低于票面利率。
- 利息费用反映了借入资金的成本,它等于定期支付的利息加上(或减去)在计息期内债券折价(或溢价)的摊销数额。

学习目标4:解释流动比率以及利息保障倍数,第449页
- 流动比率计量的是流动性,即公司用流动资产偿还其流动负债的能力。
- 利息保障倍数计量的是公司用盈利活动获得的资源来偿还其利息义务的能力。

学习目标5:描述在财务报表附注中报告的额外的负债信息,第452页
- 财务报表附注描述的是特殊性质的负债,或者是重大的财务责任,例如或有负债。
- 或有负债是指由过去的交易或事项产生的潜在负债(或损失)。只有到未来事项确实发生,或确定不会发生时,才能最终确定其金额。

财务分析工具

指标名称	公式	它告诉你什么
流动比率	流动资产/流动负债	• 是否有足够的流动资产以偿还流动负债 • 高比率说明偿还能力越强
利息保障倍数	(净利润 + 利息费用 + 所得税费用)/利息费用	• 是否能产生足够的收入以支付利息成本 • 数值越高说明偿还能力越强

关键术语

应计负债　434 页

或有负债　453 页

流动负债　432 页

流动比率　450 页

折价　445 页

实际利率法(附录 B)　456 页

面值　444 页

发行价格　444 页

信用额度　450 页

流动性　450 页

市场利率　445 页

溢价　445 页

现值　444 页

票面利率　444 页

直线法(附录 A)　454 页

利息保障倍数　451 页

练习题

问答题

1. 简述负债的定义。流动负债与长期负债的不同之处是什么？
2. 哪三个因素影响负债的报告金额？
3. 简述应计负债的定义。举一个应计负债的典型例子。
4. 为什么预收账款被认为是负债？
5. 为什么工资税以及销售税被认为是负债？
6. 如果一个公司拥有一项两年后到期的长期贷款，在以下年度应该如何在资产负债表上报告该负债？(a) 今年，(b) 下一年？
7. 为什么有些债券以折价发行，而有些债券以溢价发行呢？
8. 为什么在公开发行债券时比私人贷款更容易出现折价或溢价发行呢？
9. 债券的票面利率与市场利率有何不同？
10. 当出现以下情况的时候，债券的票面利率与市场利率哪个更高？(a) 以票面面值发行，(b) 折价发行，(c) 溢价发行。
11. 应付债券的置存价值是指什么？
12. 什么是流动比率？它与负债的分类有何关系？
13. 抵押贷款与无抵押贷款之间有何区别？对贷款人来说，哪种贷款的风险更大？

14. 什么是或有负债？或有负债如何报告？
15. （附录 A）当使用直线法摊销债券的（a）折价和（b）溢价时，如何计算利息费用？
16. （附录 B）当使用实际利率法摊销债券的（a）折价和（b）溢价时，如何计算利息费用？
17. （附录 C）当使用简化的实际利率法摊销债券的（a）折价和（b）溢价时，如何计算利息费用？

多项选择题

1. 下列哪项能最准确地描述应计负债？
   a. 长期负债
   b. 欠存货供应商的款项
   c. 已计提，但在会计期末并没有支付的费用
   d. 已经收到但还未赚得的收入

2. 截至 2006 年 2 月 28 日，美国 Greetings 公司拥有 9 700 名全职员工以及 19 800 名兼职人员。假定上一年度，公司在为雇员扣除了 200 万美元的所得税以及 61.2 万美元的 FICA 税以后，支付给雇员 800 万美元。还没有向政府支付相关的税费。以下哪一条是对该期间工资正确的表述？
   a. 应付 FICA 税为 61.2 万美元
   b. 应付 FICA 税为 122.4 万美元
   c. 薪金费用总额为 600 万美元
   d. 以上均不正确

3. 假定 Warnaco Group 公司从银行借入 10 万美元的债务，未来 5 年内偿还，下个月初开始偿还本金，下面哪项正确描述了在资产负债表中，现在应如何表示这项负债？
   a. 10 万美元属于长期负债项目
   b. 10 万美元加上五年内应支付的利息属于长期负债项目
   c. 10 万美元中的一部分属于流动负债项目，其余的本金属于长期负债项目
   d. 10 万美元中的一部分加上利息属于流动负债，其余的本金加上利息属于长期负债项目

4. 假定 Speedo International 公司 2007 年 11 月 1 日发行了长期票据，收到 40 万美元的现金。该票据每年的 4 月 30 日和 10 月 31 日支付利息，利率为 6%，该利率与市场上其他可获利的票据利率相当。下面哪个分录是 12 月 31 日应该记的分录？

   a. 借：利息费用　　　　　　　　　　　　　　　　4 000
   　　　贷：应付利息　　　　　　　　　　　　　　　　　　　4 000
   b. 借：利息费用　　　　　　　　　　　　　　　　4 000
   　　　贷：现金　　　　　　　　　　　　　　　　　　　　　4 000
   c. 借：利息费用　　　　　　　　　　　　　　　　4 000
   　　　应付利息　　　　　　　　　　　　　　　　8 000
   　　　贷：现金　　　　　　　　　　　　　　　　　　　　　12 000

d. 借:利息费用　　　　　　　　　　　　　　　　　　　　　　　8 000
　　应付利息　　　　　　　　　　　　　　　　　　　　　　　4 000
　贷:现金　　　　　　　　　　　　　　　　　　　　　　　　　　12 000

5. 下面哪项并不影响计算应支付给债券持有人的利息支出?
   a. 债券的票面面值　　　　　　　　b. 票面利率
   c. 市场利率　　　　　　　　　　　d. 付息期长短

6. 当债券溢价发行时,下面哪项说法是错误的?
   a. 债券将以高于其面值的金额发行
   b. 利息费用将超过支付的利息
   c. 市场利率低于债券的票面利率
   d. 发行价格将会高于100

7. 当以发行债券取得借款的公司拥有权利提前与贷款人终止借款关系,并提前偿还借款的时候,我们称这种贷款为
   a. 可转换　　　b. 可抵押　　　c. 可摊销　　　d. 可赎回

8. 为了确定债券是以溢价发行、折价发行还是以票面面值发行时,下面哪组信息是我们必须了解的?
   a. 债券发行时的票面面值以及票面利率　　b. 债券发行时的票面面值以及市场利率
   c. 债券发行时的票面利率以及市场利率　　d. 你需要了解更多的信息

9. 在2005年12月31日,Land O'Lakes公司报告了经营收入83 665美元,净收入128 943美元,利息费用79 873美元以及所得税费用5 505美元。公司这年的利息保障倍数是多少?
   a. 0.62　　　b. 1.61　　　c. 2.04　　　d. 2.68

10. Big Hitter Corp.在接下来的一年面临着一项诉讼。公司在次年有可能,但不是很有可能支付大概200万美元的赔偿。如果有需要的话,这个事项应该如何在本年的年末发布的资产负债表中报告?
    a. 将2 000 000美元作为流动负债来报告
    b. 将2 000 000美元作为长期负债来报告
    c. 在财务报表的附注中说明该潜在的负债
    d. 在这种情况下,不需要报告

选择题答案:
1. c　2. b　3. c　4. a　5. c　6. b　7. d　8. c　9. d　10. c

小练习

M10-1　记录预收账款

一家地方剧院以每张250美元的价格销售了1 500张季票。本季共有五场演出,第一场将在本周开始。说明该事项对会计等式的影响,并写出以下会计分录:(a)在第一场演出之前出售了本季的门票,(b)第一场演出之后所赚取的收益。

M10-2 记录销售和销售税

Ahlers Clocks 公司是一家经营挂钟、壁炉架和落地式大摆钟的零售商,坐落在南达科他州苏福尔斯的帝国大厦。假如落地式大摆钟每台售价为 5 000 美元,另加 4% 的销售税。Ahlers 公司的时钟成本为 3 000 美元。说明该事项对会计等式的影响,并写出与该项交易相关的分录。假设 Ahlers 公司的存货采用永续盘存制度,如第 6 章所述。

M10-3 计算工资税

闪电电子公司是锂离子电池的中型制造商。该公司在 11 月 1 日至 14 日期间的工资记录说明,雇员所赚取的工资总额为 10 万美元,雇员所得税总额为 1.4 万美元,预扣的 FICA 税总额为 5 250 美元。该期间内的工资净额是多少?这期间应报告的工资总额为多少?雇员和雇主的工资都需要考虑。

M10-4 报告工资税

参考 M10-3。准备该公司需要记录工资的会计分录。包括雇员和雇主税。

M10-5 长期负债的流动与非流动部分的报告

假定在 2008 年 12 月 1 日,贵公司借来的 1.4 万美元资金,并于每年 11 月 30 日偿还一部分。具体来说,你公司将在以下的年份支付相关金额:2009 年,2 000 美元;2010 年,3 000 美元;2011 年,4 000 美元;2012 年,5 000 美元。说明在 2009 年 12 月 31 日和 2008 年的资产负债表应该如何报告该项贷款,假设公司按要求支付本金。

M10-6 记录应付票据

Greener Pastures 公司于 2007 年 11 月 1 日借入 100 万美元。该票据的利率为 6%,2008 年 6 月 1 日偿还本金及利息。说明该事项对会计等式的影响,并记录在下面情况下的会计分录:(a) 11 月 1 日票据发行,(b) 12 月 31 日计提利息。

M10-7 长期负债及其利息,包括流动部分的报告

巴顿巧克力公司于 2007 年 7 月 1 日发行票据借入 100 万美元资金。每年的利率为 6%。该票据必须每年 6 月 30 日支付 20 万美元以及应计利息来分期偿还,票到期时(2012 年 6 月 30 日)全部偿还完。说明该项交易产生的结果如何在 2007 年 12 月 31 日编制的分类资产负债表中反映。

M10-8 确定债券的折价或溢价

2006 年 10 月 1 日,biz.yahoo.com 以 102.1 的价格购入福特汽车公司利率为 6.5%,到期日为 2007 年 1 月 25 日的债券。该债券是以折价还是溢价发行的?这意味着市场利率高于还是低于债券 6.5% 的利率?

M10-9 计算并报告以 98 发行的债券

电子科技有限公司计划发行面值为 50 万美元,期限为 10 年,利率为 4% 的债券。利息于每年的 12 月 31 日支付。债券将于 2007 年 1 月 1 日发行。在 2007 年 1 月 2 日编制的资产负债表中应如何报告该债券,假设公司以 98 发行债券。

M10-10 计算并报告以 103 发行的债券

假定债券以 103 发行,重复 M10-9 中的问题。

M10-11 报告按面值发行的债券

Schlitterbahn Waterslide 公司于 2008 年 1 月 1 日按票面价发行了 25 000 张 10 年期、利率为 6%、面值为 100 美元的债券。说明以下情况对会计等式的影响,以及需要编制的相关分录。(a)2008年1月1日发行债券时,(b)2008年12月31日应计的利息,以及(c)2009年1月1日的利息支付。

M10-12　确定提前偿债对财务报表的影响

如果债券发行后,其市场价格上升,公司决定提前偿还债务,你认为公司将报告提前偿债的利得还是损失？描述在这种情况下,提前偿债对财务报表的影响。

M10-13　计算流动比率以及利息保障倍数

Shaver Corporation公司的资产负债表报告了如下项目:总资产25万美元;长期资产15万美元;流动负债4万美元;所有者权益9万美元;净利润3 320美元;利息费用4 400美元;税前利润5 280美元。计算Shaver的流动比率以及利息保障倍数。根据这些比率,是否能说明Shaver公司有能力偿还其流动负债,或者当前应该支付的未来利息义务。

M10-14　分析交易对流动比率的影响

BSO公司拥有100万美元的流动资产和50万美元的流动负债,当前的流动比率为2.0。考虑下列的交易事项,会使流动比率增加、降低还是保持不变。

a. 赊购2万美元的新存货。
b. 用5万美元现金偿还应付账款。
c. 记录10万美元的应计薪金。
d. 从银行借入25万美元,90天后偿还。

M10-15　或有负债的报告

Buzz Coffee商店以其热咖啡而闻名。在涉及麦当劳公司的一个有名的案例发生之后,法律顾问提醒Buzz公司的管理层(2005年期间),如果有人被泄漏的热咖啡烫伤的话,公司可能会被起诉。"咖啡的温度很高,我可以保证你被起诉赔偿100万美元只是一个时间问题。"不幸的是,2006年随着一位顾客提起诉讼,这项预言终于实现了。这个案件在2007年判决,陪审团裁定赔偿给顾客40万美元。该公司立即提出上诉。在2008年,客户和公司终于以15万美元来解决该争论。这项负债每年应如何报告才合适呢？

M10-16　(附录A)债券发行以及利息支付的报告(直线摊销法)

Simko公司于2007年1月1日发行面值为600万美元、10年期、利率为5%的债券。债券的发行价为580 000美元。每年1月1日支付利息。使用直线法摊销,写出下列业务的相关分录:(a)2007年1月1日发行债券,(b)2007年12月31日计提利息,(c)2008年1月支付利息。

M10-17　(附录B)债券发行以及利息支付的报告(实际利率法)

Clem公司于2007年1月1日发行面值为800 000美元、10年期、利率为5%的债券。债券的发行价为74.1万美元。每年1月1日支付利息。使用实际利息法摊销,写出下列业务的相关分录:(a)2007年1月1日发行债券,(b)2007年12月31日计提利息,(c)2008年1月支付利息。

M10-18　(附录C)应计利息和利息支付的报告(简化的实际利率法)

2007年12月31日,布克海特公司的资产负债表报告了一项负债"应付债券净额"95 000美元。该项负债为面值10万美元、票面利率5%的债券。市场利率为6%。假设利息于每年1月1日支付,写出相关会计分录,记录以下事项:(a)2008年12月31日的应计利息,(b)2009年1月1日支付利息。使用附录C介绍的简化方法计算。

练习

E10-1 确定与应付票据相关的交易对财务报告产生的影响

很多公司在扩大经营活动范围的时期会借入资金以满足存货以及应收账款增加的需要。塔吉特公司是美国最大的商品零售商之一。每年的圣诞节,塔吉特公司都要增加其存货量以满足圣诞期间的销售需要。圣诞销售大部分是赊销的。因此,塔吉特公司经常在圣诞节过后的几个月才收到现金。假定在 2007 年 11 月 1 日,塔吉特公司从 Netropolitan 银行借入 600 万美元的现金,并且发行了 6 个月的票据。利率为 7.5%。会计期间至 12 月 31 日。

要求:

1. 说明下列事项对会计等式中账户、金额及方向(增加 +,减少 −,NE 为无影响)的影响。(a) 11 月 1 日票据发行,(b) 2007 年 12 月 31 日的调整分录,(c) 2008 年 4 月 30 日,支付票据及利息。用以下方法回答:

日期	资产	=	负债	+	股东权益

2. 如果塔吉特公司每年圣诞节时需要额外的现金,公司需要借入长期借款来避免每年商谈借入短期借款吗? 解释为什么。

E10-2 根据管理层战略来记录应付票据的发行与到期

使用 E10-1 的信息来完成以下的问题:

要求:

1. 写出记录 2007 年 11 月 1 日发行票据的会计分录。
2. 写出 2007 年 12 月 31 日需要做出的调整分录。
3. 写出记录 2008 年 4 月 30 日票据到期日支付票据以及利息的会计分录,假定 2007 年 12 月 31 日之前未记录任何利息。
4. 如果塔吉特公司每年圣诞节时需要额外的现金,公司需要借入长期借款避免每年商谈借入短期借款吗? 解释为什么。

E10-3 讨论工资成本的记录

Mcloyd 公司于 2007 年 3 月支付了工资薪金。工资明细如下:

工资薪金	$230 000
预扣雇员的所得税	50 200
预扣 FICA 税	16 445

要求:

1. 同时考虑雇员和雇主的工资税,计算公司的人工成本总额。
2. 写出记录 3 月工资的会计分录,包括扣除的雇员款项(但不包括雇主 FICA 税)。
3. 写出记录雇主 FICA 税的会计分录。

E10-4 预扣和不需预扣工资成本的报告

假定 Rocco Rock 公司的一个雇员在当前发工资期赚得 1 000 美元的毛工资额,需要向政府缴纳的所得税为 100 美元,FICA 税为 50 美元。考虑以下对雇员支付的两个程序。

程序 1(预扣)	程序 2(未预扣)
Rocco Rock 公司支付雇员净薪金 $850,并代替雇员扣缴所得税和 FICA 税	Rocco Rock 公司支付雇员毛薪金 $1 000,雇员交纳所得税和 FICA 税

要求:

1. 不考虑雇主的工资税,在以上程序时计算:(a) 公司的总人工成本,(b) 交纳应交给政府的所有款项后雇员可以得到的金额。
2. 解释为什么政府要求使用程序1(预扣)。
3. 我们知道雇主有义务配比雇员 FICA 贡献,解释为什么雇主可能认为程序 1 比程序 2 更好?
4. 写出在程序 1 下,雇主需要做的相关分录,假定用现金支付雇员,预扣款项和配比的雇员 FICA 贡献并没有支付。

E10-5 确定流动负债交易的影响,包括分析流动比率

Bryant 公司销售了大批存货,存货期初是赊购的。偶尔会采用短期的应付票据来获得当期使用的现金。以下是 2007 年发生的一些交易:

a. 2007 年 1 月 10 日,赊购 1.8 万美元的货物。公司采用永续盘存法。

b. 2007 年 3 月 1 日,从花旗银行借入 4 万美元现金,并发行了面值为 4 万美元的票据,6 个月后到期,应计利率为每年 8%,于到期日支付。

要求:

1. 对于每个交易事项,用会计等式说明账户、金额以及产生的影响(增加 +,减少 -,无影响 NE)。使用以下的结构来说明:

日期	资产	=	负债	+	股东权益

2. 票据到期日应支付多少金额的现金?
3. 讨论说明每项交易对流动比率的影响。(假定 Bryant 公司的流动资产一直大于其流动负债。)

E10-6 确定并记录预收订阅收入对财务报告的影响

Reader's Digest Association 是杂志、图书以及音像制品的出版商。以下注释是摘自 2006 年 6 月 30 日的年报:

收 入
我们的杂志订阅递延为预收账款,并在以后期间按比例确认收入。

假定 Reader's Digest Association 2007 年为未来年度杂志发行筹集了 3.94 亿美元资金。在 2008 年间,公司发行杂志收入 1.9 亿美元。

要求：

1. 使用给出的信息，说明与3.94亿美元和1.9亿美元相关的交易活动对账户、金额和会计等式的影响（增加+，减少-，无影响NE）。使用以下的结构来分析。

年	资产	=	负债	+	股东权益

2. 使用给出的信息，写出每年应记录的会计分录。

E10-7 写出债券发行、应计利息和利息支付的会计分录

2007年1月1日，Applied Technologies公司（ATC）发行了面值为60万美元、10年后到期的债券。该债券的票面利率为10%，每年1月1日支付利息。债券发行时市场利率为10%。

要求：

1. 确定债券发行时的价格以及ATC公司发行债券时收到的金额。
2. 写出发行债券时应记录的会计分录。
3. 写出2007年12月31日记录应计利息的会计分录，假定年内未计提任何利息。
4. 写出记录2008年1月1日利息支付的会计分录。

E10-8 写出记录以票面面值发行的债券、应计利息、利息支付和提前偿债的会计分录。

2007年1月1日，Innovative Solutions有限责任公司以票面面值20万美元发行了债券，债券的票面利率为6%，10年后到期，每年1月1日支付利息。

要求：

1. 写出记录债券发行的会计分录。
2. 写出2007年12月31日应计利息的会计分录。
3. 写出2008年1月1日记录利息支付的会计分录。
4. 假定在2008年1月1日第一次支付利息后，立即以102的价格偿还债券。写出记录该债券提前偿还的会计分录。

E10-9 说明溢价发行的债券以及利息支付对财务报告、流动比率以及利息保障倍数的影响。

Grocery公司在2008年1月1日发行面值为25万美元的债券，票面利率为11%，收到了300 328美元现金，此时市场利率为8%。规定该债券于每年1月1日支付利息，2018年1月1日到期。

要求：

1. 说明该债券发行如何影响2008年的资产负债表和利润表。主要说出影响账户的名称、影响方向。同时，如果有的话，说出它对流动比率以及利息保障倍数的影响。
2. 不需要计算，说出在2008年12月31日，资产负债表和利润表如何受利息记录的影响，同时，如果有的话，说出截止到12月31日的应计利息以及1月1日的利息支出对流动比率以及利息保障倍数的影响。

E10-10 计算流动比率以及利息保障倍数

从卡夫食品公司的网站上我们可以知道，在夏天，公司每分钟销售足够的苦艾以制作

1 000加仑饮料,每年制作5.6亿加仑。2005年12月31日,公司在其财务报告中报告了以下金额(百万):

	2005	2004
流动资产总额	$8 153	$9 722
流动负债总额	8 724	9 078
利息费用	636	666
所得税费用	1 209	1 274
净收入	2 632	2 665

要求:

1. 计算2004年和2005年的流动比率以及利息保障倍数(保留至小数点后两位数)。

2. 这表明卡夫食品公司在偿还流动负债以及未来利息义务本期分摊额方面的能力增长还是降低?

E10-11 (附录A)记录溢价发行债券以及首个利息支付期产生的影响(直线法摊销)

根据E10-9中所示的信息,同时假定Grocery公司使用直线法摊销债券溢价。

要求:

1. 写出记录债券发行的会计分录。

2. 写出记录2008年12月31日应计利息的会计分录。

E10-12 (附录B)记录溢价发行债券以及首个利息支付期产生的影响(实际利率法摊销)

根据E10-9中所示的信息,同时假定Crocery公司使用实际利率法摊销债券溢价。

要求:

1. 写出记录债券发行的会计记录。

2. 写出记录2008年12月31日应计利息的会计分录。

E10-13 (附录C)记录溢价发行债券以及首个利息支付期产生的影响(简化实际利率法摊销)

根据E10-9中所示的信息,同时假定Grocery公司使用本章附录C中介绍的简化法核算债券。

要求:

1. 写出记录债券发行的会计记录。

2. 写出记录2008年12月31日应计利息的会计分录。

E10-14 (附录A)记录折价发行债券以及首次支付利息产生的影响,并编制折价的摊销表(直线法摊销)

2007年1月1日,Seton公司发行了票面面值为20万美元、利率为8%的债券,发行价为187 163美元,此时市场利率为9%。该债券于每年1月1日以及12月31日支付利息,10年后到期。Seton公司使用直线法摊销折价。

要求:

1. 写出记录债券发行的会计记录。

2. 写出记录2007年12月31日应计利息的会计分录。

3. 编制债券的折价摊销表，使用图表 10A.1 所示的格式计算。结果保留整数。

E10-15 （附录 B）记录折价发行债券以及首次支付利息的影响，并编制折价摊销表（实际利率法）

根据 E10-14 给出的信息计算，同时假定 Seton 公司使用实际利率法摊销债券折价。

要求：

1. 写出记录债券发行的会计记录。
2. 写出记录 2007 年 12 月 31 日应计利息的会计分录。
3. 编制债券的折价摊销表，使用图表 10B.3 所示的格式计算。结果保留整数。

E10-16 （附录 C）记录折价发行债券以及首次支付利息的影响，并编制折价摊销表（简化实际利率法）

根据 E10-14 给出的信息计算，同时假定 Seton 公司使用本章附录 C 中介绍的简化实际利率法摊销债券折价。

要求：

1. 写出记录债券发行的会计记录。
2. 写出记录 2007 年 12 月 31 日应计利息的会计分录。
3. 编制债券的折价摊销表，使用图表 10C.1 所示的格式计算。结果保留整数。

辅导题

CP10-1 评价流动比率来确定影响流动负债的交易产生的财务影响

EZ Curb 公司于 2007 年完成了以下交易，会计年度于 2007 年 12 月 31 日结束。

1 月 8 日	赊购货物，成本为 1.4 万美元（假定公司使用永续盘存法）。
1 月 17 日	支付 1 月 8 日购货款。
4 月 1 日	向国家银行签发 12 个月、利率为 6% 的票据，收到 4 万美元。
6 月 3 日	赊购货物，成本为 1.8 万美元。
7 月 5 日	支付 6 月 3 日购货款。
8 月 1 日	出租本公司拥有的一栋小型办公楼，预先收取 6 个月租金，金额为 6 000 美元（使用预收租金收入账户）。
12 月 20 日	收到 100 美元定金，作为借入拖车 30 天的保证。

提示：考虑在归还拖车时，EZ Curb 公司是否有义务归还该款项。

| 12 月 31 日 | 记录已赚取但尚未支付的 6 500 美元工资。 |
| 12 月 31 日 | 年底调整与利息和出租有关的会计分录。 |

要求：

1. 对于列出的交易及相关调整分录，使用以下的结构分析说明对账户、金额以及会计等式的影响（增加 +，减少 -，无影响 NE）。

<u>日期</u>　<u>资产</u>　=　<u>负债</u>　+　<u>所有者权益</u>

2. 对于列出的交易及相关调整分录，说明流动比率是否增加、减少，或者没变化（假定

EZ Curb 公司的流动资产一直大于其流动负债）。

CP10-2　记录并报告流动负债,评价对流动比率的影响

使用 CP10-2 中的数据,完成下面问题。

要求：

1. 写出每项交易的会计分录。
2. 写出 2007 年 12 月 31 日需要的相关调整分录。
3. 说明在交易中产生的负债如何在 2007 年 12 月 31 日的资产负债表中报告。
4. 如果还没做的话,完成 CP10-1 中的第 2 题。

CP10-3　记录并报告流动负债

在 2007 年间,Riverside 公司完成了以下两项交易,会计年度至 12 月 31 日。

a. 支付并记录 2007 年工资额 13 万美元；但是由于周工资是在 2008 年 1 月 6 日支付的,因此至 2007 年末还有三天的工资并未支付也没有记录。这三天的工资总额为 3 800 美元。

b. 2007 年 12 月 31 日将邻河的办公大楼租给另一个公司,收取租金收入 3 600 美元。出租期为 2007 年 12 月 11 日至 2008 年 1 月 10 日,30 天,全部记入预收租金。

要求：

1. 写出 2007 年 12 月 31 日未支付工资需要的相关调整分录。
2. 写出：(a) 2007 年 12 月 10 日收取租金的会计分录,(b) 2007 年 12 月 31 日的调整会计分录。

提示：注意到 12 月 10 日记录的收入包括了在 12 月 31 日还未赚得的 10 天租金。这意味着未调整的租金收入高估了。

3. 说明公司 2007 年 12 月 31 日的资产负债表应如何报告与上述事项相关的负债？
4. 说明为什么权责发生制比收付实现制能为财务分析提供更相关的信息。

CP10-4　计算债券的面值发行、折价发行以及溢价发行

Sikes 公司发行了以下的债券,其会计年度结束于 12 月 31 日。

债券发行日:2007 年 1 月 1 日

到期日及金额:10 年后(2016 年 12 月 31 日),20 万美元

利率:每年 10%,于 12 月 31 日支付利息

销售日期:2007 年 1 月 1 日

要求：

1. 债券发行后立即编制财务报告,计算 2007 年 1 月 1 日应该报告的金额。

	情形 A （以 100 发行）	情形 B （以 96 发行）	情形 C （以 102 发行）
a. 应付债券			
b. 未摊销溢价（折价）			
c. 应付债券净额			

提示：用图表 10.5 来说明应付债券与应付债券净额的不同。

2. 假定有个退休人员写信问你"如果在可以折价购买债券的情况下,我却购买了溢价发行的债券,那我不是太傻了吗？这就和你直接按标价买车,而不讲价一样。"简要回答这

CP10-5　计算置存价值以及市场价值，记录提前偿还债务

希尔顿(Hilton)这个名字，是以其饭店以及女儿而闻名世界。希尔顿饭店公司的年报中包括了以下有关长期债务的信息：

长 期 债 务

长期债务是以市场上相同或类似债务的报价为基础估计的。长期债务的现行置存价值为 11.325 亿美元，现行市场价值为 11.735 亿美元。

要求：

1. 解释为什么希尔顿公司长期债务的置存价值与市场价值不同。
提示：思考市场利率的变化是否会影响债券的置存价值或其市场价值。
2. 假定希尔顿公司在市场上购回了所有长期负债，提前偿还其长期债务（非常不可能的事情）。这需要支付与市场价值相等的现金额。写出记录这一交易的会计记录。

CP10-6　确定或有事项的财务报表披露

Brunswick 公司是个制造和销售航海以及休闲用品的跨国公司。公司年报包括以下信息：

诉　　讼

船艇制造商 Independent Boat Builders 公司及其 12 位成员起诉 Brunswick 公司，陪审团裁定由 Brunswick 公司赔偿 4 440 万美元。根据反托拉斯法，赔偿已增至三倍，同时原告有权索取律师费和利息。该公司已提起上诉，争辩该判决在法律上是一个错误的事项，不管是赔偿责任还是赔偿金。

要求：

Brunswick 公司有没有其他方法来核算该诉讼？
提示：考虑上诉可能引起的其他支出。

CP10-7　（附录 A）债券发行以及利息支付的记录（直线摊销法）

东南公司发行了债券，细节如下：

票面面值：60 万美元

利率：9%，于每年 12 月 31 日支付利息

期限：5 年后，2007 年 1 月 1 日债券到期

会计期间至 12 月 31 日。2007 年 1 月 1 日以 104 发行债券，此时市场利率为 8%。假定使用直线法摊销。

要求：

1. 计算债券的发行价格（计算价格），写出计算过程。
提示：发行价一般以与票面面值的比例表示。
2. 写出记录债券发行的会计分录。
3. 写出记录 2007、2008 年 12 月 31 日利息支出的会计分录。
4. 2007 年和 2008 年的利润表应该报告多少利息费用？说明 2007 年和 2008 年 12 月 31 日的资产负债表应该如何报告与债券相关的负债？

CP10-8 （附录 B）记录债券发行和利息支出（实际利率法摊销）

完成 CP10-7 的问题，假定东南公司使用实际利率法摊销。

CP10-9 （附录 C）记录债券发行和利息支出（简化实际利率法摊销）

完成 CP10-7 的问题，假定东南公司使用本章附录 C 介绍的简化的实际利率法摊销。

CP10-10 （附录 A）完成摊销表（直线法摊销）

Peg 公司（TPC）发行了债券，以发行价收取了现金。该债券于 2006 年 1 月 1 日发行，于每年末以票面利率支付利息，4 年后到期。完成下面的摊销表（金额以百万美元为单位）：

日期	现金	利息	摊销额	差额
2006 年 1 月 1 日				$6 101
2006 年末	$450	$425	$25	?
2007 年末	450	?	25	6 051
2008 年末	450	?	25	6 026
2009 年末	450	424	26	6 000

要求：

1. 完成摊销表。

提示：2009 年的摊销额从 25 变为 26 是为了取整。

2. 债券到期金额（面值）为多少？
3. 债券发行时可收到多少金额？
4. 该债券是否存在溢价或折价发行？如果有？溢折价多少？
5. 每年应支付多少利息？债券到期后总共支付了多少呢？
6. 债券票面利率为多少？
7. 市场利率是多少？
8. 每年利润表应报告多少利息费用？
9. 说明 2007 年和 2008 年资产负债表应如何报告债券？

CP10-11 （附录 B 或 C）计算摊销表（实际利率法或简化实际利率法）

Hondor 公司发行债券，以发行价收到了现金。债券于 2007 年 1 月 1 日发行。每年年末以票面利率支付利息。债券 4 年后到期，完成下面的摊销表（千美元）：

日期	现金	利息	摊销额	差额
2006 年 1 月 1 日				$6 101
2006 年末	$450	$475	$23	6 078
2007 年末	450	426	24	6 054
2008 年末	450	?	?	?
2009 年末	450	?	27	6 000

要求：

1. 完成摊销表。
2. 债券到期值（面值）为多少？
3. 债券发行时可收到多少现金？
4. 该债券是否存在溢价或折价发行？如果有？溢折价多少？

5. 每年应支付多少利息？债券到期后一共支付了多少？
6. 债券票面利率为多少？
7. 市场利率是多少？
8. 每年利润表应报告多少利息费用？
9. 说明2007年和2008年资产负债表应如何报告债券？

A组问题

PA10-1　确定交易对流动负债的影响并评估对流动比率的影响

Jack Hammer公司在2007年间完成了下面事项，会计年度至12月31日。

4月30日　　发行12个月,6%的票据后,从商业银行收到55万美元。
6月6日　　赊购一批货物,成本为7.5万美元。
7月15日　　支付6月6日的购货款。
8月31日　　签订为一小型综合公寓提供保安服务的合同。预先收到了6个月的费用12 000美元(记入"预收服务费"账户)。
12月31日　　确定12月31日已赚得但尚未支付的工资总额4万美元(忽略工资税)。
12月31日　　年末调整与利息和安全服务相关的账户。

要求：

1. 对于列出的交易及相关调整分录,使用以下的结构分析说明其账户、金额以及对会计等式的影响方向(增加 + ,减少 - ,无影响 NE)。

日期	资产	=	负债	+	所有者权益

2. 对于列出的交易及相关调整分录,说明流动比率增加、减少,还是没变化(假定Jack Hammer's公司的流动资产一直大于其流动负债)。

PA10-2　记录并报告流动负债,并评估对流动比率的影响

使用CP10-2中的数据,完成下面的问题。

要求：

1. 写出每项交易的会计分录。
2. 写出2007年12月31日需要的相关调整分录。
3. 说明上述事项引起的负债如何在2007年12月31日的资产负债表中报告。
4. 如果还没做的话,完成PA10-1中的第2题。

PA10-3　记录并报告流动负债

在2007年间,Lakeview公司完成了以下两项交易,会计年度至12月31日。

a. 支付并记录2007年工资额8万美元;但是由于周工资是在2008年1月6日支付的,因此至2007年末还有三天的工资并未支付也没有记录。这三天的工资总额为3 800美元。
b. 2007年12月31日将邻河的办公大楼租给另一个公司,收取租金收入3 600美元。出租期为2007年12月11日至2008年1月10日,30天,全部记入预收租金。

要求：
1. 写出 2007 年 12 月 31 日未支付工资需要的相关调整分录。
2. 写出：(a) 2007 年 12 月 10 日收取租金的会计分录，(b) 2007 年 12 月 31 日的调整会计分录。
3. 说明公司 2007 年 12 月 31 日的资产负债表应如何报告与该事项相关的负债？
4. 说明为什么权责发生制比收付实现制能为财务分析提供更相关的信息。

PA10-4　计算债券的面值发行、折价发行以及溢价发行

Net Work 公司发行了以下的债券，其会计年度为至 12 月 31 日。

债券发行日：2007 年 1 月 1 日

到期日及金额：10 年后（2016 年 12 月 31 日），20 万美元

利率：10%，于每年 12 月 31 日支付利息

销售日期：2007 年 1 月 1 日

要求：
1. 债券发行后立即编制财务报告，计算 2007 年 1 月 1 日应该报告的金额。

	情形 A （以 100 发行）	情形 B （以 97 发行）	情形 C （以 101 发行）
a. 应付债券	$	$	$
b. 未摊销溢价（折价）			
c. 应付债券净额			

2. 假定你是一位投资顾问，有位退休人员写信问你"如果在可以折价购买债券的情况下，我却购买了溢价发行的债券，那我不是太傻了吗？这就和你直接按标价买车，而不讲价一样。"简要回答这个问题。

PA10-5　计算置存价值以及市场价值，记录提前偿还债务

佳格公司以其餐杯闻名世界，在其被百事可乐公司收购之前，佳格公司在其年报中包括了以下有关长期债务的信息：

长　期　债　务

　　当前会计年度长期负债的公允价值为 7.797 亿美元，这是基于市场上相同或类似债券，或以当前利率、相同到期日的类似债券的报价而计算的。长期债务的置存价值为 7.595 亿美元。

要求：
1. 解释什么是公允价值？说明为什么佳格公司长期债务的置存价值与公允价值不同？
提示：思考市场利率的变化是否会影响债券的置存价值或其市场价值。
2. 假定佳格公司在市场上购回了债券，提前偿还其长期债务（非常不可能的事情）。这需要支付与市场价值相等的现金额。写出记录这一交易的会计记录。

PA10-6　确定或有事项的财务报表披露

大媒体是震荡波和 flash 技术最早的研究机构。其 2002 年年报说明公司在 2000 年有项诉讼，公司的五位前董事由于涉及公开作出虚假及误导性陈述的证券欺诈被起诉。该诉讼于 2002 年 1 月 9 日判决，在财务报表附注中描述如下：

法　　律

协议赔偿金额为 4 800 万美元,其中大约 1 950 万美元由保险公司支付。因此,在 2002 年度的合并报告中,记录了 2 850 万美元其他经营活动支出。

要求:
解释大媒体公司在 2000 年被起诉时,为什么不记录该或有事项。

B 组问题

PB10-1　确定影响流动负债的交易的财务效应,并评估对流动比率的影响

Tiger 公司在 2007 年间完成了下面事项,会计年度至 12 月 31 日。

1 月 3 日	赊购一批货物,成本为 2.4 万美元(假定使用永续盘存法)。
1 月 27 日	支付 1 月 3 日的购货款。
4 月 1 日	发行 12 个月后到期、利率为 5% 的票据,从太平洋银行收到 8 万美元。
6 月 13 日	赊购货物,成本为 8 000 美元。
7 月 25 日	支付 6 月 13 日的购货款。
8 月 1 日	出租公司拥有的一栋小型办公楼。预先收到了 8 个月的租金 8 000 美元(记入"预收租金收入"账户)。
12 月 31 日	确定 12 月 31 日已赚得但尚未支付的工资总额 1.2 万美元(忽略工资税)。
12 月 31 日	年末调整与利息和租金相关的账户。

要求:

1. 对于列出的交易及相关调整分录,使用以下的结构分析说明账户、金额以及对会计等式的影响(增加 + ,减少 - ,无影响 NE)。

日期	资产	=	负债	+	所有者权益

2. 对于列出的交易及相关调整分录,说明流动比率增加、减少,或者没变化(假定 Tiger 公司的流动资产一直大于其流动负债)。

PB10-2　记录并报告流动负债,并评估对流动比率的影响

使用 PB10-1 中的数据,完成下面问题。

要求:
1. 写出每项交易的会计分录。
2. 写出 2007 年 12 月 31 日需要的相关调整分录。
3. 说明上述事项导致的负债如何在 2007 年 12 月 31 日的资产负债表中报告。
4. 如果还没做的话,完成 PB10-1 中的第 2 题。

PB10-3　记录并报告流动负债

在 2007 年间,Sandler 公司完成了以下两项交易,会计年度至 12 月 31 日。

a. 支付并记录 2007 年工资额 24 万美元;但是由于周工资是在 2008 年 1 月 5 日支付的,因此至 2007 年末还有两天的工资并未支付也没有记录。这两天的工资总额为 3 000

美元。

b. 2007年12月10日将闲置的办公大楼租给另一个公司,收取租金收入1 500美元。出租期为2007年12月11日至2008年1月10日,30天,全部记入预收租金。

要求:

1. 写出2007年12月31日未支付工资需要的相关调整分录。

2. 写出:(a) 2007年12月10日收取租金的会计分录,(b) 2007年12月31日的调整会计分录。

3. 说明公司2007年12月31日的资产负债表应如何报告与该事项相关的负债?

4. 说明为什么权责发生制比收付实现制能为财务分析提供更相关的信息。

PB10-4 计算债券的面值发行、折价发行以及溢价发行

2007年1月1日,Marshalls公司发行了票面面值为50万美元、利率为7%的债券。债券每年12月31日支付利息,10年后到期。

要求:

1. 债券发行后立即编制财务报告,计算2007年1月1日应该报告的金额。

	情形 A (以100发行)	情形 B (以98发行)	情形 C (以102发行)
a. 应付债券	$	$	$
b. 未摊销溢价或折价			
c. 应付债券净额			

2. 假定你是一位投资顾问,有位退休人员写信问你"如果在可以折价购买债券的情况下,我却购买了溢价发行的债券,那我不是太傻了吗?这就和你直接按标价买车,而不讲价一样。"简要回答这个问题。

PB10-5 计算置存价值以及市场价值,记录提前偿还债务

AMC娱乐在28个国家有3 120家电影院。1992年8月12日,公司以5 272万美元的价格发行利率为11.875%的新债券。收到的5 272万美元现金用于提前偿还原有利息为13.6%的债券,在当时,该债券的账面价值为5 000万美元。

要求:

1. 写出记录债券新发行以及提前偿还原有债券的会计分录。假定原有债券和新债券均以票面面值发行。

2. AMC娱乐公司如何报告与该项交易有关的损益?

3. 为什么公司会发行新债券来偿还原有债券呢?

技能拓展训练

S10-1 找出财务信息

参考兰德里餐饮公司的财务报告,可从网址 www.mhhe.com/phillips2e 下载公司年报。

1. 计算公司最近几年的流动比率。结果保留到小数点后两位。这个比率会使你关注公司偿还流动负债的能力吗?作为回答的一部分,考虑公司目前的借款能力。

2. 计算公司最近几年的利息保障倍数。结果保留到小数点后两位。这个比率会使你关注公司支付未来利息当期义务的能力吗？

S10-2 比较财务信息

参考澳拜客牛排坊的财务报表，可从本书的网站 www.mhhe.com/phillips2e 下载报表。

1. 计算公司最近一年的流动比率（保留两位小数）。这一比率会使你关注公司偿还其流动负债的能力吗？作为你答案的一部分，考虑信贷自制下可获得的信贷额度。

2. 计算公司最近一年的利息保障倍数（保留两位小数）。当未来利息需要支付时，兰德里公司和澳拜客公司谁将更容易支付？

S10-3 以因特网为基础的团队研究：查看年报

作为团队，选择一个行业来分析。使用 Web 浏览器时，每个小组成员应能获得上市公司的年度报告或 10-K 表。每个小组成员选择不同的公司（参考第1章中 S1-3 对相应资源的描述）。

要求：

1. 就个别情况的基础上，每个团队成员应该写一份简短的报告，包含下列内容：

a. 公司拥有哪些最重要的流动负债类型？

b. 阅读公司财务报告附注中有关长期负债和义务，以及或有事项的说明。公司在未来5年是否有重大的到期事项？

c. 计算并分析流动比率和利息保障倍数。

2. 用这些特征写一份简短的报告，比较你们的公司。讨论作为一个团队观察到的公司模式。对于发现的不同之处，提供潜在的解释。

S10-4 伦理决策：一个真实的例子

很多退休的人将他们大部分的钱用于投资购买公司债券，因为公司债券的风险相对较低。在20世纪80年代期间，显著的通货膨胀导致利率一度高达15%。退休人员购买利率为6%的债券一直处于低收益阶段。到20世纪90年代，通货膨胀平息了，利率也降下来了。很多公司使用债券可转换的特点，提前偿还了债券。这些提前偿还的高利率债券被低利率的债券取代了。

要求：

公司在利率增加时仍然支付低利息，而在利率降低时，却可以提前偿还债券，根据你的判断，这样是符合道德的吗？为什么？

S10-5 伦理决策：小案例

假如你是一家大型保险公司的投资经理。你管理的资金大部分来自退休的教师，他们的收入主要依赖于你的投资所得。你已将大量资金投资于一家大型公司的债券。刚刚你收到一个该公司主席公布的消息，由于国际竞争越来越激烈，导致了经营活动日益恶化，公司将不能支付当期利息。总经理有一个为时两年的复苏计划。在这段时间内，公司将无法支付债券的利息，她坦言，如果计划不成功的话，可能会造成债券持有人损失一半以上。作为一位投资经理，你可以强制该公司立即破产，并可以帮投资人取回至少90%的资金。你肯定也知道，你的这个决定会造成至少10 000人失去工作。

要求：

如果只有这两个选择，你会选哪个？考虑这两个选择会对谁有益，对谁有害。

S10-6 关键性思考：评价对流动比率的影响

假定你是 Fashions First 公司财务总监的助手。财务总监提醒你，本财务年度还有两个星期就结束了，他希望你能保证公司的流动比率保持在 1.25 左右或者更高，以满足贷款契约的要求。查看公司的总分类账说明目前的流动资产总额为 69 万美元，流动负债为 57 万美元。你公司有节余现金 30 万美元，同时还存在大量的应付账款（27 万美元），但是该应付账款都是在下个月后才到期。

要求：

1. 判断该公司目前是否遵守其贷款契约。
2. 假定至本财务年度末，公司的流动资产以及流动负债都保持不变，评估 Fashions First 公司是否应在本年最后一天时，提前偿还 9 万美元的应付账款？

S10-7 （附录 A）填写债券的摊销表（直线法摊销）

假定介绍会计学的一本热门教材，其作者聘请你创建一个计算债券折价摊销的电子表格，其格式如图表 10A.1，10B.3 和 10C.3 所示。和以前一样，你发电子邮件给你的朋友欧文寻求指导。让你失望的是，你收到了一封自动回复的邮件，告知欧文已经到新西兰滑雪去了。在略微的紧张之后，你开始意识到你可以参考欧文以前的电子邮件有关于试算表的意见，这将帮助你完成这项任务。我们可以从第 9 章知道，根据他的意见，你决定为票面利率、市场利率、票面面值、发行价格以及到期年限建立一个数据输入区。电子表格文件也将有一个只包含公式的单独摊销工作表，它引用输入区的单元以及摊销表中的其他单元。所有的数据都精确到个位数（使用 Excel 中的 Round 函数功能），这意味着折价摊销的最后一年可能会少几美元（除非你像欧文在第 9 章双倍余额递减法所做的那样，采用 IF 函数来消去债券最后一年的剩余折价）。

要求：

准备一张工作表，使用公式来重新计算图表 10A.1 中所示的直线法摊销折价的摊销表。列出计算表和其使用的公式。

S10-8 （附录 B）写出债券的摊销表（实际利率法摊销）

参考 S10-7 给出的信息，准备一张工作表，使用公式来重新计算图表 10B.3 中所示的实际利率法摊销债券的折价摊销表。列出已完成的计算表和其使用的公式。

S10-9 （附录 C）写出债券的摊销表（简化的实际利率法摊销）

参考 S10-7 给出的信息，准备一张工作表，使用公式来重新计算图表 10C.1 中所示的简化的实际利率法摊销债券的折价摊销表。列出已完成的计算表和其使用的公式。

第11章 报告和解释股东权益

学习目标

了解企业

学习目标1　解释股票在公司融资中发挥的作用

学习会计方法

学习目标1　解释并分析普通股业务

学习目标3　解释并分析现金股利、股票股利和股票分割业务

学习目标4　描述优先股的特点并分析影响优先股的业务

评估结果

学习目标5　分析每股收益（EPS）、股本收益率（ROE）、市盈率（P/E）

本章复习

前章回顾	本章重点
上一章关注在资产负债表中负债部分披露的债务融资。	本章关注在资产负债表中所有者权益部分披露的权益融资。

到处都有关于股票的新闻,你可以在《华尔街日报》上看到、在美国全国广播里听到或者在雅虎财经里搜索到。在这极具魅力的股票后面是许多人共有的梦想:用小部分钱来赚取财富。那就是索尼克公司,全美最大的汽车餐馆运营商所做到的。在35年前它开创之初,索尼克公司卖了100股股票给股东并筹集了100美元。当公司不断成长不断盈利时,公司股票的价值就增长了。到1995年,索尼克公司每卖100股就能筹到2 125美元。从那时起,索尼克将股票分割了五次,这意味着先前的100股就变成760股了,现在索尼克公司回购股票价是每股22美元。那样1995年的100股就值16 700美元以上,或是在十多年的时间里增加了近800%的价值。

本章中,你将看到像索尼克这样的公司,进行各种不同的股票业务,包括股票发行、股票分割和股利分配。然后你就可以知道新闻里许多有关股票的名词。

回顾第1章,你学习了几种不同形式的企业,包括独资、合资、有限公司和上市公

司。在本章中,我们着重于上市公司怎样报告它们的股东权益。① 开始简介公司的所有权关系,然后接着学习各种经济业务对股东权益的影响。我们涉及的业务限于公司和它的股东之间,且所有业务仅影响资产负债表,本章涉及的业务不对利润表构成影响。当评价公司为股东经营的好坏程度时,了解这些业务是怎样披露的是非常重要的,这将在本章的第三部分讨论。按一般程序,最后一部分是复习和练习的资料。

本 章 结 构

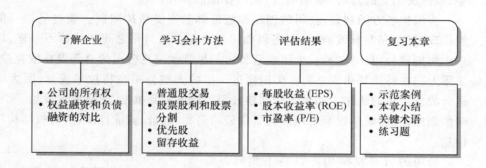

了解企业

公司的所有权

如果你写出50家熟悉的企业,也许你写下的都是公众公司。这种可能是有的,因为根据 Bizstats.com 网站上的资料表明,美国企业中85%的收入都来自于公司。许多美国人或是直接拥有或是通过投资基金和养老基金而间接拥有公司的股份。

学习目标 1
解释股票在公司融资中发挥的作用。

也许你会在第1章中回忆起,创办一家公司是需要很多钱的,但为什么这种形式的企业是最普遍的呢?其中的一个原因是它限定了所有者的法定义务;另一个原因就是投资者可以很容易地成为公司股东,所以公司可以筹集大量的资金。投资者能很容易成为股东与几个因素有关:

- 少量的金额就可以购买到股票。从雅虎财经可以知道,在2006年,你只要花22美元购买索尼克公司的一股股票就可以成为索尼克公司的股东。
- 所有者权益是可以转移的。公众公司的股票可以在像纽约股票交易所这样特定的市场上买卖。如果你决定卖出索尼克公司的股票或者买入更多的话,在很短的时

---

① 本章附录 A 讨论了独资、合伙及其他企业形式下所有者权益的核算。

间就可以办到。索尼克公司的股票代码是 SONC。

- 股东不需要对公司的债务承担连带责任。在法律上债权人不能像要求独资企业和合资企业那样要求股东以私有财产来偿付债务。如果你拥有以前蒙哥马力瓦百货公司的股票,这家公司在 2000 年破产清算,你只会失去购买股票的钱,只要你不用个人财产来担保公司的债务的话,你就不必支付公司所欠上亿美元的债务。

法律把公司作为一个独立的实体看待,公司可以拥有资产、形成负债、规模上扩展或收缩、起诉他人、以独立于所有人的身份签订合同等。公司经营权与所有权分开,这意味它不随着其所有者的死亡而消失。托马斯·爱迪生(Thomas Edison)死于 1931 年,但他所创立的公司(通用电气)到现在依然存在。

为保护各方的利益,公司的创建和监督都紧密受法律限制。通过呈送一份申请书到州政府(不是联邦政府)你就可以创建公司了。州与州之间的法律不一样,你可以在一个州创建公司,却在另一个州经营公司。尽管索尼克公司的总部设在俄克拉何马市,实际上它在特拉华州成立的。美国超过一半的大型公司在特拉华成立,因为该州有最适合成立公司的法律。如果申请创建公司的请求得到批准,州政府就发给一个章程,也叫做创办条例,该章程清楚地说明了像公司名称、地址、营业性质、所有权结构等一系列信息。

公司的所有权结构可以各不相同。最基本的形式就是公司必须要有一种股票,一般叫做普通股。一般普通股的所有者有一系列的权利:

> **你应该知道**
> 普通股是公司向股东发行的具有基本投票权的股票。

- 投票权。你所拥有的每一股份,都可以对公司的重大问题行使投票权。一些种类的普通股可以比其他股票有更多的投票权,如果你在意投票选择企业任命的外部审计人员和在董事会任职的人员,你更要注意到这一点。(如果你记不起第 5 章中,董事会是任命公司的管理人员并且治理最高管理层的小组,参见图表 11.1。)

图表 11.1 典型的公司组织结构

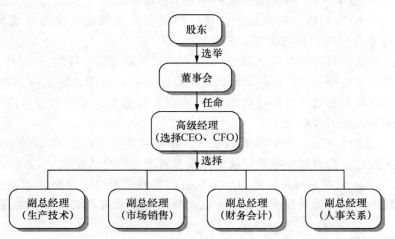

- 股利。公司会从利润中提取一部分作为股利分配给股东。
- 剩余索取权。如果公司不再经营,股东可以在公司偿付完债权人债务后享有剩余资产的所有权。
- 优先购股权。股东在新发行股票时拥有比其他人更优先的购买权。

权益融资和负债融资的对比

当公司需要一大笔长期融资时,管理层会决定通过给投资者增发股票(权益融资)或从债权人处借款(负债融资)获得这笔资金。正如图表11.2所示,两种融资方式各有自身的长处。在特定的公司决定选择权益融资或负债融资作为最恰当的方式时,这些优点起了很大程度上的作用。例如,一家公司也许注重于融资对所得税的作用,就会决定用负债融资方式,因为利息费用可以在计税时扣除。另一家公司也许注重于现有负债的偿付能力,通过权益融资方式,就可以获取所需的资金,而不用偿还。最后,选择用权益融资还是负债融资取决于具体的情况。

图表11.2　权益融资和负债融资的优点比较

权益融资的优点	负债融资的优点
1. 权益资金不用偿还。债务却一定要用资金偿还或再融资偿还。	1. 负债的利息可以在税前扣除,股利却不能。
2. 股利分配是自由的。利息却有固定的费用支出。	2. 负债不会改变股东的控制能力。相反,发行股票会让新股东有投票权和剩余索取权,从而分散了现有股东的控制能力。

学习会计方法

普通股业务

图表11.3中显示了2005年8月31日索尼克公司在资产负债表的股东权益部分披露的条款。它包括两个熟悉的列项和一个新列项:

学习目标2
解释并分析普通股业务。

1. 股本披露了公司卖出普通股而收到投资者投入的资本数量。因为这个原因,股本有时也叫做实收资本。如图表11.3所示,股本包括几个组成成分,我们将在本节的后面讲到。
2. 留存收益披露了自从公司成立起,经营所得的累积净利润减除累积宣告分配的股利后的累积剩余利润。有些人喜欢把留存收益叫做资本收益。
3. 库存股披露了原本为股东持有、在公司回购后现在为公司所持有的股票。要充分理解库存股,顺着股票业务,了解股票从授权到发行,再到回购的过程是非常有帮助的,这在下面我们将讨论到。

图表 11.3　索尼克公司资产负债表的部分摘录

索尼克公司资产负债表摘录

（千美元）	2005 年 8 月 31 日	2004 年 8 月 31 日
股东权益		
股本		
普通股,面值每股 0.01 元		
总共：100 000 000 股		
发行：2005 年 75 800 000 股		
2004 年 74 600 000 股	$758	$746
资本公积	121 982	105 012
优先股,面值每股 0.01 元,没有发行	—	—
	122 740	105 758
留存收益	426 783	351 402
	549 523	457 160
库存股,成本价 16 500 000		
2005 年普通股	(164 984)	(122 398)
股东权益合计	384 539	334 762

授权、发行和股票回购

公司章程注明了公司允许发行的股票的最大数量。仔细看图表 11.3 中的股本部分,你会发现索尼克公司许可发行的股票量是 1 亿股。图表 11.3 下一列告诉我们实际发给股东的股票数量是多少。在 2005 年 8 月 31 日,发行的股票数量已经达到 7 580 万股,只要公司不将它们购回,这些股票将永久地让这个或那个股东所有。已经发行且公司没有回购的那部分股票叫做流通股。换句话说,流通股是投资者所有的股票。公司购回的那部分股票叫做库存股。在公司持有库存股期间,这部分股票没有投票权、分红权及其他股东权利。

> **你应该知道**
>
> 授权股票数量是公司章程所规定的公司所能发行股票的最大数量。已发行股票数是已销售的股票总数。流通股是已发行股票中为股东而非公司持有的。库存股则指被公司回购的已发行股票。

索尼克公司在图表 11.3 中倒数第二行中披露了它的库存股。因为它不表示为投资者所有的流通股,所以显示为负数。2005 年 8 月 31 日,索尼克公司回购了先前发行在外 7 580 万股中的 1 650 万股,从这个信息中,你可以计算出发行在外的股票数量,这对于要表示特定每股价值的财务分析人员来说是非常重要的。每股收益（EPS）是一个我们将在本章后面讲到的非常重要的财务比率,它是用投资者所有的已发行股票计算出来的。请确信你能用图表 11.3 中披露的股票数量,标示出授权股、已发行股、流通股和库存股之间的数量关系,这些关系将在 496 页的图表 11.4 中图示出来。

图表 11.4 授权、已发行、流通股和库存股票

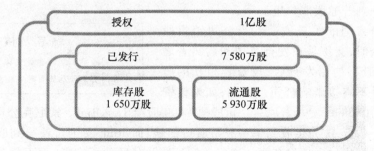

股票授权 在股票发行之前,股票的具体权利和特性将在公司章程中限定。权限的授予与会计记录无关,但是它的有些特性将影响股票的入账方式。其中一个重要的特性就是股票的面值。奇怪的是,现在面值已经没有多少意义了。这从很久以前起就是一个老概念,起初引用这个概念是为了阻止那些即将破产的公司股东转移股本。现在已经有了更为严厉的法律法规限制这种情况的发生,所以面值已经不再为企业所用。但是,许多州仍要求公司为股票指定一个面值。一般地,面值是象征性地设置的,例如每股 0.01 美元,就像图表 11.3 中所示的索尼克公司股票那样。而另一些州则没有对面值做规定,而是允许发行无面值的股票。无面值股票跟有面值股票类似,唯一不同的是它没有对股票面值做法律规定。无论如何,面值是一个法定概念,它跟市场价格没有任何关系。

> **辅导员提示**
> 不要把股票面值和债券面值混淆,它们的含义和核算方法都不同。

股票发行 公司把股票销售给投资者的过程就叫做股票的发行。公司对公众的第一次股票销售就叫做首次公开发行股票(IPO)。这也是大多数人对一家公司要上市时的叫法。如果公司已经发行过股票,那么公司增加发行新股就叫做增发新股。不管发行的股票是首次公开发行还是增加发行,公司的账务处理是一样的。

大多数公开销售股票都是现金交易。为表达发行股票的账务处理,假定在下一个会计年度索尼克公司销售面值 0.01 美元的股票 10 万股,股票在发行期间的市场价为每股 30 美元。股票发行业务对会计等式的影响和入账的分录为:

	资产	= 负债 +	股东权益	
1. 分析	现金 +3 000 000		普通股 +1 000	
			资本公积 +2 999 000	
2. 记录	借:现金(+A)(100 000 × $30)			3 000 000
	贷:普通股(+SE)(100 000 × $0.01)			1 000
	资本公积(+SE)($3 000 000 − $1 000)			2 999 000

可以看到,普通股账户的入账值是销售的股票数与每股面值的乘积(100 000 × $0.01),资本公积的入账值是收到的现金值

> **辅导员提示**
> 资本公积也称超面值投入资本。

减去普通股的入账值。如果公司章程里没有指定的股票面值,那么销售股票的全部金额都入账到普通股账户里。

投资者间的股票流通 当公司销售股票给公众时,交易是在发行公司和购买者之间的,在股票初始发行后,投资者相互的股票买卖并不直接影响公司。例如,如果投资者 Aaron Cadieux 卖了索尼克公司股票 1 000 股给 Tara Rink,索尼克公司并不在账簿里做分录。Cadieux 先生收到销售股票所得的钱,而 Rink 女士付钱得到股票。索尼克公司并没得到或付出任何东西。这些交易只涉及公司的所有者,而不是公司本身。这就好比一个汽车经销商,他只记录对顾客的初始销售,却不记录其后顾客之间的销售情况。

> **辅导员提示**
> 回顾第 1 章的会计主体假设,它称只有所有者的交易涉及公司时才会被记录。

股票用于员工的支付 为激励员工为公司努力工作,员工的工资常常是复合支付的形式,有基本工资、奖金和股票期权。股票期权就允许员工在特定的日期以一个预先制定的价格购买公司的股票。这实际上意味着,如果员工努力工作达到了公司的预期目标,那公司股票价格就很可能增长;一旦股价上涨,员工就可以行权以授予的低价购买公司股票,然后在股票市场上以一个更高的价格卖出而获利。如果股价下跌,员工也不会损失什么。会计准则规定,在公司授予股票期权时,应当估计股票期权的相关成本,记录一项支出。它的具体会计处理方法将在中级财务会计课程中讲到。

道德观察

谁为此买单?

一些评论者说,尽管股票期权的意图是让公司高层管理人员的经营目标和股东一致,但一般期权的成本是由股东承担。当高层管理人员行权认购新股票时,现有的股东将失去一部分投票的权力,因为他们的公司所有权比重被稀释了。进一步,评论者认为股票期权激励高层管理人员虚增财务结果,使得公司的股价上升,这样他们就可以行权获得巨大的个人利益。

股票回购 公司可能会因为某些原因而从股东那里回购一些股票,这些原因可能是:(1)为了分配大量的现金给股东;(2)给投资者传递一个信息,即公司认为自己的股票是值得购买的;(3)获得可以再发行的股票,以为购买其他公司筹资;(4)获得再次发行给员工的股票,以作为股票期权计划的一部分。因为证券交易委员会对新发行的股票有严格的规定,所以通常公司给员工回购股票的成本比新发行的股票成本要低。

当公司要回购股票时,大多数公司根据股票的成本来对认购的库存股入账,这种方法叫做成本法。假定在下一会计年度期间,索尼克公司在市场上购入 50 000 股股票,市场上的销售价格是每股 25 美元(总成本 = 50 000 股 × 25 美元 = 1 250 000 美元)。运用成本法,回购业务对会计等式的影响和入账的分录为:

	资产	=	负债	+	股东权益

1. 分析　　现金　-1 250 000　　　　　　　　　库存股(+xSE)　-1 250 000

2. 记录　　借:库存股(+xSE,-SE)　　　　　　　　1 250 000
　　　　　　贷:现金(-A)　　　　　　　　　　　　　　　　　1 250 000

注意到库存股并不是一项资产,它是权益账户的备抵账户,即它要从总股东权益中减除。这是比较容易理解的,因为库存股并不是发行在外的流通股,因此要把它从股东权益中减除。在 495 页图表 11.3 中倒数第二行,可以看到索尼克公司披露了 2005 年 8 月 31 日的库存股是 164 984 美元。

▲ 会发生什么?

自 我 测 试

1. 假设阿洛波斯特公司发行了 1 000 股普通股,面值是 0.01 美元,销售价是 21 900 美元。请做出该业务对会计等式的影响和入账分录。

资产	=	负债	+	股东权益
现金 □				□ +10
				资本公积 □

借:□
贷:□
　　□

2. 假定阿洛波斯特公司在市场上回购 500 股普通股,市场价为每股 20 美元,请用成本法做会计分录。

借:□　　　　　　　　　□
贷:□　　　　　　　　　□

自测答案

1.
资产	=	负债	+	股东权益
现金　+21 900				普通股　　　+10
				资本公积　+21 890

借:现金(+A)　　　　　　　　　　　　　　　　　21 900
　贷:普通股(+SE)(1 000 × $0.01)　　　　　　　　　　10
　　　资本公积(+SE)　　　　　　　　　　　　　　　21 890

2. 借:库存股(+xSE,-SE)　　　　　　　　　　　10 000
　　贷:现金(-A)($20 × 500)　　　　　　　　　　　　10 000

库存股的再发行 当公司将库存股再次销售出去时,不管库存股的售价比公司回购的成本高或低,都不对此业务的所得或所失进行披露。公认会计原则不允许公司对投资于自身股票的所得或所失进行披露,因为公司跟自己股东的交易不能看成是一种营利性的活动。相反,这种业务只对资产负债表有影响,这就跟其他的股票发行一样。为说明这一点,让我们沿用先前索尼克公司以每股 25 美元的成本价回购公司股票的案例为例,如果索尼克公司以每股 26 美元出售 5 000 股库存股(5 000 × 26 美元 = 130 000 美元),那对会计等式的影响和入账分录为:

> **辅导员提示**
>
> 注意备抵账户库存股只按成本扣减,收到的任何超过库存股成本的金额都记入资本公积的增加,如下所示。

1. 分析

资产	=	负债	+	股东权益
现金 +130 000				库存股(−xSE) +125 000
				资本公积 +5 000

2. 记录

借:现金(+A)   130 000
   贷:库存股(−xSE, +SE)   125 000
      资本公积(+SE)   5 000

如果库存股以低于回购价发行,回购价(每股 25 美元)和发行价(如每股 23 美元)的差额就作为资本公积的抵减项进行会计处理。以低于成本价发行库存股业务对会计等式的影响和入账分录为:

1. 分析

资产	=	负债	+	股东权益
现金 +115 000				库存股(−xSE) +125 000
				资本公积 −10 000

2. 记录

借:现金(+A)(5 000 × $23)   115 000
   资本公积(−SE)[5 000 × ($25 − $23)]   10 000
     贷:库存股(−xSE, +SE)(5 000 × $25)   125 000

普通股股利

投资者之所以购买股票是因为他们对投资有一个预期的收益。收益有两种形式:股利和股价的增值。一些投资者偏向于购买极少付或根本不付股利的股票(成长性投

> **学习目标 3**
>
> 解释并分析现金股利、股票股利和股票分割业务。

资),因为公司对赚取的大部分利润进行再投资,倾向于增加企业未来盈利能力,同时伴随着股票价格的提高。以戴尔公司为例,它就从不分股利,如果你父母在该公司 1988 年 6 月 22 日首次公开发行股票时,花 850 美元购买了 100 股股票的话,那么在编写本章时,这项投资的价值已经上升到 200 000 美元了。与坐等股票价格上涨不同的是,另外一些投资者,如退休人员,他们需要一个稳定的收入,更愿意以股利的形式获得

收益。这些人常常寻找能持续分派股利的股票(收益性投资),如可口可乐公司,从1893年起每年都分派现金股利。

公司并没有支付股利的法定义务,这取决于董事会的决策,且每次都要讨论股利是否应该支付。一旦董事会正式地宣告股利,一项负债就产生了。如果索尼克公司宣告股利,那它的新闻稿里就会包含以下信息:

索尼克公司宣告现金股利

2006年5月20日,俄克拉何马州俄克拉何马市——今天索尼克公司(股票代码:SONC)董事会宣告分派现金股利,每股普通股股利为0.2美元,登记入账日为2006年6月14日,股利支付日为2006年7月1日。

注意到这条宣告包含三个重要的日期:(1)宣告日(5月20日),(2)登记日(6月14日),(3)支付日(7月1日)。

1. 宣告日——5月20日。宣告日就是董事会正式地通过股利决议的日期。只要董事会发出宣告,公司就要登记一项负债并同时增加已宣告股利账户。已宣告股利账户临时汇总了本年度所有宣告的股利,且在年末结转到留存收益账户,从而导致留存收益的减少。记住一点,股利是对公司以前年度累积利润的分派,所以它是在留存收益表中披露的(或在如第5章所示的所有者权益变动表中更全面地披露)。公司宣告的股利不是在利润表中披露的,因为它并不是本期的支出。若有59 300 000股普通股已发行出去,且每股股利0.02美元,则股利总共为118.6万美元(0.02美元×59 300 000)。这对会计等式的影响和入账分录为:

	资产	=	负债	+	股东权益
1. 分析			应付股利 +1 186 000		已宣告股利(+D) −1 186 000

2. 记录	借:已宣告股利(+D,−SE)	1 186 000	
	贷:应付股利(+L)		1 186 000

2. 登记日——6月14日。当股利宣告后,公司需要一些时间去识别谁将得到股利。登记日就是公司把现有股东名单确定下来的日期。股利只支付给那些在登记日列入名单的股东。在这一天并不需要做分录。

3. 支付日——7月1日。支付日是现金用于支付股利这项负债的日期。与股利宣告日说明的一致,支付日在登记日之后。沿用上例,在7月1日,股利支付且这项负债得到清偿时,对会计等式的影响和入账分录为:

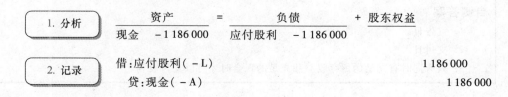

这三个日期和相应的资产负债表变动情况概括在图表11.5中。

图表 11.5 股利日期和资产负债表变动情况

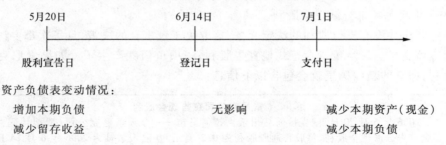

资产负债表变动情况：

5月20日 股利宣告日	6月14日 登记日	7月1日 支付日
增加本期负债 减少留存收益	无影响	减少本期资产（现金） 减少本期负债

注意到在每个会计年度末结算已宣告股利时，已宣告现金股利将减少留存收益。同时也看到，支付现金股利将以同等的金额减少现金。这两个现象解释了，在宣告现金股利时，董事会必须考虑到两个重要的财务要求。

1. 要有充足的留存收益。公司必须累积充足的留存收益来支付股利。州公司法常常严格限制现金股利以维持留存收益账户金额。如果公司向银行借款且附有限制

> **辅导员提示**
> 贷款人施加股利限制，是因为不希望借钱给一家公司而后被该公司用以支付股利。

最低留存收益的保护条款，该最低量比法律规定的更大的话，那公司将受到更为严格的限制。如果公司违反这一规定，银行就会再次协商贷款数额或要求提前偿款。因为对留存收益有特别的限定，所以这限制了公司现金股利的支付，会计准则要求公司在报表附注里对此进行披露。

2. 要有充足的现金。公司必须要有充足的现金来支付股利和满足日常经营的需求。产生于以前期间的盈利项目中的现金可能在股利宣告前就用完了。以索尼克公司为例，现金也许用于安装记入借方的新设备或偿付一些债务。所以实际上，留存收益账户有较大金额并不意味着就有足够的现金用于支付股利，毕竟留存收益不是现金。

 会发生什么？

自 我 测 试

回答下列关于股利的问题：
1. 负债产生于哪个股利日？
2. 现金流出发生在哪个股利日？
3. 支付股利的基本要求有哪两个？

自测答案
1. 宣告日。
2. 支付日。
3. 只有同时有充足的留存收益和充足的现金时才可以支付股利。

股票股利和股票分割

股票股利

股利这个名词在没有附加形容词时,意思就是现金股利。但是,有一些股利不是用现金支付的,而是用送股的形式支付的。这

> **你应该知道**
> 股票股利是对公司股票的无偿分派。

种股利就叫做股票股利,它是指公司按比例无偿分派股票给自己的股东。比例这个词组指的是,股东所收到的送股数量是与股东所持股票的百分比成比例的。拥有10%流通股的股东将收到10%的作为股利配送的股票。

股票股利的价值确定是有争议的。实际上,股票股利本身没有经济价值。所有的股东都收到按比例分派的股票,这表示在股东得到股票股利的前后,都拥有同样的公司股票比例。如果你把一美元兑开,你并没有得到更多的财富,因为你用一美元得到了四个25美分。同样地,如果你拥有公司10%股票,公司宣告股票股利然后给你(还有其他股东)更多份额的股份,因此你也没有得到更多的财富。

当股票股利发行后,股票市场迅速作出反应,股票价格相应地成比例下跌。理论上,如果股票股利发行前,股票价格是60美元,当股利发行后总股票数量是以前的两倍时,股票价格就会跌到30美元。因此,若发行股利前一个投资者有价值6 000美元的股票100股(100×60美元),发行后就有价值6 000美元的股票200股(200×30美元)。实际上,股票价格不是严格按照新发行股票的比例下跌的。在一些情况下,股票股利的发行对新投资者有更大的吸引力。许多投资者喜欢以整数股的形式购买股票,一般是100股的倍数。拥有10 000美元的投资者不会买价格为150美元的股票,因为她不能支付100股的价格。但是,当因股票股利而导致该股票价格低于100美元时,她就会购买。因此,发行股票股利的一个重要原因就是它可以降低市场上股票的每股价格。

当股票股利发生后,公司必须减少留存收益账户来表示股利已经宣告,并增加普通股账户表示股票股利已经发行了。记录的金额是根据股票股利归类为大或小而入账的。大多数股票股利归为大类,大类包括了分派的股票数超过现有已发行股20%—25%的股票股利。小类包括分派的股票数小于现有已发行股20%—25%的股票股利。如果股票股利归为大类,记录金额根据发行股票的面值入账。如果股票股利归为小类(小于20%—25%),记录金额根据发行股票的总市价入账,即将面值记入普通股账户,而超出的部分记入资本公积账户。

假定索尼克公司发行面值为0.01美元的普通股50 000 000股作为大类股票股利。公司将从留存收益移出50万美元(50 000 000×0.01美元)到普通股账户里,如下所示,分录为:

1. 分析

$$\text{资产} = \text{负债} + \underline{\quad\text{股东权益}\quad}$$

留存收益　－500 000

普通股　　＋500 000

2. 记录

借：留存收益（－SE）(0.01 美元 × 50 000 000)　　　　500 000
　　　贷：普通股（＋SE）　　　　　　　　　　　　　　　　500 000

注意到股票股利并不改变股东权益的总额，它只改变股东权益内的一些账户的余额。

在结束本节之前，我们必须提示你有一点容易混淆。大多数公司喜欢将本节所讨论的 100% 的股票股利称为"股票分割形成股票股利的效果"。尽管它们说是股票分割，但实际上是上面所讲到的股票股利。真正的股票分割与这无论在处理方式还是入账分录上都不同，这一点我们将在下面的章节讲到。

股票分割

股票分割不是股票股利。尽管它们有一些相似，但它们在产生的形式和对股东权益账户的影响效果上都很有区别。在股票分割业务中，授权的总股票数量以一个规定的数量增加，如 1 股分为 2 股。在这种情况下，在每个持有的股份基础上变成两股。当公司分割股票时，并没有现金流的变动，所以公司的总资产并没有变化。这就好比一个切成四块的比萨饼，然后再将每块切成两小块。

> **你应该知道**
> 股票分割是按特定比例增加授权股票总数。它不减少留存收益。

一般来说，股票分割涉及公司章程的修订，减少所有授权股的每股面值，但总面值并没有改变。例如，如果公司有 100 万股已发行股，以 1 分为 2 的形式进行股票分割，那公司的每股面值从 0.01 美元变成 0.005 美元，而发行在外的股份数量就变成两倍。每股面值的减少抵消了股票数量的增加，所以公司的财务状况并没有变化，也不需要进行会计处理。

股东权益	1 分为 2 的股票分割前	1 分为 2 的股票分割后
发行在外股票数量	1 000 000	2 000 000
每股面值	$0.01	$0.005
发行在外总面值	$10 000	$10 000
留存收益	650 000	650 000
股东权益总计	$660 000	$660 000

图表 11.6 回顾了股票股利和股票分割的相同点和不同点。可以看到，尽管它们在发行在外股票数量上有相同的效果，但它们的会计处理不一样。

图表 11.6 股票股利和股票分割的相同点和不同点

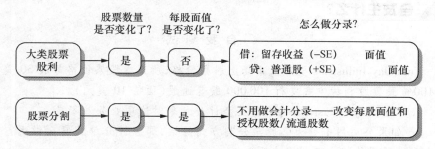

当公司要增加同样数量的发行股并减少每股市价时,如果你像多数财务经理那样,就会想知道,在以 1 比 1 的比例分派股票股利和 1 分为 2 的股票分割这两种选择(都增加发行在外股票数,降低每股市价)当中,公司董事会会怎样决策。决策的结果是与股票股利和股票分割的账务处理紧密相关的。从图表 11.6 中可以看到,股票股利会引起留存收益的减少,但真正的股票分割并不会。就其本身而言,账务处理的不同可能不意味着什么,但要记得公司需要充足的留存收益余额来确保以后期间的现金股利分配。所以如果你是一个公司的管理者并希望未来有个良好的财务状况,你就会用 1 分为 2 的股票分割方法,因为这并不减少留存收益且不影响你将来要宣告现金股利的能力。另一方面,如果你公司预期不久之后能有盈利,那你就不用担心股票股利会减少留存收益,因为未来的盈利使得有足够的留存收益来支付宣告的现金股利。实际上,你可以用股票股利传达一种自信的信号,即你的公司在未来会做得更好。由于这个原因,公司董事会可能会宣告股票股利而不是进行股票分割,这传递一种信号给财务报告使用者,让他们知道公司将来的财务绩效会经营得很好。

图表 11.7 显示了资产负债表中所有者权益部分的一般组成项目和特定情况下的金额(用黑体),即在 1 分为 2 的股票分割、100% 股票股利和等效(1 万美元)现金股利三种情况下而发生的金额。注意到现金股利是唯一影响总所有者权益的分派方式,因为它是唯一将公司的资源分派给股东的情况。

图表 11.7 股东分派的比较

所有者权益	分派前	分派后		
		1 分为 2 的股票分割	100% 股票股利	10 000 美元的现金股利
股本				
流通普通股数量	1 000 000	**2 000 000**	**2 000 000**	1 000 000
每股面值	$0.01	**$0.005**	$0.01	$0.01
普通股总面值	$10 000	$10 000	**$20 000**	$10 000
资本公积	30 000	30 000	30 000	30 000
留存收益	650 000	650 000	**640 000**	**640 000**
股东权益合计	$690 000	$690 000	$690 000	**$680 000**

会发生什么?

自 我 测 试

Vandalay Industries 要降低市场上股票价格,所以在股票价格每股 30 美元时,通过 100% 股票股利的方式发行 100 000 股普通股(面值 10 美元)。

1. Vandalay Industries 将用什么会计分录来对这项业务入账?
2. 如果公司用 1 分为 2 股票分割方式的话,那会计分录又怎么做呢? 理论上,在分割后股票价格会变成多少呢?

自测答案

1. 借:留存收益(-SE)   1 000 000
    贷:普通股(+SE)   1 000 000
2. 不需要做分录。一般来说,新价格应为分割前价格的一半($30 × 1/2 = $15)。

优先股

除普通股之外,一些公司也发行优先股。优先股不像普通股那样赋予股东一系列的权利,最明显的区别是:

> **学习目标 4**
> 描述优先股的特点。并分析影响优先股的业务。

- 一般优先股不赋予投票权。因此,优先股对于那些想控制公司经营的投资者来说并没有吸引力。但它对现有股东而言也有吸引人的地方,因为公司可以利用优先股筹集资金却并不减少普通股股东的控制权。

- 优先股有更低的风险。一般而言,优先股比普通股有更低的风险,因为优先股股东比普通股股东优先分红。如果公司破产清算的话,债权人首先得到偿付,优先股股

> **你应该知道**
> 优先股是在特定权利方面优先于普通股的股票。

东跟随其后享有偿付权。普通股股东最后得到剩余所有权,而这是在支付给优先股股东之后所剩余的资产。

- 一般优先股有一个固定的股利支付率。例如,"6% 的优先股股利,面值每股 10 美元"的情况下,每年支付面值 6% 的股利,即每股支付 0.6 美元。如果优先股没有面值,优先股股利就会以每股 0.6 美元的形式进行支付。固定的股利支付对于那些希望有固定收益的投资者来说是非常有吸引力的。

优先股的发行

跟普通股的发行一样,优先股的发行也会增加公司的现金和股东权益。为表达这一点,假定在即将来临的会计年度里,索尼克公司以每股 5 美元的价格发行面值为 0.01 美元的优先股 1 000 000 股(5 美元 × 1 000 000 = 5 000 000 美元)。如下所示,优先股账户的增加额为发行的面值(0.01 美元 × 1 000 000 = 10 000 美元)而收到的现金减去

面值的金额即记入"资本公积——优先股"账户：

1. 分析	资产	=	负债	+	股东权益
	现金　+5 000 000				优先股　　　+10 000
					资本公积　+4 990 000

2. 记录	借：现金（+A）(1 000 000 × $5)	5 000 000	
	贷：优先股（+SE）(1 000 000 × $0.01)		10 000
	资本公积——优先股（+SE）($3 000 000 − $1 000)		4 990 000

优先股股利

因为购买优先股的投资者放弃了普通股股东所具有的投票权，所以优先股的股利在普通股股利之前支付。优先股股利有两种最普遍的形式即现行优先股股利和累积优先股股利。

现行优先股股利　现行优先股股利要求股利比任何普通股股票持有人都优先支付。这种优先权是优先股的一个特点。在现行优先股股利支付且没有其他优先股股利的时候，股利才能支付给普通股股东。为表明这一点，请思考下面的例子：

> **你应该知道**
> 现行优先股股利是指优先股的以下特性——优先股股利优先于普通股股利。

索非亚公司
发行的优先股，股息6%，面值20美元，共2 000股
发行的普通股，面值10美元，共5 000股

假设优先股只存在现行优先股股利，在2007年和2008年分别宣告了股利8 000美元和10 000美元。每年中，总股利中有一部分用于支付给优先股股东，剩余部分才支付给普通股股东。

年度	宣告的总股利	6%的优先股股利*	普通股股利**
2007	$8 000	$2 400	$5 600
2008	10 000	2 400	7 600

* 优先股股利 = 2 000 × $20 面值 × 6% 股利 = $2 400
** 普通股股利 = 宣告的总股利 − 优先股股利

如果索非亚公司（Sophia）2007年没有宣告股利，优先股股东仅在2008年有2 400美元的股利。现行优先股股利并不延迟到下一年，除非优先股股利是累积的，我们将在下面讲到。

累积优先股股利　在这种优先股股利情况下，如果全部或部分现金股利没有支付，那累计未支付的数额即是拖欠的股利，它们也要在未来期间普通股股利之前支付。当然，如果优先股不是累积形式的，股利也不会拖

> **你应该知道**
> 累积优先股股利是指优先股的以下特性——每年未完全支付的现行股利逐年累积，这些累积股利（称为拖欠股利）未支付前，不能支付任何普通股股利。

欠。任何未宣告的优先股利永远也不会支付,因为优先股股东不愿意接受这样的缺点,所以优先股一般都是累积形式的。

为说明累积优先股利,假设索非亚公司有着如下例数额所发行的股票。在这种情况下,假设股利在 2005 年和 2006 年拖欠了。如下表所示,在 2007 年拖欠的股利首先得到支付,然后是现行优先股利,最后才是普通股利。在 2008 年,优先股利只包含该年的现行优先股利,因为拖欠的股利在 2007 年就支付完了。

| 年度 | 宣告的总股利 | 6% 的优先股股利 | | 普通股股利*** |
		拖欠股利*	现金股利**	
2007	$8 000	$4 800	$2 400	$800
2008	10 000	—	2 400	7 600

* 支付拖欠股利 = 2 000 × $20 面值 × 6% 股利率 × 2 年 = $4 800
** 现行优先股利 = 2 000 × $20 面值 × 6% 股利 = $2 400
*** 普通股股利 = 宣告的总股利 − 总优先股股利

在董事会宣告之前,股利并不是实际上的负债,所以拖欠的股利并不在资产负债表中披露,相反,它们在财务报告附注中披露。以下的记录取自美国滑雪公司——美国一家经营滑雪项目、滑雪板和高尔夫球场的公司,包括科罗拉多的汽船和佛蒙特的雪场:

> 2005 年 7 月 31 日,拖欠的在 C-1 列项优先股和 C-2 列项优先股的累积优先股利总共约为 2 370 万美元和 10 930 万美元。

留存收益

正如它的名字一样,留存收益列示了公司经营中所形成的总剩余收益(不包括分派给股东的部分)。只要公司在利润表中报告了净收益,这个账户的余额就会增加。倘若公司利润表中报告为亏损(费用大于收入)或对股东宣告现金股利或股票股利,那这个账户的余额就减少。可以将留存收益视为权益的一部分,这一部分即是公司为股东(通过盈利经营)产生且尚未分配给他们的收益。

如果公司在它经营的整个过程当中,累积净损失比累积净收入更多的话,那这个账户的余额即为负数(借方)。这个金额(a)显示在资产负债表股东权益部分的括号里,(b)当计算股东权益总额时要减去,(c)一般叫做累计亏损而不是留存收益。图表 11.8 提供了数码音乐先驱 Napster 公司的最近例子。

图表 11.8　负留存收益的披露（累计亏空）

纳帕斯特公司
2006 年 12 月 31 日
资产负债表选段（千美元）

股东权益	
普通股	$45
资本公积	260 188
累计亏损	(169 698)
股东权益合计	90 535

评估结果

你已经知道了公司里股利和其他股东权益业务的账务处理，现在到了讨论外部对这些评价的阶段。在本节当中，你将学习用三个比率来对公司经营资本的效益和为公司（最终是为股东）产生收益的业绩进行评价。

每股收益（EPS）

所有比率当中最著名的一个是每股收益（EPS），它报告了发行在外的普通股每股所赚取的利润是多少。EPS 的计算过程详细且复杂，但它的基本形式，是用净利润除以发行普通股的平均数量而计算出来的。多数公司在利润表中净利润的下一行或在财务报告附注中报告 EPS。②

> **学习目标 5**
> 分析每股收益（EPS）、股本收益率（ROE）、市盈率（P/E）。

你也许想知道为什么在用股利和股价来衡量对股东的回报时，每股收益是如此地受欢迎。原因就是现时收益能预测未来的股利和股价。如果本年公司利润增加，那公司在来年会支付更高的股利。换句话说，本年的 EPS 影响了未来股利的预期，而这是投资者判断当前的股价的因素。这就是为什么索尼克公司的股价在 2006 年 3 月 21 日，在公司宣告它的 EPS 高于往年后，立刻增长了 6% 的原因。

EPS 受欢迎的另一个原因就是可以很容易地对各个期间的业绩进行评价对比。以 2005 年为例，索尼克公司净利润有 7 500 万美元，而前一年度是 6 300 万美元。这是否是有利的增盈，对股东来说是不容易了解的，因为净利润增加的同时也可能会有发行股数量的增加。而考虑每股的收益时，我们对增加发行股

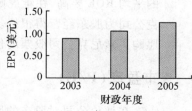

---

② 尽管公司仅在财政年度末报告年度 EPS，大多数分析师发现当季经营成果公布时，更新年度 EPS 是有用的。为实现这一点，分析师将加总最近四个季度的 EPS，以得到其"12 个月跟踪"的 EPS。通过这种方式，他们可以不必等到年末，即可计算出一年的 EPS。

票所带来的影响进行了调整,从而可以清楚地算出为股东所带来的增值。

你可以从上图中看到,净收入从 6 300 万美元增加到 7 500 万美元,但转换成 EPS 的形式却是从 1.06 美元增加到 1.26 美元。

财务分析工具

评价指标	公式	它的建议
每股收益(EPS)	$\dfrac{\text{净利润}}{\text{发行在外普通股的平均数量}}$	• 为每股普通股股东所产生的利润 • 更高的比率意味着更大的盈利
股本收益率(ROE)	$\dfrac{\text{净利润}}{\text{平均股东权益}}$	• 为每元股东权益所创造的利润金额 • 更高的比率意味着股东能享受更大的回报
市盈率(P/E)	$\dfrac{\text{现行股价(每股)}}{\text{每股收益(年度)}}$	• 投资者愿意购买公司普通股的价格比本年赚取利润的倍数 • 更高的比率意味着投资者对公司的未来业绩有更高的预期

图表 11.9(在 509 页)显示了怎样为索尼克公司和它最有力的竞争者切克斯免下车服务公司计算 EPS 的过程。我们劝告你去比较不同公司的 EPS 时要谨慎。对发行在外的股份数量而言,一家公司与另一家公司是显然不同的,这是因为谁都希望比其他公司发行更多的股票。此外,你在以前的章节里可以看到,存货成本(第 7 章)、坏账准备(第 8 章)、长期资产的折旧(第 9 章)和估计的或有负债损失(第 10 章),它们都对净利润的金额有影响。所以,尽管在对公司不同期间进行相互对比时,EPS 是一个有效的且广泛得到应用的标准,但它在对不同的公司进行对比时却不适用。

股本收益率(ROE)

如 EPS 一样,股本收益率(ROE)披露了公司投资者的收益情况。但是,它不是净利润与发行在外股票平均数量的对比,股本收益率(ROE)是净利润与股东投资和盈余再投资的平均资本金额的对比。③ 因为 ROE 用了投资和盈余再投资的资本金额,这个比率可以在不同的公司之间进行比较。

图表 11.9 报告的结果显示,2005 年索尼克公司的普通股收益率为 21.0%,比切克斯公司(Checkers)的收益率 11.4% 要高一些。索尼克公司的 ROE 也比整个餐馆行业的平均 ROE 要高,在雅虎财经中知道这个平均标准约为 16.5%。这些结果表明索尼克公司为股东经营得很好。在下一节,我们可以看到这一比率是否会影响到投资者意愿购买索尼克公司股票的价格。

市盈率(P/E)

在评价公司对股东的回报时,尽管 EPS 和 ROE 都是非常有用的,但它们没有帮助你决定怎样的价格才是公司股票合理的价格。运用精确技术来评估一家公司的方法将

---

③ 如果公司发行了优先股,ROE 应依据普通股计算,即从净利润中减去优先股股利,而平均股东权益中也应减去优先股的部分。

在高级财务课程中讲到,但在本课程中,我们用更简便的方法。市盈率就是在投资者购买公司普通股股票时,所用于决定价格的一种最基本的方法。市盈率,如多数人所言,度量投资者所意愿支付的公司股票价格与本年利润的倍数。计算过程如图表11.9中所示,用公司股票价格除以它的EPS即是本年的市盈率。

图表11.9　EPS、ROE和市盈率分析的汇总

公司名称	相关信息(百万)			2005年EPS	2005年ROE	2005年P/E
		2005	2004			
索尼克	净利润	$75.4	$63.0	$\dfrac{\$75.40}{60}$ = $1.26	$\dfrac{\$75.40}{\$(384.5+334.8)/2}$ = 0.210 或 21.0%	$\dfrac{\$29.50}{\$1.26}$ = 23.4
	股票平均数量	60.0	59.3			
	股东权益	$384.5	$334.8			
	股票价格	$29.50	$30.50			
		2005	2004			
切克斯	净利润	$9.1	$11.5	$\dfrac{\$9.1}{11.3}$ = $0.81	$\dfrac{\$9.1}{\$(86.3+73.0)/2}$ = 0.114 或 11.4%	$\dfrac{\$15.16}{\$0.81}$ = 18.7
	股票平均数量	11.3	11.6			
	股东权益	$86.3	$73.0			
	股票价格	$15.16	$13.40			

会发生什么?

自 我 测 试

索尼克公司披露了2003年末的股东权益26 540万美元。当时的每股普通股价格是30.72美元。

a. 利用以上和图表11.9中的信息,计算2004年索尼克的每股收益(EPS)、股本收益率(ROE)和市盈率(P/E)。

2004年EPS:	2004年EPS:	2004年EPS:
☐/☐ = ☐	☐/(☐+☐)/2 = ☐	☐/☐ = ☐

b. 从2004年(在a中计算)到2005年(图表11.9中所示),索尼克的EPS和ROE增加了还是减少了?从2004年的市盈率看出,投资者对2005年的变化有怎样的预期?

自测答案

a. EPS:$63.0÷59.3 = $1.06
ROE:$63.0÷(334.8+265.4)/2 = 0.210.
P/E:$30.72÷$1.06 = 29.0.

b. 索尼克公司的EPS增加了,ROE稳定在21%左右。投资者预期2005年绩效会改善,因为在2004年,他们愿意支付盈利的29倍来购买股票,而2005年他们只愿支付23.4倍。

一般而言，较高的市盈率意味着投资者预期公司会提高业绩水平并增加公司的利润，所以他们把对未来盈利能力的预期因素加入到股票市价中去。相对较低的市盈率意味着他们对公司没有强烈的预期。市盈率在不同的行业间显著不同，所以你会发现在对公司本身不同期间进行比较或对同行业的公司进行比较时，市盈率才有更大的意义。2005 年索尼克公司的市盈率为 23.4，比切克斯（18.7）和行业平均水平（19.5）都要高。这表示投资者对索尼克公司有更好的预期。

附录：其他形式企业的所有者权益业务

独资企业的所有者权益

独资企业是个人所有的非合资企业。它只需要两个所有者权益账户：(1) 所有者的资本账户（业主资本——辛普森）；(2) 所有者预支（或退资）账户（预支资本——辛普森）。

独资企业的资本账户有两个作用：记录所有者的投资和记录各期间累积的盈利和亏损。预支账户用来记录所有者从企业提取的资金或其他资产，类似于记录公司宣告的股利。每个会计年度末，预支账户用资本账户来结清。因此，在预支账户结清后，资本账户反映了所有者投资和企业盈利的累积数减去所有者退资的累积数。

> **辅导员提示**
> 资本账户可视为将公司的各个所有者权益账户组合为一个账户，而预支账户类似于公司的已宣告股利账户。

多数情况下，独资企业的账务处理和公司的账务处理是相同的。图表 11A.1 中展示了荷马面包商店发生的部分业务和资产负债表中的所有者权益。

因为独资企业不上缴所得税，它在财务报告中不披露所得税或应付所得税。相反，独资企业的净利润在收取所有者的个人所得税时纳税。同样，所有者的个人工资并不作为独资企业的一项支出，因为契约上的雇主/雇员关系不可能只有一方存在。因此，所有者的工资作为利润分配，即一种预支行为而不是工资支出，但在公司却可以作为支出。

合伙企业的所有者权益

大多数州承认的《标准合伙企业法》定义合伙企业为："两个或两个以上的人联合起来作为企业共同的所有者来运营并获取利润的企业。"小企业和个人，如会计师、医生和律师就常常运用合伙企业的形式。

合伙企业是由两个或两个以上的人对企业的关系达成协议的组成形式。法律并没有像公司那样给出申请章程的要求。相反，合伙企业的契约是由合伙人达成的协议组成。协议应具体化，如规定利润的分配、管理责任、调动或销售方面的合作利益、直线法折旧固定资产和在合伙一方死亡情况下的流程。如果合伙人不对这些事情具体规定，那所在地的法律就对此有约束。

图表 11A.1　独资企业所有者权益的账务处理

特选的 2007 年的分录

2007 年 1 月 1 日

辛普森个人投资 150 000 美元开办了一家零销商店。会计等式的变动和会计分录为：

资产	=	负债	+	所有者权益
现金　+150 000				业主资本——辛普森　+150 000

借：现金（+A）　　　　　　　　　　　　　　　　　　　150 000
　　贷：业主资本——辛普森（+OE）　　　　　　　　　　　　　150 000

2007 年期间

本年每个月中，辛普森从企业支取 1 000 美元现金用于个人消费。因此，每个月的财务变动和分计分录为：

资产	=	负债	+	所有者权益
现金　-1 000				预支资本——辛普森（+D）　-1 000

借：预支资本——辛普森（+D，-OE）　　　　　　　　　1 000
　　贷：现金（-A）　　　　　　　　　　　　　　　　　　　　1 000

注意：在 2007 年 12 月 31 日，最后一次提取之后，预支账户反映出借方余额 12 000 美元。

2007 年 12 月 31 日

本年通常的会计分录，包括收入、费用的调整和结算分录，形成的收入有 48 000 美元，而费用有 30 000 美元。净利润 18 000 美元结算到资本账户里。

资产	=	负债	+	所有者权益	
				收入（-R）	-48 000
				费用（-E）	+30 000
				业主资本——辛普森	+18 000

借：年度收入账户（-R）　　　　　　　　　　　　　　　48 000
　　贷：年度费用账户（-E）　　　　　　　　　　　　　　　　30 000
　　　　业主资本——辛普森（+OE）　　　　　　　　　　　　18 000

2007 年 12 月 31 日

预支账户结算如下：

资产	=	负债	+	所有者权益	
				业主资本——辛普森	-12 000
				预支资本——辛普森（-D）	+12 000

借：业主资本——辛普森（-OE）　　　　　　　　　　　12 000
　　贷：预支资本——辛普森（-D，+OE）　　　　　　　　　　12 000

2007 年 12 月 31 日资产负债表（选段）

所有者权益
2007 年 1 月 1 日，业主资本——辛普森　　$150 000
加：2007 年净利润　　　　　　　　　　　　　　18 000
合计　　　　　　　　　　　　　　　　　　　168 000
减：2007 年预支　　　　　　　　　　　　　　（12 000）
2007 年 12 月 31 日，业主资本——辛普森　　$156 000

图表 11A.2 合伙人权益账务处理

特选的 2007 年的分录

2007 年 1 月 1 日

A 和 B 当天开了一家合资企业。A 投入资本 60 000 美元,B 投入资本 40 000 美元,协议分别按 60% 和 40% 的比率分配利润(亏损)。该投资的财务变动和入账会计分录为:

资产	=	负债	+	所有者权益	
现金 +100 000				业主资本——A	60 000
				业主资本——B	40 000

借:现金(+ A)	100 000	
贷:业主资本——A		60 000
业主资本——B		40 000

2007 年期间

合资各方协议每月预支现金 A 1 000 美元、B 650 美元。因此,每个月的财务变动和分计分录为:

资产	=	负债	+	所有者权益	
现金 −1 650				预支资本——A	−1 000
				预支资本——B	−650

借:预支资本——A(− OE)	1 000	
预支资本——B(− OE)	650	
贷:现金(− A)		1 650

注意:在 2007 年 12 月 31 日,最后一次提取之后,A 的预支账户有借方余额 12 000 美元,B 的预支账户有借方余额 7 800 美元。

2007 年 12 月 31 日

假设本年通常的结算收入、费用账户形成的收入有 78 000 美元而费用有 48 000 美元。净利润 30 000 美元。具体规定 A 收到 60% 的净利润($18 000 = 60% × $30 000),而 B 收到 40% 的净利润($12 000 = 40% × $30 000)。财务变动和结算分录为:

资产	=	负债	+	所有者权益	
				收入(− R)	−78 000
				费用(− E)	+48 000
				业主资本——A	+18 000
				业主资本——B	+12 000

借:年度收入账户(− R)	78 000	
贷:年度费用账户(− E)		48 000
业主资本——A(+ OE)		18 000
业主资本——B		12 000

2007 年 12 月 31 日

结算预支账户的财务变动和结算分录如下:

资产	=	负债	+	所有者权益	
				业主资本——A	−12 000
				业主资本——B	−7 800
				预支资本——A(− D)	+12 000
				预支资本——B(− D)	+7 800

借:业主资本——A(− OE)	12 000	
业主资本——B(− OE)	7 800	
贷:预支资本——A(− OE)		12 000
预支资本——B(− OE)		7 800

（续表）

合伙各方资本的报表,跟公司的股东权益表一样,是对资产负债表的补充,如下:

2007 年 12 月 31 日
AB 合资企业合资方权益报表

	A	B	合计
2007 年 1 月 1 日投资	$60 000	$40 000	$100 000
加:本年追加投资	0	0	0
加:本年净利润	18 000	12 000	30 000
合计	78 000	52 000	130 000
减:本年预支	(12 000)	(7 800)	(19 800)
2007 年 12 月 31 日　合资各方权益	$66 000	$44 200	$110 200

　　与公司相比,合伙企业的主要优点是:(1)简化了组织形式;(2)合伙各方具有完全控制力;(3)企业没有企业所得税。主要的缺点就是合伙各方对合伙企业的债务负有无限连带责任。如果合伙企业没有充足的资产来满足发行的债务,债权人可以要求用各合伙人的私人财产来抵债。有些时候,这会导致一个合伙人去承担应由另一合伙人所负有的那部分企业债务。

　　类似于独资企业,除那些直接影响所有者权益的分录外,合伙企业的账务处理方式跟其他组织形式的企业有同样的做账原则。除必须为每个合伙人建立独立的资本和退资的账户外,对合伙人权益的账务处理跟独资企业的形式一样。各方的投入资本都记在合伙各方资本账户的贷方,退资则记在各自退资账户的借方。合伙企业的净利润对合伙各方的分配是根据合伙企业所达成的协议而进行的,并记在各账户的贷方。各方的退资账户由合伙各方的资本账户来结清。在结清后,合伙各方的资本账户反映了各方的投资加上各方在企业盈利中占有的份额并减去所有者退资的累积数。

　　图表 11A.2 展示了特选的会计分录和 AB 合伙企业的部分财务报告,用以演示利润分配和合伙人权益的业务。

其他形式企业

　　在独资企业、合伙企业和公司之外,还存在着其他类型的企业。这些形式混合了前面章节所讲"纯"的组织形式,从而创造出了混合企业形式,如 S 类公司、有限责任合伙企业(LLPs)和有限责任公司(LLCs)。特别是 LLC 是一种逐年增加的普通企业形式,它混合了公司的法律特征(如两权分离和有限责任)和合伙企业的纳税方法(通过个人而不是企业本身来收税)。对那些混合企业进行账务处理一般是根据本章前面所讲的方法进行。

　　LLC 的财务报告跟合伙企业的形式是一样的,它跟公司有着以下的区别:(1)财务报告包括了一项叫做净利润分配的额外列项;(2)资产负债表的所有者权益部分是分开计列的;(3)利润表没有披露所得税,因为这些类型的企业不用缴纳企业所得税(所有者必须披露他们占有企业利润的份额);(4)除其他事先协议好的事项外,支付给所有者的金额并不作为一项费用记录,而是作为预支资本入账。

本章复习

示范案例 A:股票发行和回购

这个案例来自竹歌公司经营的会计年度中的业务,该公司在 2007 年 1 月 1 日成为公众公司,它主要经营丢失宠物的搜寻业务。公司章程授权发行以下股票:

面值为 0.10 美元的普通股 20 000 股。
面值为 100 美元、非累积、股利率为 5% 的优先股 5 000 股。

以下是从 2007 年度摘录的业务,它们在指定的日期发生:

a. 1 月 1 日　　发行了面值为 0.10 美元的普通股 8 000 股,每股收到现金 50 美元。
b. 2 月 1 日　　以每股 102 美元的价格销售优先股 2 000 股,价款已到账。
c. 7 月 1 日　　购买早先发行的普通股 400 股,竹歌公司以每股 54 美元的价格购入并作为库存股。
d. 8 月 1 日　　以每股 56 美元的价格销售普通库存股 30 股。
e. 12 月 31 日　董事会决定本年不分配利润。

要求:
1. 做出正确的会计分录,并列出每项业务的计算过程。
2. 写出 2007 年 12 月 31 日竹歌公司资产负债表的股东权益部分。假设留存收益为 3.1 万美元。

参考答案
1. 会计分录:

a. 2007 年 1 月 1 日

借:现金(+ A)($50 × 8 000 股)	400 000
贷:普通股(+ SE)($0.10 × 8 000 股)	800
资本公积——普通股(+ SE)	399 200

b. 2007 年 2 月 1 日

借:现金(+ A)($102 × 2 000 股)	204 000
贷:优先股(+ SE)($100 × 2 000 股)	200 000
资本公积——优先股(+ SE)($102 − $100) × 2 000	4 000

c. 2007 年 7 月 1 日

借:库存股(+ xSE, − SE)	21 600
贷:现金(− A)($54 × 400 股)	21 600

d. 2007 年 8 月 1 日

借:现金($56 × 30 股)	1 680
贷:库存股(− xSE, + SE)($54 × 30 股)	1 620

资本公积——普通股	60

e. 2007 年 12 月 31 日　无分录入账

2. 资产负债表的股东权益部分

2007 年 12 月 31 日
竹歌公司部分资产负债表

股东权益		
股本		
优先股,5% 股利(面值 100 美元;5 000 股授权股当中发行了 2 000 股)	$200 000	
资本公积——优先股	4 000	
普通股(面值 0.10 美元,20 000 股授权股,其中发行了 8 000 股,持有 370 股库存股)	800	
资本公积——普通股	399 260	
股本合计		$604 060
留存收益		31 000
库存股,成本计价,370 股普通股		(19 980)
股东权益合计		615 080

示范案例 B:现金和股票股利

本案例沿用案例 A,主要讨论竹歌公司下一年的股利分配业务。下列摘选的业务来自 2008 年,且在所指定的日期发生。

1. 11 月 1 日　　为了让投资者能以较低的价格买入公司股票,董事会在原发行的普通股基础上宣告并发行 100% 的股票股利。
2. 12 月 1 日　　董事会宣告优先股现金股利,并在 2008 年 12 月 22 日支付,登记日为 2008 年 12 月 15 日。
3. 12 月 31 日　　临时账户已宣告股利结清。

要求:

给出恰当的会计分录,并列出每项业务的计算过程。

参考答案

1. 2008 年 11 月 1 日

借:留存收益(−SE)	763	
贷:普通股(+SE)		763

　　[(8 000 股发行股 − 370 股库存股)× $0.10]

2. 2008 年 12 月 1 日

借:已宣告股利(+D,−SE)	10 000	
贷:应付股利(+L)		10 000

　　(2 000 优先股 × $100 面值 ×5% 股利率)

2008 年 12 月 15 日　无会计分录入账

2008 年 12 月 22 日
  借:应付股利(– L)   10 000
    贷:现金(– A)   10 000
3. 2008 年 12 月 31 日
  借:留存收益(– SE)   10 000
    贷:已宣告股利(– D, + SE)   10 000

本章小结

学习目标 1:解释股票在公司融资中发挥的作用,第 492 页
- 法律视公司为一个独立的法定实体。所有者投资于公司并得到可以在投资者之间自由买卖的股票。股票授予股东一系列的权利,包括选举权、分红权、破产清算时的剩余资产所有权。

学习目标 2:解释并分析普通股业务,第 494 页
- 普通股业务由几个主要业务组成:(1)首次发行股票,(2)回购股票作为库存股,(3)库存股的再次发行。注意到这些业务只对资产负债表有影响,公司并不在利润表中将他们的股票业务作为损益进行披露。

学习目标 3:解释并分析现金股利、股票股利和股票分割业务,第 499 页
- 当董事会宣告现金股利时(宣告日),现金股利减少了股东权益(留存收益)并产生了一项负债(应付股利)。在股利支付时(支付日)这项负债才消除。
- 股票股利是对现有股东按比例分配公司的股票。这项业务一般是从留存收益账户转出一定金额,并以相同的金额转入到股本账户。
- 股票分割也涉及对股东股票的增发,但没有增加股本账户的金额,相反股票的每股面值却减少了。

学习目标 4:描述优先股的特点并分析影响优先股的业务,第 504 页
- 优先股为投资者提供了一些好处,包括现金股利的优先权和在公司破产清算时对剩余资产的优先索取权。
- 如果优先股是采取累积股利的形式,任何一部分没有支付的现金股利(拖欠股利)都应当在其他股利之前付清。

学习目标 5:分析每股收益(EPS)、股本收益率(ROE)和市盈率(P/E),第 507 页
- 每股收益(EPS)是由净利润除以该年发行在外普通股的平均数量而计算出来的。这个比率在本公司各期间进行比较是可以接受的,但不适合在不同的公司之间进行比较,因为不同的公司发行在外的普通股数量是不相等的。
- 股本收益率(ROE)是净利润与股东投资和盈余再投资的平均资本金额的对比。因为它运用了投资和盈余再投资的资本金额,这个比率就可以在不同的公司之间进行比较。
- 市盈率(P/E)用现行每股价格除以本期每股收益,表明投资者对公司股票的价值评估。

财务分析工具

指标	公式	含义
每股收益（EPS）	$\dfrac{\text{净利润}}{\text{发行普通股的平均数量}}$	• 为每股普通股股东所产生的利润 • 更高的比率意味着更大的盈利
股本收益率（ROE）	$\dfrac{\text{净利润}}{\text{平均股东权益}}$	• 为每元股东权益所创造的利润金额 • 更高的比率意味着股东能享受更大的回报
市盈率（P/E）	$\dfrac{\text{现行股价（每股）}}{\text{每股收益（年度）}}$	• 投资者愿意购买公司普通股的价格比本年赚取利润的倍数 • 更高的比率意味着投资者对公司的未来业绩有更高的预期

关键术语

授权股份数　495 页　　　　　　　　流通股　495 页
普通股　493 页　　　　　　　　　　面值　495 页
累积优先股利　506 页　　　　　　　优先股　504 页
现行优先股利　505 页　　　　　　　登记日　500 页
宣告日　499 页　　　　　　　　　　股票股利　501 页
拖欠股利　506 页　　　　　　　　　股票分割　502 页
已发行股票　495 页　　　　　　　　库存股　495 页
无面值股票　496 页　　　　　　　　支付日　500 页

练习题

问答题

1. 公司形式企业的主要优点有哪些？
2. 对比负债融资，权益融资的相对优势在哪里？
3. 解释下列名词：(a) 授权的普通股，(b) 发行的普通股，(c) 流通的普通股。
4. 普通股和优先股的区别是什么？
5. 有面值的股票和无面值的股票的区别是什么？
6. 优点股一般有哪些特征？
7. 股东权益由哪两个基本来源构成？请逐个解释。
8. 什么是库存股？为什么公司会取得库存股？
9. 库存股是怎样在资产负债表中披露的？库存股的再发行而形成的"利得或损失"是怎样在财务报告中披露的？
10. 为支付宣告的现金股利而必备的两大要素是哪些？现金股利对资产和股东权益有什么影响？

11. 累积优先股和非累积优先股的不同点在哪？
12. 什么是股票股利？股票股利为什么不同于现金股利？
13. 发行股票股利的主要原因有哪些？
14. 辨别并解释有关股利分配的三个主要日期。
15. EPS 这个指标为什么如此流行？它的局限是什么？
16. 股票回购业务是怎样影响 EPS 和 ROE 的？
17. 如果公司有一个较高的市盈率，我们怎样解释该现象？

多项选择题

1. 下列哪一项不是普通股所有的权利的特征？
   a. 有在优先股股东之前分到股利的权利。
   b. 有投票选举外聘审计师的权利。
   c. 当公司停止经营时有剩余财产的享有权。
   d. 上述都是普通股权益所有的权利。
2. 关于库存股的哪些说明是错误的？
   a. 库存股是已发行的但不是流通的。
   b. 库存股没有投票权、分红权和清算享有权。
   c. 库存股在资产负债表中作为股东权益的消减项。
   d. 上述都不是错误的。
3. 关于股票股利的下列哪些说明是对的？
   a. 股票股利在利润表中披露。
   b. 股票股利增加了股东权益。
   c. 股票股利减少了股东权益。
   d. 上述都错误。
4. 下面股份数量从大到小是怎样排列的？
   a. 授权的股份，发行的股份，流通的股份。
   b. 发行的股份，流通的股份，授权的股份。
   c. 流通的股份，发行的股份，授权的股份。
   d. 库存的股份，流通的股份，发行的股份。
5. 下列关于权益融资和负债融资各自的相对优势的说法哪些是错误的？
   a. 权益融资的一个优势就是它不用偿还。
   b. 权益融资的一个优势就是股利是自由分派的。
   c. 权益融资的一个优势就是新股东有选举权和利润分享权。
   d. 负债融资的一个优势就是它有利息抵税作用。
6. 下列哪天不用做会计分录？
   a. 宣告日。
   b. 登记日。
   c. 支付日。

d. 在以上所有日期都要做分录。
7. 下列哪项业务会增加股本收益率？
   a. 宣告并发行股票股利。
   b. 以 1 分为 2 的方式进行股票分割。
   c. 回购公司股票。
   d. 无
8. 关于股利的哪些说明是错的？
   a. 股利表示股东对公司利润的分享。
   b. 股票股利和现金股利都会减少留存收益。
   c. 支付给股东的现金股利减少了净利润。
   d. 上述无错误说法。
9. 用现金回购库存股时，下列哪项对资产负债表的等式有影响？
   a. 无变化——资产中减少的现金金额会被增加的库存股金额抵消。
   b. 资产减少并且股东权益增加。
   c. 资产增加并且股东权益减少。
   d. 资产减少并且股东权益减少。
10. 下列哪种情况下，投资者的个人财富会迅速增加？
    a. 收到现金股利时。
    b. 收到股票股利时。
    c. 宣布股票分割时。
    d. 上述所有情况下投资者个人的财富都会迅速增加。

选择题答案：
1. a 2. d 3. d 4. a 5. c 6. b 7. c 8. c 9. d 10. a

小练习

M11-1　权益融资和负债融资的比较

说明下面所列的是否跟权益（E）或负债（D）融资有关，且它使该融资方式更具优势还是劣势。

　　____ 1. 利息可以抵税
　　____ 2. 股利是任意分配的
　　____ 3. 必须偿还
　　____ 4. 配股会稀释股东的控制权力

M11-2　评价股东的权利

列出股东享有的四项权利。哪个是最重要的呢？为什么？

M11-3　计算未发行股的数量

酷鲁特克公司（Crucher）的资产负债表披露了 147 000 股的发行股。授权的股份有 300 000 股，其中有 10 000 股是库存股。计算酷鲁特克公司可以发行的新股数量是多少。

M11-4　分析并记录普通股的销售业务

为扩大经营,阿龙岗咨询公司(Aragon Consulting)考虑发行以前未发行过的面值为1美元的新股100 000股。股票的销售价格是每股75美元。分析会计等式的变动情况并对此销售业务做会计分录。在面值为2美元时你的答案会不同吗?如果是的话,分析每股面值为2美元时会计等式的变动并做会计分录。

M11-5　分析并记录无面值普通股的销售业务

沿用M11-4。假定发行的股票无面值。分析以75美元价格销售无面值股票时的会计等式变动情况并做会计分录。总资产、总负债和股东权益跟M11-4中还一样吗?

M11-6　比较普通股和优先股

你父母已退休并向你要求一些财务上的建议。他们打算投资于一家类似于索尼克公司的公司100 000美元。公司同时发行了普通股和优先股。你会建议购买哪种股票呢?你的建议中包含哪些因素呢?

M11-7　确定库存股交易的作用

劝斯集团公司(Trans Corp)在第一年以每股50美元的价格销售5 000股股票,在第二年以每股37美元的价格销售10 000股股票。第三年公司以每股45美元的价格购回20 000股本公司的股票。确定每项业务中下列事项的影响(增加、减少或没变化)。

1. 总资产
2. 总负债
3. 总股东权益
4. 净利润

M11-8　确定股利的分配量

纳帕公司(Net Pass)有300 000股授权股数,270 000股已发行并有50 000股库存股。公司董事会对普通股宣告每股50美分的股利。那将对此项股利支付的总数量为多少呢?

M11-9　记录股利

2007年4月15日,拍卖网(Auction.com)的董事会宣告每股40美分的现金股利,登记日为5月20日,股利将在6月14日支付。公司有500 000股流通股。请在每个日期都做详细的分录。

M11-10　确定股票股利的影响

斯特迪有限公司(Sturdy Stone)宣告100%的股票股利。确定股票股利对下列事项的影响(增加、减少或没变化)

1. 总资产
2. 总负债
3. 普通股
4. 总股东权益
5. 普通股每股市价

M11-11　确定股票分割的影响

完成M11-10中的要求,假定公司宣告的是1分为2的股票分割。

M11-12　记录股票股利

减少股票价格,思锐洼食品集团公司宣告并分派了50%的股票股利。公司授权股份数为800 000 股且其中有200 000 股已发行。股票面值是1美元且市场价为每股100美元。做会计分录以记录该次股票股利。

M11-13　确定优先股股利数量

可利儿有限公司(Colliers)有100 000 股发行的累积优先股。每股优先股分配股利2美元,但由于现金流的问题,公司在上一年并没有分配股利。董事会计划本年分配股利100万美元。那有多少股利是给优先股的呢?有多少是普通股股利呢?

M11-14　计算并解释每股收益(EPS)和股本收益率(ROE)

学院驾驶学校报告了它的部分财务报告如下:

	2008	2007
普通股数量	11 500	11 500
净利润	$23 000	$18 000
普通股现金股利	$3 000	$3 000
股东权益合计	$240 000	$220 000

计算 2008 年的 EPS 和 ROE。同城的另一个驾驶学校 2008 年报告了更高的净利润(4.5万美元),但它的 EPS 和 ROE 都比学院驾驶学校要低。解释为什么会发生这明显不一致的现象。

M11-15　确定交易对 EPS 和 ROE 的影响

说明下列交易对会计等式变动方向(+ 代表增加、 - 代表减少、NE 代表无变化)的影响。第一个交易作为例子已给出。

	资产	=	负债	+	股东权益
a.(例)以5 000 美元的价格回购库存股50 股	现金 - 5 000				库存股(+ xSE) - 5 000
b. 宣告并支付现金股利 600 美元					
c. 宣告并发行价值为10 000 美元的无面值优先股股票股利					
d. 销售存货 80 美元,它的成本价为 55 美元					
e. 销售并以面值发行普通股 60 000 美元					

M11-16　确定交易对每股收益(EPS)和股本收益率(ROE)的影响

说明如 M11-15 列示的交易对 EPS 和 ROE 的直接影响(+ 是增加、 - 是减少、NE 是无变化)

M11-17　用市盈率(P/E)推断财务信息

2006 年室内娱乐体育公司(Rec Room Sports)报告的每股收益为 8.50 美元,股价为212.50 美元。2007 年,它的利润增加了20%,如果其他指标不变,股票价格为多少?请解释。

M11-18　(附录)比较股东权益和所有者权益

戴纳·哈里森(Daniel Harrison)以 2 万美元开始经营。在年末,企业产生了 3 万美元的销售收入,发生1.8万美元的经营支出和5000美元的个人开支。(a)假定这是一个无面值股票的公司,请列示包含股东权益的那部分资产负债表。(b)假定这是一家独资企业时,列示出其资产负债表的所有者权益部分。

练习

E11-1 计算流通股

大狗运动服装公司(Big Dog Sports)2005年度报告中披露了3000万股的授权股。2004年末,有10 709 030股已发行,且库存股为1 529 998股。在2005年期间,增发了75 250股普通股,有180 600股增发的股票经回购成为库存股。

要求:

确定2005年末的流通股数量。

E11-2 披露股东权益并选择股利政策

2007年激励集团(Incentive Corp)组建成立,它主要经营财务咨询业务。公司章程授予股本为:普通股,每股面值为4美元,股份数量为12 000。第一年期间,发生了以下交易:

a. 发行销售6 000股普通股,每股价格为20美元。

b. 发行销售2 000股普通股,每股价格为23美元。

要求:

1. 列出每项业务对会计等式的影响情况。

2. 为每项业务做出会计分录。

3. 为2007年末的资产负债表写出股东权益部分。年末,账户显示利润为100美元。

4. 公司在银行账户有3万美元的存款。此时公司应当发行现金股利吗?请解释。

E11-3 写出资产负债表中股东权益部分

北风航空公司(North Wind Aviation)在2007年1月申请到公司章程。章程授予股本情况为:

优先股:8%的股利,面值为10美元,总共授予20 000股

普通股:面值为7美元,总共授予50 000股

2007年期间,交易按如下顺序发生:

a. 总共为公司的创建者发行40 000股普通股,每股价格为11美元。

b. 以每股18美元的价格销售5 000股优先股。

c. 以每股14美元的价格销售3 000股普通股,且以每股28美元的价格销售1 000股优先股。

d. 第一年的净利润为4.8万美元。

要求:

写出2007年12月31日资产负债表中股东权益部分。

E11-4 资产负债表中股东权益的披露

秀白公司(Shelby Corp)于2008年1月由10个股东组建成立,它经营空调销售和服务

业务。州发行的公司章程授予的股本为：

普通股：面值为 1 美元，总共授予 200 000 股
优先股：面值为 8 美元，6% 的股利，总共授予 50 000 股

在 2008 年的 1 月和 2 月期间，如下交易发生：
a. 从 10 位创办者处收到 4 万美元现金，各发给 2 000 股普通股。
b. 以每股 25 美元的价格销售 15 000 股优先股；即刻发行了股票且现金已收到。
2008 年的净利润为 4 万美元；年末宣告并支付的现金股利为 1 万美元。
要求：
写出 2008 年 12 月 31 日资产负债表中股东权益部分。

E11-5 确定发行普通股和优先股的影响
因赛德公司（Inside）在 2007 年 1 月 15 日申请到了公司章程，授予的股本情况如下：

普通股：面值为 6 美元的普通股 100 000 股，一股一票的投票原则
优先股：7% 的股利，面值为 10 美元，总共 5 000 股，无投票权

在 2007 年期间，交易按顺序发生如下：
a. 以 18 美元的每股价格，发行并销售 20 000 股面值为 6 美元的普通股。
b. 以 22 美元的价格，发行并销售 3 000 股优先股。
c. 2007 年末，账户显示净利润为 38 000 美元。
要求：
1. 写出 2007 年 12 月 31 日资产负债表中股东权益部分。
2. 假设你是普通股股东。如果因赛德公司需要增发股本，你更愿意它增发普通股还是增发优先股呢？请解释。

E11-6 记录并报告股东权益业务
AvA 学校于 2008 年初获得章程，它授予无面值普通股 50 000 股和面值为 10 美元的优先股 20 000 股。2008 年期间，发生如下交易：
a. 给四个人分别发行 5 000 股普通股，每股收到现金 40 美元。
b. 以每股 40 美元的价格对外部投资者发行并销售 6 000 股普通股。
c. 以每股 20 美元的价格发行并销售 8 000 股优先股。
要求：
1. 为每笔业务做会计分录
2. 写出 2008 年 12 月 31 日资产负债表中股东权益部分。在 2008 年末，账户显示的净利润为 3.6 万美元。

E11-7 填写股东权益部分缺失的金额
程发公司（Chemfast Corp）2006 年 12 月 31 日资产负债表中股东权益部分报告了如下的金额：

股本	
优先股（面值为20美元；授予股份10 000股，? 股已发行，其中500股作为库存股持有）	$104 000
资本公积——优先股	14 300
普通股（无面值；授予20 000股，发行和流通的股份都是8 000股）	600 000
留存收益	30 000
500股库存股的成本	9 500

假设过去不存在库存股的销售

要求：

完成如下报告并显示计算过程

1. 发行的优先股数量是_____。
2. 流通的优先股数量是_____。
3. 发行时优先股的平均售价是每股_____美元。
4. 普通股的平均发行价是_____美元。
5. 库存股业务因_____增加（减少）股东权益。
6. 库存股每股成本价是_____美元。
7. 股东权益合计是_____美元。

E11-8 记录库存股业务并分析它的影响

2007年期间，发生的如下业务影响了科纳公司的股东权益：

2月1日　以每股22美元的价格回购了公司普通股400股。

7月15日　以每股24美元的价格售出了2月1日所回购的库存股100股。

9月1日　以每股20美元的价格又销售了2月1日所回购的库存股60股。

要求：

1. 显示每笔业务对会计等式所带来的影响。
2. 为每笔业务做会计分录。
3. 库存股的回购对股利支付的影响是什么？
4. 以高于回购价的价格销售库存股对净利润有哪些影响？

E11-9 记录股东权益业务

玛丽布海滩装公司（Malibu Beachwear）的年度报告中披露了如下影响股东权益的业务：

a. 回购350万美元的股票作为库存股。

b. 宣告并支付现金股利2.542亿美元。

c. 发行100%的股票股利，包括总面值为5.563亿美元的增发股22 250万股。

要求：

1. 说明每笔业务对总资产、总负债和股东权益的影响（增加、减少或没影响）。
2. 为每笔业务做会计分录。

E11-10 计算优先股股利并分析不同之处

好肤曼公司（Hoffman）的记录中显示2007年12月31日股东权益账户的余额如下：

普通股,面值为 12 美元,流通股数为 40 000 股
优先股,8% 的股利,面值为 10 美元,流通股为 6 000 股
留存收益,220 000 美元

2008 年 1 月 1 日,董事会考虑分配 6.2 万美元的现金股利。2006 年和 2007 年都没有股利支付。

要求:

1. 计算出将支付给普通股股东的总计金额和每股金额。在两个独立假设下,分别计算支付给优先股股东的总计金额和每股金额。

 a. 优先股股利是非累积的

 b. 优先股股利是累积的

2. 简单解释为什么第一个假设下的普通股每股股利比第二个假设下低。

3. 什么因素会给普通股股东带来更优越的股利?

E11-11 股利支付的记录和留存收益表的编制

斯尼公司(Sneers)2006 年度报告中披露了 2006 年公司宣告并支付优先股股利 1.199 亿美元,同时它也宣告并支付了每股 2 美元的普通股股利。2006 年期间,斯尼公司授权的股份数量是 1 000 000 000 股普通股,其中 387 570 300 股已发行,41 670 300 股是库存股。2005 年 12 月 31 日留存收益的余额是 15.54 亿美元,2006 年的净利润是 8.58 亿美元。

要求:

1. 写出会计分录以记录(a)优先股、(b)普通股的股利宣告和股利支付。

2. 用以上给出的信息,编制 2006 年 12 月 31 日的留存收益表。

E11-12 股票股利分析

2007 年 12 月 31 日,R&B 公司资产负债表股东权益部分如下:

普通股(面值 10 美元,授权股份 60 000 股,流通股数量为 25 000 股)	$250 000
资本公积	12 000
留存收益	75 000

2008 年 2 月 1 日,董事会宣告了 12% 的股票股利并决定于 2008 年 4 月 30 日发放,2008 年 2 月 1 日股票的市场价值是每股 18 美元。

要求:

1. 从比较的目的出发,在以下情况下写出资产负债表股东权益部分:(a) 股票股利之前;(b) 股票股利之后。

注意: 用两栏列出所要求的金额。

2. 分析股票股利对资产、负债和股东权益的影响。

3. 如果股票股利是 100% 的发放形式,那怎么回答 1 和 2 问中所发生的变化呢?

E11-13 股利的记录

B&D 公司是一个全球主导的制造商和市场商,它主要经营电动工具、硬件和住宅改善产品。在 2006 年 4 月 27 日的新闻发布中,包含了如下的宣告:

公司声称董事会对流通普通股宣告了季度现金股利,每股 0.38 美元,并将于 2006 年 6 月 30 日支付,股东登记日截止于 2006 年 6 月 16 日。

新闻发布时,B&D 公司经授权的股数是 150 000 000 股,流通股数是 75 750 000 股。公司股票面值是每股 0.5 美元。

要求:
分别做上述三个日期的会计分录。

E11-14 股票股利和股票分割的比较

2007 年 1 月 1 日,约翰公司有如下的资本结构:

普通股(授权股份总面值 1 200 000 美元,发行的流通股数量为 150 000 股)	$ 150 000
资本公积	88 000
留存收益	172 000
库存股	无

要求:
根据三个含有股票业务的独立事件完成以下表格:
事件 1:当股票售价为每股 8 美元时,董事会宣告并发行 10% 的股票股利。
事件 2:当股票售价为每股 8 美元时,董事会宣告并发行 100% 的股票股利。
事件 3:董事会决定进行 1 分为 2 的股票分割。股票分割前的市场价为每股 8 美元。

列项	股票业务前	事件 1 10% 的股票股利后	事件 2 100% 的股票股利后	事件 3 股票分割后
流通股数量				
每股面值	$ 1	$	$	$
普通股账户	$	$	$	$
资本公积	88 000			
留存收益	172 000			
股东权益合计	$	$	$	$

E11-15 拖欠股利分析

紧急任务软件有限公司(Mission Critical)是一家 Windows NT 网络和互联网基础设施的系统管理软件的主要提供商。跟许多刚建立的公司一样,该公司在发展新业务时遇到现金流危机。一个学生发现该公司财务报告中声明增加的拖欠优先股股利是 26.4 万美元。

这个学生从看到的附注中得出紧急任务公司的优先股将是一个比较好的投资的结论,因为若公司开始支付股利,投资者将得到大量的股利收入:"作为股票的持有人,我将得到我并没有持有该股票时期的一些优先股股利。"你认同这种说法吗?为什么?

E11-16 确定现金股利和股票股利的影响

苏柏儿(Superior)公司在 2007 年末有如下的流通股:

优先股,股利 6%,每股面值 15 美元,流通股数量为 8 000 股。
普通股,面值 8 美元,流通股数量 30 000 股。

2007 年 10 月 1 日,董事会宣告股利如下:

第 11 章　报告和解释股东权益　　539

优先股:全部为现金股利,于2007年12月20日支付。
普通股:10%的股票股利(即每10股增发一股),并将于2007年12月20日发放。

2007年12月20日,优先股市价40美元,普通股市价32美元。

要求:

在上述所说的各个日期,描述现金和股票股利对资产、负债和股东权益的总体影响。

E11-17　确定现金和股票股利对财务报告的影响

Lynn公司有面值为10美元的普通流通股60 000股,面值为20美元的优先股(股利8%)25 000股。2007年12月1日,董事会决定对优先股分配8%的现金股利,对普通股分配10%的股票股利。在宣告日,普通股售价每股35美元,优先股每股20美元。股利在2008年2月15日支付或配送,年度会计期末为12月31日。

要求:

分析两种股利对资产、负债和股东权益的相对影响:(a)在2007年12月31日,(b)在2008年2月15日,(c)从2007年12月1日到2008年2月15日期间的总体影响。如下图示:

项目	分析相对影响	
	优先股现金股利	普通股股票股利
(a) 2007年12月31日		
对资产的影响		
对负债的影响		
对股东权益的影响		

E11-18　编写留存收益表和部分资产负债表并分析股利政策

以下账户的余额是从B快餐公司2007年12月31日的账簿中所选,调整分录已完成:

普通股(面值15美元,100 000股授权股,发行了35 000股,其中1 000股作为库存股持有)	$525 000
资本公积	18 000
2007年宣告并支付的股利	28 000
2007年1月1日,留存收益	76 000
库存股成本(1 000股)	20 000
该年净利润是48 000美元	

要求:

1. 编写2007年12月31日的留存收益表和2007年12月31日资产负债表中的股东权益部分。

2. 确定收到股利的股票数量。

3. 计算股本收益率,假设2006年12月31日的股东权益合计62.9万美元。怎样将它和图表11.9中所列的比率进行对比呢?

E11-19　股票回购和股票股利分析

维纳巴荷(Winnebago)是美国高速公路旅行车作业的著名公司。该公司制造并销售假期旅行的大型房车。因为公司商标是一个"飞翔的 W",这些房车能够很容易识别。2006 年 4 月 12 日,新闻发布包含了如下的信息:

> 当日,维纳巴苟工业公司(股票代码:WGO)宣告回购了 5 000 万美元的股票。从 1997 年起,该公司已经回购了大约 2 280 万美元的股份,总共花了约 30 850 万美元的价格。

要求:
1. 阐述这次回购对财务报告的影响。
2. 为什么董事会决定回购股票?
3. 此次回购对维纳巴苟未来的股利义务有什么影响呢?
4. 2004 年 1 月 14 日,公司董事会宣告以 100% 的股票股利的形式达到了 1 分为 2 的股票分割效果,股利将于 2004 年 3 月 5 日支付。为什么维纳巴苟选择股票股利而不是实际上的股票分割呢?
5. 这次股票股利对维纳巴苟的财务报告有什么影响呢?它对 EPS 和 ROE 有什么影响呢?

E11-20 (附录 A)各种形式组织的股东权益的对比

假设下列各事件独立且会计年度末为 2007 年 12 月 31 日,总收入账户余额为 15 万美元,总支出账户余额为 13 万美元。

事件 A:假设公司是独资形式且归 A 所有。在结清分录前,资本账户反映了贷方余额 5 万美元,预支账户有借方余额 8 000 美元。

事件 B:假设公司是合伙企业且为合伙人 A 和合伙人 B 所有。结清分录前,所有者权益账户反映了如下的余额——A 资本 4 万美元;B 资本 3.8 万美元;A 提存 5 000 美元;B 提存 9 000 美元。利润和损失平摊。

事件 C:假设企业是公司制的。在结清分录前,股东权益显示如下——股本股票,面值 10 美元,授权股份 30 000 股,流通股 15 000 股;资本公积 5 000 美元,留存收益 6.5 万美元。

要求:
1. 为上述各个事件分别做出所有需要在 2007 年 12 月 31 日结算的分录。
2. 为上述各个事件分别显示 2007 年 12 月 31 日资产负债表中权益部分是怎样的?写出计算过程。

E11-21 包括普通股发行、回购、再发行和现金股利的综合练习

美国激光公司(American Laser)2008 年 1 月 1 日报告了如下股东权益账户余额。

| 普通股数量 10 000 股,面值 1 美元 | $10 000 | 留存收益 | $120 000 |
| 资本公积——普通股 | 90 000 | 库存股 | 0 |

公司记录了 2008 年期间如下的业务:
1 月 15 日   发行 5 000 股面值为 1 美元的普通股,收到现金 5 万美元。
2 月 15 日   用 33 000 美元回购了 3 000 股面值为 1 美元的普通股作为库存股。
3 月 15 日   以 24 000 美元的价格再次发行 2 000 股库存股。
8 月 15 日   以 4 600 美元的价格再次发行 600 股库存股。

9月15日 对每股流通股宣告(尚未支付)1美元的股利。

要求：

1. 分析每笔业务对总资产、负债和股东权益的影响。
2. 为每笔业务分别做会计分录。
3. 编写2008年12月31日资产负债表中股东权益部分。在2008年末所反映出的净利润为2万美元。

辅导题

CP11-1 分析会计等式变动情况，记录会计分录并编写包含股票发行、回购和再发行业务的部分资产负债表

世界公司2007年1月从州政府申请到公司章程，章程规定了面值为10美元的授权普通股200 000股。股东由本地的30个公民组成。在第一年里，公司赚取3.82万美元，以下给出的是按顺序发生的业务：

　　a. 以每股12美元的价格销售60 000股普通股。

　　b. 30人中有一人急需现金，并想把股票卖给公司，所以公司以每股15美元的价格回购了他的股份2 000股。

　　c. 从业务b中回购的库存股里销售1 000股给另一个人，售价是每股18美元。

要求：

1. 说明各个业务对会计等式的影响情况。
2. 为每个业务做会计分录。
3. 编写2007年12月31日资产负债表中股东权益部分报表。

注意：因为这是经营的第一年，留存收益在年初余额为零。

CP11-2 有关股利的记录

联合百货商场公司(Federated Department Stores)主要经营国内两大百货商场：玛斯百货和布隆明戴百货。最近一个新闻发布包含了如下的信息：

2006年5月19日，辛辛那提市联合百货公司董事会表决了将公司普通股1分为2。作为股票股利而增发的股票将在2006年6月9日的交易结束后分派，股权登记日为5月26日。今晨公司的年度会议上，联合百货的股东表决了对联合百货商场普通股从5亿增加到10亿。股票分割后，联合百货季度股利为每流通股12.75美分，将于2006年7月3日支付，股权登记日止于2006年6月16日。

要求：

1. 编写联合百货商场进行股票股利所必要的会计分录。假设，在发股票股利时公司有17 500万流通股，且面值为每股0.01美元，市价为每股73美元。

提示：尽管新闻发布涉及了股票分割，但业务实际上是100%的股票股利。大批量的股票股利，例如100%的股利，要以面值入账。

2. 董事会在决策发放股利之前要考虑哪两个因素？

CP11-3 写出缺失的金额

2007年12月31日，诺特基公司账簿提供了以下不完整的资料：

普通股(面值 10 美元,2007 年期间无变化)
授权股份数为 200 000 股
发行股份数___?___;发行价格为每股 17 美元
普通股账户金额 1 250 000 美元
库存股 3 000 股,成本为每股 20 美元
2007 年净利润 118 000 美元
2007 年宣告并发放的股利 73 200 美元
2007 年 1 月 1 日留存收益金额为 155 000 美元

要求:

1. 完成下题:

授权股数_____

发行股数_____

流通股数_____

提示:要确定发行股份数量,用普通股账户余额除以每股面值即可。

2. 资本公积账户余额是_____美元

3. 每股收益是_____美元

4. 普通股每股股利是_____美元

5. 资产负债表中股东权益部分所披露的库存股金额是_____美元

6. 假设董事会实行 1 分为 2 的股票分割,股票分割后每股面值变成_____美元

7. 不考虑股票分割,假设在获得库存股后宣告并发行 100% 股票股利。当时的普通股市价是每股 21 美元,请给出必要的会计分录。

CP11-4 股票股利和现金股利的比较

2007 年 12 月 31 日,水塔公司有如下的流通股和留存收益:

普通股(面值为 8 美元,流通股 30 000 股)	$240 000
优先股,股利为 7%(面值 10 美元,流通股 6 000 股)	60 000
留存收益	280 000

董事会决策对普通股和优先股股东分配现金股利。2005 年和 2006 年无股利宣告,下列为三个独立情况下的事例。

事件 A:优先股是非累积的,股利总金额是 3 万美元

事件 B:优先股是累积的,股利总金额是 1.26 万美元,2005 年无股利拖欠。

事件 C:除金额是 6.6 万美元外,其他跟事件 B 一样。

要求:

1. 计算各事件中两种股票各自的股利总金额和每股金额,列出计算过程。

提示:拥有累积股利的优先股股东在以前年度的(拖欠的)股利,将在本年普通股股东之前得到支付。

2. 在事件 C 中,假设当市价每股 24 美元时,发行了 100% 的股票股利。完成以下表格:

列项	增加(减少)的金额	
	事件 C(现金股利)	股票股利
资产	$	$
负债	$	$
股东权益	$	$

CP11-5　计算并解释股本收益率(ROE)和市盈率(P/E)

亚伦租赁公司(Aaron Rents)和 A 租赁中心公司是两家进行公开出租业务的公司。它们报告了如下 2005 年的财务报告(除每股金额和股票价格外,金额单位为千美元)

	阿龙租赁公司		A 租赁中心公司	
	2005 年	2004 年	2005 年	2004 年
净利润	$57 993	$52 616	$135 738	$155 855
股东权益合计	434 471	375 178	832 432	749 271
每股收益	1.16	1.06	1.86	1.99
年度报告时股价	23.10	19.50	20.80	25.50

要求:

1. 分别为各公司计算 2005 年的 ROE。将 ROE 表示为百分比,精确到小数点后一位。哪家公司表现出更高的股本收益率?

提示:记得 ROE 这个比率公式中的分母用股东权益的平均数。

2. 计算各公司 2005 年的市盈率(精确到小数点后一位)。投资者表现出对公司的估价,哪家公司要比另一家公司更高呢?请解释。

3. A 租赁中心公司在 2005 年回购了公司 5 901(千)股普通股,每股价格为 20 美元。假设这项股票回购业务没发生的情况下再计算公司 2005 年的 ROE。这点变化会对你解释第 1 题中的 ROE 有影响吗?

A 组问题

PA11-1　分析会计等式的变动情况,记录会计分录并编写包含股票发行、回购业务的部分资产负债表

世界海洋公司(Global Marine)于 2007 年 1 月申请到了公司章程,该章程授予了面值为 5 美元的普通股 1 000 000 股。在第一年中,公司赚了 42.9 万美元利润,如下是按顺序发生的业务:

a. 以每股 54 美元的价格销售 700 000 股普通股,现金已收到。
b. 以每股 50 美元的价格回购 25 000 股作为库存股来激励高层管理人员。

要求:

1. 说明各个业务对会计等式的影响。
2. 编写各个业务的会计分录。
3. 编写 2007 年 12 月 31 日资产负债表股东权益部分的报表。

PA11-2 有关股利的记录

国家饮料公司(National Beverage Corp)主产软饮料、瓶装汽水和果汁,商标名称分别是Shasta、Faygo 和 Everfresh。新闻发布中包含了以下信息:

> 国家饮料公司于3月5日宣称,董事会已经宣告了特别"一次性"的现金股利,针对在外约3 660万流通股,以每股1美元的股利发放(在3月22日100%股票股利支付以后)。股利将在4月30日或之前发放,股权登记日截止于3月26日。

要求:

1. 编写国家饮料公司进行新闻发布中所述业务所要做的会计分录。假设公司在3月5日的流通股有1 830 万股,面值为每股0.01美元而市价为每股10美元。
2. 董事会在决策发放股利前要考虑哪两个因素?

PA11-3 写出缺失的金额

2007年12月31日,克兹梅斯基公司(Kozmetsky Corp)账簿提供了以下不完整的资料:

> 普通股(面值1美元,2007年期间无变化)
> 授权股份数为5 000 000 股
> 发行股份数___?___;发行价格为每股80美元
> 库存股100 000 股,成本为每股60美元
> 2007年净利润4 800 000美元
> 普通股账户金额1 500 000 美元
> 2007年宣告并发放的股利每股2美元
> 2007年1月1日留存收益金额为82 900 000美元

要求:

1. 完成下题:
   发行股数_____
   流通股数_____
2. 资本公积账户余额是_____美元
3. 每股收益是_____美元,精确到小数点后两位
4. 2007年普通股总股利是_____美元
5. 资产负债表中股东权益部分所披露的库存股金额是_____美元
6. 假设董事会实行1分为2的股票分割,股票分割后每股面值变成_____美元
7. 不考虑股票分割(以上假设),假设在获得库存股后宣告并发行100%股票股利。当时的普通股市价是每股21美元。解释股东权益是怎么变化的。

PA11-4 股票股利和现金股利的比较

2007年12月31日,里特兹公司(Ritz)有如下的流通股和留存收益:

普通股(面值为1美元,流通股500 000 股)	$500 000
优先股,股利为8%(面值10 美元,流通股21 000 股)	210 000
留存收益	900 000

董事会决策对普通股和优先股股东分配现金股利。2005年和2006年无股利宣告,下

列为三个独立情况下的事例。

事例 A：优先股是非累积的，股利总金额是 3 万美元。

事例 B：优先股是累积的，股利总金额是 3 万美元，2005 年无股利拖欠。

事例 C：除金额是 7.5 万美元外，其他跟事例 B 一样。

要求：

1. 计算各事例中两种股票的股利总金额和每股金额，列出计算过程。精确到小数点后后位。

2. 在事例 C 中，假设当市价每股 50 美元时，对普通流通股发行了 100% 的股票股利。完成以下对比表格，包括解释二者的不同之处：

列项	增加（减少）的金额	
	事例 C（现金股利）	股票股利
资产	$	$
负债	$	$
股东权益	$	$

PA11-5　计算并解释股本收益率（ROE）和市盈率（P/E）

两家杂志公司披露了如下 2006 年的财务报告（除每股金额和股票价格外，金额单位用千美元）：

	商业世界		娱乐和游戏	
	2006 年	2005 年	2006 年	2005 年
净利润	$55 000	$54 302	$91 420	$172 173
股东权益合计	587 186	512 814	894 302	934 098
每股收益	3.02	3.19	2.10	3.98
年度报告后的股价	54.40	51.04	32.55	59.70

要求：

1. 分别为各公司计算 2006 年的 ROE（将 ROE 表示为百分比的形式，精确到小数点后一位）。哪家公司表现出更高的股本收益率？

提示：记得 ROE 这个比率公式中的分母用股东权益的平均数。

2. 计算各公司 2006 年的市盈率（精确到小数点后一位）。投资者表现出对公司的估价，哪家公司要比另一家公司更高呢？请解释。

3. 娱乐和游戏公司在 2006 年回购了公司 32 804（千）股普通股，每股价格为 4 美元。假设这个股票回购业务没发生的情况下再计算公司 2006 年的 ROE。这点变化会对你解释第 1 题中的 ROE 有影响吗？

B 组问题

PB11-1　分析会计等式的变动情况，记录会计分录并编写包含股票发行、回购业务的部分资产负债表

外威里公司（Whyville）于 2007 年 1 月申请到了公司章程，该章程授予了面值为 1 美元

的普通股 500 000 股。在第一年中,公司赚了 5.8 万美元利润,如下是按顺序发生的业务:

  a. 以每股 23 美元的价格销售 200 000 股普通股,现金已收到。
  b. 以每股 24 美元的价格回购 5 000 股作为库存股来激励高层管理人员。

要求:
1. 说明各笔业务对会计等式的影响。
2. 编写各笔业务的会计分录。
3. 编写 2007 年 12 月 31 日资产负债表股东权益部分的报表。

PB11-2 有关股利的记录

幼哥公司(Yougi Corp)是南佛罗里达州的卡通制作商。最近新闻发布中包含了以下信息:

2006 年 4 月 1 日,幼哥公司宣称,董事会已经宣告了现金股利,针对在外流通约 605 000 万优先股,以每股 0.5 美元的股利发放。股利将在 2006 年 5 月 31 日或之前支付,优先股东股权登记日截止于 2006 年 5 月 26 日。董事会也将对面值为 0.01 美元的 1 900 000 股流通普通股,于 2006 年 5 月 31 宣告 100% 的股票股利,股权登记日截止于 2006 年 5 月 26 日。

要求:
1. 编写幼哥公司进行新闻发布中所述业务所要做的会计分录。
2. 董事会在决策发放股利前要考虑哪两个因素?

PB11-3 写出缺失的金额

2007 年 12 月 31 日,思可瑞斯特公司(Seacrest)提供了以下不完整的资料:

普通股(面值 0.5 美元,2007 年期间无变化)
授权股份数为 10 000 000 股
发行股份数 __?__ ;发行价格为每股 10 美元
库存股 50 000 股,成本为每股 11 美元
2007 年净利润 2 400 000 美元
普通股账户金额 750 000 美元
2007 年宣告并发放的股利每股 1 美元
2007 年 1 月 1 日留存收益余额为 36 400 000 美元

要求:
1. 完成下题:
   发行股数_____
   流通股数_____
2. 资本公积账户余额是_____美元
3. 每股收益是_____美元,精确到小数点后两位
4. 2007 年普通股股利总数是_____美元
5. 资产负债表中股东权益部分所披露的库存股金额是_____美元
6. 假设董事会实行 1 分为 2 的股票分割,股票分割后每股面值变成_____美元
7. 不考虑股票分割(以上假设),假设在获得库存股后宣告并发行 100% 股票股利。当

时的普通股市价是每股 21 美元。解释股东权益是怎么变化的。

PB11-4 股票股利和现金股利的比较

2008 年 12 月 31 日,卡洛斯公司(Carlos)有如下的流通股和留存收益:

普通股(面值为 1 美元,流通股 490 000 股)	$490 000
优先股,股利为 8%(面值 10 美元,流通股 19 000 股)	190 000
留存收益	966 000

董事会决策对普通股和优先股股东分配现金股利。2006 年和 2007 年无股利宣告,下列为三个独立情况下的事例。

事例 A:优先股是非累积的,股利总金额是 2.4 万美元。
事例 B:优先股是累积的,股利总金额是 2.4 万美元,2006 年无股利拖欠。
事例 C:除金额是 6.7 万美元外,其他跟事例 B 一样。

要求:

1. 计算各事例中两种股票的股利总金额和每股金额,列出计算过程。精确到小数点后两位。

2. 在事例 C 中,假设当市价每股 45 美元时,对普通流通股发行了 100% 的股票股利。完成以下对比表格,并解释二者的不同之处:

列项	增加(减少)的金额	
	事例 C(现金股利)	股票股利
资产	$	$
负债	$	$
股东权益	$	$

PB11-5 计算并解释股本收益率(ROE)和市盈率(P/E)

两家音乐公司披露了如下 2006 年的财务报告(除每股金额和股票价格外,金额单位用千美元):

	城市青年(Urban Youth)		约翰斯之音(Sound Jonx)	
	2006 年	2005 年	2006 年	2005 年
净利润	$27 500	$24 302	$41 500	$36 739
股东权益合计	387 101	300 399	516 302	521 198
每股收益	1.10	1.00	0.95	0.85
年度报告后的股价	20.35	18.50	16.15	14.45

要求:

1. 分别为各公司计算 2006 年的 ROE(将 ROE 表示为百分比的形式,精确到小数点后一位)。2006 年哪家公司表现出更高的股本收益率?

2. 计算各公司 2006 年的市盈率。投资者表现出对公司的估价,哪家公司要比另一家公司更高呢?请解释。

3. 约翰斯之音在 2006 年回购了公司 5 000(千)股普通股,每股价格为 13 美元。假设这个股票回购业务没发生的情况下再计算公司 2006 年的 ROE。ROE 的变化会对你第 1 题中对 ROE 的解释有影响吗?

技能拓展训练

S11-1 获取财务信息

参考兰德里餐饮公司的财务报告,可从 www.mhhe.com/phillips2e 这个网站的"案例"部分下载。

要求:

1. 章程中授权的股份数是多少?有多少股份已发行?其中多少股份是流通股?这意味着持有的库存股是多少?

2. 从股东权益表可以看出,本年公司宣告的股利是多少?用这个数据回答第一问,并计算每股股利是多少。这跟财务报告中第六项有关吗?

3. 财务报告注释 6 表明兰德里回购的库存股约为 1.338 亿美元。从报表股东权益看出,该金额确切是多少?(你也许会奇怪,为什么兰德里当年回购的库存股在年末并没有披露出来。原因就是兰德里已将它注销了。库存股的注销业务一般在中级财务会计中讲到。)

4. 兰德里的基本每股收益在过去的三年里是怎么变化的?在去年的基础上,你能预测到下一年每股收益是增还是减呢?

5. 计算兰德里本年和去年的 ROE(ROE 用百分比的形式表达,精确到小数后一位。)它是增加了还是减少了?

注意:去年年初的股东权益合计数在股东权益报表中已给出。

S11-2 比较财务信息

参考澳拜客牛排坊的财务报告,可从 www.mhhe.com/phillips2e 这个网站的"案例"部分下载。

要求:

1. 澳拜客牛排坊比兰德里有更多还是更少的授权股份呢?

2. 从股东权益报表中看出,本年澳拜客宣告的现金股利金额是多少?每股股利是多少?与兰德里相比,其股利政策更好、更坏还是不同呢?

3. 澳拜客 2005 年 12 月 31 日已发行的普通股数量是多少?此时持有多少库存股呢?用这点信息来确定当年年末流通股数量?

4. 澳拜客过去三年的基本每股收益是怎么变化的?在这个趋势的基础上,你能预测到下一年将发生什么吗?澳拜客的净利润或流通股平均数是主要影响每股收益变化的因素吗?

5. 计算澳拜客当年和去年的股本收益率(ROE 用百分比的形式表达,精确到小数后一位,去年年初的股东权益合计数在股东权益报表中已给出)。在这个指标上,澳拜客与兰德里相比如何?

S11-3 基于网络的团队调查:检查年度报表

成立一个团队,选择一个行业来研究。用网络浏览器,每个团队成员应该提交年度报告或该行业上市公司的 10-K 报告,每个成员应选择不同的公司(看第 1 章中 S1-3 所描述的可能有助于这次任务的资料)。

要求：
1. 就个人而言，每名队员应该写一个简短的报告，其中包含的内容有：
 a. 在过去三年里公司有没有宣告现金或股票股利？
 b. 过去三年里公司的每股收益变化趋势是什么？
 c. 计算并分析过去两年里的股本收益率。
2. 作为一个团队，编写一个简短的报告，用这些指标来和你的公司比较。讨论除你用团队来观察的公司外的其他样式的公司，为不同的发现而提供潜在可能的解释。

S11-4 道德决策的制定：一个真实的案例

动视公司成为一家上市公司，它在1983年6月9日开始发行股票，当时市价是每股12美元。2002年9月，动视公司对公众以约每股33美元的价格增发了750万股票。2002年10月，当它的股票交易价格变成每股22美元时，动视公司管理层宣称公司将花1.5亿美元从投资者手里购回股票。2003年1月8日，《华乐街日报》称一些分析师指责动视公司的高层，因为公司以一个更高的价格(33美元)将股票销售给公众，然后以市场价格购回，这个价格大大地低于2002年的发行价格。

要求：
1. 你认为动视公司宣布在2002年10月以更低的价格购回股票是否妥当？
2. 如果动视公司2002年6月没有增发股票的话，那你对第1问的回答是否不同呢？
3. 上述《华尔街日报》的文章报道，在2002年12月，动视公司的高层回购了530 000股公司股票，当时的每股价格是13.32美元。如果你是投资者，你对高层正在购买自己公司的股票如何评价？
4. 如果你知道公司高层在年初时已经销售了250万股动视公司的股票，当时市价是至少每股26.08美元，那你对第3问的回答是否不同呢？

S11-5 道德决策的制定：一个小例子

假设你是一个非常成功的IT公司的总裁，公司利润相当可观。你能确定公司有超过经营所需的1 000万美元现金。你在考虑将此作为特殊股利发放给股东。你和副总讨论这个想法，但他对此反应强烈：

> 我们的股价在过去的一年里涨了200%，为何我们还要为股东做更多的呢？真正赚到这些钱的应该是每天12小时，每周工作6—7天的员工呀，是他们让公司走向成功的。去年他们中许多人都没有假期，我认为我们应该给他们发奖金，而不是给股东更多的利益。

作为总裁，你知道你是受雇于董事会，是由股东选举产生的。

要求：
你对两个群体的责任是什么？你将把这1 000万美元给哪个群体呢？为什么？

S11-6 判断思索：作为一个投资者进行的决策

经历过一段漫长且成功的职业后，你从企业管理者的职位上退休了，现在花一部分时间来管理你的退休股份单。你在考虑三个可供选择的基本投资方案：(1) 当前利率为7%的公司债券；(2) 支付稳定股利的保守型股票(一般每年支付股价的5%)；(3) 不支付股利的成长型技术性股票。

要求：

分析三个可行性方案并选择一个方案，为你的选择方案说说理由。

S11-7　在重要的股利宣告日前后绘制股票价格运动图

运用像谷歌这样的搜索引擎，查找两个不同公司宣告的利润或股利。运用像 bigcharts.com 这样的资源，确定各公司在宣告日前后的五个工作日里的收市股价。各公司分别用一个工作表，编写股价变动情况的曲线图。

要求：

检查各公司的曲线图，股价所表现出来的变动是否跟公司的宣告有关？请解释原因。

第 12 章 报告和解释现金流量表

学习目标

了解企业
学习目标 1　确定来自经营活动、投资活动和筹资活动的现金流量

学习会计方法
学习目标 2a　使用间接法披露经营活动的现金流量
学习目标 2b　使用直接法披露经营活动的现金流量
学习目标 3　披露投资活动的现金流量
学习目标 4　披露筹资活动的现金流量

评估结果
学习目标 5　分析经营活动、投资活动以及筹资活动的现金流量

本章复习

前章回顾	本章重点
在之前的章节,你学习了利润表、留存收益表和资产负债表。	本章关注第四种主要财务报表——现金流量表。

你最近有没有在某一特定的月份里分析你的银行结算单,来看看你这个月有多少现金流入和现金流出？根据一份最近的调查,平均一个大学生每月挣 645 美元并花费 1 080 美元①,即便你不是一个财务专家,也能发现这意味着每个月你有 435 美元的现金净流出。按照这个速度,你的积蓄将会很快花光并且你将不得不去借债或者筹集其他的财务来源以支持到你毕业。

大多数公司都会像你一样面临同样的问题。例如,诺德士公司——一家健身器材生产商,于 2005 年宣布在其日常经营活动中现金是净流出的。幸运的是,该公司在前几年积累了大量的现金,并且能够在 2005 年借到新债务,因此,它不会缺少资金。但为

---

① Harris Interactive, "College Students Tote \$122 Billion in Spending Power Back to Campus This Year," August 18, 2004, Retrieved October 27, 2006 from http://www.harrisinteractive.com/news/allnewsbydate.asp? NewsID = 835.

了确保长期的生存,该公司需要尽快改变当前的资金情况。投资者和债权人同样会密切控制其现金的流入和流出来决定公司是否可能分配股利和支付所欠的债务金额。做出以上各种决定的相关信息都反映在现金流量表中,现金流量表反映了公司资金情况的变化,就像你个人的银行结算单一样。

在这一章,我们首先解释现金流量表如何反映资产负债表和利润表所不能反映的商业活动信息。这章的重要部分是将现金流量归入经营活动、投资活动或者是筹资活动的分类。在第二部分,你将学习到这些不同种类的现金流量如何在现金流量表中反映出来。第三部分将介绍投资者和债权人所使用的一些评估现金流量表的工具。最后一部分将复习该章的要点并且为这些要点提供大量的练习材料。

本章结构

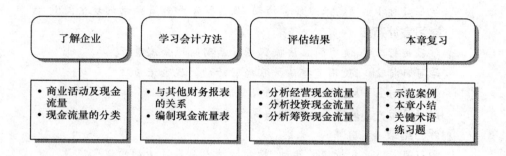

了解企业

商业活动及现金流量

课程至今,我们已经分析了商业活动对资产、负债、股东权益、收入和费用的财务影响。我们强调过了商业活动会产生财务影响,尽管它们有时候不涉及现金。这就是权责发生制存在的原因。要想精确反映商业活动,以权责发生制为基础的净利润是评价公司在期间内是否盈利的最好指标。

> **学习目标 1**
> 确定来自经营活动、投资活动和筹资活动的现金流量。

尽管净利润很重要,但公司不会使用净利润去支付工资、股利及负债。这些活动需要现金,所以财务报表使用者需要关于公司现金状况的信息。资产负债表反映了公司在某一时点上的现金余额,但是它没有反映现金从哪里来。现金可能产生于公司日常的经营中或者来自于变卖公司建筑或者来源于公司借取新的债务。报表使用者需要的是这样的一种报告:它能解释那些引起资产负债表中现金数量变化的活动。利润表并没有提供这一点,因为它致力于经营的结果,而排除了在公司取得或者偿还债务、发行或者购买公司自己的股票和变卖或者投资长期资产时取得或支付的现金。此外,基于权责发生制的利润表在赚得收入及发生费用时披露,这可能与现金收支的时点不同。例如,诺德士公司2005年各季度均报告了净利润,但在四个季度中,有三个季度的现金流量是负的。

正因为净利润和现金流量存在着这些不同,所以公认会计原则要求每个公司要编制一份现金流量表。现金流量表的目的是要说明每种主要商业活动是如何引起一个公司的现金在会计期间内增加或者减少的。

基于现金流量表的目的,现金包括现金和现金等价物。正如第6章所解释的,现金等价物是短期的、自购买之日起三个月到期的、容易变现的流动性投资。它们被认为等同于现金是因为它们都是:

1. 容易转化为已知金额的现金;
2. 离到期日很近,价值变动风险很小。

 道德观察

现金是不被估计的

批评基于权责发生制的净利润的批评家们声称它依赖很多估计(坏账、存货市价、资产的使用寿命),因此,它容易被操纵。但是现金流量与估计没有关系。因此,它不容易被操纵。只有当收到或者支付现金时,现金余额才会发生改变。一个特别富有戏剧性的净利润不等于现金的主观性的例子,是一家由 W. T. GRANT 公司经营的连锁商店的破产。通过有偏差的估计,该公司连续9年公布了净利润。但是当公司宣布破产并于次年倒闭时,却使得所有人感到震惊。在那时,不需要编制现金流量表。假设当时有现金流量表,那么它就可以显示出在十年中的七年里,公司经营是导致现金净流出的。

James A. Largay, III, and Clyde P. Stickney, "Cash Flows, Ratio Analysis and the W. T. Grant Company Bankruptcy," *Financial Analysts Journal* 36, no. 4: 51—54, July/August 1980.

现金流量的分类

现金流量表要求所有的现金流入和现金流出按照与公司相关的经营活动、投资活动或者筹资活动进行分类。这种现金流量的分类是很有用的。因为随着大部分公司的发展和成熟,它们要经历不同的现金流量类型。回过头看看第1章,当阿罗玛比萨公司刚开始的时候,所有者想让自己计划取得进展,所要做的第一件事就是筹资,他可以利用筹资进行资产投资,而往后则需要这些资产来经营他的业务。在早期,筹资现金流量与投资现金流量对阿罗玛比萨公司是至关重要的。对于一个已建立的公司,如第5章所提到的动视公司,经营活动通常是焦点,财务报表使用者对一个公司产生经营现金流量并将其投资于其他资产和偿还原来筹措的资金的能力感兴趣。债权人和投资者在停止贷款和投资给公司以前,还要忍受很长一段时间内的糟糕的经营现金流量。对于任何一家谋求长期生存的公司而言,通过日常经营活动产生的现金流量必须大于花费在经营活动身上的现金数量。

图表 12.1 是一个简要版本的诺德士公司的现金流量表。我们浓缩了这张报表,只显示反映公司经营活动、投资活动和筹资活动相联系的现金净流入(或流出)的小计。诺德士的完整现金流量表放在后面的章节中(558 页的图表 12.10)。那么现在我们把焦点放在图表 12.1,这样你就能明白每个类别的净现金流量如何在期间内同时对公司现金总净增(减)量起作用。

图表 12.1　摘录的现金流量表	(单位:千美元)
经营活动产生(消耗)的净现金	(38 091)
+(-)投资活动产生(消耗)的净现金	(2 087)
+(-)筹资活动产生(消耗)的净现金	28 896
现金净增(减)量	(11 282)
期初现金及现金等价物	19 266
期末现金及现金等价物	$7 984

正如图表 12.1 所示,经营活动和投资活动产生的负的现金流量(括号中表示)被筹资活动产生的正的现金流量抵消了一部分。结果是造成现金净减少 11 282(千)美元,加上期初的现金 19 266(千)美元,这就说明了诺德士公司期末为何只有 7 984(千)美元(同样反映在其 12 月 31 日的资产负债表中)。总之,如果只看最后余额,报表使用者能确定,尽管诺德士常年能获得额外的筹款,公司却在经营活动和投资活动中花费了更多的现金,这样一来将会导致其现金越来越少。分析家们可能担心这个成功创立的公司拥有一个负的经营现金流量,因此他们对此会进一步分析,以判断这对公司来说是否是未来存在问题的一个信号。这一章的后面,我们将会为你说明在评价一个公司的现金流量时,怎样更深层地挖掘每一种现金流量的分类。现在我们就来看看什么样的活动可以分类到经营活动、投资活动和筹资活动中。

经营活动

来自经营活动的现金流量(或者简单地称为经营现金流量)是和利润表所反映的与收入和费用直接相关的现金流入和现金流出。经营活动包括和顾客、供应商、雇员、老板和其他人等的日常商业活动。具有代表性的经营现金流入和经营现金流出如下表所示:

> **你应该知道**
>
> 经营活动现金流量(经营现金流量)是与净利润的构成成分相关的现金流入流出。

流入	流出
由……带来的现金	现金用于
顾客	购买的商品和劳务用于销售
投资的股息和利息	薪水和工资
	所得税
	债务利息

这些现金流入和流出之间的差异反映在现金流量表中，作为一个小计，我们称之为经营活动产生（消耗）的净现金。

投资活动

来自投资活动的现金流量是与购买和处置投资及长期资产相关的现金流入和流出。具有代表性的投资现金流入和流出包括：

> **你应该知道**
> 投资活动现金流量是与投资或长期资产的购买及处置相关的现金流入和流出。

流入	流出
由……带来的现金	现金用于
变卖处置地产、器械、设备	购买地产、器械、设备
销售投资或者投资到期（包括证券和应收票据）	投资证券、设备
	贷款给他人时的应收票据

这些现金流入和流出之间的差异反映在现金流量表中作为一个小计，我们称之为投资活动产生（消耗）的净现金。

筹资活动

筹资活动的现金流量包括和股东的现金交易及和贷款人的现金交易（主要是有息负债）。一般的筹资活动现金流入和流出包括：

> **你应该知道**
> 筹资活动现金流量是与公司外部资金来源（所有者和贷款人）相关的现金流入和流出。

流入	流出
由……产生的现金	现金用于
通过正式的债务合同借入	向贷款人支付利息
向股东发行股票	回购股票
	向股东支付股利

这些现金流入和流出之间的差异反映在现金流量表中作为一个小计，我们称之为筹资活动产生（消耗）的净现金。

将现金流量分成经营活动、投资活动、筹资活动的一种方法就是从资产负债表账户考虑现金流量的相关性。尽管有例外存在，大致上的规律就是经营现金流量引起流动资产和流动负债的变化。投资活动的现金流量影响非流动资产，而筹资活动现金流量影响非流动负债或者股东权益账户。[②] 图表12.2 说明了这个一般的规律如何将现金流量表的三个部分与资产负债表的每一个部分相联系。

---

② 对此一般规律的例外将在中级会计中讨论，包括影响流动资产的投资活动（如短期投资）和影响流动负债的筹资活动（如应付股利、短期应付票据）。

图表 12.2　资产负债表分类与现金流量表类别之间的联系

现金流量表类别	资产负债表分类	
经营活动	流动资产	流动负债
投资活动	非流动资产	
筹资活动		非流动负债
		所有者权益

会发生什么？

自 我 测 试

Brunswick 公司生产健身器材，与诺德士公司展开竞争，以下是一些现金流量的列示。指明它们每一项是否在现金流量表的经营活动（O）、投资活动（I）和筹资活动（F）部分披露

- □ a. 给股东发行股票
- □ b. 从客户取得资金
- □ c. 支付债务利息
- □ d. 购买器械设施
- □ e. 购买投资证券
- □ f. 支付现金股利

自测答案

　　a. F　b. O　c. O　d. I　e. I　f. F

学习会计方法

与其他财务报表的关系

　　现金流量表被认为是在会计期间内以现金收付为基础反映公司商业活动的报表。它描述的是同利润表和资产负债表相同的业务，但是把它们从权责发生制转变成了收付实现制。这种转变是通过分析利润表和资产负债表账户的变化，并把这些变化同现金流量表的三个部分联系起来来完成的。编制现金流量表，你需要考虑以下几个步骤：

　　1. 可比较的资产负债表，包括期初余额和期末余额，用于计算所有活动（经营活动、投资活动、筹资活动）的现金流量。

　　2. 一张完整的利润表。主要用来计算来自经营活动的现金流量。

　　3. 与所选账户相关的一些附加细节，是指由于投资或筹资活动而导致增加或减少的账户。

　　我们编制现金流量表的方法是主要关注资产负债表账户的变化。这主要依靠于资产负债表等式的简单运用：

$$资产 = 负债 + 所有者权益$$

首先，资产可以分为现金和其他资产（我们称之为非现金资产）。

$$现金 + 非现金资产 = 负债 + 所有者权益$$

如果我们提取非现金资产并把它们移到等式的右边，我们得到：

$$现金 = 负债 + 所有者权益 - 非现金资产$$

给定这一关系，现金中期初与期末的变化量（用 Δ 表示）应该与等式右边期初与期末的变化量相等：

$$\Delta 现金 = \Delta 负债 + \Delta 股东权益 - \Delta 非现金资产$$

换句话说，这个等式表明了现金的变化是与负债、所有者权益、非现金资产的变化相匹配的，并且是由它们的变化所造成的。图表 12.3 通过选定的现金交易阐述了这一基本思想。

图表 12.3　现金交易对资产负债表的其他账户的影响

分类	交易	现金影响	其他科目影响
经营活动	收到应收账款	+现金	-应收账款
	支付应付账款	-现金	-应付账款
	预付租金	-现金	+预付租金
	支付利息	-现金	-留存收益
	销售商品，提供劳务而获取现金	+现金	-留存收益
投资活动	现金购买器材	-现金	+设备
	卖出投资证券	+现金	-投资
筹资活动	偿还债务	-现金	-应付票据
	发行股票	+现金	+股本

经营现金流量的披露

像前面定义的，经营现金流量是和反映在利润表中的收入和费用直接相关的现金流入和流出，并且包括了同顾客、供应商、雇员、地主及其他所有人的交易。在表示现金流表的经营活动的部分时，有两种方法可供使用。

1. 直接法：从和先前提到的各种人群的主要交易类型中反映出全部的现金流入和流出。这些现金流入和流出的差异就是由经营活动带来的（消耗的）净现金。

2. 间接法：从利润表中的净利润着手，并通过减去包含在净利润中却不含现金的

> **你应该知道**
>
> 用直接法来表示现金流量表的经营活动部分是从经营活动导致的现金流的各部分计算出全部现金流入和流出。
>
> 用间接法来表示现金流量表的经营活动部分是调整净利润来得出经营活动现金流。

项目和加上包含现金却不包含在净利润的项来调整净利润。通过调整净利润的这些项目,我们可以计算出现金活动带来(消耗)的净现金。

净利润
± 调整项
= 经营活动带来(消耗)的净现金

记住这两种方法最重要的一点就是方法不同,但结果却是相同的,即经营活动带来(消耗)的净现金流量在直接法和间接法下的结果应该是一样的(为了迅速检验这点,请比较 549 页和 553 页图表 12.6 和 12.7 的底线上的金额)。同样,需要注意的是直接法和间接法的选择影响的只是现金流量表的经营活动部分,而不影响投资活动及筹资活动部分。美国会计准则委员会声称它更喜欢直接法,并考虑将这种方法作为唯一使用的方法,然而到目前为止,每一个公司的管理层都允许使用任何一种方法。据统计,将近 99% 的美国大公司,包括诺德士使用的是间接法。③ 我们将会在 A 部分首先展示普遍使用的间接法,在 B 部分展示直接法。

A 部分:间接法

学习目标 2a
用间接法披露经营活动现金流。

使用间接法编制经营活动部分时,我们要按照图表 12.4 中展示的三个步骤执行。这三个步骤广泛地引用了诺德士公司的比较资产负债表和利润表。在图表 12.5 中一起展示出来。为了看到我们计算的结果,请核对 549 页图表 12.6 的经营现金流量表单,那就是我们完成图表 12.4 的三个步骤之后得到的东西。它将成为一张完整的现金流量表中经营活动部分的基础。在稍后的图表 12.10 中表示出来。

图表 12.4　确定经营现金流量的步骤——间接法

1. 确认和经营活动相关的资产负债表账户。
2. 建立一个表单(像图表 12.6 一样),假设净利润是现金流入。
3. 根据资产负债表中经营活动相关账户的变化,去掉净利润中权责发生制的会计账户调整项。

图表 12.5　比较的资产负债表和当期利润表

诺德士公司
资产负债表*

(未审计)单位:千		2005.12.31*	2004.12.31*	
	资产			
相关现金流部分	流动资产:			变化
现金变化	现金及现金等价物	$7 984	$19 266	−11 282
O	应收账款	116 908	95 593	+21 315

---

③ AICPA 2005, Accounting Trends & Techniques。有人认为,间接法使用得如此普遍,是因为 FASB 要求使用直接法的公司要披露净利润到现金流量的调整。这种调整与间接法类似。

	（未审计）单位：千	2005.12.31*	2004.12.31*	（续表）
O	存货	96 084	49 104	+46 980
O	预付费用	24 215	16 591	+7 624
	流动资产小计	245 191	180 554	
I	设备	215 130	127 724	+87 406
I,O	减：累计折旧	(47 035)	(33 956)	−13 079
I	投资	—	85 319	−85 319
	总资产	$413 286	$359 641	
	负债及所有者权益			
	流动负债：			
O	应付账款	$61 132	$57 861	+3 271
O	应计负债	36 941	38 463	−1 522
	流动负债小计	98 073	96 324	
F	长期负债：	62 747	11 281	+51 466
	总负债	160 820	107 605	
	所有者权益：			
F	股本	4 343	13 562	−9 219
O,F†	留存收益	248 123	238 747	+9 649
	股东权益小计	252 466	252 036	
	负债及股东权益合计	$413 286	$359 641	

诺德士公司
2005 财务年度利润表*

（未审计）单位：千	
销售收入	$631 310
商品销售成本	352 496
毛利润	278 814
经营费用：	
营业费用，管理费用，财务费用	231 931
折旧	13 079
总经营费用	245 010
经营利润	33 804
利息收入	1 489
税前利润	35 293
所得税费用	12 293
税后净利	$23 000

* 为简化表述，特定余额进行了调整。
† 这一项同时包含与经营活动和筹资活动相关的业务。

步骤 1

让资产负债表中的每一个账户,从当前年度的金额减去前一年度的金额,并且如果这个账户与经营活动相关,则在其旁边标记一个"O"。经营活动主要影响。

- **流动资产**:流动资产通过公司的常规经营活动消耗掉或者转化为现金。例如:当存货变卖的时候,公司会建立应收账款账户,当收到现金时,应收账款转化为现金。在与经营活动相关的流动资产旁边标记一个"O"时,我们不考虑现金,因为现金的变化恰是我们要解释的。
- **流动负债**:流动负债,例如应付账款和应计负债,来源于购买商品和劳务,而这些商品和劳务是用于公司经营活动的,在这些项前标记一个"O"。
- **累计折旧**:这个账户每期随着折旧费用发生而增加。因为折旧费用影响净利润,这个账户与经营活动相关。④
- **留存收益**:这一项每期随着净利润增加而增加,而净利润是经营活动部分的起点。它随着宣布发放股利和支付股利(筹资活动)而下降。为了表明该账户同时与经营活动和筹资活动相关,在它旁边标记上"O"和"F"。

在你做好这一步后,同样在资产负债表其他与投资活动和筹资活动相关的账户前标记"I"和"F"。这样做将会使得稍后编制现金流量表的投资活动和筹资活动部分更容易一些。图表 12.5 的左边栏表明了我们是怎样将诺德士公司的资产负债表做分类的。右边栏则表示了账户金额的变化,这点将会在以下步骤中用到。

步骤 2

以利润表反映的净利润为起点,编制一张经营活动的现金流量计算单。我们所举的诺德士的例子中(图表 12.6),期初的净利润是 2.3 万美元,反映在图表 12.5 的利润表中,从净利润出发,我们假定所有的收入导致现金收入,所有费用导致现金流出。然而有许多地方不是这样的,所以步骤 3 就是用来调整这一点的。

步骤 3

为那些标记"O"的项目的影响调节净利润,这些项目反映了以权责发生制为基础的净利润与现金流量之间的不同。以下的几项调整是我们通常遇到的。

利润表数量和资产负债表的变化	累计现金流量的影响
净利润	起点
包括累计折旧的折旧费用	加
流动资产减少	加
流动负债增加	加
流动资产增加	减
流动负债减少	减

步骤 3 分为以下两个部分。

---

④ 当处置固定资产时,累计折旧余额也会变化。有关这些内容的更多信息,参见本章附录 A。

步骤3a　为折旧费用调节净利润。折旧在利润表中是要减去的,以此来确定净利润,但是折旧对现金变化却没有影响。在现金流量表中,把折旧费用加到我们的起点上,这样我们就排除了在利润表中已经扣除折旧费用的影响。这就像是折旧费用在利润表中挖了一个洞,并且你需要在现金流量表中把折旧费用的金额加回来,以此来填满这个洞。在诺德士案例中,我们加回了13 079(千)美元到净利润上,以此移除了折旧费用的影响(见图表12.6)。⑤

> **辅导员提示**
>
> 将折旧加回并不意味着折旧使现金增加,只是显示折旧没有使现金减少。这是阐述时一个很微妙但很重要的差异。

步骤3b　为流动资产和流动负债的变化调节净利润。流动资产(除了现金)和流动负债的每一次变化都在净利润和经营活动的现金流量之间引起差异。当把净利润转化为经营活动的现金流量时,运用以下的一般规则:

- 流动资产减少或流动负债增加时,加上这个变化量;
- 当流动资产增加或流动负债减少时减去这个变化量。

理解是什么使得流动资产和流动负债增加和减少是理解这些加减行为逻辑的关键。所以,请花点时间来阅读以下几点解释。

应付账款的变化　我们在步骤3b之后用列示在图表12.5的诺德士公司的资产负债表的第一个经营活动项目——应收账款来解释这个过程。应收账款和销售额与从客户处收到的现金两者都相关,但是间接法是以净利润为起点的,在这个起点下,我们已经假定所有的销售都是现金流入。然而,不是所有的销售都能立刻收到现金,因为还有一些在年末还是应收账款。为了调整这一点,我们必须考虑应收账款的变化。如果应收账款增加,这就意味着信用销售额大于收到的现金数(如下面的T形账户所示)。如果应收账款减少,也就是指信用销售额小于从客户手上取得的现金数。

	应收账款		
	期初余额	95 593	
+ $21 315	销售收入(赊销)	631 310　609 995	从客户收到的现金
	期末余额	116 908	

在诺德士案例中,应收账款增加,表明销售收入大于从客户取得的现金数。为了把包含在净利润中的较高的销售额数转换为从客户手中收到的较低的现金数,我们要减去这个差异数($631 310 - $609 995 = $21 315)。

注意,关于现金流量表的调整并不是收到的现金数609 995(千)美元,因为我们是从净利润出发的,这已经包含了631 310(千)美元的销售额,调节数应当是631 310与609 995之间的差额,同时也是应收账款的变化数。

---

⑤ 无形资产的摊销费用(见第9章)与折旧费用的处理方式类似,设备处置损益的处理方式也类似,将在本章附录A中讨论。长期资产的其他增减将在更高级的会计课程中讲授。

期初余额	$116 908
- 期初余额	95 593
= 变化数	$21 315

这确实为确定现金流量表的调整数提供了一个简单的方法:只需要简单地调整与经营活动相关的流动资产和流动负债的变化数。要记住这个金额到底是加还是减的一种办法就是,考虑流动资产和流动负债的变化是否是由借方或贷方造成的。如果账户的变化是由借方造成的,这个调整项就像相应的现金贷方一样反映(扣除)。在应收账款的例子中,如下图所示,应收账款的借方造成了净增加,所以现金流量表中恰当的调整方法就是把它当成现金的贷方(即减去这个净变化)。

应收账款		经营活动现金流量	
期初余额	95 593	净利润	23 000
增加	21 315	应收账款增加	(21 315)
期末余额	116 908	……	……
		净现金流量	……

存货的变化　利润表反映了当期销售的货物,同时经营现金流量必须反映诺德士的现金购买。如下面的 T 形账户所示,购买的商品增加了商品的余额,而记录商品的销售将减少商品的余额。

存货(A)			
期初余额		商品销售成本	
购进			
期末余额			

存货(A)		
期初余额	49 104	
增加	46 980	
期末余额	96 084	

诺德士的资产负债表(图表12.5)表明存货增加额是46 980美元,这意味着购买的总额大于销售的总额。增加额(超额的购买)必须从净利润中减去以转换成图表12.6中的经营现金流量(减少额应该加回)。

图表 12.6　计算经营活动净现金流量的程序——间接法

净利润转变为经营活动净现金流量

项目	金额(单位:千)	解释
权责发生制,净利润	$23 000	来自于利润表
转化为收付实现制,相加(相减)		
折旧	+13 079	由于折旧费用没有影响现金流量而在计算净利润的时候已经减去,应加回
应收账款增加	-21 315	由于从顾客处得到的现金少于权责发生制下的收入,应减去
存货增加	-46 980	由于购买的量大于销售成本,应减去
预付费用增加	-7 624	对于费用的现金预支大于权责发生制下的费用,应减去

（续表）

项目	金额（单位：千）	解释
应付账款增加	+3 271	由于账面购买的总量大于支付给供货商的现金，应加回
应计负债减少	−1 522	由于权责发生制下的费用小于费用的现金支付额，应减去
净现金流入（流出）	(38 091)	经营现金流量部分的小计

预付账款的变化 利润表反映了当期的费用，同时经营活动现金流量必须反映现金支付额。预付的现金会增加预付账款的余额，费用的记录会减少预付账款的余额。

预付账款			预付账款	
期初余额			期初余额	16 591
预付现金	已使用（或费用化）		增加	7 642
期末余额			期末余额	24 215

诺德士的资产负债表显示预付账款上有 7 624（千）美元的增加额，意味着新的现金预付的增加额大于费用。在图表 12.6 中这些额外的现金预付必须减去（减少额应加回）。

应付账款的变化 经营活动现金流量应反映现金购买，但不是所有的购买都是以现金的方式。赊购会增加应付账款，而支付给供应商的现金会减少应付账款。

	应付账款（L）		应付账款（L）	
	期初余额		57 861	期初余额
支付现金	赊购		3 271	增加
	期末余额		61 132	期末余额

这个时期应付账款增加了 3 271（千）美元，这意味着支付给供应商的现金少于赊购的金额，如图表 12.6 这种应付账款的增加（支付的现金小于购买额）必须加回（减少额应减去）。

应计负债的变化 利润表反映了所有的应计费用，但是现金流量表应反映这些费用的实际支付额。记录应计费用会增加应计负债的余额，对于费用的现金支付会减少应计负债。

	自然增长的负债（L）		自然增长的负债（L）		
支付现金	期初余额			38 463	期初余额
	累计费用		减少	1 522	
	期末余额			36 941	期末余额

诺德士的应计负债（图表 12.5）减少了 1 522（千）美元，表明现金支付额大于新的应计费用。如图表 12.6，应计负债的减少额（额外的现金支付）必须减去（增加额应加回）。

总结 我们将在净利润转换为经营活动现金流量的过程中必须的增加项目和减少项目总结如下⑥：

项 目	通过加减把净利润调成经营活动现金流量	
	当项目增加时	当项目减少时
折旧	+	没有
应收账款	−	+
存货	−	+
预付账款	−	+
应付账款	+	−
应计负债	+	−

辅导员提示

注意：在这张表中，为将净利润调整为经营现金流量，你应当：
- 在流动资产减少或流动负债增加时，加回变化额；
- 在流动资产增加或流动负债减少时，减去变化额。

会发生什么？

自 我 测 试

指出下列来自 Brunswick 公司的现金流量表中各项目由净利润向经营活动现金流量转化时是加(＋)、是减(−)或是未包括(0)。

☐ a. 存货减少　　　　　☐ d. 应收账款增加
☐ b. 应付账款增加　　　☐ e. 应计负债增加
☐ c. 折旧费用　　　　　☐ f. 预付费用增加

自测答案
a. +　b. +　c. +　d. −　e. +　f. −

如果你的老师只讲解间接法，那你就可以跳过下一小节，直接进入关于报告投资活动现金流量的讨论部分(554 页)。

B 部分：直接法

直接法是将导致现金借方或者贷方变化的所有经营活动进行汇总。此方法把利润表中的各个收入和费用由权责发生制转为收付实现制后编制而成。我们以图表 12.5 中诺德士的利润表中所有的收入和费用来完成此过程，并在图表 12.7 中按新的程序进行编制。注意，在直接法下，我们只直接使用利润表中的各个收入和费用，而不管任何的总计或者是小计(如净利润)。

学习目标 2b
用直接法披露经营活动现金流量。

将销售收入转换为现金流入

当记录销售时，应收账款增加；当收到现金时，应收账款减少。这就表明如果应收

---

⑥ 这里排除了固定资产处置导致的利得与损失的处理，这些将在本章附录 A 讨论。

账款增加了 21 315 美元,那么账面上的销售额就比实际收到的现金多了 21 315 美元,为了将销售收入转为收到的现金,我们需要从销售收入中减去 21 315 美元,下面的图直观地演示了此过程:

使用图表 12.5 中的诺德士的利润表和资产负债表的信息,我们按如下方式计算来自顾客的现金

			应收账款	
销售净收入	$631 310	期初余额	95 593
－应收账款增加	21 315	增加	21 315
从客户处得到的现金	$609 995	期末余额	116 908

将销售成本转为支付给供应商的现金

销售成本是在一个会计期间中销售商品的成本。它可能大于或者小于此期间中支付给供应商的总的现金。在诺德士的案例中,因为公司采购的货物大于其销售额,在当年存货是增加的。如果公司支付现金给存货的供应商,那么支付给供应商的现金将会大于销售成本的总数。所以,存货的增加额必须加到销售成本上来计算支付给供应商的现金。

典型的,公司从供应商手中赊购货物。因此,我们不止要考虑存货的改变对将销售成本转化为支付给供应商的现金的影响。记录在应付账款中的信用购买和支付也应该考虑。信用购买增加了应付账款,而现金支付会减少应付账款。在图表 12.5 中的诺德士公司的应付账款总体是增加的,这表明现金的支付小于信用购买的量,因此,差额须在计算支付给供应商的现金中减去。换而言之,为了完全将销售成本转换到现金支付上,你必须按以下方式考虑存货和应付账款的变动。

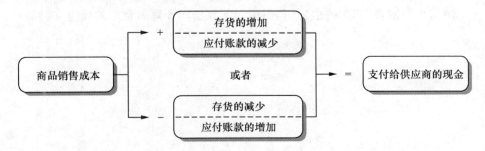

使用图表 12.5 的信息,我们计算给供应商支付的现金如下:

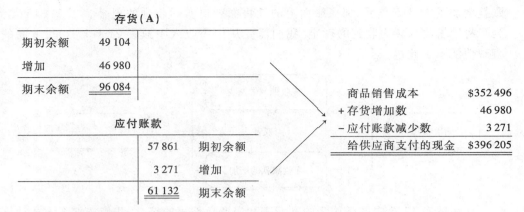

将经营费用转化成现金流出

利润表上的费用总额可能与该项活动相关的现金流出有所不同。有些项目,例如预付租金,在确认为费用之前已经支付。当预付款项发生时,预付款项的资产余额增加。当费用发生时,预付款项会减少。当我们发现诺德士公司的预付金额本年增加7 624(千)美元时,这意味着公司付出的现金要大于记录的经营费用。在计算经营费用的现金支付额时,此增加额须加回。

有些其他费用,像应计工资,在记录之后才支付。在这种情况下,当费用被记录时,应计负债的余额增加。当支付时,应计负债减少。诺德士公司的应计负债下降了1 522(千)美元,表明公司支付的现金大于记录的经营费用。在计算支付的现金费用时,这个差额应加回。

通常的,其他经营费用可以按如下方式由权责发生制转为收付实现制。

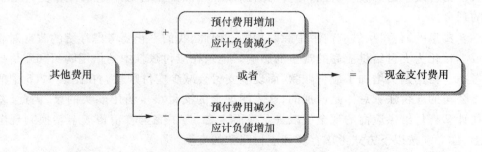

使用来自图表12.5的信息,我们按如下方法能计算出费用的现金支付额:

预付费用	
期初余额	16 591
增加	7 624
期末余额	24 215

应计负债	
	38 463　期初余额
减少　1 522	
	36 941　期末余额

销售及管理费用	$231 931
+ 预付费用增加	7 624
− 应计负债减少	1 522
现金支付费用	$241 077

你没有必要将利润表中的折旧费用转化为现金基础,因为折旧本身不包含现金。它仅仅是作为当期发生的一项费用进行报告。如折旧此类的非现金费用在以直接法计算现金流量表时通常是忽略的。因此,须确定计算时排除任何的折旧费用,此类费用很可能存在于销售及管理费用中。

图表 12.5 中利润表中列示的下一个账户是利息收入 1 489(千)美元。由于应收利息不存在余额,所有的利息收入都以现金收得。所以,利息收入等于收到的利息。

利息收入	$1 489
应收利息无变化	0
利息实收的现金	$1 489

相同的思路也可以应用到所得税中。诺德士公司存在 12 293(千)美元的所得税费用。因为在图表 12.5 中,资产负债表中的应付所得税没有余额,所以支付的所得税必须等于所得税费用。

所得税费用	$12 293
应交税金无变化	0
支付所得税的现金	$12 293

现在,我们已经考虑过图表 12.5 中的利润表所有包含的项目,已经可以将我们上述计算的所有的现金流入和流出进行汇总。这些信息都在图表 12.7 中列示。若诺德士公司使用直接法报告其现金流量表,那么图表 12.7 中的信息可以替代 558 页图表 12.10 中经营活动的内容。

图表 12.7　诺德士公司经营活动净现金流量的计算过程(直接法)　　单位:(千)

经营活动现金流量	
从客户处收到现金	$609 995
支付给供应商的现金	(396 205)
经营活动支付的现金	(241 077)
利息收到的现金	1 489
支付所得税的现金	(12 293)
经营活动提供(消耗)的净现金	(38 091)

554   总之，以下列示的调整项一般可以将利润表项目转化为相关的经营现金流量的金额。

利润表账户	+／－资产负债表账户变化	＝经营现金流量
销售收入	＋应收账款增加 －应收账款减少	＝从客户处的所得
商品销售成本	＋存货增加 －存货减少 －应付账款减少 ＋应付账款增加	＝支付给存货供应商的货款
其他费用	＋预付费用增加 －预付费用减少 －应计费用增加 ＋应计费用减少	＝支付给服务供应商的货款
利息费用	－应付利息减少 ＋应付利息减少	＝支付利息
所得税费用	＋预付所得税增加（递延税款） －预付所得税减少（递延税款） －应付所得税增加（递延税款） ＋应付所得税减少（递延税款）	＝支付所得税费用

 会发生什么？

自 我 测 试

当使用直接法计算经营活动现金流量时，指出下列来自于现金流量表的项目是应加上（＋）、减去（－）或者是不包括在内（0）。
☐ a. 存货增加
☐ b. 支付给股东的股利
☐ c. 来自客户的现金收入
☐ d. 以现金购买厂房设备
☐ e. 支付给出借者利息
☐ f. 支付政府税金

自测答案
　　a.－　b. 0　c.＋　d. 0　e.－　f.－

投资活动现金流量的披露

为了准备现金流量表中的此部分,你必须分析与投资以及不动产、厂房及设备有关的账户。⑦ 在分析经营活动中,你只需要关心相关资产负债表账户的净变化。与分析经营活动不同,分析投资(筹资)活动需要你确定账户余额增减变化的原因。下列关系是你通常会遇到的:

学习目标 3

披露投资活动现金流量。

相关资产负债表账户	投资活动	现金流量影响
投资	以现金购买投资证券	现金流出
	出售到期证券得到现金	现金流入
不动产、厂房和设备	购买不动产、厂房和设备	现金流出
	销售不动产、厂房和设备	现金流入

在诺德士公司的案例中,资产负债表(图表 12.5)显示了两项在本年变化的投资资产:投资和设备。

投资

为了弄清该账户变化的原因,会计师通常会检查投资项目下更为详细的会计记录。诺德士公司在本年里可能存在购买和出售相关投资的活动,这都会引起报告在现金流量表中的现金流出和现金流入。我们假设记录显示诺德士公司没有购买任何的投资项目而是仅仅出售了它的投资组合,成本是 85 319(千)美元。投资出售时得到的现金将会报告为投资活动现金流入。为了简化这个问题,我们假设投资按其成本 85 319(千)美元出售,也就是图表 12.8 中所列示的投资活动的过程。⑧

短期投资			
期初余额	85 319		
		85 319	变卖
期末余额	0		

设备

为了弄清楚设备账户变化的原因,会计师会检查设备账户下更详细的会计记录。购买设备会增加此账户,而处置设备会减少此账户。出于举例的目的,我们假定诺德士公司以 87 406(千)美元的现金购买了设备。此项购买是现金流出,我们应在图表 12.8 中的投资活动过程中将其减去。在我们的例子中,如设备的 T 形账户显示的,这项购买完全解释了设备账户余额的变化。为了简化,我们假定诺德士公司本年未出售任何

---

⑦ 投资活动也包括第 9 章(无形资产)和本书附录二(对其他公司的长期投资)提到的其他长期资产。尽管此处未涉及,无形资产的现金流与本节所述的固定资产类似,长期投资的现金流也与这里所述的投资类似。

⑧ 无论出售金额高于或是低于其成本,收到的现金都在投资活动部分报告。若出售投资收到的现金与其成本不同,净利润中会包含一项利得或损失,将通过间接法调整,如本章附录 A 所述。

设备。附录 A 解释了固定资产的出售如何影响现金流量表。

设备	
期初余额	127 724
购买	87 406
期末余额	215 130

图表 12.8　诺德士公司：投资活动净现金流量计算程序

项目	金额（单位：千）	解释
销售投资的收入	$85 319	出售投资获得的现金
购买设备	（87 406）	购买设备的付款
净现金流入（流出）	（2 087）	现金流量表小计

筹资活动现金流量的披露

现金流量表的这个部分包括了对所有者（应付股利）和金融机构（应付票据和其他负债）的债务，还包括了股东权益账户的变化。利息被认为是一项经营活动项目，因此不属于筹资现金流量。下面的关系是你通常会遇到的：

学习目标 4
披露筹资活动现金流量。

辅导员提示
记住从其他公司收到的投资的股利、收到的利息以及支付的利息都影响净利润，因此都作为经营活动（而非筹资活动）现金流。

资产负债表相关的账户	筹资活动	对现金流量的影响
应付账款	从银行或其他财务机构借入现金	流入
	偿还债务本金	流出
应付债券	发行现金债券	流入
	偿还债券本金	流出
投入资本	发行股票筹集现金	流入
	现金购买股票	流出
留存收益	支付现金股利	流出

为了计算筹资活动现金流量，你应该检查所有债务和股东权益账户的变化。在诺德士公司的例子中，当我们观察资产负债表的变化时，我们会发现长期负债、股本和留存收益在当年发生了变化。

长期负债

我们假定长期负债的变化是来源于当期的票据借款 51 466（千）美元，如下面 T 形账户所示。如图表 12.9 所示，我们将此现金流入计入筹资活动的过程中。

长期负债		
	11 281	期初余额
	51 466	借入
	62 747	期末余额

股本

股本的改变来源于以 9 219（千）美元的现金回购了公司的股票，这是一项现金流出。这将导致股本下降 9 219（千）美元，并且将列示在图表 12.9 的筹资活动的过程中。

股本			
		13 562	期初余额
9 219	购买股票		
		4 343	期末余额

留存收益

净利润会增加留存收益，而股利会减少留存收益。与净利润相关的现金影响已经包含在现金流量表的经营活动现金流量部分，所以记录的留存收益的变化都是来自股利支付的现金流出。从利润表中，我们可知诺德士公司报告了 23 000（千）美元的利润。在留存收益表（或是股东权益表）中，我们知道诺德士公司宣告了 13 351（千）美元的股利。资产负债表上没有显示任何的应付股利，所以股利全部应该是以现金支付的。我们在图表 12.9 中总结了筹资活动的过程。在下面的 T 形账户中列示了净利润和股利对留存收益增长的影响。

留存收益			
		238 474	期初余额
发放股利	13 351	23 000	净利润
		248 123	期末余额

图表 12.9　诺德士公司：筹资活动净现金流量计算程序

项目	金额（单位：千）	解释
额外借入长期负债	$51 466	取得债务收到的现金
回购公司股票的现金	（9 219）	现金用于支付回购公司股票
支付现金股利	（13 351）	现金作为股利支付给股东
净现金流入（流出）	28 896	现金流量表的小计

现金流量表的格式

现在你已经在图表 12.9、12.8 和 12.7 或 12.6 中确定了三种主要商业活动的现金流量，那么你就能按照正确的方式编制现金流量表。图表 12.10 是诺德士公司使用间接法得到的现金流量表。直接法是相同的，除了经营活动部分按图表 12.7 中的项目列示。在任一方法下,现金流量表都包括了经营活动、投资活动以及筹资活动的现金流量,从而得到一个总的现金净增加(或减少)。将净改变额加入现金余额的期初数则得到期末的现金余额。期末的余额与资产负债表中的现金余额相同。

非现金投资和筹资活动

除了公司的现金之外,所有的公司还要求报告重大的和不产生现金影响的投资和筹资活动(叫做非现金投筹资活动)。例如,以1万美元的应付票据购买一件价值1万美元的设备不会导致现金的流入或者是流出。结果,这样的活动不会被列示在现金流量表的三个大项中。这样的信息通常会在现金流量表的补充部分或者是财务报告的附注中披露。补充的信息必须报告支付利息和所得税的现金总额(对于使用间接法的公司)。

图表12.10　现金流量表的格式——间接法

诺德士公司
2005年
现金流量表

经营活动现金流量	
净利润	$23 000
把净利润转化为净现金的调整项	
由经营活动带来的	
折旧	13 079
流动资产和流动负债的变化	
应收账款	(21 315)
存货	(46 980)
预付账款	(7 642)
应付账款	3 271
自然增长的负债	(1 522)
经营活动带来(消耗)的净现金	(38 091)
投资活动现金流量	
销售投资的收入	85 319
购买设备	(87 406)
投资活动带来(消耗)的净现金	(2 087)
筹资活动现金流量	
额外借入长期负债	51 466
回购公司股票	(9 219)
支付现金股利	(13 351)
筹资活动带来(消耗)的净现金	28 896
现金和现金等价物的净增加(减少)	(11 282)
期初现金和现金等价物	19 266
期末现金和现金等价物	$7 984

评估结果

当评估现金流量表时,最好是以三个主要部分各自的总额开始。正如我们在本章开始时讨论的,经营活动、投资活动和筹资活动的现金流量的不同模式取决于公司状况的良好程度。一个完备的、健康的公司应该有正的经营现金流量,足以支付重置当前的不动产、厂房和设备以及支付股东股利。任何额外的现金(称为自由现金流量)能被用于(a)通过额外的投资活动扩大企业规模,(b)其他的筹资活动,(c)仅仅增加企业的现金余额。在考虑过企业处于何种状态后,你就可以检查三个部分中的细节了。

学习目标 5
分析经营活动、投资活动和筹资活动现金流量。

分析经营现金流量

经营活动部分显示公司通过它的经营和管理流动资产及流动负债从内部产生现金流量的能力。大多数分析师都相信这是现金流量表中最重要的部分,因为在长期来看,经营是唯一的现金持续性的来源。当投资者认为经营现金流量不能够支付股利或者扩大公司的规模时,他们就不会投资此公司。相同的,放贷者认为经营现金流量不足够支付他们的贷款时,放贷者也不会借钱给公司或者延展公司的信用。

当评估现金流量表的经营活动现金流量时,考虑现金流量的绝对总数(是正数还是负数),应记住,对于一个企业,经营现金流量必须长期是正的才是成功的。同样的,使用称为收益质量的比率,可以观察经营现金流量和净利润的关系。

财务分析工具

指标名称	公式	含义
收益质量比率	经营活动净现金流量 / 净利润	1. 经营现金流量与净利润是否同步 2. 比率接近于1说明经营现金流量和净利润是同步的

收益质量比率可以衡量收入中有多少部分是来自于现金的。其他都相等的条件下,收益质量比率接近1表示收入以现金实现而费用也以现金流出方式产生。当与行业竞争者或是以前年度对比时,该比率是最有用的。任何大的背离(小于0.5或者是大于1.5)都应该被关注。有的时候偏离不值得担心,但是在其他时候,它可能是重大问题来临的前兆。四个潜在的导致偏离的原因包括:

1. 季节性。正如诺德士公司的例子一样,销售和存货水平季节性的变化会导致比率在一个季度不同于另一个季度。通常而言,这并不是警报的原因。

2. 公司的生命周期(销售的增长)。新的企业总是经历快速的销售增长期。当销售增长时,应收账款和存货的增加通常快于销售收到的现金的增加。这经常使经营现金流量减少而低于净收益,然后也会降低比率。这不是大问题,如果公司能从筹资活动中得到现金直到经营活动开始产生正的现金流量。

3. 经营管理活动的改变。如果一个公司的经营资产可允许超出控制的增长，它的经营现金流量和收益质量比率都会下降。更为有效的管理会产生相反的效果。为了更进一步调查潜在的原因，可以使用在第 7 章和第 8 章中的存货周转率和应收账款周转率。

4. 收入和费用确认方法的变化。大多数的欺诈性的财务报告包含有激进的收入确认方法（在赚得前确认收入）和延迟费用的确认（当费用发生时未做披露）。这两种策略都会导致当期净利润上升，使它看上去公司已经提高了它的表现。然而，这两种方法中没有一种会影响经营活动现金流量。总之，如果以改变收入和费用确认方法来增加净利润，收入质量的比率会下降，也表明财务报告中存在包含错误或者是欺诈的可能。

分析投资性现金流量

为了保证公司有效提供销售和鼓舞的能力，公司必须将已有的正在消耗的设备进行更新。确定公司内部是否产生了足够的现金以购买新的长期资产的较好的方法是资本收购比率指标。资本收购比率反映了购买不动产、厂房和设备（PPE）的筹资来源于经营活动的程度（不需要外部的债券和权益筹资或是销售投资和其他长期资产）。比率大于 1 时，表示其他情况都相同时，当期置换设备不需要外部筹资。假定这种情况到将来也会持续，公司的资本收购比率越高，将来扩张时需要外部筹资的可能性就越小。

<table>
<tr><th colspan="3">财务分析工具</th></tr>
<tr><th>指标名称</th><th>公式</th><th>含义</th></tr>
<tr><td>资本收购比率</td><td>经营活动净现金流量
————————————
支付 PPE 的现金</td><td>1. 经营现金流量是否足够支付购买 PPE
2. 比率越高，说明外部筹资的需要就越小</td></tr>
</table>

用于支付不动产、厂房和设备的现金（在比率的分母使用）报告在现金流量表的投资活动部分，被称为"购买不动产、厂房和设备"。这类支出不同的年份会有较大的差异，因此该比例通常按照一段较长时期的平均值进行计算，例如，三年。而在比率中使用现金流量，也不需要包括现金流量表中使用的括号。在图表 12.11 中我们列示了诺德士公司和它最相似的竞争者（Cybex 国际）三年平均的资本收购比率。这些比率表明诺德士公司 52% 的购买不动产、厂房和设备的资金是来源于经营活动现金流量。相对比，Cybex 国际产生的现金流量是它过去购买不动产、厂房和设备价格的两倍。

图表 12.11 资本收购比率

公司	相关信息 （单位：百万）				2003—2005 年 平均比率计算
		2005	2004	2003	平均
诺德士	净经营现金	$(38.1)	$(47)	$44.7	$17.9	$\dfrac{\$17.9}{\$34.5} = 0.52$ 或者 52%
	购买 PPE	$87.4	$9.0	$7.0	$34.5	
		2005	2004	2003	平均	
Cybex	净经营现金	$7.2	$4.5	$0.8	$4.2	$\dfrac{\$4.2}{\$2.3} = 1.83$ 或者 183%
	购买 PPE	$4.2	$2.1	$0.6	$2.3	

会发生什么？

自我测试

Brunswick 公司的相关现金流量列示如下。计算资本收购比率并说明 Brunswick 公司的经营现金流量和购买不动产、厂房和设备的价格之间的关系是与诺德士公司更相似还是和 Cybex 国际更相似。

（单位：千）	2005	2004	2003	平均	比率
经营活动现金流量	$432	$415	$395	$	
购买机器厂房设备	$233	$171	$160	$188	

自测答案

$414 ÷ $188 = 2.20 或 220%

Brunswick 的经营活动产生的现金是购买 PPE 现金的两倍多，类似于 Cybex。

由于不同行业对于厂房和设备的投资需求存在较大不同（例如，对比诺德士公司和快速剪发公司），一个特定公司的比率应该与自己过去的数据或是相同行业中的其他公司进行比较。然而，高的比率意味着有较强的现金流量，但也可能表示公司未能更新厂房和设备，这样也会限制公司在未来的竞争能力。关键点在于你需要将此比率和公司的其他活动和商业策略相联系来解释。

分析筹资现金流量

公司的长期增长可以从内部产生的现金（经营活动现金流量）、发行股票（权益筹资）、长期的现金借款（债务筹资）来进行筹资。债务筹资是风险最大的筹资，因为：（1）债券利息是必须支付的（股利不是必须支付的）；（2）债券必须要偿还（股票不需要）。为了确定公司筹资策略相关风险的可能变化，需要检查筹资活动部分的每个子项。在其他条件相同的情况，新借入现金的公司的风险大于偿还其债务的公司。

除了考虑筹资策略的变化以外，考虑一个公司是否产生了足够的现金流量以支付它的债务所产生的利息费用也是很有实用价值的。利息保障倍数（在第 10 章介绍的）

是一个评估公司支付利息能力的方法(用息税前利润比利息费用总额)。这个比率的问题在于利息是以现金支付的(而不是比率中使用的净利润)。另一个确定公司是否有能力支付利息的方法是使用现金利息保障倍数,这是用来源于公司经营活动产生的现金流量比以现金支付的利息。

财务分析工具

指标名称	公式	它能告诉你什么
现金利息保障倍数	(经营活动净现金流量 + 支付的利息 + 支付的所得税)/支付的利息	1. 经营现金流量(在筹资及支付税金之前)是否足够支付利息 2. 这个比率大于1.0就意味着经营现金流量是足够的

在使用间接法编制的现金流量表中,你会发现支付的利息和所得税报告在现金流量表的底部或者是财务报表的附注的补充现金流量表信息中。

附录 A　不动产、厂房和设备销售的报告

不管何时一个公司销售它的不动产、厂房和设备,都必须记录三个事项:(1) 销售资产的 PPE 账户的余额下降;(2) 收到的出售现金导致的现金账户的增长;(3) 由于收到的现金大于出售资产的账面价值产生的利得(或者是收到的现金小于出售资产的账面价值产生的损失)。这项交易中影响现金流量表的部分只有处置收到的现金。这被分类为投资活动,就像设备初始购买一样。

好了,这看上去都很直接,那么为什么我们还需要对此类交易用一个单独的附录来解释呢?因为存在一个较复杂的因素。处置的利得或损失是被包括在净损益的计算中的,净损益也是使用间接法编制现金流量表的经营活动的起点。所以正如我们不得不填上由折旧在利润表中的影响一样,我们也需要填补处置不动产、厂房和设备而产生的损失的任何问题。这就意味着间接法下的现金流量表经营活动部分需要加回在利润表中减去的损失。如下面的例子所示,反过来,这对于处置中的利得也是正确的(它们被减去了。)

为了演示,假定诺德士公司以 8 万美元的价格出售一个生产设备。这个设备初始成本是 10 万美元,并且在处置时有 2.2 万美元的累计折旧。这项处置按以下方式分析和记录:

	资产	= 负债 +	所有者权益
1. 分析	现金　　　　　　　+80 000 累计折旧　　　　　+22 000 不动产、厂房和设备　−100 000		处置利得(+R)　　+2 000

2. 记录
借:现金(+A)　　　　　　　　　　　　　　80 000
　　累计折旧(+xA, +A)　　　　　　　　　22 000
　贷:不动产、厂房和设备(−A)　　　　　　　　　100 000
　　处置利得(+R, +SE)　　　　　　　　　　　　　2 000

8万美元的现金流入报告为投资活动,2.2万美元和10万美元在考虑不动产、厂房和设备账户余额变化时需要记录。最后2 000美元的利得被计入净损益,因此我们需要在报表的经营活动部分去除(减去)它。因而,这项处置影响了现金流量表的两个部分:

经营活动带来的现金	
净利润	$21 998
把净利润转化为经营活动净现金流量的调整项	
折旧	3 767
处置厂房机器设备的收益	(2 000)
…	…
经营活动带来(消耗)的净现金	…
投资活动带来(消耗)的现金	
添置机器厂房设备	(6 884)
变卖机器厂房设备收到的现金	80 000
…	…
投资活动带来(消耗)的净现金	…

附录 B 表格法(间接法)

当情况变得更加复杂的时候,我们原来用于编制诺德士公司现金流量表的分析方法就变得繁琐和低效率了。在实务中,很多的公司使用表格法来编制现金流量表。表格法也是基于我们在本章中使用的相同的逻辑。表格法最主要的好处是提供了一个更系统的方式来追踪信息。你会发现甚至它在较简单的情况仍然很有用。

图表12B.1列示了诺德士公司的表格,我们按照下列方法编制:

 1. 作出四列来记录金额。第一列是在资产负债表中报告的项目的期初余额,接着的两列反映了这些余额是借方或者是贷方的余额,最后一列包括了资产负债表的期末余额。

> **辅导员提示**
> 把现金流量表当成一个大的T形账户。

 2. 在表格的左边的上半部分输入资产负债表的各个项目名称。

 3. 分析各个资产负债表项目后,在表格左边的下半部分,写入每个需报告在现金流量表的事项的解释。

各个资产负债表项目的变化是根据表格的上半部分中的借贷来分析的,同时抵消的借贷分录根据对现金流量的影响也记录在表格的下半部分。每个资产负债表的账户的变化而不是现金贡献解释了现金账户的变化。

我们一起来分析在图表12B.1中诺德士公司的表格的各个分录,以表格中的下半部分的第一项开始。

 a. 23 000(千)美元的净利润作为经营活动部分的一个流入项,同时在表格法的上半部分也相应地记录留存收益贷方增加(表明净利润增加留存收益)。

 b. 13 079(千)美元的折旧费用加回到净利润中,因为此类费用在记录时不会导致现金流出。相应的贷方解释了在这个期间的累计折旧账户的增长。

c. 应收账款的增加意味着收到的现金少于账面的销售额。净利润包含的是销售的数字,因此为了调整到实际收到的现金,我们减去这个增加额。这种处理在我们的表格中表现为现金的借方或者是应收账款相应的贷方。

图表 12B.1　电子数据表编制现金流量表,间接法

诺德士公司
2005 年末 12 月 31 日

单位(千)	2004 年 12 月 31 日 期初余额	分析变化 借方		贷方		2005 年 12 月 31 日 期末余额
资产负债表项目						
现金和现金等价物	19 266			(m)	11 282	7 984
应收账款	95 593	(c)	21 315			116 908
存货	49 104	(d)	46 980			96 084
预付费用	16 591	(e)	7 624			24 215
设备	127 724	(i)	87 406			215 130
累计折旧	33 956			(b)	13 079	47 035
投资	85 319			(h)	85 319	—
应付账款	57 861			(f)	3 271	61 132
应计负债	38 463	(g)	1 522			36 941
长期负债	11 281			(j)	51 466	62 747
股本	13 562	(k)	9 219			4 343
留存收益	238 474	(l)	13 351	(a)	23 000	248 123
现金流量表						
经营活动的现金流量						
净利润		(a)	23 000			
把净利润转化为现金的调整项						
经营活动提供的						
折旧		(b)	13 079			
资产和负债的变化						
应收账款				(c)	21 315	
存货				(d)	46 980	
预付费用				(e)	7 624	
应付账款		(f)	3 271			
应计负债				(g)	1 522	
						(38 091)
投资活动的现金流量						
变卖投资的收入		(h)	85 319			
购买设备				(i)	87 406	
投资活动的现金流量						(2 087)
额外借入长期负债		(j)	51 466			
回购股票				(k)	9 219	
支付现金股利				(l)	13 351	
						28 896
现金及现金等价物的净增加		(m)	11 282			
			374 834		374 834	(11 282)

d. 这个分录核对了存货的购买和销售的成本。这将从净利润中减去,因为购买的货物大于出售的货物。

e. 这个分录核对了费用的预付额和实际支付的时间。应从净利润中减去,因为新的预付现金费用要大于实际到期的费用总额。

f. 这个分录核对了支付给供应商的现金和账面上购买的数量。这项需要加上,因为账面上购买的数量要大于实际现金支付的数量。

g. 这个分录核对了经营费用的应计负债和这些费用的实际支付额。应计负债的减少额应减去,因为应计负债的现金支付大于应计负债记录的费用。现金的贷方相对应的是应计负债的净借方。

h. 这个分录记录了投资销售时所得到的现金。

i. 这个分录记录了以现金购买新的设备。

j. 这个分录记录了借入额外的长期债务所得到的现金。

k. 这个分录记录了回购股票所支付的现金。

l. 这个分录记录了以现金方式支付的股利。

m. 这个分录表示了现金的变化(表中的上半部分)是来源于表格下半部分的净现金流量而计算得到的。

检查你的表格中的借方是否等于贷方,如果它们不相等,就是你在此过程中遗漏了一些。表格的下半部分可以用于编制图表 12.10 中的正式的现金流量表。

本章复习

示范案例 A:间接法

在最近的一个季度(截止到 3 月 31 日),Brunswick 公司报告了 3 800 的净利润(所有数字都按千美元为单位)。在当季期初的现金及现金等价物的余额是 351 400,在期末 3 月 31 日余额是 280 000。公司同时报告了以下活动:

a. 借入 2 200 的债务。
b. 应收账款增加 40 300。
c. 支付了现金 31 800 购买厂房机器设备。
d. 记录了折旧 35 600。
e. 应付工资增加了 10 210。
f. 其他应计负债下降了 35 000。
g. 预付费用下降了 14 500。
h. 存货增加了 20 810。
i. 应付账款下降了 10 200。
j. 向雇员发行股票取得现金 400。

要求:
基于以上信息,使用间接法编制现金流量表。评价表中报告的现金流量。

(单位:千)

BRUNSWICK 公司
季末 3 月 31 日现金流量表

经营活动现金流量	
净利润	$3 800
调整项	
折旧	35 600
应收账款变化	(40 300)
存货变化	(20 810)
预付费用变化	14 500
应付账款变化	(10 200)
应付工资变化	10 210
其他应计负债的变化	(35 000)
经营活动带来(消耗)的净现金	(42 200)
投资活动现金流量	
添置厂房机器设备	(31 800)
投资活动带来(消耗)的净现金	(31 800)
筹资活动现金流量	
借入债务的筹资	2 200
向雇员发行股票的筹资	400
筹资活动带来(消耗)的净现金	2 600
现金及现金等价物的增加(减少)	(71 400)
12 月 31 日现金及现金等价物	351 400
3 月 31 日现金及现金等价物	$280 000

尽管这个季度是盈利的,公司的经营现金流量仍然为负数。这主要是因为应收账款和存货的增加,而没有相应的应付账款和其他应计债务的减少。这可能是潜在的问题,因为这表明公司在销售货物和收回过去货款方面遇到困难。除了经营现金流量的流失之外,公司还支付了超过 3 000 万美元来购买额外的厂房机器设备。筹资活动在这个时期对现金流量的影响很小。公司在进入这个季度时有大量的现金(超过 3.5 亿美元),尽管现金流量有下降,仍有大量现金剩余可以为以后活动提供资金。

示范案例 B:直接法

在最近的一个季度(截止到 3 月 29 日),Cybex 国际报告了它的现金及现金等价物从 12 月 31 日的 216 增长到了 3 月 29 日的 469(总额均按千美元计)。公司还列示了以下事项:
　　a. 向存货的供应商支付 13 229。
　　b. 从公司的一个大股东处借款 2 400。
　　c. 支付现金 554 购买厂房机器设备。
　　d. 账面上报告销售额为 20 608。公司报告季度期初的应收账款是 13 628,期末的应收账款是12 386。
e. 支付经营费用总计6 188。
f. 以现金支付的利息总计1 060。
g. 支付长期债务本金2 625。
h. 其他筹资活动支付现金284。
i. 现金支付所得税57。

要求：

根据以上信息，使用直接法编制现金流量表。评估表中报告的现金：

（单位：千）

CYBEX 国际公司
季度现金流量表

经营活动	
从客户处收到的现金（$13 628 + 20 608 – 12 386）	$21 850
支付给供应商的现金	(13 229)
支付经营费用的现金	(6 188)
现金支付利息	(1 060)
现金支付所得税	(57)
经营活动带来的净现金流量	1 316
投资活动	
添置不动产、厂房和设备	(554)
投资活动带来（消耗）的净现金流量	(554)
筹资活动	
从相关集团（股票持有人）借入的资金	2 400
偿还长期债务本金	(2 625)
支付其他财务活动	(284)
筹资活动带来（消耗）的净现金流量	(509)
现金及现金等价物增加（减少）	253
12月31日现金及现金等价物	216
3月29日现金及现金等价物	$469

Cybex公司在这个季度报告了经营现金流量1 316的现金流入。这些现金流量足够支付这个季度购买的不动产、厂房和设备，正如资本收购比率2.38（$1 316/ $554）所显示的。其他一些不是用来购买固定资产的经营现金流量（也叫做自由现金流量）也可以用于支付负债或者是增加公司现金余额。筹资活动部分表明公司已经偿还了一个相当数量的债务（2 625），部分是靠从关联方借入资金（2 400）。从关联方（特别是大股东）借入资金是不正常的，这也需要分析师进行进一步调查。公司的季度报告显示它的借款者要求立即支付本金，因为公司已经违反了债券合约。大股东借款给公司，因此公司必须支付本金。

本章小结

学习目标1：确定来自经营活动、投资活动和筹资活动的现金流量，第540页

- 报表分为三个部分：经营活动现金流量，和日常活动取得收入相关的；投资活动现金流量，与取得和出售生产性资产相关的；筹资活动现金流量，与企业的外部筹资活动相关。
- 现金净流入或是净流出和资产负债表中的现金及现金等价物的增加或减少额是相同的。现金等价物是到期期限在三个月内、高度流动的投资。

学习目标2：使用间接法披露经营活动的现金流量，第545页

- 使用间接法报告经营活动的现金流量是将净损益转换成经营活动的净现金流量。
- 转换的过程包括对下列项目的加减项：(1)非现金费用（例如折旧费）和不影响流动资产和流动负债的收入；(2)每一项流动资产（非现金）和流动负债项目（不包括向金融机构获得的债务，这属于筹资活动）的变化。

学习目标3：使用直接法披露经营活动的现金流量，第551页

- 使用直接法编制的经营活动现金流量汇总了能导致现金借方或是贷方变化的所有的经营交易。最常见的流入是从客户处收到的现金和投资收到的利息和股利。最常见的流出是购买服务和商品以出售、工资和薪金、所得税、负债产生的利息等项目所支付的现金。这些利润表中的项目都是从权责发生制调整到收付实现制的。

学习目标4：披露投资活动现金流量，第554页

- 现金流量表中报告的投资活动包括购买固定资产和投资的现金支付和出售固定资产和投资的现金收入。

学习目标5：披露筹资活动现金流量，第556页

- 筹资活动的现金流入包括发行债券和证券收到的现金。现金流出包括债务本金的现金偿还、回购公司股票的现金支出以及现金股利支付。与利息有关的现金支出属于经营活动现金流量。

学习目标6：披露经营活动、投资活动和筹资活动现金流量分析，第558页

- 一个健康的公司能产生正的经营活动现金流量，其中有些部分可以用来购买不动产、厂房和设备。任何额外的现金流量（称为自由现金流量）能够用于扩大企业规模，能用来支付企业的一部分债务，或是给股东回报。若一个公司不能在长期产生一个正的经营现金流量，那么它就存在问题，因为最后放贷者不会再借款给公司，而股东也会停止投资此公司。
- 评估经营、投资和筹资活动现金流量的三个常用的比率是收益质量比率、资本收购比率和现金利息保障倍数。

财务分析工具

指标名称	公式	含义
收益质量比率	$\dfrac{经营活动净现金流量}{净利润}$	1. 经营现金流量与净利润是否同步 2. 比率接近于1说明经营现金流量和净利润是同步的
资本收购比率	$\dfrac{经营活动净现金流量}{支付不动产、厂房和设备的现金}$	1. 经营现金流量是否足够支付购买不动产、厂房和设备 2. 比率越高，说明外部筹资的需要就越小
现金利息保障倍数	$\dfrac{(经营活动净现金流量 + 支付的利息 + 支付的所得税)}{支付的利息}$	1. 经营现金流量（在筹资及支付税金之前）是否足够支付利息 2. 这个比率大于1.0就意味着经营现金流量是足够的

关键术语

筹资活动现金流量　543 页　　　　　　　　　直接法　545 页
经营活动现金流量（经营现金流量）　542 页　　间接法　545 页
投资活动现金流量　542 页

练习题

问答题

1. 对比利润表、资产负债表和现金流量表的目标。
2. 哪些信息是要报告在现金流量表中而不需报告在其他财务报表中的？
3. 什么是现金等价物？它们如何在现金流量表上报告？
4. 报告在现金流量表的主要商业活动分类有哪些？给出这些活动的定义。
5. 经营活动有哪些特定的现金流入？有哪些特定的现金流出？
6. 描述两种不同的经营活动现金流量报告方法下计算现金流量的事项类型。
7. 在间接法下，报告经营现金流量时，折旧费用被加回到净损益中。折旧费用产生了现金流入吗？
8. 解释在间接法下为什么这个期间的购买和薪金产生的现金流出都没有特别列示在现金流量表中。
9. 解释为什么在直接法和间接法下本年存货的 50 000 美元增加须计入经营活动现金流量。
10. 什么是投资活动的典型现金流入？什么是投资活动的典型现金流出？
11. 什么是筹资活动的典型现金流入？什么是筹资活动的典型现金流出？
12. 什么是非现金投资和筹资活动？举一个例子，非现金投资与筹资活动是怎样反映在现金流量表中的。

13. 附录（A）设备的销售额是如何使用间接法反映在现金流量表中的？

多项选择题

1. 现金流量表中的哪个部分反映现金变化。
   a. 在顶部，经营活动部分之前
   b. 在经营活动，投资活动或筹资活动部分其中之一
   c. 在底部，位于筹资活动部分之后
   d. 上述选项都不对

2. 在从上往下阅读现金流量表时，三个部分是如何排序的？
   a. 筹资活动，投资活动，经营活动
   b. 投资活动，经营活动，筹资活动
   c. 经营活动，筹资活动，投资活动
   d. 经营活动，投资活动，筹资活动

3. 现金流量表中经营活动部分总的现金流量包括
   a. 在销售时从客户获得的现金
   b. 从客户处获得应收账款的现金
   c. 获得之前已确认为收入的现金（预收账款）
   d. 上述选项都对

4. 如果一年中预付费用余额增加，那么采用间接法时现金流量表应如何调整，为什么？
   a. 账户余额差异应当从净利润中扣除，因为预付费用的净增加没有影响净利润，但是使现金余额减少了
   b. 账户余额差异应当加在净利润上，因为预付费用净增加没有影响净利润而是使现金余额增加了
   c. 预付费用的净变化应当从净利润中扣除，以改变没有影响现金只影响利润表的情况
   d. 预付费用的净变化应当加在净利润上，以改变没有影响现金只影响利润表的效果

5. 下列哪一个选项不会在现金流量表中的投资部分出现？
   a. 购买存货
   b. 变卖投资
   c. 购买土地
   d. 三者都会出现在现金流量表的投资部分。

6. 下列哪一项不会出现在现金流量表的筹资部分？
   a. 发行公司自己的股票
   b. 偿还债务
   c. 分派股利
   d. 上述三项都会出现在现金流量表的筹资活动部分

7. 使用间接法计算经营现金流量时，下列哪一项时不用加回？
   a. 应付账款净增加

b. 应收账款净减少

c. 存货净减少

d. 上述三项都应回加

8. 如果一个公司从事重大非现金交易,下列哪项是必需的?

    a. 公司必须在现金流量表后附解释性说明

    b. 可以不必披露信息

    c. 公司必须在资产负债表后附解释性说明

    d. 非现金交易必须在现金流量表的投资部分和筹资部分反映

9. 显示在现金流量表底部附近的现金总变化量反映了以下哪个选项?

    a. 回顾可比较的资产负债表时的留存收益的差异

    b. 利润表的净利润或者净损失

    c. 回顾可比较的资产负债表时的现金差异

    d. 上述选项都不正确

10. 下列哪个比率是用来评估经营现金流量反映不动产、厂房和设备替换程度的大小?

    a. 自由现金流量

    b. 资本收购比率

    c. 现金利息保障倍数

    d. 收益质量比率

选择题答案:

1. c   2. d   3. d   4. a   5. a   6. d   7. d   8. a   9. c   10. b

小练习

M12-1 从现金流量类型辨认公司

基于所给的现金流量,把下列案例中的公司分为刚成立的公司(S)、发展良好的公司(E)或是面临财务危机的公司(F)。

	案例 1	案例 2	案例 3
经营活动提供(消耗)的现金	$(120 000)	$3 000	$80 000
投资活动提供(消耗)的现金	10 000	(70 000)	(40 000)
筹资活动提供(消耗)的现金	75 000	75 000	30 000
现金净变化量	(35 000)	8 000	10 000
期初现金	40 000	2 000	30 000
期末现金	$5 000	$10 000	$40 000

M12-2 将选项与现金流量表的分类相匹配(间接法)

Buckle 公司在 38 个州经营 330 家以上的店铺,销售名牌服装如 Lucky jeans 和 Fossile 皮带及手表。以下是其公司 2005 年间接法下的现金流量表的一些项目。指出每一项是否在现金流量表中的经营活动、投资活动和筹资活动中披露,或者是不在现金流量表中披露。

    ____ 1. 购买投资

____ 2. 发行股票的收益
____ 3. 购买设备和器械
____ 4. 折旧
____ 5. 应付账款（减少）
____ 6. 存货（增加）

M12-3　确定账户变化对经营活动现金流量的影响（间接法）

指出下列每一项在使用间接法计算经营活动现金流量时应加还是减。

____ 1. 折旧
____ 2. 存货减少
____ 3. 应付账款减少
____ 4. 应收账款减少
____ 5. 应计负债增加

M12-4　将选项与现金流量表分类匹配

Prestige Manufacturing 公司公布了间接法下 2007 年现金流量表的以下几项。指出下列选项哪些会披露在报表的经营活动（O）、投资活动（I）或者筹资活动（F）中，又或者是不会披露在报表里。

____ 1. 支付购买设备的款项
____ 2. 偿还银行负债
____ 3. 支付股利
____ 4. 发行股票的收益
____ 5. 支付利息
____ 6. 来自客户的收款

M12-5　计算经营活动现金流量（间接法）

对于以下每个独立的案例，计算来自经营活动的现金流量。假设以下列示的所有资产负债表账户都与经营活动相关。

	案例 A	案例 B	案例 C
净利润	$200 000	$360 000	$20 000
折旧费用	40 000	80 000	150 000
应收账款增加（减少）	100 000	(20 000)	(200 000)
存货增加（减少）	(50 000)	50 000	(100 000)
应付账款增加（减少）	(110 000)	(70 000)	(120 000)
应计负债增加（减少）	60 000	(80 000)	(220 000)

M12-6　计算经营活动现金流量（间接法）

对于下列独立的两个案例，指明使用间接法下的 2007 年现金流量表中的经营活动部分的现金流量。

	案例 A		案例 B	
	2007	**2006**	**2007**	**2006**
销售收入	$10 000	$9 000	$21 000	$18 000
商品销售成本	6 000	5 500	12 000	11 000
毛利润	4 000	3 500	9 000	7 000
折旧费用	1 000	1 000	2 000	1 500
工资费用	2 500	2 000	5 000	5 000
净利润	500	500	2 000	500
应收账款	300	400	750	600
存货	600	500	790	800
应付账款	800	700	800	850
应付工资	1 000	1 200	200	250

M12-7 计算经营活动现金流量(直接法)

对于以下每一个独立的案例,计算直接法下的经营活动现金流量。假定以下所列示的所有项目都与经营活动相关。

	案例 A	案例 B	案例 C
销售收入	$70 000	$55 000	$95 000
商品销售成品	35 000	32 000	65 000
折旧费用	10 000	2 000	10 000
其他经营费用	5 000	13 000	8 000
净利润	25 000	8 000	12 000
应收账款增加(减少)	(1 000)	4 000	3 000
存货增加(减少)	2 000	0	(4 000)
应付账款增加(减少)	0	3 000	(2 000)
应计负债增加(减少)	1 000	(2 000)	1 000

M12-8 计算经营活动现金流量(直接法)

在 M12-6 中涉及的两个案例,表明在使用直接法下 2007 年现金流量表经营活动部分的现金流量。

M12-9 计算投资活动的现金流量

基于以下信息,计算投资活动的现金流量。

从客户处取得现金	$800
购买已使用过的设备	850
折旧费用	200
投资额	300

M12-10 计算筹资活动的现金流量

基于以下信息,计算筹资活动的现金流量。

购买投资	$250
支付股利	800
支付利息	400
从银行额外借入资金	2 000

M12-11 反映非现金投资活动及筹资活动

下列交易中,哪一项或几项被认为是非现金的投资活动与筹资活动?

____ 1. 从银行借入额外资金

____ 2. 购买设备用于投资

____ 3. 现金分派股利

____ 4. 用本票购买厂房

M12-12 解释经营活动、投资活动和筹资活动的现金流量

Quantum Dots 公司是一个微技术公司,主要生产"量子点阵","量子点阵"是由 100 个甚至更多分子构成的极小的硅片组成。量子点阵可以用来显示非常小的物体,让科学家们能够看清老鼠每次心跳时,其皮下的血管以每秒 100 次的速度扩张。假设以下各项都在现金流量表中反映,请评估这个公司的现金流量。

	当前年度	前一年度
经营活动现金流量		
经营活动提供(消耗)的现金流量	$(50 790)	$(46 730)
投资活动现金流量		
购买研究设备	(250 770)	(480 145)
变卖所有短期投资获得的收益	35 000	—
投资活动提供(消耗)的现金流量	(215 770)	(480 415)
筹资活动现金流量		
额外借入的长期负债	100 000	200 000
发行股票的收益	140 000	200 000
分派现金股利	—	(10 000)
财务活动提供(消耗)的现金流量	240 000	390 000
现金净增加(减少)	(26 560)	(136 875)
期初现金	29 025	165 900
期末现金	$2 465	$29 025

M12-13 计算和解释资本收购比率

Capital 公司在其现金流量表中披露了以下信息:

	2006	2007	2008
经营活动净现金流量	$35 000	$32 000	$23 000
支付利息	2 000	3 000	2 500
支付所得税	9 000	8 500	6 500
购买不动产、厂房和设备	31 818	22 857	20 325

计算 2006—2008 年度的平均资本收购比率和每一年度的资本收购比率,保留小数点后一位。关于公司需要外部筹资来替换不动产、厂房和设备,分析这个比率对你有什么启示?

M12-14 计算和解释现金利息保障倍数

使用表 M12-13 所给的信息,计算 Capital 公司三年中每一年的现金利息保障倍数。在公司支付利息成本方面,这个比率告诉了你些什么?

M12-15　计算和解释收益质量比率

Dan's products 公司公布了 8 万美元的净利润、2 000 美元的折旧费用。经营活动现金流量 6 万美元。计算利润质量比率。在关于公司应计收入和递延费用方面,这个比率告诉了你些什么?

练习

E12-1　将项目与现金流量表类别相匹配(间接法)

耐克(NIKE)公司是世界知名的运动鞋、服装和器械的公司,因为它和许多运动明星例如勒布朗詹姆斯等签约。耐克公司最近的间接法下的现金流量表中的项目列示如下:

指出每一项是否在现金流量表中的经营活动、投资活动、筹资活动部分披露,或者不在报表中披露。

　　____ 1. 长期负债增加
　　____ 2. 折旧
　　____ 3. 不动产、厂房和设备的增加
　　____ 4. 应付票据增加(减少)(金额归财务机构所有)
　　____ 5. 其他流动资产增加(减少)
　　____ 6. 处置不动产、厂房和设备而收到的现金
　　____ 7. 长期债务减少
　　____ 8. 发行股票
　　____ 9. 存货增加(减少)
　　____ 10. 净利润

E12-2　比较直接法和间接法

为了对比直接法和间接法下的现金流量表的披露的信息。指出下列项目中哪些项目会反映在不同方法下的现金流量表中:

现金流量(和相关的变化)	现金流量表的方法	
	直接法	间接法
1. 净利润		
2. 从客户处收到票据		
3. 应收账款增加或减少		
4. 支付货款给供应商存货增加或减少		
5. 存货增加或减少		
6. 应付账款增加或减少		
7. 支付工资给雇员		
8. 应付工资增加或减少		
9. 折旧费用		
10. 经营活动现金流量		
11. 投资活动现金流量		
12. 筹资活动现金流量		
13. 期间内的现金增加或减少		

E12-3 反映经营活动现金流量(间接法)

以下信息来源于 Guy's Gear 公司。

销售收入		$80 000
费用：		
商品销售成本	$50 000	
折旧费用	6 000	
工资费用	12 000	68 000
净利润		$12 000
应收账款减少	$5 000	
商品库存增加	8 000	
应付工资增加	500	

要求：

为 Guy's Gear 公司使用间接法编制现金流量表的经营活动部分。

E12-4 从一个分析者的角度披露和解释经营活动的现金流量(间接法)

New Vision 公司完成了公司 2007 年度的利润表和资产负债表，并且提供了以下信息。

服务收入		$66 000
费用：		
工资	$42 000	
折旧	7 300	
公用事业	7 000	
其他费用	1 700	58 000
净利润		$8 000
应收账款减少	$12 000	
购买一小型服务器	5 000	
应付工资增加	9 000	
其他应计负债减少	4 000	

要求：

1. 为 New Vision 公司使用间接法展示现金流量表的经营活动部分。
2. 造成经营现金流量和净利润差异的潜在因素中,哪些对财务分析者是最为重要的?

E12-5 从分析者的角度反映和解释经营活动现金流量(间接法)

时时乐餐饮公司(Sizzler)在全世界经营 700 家家族餐馆。公司的年度报告包含了以下信息(单位:千):

经营活动	
净损失	$(9 482)
折旧	33 305
应收项目增加	170
存货减少	643
预付费用增加	664

(续表)

经营活动	
应付账款减少	2 282
应计负债减少	719
应付所得税增加	1 861
长期债务减少	12 691
增加设备	29 073

要求：
1. 基于以上信息，使用间接法计算经营活动现金流量。
2. 是什么主要原因使得时时乐公司公布净损失，却能够有一个正的经营现金流量。
3. 造成经营现金流量和净利润差异的潜在因素中，哪些对财务分析者是最为重要的？

E12-6 从现金流量表推断资产负债表的变化（间接法）

高露洁棕榄公司（Colgate Palmolive）成立于1806年。它2006年第一季度的现金流量表披露了以下信息（单位：百万）：

经营活动	
净利润	$952.2
折旧	243.5
变化对现金的影响	
应收账款	(122.9)
存货	(128.9)
应付账款	122.8
其他	303.2
经营活动提供的净现金	$1 369.9

要求：
基于高露洁棕榄公司现金流量表的经营活动部分反映的信息，判断以下账户在此期间内是增是减：应收账款、存货和应付账款。

E12-7 从现金流量表判断资产负债表的变化（间接法）

苹果公司（Apple）到2006年4月1号为止的近6个月的现金流量表反映的信息如下（单位：百万）：

经营活动	
净利润	$975
折旧	102
资产和负债的变化	
应收账款	34
存货	(39)
其他流动资产	(892)
应付账款	329
其他调整	(351)
经营活动提供的现金流量	$158

要求：

对每一个列示在现金流量表的经营活动部分中的资产和负债账户，判断在此期间内的这些账户在资产负债表内是增是减。

E12-8 从分析师的角度反映和解释经营活动的现金流量（直接法）

根据 E12-4 New Vision 公司的信息。

要求：

1. 使用直接法为 New Vision 公司展示现金流量表的经营活动部分。假设应计负债包含在利润表的其他费用中。
2. 造成经营现金流量和净利润差异的潜在因素中，哪些对财务分析师是最重要的？

E12-9 从分析师的角度披露和解释经营活动现金流量（直接法）

回顾 E12-5 所给的信息。结合以下的 Sizzler International 公司的简要利润表。

收入	$136 500
销售成本	45 500
毛利润	91 000
工资费用	56 835
折旧	33 305
其他费用	7 781
息税前净损失	(6 921)
所得税费用	2 561
净损失	$(9 482)

要求：

1. 基于以上信息，使用直接法计算经营活动现金流量。假设预付费用与应计负债包含在其他费用中。
2. 是什么主要原因使得 Sizzler 公司能够在公布净损失的同时却有正的经营现金流量？
3. 造成经营现金流量和净利润差异的潜在因素中，哪些对财务分析师是最为重要的？

E12-10 分析经营活动现金流量（间接法），并计算和解释收益质量比率

百事公司 2005 年年报包含了以下信息（单位：千）

净利润	$4 078
支付现金股利	1 642
折旧	1 308
应收账款增加	272
存货增加	132
预付费用增加	56
应付账款增加	188
应交税金增加	609
其他与经营相关的负债减少	791

要求：

1. 为百事公司使用间接法计算经营活动现金流量。
2. 计算收益质量比率，保留小数点后一位。

3. 是什么主要原因使得百事公司的收益质量比率不等于1.0?

E12-11 计算和理解与购买存货相关的经营现金流量（间接法）

以下是三个公司公布的信息。在完成要求时，假设所有赊购都是存货。

	Aztec Corporation	Bikes Unlimited	Campus Cycles
商品销售成本	$175	$175	$350
使用现金从供货商处购买存货	200	0	200
从供货商赊购存货	0	200	200
支付现金给供货商	0	160	160
期初存货	100	100	200
期末存货	125	125	250
期初应付账款	0	80	80
期末应付账款	0	120	120

要求：

1. 每个公司的利润表中的存货账户应扣除多少金额？
2. 在期间内现购和赊购的存货共花费了公司多少金额？
3. 每个公司的第一问和第二问的金额有多少不同？
4. 每个公司的存货以什么数量增加（减少）？每个公司的应付账款以什么数量增加（减少）？
5. 使用间接法，每个公司从权责发生制转为收付实现制时应从净利润中加上（扣除）多少金额？
6. 描述第三问和第五问的答案之间的相似处。这些答案相同吗？为什么相同或为什么不同？

E12-12 反映投资活动或筹资活动的现金流量

Rowe Furniture 公司是一个家具生产商公司。在最近的一个季度里，它公布了以下活动：

净利润	$4 135
购买不动产、厂房和设备	871
根据银行信贷额度借入	1 417
发行股票的收益	11
从客户处收到现金	29 164
偿还长期债务	46
变卖投资	134
变卖厂房和设备的收益	6 594
分派股利	277
支付利息	90

要求：

基于以上信息，列出现金流量表的投资活动和筹资活动部分的现金流量。

E12-13 利用战略管理讨论反映投资活动和筹资活动的现金流量

Gibraltar Steel 公司是一家位于纽约水牛城的钢铁生产商。在前一年，它公布了以下活动：

净利润	$5 213
购买不动产、厂房和设备	10 468
支付应付账款	8 598
发行股票的净收益	26 061
折旧	3 399
长期债务减少	17 832
销售投资的收益	131
销售不动产、厂房和设备的收入	1 817
借入长期债务的收入	10 242
应收账款减少	1 137
应付票据（银行）的收入	3 848

要求：

1. 基于以上信息，列出现金流量表的投资活动和筹资活动部分的现金流量。

2. 根据第一问的回答，谈论下 Gibraltar 的管理计划中将如何使用发行股票产生的现金。

E12-4　分析和解释资本收购比率

Sportnet 公司公布了以下近三年的数据（单位：千）：

	2008	2007	2006
经营活动现金流量	$801	$1 480	$619
投资活动现金流量	(1 504)	(1 415)	(662)
筹资活动现金流量	42 960	775	360

假设所有的投资活动都与购买厂房和设备有关。

要求：

1. 计算三年期间内的总资本收购比率。

2. Sportnet 的投资活动可以从经营活动现金流量筹得多少资金？在三年中从外部资源或者已存在的现金余额筹得多少资金？

3. 在期间内，你认为是什么原因使得筹资活动的现金流量急剧增加？

E12-15　计算和解释资本收购比率

沃特迪士尼（Walt Disney）公司公布了 2005 年年报：

	2005	2004	2003
净利润	$2 533	$2 345	$1 267
经营活动带来的净现金	4 269	4 370	2 901
购买公园，场地和其他厂房	(1 823)	(1 427)	(1 049)
现金支付利息	641	624	705
现金支付所得税	1 572	1 349	371

要求:
1. 计算 2003 年至 2005 年度的平均资本收购比率,保留小数点后两位。
2. 解释你第一问的计算结果,你认为公司通过外部筹资取得厂房和设备时要注意些什么?

E12-16　计算和解释现金利息保障倍数

根据 E12-15 沃特迪士尼公司所给的信息。

要求:
1. 计算每年现金利息保障倍数,保留小数点后一位。
2. 解释第一问的计算结果。对于公司支付债务筹资时的利息的能力,你有什么看法?

E12-17　计算和解释收益质量比率

根据 E12-15 沃特迪士尼公司的信息。

要求:
1. 计算每一年的收益质量比率,保留小数点后一位。
2. 解释第一问的计算结果,从你个人对沃特迪士尼公司的观察,给出一个能够解释净利润和经营活动带来的净现金之间存在差异的原因。

E12-18　(附录 A)确定销售厂房的现金流量

戏剧行业第一个创造出顾客忠诚度节目的公司是 AMC 娱乐公司。在 2003 年间,公司变卖厂房,获得 549.4 万美元现金,并且记录获得 135.8 万美元销售利得。在 2004 年间,公司变卖厂房,获得 928.9 万美元,并且记录获得 259 万美元销售利得。

要求:

对于 AMC 公司每年卖出去的厂房,计算其账面价值,并展示处置的厂房如何使用以下格式(间接法)反映在比较的现金流量表中。

	2003	2004
经营活动现金流量		
变卖厂房利得		
投资活动现金流量		
厂房处置款		

E12-19　(附录 A)确定来自变卖设备的现金流量

期间内 Teen's Trends 公司低于成本价变卖了过剩的设备。以下的信息来自于该公司的财务记录。

来自利润表	
折旧费用	$700
变卖设备损失	4 000
来自资产负债表	
期初设备	12 500
期末设备	7 000
期初累计折旧	2 000
期末累计折旧	2 200

此期间内,公司没有买进新设备。

要求:

为那些卖出的设备,确定它原始的成本、累计折旧和销售所得的现金。

E12-20 (附录 B)编制现金流量表(间接法):完成表格

为了编制 Golf Champion 公司的现金流量表,你要审查公司的账务,记录如下:

购买设备 2 万美元,并且发行全额本票。
购买长期投资,花费 1.5 万美元。
支付现金股利 1.2 万美元。
变卖设备获得 6 000 美元(成本 2.1 万美元,累计折旧 1.5 万美元)。
发行股票 500 股,每股价值 12 美元。
净利润为 2.02 万美元。
折旧费用为 3 000 美元。

当你编制现金流量表时同样要建立以下的表单:

	2006 年 12 月 31 日 期初余额	变化分析 借方	变化分析 贷方	2007 年 12 月 31 日 期末余额
资产负债表项目				
现金	$20 500			$19 200
应收账款	22 000			22 000
商品存货	68 000			75 000
投资	0			15 000
设备	114 500			113 500
累计折旧	32 000			20 000
应付账款	17 000			14 000
应付工资	2 500			1 500
应付所得税	3 000			4 500
应付票据	54 000			74 000
股本	100 000			106 000
留存收益	16 500			24 700
		流入	流出	
现金流量表				
经营活动现金流量				
投资活动现金流量				
筹资活动现金流量				
现金净增加(减少)				
总计				

要求:

完成表单以使用间接法编制现金流量表。

辅导题

CP12-1 确定交易对现金流量表的影响

摩托罗拉公司(Motorola)因其手机和调制解调器闻名。现在这两样东西可以变得很小,以至于可以被合并到高科技的太阳眼镜里。针对下列第一季度的交易,指明经营活动(O)、投资活动(I)或者筹资活动(O)是否受到了影响,并且指明这个影响造成现金流入(+)或者是现金流出(-),还是交易时对现金无影响(NE)。

提示:考虑交易的会计分录。当且只当现金账户被影响时,交易才会影响净现金流量。

____ 1. 用本票购买新设备
____ 2. 记录并且向联邦政府支付所得税。
____ 3. 发行股票筹集现金
____ 4. 为明年支付租金
____ 5. 因为预付费用到期记录调整分录
____ 6. 支付现金购买新设备
____ 7. 借入长期债务筹资
____ 8. 从客户收到手机款项
____ 9. 记录并且支付雇员工资

CP12-2　计算经营活动现金流量(间接法)

Hamburger heaver 2007 年 12 月 31 日的利润表和简要的资产负债表的信息列示如下:

利润表

销售收入	$2 060
费用	
商品销售成本	900
折旧费用	200
工资费用	500
租金费用	250
保险费用	80
利息费用	60
公共事业费用	50
净利润	20

挑选的资产负债表科目

	2007	2006
商品存货	$82	$60
应收账款	380	450
应付账款	240	210
应付工资	29	20
应付公共事业费用	20	60
预付租金	2	7
预付保险	14	5

提示:2007 年的预付租金下降是因为预付租金的减少(从净利润中作为租金费用扣除)大于 2007 年所要支付的租金金额。

要求：

使用间接法编制2007年现金流量表的经营活动部分的现金流量。

CP12-3　计算经营活动现金流量（直接法）

相关信息见CP12-2。

要求：

使用直接法编制2007年现金流量表经营活动部分的现金流量。

提示： 使用加回存货增加，减去应付账款增加的方法，把商品销售成本转变为给供应商支付的现金。

CP12-4　编制现金流量表（间接法）

Hunter公司正在筹备2008年12月31日的年度财务报表。除了现金流量表外，其他报表都已经完成了。比较资产负债表和利润表概括如下：

	2008	2007
12月31日的资产负债表		
现金	$44 000	$18 000
应收账款	27 000	29 000
商品存货	30 000	36 000
厂房和设备	111 000	102 000
减：累计折旧	（36 000）	（30 000）
	$176 000	$155 000
应付账款	$25 000	$22 000
应付工资	800	1 000
长期应付票据	38 000	48 000
股本	80 000	60 000
留存收益	32 200	24 000
	$176 000	$155 000
2008年利润表		
销售收入	$100 000	
商品销售成本	61 000	
其他费用	27 000	
净利润	$12 000	

附加数据：

1. 现金9 000美元购买设备。
2. 偿还1万美元长期应付票据。
3. 发行新股2万美元。
4. 宣告并发放现金股利3 800美元。
5. 其他费用包括折旧6 000美元、工资1万美元、税收3 000美元、其他8 000美元。
6. 应付账款仅包括赊购的存货。因为公司没有税金或者其他费用相关的负债科目，假定这些费用完全由现金支付。

要求：

1. 使用间接法编制2008年12月31日的现金流量表。

2. 使用现金流量表评估 Hunter 的现金流量。

提示：示范案例为我们在评估现金流量时如何考虑信息举了一个好例子。

CP12-5　编制和解释现金流量表（间接法）

Soft Touch 公司是由两个高尔夫指导员在几年前创立的。公司的比较资产负债表和利润表以及附加信息列示如下：

	2008	2007
12月31日资产负债表		
现金	$12 000	$8 000
应付账款	2 000	3 500
设备	11 000	10 000
减：累计折旧	（3 000）	（2 500）
	$22 000	$19 000
应付账款	$1 000	$2 000
应付工资	1 000	1 500
长期应付银行借款	3 000	1 000
股本	10 000	10 000
留存收益	7 000	4 500
	$22 000	$19 000
2008年利润表		
课程收入	$75 000	
工资费用	70 000	
其他费用	2 500	
净利润	$2 500	

附加数据：

1. 1 000 美元现金购买新俱乐部。
2. 年内向银行借入 2 000 美元现金。
3. 其他费用包括折旧 500 美元、公共事业费用 1 000 美元、税金 1 000 美元。
4. 应付账款仅包括以经营为目的的赊购服务。因为没有和公共事业或者税金相关的负债科目，假定这个费用都是完全由现金支付的。

要求

1. 使用间接法编制 2008 年 12 月 31 日的现金流量表。
2. 使用现金流量表评估公司的现金流量。

提示：示范案例给我们在评估现金流量时如何考虑信息提供了一个好例子。

CP12-6　编制和解释现金流量表（直接法）

相关信息见 CP12-5。

要求：

使用直接法完成要求 1 和要求 2。

提示：在把其他费用转化为收付实现制时，记得要排除折旧费用。

A 组问题

PA12-1 确定交易对现金流量表的影响

Motif Furniture 是一家以奥斯汀为主要市场的家具公司。对于以下每个第一季度的交易，指出是否影响了经营活动（O）、投资活动（I）和筹资活动（F），并且这个影响是现金流入（＋）还是现金流出（－），或者是交易对现金没有影响（NE）。

____ 1. 现金购买已使用过的设备
____ 2. 购买新设备支付现金
____ 3. 宣告并向股东支付现金股利
____ 4. 从顾客处收到支付款
____ 5. 记录调整分录用以记录应计薪金费用
____ 6. 记录并向贷款人支付债务利息
____ 7. 预付银行贷款利息
____ 8. 为明年预付租金
____ 9. 给供应商付款

PA12-2 计算经营活动现金流量

2007 年 12 月 31 日 Direct Products 公司的利润表和摘选的资产负债表信息列示如下：

利润表

销售收入	$48 600
费用：	
商品销售成本	21 000
折旧费用	2 000
工资费用	9 000
租金费用	4 500
保险费用	1 900
利息费用	1 800
公共事业费用	1 400
净利润	7 000

摘选的资产负债表账户

	2007	2006
应收账款	$560	$580
商品存货	990	770
应付账款	440	460
应付工资	100	70
应付公共事业费用	20	15
预付租金	25	20
预付保险费用	25	28

要求

使用间接法编制 2007 年现金流量表的经营活动部分的现金流量。

PA12-3　计算经营活动现金流量（直接法）

相关信息参考 PA12-2。

要求：

使用直接法编制 2007 年现金流量表经营活动部分的现金流量。

PA12-4　编制现金流量表（间接法）

XS 供应公司正在编制它 2007 年 12 月 31 日的年度财务报表。除了现金流量表以外，其他报表都已完成。已完成的可比资产负债表和利润表概括如下：

	2007	2006
12 月 31 日资产负债表		
现金	$34 000	$29 000
应收账款	35 000	28 000
商品存货	41 000	38 000
厂房和设备	121 000	100 000
减：累计折旧	（30 000）	（25 000）
	$201 000	$170 000
应付账款	$36 000	$27 000
应付工资	1 200	1 400
长期应付票据	38 000	44 000
股本	88 600	72 600
留存收益	37 200	25 000
	$201 000	$170 000
2006 年利润表		
销售收入	$120 000	
商品销售成本	70 000	
其他费用	37 800	
净利润	12 200	

附加数据：

1．现金 2.1 万美元购买设备。

2．支付长期应付票据 6 000 美元。

3．发行新股票筹得 1.6 万美元。

4．没有宣告并支付股利。

5．其他费用包括折旧 5 000 美元、工资 20 000 美元、税金 6 000 美元和其他 6 800 美元。

6．应付账款仅包括赊购的存货。因为没有和税金及其他费用相关的债务，假设其他费用都完全由现金支付。

要求：

1．使用间接法编制 2007 年 12 月 31 日的现金流量表。

2．评估现金流量表。

PA12-5 编制和解释现金流量表（间接法）

Heads Up 公司是由两个曲棍球指导员于几年前创立的。公司的比较资产负债表和利润表随同一些附加信息一并列示如下：

	2008	2007
12月31日资产负债表		
现金	$6 000	$4 000
应收账款	1 000	1 750
设备	5 500	5 000
减：累计折旧	(1 500)	(1 250)
	$11 000	$9 500
应付账款	$500	$1 000
应付工资	500	750
应付长期银行负债	1 500	500
股本	5 000	5 000
留存收益	3 500	2 250
	$11 000	$9 500
2008年利润表		
课程收入	$37 500	
工资费用	35 000	
其他费用	1 250	
净利润	$1 250	

附加数据：

1. 现金500美元购买新的曲棍球设备。
2. 年内从银行借入1 000美元现金。
3. 其他费用包括折旧250美元、租金500美元、税金500美元。
4. 应付账款仅包括以经营为目的的赊购的服务。因为没有和租金及税金相关的负债，假设这些费用都是完全用现金支付的。

要求：

1. 使用间接法编制2008年12月31日现金流量表。
2. 使用现金流量表评估公司的现金流量。

PA12-6 编制和解释现金流量表（直接法）

根据PA12-5所给的信息。

要求：

使用直接法完成要求1和要求2。

B 组问题

PB12-1 确定交易对现金流量表的影响

Fantatech 公司是一家设计、开发和生产高科技的娱乐产品的公司，包括虚拟运动——能够让新手运动员们在虚拟现实中经历危险和困难的现实运动。公司同样生产4D剧院系统,它将特殊效果结合了 3D 虚拟效果,如振动坐椅、模拟坠落和芳香的空气气流。以下每一个交易都列示在 Fantatech 公司的年报中,指出它们对经营活动(O)、投资活动(I)或筹资活动(F)是否有影响,对现金的影响是现金流入(+)还是现金流出(-),又或者是交易对现金并没有影响(NE)。

　　____ 1. 因下一年度要交付的产品,从客户处收到订金
　　____ 2. 偿还债务本金
　　____ 3. 购买新设备支付现金
　　____ 4. 贷款获得的资金
　　____ 5. 从客户处收到还款
　　____ 6. 记录并且支付工资给雇员
　　____ 7. 支付现金购买厂房设施
　　____ 8. 记录并且支付利息给债权人

PB12-2　计算经营活动现金流量(间接法)

Calendars 公司 2007 年末 12 月 31 日的利润表和摘选的资产负债表信息列示如下:

利润表

销售收入	$78 000
费用:	
商品销售成本	36 000
折旧费用	16 000
工资费用	10 000
租金费用	2 500
保险费用	1 300
利息费用	1 200
公共事业费用	1 000
净利润	$10 000

摘选的资产负债表科目

	2007	2006
商品存货	$430	$490
应收账款	1 800	1 500
应付账款	1 200	1 300
应付工资	450	300
应付公共事业费用	100	0
预付租金	50	100
预付保险费	70	90

要求:
使用间接法编制 2007 年现金流量表的经营活动现金流量部分。

PB12-3　计算经营活动现金流量(直接法)
根据 PB12-2 的相关信息。

要求：

使用直接法编制 2007 年现金流量表的经营活动现金流量部分。

PB12-4　编制现金流量表（间接法）

Audio City 公司正在编制它 2007 年 12 月 31 日的财务报表。除了现金流量表以外，其他报表都已经完成了。已完成的比较资产负债表和利润表摘录如下：

	2007	2006
12 月 31 日的资产负债表		
现金	$63 000	$65 000
应收账款	15 000	20 000
商品存货	22 000	20 000
厂房和设备	210 000	150 000
减：累计折旧	（60 000）	（45 000）
	$250 000	$210 000
应付账款	$8 000	$19 000
应付工资	2 000	1 000
长期应付票据	60 000	75 000
股本	100 000	70 000
留存收益	80 000	45 000
	$250 000	$210 000
2007 年利润表		
销售收入	$190 000	
商品销售成本	90 000	
其他费用	60 000	
净利润	$40 000	

附加数据：

1. 现金 6 万美元购买设备。
2. 支付 1.5 万美元长期应付票据。
3. 发行新股票筹集 3 万美元现金。
4. 现金支付 5 000 美元股利。
5. 其他费用包括折旧 1.5 万美元、工资 2 万美元、税金 2.5 万美元。
6. 应付账款仅包括赊购的存货。因为没有和税金相关的负债存在，假定税金都是用现金完全支付的。

要求：

1. 使用间接法编制 2007 年 12 月 31 日的现金流量表。
2. 评估现金流量表。

PB12-5　编制和解释现金流量表（间接法）

Dive In 公司是由两个跳水指导员于几年前创立的。公司的比较资产负债表和利润表随同一些附加信息列示如下：

	2008	2007
12月31日资产负债表		
现金	$3 200	$4 000
应收账款	1 000	500
预付账款	100	50
	$4 300	4 550
应付工资	$350	$1 100
股本	1 200	1 000
留存收益	2 750	2 450
	$4 300	$4 550
2008年利润表		
课程收入	$33 950	
工资费用	30 000	
其他经营费用	3 650	
净利润	$300	

附加数据：
1. 预付费用和预先支付的租金相关。
2. 其他经营费用用现金支付。
3. 一个所有者投入200美元现金资本购买公司股票。

要求：
1. 使用间接法编制2008年底12月31日现金流量表。
2. 使用现金流量表评估公司的现金流量。

PB12-6　编制和解释现金流量表（直接法）

相关信息参考 PB12-5。

要求：
使用直接法完成要求1和要求2。

技能拓展训练

S12-1　找到财务信息

参考兰德里餐饮公司的财务信息，可从 www.mhhe.com/phillips2e 网站的"案例"部分下载年报。

要求：
1. 兰德里公司编制经营活动现金流量表时用了哪两种基本的披露方法？
2. 在当前年度兰德里公司支付了多少税金？你在哪里发现这个信息的？
3. 包括公司购并在内，在兰德里公司现金流量表表明的三年内，其平均的资本收购比率是多少？计算资本收购比率时保留小数点后两位。
4. 在当前年度，兰德里公司支付了多少利息？使用这个信息，计算和解释最近年度的现金利息保障倍数。计算现金利息保障倍数时保留小数点后一位。
5. 在最近的一年所公布的信息中，兰德里公司从经营活动中共创造了151 056 018美元的现金。兰德里公司把这笔钱花到哪里去了？列示出两个最大的现金流出项目。

S12-2　比较财务信息

参考澳拜客牛排坊公司的财务报表，可从 www.mhhe.com/phillips2e 网站的"案例"部分下载这些报表。

要求：

1. 澳拜客牛排坊在编制经营活动现金流量表时用了哪两种基本的披露方法？这和兰德里公司使用的方法一样吗？

2. 在 2005 年内，澳拜客公司共支付了多少税金？你在哪里发现这个信息的？这比兰德里公司支付的税金多还是少？

3. 忽略购并，公司的资本收购比率是多少，保留小数点后两位。并通过澳拜客牛排坊现金流量表展示的三年，计算公司的平均资本收购比率。澳拜客公司净经营现金流量支付资本承购的比例是高于还是低于兰德里的比例？

4. 在 2005 年间，澳拜客公司支付了多少利息？使用这个信息，计算和解释澳拜客公司最近年度的现金利息保障倍数，保留小数点后一位。把这个比率同兰德里公司相比较，并对这两个公司支付利息的相关能力作出结论。

5. 在 2005 年，澳拜客通过经营活动创造了 3.73 亿美元。澳拜客公司把这笔钱花费在了哪里？列出两个投资活动或者筹资活动部分最大的现金流出。澳拜客公司的花费与兰德里公司有本质的不同吗？

S12-3　以网络为基础的团队研究：审查年报

以一个团队的身份，选择一个行业进行分析。使用你的网页浏览器，团队的每个成员应该评估行业内的某一个公司的年报或者 10-K 报表，且每个成员要选择不同的公司进行评估（见第一章表 S1-3 对完成这些任务可能资源的描述）。

要求：

1. 以个人为基础，每个团队成员要写一个包括以下条件的简短的报告：

a. 在过去的三年里，公司是创造了正的经营现金流量还是负的经营现金流量。

b. 公司在期间内有没有扩大规模？如果有，那么扩大规模所需要的资金来源（经营现金流量，额外借入资金，发行股票）是什么？

c. 计算和分析三年的平均资本收购比率。

d. 计算和分析过去三年每年的现金利息保障倍数。

e. 计算和分析过去三年每年的收益质量比率。

2. 然后以一个团队为基础，使用这些信息写一个简短的报告比较和对比你们的公司。作为团队，讨论公司的各个方面不同，为被发现的所有不同提供潜在的解释。

S12-4　道德政策制定：一个真实的例子

2004 年 2 月 19 日的新闻发布中，证券交易委员会公布了大量的虚假交易，例如安然执行官试图编造虚假交易，以企图达到公司的财务目标。一个特别出名的策划就是"尼日利亚驳船"交易，这个交易发生在 1999 年第四季度。根据法院的档案，安然公司企图变卖停靠在尼日利亚海岸的三个发电驳船。买家是美林的投资银行。尽管安然公司在利润表中把这次交易作为销售收入披露，但这表明不是一次正常的销售。美林公司并不是真正想要这些驳船，并且是因为安然公司私下里保证交易之日起的 6 个月内会从美林公司购回这些驳船,美林公司才答应买下来的。并且,安然公司保证会给美林公司为这次交易支付高额费用。在 2007 年 8 月 17 日国家电台的采访中,密歇根州参议员 Carl Levin 宣布,尼日利亚驳船的交易,从定义上说是一项负债。

要求:

1. 讨论尼日利亚驳船交易是否应当被认为是一项负债还是一次销售。在你的讨论过程中,考虑以下问题:在交易开始时美林公司付款给安然公司,货款是自动被认为是销售而不是负债吗?是什么方面使得这次交易和负债相似?哪一方面表明收入不是安然公司所挣的?

2. 与作为负债记录相比,把这次交易作为一项销售记录对利润表的影响是相当清楚的:安然公司能够增加收入和净利润。不太明显但是却比较重要的是对现金流量表的影响?描述作为安然公司其他产品销售的交易,而不是贷款,是怎样改变现金流量表的?

3. 现金流量表的这些不同(要求 2 中你答案所描述的)是如何影响财务报表使用者的?

S12-5 道德政策制定:小案例

假设你在当地的一家地方高尔夫球和乡村俱乐部委员会服务。为准备重新协商俱乐部的银行贷款,总裁指明要求俱乐部在当年年末增加其经营现金流量。带着狡猾的微笑,俱乐部的财务官向总裁和其他委员会委员保证他知道两三个方式可以提高俱乐部的经营现金流量。第一,他说,可以变卖一些应收账款给托收公司,它们愿意为当前价值 10 万美元的过期账户支付 9.7 万美元。这样将会迅速增加经营现金流量。第二,他指出俱乐部在上月支付了 20 万美元用以调迁第 18 号洞和草地到离俱乐部更近的地方。财务官指出,尽管这些成本作为费用在俱乐部自己的月财务报表中披露,他觉得这可以把它们作为土地和长期固定资产反映在年末的财务报表中,提供给银行。他解释道,依靠把它们作为额外的长期资产记录的方法,这笔费用就不会减少经营现金流量。

要求:

1. 变卖应收账款以立马产生现金的销售收入的方法会伤害或误导每个人吗?你认为这是一种道德的商业行为吗?

2. 如果现金是花费在长期固定资产上,例如土地,那么将怎样分类到现金流量表中?如果现金是花费在费用上,例如地面的常规保养的费用,那么又将怎样分类到现金流量表中?

3. 与确定第 18 洞的迁移是否是作为一项资产还是一项负债披露相关的事实是什么?

4. 作为董事会的一个成员,你怎样确认政策的制定符合道德?

S12-6 批判性的思考:从一个经理的角度解释现金流量表反映的调整项(间接法)

QuickServe 连锁便利店,因为迅速的成长而经历一些严重的现金流量问题。公司不能创造出足够的经营活动的现金以支持店面,并且贷款人不愿意再借钱给公司,因为公司近 3 年内不能创造任何利润。QuickServe 的新主计长建议减少店里设备的评估寿命,以增加折旧费用,因此,"我们能够增加经营活动现金流量,因为现金流量表应将折旧费用加回"。其他执行官们不确定这是一个好的建议,因为折旧的增加会使得公司更难有一个正的收入,"没有利润,银行绝不会接钱给我们"。

要求：

你建议 QuickServe 公司采用什么行为？为什么？

S12-7　使用电子数据表计算经营活动现金流量（间接法）

你最近被 B2B 顾问公司雇用以给小公司经理提供财务建议。B2B 公司的客户通常需要关于怎样提高经营现金流量方面的建议。根据会计知识，你通常被要求为他们说明如果他们想要加快存货的销售和取回应收账款的金额或者推迟应付账款的支付的时间，经营现金流量将会如何变化。每一次当你被要求说明这些商业决定对经营活动现金流量的影响时，你可能会感觉到不舒服，因为你可能会疏忽地算错这些影响。为了解决这一系列的问题，你发送电子邮件给你的好朋友欧文，要求他准备一个模型，能够自动地从比较资产负债表中计算净经营现金流量。你今天收到了这样的回复：

发自：owentheaccountant@yahoo.com。
致：helpme@hotmail.com
抄送：
主题：Excel 帮助

　　你好，我喜欢你更聪明的工作而不是更艰难的工作的这个主意。这着实让我好好思考了一番。我已经建立了一个电子数据表文件，共包含四个工作表。前两个表单（标记 BS 和 IS）是输入单，在这里你要输入每个客户比较的现金流量表和利润表的数字。因为你的客户很小，所以这个模板主要针对通常的科目。同样，我假设了折旧是造成累计折旧变化的唯一的原因。如果你客户的公司活动不同于这些，那么你就要同我联系，做出更复杂一点的模板。第三张表单是用来使用间接法计算经营现金流量的，而第四张则是用直接法计算经营活动现金流量的。我已经为每个计算表单截了图，这样你就能自己建立表单了。要回答"如果 y 怎么样"的问题，你要做的就是改变资产负债表和利润表中所选的金额。

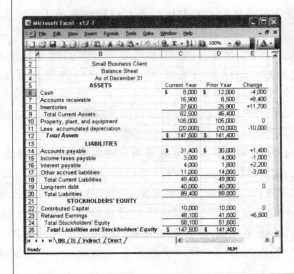
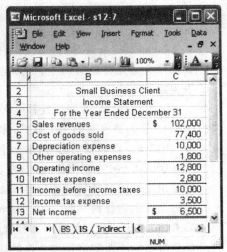

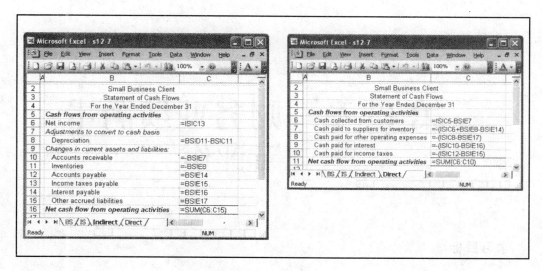

要求：

从工作单表为资产负债表、利润表、现金流量表（只用间接法）复制信息，并生成一个新的电子数据表文件。来自经营活动的净现金流量是什么？

S12-8　使用电子数据表计算经营活动现金流量（直接法）

相关信息见 S12-7。

要求：

从工作表中为资产负债表、利润表、现金流量表（只用直接法）复制信息，并生成一个新的电子数据表文件。来自经营活动的净现金流量是什么？

S12-9　使用电子数据表回答"如果怎么样"的经理决定（直接法或间接法）

在为 S12-7 或者 S12-8 建立的电子数据表中，改变所选的资产负债表账户的金额用以计算到当年年底之前的经营活动现金流量，公司的经理采取的行动都列示在以下要求中。独立地考虑每一个问题，除非特别指明。

要求：

1. 如果公司收到 1 万美元的应收账款会怎么样？
2. 如果公司额外支付 2 000 美元的利息会怎么样？
3. 如果公司在支付 6 000 美元的应付账款之前额外拖了一个月会怎么样？
4. 如果公司多提了 5 000 美元的折旧费用会怎么样？
5. 如果上述 4 个事件都发生了会怎么样？

第13章 财务业绩衡量与评价

学习目标

了解企业

学习目标1 描述趋势分析和比率分析的目标和使用

学习会计方法

学习目标2 趋势分析和比率分析的计算

评估结果

学习目标3 解释趋势分析和比率分析的结果

学习目标4 描述趋势分析和比率分析是如何依赖主要的会计决策和会计概念的

本章复习

前章回顾	**本章重点**
在之前的章节中,你学习了如何披露及解释各种商业活动的财务影响。	本章通过评估一家上市公司的财务报表和会计决策,综合了以前各章的内容。

开始学习第13章了。在会计术语里,"第11章"和"第13章"是用于区分破产保护的不同形式的标签,破产保护为人们争取时间,使人们重新安排他们的财务情况,但这不是本书中第13章所涉及的内容。我们关注的公司,远不到破产保护这种情况。在这章中,你将会学习如何通过分析兰德里餐饮公司(其拥有并经营的饭店类似于Rainforest Cafe和Saltgrass Steak)的财务报表来判断这家公司是否需要破产保护。

衡量和评价财务业绩就像在奥林匹克运动会上给体操或花样游泳打分一样。你必须知道三点:(1)每个事项的总体类别;(2)每个类别的具体要素;(3)每个要素的绩效评价方法。你可能会用一种相似的方法来评价在兰德里餐饮公司的用餐经历。总体类别,如价值或享受,其对应的具体要素是价格、服务和提供食物的大小,这些要素可以通过金钱、时间和牛排的重量来衡量。在财务中,分析人员评价的总体类别如获利性、

第13章 财务业绩衡量与评价

流动性和偿付能力,其对应的具体要素是利润率和资产周转率。分析人员用财务比率来衡量每一个要素的绩效,这些财务比率是以财务报表所列报的信息为基础计算出来的。最后,你把绩效评价的结果总结成一个整体评估。

在这章的学习中,我们首先描述如何利用趋势分析和比率分析来了解企业的经营成果。这些分析通常涉及两部分,计算和解释,我们在本章第二部分和第三部分中通过运用兰德里餐饮公司的财务报表进行具体说明。我们通过回顾在评价财务报表时所依赖的主要会计决策和概念来总结这些分析。一如既往,本章的最后一部分是本章复习和大量的练习题。

了解企业

在第1章的学习中,你知道会计的目标是提供有助于决策者理解和评价经营成果的信息。在这门课的学习过程中,你已经得

学习目标 1
描述趋势分析和比率分析的目标和使用。

知没有一个数据可以单独地完全评价企业经营成果或预测企业的成功与失败。取而代之的是,为了理解和评价经营成果,你必须从许多不同的角度观察企业。只有在你把所有的评价结果总结成公司业绩的整体评估之后,你才会了解企业是否成功。本章的目标是要教你如何能做到这一点,主要是依靠趋势分析和比率分析来总结出公司经营业绩的整体评估。

趋势分析和比率分析

多数的好故事都有情节,随着时间的推移、情节的展开或事件之间的联系,读者便可以理解这些情节。财务趋势分析和比率分析所起的作用也是一样的。**进行趋势分析帮助财务报表使用者识别出随着时间推移所展现出来的重要的财务变化**。趋势分析把不同时期的个别财务报表项目进行比较,目的是确定重大持久的变化(趋势)。这些变化一般以金额和年百分比两种形式表现出来。比如,趋势分析可以用来确定本年度销售成本相对于上一年度所增加的金额和百分比。**另一方面，进行比率分析可以理解财务报表不同项目之间的关联。**比率分析是把一个或更多的财务报表项目的金额与同年其他项目的金额相比较。比率分析十分有用，因为它们考虑到被比较的数额在大小上的区别，使你可以在给定的其他公司资源的水平上评估公司经营得如何。比如，趋势分析显示今年发生的销售成本增加了，而比率分析可以指明成本的增加是否完全是因为销量的增加，还是其中有一部分是因为其他的原因（如购买存货的成本增加）。知道是否存在其他原因是很重要的，因为它可能影响你对趋势的理解。

多数的分析人员把应考虑的比率分成三个财务业绩类别：

1. 与本期业绩相关的**盈利性**，它重点关注的是公司本期创收的能力。

2. 与公司短期生存相关的**流动性**，它重点关注的是公司在短期内利用现有资产偿还到期债务的能力。

3. 与公司长期生存相关的**偿付能力**，它重点关注的是公司在贷款到期时偿还贷款（包括在到期日之前支付必需的利息）的能力。

> **你应该知道**
> 盈利性是指公司在多大程度上能赚取收入；流动性是指公司在多大程度上能偿还其到期负债；偿付能力是生存期限足够长以在债务到期时偿还的能力。

这三个类别强调了公司财务业绩的三个不同的方面。这三个类别是十分重要的，依赖于分析人员做出的特殊决策。

在教你如何计算趋势和比率时（下一部分）之前，我们必须强调，**除非它会产生一种解释，这种解释有助于财务报表使用者理解和评估公司的财务成果，否则将不能称分析已完成。**没有解释，趋势和比率只是一列没有关联的数字，其他什么都不是。为了更容易解释趋势和比率，评价公司财务成果，把盈利性、流动性和偿付能力这三类分析结果组织起来是十分有用的。

学习会计方法

趋势分析的计算

趋势分析是指审查每年财务报表每一项目账户余额的变化。趋势分析也被称为**横向分析**（水平地比较财务报表每一项目的账户余额），也被称为**时间序列分析**（比较不同时期账户余额）。不管是什么财务报表项目，趋势分析通常都是计算年变动金额和年变动百分比。年变动百分比是把本年账户期末余额的变动额表示成上一年度账户期末余额的百分比，计算公式如下：

> **学习目标 2**
> 趋势分析和比率分析的计算。

> **你应该知道**
> 横向（或时间序列）分析是不同时间的趋势比较，经常将会计余额的变化表示为上年余额的比例。

第 13 章 财务业绩衡量与评价

$$\text{年变动百分比} = \frac{\text{本年度账户期末余额的变动额}}{\text{上年度账户期末余额}} \times 100$$

$$= \frac{\text{本年度账户期末余额} - \text{上年度账户期末余额}}{\text{上年度账户期末余额}} \times 100$$

为了让你知道如何进行趋势分析,我们来分析兰德里餐饮公司的财务报表。我们把近 3 年的简要的资产负债表(图表 13.1)、利润表(图表 13.2)和现金流量表(图表 13.3)列示在本章中。

在资产负债表和利润表的左边,我们计算了 2004 年至 2005 年的年变动金额和年变动百分比。年变动金额是 2005 年的账户期末余额减去 2004 年的账户期末余额计算出来的差额,把这个差额除以 2004 年的期末余额就是年变动百分比。例如,图表 13.1 显示 2005 年比 2004 年的现金减少了 162 178(千)美元(39 216 – 201 394),相对减少了 80.5%(162 178 ÷ 201 394)。2004 年至 2003 年的年变动金额和年变动百分比显示在每张表的右边。

图表 13.1 简要资产负债表的横向分析

2005 vs. 2004 百分比	金额	兰德里餐饮公司资产负债表(以千美元为单位) 12 月 31 日	2005	2004	2003	2004 vs. 2003 金额	百分比
		资产					
		流动资产					
−80.5%	− $162 178	现金	$39 216	$201 394	$35 211	+ $166 183	+472.0%
+18.2%	+ $3 377	应收账款	21 973	18 596	23 272	− $4 676	−20.1%
+8.6%	+ $4 713	存货	59 717	55 044	47 772	+ $7 232	+15.1%
+13.5%	+ $3 043	其他流动资产	25 532	22 489	14 349	+ $8 140	+56.7%
−50.8%	− $151 045	流动资产总计	146 438	297 483	120 604	+ $176 879	+146.7%
+37.0%	+ $372 962	财产和设备净值	1 380 259	1 007 297	965 575	+ $41 722	+4.3%
+113.8%	+ $45 710	商誉和其他资产	85 882	40 172	16 606	+ $23 566	+141.9%
+19.9%	+ $267 627	资产总计	$1 612 579	$1 344 952	$1 102 785	+ $242 167	+22.0%
		负债和股东权益					
+62.2%	+ $84 532	流动负债	$220 500	$135 968	$159 581	− $23 613	−14.8%
+43.9%	+ $267 221	长期借款	875 308	608 087	338 654	+ $269 433	+79.6%
+47.3%	+ $351 753	负债总计	1 095 808	744 055	498 235	+ $245 820	+49.3%
−14.0%	− $84 126	股东权益总计	516 771	600 897	604 550	− $3 653	−0.6%
+19.9%	+ $267 626	负债及所有者权益总计	$1 612 579	$1 344 952	$1 102 785	+ $242 167	+22.0%

我们注意到年变动百分比是相对于上年度账户期末余额计算出来的,在上年度账户期末余额小的情况下,它比年变动金额会显得更重要。例如,兰德里餐饮公司的利润表(图表 13.2)显示 2005 年的所得税比 2004 年增长了 480%,表面上看是一个十分重要的变化。然而,所得税的变动金额只有 17 063(千)美元,它是利润表所有变动项目中

变动最小的。这个百分比如此之大,是因为上年度所得税总额只有3 545(千)美元。运用变动百分比判断潜在的重要的变动,同时审查此变动的金额,也是十分重要的,可以帮助我们避免集中于不重要的变动。

图表13.2 简要利润表的横向分析

2005 vs. 2004		兰德里餐饮公司利润表 （以千美元为单位）				2004 vs. 2003	
百分比	金额	12月31日	2005	2004	2003	金额	百分比
+6.7%	+$78 331	产品销售净额	$1 245 806	$1 167 475	$1 105 755	+$61 720	+5.6%
+2.1%	+$6 920	产品销售成本	333 028	326 108	321 783	+$4 325	+1.3%
+8.5%	+$71 411	产品销售毛利	912 778	841 367	783 972	+$57 395	+7.3%
+6.6%	+$49 803	经营费用	805 917	756 114	718 608	+$37 506	+5.2%
+172.9%	+$26 252	利息费用	41 438	15 186	9 561	+$5 625	+58.8%
+481.3%	+$17 063	所得税	20 608	3 545	10 889	-$7 344	-67.4%
-32.6%	-$21 707	净利润	$44 815	$66 552	$44 914	+$21 608	+48.1%
-18.3%	-$0.45	每股收益	$2.01	$2.46	$1.63	+$0.83	+50.9%

注意,我们在图表13.3中,列示的简要的现金流量表并没有附带的横向分析。现金流量表的横向分析的作用不大,因为现金流量表已经列示了每年的现金的变动。虽然可以计算它们的变动,但这不可能更好地帮助你了解公司的财务业绩。

图表13.3 简要现金流量表

兰德里餐饮公司现金流量表 （以千美元为单位）			
	12月31日		
	2005	2004	2003
经营活动产生的现金流量			
净利润	$44 815	$66 522	$44 914
经营活动现金流量的调整项目	106 241	45 091	79 022
经营活动产生的现金净流量	151 056	111 613	123 936
投资活动产生的现金流量			
购买财产和设备的所支付的现金净流量	(114 438)	(104 574)	(163 377)
商业并购所支付的现金流量	(135 487)	(12 931)	(27 036)
投资活动产生的现金净流量	(249 925)	(117 505)	(190 413)
筹资活动产生的现金流量			
发行(回购)普通股的收到现金净流量	(125 652)	(62 781)	(8 417)
其他筹资活动借用(支付)的数额	62 343	234 856	96 227
筹资活动产生的现金净流量	(63 309)	172 075	87 810
现金净增加额(减少额)	(162 178)	166 183	21 333
现金的期初余额	201 394	35 211	13 878
现金的期末余额	$39 216	$201 394	$35 211
现金流量的补充材料			
现金利息支出	$445 297	$15 988	$8 675
付现所得税	$4 838	$9 949	$5 699

比率分析的计算

图表13.4把前面章节中所介绍的比率汇总在一起,并根据这些比率与盈利性、流动性或偿付能力的相关性,对它们进行分类。该图表同时列出兰德里公司报表(图表13.1—13.3)中2005年计算这些比率的数值,2004年和2003年的比率用以比较分析。

图表13.4 财务报表分析比率

兰德里餐饮公司
财务比率汇总

章/页码	比率	公式	12月31日 2005	2004	2003
盈利性比率					
(a) 5(p.210)	净利润率 = 3.6% = $4 815/$1 245 806 × 100	净利润 / 销售收入净额	3.6%	5.7%	4.1%
(b) 6(p.255)	销售毛利率 = 73.3% = $912 778/$1 245 806 × 100	(销售收入净额 − 销售成本) / 销售收入净额	73.3%	72.1%	70.9%
(c) 5(p.210)	总资产周转率 = 0.84 = $1 245 806/[($1 612 579 + $1 344 952)/2]	销售收入 / 资产平均总额	0.84	0.95	1.09
(d) 9(p.400)	固定资产周转率 = 1.04 = $1 245 806/[($1 380 259 + $1 007 297)/2]	销售收入 / 固定资产平均净值	1.04	1.18	2.41
(e) 11(p.508)	股东权益报酬率(ROE) = 8.0% = $44 815/[($516 771 + $600 897)/2] × 100	净利润 / 股东权益平均总额	8.0%	11.0%	15.4%
(f) 11(p.508)	每股收益(EPS) = EPS披露在利润表上。	净利润 / 发行在外的普通股平均股数	$2.01	$2.46	$1.63
(g) 12(p.559)	利润质量比率 = 3.37 = $151 056/$44 815	经营现金净流量 / 净利润	3.37	1.68	2.76
(h) 11(p.508)	市盈率(P/E) = 15.4 = $31/$2.01	每股市价 / 每股盈余(EPS)	15.4	12.6	19.0
流动性比率					
(i) 8(p.352)	应收账款周转率 = 61.4 = $1 245 806/[($21 973 + $18 596)/2]	销售收入净额 / 应收账款平均余额	61.4	55.8	114.9
8(p.352)	应收账款平均收账期 = 5.9 = $365/61.4	365 / 应收账款周转率	5.9	6.5	3.2

(续表)

兰德里餐饮公司
财务比率概要

章/页码	比率	公式	12月31日		
			2005	2004	2003
流动性比率					
(j) 7(p.306)	存货周转率 = $\dfrac{\text{销售成本}}{\text{平均存货}}$		5.8	6.3	13.4
	5.8 = $333 028/[($59 717 + $55 004)/2]				
(j) 7(p.306)	存货周转天数 = $\dfrac{365}{\text{存货周转率}}$		62.9	57.9	27.2
	62.9 = 365/5.8				
(k) 10(p.449)	流动比率 = $\dfrac{\text{流动资产}}{\text{流动负债}}$		0.66	2.19	0.76
	0.66 = $146 438/ $220 500				
偿付能力比率					
(l) 5(p.210)	资产负债率 = $\dfrac{\text{总负债}}{\text{总资产}}$		0.68	0.55	0.45
	0.68 = $1 095 088/ $1 612 578				
(m) 10(p.449)	利息保障倍数 = $\dfrac{\text{净利润+所得税+利息费用}}{\text{利息费用}}$		2.6	5.6	6.8
	2.6 = ($44 815 + $41 438 + $20 608)/ $41 438				
(n) 12(p.561)	现金利息保障倍数 = $\dfrac{\text{经营活动净现金流量+现金利息支出+付现所得税}}{\text{现金利息支出}}$		4.4	8.6	15.9
	4.4 = ($151 056 + $45 297 + $4 838)/ $45 297				
(o) 12(p.560)	资本收购比率 = $\dfrac{\text{经营活动净现金流量}}{\text{购买财产和设备所支付的现金}}$		0.60	0.95	0.65
	0.60 = $151 056/ $249 925				

你可能发现图表13.4中有些比率是同一张财务报表内两个账户余额之间的比较。例如,资产负债率是资产负债表中资产总计和负债总计的比较。同样地,净利润率和销售毛利率是利润表中净利润和销售毛利与销售收入净额的比较。这些比率总是揭示每张财务报表项目之间的重大关联,因此,这类特殊的比率被称为"标准"比率。即使如此,财务报表项目中存在的其他的重要关系可能是图表13.4中的标准比率揭示不出来的。为了确定其他的重要关系,一些分析人员进行纵向分析。**纵向分析**就是把财务报表每个项目账户余额看做同张报表另一项目账户余额的组成部分,用百分比的形式列示出来。利润表的纵向分析是把每个项目看做是销售收入的一部分,计算其百分比,并将他们列示出来,如图表13.5所示。例如,2005年利息费用为3.3%,是利息费用($41 438)除以销售收入净额($1 245 806)再乘

> **你应该知道**
>
> 像一些比率一样,纵向分析将每一个财务报表项目的金额表示为同一报表上另一个项目金额的百分比。

以 100 计算出来的。①

图表 13.5 简要利润表的纵向分析

兰德里餐饮公司利润表
（以千美元为单位）

12 月 31 日	%	2005	%	2004	%	2003
销售收入净额	100.0%	$1 245 806	100.0%	$1 167 475	100.0%	$1 105 755
销售成本	26.7	333 028	27.9	326 108	29.1	321 783
销售毛利	73.3	912 778	72.1	841 367	70.9	783 972
经营费用和其他费用	64.7	805 917	64.8	756 114	65.0	718 608
利息费用	3.3	41 438	1.3	15 186	0.9	9 561
所得税	1.7	20 608	0.3	3 545	1.0	10 889
净利润	3.6%	$44 815	5.7%	$66 522	4.0%	$44 914

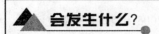

自 我 测 试

澳拜客牛排坊公司 2005 年 12 月 31 日列报的销售收入净额为 36 亿美元，净利润为 1.5 亿美元。如果公司 2005 年的销售成本为 13 亿美元，公司的销售毛利率和净利润率是多少？如果公司 2004 年销售收入净额是 32 亿美元，2005 年变动率是多少？

$$销售毛利率 = \frac{(\$\boxed{} - \boxed{})亿}{\$36 亿} \times 100 = \boxed{}$$

$$净利润率 = \frac{\$1.5 亿}{\$\boxed{}} \times 100 = \boxed{}$$

$$销售增长率 = \frac{(\$\boxed{} - \boxed{})亿}{\$\boxed{}亿} \times 100 = \boxed{}$$

自测答案
销售毛利率 = $(36 - 13)/36 \times 100 = 63.8\%$
净利润率 = $(1.5)/36 \times 100 = 4.2\%$
销售增长率 = $(36 - 32)/32 \times 100 = 12.5\%$

---

① 资产负债表的纵向分析是把每个项目作为总资产的组成部分，并用百分比的形式表现出来。纵向分析很少运用于现金流量表、留存收益表和股东权益表。

评估结果

解释趋势和比率

前面部分提到,除非它会产生一种解释,这种解释有助于财务报表使用者理解和评估公司的财务成果,否则分析就没有完成。在解释趋势和比率时,你的目标应该是

> **学习目标 3**
> 解释趋势分析和比率分析的结果。

了解每个分析结果所代表的意义,然后把它们总结成一个能解释公司经营成果如何的整体评估。现在,我们教你怎么做,首先解释图表 13.1 至 13.5 中每组比率分析的代表意义,然后得出对兰德里公司财务成果的总体评价。

横向分析揭示的趋势

图表 13.1 至 13.3 表明兰德里公司在 2004 年和 2005 年发展的速度很快。例如,图表 13.1 显示,在这两年中总资产每年都增加约 20%。同样的,图表 13.2 显示 2004 年和 2005 年销售收入净额、销售毛利和经营费用相对它们前一年度都有所增长,增长的幅度从 5.2% 到 8.5% 不等。阅读 2005 年兰德里公司年报中的管理层讨论和分析报告(MD&A),你就会了解什么原因导致了这些增长,原因有二:第一,2004 年和 2005 年增加了 25 家饭店;第二,2005 年 9 月兰德里公司收购了 Golden Nugget Hotel 和 Casino。

这两个原因影响了兰德里公司资产负债表(图表 13.1)的许多组成项目。明显地,2005 年由于饭店的扩充和对 Casino 的收购,财产和设备净值这个项目增加了 3.72 亿美元(37%)。现金和长期借款也受到了影响,因为它们为企业的扩充和收购提供资金。图表 13.1 显示 2005 年现金减少了 1.62 亿美元(80%),长期借款增加了 2.67 亿美元(43.9%)。图表 13.2 显示,随着资产负债表的变化,利润表也发生了变化。尤其值得注意的是,长期借款的增加导致了利息费用的增加,图表 13.2 显示利息费用增加了 0.26 亿,它与经营费用的增加导致了 2005 年兰德里公司净利润和每股收益的减少。

简而言之,趋势分析的结果说明,在过去的两年里,兰德里公司增长速度很快,这种增长提高了公司的销售收入和销售毛利,与此同时,也使经营费用增加了。由于兰德里公司是通过举债来筹措资金的,所以公司增加了大量的利息费用。较高的利息费用,加上较高的经营费用,大大抵消了增加的销售毛利,导致净利润减少。增长也影响了现金流量,使公司更为依赖债务融资。

比率分析揭示的关系

在其他章节的学习中,我们了解到,基准有助于解释公司比率。这些基准可以是公司前一度的成果,也可以是同行业的竞争对手或行业平均的成果。在竞争的经济环境中,公司力图超越其他对手,因此,与其他公司的比较可以说明,谁有可能长期生存并繁荣下去。我们关注的两个同行业竞争对手是澳拜客牛排坊和 Darden Restaurants(Red

Loster、Olive Garden 和 Bahama Breeze 的所有者)。

盈利性比率 这部分的分析重点关注的是公司本期创收的能力。

(a) 净利润率

净利润率表示扣除费用后的净利润占销售收入的比率。图表 13.4 显示兰德里公司过去三年的净利润率是：

	12 月 31 日	2005	2004	2003
(a)	净利润率 = $\dfrac{\text{净利润}}{\text{销售收入净额}}$	3.6%	5.7%	4.1%

横向分析已显示了净利润的减少和销售的增加，当你发现 2005 年的净利润率比前两年都低时，就不会惊讶了。即使如此，令人惊奇的是兰德里公司离亏损如此之近。2005 年净利润率 3.6% 表明，兰德里公司销售 1 美元只能产生 3.6 美分的净利润。与雅虎财经所公布的饭店类行业平均净利润率 6.2% 相比，3.6% 是十分令人沮丧的。兰德里公司的净利润率从 2004 年的 5.7% 减少到 2005 年的 3.6% 也是令人不安的，想到其销售额为 10 亿美元，那么减少 2.1% 意味着利润减少了 2 100 万美元。

(b) 销售毛利率

横向分析显示 2005 年和 2004 年兰德里公司销售毛利总额增加了，但它不能表明这个增加额是否完全是因为总销量的增加，还是也包括单位销售利润率提高的原因，销售毛利率却可以。它表示扣除销售成本的销售收入每增加 1 美元，会产生多少利润。兰德里公司过去三年的销售毛利率是：

	12 月 31 日	2005	2004	2003
(b)	销售毛利率 = $\dfrac{\text{销售收入净额} - \text{销售成本}}{\text{销售收入净额}}$	73.3%	72.1%	70.9%

这个分析表明 2005 年从每单位销售收入中扣除已销食物与饮料的每单位成本后，有 73.3% 的剩余，它被用于支付其他的成本，如职工工资、广告费、水电费和其他费用。2005 年销售毛利率比 2004 年增加了 1.2%（73.3% − 72.1%），意味着兰德里公司在 2005 年每销售 1 美元会比在 2004 年每销售 1 美元多产生 0.012 美元的销售毛利。对销售毛利率的增加有两种解释：(1) 兰德里公司提高了销售价格，但食物和饮料的成本没有增加；(2) 兰德里公司食物和饮料成本降低了。兰德里公司年报中的 MD&A 部分表明了销售毛利率增加的原因是 2005 年的售价提高了。

分析了这两个比率后，有一个问题就产生了。如果 2005 年销售毛利率增加了，为什么净利润率会下降？在 2005 年兰德里公司的利润表纵向分析中，我们可以找到答案。图表 13.5 显示，2005 年销售收入中的利息费用比例比 2004 年大得多。兰德里公司为了满足当前的发展要求，进行债务融资，使得利息费用比以往增加了许多，导致了净利润和净利润率的减少。

(c) 总资产周转率

总资产周转率表示对资产投入 1 美元会产生多少的销售收入总额。这三年的比率为：

12月31日	2005	2004	2003
（c） 总资产周转率 = $\dfrac{\text{销售收入}}{\text{资产平均总额}}$	0.84	0.95	1.09

总资产周转率分析表明了 2005 年兰德里公司使用资产的效率比以往年度都低。为了找出原因，关注创收的主要资产是有帮助的。对于像兰德里公司这样的饭店公司，主要资产就是饭店，可以把它与收入相比，如下面谈到的固定资产周转率。

（d）固定资产周转率

固定资产周转率表示对固定资产（如饭店的建筑）投入 1 美元会产生多少的销售收入总额。这三年的比率为：

12月31日	2005	2004	2003
（d） 固定资产周转率 = $\dfrac{\text{销售收入}}{\text{固定资产平均净值}}$	1.04	1.18	2.41

这个分析表明，2005 年兰德里公司对固定资产投入 1 美元会产生 1.04 美元的收入。这样好吗？降低的趋势不是特别重大，但考虑到趋势分析中显示兰德里公司增加了 25 家新店，这个趋势也是可以理解的。这些新店可能要花一段时间建立一个强大的客户基础，然后再以全力创收。此外，2005 年 9 月收购 the Golden Nugget 也会使这个比率降低，因为饭店和 Casin 收购成本都计入了固定资产，但 2005 年只有 4 个月在创收。

兰德里公司的固定资产周转率比它的竞争者低，2005 年澳拜客牛排坊和 Darden Restaurants 的固定资产周转率分别为 2.74 和 2.38。兰德里公司采取拥有饭店所在地 1/3 的建筑物和海滨区财产所有权的策略时，公司就预期到了固定资产周转率会比其他对手低。兰德里公司的许多竞争对手都是租赁而不是拥有财产，因此它们固定资产与收入的比率较高。在给分析人员的一份报告中，兰德里公司的首席执行官通过指出公司的租金成本比其他竞争对手低，证明了这个策略是有道理的。"假使经济不景气，我们还拥有不动产。我们可以开发新的业务，而不像许多其他需要用 5%—7% 的收入来支付租金的公司一样有过大的压力。"

（e）股东权益报酬率（ROE）

股东权益报酬率是净利润与股东权益平均总额的比率。ROE 就像你储蓄账户的利息率一样，它把本期净赚额表示成对公司投入并留在公司里的每 1 美元的比例。虽然，2005 年兰德里公司的净利润减少了，但它并不能说明了公司的 ROE 也会降低。2005 年兰德里公司回购了一部分股票，减少了股东权益平均总额。净利润减少的速度是否比股东权益平均总额减少的快将会决定 2005 年兰德里公司 ROE 的增加或减少。过去三年兰德里公司 ROE 的比率为：

12月31日	2005	2004	2003
（e） 股东权益报酬率（ROE）= $\dfrac{\text{净利润}}{\text{股东权益平均总额}}$	8.0%	11.0%	15.4%

2005年兰德里公司 ROE 降低到了 8.0%。ROE 的减少会使投资者感到困惑,因为它意味着投入并留在公司内的每 1 美元赚取的收益减少了。更令人困惑的是,同期澳拜客牛排坊(13.4%)、Darden Restaurants(27.0%)和整个饭店行业(雅虎财经公布的17.3%)的 ROE 都较高。

(f) 每股收益(EPS)

每股收益(EPS)表示发行在外的每一普通股会带来多少的收入总额。与 ROE 一样,2005 年 EPS 也减少了,如下所示:

	12月31日	2005	2004	2003
(f)	每股收益(EPS) = $\dfrac{\text{净利润}}{\text{发行在外的普通股平均股数}}$	$2.01	$2.46	$1.63

(g) 利润质量比率

利润质量比率是经营现金流量与净利润的比率,如下:

	12月31日	2005	2004	2003
(g)	利润质量率 = $\dfrac{\text{经营现金净流量}}{\text{净利润}}$	3.37	1.68	2.76

2005 年比率为 3.37 表示 2005 年兰德里公司每 1 美元净利润会带来 3.37 美元的现金流量。因为这个比率比 1.0 高的多,所以我们称它是"高质量的",意味着公司经营产生了比净利润额更多的积极成果(经营现金流量)。许多以现金为基础的公司,如饭店,利润质量比率都很高,因为销售是立即收现的,而它们列报的大量费用都不是实际的现金流出,如折旧。与我们的预期一样,澳拜客牛排坊(2.12)和 Darden Restaurants(2.54)的利润质量比率都很高。

(h) 市盈率(P/E)

市盈率(P/E)是公司股票价格与它的 EPS 的比率,如下:

	12月31日	2005	2004	2003
(h)	市盈率(P/E) = $\dfrac{\text{每股市价}}{\text{每股盈余(EPS)}}$	15.4	12.6	19.0

2005 年市盈率公布后,把它除以兰德里公司的股票市价,就计算出 P/E 为 15.4 倍,它表示投资者愿意用 15.4 倍的盈余来购买兰德里公司的股票。雅虎财经公布当时饭店行业的平均市盈率在 20 左右,表明投资者更愿意购买其他公司的股票,而不是购买兰德里公司的股票。

让我们暂停下来,总结一下目前所学的。在 2004 年和 2005 年两年中,兰德里公司的总资产几乎每年增长 20%,是因为增加了新店和收购了 Casino。公司规模的扩大和售价的适当提高使销售收入每年以 6% 的速度增长,销售毛利也提高了。销售毛利的增加额有一部分被每年以 6% 的速度增长的经营费用所抵消。不幸的是,新的债务融资的利息费用相当大,导致了净利润减少了,使净利润率只有 3.6%。净利润的降低也导致 EPS 和 ROE 比上一年度小。与整个行业相比的相对较小的市盈率说明,虽然公司收益对经营现金流量的影响是积极的,但投资者仍不愿意忽略这些降低。公司规模扩大可能在以后期间证明是有利的,但它对 2005 年公司的获利性是有负面影响的。

流动比率 这部分分析的重点是短期内公司的生存能力,即把资产转化为用于偿付到期流动负债的现金的能力。

(i) 应收账款周转率

大多数饭店公司的应收账款占销售收入比例都比较低,因为它们大部分的销售都是立即收现的。虽然公式要求比率的分母应是净赊销额,但公司从未区别现金销售和赊销。因此,财务报表使用者最终在公式中用的是总销售收入,计算出了一个对像饭店公司没有什么意义的应收账款周转率,因为这些公司账户中只有少数的销售额。在图表 13.4 中,我们列示这个比率,只是提醒你如何计算。

(j) 存货周转率

根据个人经验,你知道食物放久了会变质。存货周转率表示存货是如何频繁地买进卖出,存货周转天数把这个比率转化成为买入与卖出存货之间的天数。

12 月 31 日		2005	2004	2003
(j)	存货周转率 = $\dfrac{\text{销售成本}}{\text{平均存货}}$	5.8	6.3	13.4
	存货周转天数 = $\dfrac{365}{\text{存货周转率}}$	62.9	57.9	27.2

第一眼看到兰德里公司存货周转率,你可能会惊讶(我们以前也是)。2005 年存货周转率为 5.8%,说明平均存货从买入到卖出的时间跨度为 63 天。两个月的时间对牛排来说太长了。不过,在我们做了一些调查后,发现了不用为此担心的两个原因。第一,兰德里公司财务报表附注中列示公司 40% 的存货是 T 恤和其他的零售商品,销售它们的时间比较长;第二,食物保鲜技术(低温冰冻)的改进使牛排"冰冻保鲜",使得牛排存放时间延长了,并且没有破坏牛排的香味。Darden 后来也运用了这个技术,使存货可以持有 47 天。另一方面,澳拜客牛排坊吹嘘它的每一样食物是多么的新鲜,包括烤碎面包块(常放在汤里吃的)。澳拜客公司的存货周转率与它的吹嘘一致吗?一点点吧。澳拜客公司的存货周转率是 19.9%,是这个行业中最高的,这意味着它的存货持有期只有 18.3 天。看来并不是那么新鲜。

(k) 流动比率

流动比率是流动资产与流动负债的比率,如下:

12 月 31 日		2005	2004	2003
(k)	流动比率 = $\dfrac{\text{流动资产}}{\text{流动负债}}$	0.66	2.19	0.76

看到流动比率从 2004 年的 2.19% 降低到 2005 年的 0.66%,你可能认为兰德里公司陷入了困境。2005 年的流动比率表示公司的流动资产只占流动负债的 66%。对于

许多公司而言,这是个大麻烦。但是,对兰德里公司来就,并非如此,原因有四:(1) 公司的绝大部分销售是立即收现的;(2) 公司在平均 63 天内销完它所有的存货,这个存货周转天数与信用供应商通常提供的期限是一样的;(3) 公司持续产生正的经营现金流量(见图表 13.3);(4) 公司与银行约定了信用额度,当公司暂时缺少资金时,公司可以向银行贷款(更多的信息可以参照第 10 章中的关于通用磨坊的讨论)。与饭店行业相比,我们发现兰德里公司流动比率实际上都比澳拜客牛排坊(0.50)和 Darden Restaurants(0.37)要高。因此,与其惊讶 2005 年流动比率这么低,你还是不如想想为何比率在 2004 年会这么高。我们的观点是兰德里公司为购买 Golden Nugget Hotel 和 Casino 储存资金。

简而言之,流动比率显示,在短期内兰德里公司的经营是有效的。相对于流动负债,公司手头上没有持有大量的流动资产。不过,没有人真的希望一家饭店储存一大堆食物或让现金闲置在银行里。

偿付能力比率 这部分分析的重点是为了长期生存公司应该如何定位,分析公司是否有在贷款到期时偿还贷款和支付利息的能力,是否有能力支持长期资产的更新和扩充。

(1) 资产负债率

资产负债率是债务资本占总资产的比率。记住,不管公司经营的好坏,都必须承担按期付息偿本的义务,因此,这一比率越高则财务风险越高。兰德里公司过去三年的比率为:

> **辅导员提示**
>
> 分析师也可能用权益负债率代替资产负债率,它给出了与资产负债率相同的基本信息。权益负债率用总负债÷股东权益总额得出。与资产负债率一致,权益负债率越高,公司对债务(而非)权益融资依赖程度越大。

12 月 31 日	2005	2004	2003
(1) 资产负债率 = $\dfrac{总负债}{总资产}$	0.68	0.55	0.45

2003 年兰德里公司比率为 0.45,表示债务融资占 45%,即股票融资为主,占 55%。你可以发现,在 2005 年末,发生了重大的变化,债务融资高达 68%。兰德里公司比它的竞争对手较多地利用债务融资,澳拜客牛排坊和 Darden Restaurants 的资产负债率分别为 0.45 和 0.59。

(m) 利息保障倍数

利息保障倍数反映公司的经营所得支付债务的能力。这个比率是用以权责发生制为基础的利息费用和息税前净利润计算出来的,如下:

> **辅导员提示**
>
> 若公司披露了净亏损而非净利润,净亏损作为负值加入到公式中,负值意味着(支付融资成本和税收前的)经营成果少于利息成本。

12 月 31 日	2005	2004	2003
(m) 利息保障倍数 = $\dfrac{净利润 + 所得税 + 利息费用}{利息费用}$	2.6	5.6	6.8

利息保障倍数大于 1 表示有足够的息税前净利润来支付债务利息。2005 年兰德里公司比率为 2.6，表示公司有足够的利润支付利息费用，但并没有多少剩余。这并不意外，因为前面的盈利性分析认为高额的利息费用是公司必须克服的重大障碍。

(n) 现金利息保障倍数

与利息保障倍数一样，现金利息保障倍数指公司经营活动所取得的现金是支付利息费用的多少倍。然而，现金利息保障倍数不是以权责发生制为基础，它是公司经营活动所取得的现金支付利息和税收前与现金利息支付的比率，如下：

	12 月 31 日	2005	2004	2003
(n)	现金利息保障倍数 = $\dfrac{\text{经营活动净现金流量} + \text{现金利息支出} + \text{付现所得税}}{\text{现金利息支出}}$	4.4	8.6	15.9

这个分析反映，如果经营活动取得的现金没有用于其他的筹资或投资活动，兰德里公司可以支付其数倍的利息。明显地，2004 年到 2005 年该比率下滑了，但比率只要大于 1.0，公司就能支付银行贷款利息和其他长期贷款利息。

(o) 资本收购比率

资本收购比率是经营活动所得的现金与购买财产和设备所支付的现金的比率（包括企业收购成本）。过去三年的比率如下：

	12 月 31 日	2005	2004	2003
(o)	资本收购比率 = $\dfrac{\text{经营活动净现金流量}}{\text{购买财产和设备所支付的现金}}$	0.60	0.95	0.65

2004 年资本收购比率为 0.95，它表示兰德里公司通过开设新的饭店扩展，有足够的现金流量来购买已收购的新的物产和设备。2005 年，在兰德里公司收购 Golden Nugget Hotel 之后，产生的经营活动净现金流量是开设新店成本的 60%。这些数字是十分典型的，说明了这个公司成长比较快。

简而言之，这些偿付能力比率分析的结果是兰德里公司成长较快，它是通过内部经营现金流量和外部债务融资来支持其成长的。到目前为止，最重大的变化是较多地依赖债务融资，导致了较高的利息费用，看上去超过了正的经营现金流量。现在还不清楚向较多的债务融资转变是好还是坏，但它确实增加了公司的财务风险。

会发生什么?

自我测试

2004年,公司减计了 $2 100 000 的存货,因为它"不再符合公司质量要求"。完成下列表格,填写这种存货对选定的盈利性指标、流动性指标和偿付能力指标的影响(+ 、 - 、不变)。

存货减计的影响
a. 净利润率
b. 流动比率
c. 现金利息保障倍数

自测答案

减计存货降低资产负债表上的存货总额,增加利润表上的费用,但它不会影响经营现金净流量。比率的影响为:
a. - ,费用增加导致净利润减少
b. - ,存货减少导致流动资产减少
c. 不变

基本的会计决策和概念

会计决策

在前面的分析中,我们对兰德里、澳拜客和 Darden Restaurants 三个公司进行了比较。在适当的地方,我们讨论了公司的策略(如购买而不是租赁饭店场地)和经营方法

学习目标 4
描述趋势分析和比率分析是如何依赖主要的会计决策和会计概念的。

(如售卖食品和商品而不仅仅是食品)的不同如何影响对财务比率的解释。你也应该考虑在解释公司间财务比率的分歧时,是否是由于这些公司做出了不同的会计决策。

公司会计决策的相关信息在财务报表附注的会计政策中。图表 13.6 比较了三个公司存货和折旧的会计政策,这两个部分是最有可能影响饭店经营成果的。你能发现,这三个公司的会计政策相似,但不完全一致。它们的存货成本计量方法不同,兰德里公司和 Darden 公司采用加权平均成本法计算期末存货成本和销售成本,Outback 公司采用先进先出(FIFO)方法计算期末存货成本和销售成本。虽然这三种方法导致了不同的数值,但它们对比率的影响很小,因为在任何一个时点,存货只是公司总资产的一小部分(每家公司一般少于 7%)。

图表 13.6　会计方法比较

	兰德里餐饮公司	Darden Restaurants	澳拜客牛排坊
食品存货	加权平均成本法	加权平均成本法	FIFO
折旧	直线法 建筑物：5—40年 设备：5—15年	直线法 建筑物：7—40年 设备：2—10年	直线法 建筑物：2—30年 设备：2—15年

这三个公司都是用直线法计提折旧，建筑物和设备的预计使用年限范围也相似。因为固定资产占公司总资产的2/3，所以这些相似之处对于使公司财务成果在公司间有可比性而言，是大有帮助的。图表13.6分析的结论是尽管公司使用的会计政策有所不同，但它们不会（在这种情况下）对我们的比较产生重大的影响。

会计概念

在结束本章之前，值得回顾前面章节中介绍的会计概念。在这个阶段，你应该能较好地理解会计准则，并能更好理解为什么会计要依赖这些特定的概念。图表13.7是在第1章中首次介绍的财务会计报告概念框架，你在前面各章中已学过的概念在图表13.7中用黑体突出了。

图表 13.7　财务会计报告概念框架

目标：	向外部报表使用者提供有助于其经济决策的财务信息（第1章）
财务信息质量特征：	**相关性**，**可靠性**，**可比性**，**一致性**（第1章）
要素：	**资产**，**负债**，**所有者权益**，**收入**，**费用**（第1章至第3章）
假设：	**计量单位**（第1章），**会计主体**（第1章），持续经营，**会计分期**（第3章）
原则：	**费用确认原则**（第2章），**收入确认原则**（第3章），**配比原则**（第3章），充分披露原则
限制条件：	成本-效益约束，**重要性原则**（第5章），行业实践原则，**谨慎性原则**（第2章）

如图表13.7所示，财务会计报告概念框架的主要目标是向外部报表使用者提供有助于其经济决策的财务信息。为了保证信息的有用性，这种信息必须是相关的（有关联的）、可靠的（必须可以相信）、可比的（每个人都遵循相同的准则）、一贯的（从一个时期到下一个时期，准则不变）。FASB的会计准则制定机构在制定新的会计准则时指出财务信息的相关性是一个关键问题。伴随着2002年《萨班斯-奥克斯法案》的实施，财务信息的可靠性是近期关注的重点，在第5章已介绍，即要求公司改善内部控制系统，并要求审计师扩展对这些系统有效性的测试和披露。同以往一样，会计准则制定机构制定新准则时，审计人员分析公司是否恰当地执行准则时，都要考虑信息的可比性和一贯性。

图表13.7显示，只有四个会计概念在前面的章节中没有介绍，因此，现在我们就一一解释。持续经营是会计准则的基础，它认为任何一个企业都有能力不断地长期经营下去，在正常经营过程中变现资产，清偿债务。如果一个公司陷入了财务危机（如破产），这个假设就不再适用了，这就是所谓的持续经营问题。如果一个公司遇到了持续

经营问题,公司就要调整财务报表项目的总额和分类,在财务报表附注中披露未以持续经营为基础的原因,这些也是审计报告应关注的地方。导致持续经营问题的一些原因列示在图表 13.8 里,在本章前面进行的分析中有一部分可以用来判别公司是否存在持续经营问题。

图表 13.8 导致持续经营问题的因素

财务分析揭示的因素	其他分析揭示的因素
• 产品销量下降	• 过度依靠某一个客户
• 销售毛利减少	• 产品创新不足,产品质量差
• 重大的一次性费用	• 公司拓展存在重大障碍
• 净利润上下波动	• 没有替换的关键人员损失
• 流动资产不足	• 缺乏达成有利交易的能力
• 债务融资比例高	• 长期资产维修不足
• 不利的财务承诺	• 专利产品的损失

前面没有介绍的一个会计原则是**充分披露原则**。简言之,充分披露原则是指财务报告应披露所有必要的有助于适当地理解公司经营成果的信息。这并不意味着每笔交易都要详细地说明,但必须有充足的信息量,使财务报表使用者得以完全解读公司的财务状况、经营成果和现金流量。

> **你应该知道**
> 充分披露原则指财务报表应披露理解公司商业活动的财务后果所需的信息。

尽管我们尽了最大的努力使会计准则适用于许多情况,但无论它们如何广泛使用都是存在限制条件的。在图表 13.7 的限制条件中有两个在前面章节中未介绍——行业实践原则和成本-效益约束。**行业实践原则**是指在某些行业里,如金融服务、石油和

> **你应该知道**
> 行业实践原则确认特定行业里的公司应遵循特定行业的会计准则。成本-效益约束称,会计准则必须在使用准则的效益超过其成本时,才应被执行。

天然气、农业生产,公司的环境如此特殊,以至于它们使用的会计准则与许多其他行业使用的会计准则有所不同。**成本-效益约束**认为,公司搜集所有可能会列报的财务信息是要耗费成本的。只有当使用准则的效益超过成本时,会计准则才会被执行。成本-效益约束解释了为什么 Darden 饭店公司规定把少于 1 000 美元的与楼房相关的成本费用化,虽然这些成本延长了楼房的使用寿命。

在结束本书的这个话题(也可能是结束本课程)前,借此机会做个自测题。它会使你了解,你是否应该回顾一下前几章介绍的会计概念,还是你已经准备好继续前进。

> **会发生什么?**
>
> ## 自 我 测 试
>
> 把下面每个表述与其最紧密相关的假设、原则或限制条件匹配起来。
>
> 1. 事事都要用美元和美分计量。　　　　　　　　　　(a) 会计主体
> 2. 那不是我们的问题。它是为了其他人而报告的。　　(b) 谨慎性原则
> 3. 不用为它烦恼,它的数额并不大。　　　　　　　　(c) 持续经营
> 4. 我们将做一个例外,只是因为你很特殊。　　　　　(d) 计量单位
> 5. 如果它与本期相关,你最好披露它。　　　　　　　(e) 会计分期
> 6. 我已经报告了你可能希望了解的所有信息。　　　　(f) 成本效益原则
> 7. 有疑虑时,不要过度乐观。　　　　　　　　　　　(g) 重要性原则
> 8. 我知道它占用的时间很长,但是我们要在
>   每个阶段考察它。　　　　　　　　　　　　　　　(h) 行业适用原则
> 9. 在这个情况下,所有的麻烦都不值得。　　　　　　(i) 充分披露准则
> 10. 以这样的进度,你很难熬过本年末。　　　　　　　(j) 配比原则
>
> **自测答案**
>
> 　　1. (d)　2. (a)　3. (g)　4. (h)　5. (j)　6. (i)　7. (b)　8. (e)　9. (f)　10. (c)

你现在已经学习了很多,可以解释大多数基本的财务报表。在你分析财务报表的实际工作中,你可能会碰到利润表中偶然发生的项目和其他特殊的项目。这些项目在以下的附录部分谈及。

附录:临时项目和其他特殊项目

临时项目

到 2005 年为止,列示的利润表中的临时项目有三类:非连续性经营活动、非常项目、会计核算方法改变的累积影响。R. J. Reynolds 烟草控股公司(RJR)在一份独立的比较利润表里列报了项目的三个类型,如图表 13A.1 所示。(这时你可能会疑惑,但我们不是在鼓励烟草行业。RJR 只是在真实世界中把临时项目所有三种类型披露在财务报表里的少数几个公司之一。)然而,目前,新会计准则几乎已经取消了在利润表里列报非常项目和会计核算方法改变的累积影响。"非常"的定义是如此的有约束力,以至于只有少数的几个事件——甚至"9·11"恐怖袭击事件造成的损失都不算——被称之为非常事件。会计核算方法改变的累积影响现在列示为留存收益的调整事项,而不是包括在变动期间的利润表里。这些调整项目的技术程序在中级会计课程里有介绍。

图表 13A.1 列报在利润表的税后净额中的临时项目

R. J. Reynolds Tobacco Holdings, Inc
简要利润表
12 月 31 日,
(以百万元为单位)

	2003	2002
销售收入净额	$5 267	$6 211
销售成本	3 218	3 732
经营费用,一般费用和管理费用	1 327	1 463
资产维修费用	4 563	237
经营收入(损失)	(3 841)	779
利息和其他费用	77	96
所得税前收入(损失)	(3 918)	683
所得税费用(收益)	(229)	265
连续性经营活动净利润(损失)	(3 689)	418
非连续性经营活动销售收入,扣除所得税净额	122	40
非常项目,扣除所得税净额	121	—
会计核算方法改变的累积影响,扣除所得税净额	—	(502)
净损失	$(3 446)	$(44)

非连续性经营活动是指放弃或出售一个重要的业务部门。利润表非连续性经营活动线下包括处置业务部门的一切损益,也包括业务部门处置之前在本年度所创造的一切经营收入。因为非连续性经营活动是出现在利润表的所得税费用线之下的,所以与损益相关的附加的税收影响也包括在它们报告的数额中。RJR 在 2003 年的 1.22 亿美元利得来自出售一个国际业务部门,显然,某一特定业务部门的出售只有一次,因此这些结果被单独列示,以提醒报表使用者,它们不会再次发生并影响公司未来业绩。

> **你应该知道**
> 非连续性经营活动源自对企业的重要业务部门的处置,披露时应扣除所得税。

其他特殊项目

在某些情况下,你会发现公司的利润表净利润线下还有附加的项目。这些项目可能增加或减少净利润,最后得到所谓的综合收益。在中级财务会计课程中,你学习到这些项目列报的损益与资产负债表账户上的价值相关。虽然大部分损益都包括在净利润的计算中,但有些部分(如,与汇率和特定投资的价值相关的变化)被排除在净利润的计算中,只列入综合收益。从净利润中扣除这些损益的主要原因是创造这些损益的价值的变化可能在它们实现(公司处置了与价值相关的资产和负债)之前就消失了。因为这个原因,多数分析员将花时间考虑这些特殊项目占净利润的大小,但是,如果它们的数额不大,在计算本章前面介绍的盈利能力比率时可以扣除。②

本章复习

这个部分提供了一个机会以巩固对要点的理解。你值得花时间去计算下面的示范案例,浏览本章概要,测试你对关键术语的理解,然后练习,练习,再练习。

示范案例

下列澳拜客牛排坊的比率是用来解释2005年兰德里公司比率的基准:
固定资产周转率 = 2.74
股东权益报酬率 = 13.4
利润质量比率 = 2.54
存货周转天数 = 18.3
流动比率 = 0.50
资产负债率 = 0.43

要求:
1. 参考澳拜客牛排坊的年报(可从 www.mhhe.com/phillips2e 下载),计算上面的比率。
2. 解释要求1中计算的比率的含义。

答案:
1. 计算比率(美元金额以千元为单位)
固定资产周转率 = 销售收入净额 ÷ 固定资产平均净值
 = \$3 590 869 ÷ [(\$1 387 700 + \$1 233 995)/2]
 = 2.74
股东权益报酬率 = 净利润 ÷ 股东权益平均总额
 = \$146 746 ÷ [(\$1 144 420 + \$1 047 111)/2]
 = 0.134(13.4%)
利润质量比率 = 经营活动净现金流量 ÷ 净利润
 = \$373 117 ÷ \$146 746
 = 2.54
存货周转天数 = 365 ÷ 存货周转率
 = 365 ÷ (销售成本 ÷ 平均存货)
 = 365 ÷ [\$1 315 340 ÷ (\$68 468 + \$63 448)/2]
 = 18.3
流动比率 = 流动资产 ÷ 流动负债
 = \$249 692 ÷ \$501 538

---

② 综合收益的计算不可以列示在利润表里,但可以列示在股东权益表或一份独立的综合收益表里。一份调查显示84%的公司在股东权益表里列示综合收益的计算(AICPA, 2005, Accounting Trend & Technique)。

= 0.50

资产负债率 = 总负债 ÷ 总资产
= ($803 743 + $44 259) ÷ $1 992 422
= 0.43

2. 解释比率
- 固定资产周转率 2.74 表明,澳拜客公司每投资固定资产 1 美元就会平均带来 2.74 美元的销售收入。
- 股东权益报酬率 13.4% 表明,澳拜客公司本年净利润是投资者投入并留存于公司的资本的 13.4%。
- 利息质量比率 2.54 表明,澳拜客公司每 1 美元净利润会带来 2.54 美元的经营现金流量。
- 存货周转天数 18.3 表明,存货从开始购入到最后售出的平均时间间隔为 18 天。
- 流动比率 0.50 表明,今年年底澳拜客公司每 1 美元的流动负债里只有 50 美分的流动资产。
- 资产负债率 0.43 表明,公司的债务融资(短期债务和长期债务)占 43%,即股票融资占 57%(100% - 43%)。

本章小结

学习目标 1:描述趋势分析和比率分析的目标和使用,第 596 页
- 趋势分析把财务报表项目本期账户期末余额与前期账户期末余额相比,目标是找出持续的变化(趋势)。
- 比率分析把一个或一个以上的财务报表项目账户期末余额与同年其他账户期末余额相比,它考虑了被比较数额的大小上的区别,使你可以在给定的其他公司资源的水平上评估公司经营得如何。
- 进行期间比较和行业比较时,要注意公司的战略、经营方法、会计政策和临时项目的差别,它们会影响公司的财务成果。

学习目标 2:趋势分析和比率分析的计算,第 597 页
- 趋势分析(也称横向分析)计算每一个账户从一个时期到下一个时期的变化的金额,并把这种变化表示成为前一期账户余额的百分比。
- 财务比率一般划分为与盈利性相关的、与流动性相关的、与偿付能力相关的财务比率。图表 13.4 列示了这些比率和它们的计算方法。
  - 盈利性比率通过计算净利润与列报在财务报表上其他项目的比率来评价公司是否产生了足够的净利润。
  - 流动性比率评价公司偿付短期债务的能力。
  - 偿付能力比率评价公司偿付长期债务的能力。
- 比率分析也称纵向分析,它是指将利润表(资产负债表)里的每一个项目表示为销售收入(总资产)百分比。

学习目标3：解释趋势分析和比率分析的结果，第602页

- 趋势分析和比率分析是未完成的，除非它们会产生一种解释，这种解释有助于财务报表使用者理解和评估公司的财务成果。
- 只有当你把趋势分析和比率分析汇总在一起，然后把它们总结成一个能解释公司经营成果如何的整体评估，你才能了解公司是否成功。
- 为了总结分析结果，多数的分析人员运用了基准法，如以公司以前年度的业绩或本年竞争对手的业绩为基准。

学习目标4：描述趋势分析和比率分析是如何依赖主要的会计决策和会计概念的，第609页

- 进行期间比较和行业比较时，使用者应确定在何种程度上的会计决策（如核算存货成本的方法、固定资产折旧、或有债务）的差异可能会降低财务信息的可比性或一致性。
- 许多的会计概念在前几章中已经介绍了，它们的目标是会计信息更有助于债权人和投资者经济决策。本章介绍了四个新的会计概念：
  - 持续经营假设——它假设公司在可预见的未来中不断地持续地经营下去。
  - 充分披露原则——公司财务报表应提供所有的对于使用者决策来说重要的信息。
  - 行业实践原则——通用的会计准则可能不适用于所有的行业，某些行业要有行业特定的计量方法和列报原则。
  - 成本-效益原则——只有当使用准则的效益超过成本时，会计准则才会被执行。

关键术语

成本-效益原则　第611页　　　　　行业实践原则　第611页
非连续性经营活动　第612页　　　　流动性　第597页
充分披露原则　第611页　　　　　　盈利性　第597页
持续经营假设　第611页　　　　　　偿付能力　第597页
横向分析　第597页　　　　　　　　纵向分析　第601页

练习题

问答题

1. 趋势分析的一般目标是什么？
2. 年变动百分比怎么计算？
3. 什么是比率分析？它有什么用处？
4. 解释比率常用的基准是什么？
5. 财务比率分为哪三类？这三类分别与什么相关？

6. 为什么有些分析称为横向分析,而另一些称为纵向分析?
7. 有用的财务信息的特征是什么?为什么这些特征使财务信息更有用?
8. 财务报告的主要目标是什么?
9. 什么是充分披露原则?
10. 什么是持续经营假设?什么是持续经营问题?导致持续经营的原因是什么?
11. 行业实践原则和成本-效益原则如何影响财务报告?
12. (附录)说出最常列报的非连续性经营项目,解释它列报在利润表的位置以及如何列报。

多项选择题

1. 以下哪个比率不用于分析盈利性?
   a. 利润质量比率
   b. 销售毛利率
   c. 流动比率
   d. 股东权益报酬率

2. 以下哪个不能直接改变公司的应收账款周转率?
   a. 存货售价的提高
   b. 信用政策的改变
   c. 采购存货的成本增加
   d. 以上全部

3. 以下哪个比率用于分析流动性?
   a. 每股收益
   b. 资产负债率
   c. 流动比率
   d. b 和 c

4. 分析人员用比率来
   a. 比较同一行业的不同公司
   b. 随时间的推移追踪公司的业绩
   c. 比较公司的业绩与行业平均水平
   d. 以上全部

5. 以下哪个比率使用了经营净现金流量?
   a. 存货周转率
   b. 每股收益
   c. 利润质量比率
   d. 以上全部

6. 以下四家公司中,哪一家公司最不可能遇到及时支付流动负债的问题?

	流动比率	应收账款周转率
a.	1.2	7.0
b.	1.2	6.0
c.	1.0	6.0
d.	0.5	7.0

7. 经营费用和管理费用的降低会直接影响哪个比率？
   a. 固定资产周转率
   b. 利息保障倍数
   c. 流动比率
   d. 销售毛利率

8. 银行分析贷款人支付其贷款本息的可能性时，最不可能使用以下哪个比率？
   a. 现金利息保障倍数
   b. 资产负债率
   c. 利息保障倍数
   d. 股东权益报酬率

9. 会计人员和审计人员用财务分析来评价以下哪个会计概念？
   a. 成本-效益原则
   b. 重要性原则
   c. 行业实践原则
   d. 持续经营假设

10. （附录）以下哪个项目列报为扣除所得税后净额？
    a. 非连续性经营损益
    b. 处置不动产、厂房和设备损益
    c. 长期借款利息
    d. 提前偿还债务损益

选择题答案：
1. c 2. c 3. c 4. d 5. c 6. a 7. b 8. d 9. d 10. a

小练习

M13-1 横向分析和纵向分析的计算

使用下面的利润表，进行横向分析和纵向分析。百分比保留一位小数。

LOCKEY FENCING 公司
利润表
12 月 31 日

	2006	2005
销售收入净额	$100 000	$75 000
销售成本	58 000	45 000
销售毛利	42 000	30 000
经营费用,一般费用和管理费用	9 000	4 500
营业利润	33 000	25 200
利息费用	3 000	3 750
税前利润	30 000	21 750
所得税费用	9 000	6 525
净利润	$21 000	$15 225

M13-2　解释横向分析

参照 M13-1 的计算结果。按美元金额和年变动百分比考虑,最重大的两个年变动是什么? 给出它们变化的原因。

M13-3　解释纵向分析

参照 M13-1 的计算结果。哪些比率在图表 13.4 中已计算过? 与 2005 年相比,这些比率增加了还是减少了?

M13-4　利用销售毛利率推断财务信息

某一校园专卖店销售收入为 16.8 万美元,公司的销售毛利率是 60%。那么,公司的销售成本是多少?

M13-5　利用销售毛利率和年变动比较推断财务信息

某一消费品生产公司 2008 年的销售收入比 2007 年增长了 25%,2007 年销售为 20 万美元。2008 年,公司的销售成本为 15 万美元。2008 年的销售毛利率是多少? 保留一位小数。

M13-6　计算股东权益报酬率

根据以下的信息,计算股东权益报酬率(百分比保留一位小数)。

	2008	2007
净利润	$1 850 000	$1 600 000
股东权益	10 000 000	13 125 000
总资产	24 000 000	26 000 000
利息费用	400 000	300 000

M13-7　分析存货周转率

一个制造公司 2007 年的存货周转率为 8.6。2008 年,管理层引入了新的存货控制系统,期望在不影响销售总量的前提下减少 25% 的平均存货。在这种情况下,你认为 2008 年的存货周转率是增加还是减少了? 说明原因。

M13-8 利用流动比率推断财务信息

Mystic 化工厂总资产为 1 120 万美元,非流动资产 148 万美元,流动比率为 1.5。公司列报的流动负债是多少?

M13-9 分析会计变更的影响

Nevis 股份公司处于一个成本下降的行业中。公司考虑改变存货计量方法,由 FIFO 改变为 LIFO,并确定这种变动在未来是如何影响公司比率。总的来说,你认为这个变动如何影响下列比率:净利润率、固定资产周转率和流动比率?

M13-10 利用 P/E 推断财务信息

2006 年,Big W 公司报告的每股收益为 2.5 美元,每股市价为 50 美元。2007 年,公司的收益增加了 10%。如果其他的关系保持不变,2007 年每股市价是多少?

M13-11 辨认相关比率

辨认与下列每个问题相关的比率:
a. 公司每销售 1 美元会产生多少的净利润?
b. 公司主要是债务融资还是股票融资?
c. 每投资 1 美元会带来多少的销售收入?
d. 公司提供给顾客的信用销售期限平均是多少天?
e. 股东每投资 1 美元会产生多少的净利润?
f. 公司的净利润转化为更多的还是更少的经营现金流量?
g. 公司是否有充足的资产变现来偿付即将到期的债务?

M13-12 解释比率

一般而言,下面的信息是好还是坏?
a. 利息保障倍数的增加。
b. 存货周转天数的减少。
c. 销售毛利率的增加。
d. EPS 的降低。
e. 总资产周转率的增加。
f. 现金利息保障倍数的增加。

M13-13 (附录)分析非连续性经营的影响

北方钻井股份公司在阿拉斯加经营一家石油公司。2007 年 3 月,公司的一个钻井平台损坏了,造成了未投保设备 400 万美元的损失。这是个非常事件,它如何影响下列比率:净利润率、固定资产周转率和流动比率?

练习

E13-1 编制和解释横向分析和纵向分析的一览表

2005 年,平均 1 加仑汽油的价格猛升了 0.43 美元(24%),从 2004 年的 1.81 美元增加到 2.24 美元。雪佛龙公司是否在 2005 年 12 月 31 日的利润表反映了这个变化?(以百万美元为单位)

	2005	2004
总收入	$198 200	$155 300
原油与产品的成本	140 902	104 948
其他营运成本	32 101	29 801
税前利润	25 197	20 551
所得税费用	11 098	7 223
净利润	$14 099	$13 328

要求:

1. 进行横向分析,计算每一个项目年变动金额和年变动百分比(保留到小数点后一位)。如何比较汽油价格变化与雪佛龙公司的总收入的变化和原油与产品成本的变化?

2. 进行纵向分析,把每一个项目表示成总收入的百分比(保留到小数点后一位)。扣除所得税费用后,与 2004 年相比,雪佛龙公司 2005 年每 1 美元是否赚取了更多的利润?

E13-2　计算和解释盈利能力比率

利用 E13-1 的信息完成以下的要求。

要求:

1. 计算每年的销售毛利率(保留到小数点后一位)。假设 2004 年到 2005 年的变化是持续趋势的起点,那么 2006 年雪佛龙公司每 1 美元的销售收入会产生更多的还是更少的销售毛利?

2. 计算每年的净利润率(保留到小数点后一位)。根据这个计算结果,结合要求 1,说明 2005 年雪佛龙公司在费用(除原油和产品成本)控制上比 2004 年做得更好还是更差了?

3. 2005 年雪佛龙公司的固定资产净值为 542 亿美元,2004 年为 451 亿美元。计算两年的固定资产周转率(保留到小数点后一位)。公司每投入 1 美元的固定资产所带来的回报是 2005 年多还是 2004 年多?

4. 雪佛龙 2005 年的股东权益是 540 亿美元,2004 年为 408 亿美元。计算两年的股东权益报酬率(保留到小数点后一位)。哪一年公司为股东创造的回报较多,2005 年还是 2004 年?

E13-3　计算常用的偿付能力比率

利用 E13-1 雪佛龙公司的信息完成以下的要求。

要求:

2005 年的"其他营运费用"项目中包括了 4.82 亿美元的利息费用,2004 年的利息费用是 4.06 亿美元。计算两年的利息保障倍数(保留到小数点后一位)。你认为雪佛龙公司产生了足够的(息税前)净利润来偿付债务吗?

E13-4　编制和解释横向分析和纵向分析的一览表

2006 年,低价的笔记本电脑的平均成本从 2005 年的 800 美元降低到 600 美元,减少了 25%。Tycoon 公司是否在 2006 年 12 月 31 日的利润表里反映了这个变化?

	2005	2006
销售收入	$121 761	$98 913
销售成本	71 583	59 249
经营费用	36 934	36 943
利息费用	474	565
税前利润	12 770	2 156
所得税费用	5 540	1 024
净利润	$7 230	$1 132

要求:

1. 进行横向分析,计算每一个项目年变动金额和年变动百分比(保留到小数后一位)。如何比较电脑售价的变化与Tycoon公司的销售收入的变化?

2. 进行纵向分析,把每一个项目表示成总收入的百分比(保留到小数点后一位)。扣除所得税费用、利息费用和经营费用后,与2005年相比,公司2006年每1美元是否赚取了更多的利润?

E13-5 计算获利性比率

利用E13-4的信息完成以下的要求。

要求:

1. 计算每年的销售毛利率(保留到小数点后一位)。假设2005年到2006年的变化是持续趋势的起点,那么2006年Tycoon公司每1美元的销售收入中会产生更多的还是更少的销售毛利?

2. 计算每年的净利润率(保留到小数点后一位)。根据这个计算结果,结合要求1,说明2006年Tycoon公司在费用控制上比2005年做得更好还是更差了?

3. 2006年Tycoon公司的固定资产净值为5.42万美元,2005年为4.51万美元。计算两年的固定资产周转率(保留到小数点后一位)。公司每投入1美元的固定资产所带来的收益是2006年多还是2005年多?

4. Tycoon公司2006年的股东权益是5.4万美元,2005年为4.08万美元。计算两年的股东权益报酬率(保留到小数点后一位)。哪一年公司为股东创造的回报较多,2006年还是2005年?

E13-6 计算常用的偿付能力比率

利用E13-4信息完成以下的要求。

要求:

计算2006年和2005年的利息保障倍数(保留到小数点后一位)。你认为Tycoon公司产生了足够的(息税前)净利润来偿付债务吗?

E13-7 匹配每个比率与其计算公式

匹配每个比率与其计算公式,并把答案写在每个题号前。

	比率或百分比	公式
____	1. 流动比率	A. 净利润÷销售收入净额
____	2. 净利润率	B. （销售收入净额－销售成本）÷销售收入净额
____	3. 存货周转率	C. 流动资产÷流动负债
____	4. 现金利息保障倍数	D. 销售成本÷平均存货
____	5. 固定资产周转率	E. 销售收入净额÷应收账款平均余额
____	6. 资本收购率	F. 经营现金净流量÷净利润
____	7. 股东权益报酬率	G. 净利润÷发行在外的普通股平均股数
____	8. 利息保障倍数	H. 总负债÷总资产
____	9. 资产负债率	I. （净利润＋利息费用＋所得税费用）÷利息费用
____	10. 市盈率	J. 经营现金净流量÷购买财产和设备所支付的现金
____	11. 应收账款周转率	K. 每股市价÷每股盈余
____	12. 每股收益	L. 净利润÷股东权益平均总额
____	13. 利息质量比率	M. 经营净现金流量（未扣除利息和所得税）÷利息费用
____	14. 销售毛利率	N. 销售收入净额÷固定资产平均净值

E13-8 计算和解释选定的流动能力比率

Duck Wing Stores（DWS）列报的销售收入为60万美元，其中有一半是信用销售，平均销售毛利率是40%，账户余额如下：

	期初余额	期末余额
应收账款净额	$45 000	$55 000
存货	60 000	40 000

要求：

1. 计算应收账款周转率和存货周转率（保留到小数点后一位）。
2. 用365天去除以要求1的计算结果，得出应收账款平均收账期和存货周转天数（保留到小数点后一位）。
3. 解释这些比率及其意义。

E13-9 计算和解释流动能力比率

先达（Cintas）公司是北美最大的制服供应商。超过500万人每天都会穿先达公司的衣服。最近的报表信息如下。这个公司第二年列报的销售收入是2 686 585 000美元，销售成本是1 567 377 000美元。

先达公司	第二年	第一年
资产负债表（以千美元为单位）		
现金	$32 239	$52 182
应收账款，减坏账备抵$7 737和$9 229	278 147	225 735
存货	228 410	164 906
预付账款	7 607	7 237
其他流动资产	25 420	57 640
应付账款	53 909	60 393
应付工资	25 252	29 004
应付所得税	69 545	73 163
流动负债	127 882	131 705
一年内到期的长期负债	28 251	18 369

要求：

假设信用销售占60%，计算第二年的流动比率（保留到小数点后两位）、存货周转率（计算到小数点后一位）以及应收账款周转率（保留到后一位）。解释每个比率的含义。

E13-10　分析交易对流动比率的影响

Appalanchian 饮料公司在它最近的年报中列报的流动资产是5.4万美元，流动比率是1.8。假设以下公司完成了交易：(1) 赊购商品6000美元；(2) 购买价值1万美元的运输卡车，支付了1000美元的现金并签发了一张为期两年的票据。

要求：

在每个交易结束后，计算新的流动比率，保留到小数点后两位。

E13-11　分析交易对流动比率的影响

Sunrise 公司在它最近的年报中列报的流动资产是109万美元，流动负债是60.2万美元。

要求：

确定以下的交易使流动比率和它的两个组成部分增加、减少还是不变？(1) 长期资产变现；(2) 退休员工的遣散费用；(3) 记录了某一已报废存货的置存价值；(4) 为购买新的存货所签发的为期18个月的期票（供应商不提供信用销售）。

E13-12　分析交易对流动比率的影响

体育局公司是全国最大的私营全套体育用品零售商，旗下有四家品牌商店：Sport Authority，Gart Sport，Oshman's 和 Sportmart。假设体育局公司列报的流动资产是8.8万美元，流动比率是1.75。假设公司完成了以下交易：(1) 支付了6000美元的应付账款；(2) 支付1万美元现金购买了运货卡车；(3) 注销了2000美元坏账；(4) 支付已宣告股利2.5万美元。

要求：

在每个交易结束后，计算新的流动比率，保留到小数点后两位。

E13-13　分析交易对流动比率的影响

某公司流动资产总计是50万美元，流动比率为2.0，存货计量方法是永续盘存法。假设公司完成了以下交易：(1) 以短期信贷形式出售原价为1.2万美元的商品，获得1.5万美元；(2) 宣告了5万美元的现金股利（未支付）；(3) 支付1.2万美元的预付租金；(4) 支付以前宣告的现金股利5万美元；(5) 收到了应收账款1.2万美元；(6) 把4万美元的长期借款重新分类为流动负债。

要求：

在每个交易结束后，计算新的流动比率，保留到小数点后两位。

E13-14　计算应收账款周转率和存货周转率

宝洁公司是一家生产和销售日常用品的跨国公司。2006年，公司的销售额是682.22亿美元。年报没有列报信用销售额，所以我们假设所有的销售是信用销售。平均销售毛利率是51%。账户余额如下（百万美元）：

	期初余额	期末余额
应收账款净额	$5 266	$7 336
存货	5 006	6 291

要求：

1. 计算存货周转率和应收账款周转率，保留到小数点后一位。
2. 用 365 除以要求 1 的计算结果，计算出应收账款平均收账期和存货周转天数。
3. 解释这些比率的含义。

E13-15 利用盈利性比率和流动性比率推断财务信息

Dollar 公司经营了大约 8 250 家综合商品商店，这些商店的商品保证质量，价格低廉，以满足南部、东部和中西部的中、低收入和固定收入的家庭的需要。截止到 2006 年 2 月 3 日，公司的平均存货为 14.25 亿美元，存货周转率是 4.3，平均固定资产总额是 11.37 亿美元，固定资产周转率是 7.5。

要求：

1. 计算 Dollar 公司的销售毛利率（保留到小数点后一位）。这意味着每销售 1 美元中有多少毛利？

提示：利用固定资产周转率和存货周转率倒推出销售毛利率。

2. 这时的销售毛利率相对于截止到 2004 年 1 月 31 日的会计年度的销售毛利率 29.5%，是不是一个改善？

E13-16 利用财务信息判别企业类型

以下的财务信息属于四个类型的公司（资产负债表以百万美元为单位）：

	公司			
	1	2	3	4
资产负债表				
现金	$5.1	$8.8	$6.3	$10.4
应收账款	13.1	41.5	13.8	4.9
存货	4.6	3.6	65.1	35.8
财产和设备	53.1	23.0	8.8	35.7
财务比率				
销售毛利率	N/A*	N/A	45.2	22.5
净利润率(%)	0.3	16.0	3.9	1.5
流动比率	0.7	2.2	1.9	1.4
存货周转率	N/A	N/A	1.4	15.5
资产负债率	0.7	0.5	0.6	0.7

* N/A 表示不适用。

这些财务信息属于以下四个公司：

a. 有线电视公司
b. 百货公司
c. 会计师事务所
d. 零售珠宝店

要求：

将每个公司与其财务信息配比，并请说明你的理由。

E13-17 分析可选的存货计量方法对财务比率的影响

公司 A 使用 FIFO 计量期末存货成本,公司 B 使用 LIFO 计量存货成本。这两家公司除存货成本计量方法不同以外,其他的会计政策都相同。近几年里,两家公司的存货不断增加,且其成本都逐步降低了(未考虑所得税影响)。

要求:

判别哪个公司的下列比率更高? 如果不能判别,请说明理由。

1. 流动比率
2. 资产负债率
3. 每股收益

辅导题

CP13-1 利用年变动百分比分析比较财务报表

Golden 公司 2006 年 12 月 31 日的比较财务报表的简要信息如下:

	2006	2005	增加(减少) 2006 vs. 2005	
			金额	百分比
利润表				
销售收入	$180 000 *	$165 000		
销售成本	110 000	100 000		
销售毛利	70 000	65 000		
经营费用	53 300	50 400		
利息费用	2 700	2 600		
税前利润	14 000	12 000		
所得税费用	4 000	3 000		
净利润	$10 000	$9 000		
资产负债表				
现金	$4 000	$8 000		
应收账款净额	19 000	23 000		
存货	40 000	35 000		
财产和设备净值	45 000	38 000		
	$108 000	$104 000		
流动负债(无利息)	$16 000	$19 000		
长期负债(6% 的利息)	45 000	45 000		
普通股股本(票面价值 $5)	30 000	30 000		
超面值缴入资本	5 000	5 000		
留存收益[†]	12 000	5 000		
	$108 000	$104 000		

[*] 总销售的 1/3 属于赊销。
[†] 2006 年宣告并发放了 3 000 美元的现金股利。

要求：

1. 填写 Golden 公司比较财务报表每个项目的最后两栏，百分比保留到小数点后一位。

提示：从 2006 年的数额扣除 2005 年的数额来计算增加额（减少额），把此增加额（减少额）除以 2005 年的数额就计算出了年变动百分比。

2. 经过年变动分析后，有没有什么重大的变化令你吃惊？

CP13-2　利用财务比率分析比较财务报表

参照 CP13-1 中 Golden 公司的信息。

要求：

1. 计算 2005 年和 2006 年的销售毛利率。保留到小数点后一位。它的趋势是否朝好的方向前进？

2. 计算 2005 年和 2006 年的净利润率。保留到小数点后一位。它的趋势是否朝好的方向前进？

3. 计算 2005 年和 2006 年的每股收益。它的趋势是好还是坏？请说明理由。

提示：用普通股账户余额除以发行在外的普通股股数计算出 EPS。普通股账户余额等于每股股票的票面价值乘以普通股股数。

4. 2004 年底，股东权益总计是 3 万美元。计算 2005 年和 2006 年的股东权益报酬率（ROE），用百分比的形式表示，保留到小数点后二位。它的趋势是否朝好的方向前进？

5. 2004 年底，财产和设备净值是 3.5 万美元。计算 2005 年和 2006 年的固定资产周转率，保留到小数点后两位。它的趋势是否朝好的方向前进？

6. 计算 2005 年和 2006 年的资产负债率，保留到小数点后两位。债务为公司资产的增长提供了大部分还是小部分融资？请说明理由。

7. 计算 2005 年和 2006 年的利息保障倍数，保留到小数点后一位。它的趋势是否朝好的方向前进？

8. Golden 公司披露了 2006 年的年报后，公司的股票交易价格为 30 美元。Golden 公司披露了 2005 年的年报后，公司的股票价格为每股 21 美元。计算两年的 P/E，保留到小数点后一位。它意味着投资者如何看待 Golden 公司未来的成功，更加乐观还是不太乐观？

CP13-3　资产负债表的纵向分析

动视公司简要的资产负债表和部分已完成的纵向分析如下：

动视公司
资产负债表（简要）
2006 年 3 月 31 日
（以百万美元为单位）

现金和短期投资	$945	67%	应付账款	$89	7%
应收账款	29	2	流动负债	103	(d)
存货	61	4	长期负债	2	0
其他流动资产	81	(a)	负债总额	194	(e)
软件开发	102	(b)	股本	837	59
财产和设备	45	(c)	留存收益	389	27
其他资产	156	11	股东权益总额	1 226	86
资产总额	$1 420	100%	负债及股东权益总额	$1 420	100%

要求：

1. 完成以上的纵向分析，把每个项目表示成资产总额的百分比，并填入（a）—（e），百分比取整。

提示：现金占资产总额的 67%，即 67% =（ $945 ÷ $1 420 ）× 100。

2. 动视公司软件开发与财产和设备占资产总额的比例是多少？关于动视公司这两种资产相对的重要性，这些百分比说明什么问题？

CP13-4　利润表的纵向分析

动视公司简要的利润表和部分完成的纵向分析如下：

<table>
<tr><th colspan="5">动视公司利润表（简要）
2006 年 3 月 31 日
（以百万美元为单位）</th></tr>
<tr><th></th><th colspan="2">2006</th><th colspan="2">2005</th></tr>
<tr><td>销售收入</td><td>$1 468</td><td>100%</td><td>$1 406</td><td>100%</td></tr>
<tr><td>销售成本</td><td>940</td><td>(a)</td><td>845</td><td>60</td></tr>
<tr><td>产品开发费用</td><td>132</td><td>(b)</td><td>87</td><td>6</td></tr>
<tr><td>销售和营销费用</td><td>283</td><td>(c)</td><td>230</td><td>17</td></tr>
<tr><td>一般管理费用</td><td>95</td><td>7</td><td>60</td><td>4</td></tr>
<tr><td>经营费用</td><td>18</td><td>1</td><td>185</td><td>13</td></tr>
<tr><td>投资收益</td><td>31</td><td>2</td><td>13</td><td>1</td></tr>
<tr><td>税前利润</td><td>49</td><td>3</td><td>198</td><td>14</td></tr>
<tr><td>所得税费用</td><td>7</td><td>0</td><td>59</td><td>4</td></tr>
<tr><td>净利润</td><td>$42</td><td>(d)　%</td><td>$138</td><td>10%</td></tr>
</table>

要求：

1. 完成以上的纵向分析，把每个项目表示成净利润的百分比，并填入（a）—（e），百分比取整。

提示：2005 年销售成本占净利润的 60%，即 60% =（ $845 ÷ $1 406 ）× 100。

2. 与 2005 年相比，2006 年的销售成本占净利润的百分比反映出公司更好还是更差的经营业绩？

CP13-5　解释盈利性比率、流动性比率、偿付能力比率和 P/E

联邦百货 Dillard 公司（FDS）旗下的 Macy 公司是一家全国零售百货公司，2006 年公司的总收入是 220 亿美元。Dillard 公司是一家稍微有点小的全国零售百货公司，其 2006 的总收入是 77 亿美元。两家公司近期的财务比率如下（资料来源于 www.marketguide.com）：

比率	FDS	Dillard
销售毛利率	34.1%	32.6%
净利润率	8.1%	0.5%
股东权益报酬率	12.9%	1.7%
EPS	$3.76	$0.11
应收账款周转率	5.2	6.8
存货周转率	2.6	2.7
流动比率	2.00	2.26
资产负债率	0.40	0.47
P/E	12.1	43.7

要求：
1. 哪家公司盈利能力较强？描述你得出该结论所使用的比率。
2. 哪家公司流动性较强？描述你得出该结论所使用的比率。
3. 哪家公司偿付能力较强？描述你得出该结论所使用的比率。
4. 要求1—3的分析结论是否与这两家公司P/E反映的情况一致？如果不一致，请说明一个理由。

提示：记住P/E分母代表的是投资者对公司未来财务业绩的期望，分子代表是公司过去的财务业绩。

CP13-6　利用比率比较可选的投资方案

2007年Armstrong公司和Blair公司的简要财务报表如下：

	Armstrong 公司	Blair 公司
资产负债表		
现金	$35 000	$22 000
应收账款净额	40 000	30 000
存货	100 000	40 000
财产和设备净值	180 000	300 000
其他资产	45 000	408 000
资产总额	$400 000	$800 000
流动负债	$100 000	$50 000
长期负债	60 000	370 000
负债总额	160 000	420 000
普通股股本（票面价值$10）	150 000	200 000
资本公积	30 000	110 000
留存收益	60 000	70 000
负债及股东权益总额	$400 000	$800 000
利润表		
销售收入（1/3的信用销售）	$450 000	$810 000
销售成本	(245 000)	(405 000)

	Armstrong 公司	Blair 公司
费用（利息费用和所得税费用）	(160 000)	(315 000)
净利润	$45 000	$90 000
2005 财务报表信息		
应收账款净额	$20 000	$38 000
存货	92 000	45 000
财产和设备净值	180 000	300 000
长期负债	60 000	70 000
股东权益总额	231 000	440 000
其他信息		
2006 末估计的每股价值	$18	$27
平均所得税率	30%	30%
2006 年宣告和发放的现金股利	$36 000	$150 000

这两家公司处于同一行业，并且在一个大都会区是直接竞争者。两家公司都大约经营了 10 年，都稳定地成长着。两家公司的管理层在许多方面有不同的观点。Blair 公司比较保守，就如其公司总裁所说，"我们避免了我们所考虑的过度风险。"两家都是用直线法计提折旧，但 Blair 公司预计的使用年限比 Armstrong 公司要短。两家公司都不是上市公司。Blair 公司有 CPA 的审计报告，Armstrong 公司没有。

要求：

1. 根据可获取的信息，计算图表 13.4 中的财务比率，保留到小数点后两位。

提示：用普通股账户余额除以发行在外的普通股股数计算出 EPS。普通股账户余额等于每股股票的票面价值乘以普通股股数。

2. 你的一位客户决定购买两家公司中一家公司的股票。根据已有的信息，编制一份比率分析书面评价（以及任何其他可获取的资料），最后说明你推荐的选择。

提示：如果有的话，考虑会计决策差异如何影响你的评价结果。

CP13-7　比较财务比率并分析投资决策

你有机会选择同一行业两家公司中的一家公司投资 1 万美元。你只有以下信息。"高"表示行业顶端 1/3，"平均"表示行业中间 1/3，"低"表示行业底端 1/3。

比率	公司 A	公司 B
流动比率	高	平均
存货周转率	低	平均
资产负债率	高	平均
利息保障倍数	低	平均
P/E	低	平均

要求：

你会选择哪家公司？请简述你的理由。

提示：解释比率时，考虑它们之间的关系。比如，流动比率和存货周转率都包括了存货余额。这意味着低的存货周转率可以帮助你解释高的流动比率。

A 组问题

PA13-1　利用财务比率和年变动百分比分析财务报表

Pinnacle Plus 公司 2006 年 12 月 31 日编制的比较财务报表的简要信息如下：

	2006	2005	增加（减少）2006 vs. 2005	
			金额	百分比
利润表				
销售收入*	$110 000	$99 000		
销售成本	52 000	48 000		
销售毛利	58 000	51 000		
经营费用	36 000	33 000		
利息费用	4 000	4 000		
税前利润	18 000	14 000		
所得税费用（30%）	5 400	4 200		
净利润	$12 600	$9 800		
资产负债表				
现金	$49 500	$18 000		
应收账款净额	37 000	32 000		
存货	25 000	38 000		
财产和设备净值	95 000	105 000		
资产总额	$206 500	$193 000		
应付账款	$42 000	$35 000		
应付所得税	1 000	500		
应付长期票据	40 000	40 000		
负债总额	83 000	75 500		
普通股股本（票面价值$10）	90 000	90 000		
留存收益†	33 500	27 500		
负债及股东权益总额	$206 500	$193 000		

*总销售的 1/2 是信用销售。
†2006 年宣告并开放了 6 600 美元的现金股利。

要求：
1. 填写 Pinnacle Plus 公司比较财务报表每个项目的最后两栏，百分比保留到小数点后一位。
2. 经过年变动分析后，有没有什么重大的变化令你吃惊？

PA13-2　利用财务比率分析比较财务报表

参照 PA13-1 中 Pinnacle Plus 公司的信息。

要求：

1. 计算 2005 年和 2006 年的销售毛利率。保留到小数点后一位。它的趋势是否朝好的方向前进？

2. 计算 2005 年和 2006 年的净利润率。保留到小数点后一位。它的趋势是否朝好的方向前进？

3. 计算 2005 年和 2006 年的每股收益。它的趋势是好还是坏？请说明理由。

4. 2004 年底，股东权益总计是 10 万美元。计算 2005 年和 2006 年的股东权益报酬率（ROE），用百分比的形式表示，保留到小数点后一位。它的趋势是否朝好的方向前进？

5. 2004 年底，财产和设备净值是 11 万美元。计算 2005 年和 2006 年的固定资产周转率，保留到小数点后两位。它的趋势是否朝好的方向前进？

6. 计算 2005 年和 2006 年的资产负债率，保留到小数点后两位。债务为公司资产的成长提供了大部分还是小部分融资？请说明理由。

7. 计算 2005 年和 2006 年的利息保障倍数，保留到小数点后一位。它的趋势是否朝好的方向前进？

8. Pinnacle Plus 公司披露了 2006 年的年报后，公司的股票交易价格为 18 美元。Pinnacle Plus 公司披露了 2005 年的年报后，公司的股票价格为每股 15 美元。计算两年的 P/E，保留到小数点后一位。它意味着投资者如何看待 Pinnacle Plus 公司未来的成功，更加乐观还是不太乐观？

PA13-3　资产负债表的纵向分析

Kellwood 公司简要的资产负债表和部分已完成的纵向分析如下：

Kellwood 公司
资产负债表（简要）
2004 年 1 月 31 日
（以百万美元为单位）

现金和短期投资	$433	29%	流动负债	$409	27%
应收账款	294	19	长期负债	495	33
存货	206	14	负债总额	904	(b)
其他流动资产	109	(a)	股本	118	(c)
财产和设备	27	2	留存收益	492	32
其他资产	445	29	股东权益总额	610	(d)
资产总额	$1 514	100%	负债及股东权益总额	$1 514	100%

要求：

1. 完成以上的纵向分析，把每个项目表示成资产总额的百分比，并填入（a）—（d），百分比取整。

2. Kellwood 公司存货与财产和设备占资产总额的比例是多少？关于 Kellwood 公司这两种资产相对的重要性，这些百分比说明什么问题？

3. Kellwood 公司的总资产中，债务融资比例和权益融资比率各是多少？

PA13-4 利润表的纵向分析

Kellwood公司简要的利润表和部分完成的纵向分析如下：

<h3 style="text-align:center">Kellwood 公司
利润表（简要）
（以百万美元为单位）</h3>

	2006年1月31日			2005年2月1日		
销售收入	$2 062		100%	$2 200		100%
销售成本	1 637		79	1 721	(d)	60
一般管理费用和销售费用	333	(a)		346		16
其他经营费用	53		3	12		1
利息费用	22	(b)		26		1
税前利润	17		1	95	(e)	13
所得税费用	6		0	33		1
净利润	$11	(c)	%	$62	(f)	%

要求：

1. 完成以上的纵向分析,把每个项目表示成净利润的百分比,并填入（a）—（f）,百分比取整。

2. 与2005年2月1日相比,2006年1月31日Kellwood公司列报的销售成本占净利润的百分比反映出公司更好还是更差的经营业绩？

3. 要求1计算的(c)和(f)中的财务比率是否暗示Kellwood公司这两年净利润率已经改变了？

PA13-5 解释盈利性比率、流动性比率、偿付能力比率和 P/E

可口可乐公司和百事公司是众所周知的国际品牌。可口可乐公司的饮料销售收入为230亿美元,而百事公司的年销售收入超过了320亿美元。根据以下的比率,做出投资决策：

比率	可口可乐公司	百事公司
销售毛利率	48.5%	49.0%
净利润率	2.6%	4.1%
股东权益报酬率	66.2%	23.3%
EPS	$3.40	$1.54
应收账款周转率	11.5	9.8
存货周转率	15.1	12.8
流动比率	1.47	1.40
资产负债率	0.94	0.72
P/E	16.4	18.7

要求：

1. 哪家公司盈利能力较强？描述你得出该结论所使用的比率。

2. 哪家公司流动性较好？描述你得出该结论所使用的比率。

3. 哪家公司偿付能力较强？描述你得出该结论所使用的比率。

4. 要求1—3的分析结论是否与这两家公司 P/E 反映的情况一致？如果不一致，请说明理由。

PA13-6 利用比率比较两家公司的贷款需求

2008年 Royale 公司和 Cavalier 公司的简要财务报表如下：

	Royale 公司	Cavalier 公司
资产负债表		
现金	$25 000	$45 000
应收账款净额	55 000	5 000
存货	110 000	25 000
财产和设备净值	550 000	160 000
其他资产	145 000	57 000
资产总额	$880 000	$292 000
流动负债	$120 000	$15 000
长期负债	190 000	55 000
普通股股本（票面价值$20）	480 000	210 000
超面值缴入资本	50 000	40 000
留存收益	40 000	80 000
负债及股东权益总额	$880 000	$292 000
利润表		
销售收入	$800 000	$280 000
销售成本	(485 000)	(150 000)
费用（利息费用和所得税费用）	(240 000)	(95 000)
净利润	$80 000	$35 000
2007 财务报表信息		
应收账款净额	$47 000	$11 000
长期负债	190 000	55 000
财产和设备净值	550 000	160 000
存货	95 000	38 000
股东权益总额	570 000	202 000
其他信息		
2008 年的每股股价	$14.00	$11.00
平均所得税率	30%	30%

这两家公司处于同一国家的同一行业，只是它们在不同的城市。Royale 公司销售中有 1/2 是信用销售，而 Cavalier 公司销售中只有 1/4 是信用销售。每个公司都已经营了 10 年。两个公司都有无保留意见的审计报告，即独立审计人员没有发现公司报表存在重大的错报和漏报的情况。Royale 公司希望贷款现金 7.5 万美元，Cavalier 公司希望贷款现金 3 万美

元。贷款的期限都是 2 年。两家公司都用账龄分析法估计坏账,只是 Cavalier 公司估计的坏账比例比 Royale 公司要高。

要求:

1. 根据可获取的信息,计算图表 13.4 中的财务比率,保留到小数点后两位。

2. 假设你在当地一家银行的贷款部门工作。银行要求你分析当前的形势,说明给哪个公司贷款较合适。根据已有的信息,要求 1 的分析结论,以及任何其他可获取的资料,给出你的意见并请说明理由。

PA13-7　比较财务比率并分析如何进行投资决策

你有机会选择同一行业两家公司中的一家公司投资 1 万美元。你只有以下信息。"高"表示行业顶端 1/3,"平均"表示行业中间 1/3,"低"表示行业底端 1/3。

比率	公司 A	公司 B
流动比率	低	高
存货周转率	高	低
资产负债率	低	平均
利息保障倍数	高	平均
P/E	高	平均

要求:

你会选择哪家公司? 请简述你的理由。

B 组问题

PB13-1　利用财务比率和年变动百分比分析财务报表

Tiger Audio 公司 2007 年 12 月 31 日编制的比较财务报表的简要信息如下:

	2007	2006	增加(减少) 2007 vs. 2006	
			金额	百分比
利润表				
销售收入	$222 000	$185 000		
销售成本	127 650	111 000		
销售毛利	94 350	74 000		
经营费用	39 600	33 730		
利息费用	4 000	3 270		
税前利润	50 750	37 000		
所得税费用(30%)	15 225	11 100		
净利润	$35 525	$25 900		

	2007	2006	增加(减少) 2007 vs. 2006	
			金额	百分比
资产负债表				
现金	$40 000	$38 000		
应收账款净额	18 500	16 000		
存货	25 000	22 000		
财产和设备净值	127 000	119 000		
资产总额	$210 500	$195 000		
应付账款	$27 000	$25 000		
应付所得税	3 000	2 800		
应付长期票据	75 500	92 200		
负债总额	105 500	120 000		
普通股股本(票面价值 $1)	25 000	25 000		
留存收益†	80 000	50 000		
负债及股东权益总额	$210 500	$195 000		

* 总销售的 1/2 是信用销售。

† 2007 年宣告并开放了 5 525 美元的现金股利。

要求:

1. 完成 Tiger Audio 公司比较财务报表每个项目的最后两栏,百分比保留到小数点后一位。

2. 经过年变动分析后,有没有什么重大的变化令你吃惊?

PB13-2 利用财务比率分析比较财务报表

参照 Pb13-1 中 Tiger Audio 公司的信息。

要求:

1. 计算 2006 年和 2007 年的销售毛利率。它的趋势是否朝好的方向前进?

2. 计算 2006 年和 2007 年的净利润率。它的趋势是否朝好的方向前进?

3. 计算 2006 年和 2007 年的每股收益。它的趋势是好还是坏? 请说明理由。

4. 2005 年底,股东权益总计是 6.5 万美元。计算 2006 年和 2007 年的股东权益报酬率(ROE)。它的趋势是否朝好的方向前进?

5. 2005 年底,财产和设备净值是 11.5 万美元。计算 2006 年和 2007 年的固定资产周转率。它的趋势是否朝好的方向前进?

6. 计算 2006 年和 2007 年的资产负债率。债务为公司资产的成长提供了大部分还是小部分融资? 请说明理由。

7. 计算 2006 年和 2007 年的利息保障倍数。它的趋势是否朝好的方向前进?

8. Pinnacle Plus 公司披露了 2007 年的年报后,公司的股票交易价格为 17 美元。Pinnacle Plus 公司披露了 2005 年的年报后,公司的股票价格为每股 12 美元。计算两年的 P/E,保留到小数点后一位。它意味着投资者如何看待 Pinnacle Plus 公司未来的成功,更加乐观还是不太乐观?

PB13-3 资产负债表的纵向分析

西南航空公司简要的资产负债表和部分已完成的纵向分析如下:

西南航空公司
资产负债表(简要)
2005年12月31日
(以百万美元为单位)

现金和短期投资	$2 531	18%	流动负债	$6 149	43%
应收账款	258	2	长期负债	1 394	(b)
库存的零件和用品	150	1	负债总额	7 543	53
其他流动资产	681	4	股本	1 226	9
财产和设备	8 767	(a)	留存收益	5 449	38
其他资产	1 831	13	股东权益总额	6 675	(c)
资产总额	$14 218	100%	负债及股东权益总额	$14 218	100%

要求:

1. 完成以上的纵向分析,把每个项目表示成资产总额的百分比,并填入(a)—(c),百分比取整。

2. 西南航空公司库存的零件和用品与财产和设备占资产总额的比例是多少?关于西南航空公司这两种资产相对的重要性,这些百分比说明什么问题?

3. 西南航空公司的债务融资比例和股票融资比率各是多少?

PB13-4 利润表的纵向分析

西南航空公司简要的利润表和部分完成的纵向分析如下:

西南航空公司公司
利润表(简要)
(以百万美元为单位)

	2005			2004		
销售收入	$7 584		100%	$6 530		100%
薪金、工资和津贴	2 702		36	2 443	(d)	
燃料、汽油、维修和保养	1 772	(a)		1 458		22
其他经营费用	2 290	(b)		2 075		32
其他费用	(54)		0	65		1
税前利润	874		11	489	(e)	
所得税费用	326		4	176		2
净利润	$548	(c)	%	$313	(f)	%

要求:

1. 完成以上的纵向分析,把每个项目表示成净利润的百分比,并填入(a)—(f),百分比取整。

2. 与2004年相比,要求1中(a)内的百分比是否反映了西南航空公司试图通过缩减维修和保养的成本来增加利润?

3. 要求1计算的(c)和(f)中的财务比率暗示西南航空公司这两年净利润率是增加还是减少了?

PB13-5　解释盈利性比率、流动性比率、偿付能力比率和 P/E

Mattel公司和Hasbro公司是两个全球最大的游戏和玩具制造商。Mattel公司每年的销售收入为50亿美元,而Hasbro公司每年销售收入超过了30亿美元。

根据以下的比率,做出投资决策:

比率	Mattel公司	Hasbro公司
销售毛利率	48.3%	58.7%
净利润率	10.3%	5.7%
股东权益报酬率	23.6%	13.6%
EPS	$1.23	$0.91
应收账款周转率	7.2	6.4
存货周转率	5.5	5.7
流动比率	1.86	1.89
资产负债率	0.24	0.33
P/E	15.2	18.9

要求:

1. 哪家公司盈利能力较强?描述你得出该结论所使用的比率。
2. 哪家公司流动性较好?描述你得出该结论所使用的比率。
3. 哪家公司偿付能力较强?描述你得出该结论所使用的比率。
4. 要求1—3的分析结论是否与这两家公司 P/E 反映的情况一致?如果不一致,请说明一个理由。

PB13-6　利用比率比较两家公司的贷款需求

2007年Thor公司和Gunnar公司的简要财务报表如下:

	Thor公司	Gunnar公司
资产负债表		
现金	$35 000	$54 000
应收账款净额	77 000	6 000
存货	154 000	30 000
财产和设备净值	770 000	192 000
其他资产	196 000	68 400
资产总额	$1 232 000	$350 400
流动负债	$168 000	$18 000
长期负债(12%的利率)	266 000	66 000
普通股股本(票面价值$20)	672 000	252 000

（续表）

	Thor 公司	Gunnar 公司
超面值缴入资本	70 000	4 800
留存收益	56 000	9 600
负债及股东权益总额	$1 232 000	$350 400
利润表		
销售收入	$1 120 000	$336 000
销售成本	(672 000)	(180 000)
费用（利息费用和所得税费用）	(336 000)	(114 000)
净利润	$112 000	$42 000
2006 年财务报表信息		
应收账款净额	$65 800	$13 200
存货	133 000	45 600
财产和设备净值	770 000	192 000
长期负债（12% 的利率）	266 000	66 000
股东权益总额	798 000	266 400
其他信息		
2008 年的每股股价	$13.20	$19.60
平均所得税率	30%	30%

这两家公司处于同一国家的同一行业，只是它们在不同的城市。Thor 公司销售中有 1/2 是信用销售，而 Gunnar 公司销售中只有 1/4 是信用销售。每个公司都已经营了 10 年。两个公司都有无保留意见的审计报告，即独立审计人员没有发现公司报表存在重大的错报和漏报的情况。Thor 公司希望贷款现金 10.5 万美元，Gunnar 公司希望贷款现金 3.6 万美元。贷款的期限都是 2 年。

要求：

1. 根据可获取的信息，计算图表 13.4 中的财务比率，保留到小数点后两位。

2. 假设你在当地一家银行的贷款部门工作。银行要求你分析当前的形势，说明给哪个公司贷款较合适。根据已有的信息，要求 1 的分析结论，以及任何其他可获取的资料，给出你的意见，并说明理由。

PB13-7　比较财务比率并分析如何进行投资决策

你有机会选择同一行业两家公司中的一家公司投资 1 万美元。你只有以下信息。"高"表示行业顶端 1/3，"平均"表示行业中间 1/3，"低"表示行业底端 1/3。

比率	公司 A	公司 B
EPS	高	高
股东权益报酬率	高	平均
资产负债率	高	低
流动比率	低	平均
P/E	低	高

要求:

你会选择哪家公司?请简述你的理由。

技能拓展训练

S13-1 比较财务信息

参照澳拜客牛排坊的财务报表,可从本书的网站 www.mhhe.com/phillips2e 的"Case"中下载其财务报表。从本章已讨论的比率中,选取有助于你评价公司业绩的财务比率,并计算它们。计算至少两年的比率。2003 年的股东权益余额列报在股东权益变动表内。计算的比率若需要 2004 年以前的财务信息,用 2004 年的余额代表 2003 年的余额。假设每年的股价是 31 美元,把"合并实体的少数股东权益"看成一项额外的负债。提供一份你解释比率计算的书面分析。

S13-2 获取财务信息

从 Darden 公司的网站或 S1-3 中的下载来源下载 Darden 饭店 2005 年和 2006 年 3 月 28 日的财务报表。从本章已讨论的比率中,选取有助于比较 Darden 饭店业绩与本章中 2004 年和 2005 年兰德里公司的业绩的比率,计算这些比率,并解释这些比率。假设 Darden 公司 2006 年、2005 年、2004 年的股价分别为 36 美元、33 美元和 21 美元。

S13-3 基于网络的团队研究:检查年度报表

作为一个团队,选择一个行业来分析。使用 Web 浏览器,在一个公开交易的行业中,每个小组成员选择一个不同的公司,获得其公司的年度报告(参照第 1 章 S1-3 中对资料来源的介绍)。

要求:

1. 以个人分析为基础,每个小组成员要提供一份简短的书面报告,包含横向分析和纵向分析,且其选择的财务比率要符合所选公司的性质。

2. 作为一个团队,编写一个简短的报告,用这些指标来对公司进行比较。讨论作为一个团队观察到的各种公司模式,为发现的差异提供潜在可能的解释。

S13-4 道德决策的制定:一个真实的案例

在审议《萨班斯法案》期间,美国参议院审议了许多评价独立审计工作质量的报告。Weiss 评级公司提供了一份研究报告,其重点关注的是审计师预测破产的能力。这个研究批评审计师没有为审计结束后破产的审计客户识别和列报持续经营问题。基于 45 家破产公司的抽样调查,Weiss 评级公司得出的结论是,如果审计人员注意了七个典型财务比率中的二个比率的异常水平,就可以识别出 89% 的样本公司随后会破产。在后续研究中发现,将 Weiss 公司使用的测评标准适用于更大范围的非破产公司样本后,可以预测 46.9% 的非破产公司将会破产。③ 换而言之,Weiss 评级公司的测评标准在跟踪调查中不正确地预测了几乎一半的公司都会破产,并且引导审计人员报告这些客户有持续经营问题,但实际上,它们是没有的。若审计人员未辨认并报告持续经营问题时,会有什么消极后果,对谁不利?

---

③ Michael D. Akers, Meredith A. Maher, and Don E. Giacomino, "Going-Concern Opinions: Braodening the Expectations Gap," CPA *Journal*, October 2003. Retrieved November 20, 2006 from www.nysscpa.org/cpajournal/2003/1003/features/f103803.htm.

若审计人员不正确报告了持续经营问题,而实际上这种问题不存在时,会有什么消极后果,对谁不利？在你看来,哪种可能的后果更为不利？

S13-5 道德决策的制定:一个小例子

Capital Investment 公司(CIC)希望从联邦银行获得巨额贷款来收购一大块土地以满足公司未来的发展。CIC 列报的流动资产是 190 万美元(包括 43 万的现金),流动负债是 107.5 万美元。联邦银行拒绝贷款请求的原因有很多,其中一个原因就是流动比率小于 2。CIC 得知贷款请求被拒绝,公司管理层立刻偿还了欠几个债权人的 42 万美元。然后,管理层请求联邦银行重新考虑贷款申请。基于以上简略的信息,你会建议联邦银行批准贷款申请吗？为什么？管理层的行为符合道德吗？

S13-6 判断思索:分析可选的折旧方法对比率分析的影响

Speedy 公司用双倍余额递减法计提不动产、厂房和设备的折旧,Turtle 公司用直线法计提折旧。两家公司除折旧计提方法不同,其他的会计政策都相同。

要求：

1. 在本章学习的财务比率中,确定受不同折旧计提方法影响的财务比率。
2. 以上确定的财务比率中,哪家公司的比率相对较高？如果不能确定,请说明理由。

S13-7 利用试算表计算财务比率

将图表 13.1、13.2、13.3 的财务信息添加到一份试算表的三张独立的工作表中。利用 S6-1 介绍指导,把不同工作表上的信息综合,建立第四张工作表,在表中利用图表 13.4 中的比率公式重新计算兰德里公司 2004 年和 2005 年的所有比率。(计算 EPS 时,需要综合利润表上的信息。)

附录一 现值和终值概念

C1 现值(PV)和终值(FV)的概念是建立在货币的时间价值基础上。**货币时间价值**是指货币经历一定时间的投资和再投资所增加的价值,也称为资金时间价值。如果你在今天以10%的利率投资1 000美元,一年后将有1 100美元。所以一年后的1 000美元比今天的1 000美元价值少了100美元,因为你损失了获得100美元的利息的机会。

> **你应该知道**
> **货币时间价值**是指货币经历一定时间的投资和再投资所增加的价值,也称为资金时间价值。

在一些企业实际中,你会了解到,我们需要在当前确定未来发生的现金流的价值。这种情况就是**现值**的问题。还有一种相反的情况是,你知道当前的现金流,要确定它

> **你应该知道**
> **现值**是未来收入在当前的价值。按照复利对未来价值折现算出。
> **终值**是一笔金额由于复利而在未来增加的价值。

在未来某个时点的价值。这种情况就是**终值**问题。由于货币能够获得利息,所以货币的价值会随着时间而变化。下面的表格说明了现值和终值问题的基本区别:

	现在	未来
现值	?	$1 000
终值	$1 000	?

现值和终值问题包括两种现金流:一次性支付和年金形式(即一系列等额现金支付的术语)。因此,你需要学习如何计算四种相关类型的货币时间价值:

1. 一次性支付的终值
2. 一次性支付的现值
3. 年金的终值
4. 年金的现值

C2 许多便宜的小计算器和所有的电子表格程序都能计算现值和终值问题。在后面的课程和所有的企业案例中,你可能需要一个计算器或一台电脑来解决这些问题。当前,我们建议使用附录结尾中的表C1到C4来计算。相信使用表格能帮助你更好地理解现值和终值概念是如何解决企业问题的。表格给出了不同期限(n)和不同利率下(i),

1 美元的现金流(一次性支付或者年金)的价值。如果是大于 1 美元的数额,只需要乘以表格中对应的数据即可。①

计算一次性支付的现值和终值

一次性支付的终值

对于一次性支付的终值的问题,首先你需要知道,当前投入一定资金,未来你会有多少金额。假设你收到 1 万美元的馈赠,你可能会决定把它存在银行账户并作为你毕业后房子的首付款。终值的计算将告诉你,在毕业时你会有多少钱。

要解决终值问题,你需要知道这三项:

1. 投入资金。
2. 资金的利息率(i)。
3. 资金的计息期数(n)。

终值概念建立在复利的基础之上,简单地说就是对利息部分支付利息。因此,每一期的利息计算要按照本金加上前一期未支付的利息来算。如下图,利息率为 10%,第三期末的 1 美元的终值计算如下:

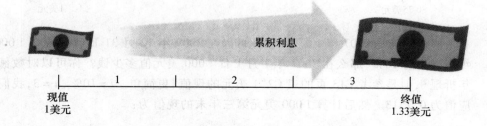

假设在 2007 年 1 月 1 日,你在银行存了 1 000 美元,利息率为 10%,每年计算复利。在第三年末,1 000 美元增加到 1 331 美元,如下:

年份	年初数额	+	本年利息	=	年末数额
1	$1 000	+	$1 000 × 10% = $100	=	$1 100
2	1 100	+	1 100 × 10% = 110	=	1 210
3	1 210	+	1 210 × 10% = 121	=	1 331

参考 C12 页的表 C1,1 美元的终值,可以省略繁琐的计算过程。$i = 10\%$,$n = 3$,我们找到对应值为 1.331 0。然后计算 1 000 美元第三年末的终值为:

---

① 现值和终值问题包括现金流。现金流入和现金流出的基本概念是相同的。对于现金流入和流出的现值和终值的计算,没有明显差别。

$$\$1\,000 \times 1.3310 = \$1\,331$$

注意,331 美元的增长是因为货币的时间价值。对储蓄者而言,这是利息收入,对银行而言,则是利息费用。

一次性支付的现值

一次性支付的现值就是未来获得的资金在当前的价值。例如,你可以投资一种金融债券,该债券在 3 年后支付你 1 000 美元。在你确定是否投资之前,你需要知道该债券的现值。

要计算未来资金的现值,我们需要按利息率 i、期间 n 进行贴现(复利的相反过程)。在贴现时,利息是减掉而非增加的,也是复利的。如下图,利息率为 10%,第三期末的 1 美元的现值计算如下:

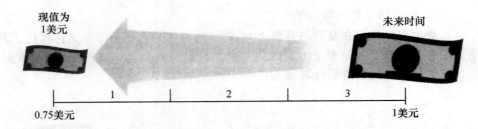

假设今天是 2007 年 1 月 1 日,你可以在 2009 年 12 月 31 日收到现金 1 000 美元。年利息率为 10%,那么在 2007 年 1 月 1 日 1 000 美元值多少钱?你可以对数额进行逐年折现②,但是参考 C13 页的表 C2"1 美元的现值"更简单。$i=10\%$,$n=3$,我们找到对应值为 0.751 3。然后计算 1 000 美元第三年末的现值为:

$$\$1\,000 \times 0.7513 = \$751.30$$

我们不仅要知道如何计算现值,还要了解它的含义。假设利息率为 10%,751.30 美元是你为了在第三年末得 1 000 美元而当前所需要支付的金额。从概念上来说,今天的 751.30 美元和 3 年后的 1 000 美元没有差别。如果你今天有 751.30 美元,而想在三年后有 1 000 美元,你只需把钱存在支付 10% 利息的银行里,在三年后增加至 1 000

---

② 具体计算过程如下:

期限	本年利息	现值*
1	$\$1\,000 - (\$1\,000 \times 1/1.10) = \$90.91$	$\$1\,000 - \$90.91 = \$909.09$
2	$\$909.09 - (\$909.09 \times 1/1.10) = \$82.65$	$\$909.09 - \$82.65 = \$826.44$
3	$\$826.44 - (\$826.44 \times 1/1.10) = \$75.14^\dagger$	$\$826.44 - \$75.14 = \$751.30$

* 可与表 C2 验证。
† 数值进行了四舍五入调整。

美元。或者，如果你有合同，承诺你在三年后获得1 000美元，你可以在今天把751.30美元卖给投资者，因为它允许投资者在利息中赚取差价。

如果你从2007年1月1日起三年内获得的利息率为6%，那在2009年12月31日会是多少呢？如果2009年12月31日收到1 000美元，2007年1月1日的现值又是多少呢？要回答这个问题，同样只需要参考表C2，利息率 i 为6%，期限 n 为3的现值系数为0.8396。因此，利息率为6%，1 000美元在第三年末的现值计算为：$1 000 × 0.8396 = $839.6。注意，利息率为6%的现值会比10%的现值要大。这种差异的原因是，如果利息率为6%，你现在需要存入比利息率为10%更多的钱，才能在第三年末得到1 000美元。

 会发生什么？

自 我 测 试

1. 如果现值问题中的利息率从8%增加到10%，现值会增加还是减少？
2. 如果每年复利为5%，第10年末的10 000美元的现值是多少？
3. 如果现在存入10 000美元，每年复利为5%，10年后值多少钱？

自测答案
1. 现值将会减少
2. 10 000 × 0.6139 = $6 139
3. $10 000 × 1.6289 = 16 289

计算年金的现值和终值

许多企业所涉及的都是几个期间的复合现金支付问题，而非一次性支付。**年金**是一系列连续的付款，有三个特点：

你应该知道
年金是付息期内一系列等额的现金收入或支出。

1. 每个计息期的付款额相等。
2. 计息期长度相等（年，半年，季度或月）。
3. 每个计息期的利息相等。

年金的例子有，车和房的每月还贷，储蓄账户的年供款，以及每月的养老金。

年金的终值

如果想要存钱购买新车或者去欧洲旅游，你可能需要每个月固定地存一些钱。年金的终值计算会告诉你在未来某个时点你的储蓄会值多少钱。

年金的终值包括从支付日起到年金期末中每笔付款的复利。每笔新的付款累计利息小于前一笔，因为累计利息的剩余年份在减少。为期3年、利息率为10%的1美元

年金的终值如下图所示:

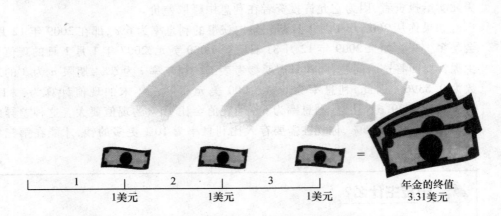

假设 3 年中每年存入现金 1 000 美元,年利息率为 10%。你在 2007 年 12 月 31 日存入第一笔,在 2008 年 12 月 31 日存入第二笔,在 2009 年 12 月 31 日存入第三笔也是最后一笔。第一笔 1 000 美元的利息可以累计两年(本金和利息之和为 1 210 美元),第二笔的利息可以累计一年(本金和利息之和为 1 100 美元)。第三笔因为是在结账日存入的,所以没有利息。因此,在第三年末的总额为 3 310 美元(1 210 + 1 100 + 1 000)。

计算这种年金的终值,我们可以计算每一笔存款的利息,如上所示。但是,参考表 C3 会快得多。$i=10\%$,$n=3$ 的 1 美元年金的终值为 3.3100。存款 1 000 美元的计算为:

$$\$1\,000 \times 3.3100 = \$3\,310$$

复利的影响

复利对经济影响非常大。事实上,在利息上获取利息的能力是积累财富的关键。如果在你工作的头 10 年内,每年存 1 000 美元,到退休时,你的钱会比在工作的最后十年每年存 15 000 美元还要多。这是因为你在先前存入的钱能获得更多的利息。如果你现在开始存钱,大部分的财富将不是本金而是那些钱所获得的利息。

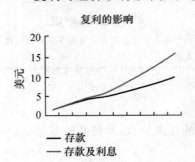

左边的图说明了 10 年期间内复利的影响。如果每年存 1 美元,利息率为 10%,在第 10 年末,只有 63% 的数额是你存的钱,剩余部分都是你所获得的利息。在 20 年后,只有 35% 是你存的钱。复利告诉你的就是,尽管存钱很难,你也应该从现在开始。

年金的现值

现金的现值就是未来一定期间的一系列等额收入(或付款)的现值。通过对每期相等数额折现得出。这种问题的一个典型例子就是给职工在退休后提供每月收入的退休计划。利息率为10%、3年期的1美元的年金现值为:

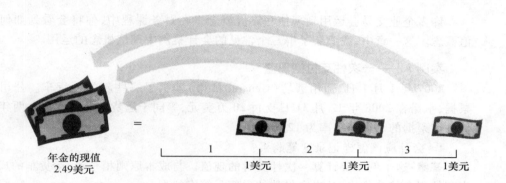

假设你在2007年、2008年和2009年的12月31日各收到1 000美元现金。如果年利息率为10%,这三笔1 000美元的总和在2007年1月1日的值是多少呢?有一个方法就是参考表C2,来计算每笔的现值:

系数表 C.2

年份	数额		$i = 10\%$		现值
1	$1 000	×	0.9091 ($n = 1$)	=	$ 909.10
2	$1 000	×	0.8264 ($n = 2$)	=	826.42
3	$1 000	×	0.7513 ($n = 2$)	=	751.30
			总现值	=	$2 486.80

或者,我们还可以参考表C.4来计算年金的现值,如下:

$$\$1\,000 \times 2.4869 = \$2\,487(约等于)$$

利息率和计息期

前面的内容假设复利和贴现都是以年为准。尽管利息率通常是以年为基础,也有很多复利的计息期间是小于1年的。当计息期小于1年时,n和i的值必须与计息期保持一致。

举个例子,5年期、年利息率为12%的复利要使用$n = 5$,$i = 12\%$对应的系数。如果

> **辅导员提示**
>
> Excel里的"帮助"功能描绘了如何用其工作表中的PV函数计算年金现值。

是每季度复利,计息期则为每年 4 期(5 年 20 期),且每季利息率为年利息率的 1/4(每季度 3%)。因此,5 年期的年利息率为 12% 的季度复利对应 $n=20, i=3\%$ 的数值。

现值的会计应用

许多企业交易会运用到现值和终值概念。在财务课程中,你将会看到如何运用终值概念。这一章中,我们会了解三个常见的会计案例中现值概念的运用。

案例 A——一次性支付的现值

2007 年 1 月 1 日,通用磨坊(General Mills)购买了一些新的运货车。公司签订了票据,承诺在 2008 年 12 月 31 日支付 20 万美元,等同于运货车的现价加上两年利息的值。该票据的市场利息率为 12%。

1. 会计应该怎样记录这笔购买?

答案:这个例子要计算一次性支付的现值。与成本原则相一致,运货车的成本就是当前的现金等价价格,是未来付款的现值。答案如下:

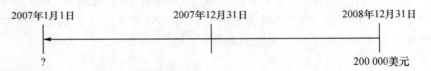

200 000 美元的现值计算如下:

$$\$200\,000 \times 0.7972 = \$159\,440$$

交易的影响和分录如下:

资产	=	负债	+	所有者权益
运货车 +159 440		应付票据 +159 440		

借:运货车(+A)	159 440	
贷:应付票据(+L)		159 440

2. 2007 年和 2008 年末的利息应该如何报告?

答案:利息的计算、报告和记录如下:

<u>2007 年 12 月 31 日</u>

$$利息 = 本金 \times 利息率 \times 期间$$
$$= \$159\,440 \times 12\% \times 12/12 = \$19\,132(约等于)$$

附录一 现值和终值概念

资产	=	负债	+	所有者权益
		应付票据 +19 132		利息费用(+E) −19 132

借：利息费用(+E,−SE)　　19 132
　贷：应付票据(+L)　　　　　　　19 132

辅导员提示
利息记录在应付票据账户中，因为它在票据到期时会作为票据的一部分支付。

2008 年 12 月 31 日

利息 = 本金 × 利息率 × 期间
　　 = ($159 440 + $19 132) × 12% × 12/12 = 21 428（约等于）

资产	=	负债	+	所有者权益
		应付票据 +21 428		利息费用(+E) −21 428

借：利息费用(+E,−SE)　　　　　　　　　　　　　　21 428
　贷：应付票据(+L)　　　　　　　　　　　　　　　　　　21 428

3. 2008 年 12 月 31 日的 200 000 美元的债务偿还有什么影响？

答案：如 T 形账户所示，在这一天要支付的数额为考虑了 2008 年利息后的应付票据余额。注意，在支付之前，2008 年 12 月 31 日票据的余额与到期日的债务相同。

债务偿还的影响以及分录如下：

应付票据(L)	
	159 440　2007 年 1 月 1 日
	19 132　2007 年利息
	21 428　2008 年利息
200 000	2008 年 12 月 31 日

资产	=	负债	+	所有者权益
现金 −200 000		应付票据 −200 000		

借：应付票据(−L)　　　　　　　　　　　　　　　　200 000
　贷：现金(−A)　　　　　　　　　　　　　　　　　　　　200 000

案例 B——年金的现值

在 2007 年 1 月 1 日，通用磨坊购买了新的研磨机器。公司决定以 3 年期的票据购买该设备，每年付款 163 686 美元。每一期付款包括本金加上未付部分的利息，年利息率为 11%。付款日为 2007 年、2008 年、2009 年的 12 月 31 日。下面通过下图来说明这个问题：

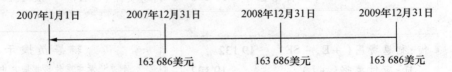

1. 票据的数额是多少？

   答案：票据是 $i=11\%$，$n=3$ 时每笔付款的现值。这是一个年金问题，因为应付票据分成了三个等额付款。票据的数额计算如下：

   $$\$163\,686 \times 2.4437 = \$400\,000$$

   在 2007 年 1 月 1 日购买的记录为：

资产	=	负债	+	所有者权益
研磨机器　+400 000		应付票据　+400 000		

借：研磨机器（+A）	400 000	
贷：应付票据（+L）		400 000

2. 每年年末的付款应该如何记账？

   答案：

   2007 年 12 月 31 日

   每笔付款包括本金和利息。第一笔付款的利息等于：

   $$\text{利息} = \text{本金} \times \text{利息率} \times \text{期间}$$
   $$= \$400\,000 \times 11\% \times 12/12 = \$44\,000$$

   既然知道了利息，第一笔付款 163 686 美元的本金部分就可以算出来了（$\$163\,686 - \$44\,000 = \$119\,686$）。因此，在 2007 年 12 月 31 日的第一笔付款记为：

资产	=	负债	+	所有者权益
现金　-163 686		应付票据　-119 686		利息费用（+E）　-44 000

借:利息费用(+E,-SE)	44 000	
应付票据(-L)($163 686 - $44 000)	119 686	
贷:现金(-A)		163 686

2008 年 12 月 31 日

虽然本金在第一笔付款之后,应付票据账户发生了变化,但是第二笔和第三笔付款的利息部分的计算方法相同。

利息 = 本金 × 利息率 × 期间
　　 = [($400 000 - $119 686) × 11% × 12/12] = $30 835
本金 = 付款 - 利息
　　 = $163 686 - $30 835 = $132 851

资产	=	负债	+	所有者权益
现金　-163 686		应付票据　-132 851		利息费用(+E)　-30 835

借:利息费用(+E,-SE)	30 835	
应付票据(-L)	132 851	
贷:现金(-A)		163 686

2009 年 12 月 31 日

利息 = 本金 × 利息率 × 期间
　　 = [($400 000 - $119 686 - $132 851) × 11% × 12/12]
　　 = $16 223
本金 = 付款 - 利息
　　 = $163 686 - $16 223 = $147 463

资产	=	负债	+	所有者权益
现金　-163 686		应付票据　-147 463		利息费用(+E)　-16 223

借:利息费用(+E,-SE)	16 223	
应付票据(-L)	147 463	
贷:现金(-A)		163 686

应付票据(L)

	400 000	2007 年 1 月 1 日
2007.12.31　119 686		
2008.12.31　132 851		
2009.12.31　147 463		
0　2009 年 12 月 31 日		

案例 C——一次性付款和年金的现值

在 2007 年 1 月 1 日,通用磨坊发行了 100 份 4 年期的 1 000 美元的债券。债券支付的年利率为票面价值的 6%。如果投资者要求的回报率为(a) 4%,(b) 6%,(c) 8%,他们会愿意支付多少钱来购买该债券?

答案:该案例要求计算一次性付款(到期日支付 10 万美元面值)的现值加上年金(年利息为 6 000 美元)的现值。下面通过图来说明这个问题:

> **辅导员提示**
> 每年利息支付计算如下:
> 100 000 × 6% × 12/12

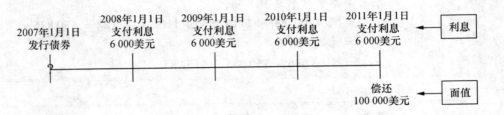

(a) 市场利息率为 4%。

面值 100 000 美元的现值计算如下:

$$\$100\,000 \times 0.8548 = \$85\,480$$

年金 6 000 美元的计算如下:

$$\$6\,000 \times 3.6299 = \$21\,780^*$$

* 根据现值系数四舍五入。

债券总支付的现值,用 4% 的折现率计算,应为 $107 260(= $85 480 + $21 780)。

(b) 市场利息率为 6%。

面值 100 000 美元的现值计算如下:

$$\$100\,000 \times 0.7921 = \$79\,210$$

6 000 美元的年金现值计算如下:

$$\$6\,000 \times 3.4651 = \$20\,790^*$$

* 根据现值系数四舍五入。

债券总支付的现值,用 6% 的折现率计算,应为 $100 000(= $79 210 + 20 790)。

(c) 市场利息率为8%

面值为100 000美元的现值计算如下：

$$\$100\,000 \times 0.7350 = \$73\,500$$

年金6 000美元的计算如下：

$$\$6\,000 \times 3.3121 = \$19\,876^*$$

* 根据现值系数四舍五入。

贴现率为8%的债券付款总额的现值为93 376美元。

辅导员提示

案例a、b、c中的现值显示了第10章中债券发行价格的计算。

下表对计算进行了总结：

	市场利息率		
	4%	6%	8%
4年后面值为100 000美元的现值	$85 480	$79 210	73 500
每年利息为6 000美元的现值	21 780	20 790	19 876
支付额	$107 260	$100 000	$93 376

当然，计算只是理解如何确定和记录债券的第一步。在第10章中，你会详细了解到债券的相关信息。

表 C.1 1美元的终值

期间	2%	3%	3.75%	4%	4.25%	5%	6%	7%	8%
0	1.	1.	1.	1.	1.	1.	1.	1.	1.
1	1.02	1.03	1.0375	1.04	1.0425	1.05	1.06	1.07	1.08
2	1.0404	1.0609	1.0764	1.0816	1.0868	1.1025	1.1236	1.1449	1.1664
3	1.0612	1.0927	1.1168	1.1249	1.1330	1.1576	1.1910	1.2250	1.2597
4	1.0824	1.1255	1.1587	1.1699	1.1811	1.2155	1.2625	1.3108	1.3605
5	1.1041	1.1593	1.2021	1.2167	1.2313	1.2763	1.3382	1.4026	1.4693
6	1.1262	1.1941	1.2472	1.2653	1.2837	1.3401	1.4185	1.5007	1.5869
7	1.1487	1.2299	1.2939	1.3159	1.3382	1.4071	1.5036	1.6058	1.7138
8	1.1717	1.2668	1.3425	1.3686	1.3951	1.4775	1.5938	1.7182	1.8509
9	1.1951	1.3048	1.3928	1.4233	1.4544	1.5513	1.6895	1.8385	1.9990
10	1.2190	1.3439	1.4450	1.4802	1.5162	1.6289	1.7908	1.9672	2.1589
20	1.4859	1.8061	2.0882	2.1911	2.2989	2.6533	3.2071	3.8697	4.6610

（续表）

期间	9%	10%	11%	12%	13%	14%	15%	20%	25%
0	1.	1.	1.	1.	1.	1.	1.	1.	1.
1	1.09	1.10	1.11	1.12	1.13	1.14	1.15	1.20	1.25
2	1.1881	1.2100	1.2321	1.2544	1.2769	1.2996	1.3225	1.4400	1.5625
3	1.2950	1.3310	1.3676	1.4049	1.4429	1.4815	1.5209	1.7280	1.9531
4	1.4116	1.4641	1.5181	1.5735	1.6305	1.6890	1.7490	2.0736	2.4414
5	1.5386	1.6105	1.6851	1.7623	1.8424	1.9254	2.0114	2.4883	3.0518
6	1.6771	1.7716	1.8704	1.9738	2.0820	2.1950	2.3131	2.9860	3.8147
7	1.8280	1.9487	2.0762	2.2107	2.3526	2.5023	2.6600	3.5832	4.7684
8	1.9926	2.1436	2.3045	2.4760	2.6584	2.8526	3.0590	4.2998	5.9605
9	2.1719	2.3579	2.5580	2.7731	3.0040	3.2519	3.5179	5.1598	7.4506
10	2.3674	2.5937	2.8394	3.1058	3.3946	3.7072	4.0456	6.1917	9.3132
20	5.6044	6.7275	8.0623	9.6463	11.5231	13.7435	16.3665	38.3376	86.7362

C13

表 C.2　1 美元的现值

期间	2%	3%	3.75%	4%	4.25%	5%	6%	7%	8%
1	0.9804	0.9709	0.6939	0.9615	0.9592	0.9524	0.9434	0.9346	0.9259
2	0.9612	0.9426	0.9290	0.9246	0.9210	0.9070	0.8900	0.8734	0.8573
3	0.9423	0.9151	0.8954	0.8890	0.8826	0.8638	0.8396	0.8163	0.7938
4	0.9238	0.8885	0.8631	0.8548	0.8466	0.8227	0.7921	0.7629	0.7350
5	0.9057	0.8626	0.8319	0.8219	0.8121	0.7835	0.7473	0.7130	0.6806
6	0.8880	0.8375	0.8018	0.7903	0.7790	0.7462	0.7050	0.6663	0.6302
7	0.8706	0.8131	0.7728	0.7599	0.7473	0.7107	0.6651	0.6227	0.5835
8	0.8535	0.7894	0.7449	0.7307	0.7168	0.6768	0.6274	0.5820	0.5403
9	0.8368	0.7664	0.7180	0.7026	0.6876	0.6446	0.5919	0.5439	0.5002
10	0.8203	0.7441	0.6920	0.6756	0.6595	0.6139	0.5584	0.5083	0.4632
20	0.6730	0.5537	0.4789	0.4564	0.4350	0.3769	0.3118	0.2584	0.2145

期间	9%	10%	11%	12%	13%	14%	15%	20%	25%
1	0.9174	0.9091	0.9009	0.8929	0.8850	0.8772	0.8696	0.8333	0.8000
2	0.8417	0.8264	0.8116	0.7972	0.7831	0.7695	0.7561	0.6944	0.6400
3	0.7722	0.7513	0.7312	0.7118	0.6931	0.6750	0.6575	0.5787	0.5120
4	0.7084	0.6830	0.6587	0.6355	0.6133	0.5921	0.5718	0.4832	0.4096
5	0.6499	0.6209	0.5935	0.5674	0.5428	0.5194	0.4972	0.4019	0.3277
6	0.5963	0.5645	0.5346	0.5066	0.4803	0.4556	0.4323	0.3349	0.2621
7	0.5470	0.5132	0.4817	0.4523	0.4251	0.3996	0.3759	0.2791	0.2097
8	0.5019	0.4665	0.4339	0.4039	0.3762	0.3506	0.3269	0.2326	0.1678
9	0.4604	0.4241	0.3909	0.3606	0.3329	0.3075	0.2843	0.1938	0.1342
10	0.4224	0.3855	0.3522	0.3220	0.2946	0.2697	0.2472	0.1615	0.1074
20	0.1784	0.1486	0.1240	0.1037	0.0868	0.0728	0.0611	0.0261	0.0115

表 C.3　年金 1 美元的终值

期间*	2%	3%	3.75%	4%	4.25%	5%	6%	7%	8%
1	1.	1.	1.	1.	1.	1.	1.	1.	1.
2	2.02	2.03	2.0375	2.04	2.0425	2.05	2.06	2.07	2.08
3	3.0604	3.0909	3.1139	3.1216	3.1293	3.1525	3.1836	3.2149	3.2464
4	4.1216	4.1836	4.2307	4.2465	4.2623	4.3101	4.3746	4.4399	4.5061
5	5.0240	5.3091	5.3893	5.4163	5.4434	5.5256	5.6371	5.7507	5.8666
6	6.3081	6.4684	6.5914	6.6330	6.6748	6.8019	6.9753	7.1533	7.3359
7	7.4343	7.6625	7.8386	7.8983	7.9585	8.1420	8.3938	8.6540	8.9228
8	8.5830	8.8923	9.1326	9.2142	9.2967	9.5491	9.8975	10.2598	10.6366
9	9.7546	10.1591	10.4750	10.5828	10.6918	11.0266	11.4913	11.9780	12.4876
10	10.9497	11.4639	11.8678	12.0061	12.1462	12.5779	13.1808	13.8164	14.4866
20	24.2974	26.8704	29.0174	29.7781	30.5625	33.0660	36.7856	40.9955	45.7620

期间*	9%	10%	11%	12%	13%	14%	15%	20%	25%
1	1.	1.	1.	1.	1.	1.	1.	1.	1.
2	2.09	2.10	2.11	2.12	2.13	2.14	2.15	2.20	2.25
3	3.2781	3.3100	3.3421	3.3744	3.4069	3.4396	3.4725	3.6400	3.8125
4	4.5731	4.6410	4.7097	4.7793	4.8498	4.9211	4.9934	5.3680	5.7656
5	5.9847	6.1051	6.2278	6.3528	6.4803	6.6101	6.7424	7.4416	8.2070
6	7.5233	7.7156	7.9129	8.1152	8.3227	8.5355	8.7537	9.9299	11.2588
7	9.2004	9.4872	9.7833	10.0890	10.4047	10.7305	11.0668	12.9159	15.0735
8	11.0285	11.4359	11.8594	12.2997	12.7573	13.2328	13.7268	16.4991	19.8419
9	13.0210	13.5975	14.1640	14.7757	15.4157	16.0853	16.7858	20.7989	25.8023
10	15.1929	15.9374	16.7220	17.5487	18.4197	19.3373	20.3037	25.9587	33.2529
20	51.1601	57.2750	64.2028	72.0524	80.9468	91.0249	102.4436	186.6880	342.9447

*每期都有一笔付款。

表 C.4　年金 1 美元的现值

期间*	2%	3%	3.75%	4%	4.25%	5%	6%	7%	8%
1	0.9804	0.9709	0.9639	0.9615	0.9592	0.9524	0.9434	0.9346	0.9259
2	1.9416	1.9135	1.8929	1.8861	1.8794	1.8594	1.8334	1.8080	1.7833
3	2.8839	2.8286	2.7783	2.7751	2.7620	2.7232	2.6730	2.6243	2.5771
4	3.8077	3.7171	3.6514	3.6299	3.6086	3.5460	3.4651	3.3872	3.3121
5	4.7135	4.5797	4.4833	4.4518	4.4207	4.3295	4.2124	4.1002	3.9927
6	5.6014	5.4172	5.2851	5.2421	5.1997	5.0757	4.9173	4.7665	4.6229
7	6.4720	6.2303	6.0579	6.0021	5.9470	5.7864	5.5824	5.3893	5.2064
8	7.3255	7.0197	6.8028	6.7327	6.6638	6.4632	6.2098	5.9713	5.7466
9	8.1622	7.7861	7.5208	7.4353	7.3513	7.1078	6.8017	6.5251	6.2469
10	8.9826	8.5302	8.2128	8.1109	8.0109	7.7217	7.3601	7.0236	6.7101
20	16.3514	14.8775	13.8962	13.5903	13.2944	12.4622	11.4699	10.5940	9.8181

(续表)

期间*	9%	10%	11%	12%	13%	14%	15%	20%	25%
1	0.9174	0.9091	0.9009	0.8929	0.8850	0.8772	0.8696	0.8333	0.8000
2	1.7591	1.7355	1.7125	1.6901	1.6681	1.6467	1.6257	1.5278	1.4400
3	2.5313	2.4869	2.4437	2.4018	2.3612	2.3216	2.2832	2.1065	1.9520
4	3.2397	3.1699	3.1024	3.0373	2.9745	2.9137	2.8550	2.5887	2.3616
5	3.8897	3.7908	3.6959	3.6048	3.5172	3.4331	3.3522	2.9906	2.6893
6	4.4859	4.3553	4.2305	4.1114	3.9975	3.8887	3.7845	3.3255	2.9514
7	5.0330	4.8684	4.7122	4.5638	4.4226	4.2883	4.1604	3.6046	3.1611
8	5.5348	5.3349	5.1461	4.9676	4.7988	4.6389	4.4873	3.8372	3.3289
9	5.9952	5.7590	5.5370	5.3282	5.1317	4.9464	4.7716	4.0310	3.4631
10	6.4177	6.1446	5.8892	5.6502	5.4262	5.2161	5.0188	4.1925	3.5705
20	9.1285	8.5136	7.9633	7.4694	7.0248	6.6231	6.2593	4.8696	3.9539

* 每期都有一笔付款。

关键术语 C16

年金　C4　　　　　　　　　　　　现值　C1
终值　C1　　　　　　　　　　　　货币的时间价值　C1

练习题

问答题

1. 解释货币时间价值的概念。
2. 解释现值和终值的基本差异。
3. 如果把钱存在银行账户，利息率为10%，在第十年末你会有多少钱？用简单的格式来说明你的计算过程。
4. 假如你持有一个有效契约，在10年后支付你8 000美元现金，且利息率为10%，那么它的现值是多少？用简单的格式来说明你的计算过程。
5. 什么是年金？
6. 参考表C.1—C.4，计算下列表格：

	表格值		
	$i=5\%, n=4$	$i=10\%, n=7$	$i=14\%, n=10$
1美元的终值			
1美元的现值			
1美元的年金终值			
1美元的年金现值			

7. 如果你在每一期期末存 1 000 美元,利息率为 8%,存 10 个计息期,在第 10 期末你会有多少钱?用简单的格式来说明你的计算过程。

多项选择题

1. 你要存钱购买一辆保时捷敞篷汽车,市价为 50 万美元。你打算在未来 10 年中每年年末存 15 000 美元。每年利息率为 5%。在 10 年后你会有多少钱(精确到十位)?
   a. $150 000
   b. $188 670
   c. $495 990
   d. 全都不对

2. 下面哪个是年金的特点?
   a. 每个计息期的数额相等
   b. 每个计息期长度相等
   c. 每个计息期的利息率相等
   d. 以上都是年金的特点

3. 下面哪个是年金?
   a. 信用卡账单每月的还款
   b. 支票账户每个月获得的利息
   c. 住房按揭的月付款
   d. 公共事业费账单的月付款

4. 假设你购买了一个艺术娱乐系统,两年后付款 6 000 美元。现行贷款的利息率为 5%,假如今天要付款,在计算该系统的等额成本时你应该参考附录里的哪个表?
   a. 表 C.1(1 美元的终值)
   b. 表 C.2(1 美元的现值)
   c. 表 C.3(年金 1 美元的终值)
   d. 表 C.4(年金 1 美元的现值)

5. 根据第 4 题的条件,如果今天付款,该系统的成本是多少?
   a. 5 442 美元
   b. 6 615 美元
   c. 1.11 万美元
   d. 1.23 万美元

6. 假设你贷款购买一辆车,在以后 3 年内每年要偿还 3 000 美元。贷款协议上的年利息率是 6%。假如今天全部付清,在计算车子的等额成本时,应该参考附录中的哪个表?
   a. 表 C.1(1 美元的终值)
   b. 表 C.2(1 美元的现值)
   c. 表 C.3(年金 1 美元的终值)
   d. 表 C.4(年金 1 美元的现值)

7. 根据第6题的条件,如果今天全额付款,车子的成本是多少(精确到百位)?
   a. 2 600 美元
   b. 3 600 美元
   c. 8 000 美元
   d. 9 600 美元
8. 下列哪个描述是正确的?
   a. 当利息率增加时,单笔付款的现值会增加
   b. 当计息期增加,单笔付款的现值会增加
   c. 当利息率增加,年金的现值会增加
   d. 以上都不正确
9. 下面哪个描述是计算债券的发行价格的方法?

	面值	支付的利息
a.	单笔付款的现值	年金的终值
b.	单笔付款的终值	年金的现值
c.	单笔付款的现值	年金的现值
d.	单笔付款的终值	年金的终值

10. 如果利息是季度复利而不是年复利,使用现值表时,如何调整年份和年利息率?

	年份	年利息率
a.	除以4	除以4
b.	除以4	乘以4
c.	乘以4	除以4
d.	乘以4	乘以4

选择题答案:
1. b 2. d 3. c 4. b 5. a 6. d 7. c 8. a 9. c 10. c

小练习

MC-1 计算单笔付款的现值

利息率为8%,10年后支付的50万美元的现值是多少?

MC-2 计算年金的现值

利息率为10%,10期每期支付1.5万美元的年金现值是多少?

MC-3 计算复杂合同的现值

由于经营不善,商店为职工提供一揽子服务,现金10万美元,一年后支付10万美元,以及未来20年每年支付3万美元。假设利息率为8%,这一揽子服务的现值是多少?

MC-4 计算现金的终值

你打算在20年后退休。算算哪个计划对你更好:退休前10年每年存2.5万美元,还是

20年每年存1.5万美元。假设利息率为10%。

练习

EC-1 计算储蓄账户的增值：一次性付款

在2007年1月1日，你存了6 000美元。年复利率为10%，在每年末结算到账户上。

要求（精确到个位数）：

1. 在第10年年末的储蓄账户余额是多少？
2. 10年的利息是多少？
3. 在2007年，2008年本金获得的利息是多少？

EC-2 计算需要的存款额，并记录一次性储蓄账户

在2007年1月1日，阿兰金决定从他的支票账户中转移一部分到储蓄账户，在以后四年中可以提供他儿子的大学学费8万美元。储蓄账户的利息率为8%，利息每年年末增加到资金总额？

要求（写出详细的计算过程并精确到个位数）：

1. 在2007年1月1日阿兰必须存入多少钱？
2. 给2007年1月1日的转账做分录。
3. 四年的利息是多少？
4. 在下面两个日期，阿兰应该如何做会计分录？（a）2007年12月31日；（b）2008年12月31日。

EC-3 记录定期等额付款的储蓄账户的增长

在每个12月31日，你计划从支票账户转移2 000美元到储蓄账户。储蓄账户的年利息率为9%，在每年年末增加到储蓄账户余额中。第一笔存款发生在2007年12月31日（在期末）。

要求（写出详细的计算过程并精确到个位数）：

1. 给2007年12月31日的业务做会计分录。
2. 在第10年年末的储蓄账户余额是多少（假如存了10年）？
3. 10笔存款一共获得的利息是多少？
4. 2008年、2009年本金获得的利息各是多少？
5. 给2008年、2009年年末的业务做会计分录。

EC-4 记录定期存款储蓄账户的增长

在2007年1月1日，你计划4年毕业后进行环球旅行。你的祖母希望为这个旅行现在就开始存足够的钱。根据预算，你预计这个旅行现在需花费15 000美元。你的祖母非常大方和气，她决定从2007年12月31日起，以后4年每年末存3 500美元。存款的年利息率为6%，利息每年年末加入储蓄账户总额。

要求（写出详细的计算过程并精确到个位数）：

1. 在4年后你会有多少钱？
2. 4年的总利息为多少？
3. 2007年、2008年、2009年、2010年的利息收入各是多少？

EC-5 计算资产的现值

你可以购买一个油井,这个油井在5年中的收入预计为每年2.5万美元。在第五年没有残值。假设现金流发生在每年年末,并且由于预计的不确定性,投资的回报率为每年15%。那么你现在应该为该投资付出多少?

辅导题

CPC-1 运用现值概念比较方案

听到门铃响了之后,你开门惊喜地看到来自著名的杂志出版社的颁奖人。他给你带来了个好消息,你获得了2 000万美元的奖励。你有三个选择:(1)你可以在未来20年每年获得100万美元;(2)你可以今天获得800万美元;(3)你可以今天获得200万美元,并在未来20年每年获得70万美元。你的财务顾问告诉你投资回报率为10%。你会选择哪个方案?什么因素影响了你的决策?

提示:要求算出不同付款方案的现值。这些均为现值问题。

A 组问题

PAC-1 运用现值概念比较方案

你打算在成功完成大银行的高级副总裁的长期工作生涯之后退休。咨询了人力资源办公室后,你发现你有几个退休的选择方案:(1)你能马上获得现金100万美元,(2)在剩余生命(预计为20年)中每年获得6万美元,或者(3)以后10年中每年获得5万美元,10年后每年获得7万美元(该方案能为你应对通货膨胀提供保障)。你投资的回报率为8%。那么你会选择哪个方案呢?为什么?

B 组问题

PBC-1 运用现值概念比较方案

在发生了一场严重的工伤之后,你的朋友起诉工厂要求对损失进行赔偿。工厂针对该诉讼事件提供了三个选择方案:(1)马上获得现金赔偿10万美元,(2)以后每年获得6 000美元的赔偿(你朋友的生命预期还剩20年),(3)前10年每年获得5 000美元,以后每年获得7 000美元(该方案能为你朋友伤情的加重进行补偿)。利息率为8%,你的朋友咨询你的意见,你会建议他选择哪个方案呢?为什么?

附录二　理解并记录对其他公司的投资活动

你可能已经想过如何与朋友们庆祝这一学期的结束。你们可能会外出就餐、去夜总会欢庆或者仅仅在某人家中静静地观看电视。尽管你无法一直控制朋友们的决定，但是你可以在做出决定前把自己的想法告诉他们。

摩托罗拉的管理人员对此也有相同的感觉——不是指庆祝学期结束，而是指其他摩托罗拉提供服务或购买产品的公司做出的商业决定。为了确保这些决定对摩托罗拉所产生何种影响，摩托罗拉会购买这些公司的一部分股票。正如第11章描述的，通过成为一个普通股股东，摩托罗拉可以投票参与这些公司重大决策。如果摩托罗拉从其他公司购买了足够的普通股，那么可能对它们的决策产生重大影响甚至可能拥有控制权。在本附录中，你们将学习摩托罗拉是怎样对其他公司进行投资的。

了解企业

为什么公司对其他公司进行投资

企业可以通过购买另一家企业发行的股票或债券进行投资。此附录仅仅介绍股票投资。原则上，债券投资与下面描述的一些股票投资的核算方式相似，但是它们有一些技术上的差异，将在中级会计课程中讲授。

对其他企业进行股权投资有以下四个原因：

1. 控制。如果一个企业希望将业务扩展到其他行业或市场，那么最迅速的方法就是控制另一家公司（购买其50%或更多的股票是一个典型的例子）。

2. 对被投资单位施加重大影响。企业仅仅满足于对被投资企业的决策可以产生重大的影响，而不是控制它的决策。通常，只需要购买20%—50%的普通股，企业就可以对被投资单位施加重大影响。

3. 用于可供出售金融资产的被动投资。企业也许从经营活动中获得一些额外的收入，比如购买另一家企业的股票从而获得股利收入。企业并不积极参与另一家企业的决策，而是一种被动的投资，只是投入一些资金，然后就等待投资所获的报酬。由于这些投资在企业出现资金短缺时可以出售，因此我们称这些投资为**可供出售金融资产**。

4. 从购买和售出中赚取差价。一个企业可能真的进行证券交易。这意味着企业试图以低价购进有价证券再在不久的将来以一个更高的价格将其抛售，从而获得利润。以此为目的的投资行为被称为**交易性金融资产**。

> **你应该知道**
>
> **可供出售金融资产**应由富余资金购买，而且当企业的经营活动或融资活动需要这笔资金的时候，应该赎回。
>
> **交易性金融资产**是希望在不久的将来将它们售出，从而获得利润。

对这四个原因的理解不仅仅是为了成为一个睿智的商人，还因为它们与公司如何核算对其他公司的投资有关。正如图表 D.1 所示，核算这些投资行为的方法依赖于企业对其他公司的决策参与程度和进行投资的原因。决定企业对其他公司的决策参与程度需要考虑持股比例。图表 D.1 的第一栏反映了持股的百分比。比如，一个投资者拥有另一家企业的 50% 或更多的股票，那么我们就认为这个投资者拥有该企业的控制权。我们还需要考虑其他因素，比如对制定投资和筹资政策的参与度。附录接下来的部分将讨论图表 D.1 第三栏中列出的会计方法。

> **辅导员提示**
>
> 对你来说，图表 D.1 的第四栏是最重要的，它是不同会计方法的浓缩。如果没有阅读以下部分，就不要浪费时间在这一栏上。

图表 D.1　对其他公司股权投资的核算

决策参与度（持股率）	投资原因	会计方法	如何运行
控制（超过 50%）	接管公司 →	合并法	合并母公司和子公司的财务报表
重大影响（20%—50%）	影响公司 →	权益法	投资成本 + 净利润比例 – 股利比例
被动（少于 20%）	使用富余资金获得更大的回报 →	可供出售金融资产的市场价值法	记录投资成本，但是须在期末调整为市场价值；股利和已实现的损益作为投资收入反映在利润表中；未实现损益反映在所有者权益变动表中
被动（少于 20%）	交易性金融资产 →	交易性金融资产的市场价值法	记录投资成本，但是须在期末调整为市场价值；股利和所有损益（不管是否实现）作为投资收入反映在利润表中

学习会计方法

对拥有控制权的投资进行的合并法

当一个公司控制了其他企业的决策权，那么这个公司被称为**母公司**。**子公司**是指母公司所控制的公司。尽管没有深入讨论这个概念，但是在前面的章节你们已经学习了控制一些子公司的母公司。比如：瑞吉斯公司是快速剪发和卡尔顿国际发型设计的母公司。通用磨坊是派尔斯博瑞和哈根达斯的母公司。为什么直到现在你才知道母公司是如何对子公司进行投资？为什么它们不把资产报告为投资？答案就是母公司使用合并法来核算它们的投资行为。

> **你应该知道**
> **母公司**是控制其他公司的实体。
> **子公司**是被母公司控制的实体。

按照合并法，通过将母公司和子公司的账户合并，母公司编制出一系列**合并财务报表**。母公司不需要在资产负债表中独立报告投资账户，因为母公司的合并财务报表包含了所有子公司的账户。基本上，合并法可以被认为是将两个或更多公司单独的财务报表相加，使它看起来就像一个公司的财务报表。举个例子，图表 D.2 中摩托罗拉资产负债表中资产部分所记录的现金为 37.7 亿美元，这包括了摩托罗拉银行账户的现金和子公司账户的现金。存货、应付账款、收入等科目也是如此。

> **你应该知道**
> **合并财务报表**是将母公司和子公司的财务报表合并成一份财务报表。

摩托罗拉公司是几个子公司的母公司，包括三角洲网络和通用仪器公司。尽管这些子公司以独立法人实体存在，它们财务的成功和失败最终归于摩托罗拉，因此摩托罗拉将它们作为自己的财务结果来报告。为了告诉你财务报表包括子公司和母公司，第一份财务报表附注自豪地宣告财务报表是以合并原则编制的。同样，每个财务报表都是以合并为开头，正如图表 D.2 所示的摩托罗拉资产负债表。

你可能注意到在图表 D.2 中，2005 年 12 月 31 日摩托罗拉报告的投资总数超过了 16 亿美元。这个特殊的账户不代表摩托罗拉对子公司的投资，因为每个子公司的账户已经相加在合并报表中。但是，图表 D.2 的投资账户与摩托罗拉对其他公司产生重大影响或被动收益的投资有关，正如接下来的部分将要讨论的。

图表 D.2 引自摩托罗拉的合并资产负债表

摩托罗拉及其子公司
合并资产负债表(部分)
(百万)

	12月31日	
	2005	2004
资产		
流动资产		
现金	$3 774	$2 846
应收账款	5 779	4 525
存货	2 552	2 546
其他流动资产	15 764	11 198
总流动资产	27 869	21 115
固定资产、土地和设备	2 271	2 332
投资	1 654	3 241
其他资产	3 885	4 235
总资产	$35 679	$30 923

D4　对其他公司决策产生重大影响的投资进行的权益法

当投资者对被投资者可以施加重大影响,即占被投资者在外流通有表决权的股票的 20%—50%,我们就可以使用权益法。因为投资者并不是真正控制被投资者的资产或经营决策,所以被投资者的账户不需要与投资者的每个账户都合并。取而代之的是,投资者将其投资记入一个单独的投资账户,比如核算一个建筑物,不需要把楼梯、门、电梯和天花板等当做一个单独的账户,因为它们都被包含在一个账户中。使用权益法时,我们最初是按成本记录投资,以后每年记录被投资单位所占股票比例的净利润和分配的股利。以下这些项目影响投资科目:

●**被投资者的净利润**。当被投资者报告当年的净利润时,投资者可以根据对被投资者净利润所占股份的比例来增加投资账户的金额。被投资者的收入代表了投资者未来的一定收益,因为他们意味着投资者可以预期更多的股利或者增加未来的投资价值。分录的贷方部分被记为投资收入,该账户就像利息费用和其他损益一样反映在利润表中其他非营业账户里。(如果被投资者报告当年的净损失,那么投资者在贷方记为投资损失,因为净损失的份额减少了投资账户的金额。)

●**来自被投资者的股利**。如果被投资单位在当年支付股利,那么当投资单位收到其股利时,投资单位可以增加现金账户并减少投资账户。

> **辅导员提示**
> 当从被投资单位处收到股利时,投资单位减少投资账户的余额。因为被投资单位由于支付股利降低了公司的资产。

投资（A）	
期初余额	
投资成本（贷记现金）	
被投资单位净收入比例（贷记投资收入）	当期被投资单位宣告的股利比例（借记现金）
期末余额	

购买股票 为了讲述权益法，我们假设摩托罗拉公司在 2006 年年末未拥有重大影响的投资。在 2007 年 1 月 1 日，摩托罗拉花费 300 000 美元的现金从个人通信公司（PCC）购买了 40 000 股普通股。PCC 拥有 100 000 股在外流通普通股，因此，摩托罗拉购买了 40% 的股份，这就意味着摩托罗拉可以对 PCC 的决策施加重要影响。所以，摩托罗拉必须使用权益法来计算这笔投资。最初购买的这笔投资的核算如下所示：

1. 分析

资产	=	负债	+	所有者权益
投资　+300 000				
现金　-300 000				

2. 记录

借：投资（+A）　　　　　　　　　　　　　　　300 000
　　贷：现金（-A）　　　　　　　　　　　　　　　　　300 000

赚得净利润的份额 由于摩托罗拉足以影响 PCC 的净利润，因此摩托罗拉的投资收入需要参照 PCC 的收益情况。在 2007 年，PCC 报告的净利润为 250 000 美元。按照以下方法，我们可以知道摩托罗拉在 PCC 收入的份额为 100 000 美元（40%×250 000）。

1. 分析

资产	=	负债	+	所有者权益
投资　+100 000				投资收入（+R）　+100 000

2. 记录

借：投资（+A）　　　　　　　　　　　　　　　100 000
　　贷：投资收入（+R，+SE）　　　　　　　　　　　100 000

如果 PCC 在当期报告了净损失，摩托罗拉就需要通过减少投资账户并且记录投资损失来宣告它的损失份额。投资损失与利息收入、利息费用和资产营业收入一样记录在利润表中的非经营部分。

获得股利 由于摩托罗拉可以对 PCC 的股利政策施加重要影响，从 PCC 收到的任何股利都不应该被记录为投资收入。因为股利的发放会减少 PCC 的相关资产，故而，从 PCC 收到的股利并不能被计入投资收入。假定在 2007 年年末，PCC 宣布并发放了每股 2 美元的现金股利给股东，那么摩托罗拉从 PCC 共收到 80 000 美元（2 美元×40 000 股）。使用权益法计算过程如下：

	资产	= 负债 + 所有者权益
1. 分析	现金 +80 000	
	投资 -80 000	

2. 记录

借：现金（+A）　　　　　　　　　　　　　　　　　　　　80 000
　　贷：投资（-A）　　　　　　　　　　　　　　　　　　　　　80 000

3. 总结

+	投资（A）	-		-	投资收入	+
期初余额	0				0	期初余额
购买	300 000					
PCC 净利润的份额	100 000	80 000	PCC 的股利份额		100 000	PCC 净利润的份额
	320 000				100 000	期末余额

▲ 会发生什么？

自 我 测 试

假设 2007 年 1 月 1 日，诺基亚公司购买了因特利科普（Intellicorp Company）公司 30% 的普通股，共花费 120 000 美元。IC 在 1007 年 12 月 31 日报告的净利润为 100 000 美元，而且当年宣告并发放的股利总额为 50 000 美元。

a. 在 2007 年 12 月 31 日，诺基亚对 IC 的投资为多少？
b. 诺基亚对 IC 的投资收入为多少？

自测答案

a. 135 000 美元 [=120 000+（100 000×30%）-（50 000×30%）]
b. 30 000 美元（=100 000×30%）

D6　对被动投资的市场价值法

不像对被投资企业具有控制权或者对被投资企业决策可以施加重大影响，对于可供出售金融资产以及交易性金融资产的投资是以它们的**市场价值**来衡量。在我们讨论如何运用市场价值法之前，我们先要考虑以市场价值法记录这些消极投资的原因。使用市场价值法来记录资产是真的很罕见，因为它意味着在某些情况下，它们可能以一个高于历史成本的价格来记录。让我们来仔细看看这种方法，其实是与"按市场价值计算法"一样的方法。

1. 为什么消极投资在资产负债表中是以公平市价来记录的？这是由两个主要因素决定的：

相关性——研究财务报表的分析师通常试图去预测一个企业未来的现金流量。他们希望知道一个企业是如何为了一些目的（比如扩展业务、支付股利或者在一个延续的经济衰退期内生存下来）获得现金。现金的一种来源就是出售消极投资。而估计这些现金的最好方法就是按照出售这些证券时的市场价值来计算。

可测性——会计师仅仅记录那些可以按货币衡量并且可靠性程度较高的项目。大多数资产的公平市场价值是很难确定的，因为它们并不是真正地进行交易。举个例子，尽管帝国大厦(Empire State Building)是帝国公司(Empire State Company)里最重要的资产,但是由于决定它的客观价值非常困难,我们只能部分地依据该建筑的成本将它的价值记录在资产负债表中。与很难确定一座建筑物的价值相比,摩托罗拉持有的证券价值却很容易决定。迅速浏览一下 stockcharts.com,你会找到确定 IBM 或微软股票所需要的一切信息。因为在股票市场中,每天都在进行这些证券的交易。

2. 为了反映公平市价的变化而调整投资账户,而资产账户增加或减少时还有其他哪些账户受到影响?

根据复式分录法,每个日记账至少会影响两个账户。资产估值账户加到投资账户(以成本记录)或从该账户中扣除是为了计算出记录在资产负债表中的市场价值。第二个受影响的账户是**未实现持有资产损益**。无论投资的公平市价何时发生变化,我们都应记录未实现持有资产损益。"未实现"是指并没有发生真实收入,仅仅是持有证券,它们的价值一直都在发生变化。如果当年的投资价值增长了 10 万美元,那么我们需要做一个调整分录,具体如下,资产估值账户的增长和未实现持有资产利得都是 10 万美元。如果当年投资价值下降了 7.5 万美元,那么应记录资产价值的下降和未实现资产损失 7.5 万美元。财务报表中未实现持有资产损益的处理依赖于投资是否分为可供出售金融资产和交易性金融资产。

> **你应该知道**
> **未实现持有资产损益**是与当前持有的证券价格变化有关的金额。

可供出售金融资产

图表 D.3 显示的是附注 2 中摩托罗拉财务报表的信息。我们发现披露在摩托罗拉资产负债表中的大部分投资都是可供出售金融资产(单位是百万,在 16.54 亿美元的投资中有 12.22 亿美元的可供出售金融资产)。在图表 D.3 中的详细报告反映摩托罗拉可供出售金融资产的最初成本为 10.65 亿美元,但是 2005 年 12 月 31 日价值 12.22 亿美元。

图表 D.3　摩托罗拉公司描述可供出售金融资产的附注(单位为百万)

	2005 年 12 月 31 日
可供出售金融资产(SAS)	
对可供出售金融资产的投资(成本)	$1 065
按市价衡量 SAS 的备抵金	157
可供出售金融资产的市场价值	1 222
权益法和其他投资	432
总投资	$1 654

为了简化获得图表 D.3 中各数据的会计程序,我们假设摩托罗拉在 2004 年度没有被动投资。下面我们介绍按照市场价值法来计算可供出售金融资产的过程。

购买股票　在 2005 年年初,摩托罗拉以每股 106.5 美元的价格购买了无线网络公司(Wireless Networks Inc., WNI)1 000 万股普通股。该公司在外流通股总数为 1 亿股,即摩托罗拉持有 WNI 10%(1 000 万/10 000 万)的股份。该次投资被视为对可供出售金融资产的消极投资。这类投资最初以成本价记录(1 000 万股 × 106.5 美元 = 10.65 亿美元)：

	资产	= 负债 + 所有者权益
1. 分析	对可供出售金融资产的投资 +1 065 现金 −1 065	

2. 记录　借：对可供出售金融资产的投资（+资产）　　　1 065
　　　　　　贷：现金（−资产）　　　　　　　　　　　　　　　1 065

在购买股票以后，有两种方法可以获得回报：(1) 股利，(2) 价格的上涨。我们将会花一点时间讨论价格的上涨，但是现在我们要讨论的是股利。

获得股利　在市场价值法下，我们收到股利时，投资者把它们作为收入，记录在利润表里一个被称作投资收入的账户。如果摩托罗拉从 WNI 中收到的每股现金股利为 1 美元，那么总的股利为 1 000 万美元（1 美元 × 1 000 万股），如下所示：

	资产	= 负债 +	所有者权益
1. 分析	现金 +10		投资收入（+留存 R）+10

2. 记录　借：现金（+A）　　　　　　　　　　　　　　　　10
　　　　　　贷：投资收入（+R, +SE）　　　　　　　　　　　10

价格上涨　在会计期间的期末，在资产负债表中消极投资是按照公平市价记录的。我们假定 WNI 在当年年末每股市价为 122.22 美元。也就是说，摩托罗拉当年每股投资的收益为 15.70 美元（122.20 − 106.5）。

> **辅导员提示**
>
> 不像权益法，获得的股利在市场价值法下作为投资收入披露；另一个与权益法的不同是投资方占被投资方的利润份额不记录。

只要没有售出这笔投资，只有持有收益而不是已实现的收益。不像股利，对 SAS 投资的市场价值法要求所有未实现持有资产损益不应该记录在投资者的净利润中。因为投资者希望在未来仍持有对 SAS 的投资，这就意味着在真正实现任何损益之前对 SAS 投资的价值将会再次发生变化。因此，当年未实现的损益可能在下一年回收甚至变得更多。总之，该期未实现的损益不太可能代表当售出股票时获得的已实现的损益，所以它们不包含在净利润中，而是记录在所有者权益的账户中，被称为权益中未实现的损益。只有售出证券才能真正实现损益，此时，该损益从所有者权益账户转到净利润中。

总的来说，以市场价值记录对 SAS 投资要求在每期期末使用按市价衡量对 SAS 投资的备抵金来调整市场价值，同时以相应的分录记录权益中未实现的损益。如果在期末余额时对 SAS 投资的备抵金记录在借方，当它反映在资产负债表时应加到对 SAS 的投资账户中。如果记为贷方，则从该账户中扣除。权益账户中未实现的损益被记录在资产负债表的所有者权益部分，如果为未实现持有的收益，则增加所有者权益，如果为未实现持有的损失，则减少所有者权益。

下表用来计算可供出售金融资产中任何未实现得损益：

年份	市场价值	–	成本	=	估值备抵 所需的余额	–	估值备抵 未调整的余额	=	调整分录 金额
2005	$1 222 （$122.20×10）	–	$1 065 （$106.50×10）	=	$157	–	$0 （假定前一年 年末没有 消极投资）	=	$157 （该期未 实现的 收益）

```
       资产         =    负债    +    所有者权益
   按市价衡量 SAS                      权益中未
     的备抵金     +157                实现损益      +157
```

下面是 2005 年年末记录的一个调整分录：

```
借：按市价衡量 SAS 的备抵金（+A）         157
  贷：权益中未实现损益（+SE）                    157
```

正如图表 D.3 描述的，当确定记录资产负债表按市价衡量 SAS 的备抵金的期末余额加到对 SAS 的投资账户余额中去。如果管理层想要在一年内出售这些投资，那么该类投资应归类为流动资产。根据在图表 D.2 中投资出现在流动资产的下方，我们可以认为摩托罗拉的管理层在当年内仍希望继续持有 SAS 投资。正如留存收益一样，权益中未实现损益也是记录在所有者权益部分。如果余额为净未实现损失，那么它将是一个负的数值，就像第 11 章讨论的库存股一样。假定摩托罗拉在 2005 年年末在权益中的未实现损益科目的贷方余额为 157 美元，那么我们就按照图表 D.4 所显示的来披露所有者权益。

图表 D.4 资产负债表里披露的权益中未实现损益

（单位：百万）	2005 年 12 月 31 日
所有者权益	
普通股，面值为 $3	
发行数：2 005—2 502.7	
在外流通数：2 005—2 501.1	$7 508
资本公积	4 691
留存收益	5 897
权益中未实现损益	157
总所有者权益	$18 253

出售股票 出售对 SAS 的投资会影响到三个资产负债表科目（除现金之外）。

- 对 SAS 的投资
- 按市价衡量 SAS 的备抵金
- 权益中未实现损益

为了详细说明,我们假定股票市场在新年假期后于 2006 年 1 月 2 日重新开放时,摩托罗拉售出了 WNI 的股份。如果那天的股价仍是每股 122.20 美元,那么摩托罗拉将会收到 12.22 亿美元现金(122.2×1 000 万股),由于成本为 10.65 亿美元,因此被记为投资收入的已实现的收益为 1.57 亿美元。这笔交易需要记录两个日记账分录。在分录 1 中,一方是收到现金,一方是失去股票以及由于售出股票所获得的收益。在分录 2 中,估值备抵和权益科目中未实现损益会被抵消,因为已经实现了收益。

1. 借:现金(+A)   1 222
    贷:对 SAS 的投资(−A)   1 065
        投资收入(+R, +SE)   157
2. 借:权益中未实现损益(−SE)   157
    贷:按市价衡量 SAS 的备抵金(−A)   157

交易性金融资产

交易性金融资产在一些方面与可供出售金融资产很相似。第一,交易性金融资产被视为被动投资,因为投资者并没有购买足够的股份可以影响被投资者的经营或财务决策。第二,对股票交易的投资是以市场价值记录在资产负债表中。第三,作为交易性金融资产的股票同样有两种获得回报的途径:股利和价格的上涨。

交易性金融资产与可供出售金融资产有一个很小但却很重要的差别。购买交易性金融资产主要是为了从上涨的价格中获得利润。"低买高卖"是这类投资者的投资标语,它却不适用于可供出售金融资产。进行可供出售金融资产的投资公司有可能等待跨期间的价格变化,这是因为它的目标是安全地获得高于银行存款的回报。

由于购买交易性金融资产是为了从股价的波动中获得利润,所有损益不论是否已经实现都应该记录在利润表中。按照会计程序,这就意味着未实现损益是记录在暂时性的收入或费用账户中而不是记录在所有者权益账户中(可供出售金融资产记录在此),这些暂时性账户在每年年末都被转入留存收益中去。如果摩托罗拉购买 WNI 股票被视为交易性金融资产(TS),那么在 2005 年年末调整为市场价值将会产生以下影响:

1. 分析   资产   = 负债 +   所有者权益
          按市价衡量 TS 的备抵金 +157   投资收入 +157

2. 记录   借:按市价衡量 TS 的备抵金(+A)   157
              贷:投资收入(+R, +SE)   157

股票的购买和从短期投资收到股利都与可供出售金融资产的计算方法是一样的（除了将 SAS 的科目名称替换成 TS）。与前面学习的可供出售金融资产一样，按市价衡量 TS 的备抵金需要与对 TS 的投资合并记录在资产负债表中的投资账户。因为不久的将来就会将交易性金融资产售出，因此交易性金融资产应归类为流动资产。

> **辅导员提示**
>
> 注意交易性金融资产的未实现收益记录在利润表中的投资收入；而可供出售金融资产投资的未实现收益则记录为资产负债表中的所有者权益。

现在你们已经看见了所有的四种用于核算购买其他公司股票的会计方法（见图表 D.1）。你必须保证理解了图表 D.1 的最后一栏，它概括了每类投资所应适用的会计方法。

示范案例 A：对可以施加重大影响的投资适用的权益法

D11

2007 年 1 月 1 日，科诺特公司（Connaught Company）在公开市场用 8.5 万美元现金购买了伦敦公司（London Company）40% 的在外流通有表决权的股份。伦敦公司在当年宣布了 1 万美元的现金股利，并报告了 6 万美元的净利润。

要求：

1. 编制 2007 年的分录。
2. 2007 年年末科诺特公司资产负债表中应报告什么账户及对应的金额？2007 年科诺特公司利润表中应报告什么账户及对应的金额？

参考答案：

1. 1 月 1 日　　借：投资（+A）　　　　　　　　　　　　　　　85 000
    　　　　　　　　贷：现金（-A）　　　　　　　　　　　　　　　　　85 000
    股利　　　　　借：现金（+A）(40% × $10 000)　　　　　　　4 000
    　　　　　　　　贷：投资（+A）　　　　　　　　　　　　　　　　　4 000
    12 月 31 日　借：投资（+资产）(40% × $60 000)　　　　24 000
    　　　　　　　　贷：投资收入（+R，+SE）　　　　　　　　　　　24 000

2. 资产负债表　　　　　　　　　　　　　利润表
    非流动资产：　　　　　　　　　　　　　其他项目：
    　投资　　　　　　　　　$105 000　　　　投资收入　　　$24 000
    　($85 000 - $4 000 + $24 000)

示范案例 B：对可供出售金融资产适用的市场价值法

郝韦设备公司（Howell Equipment Corporation）销售并为农用机具提供服务。销售收入和服务业务都是盈利的。在 2007 年发生了以下交易：

a. 1 月 1 日　以每股 40 美元的价格购买了艾尔克公司（Elk Company）2 000 股普通股。这次的收购代表该公司流通在外股票的 1%。依据管理层的意愿，艾尔克公司的股份被视为可供出售金融资产。

b. 12 月 28 日　收到来自艾尔克公司 4 000 美元的现金股利。

c. 12 月 31 日　确定艾尔克股票的现时市场价值为 41 美元。

要求：

1. 编制每笔交易的分录。

2. 2007 年年末资产负债表中应报告什么账户及对应的金额？2007 年利润表中应报告什么账户及对应的金额？

参考答案：

1. a. 1 月 1 日　　借：对 SAS 的投资（+A）　　　　　　　　　　　80 000
   　　　　　　　　贷：现金（-A）(2 000 股 × $40/股)　　　　　　　　80 000

   b. 12 月 28 日　借：现金（+A）　　　　　　　　　　　　　　　4 000
   　　　　　　　　贷：投资收入（+R,+SE）　　　　　　　　　　　　　4 000

   c. 12 月 31 日　借：按市价衡量 SAS 的备抵金（+A）　　　　　　　2 000
   　　　　　　　　贷：权益中未实现损益（+SE）　　　　　　　　　　　2 000

年度	市场价值	-	成本	=	估值备抵所需的余额	-	估值备抵未调整的余额	=	调整后的估值备抵
2007	$82 000	-	$80 000	=	$2 000	-	$0	=	$2 000
	($41 × 2 000 股)								当期未实现收益

2. 资产负债表　　　　　　　　　　　　　　　　　　　　　　利润表

   流动或非流动资产：　　　　　　　　　　　　　　　　　　其他项目：
   　　对 SAS 的投资　　　　　　$82 000　　　　　　　　　　　投资收入　　　　$4 000
   所有者权益：
   　　权益中未实现损益　　　　　2 000

示范案例 C：对交易性金融资产适用的市场价值法

除了所购的证券是为了进行主动的交易，假定其他事实都与案例 B 一样。

要求：

1. 编制每笔交易的分录。

2. 2007 年年末资产负债表中应报告什么账户及对应的金额？2007 年利润表中应报告什么账户及对应的金额？

参考答案：

1. a. 1 月 1 日　　借：对 TS 的投资（+A）　　　　　　　　　　　80 000
   　　　　　　　　贷：现金（-A）(2 000 股 × $40/股)　　　　　　　　80 000

   b. 12 月 28 日　借：现金（+A）　　　　　　　　　　　　　　　4 000
   　　　　　　　　贷：投资收入（+R,+SE）　　　　　　　　　　　　　4 000

   c. 12 月 31 日　借：按市价衡量 TS 的备抵金（+A）　　　　　　　2 000
   　　　　　　　　贷：投资收入（+R,+SE）　　　　　　　　　　　　　2 000

年度	市场价值	–	成本	=	估值备抵所需的余额	–	估值备抵未调整的余额	=	调整后的估值备抵
2007	$82 000 ($41×2 000 股)	–	$80 000	=	$2 000	–	$0	=	$2 000 当期未实现收益

2. 资产负债表

流动资产：

对 TS 的投资　　$82 000

（成本 $80 000 + 估值备抵 $2 000）

利润表

其他非营业项目：

投资收入　　$6 000

（股利 $4 000 + 未实现损益 $2 000）

关键术语

合并财务报表　D3

母公司　D2

交易性金融资产　D2

子公司　D2

可供出售金融资产　D2

未实现持有资产损益　D6

练习题

D13

问答题

1. 什么情况对其他公司的投资适用合并法、权益法或者市场价值法？
2. 适用于可供出售金融资产和交易性金融资产的会计方法有何不同？
3. 适用于对公司产生重要影响的投资和被动投资的会计方法有何不同？
4. 适用于拥有其他公司控制权的投资和对公司产生重要影响的投资的会计方法有何不同？
5. 什么是合并财务报表？它们的用途是什么？
6. 在权益法下,从被投资企业收到的股利不应该记为收入。如果将股利记录为收入的话,就会引起双重计算。为什么？
7. 被动投资获得收入的两种来源是什么？
8. 可供出售金融资产未实现损益披露在哪里？交易性金融资产未实现损益披露在哪里？阐述这两种记录差异的原因。

多项选择题

1. 公司 A 持有公司 B 40%的股份,因此可以对公司 B 的管理施加重大影响。那么公司 A 适用哪种方法报告对公司 B 的所有权？

a. 合并法

b. 对可供出售金融资产的市场价值法

c. 权益法

d. 对交易性金融资产的市场价值法

2. 公司 A 收购了公司 X 10% 的股份并且希望至少在未来 5 年都持有该股份。在当年年末，公司 A 对公司 X 的投资应该如何记录在 12 月 31 日公司 A 的资产负债表中？

a. 按照原始成本记录在流动资产部分

b. 按照 12 月 31 日的市场价值记录在流动资产部分

c. 按照原始成本记录在非流动资产部分

d. 按照 12 月 31 日的市场价值记录在非流动资产部分

3. 在哪种情况下要求适用合并财务报表？

a. 仅当一个公司可以对另一家公司施加重要影响时

b. 仅当一个公司对另一家公司进行消极投资时

c. 仅当母公司可以控制它的子公司时

d. 以上都不是

4. 当使用权益法来计算从一个股票投资中获得的股利时，以下哪个选项是正确的？

a. 总资产和净利润都增加

b. 总资产增加，总所有者权益减少

c. 总资产和总所有者权益都减少

d. 总资产和总所有者权益不变

5. 使用权益法计算时，何时记录投资公司的收入？

a. 当被投资公司股票的市场价值上涨时

b. 从被投资公司收到股利时

c. 当被投资公司报告净利润时

d. b 和 c 都是

6. 所收购的股票是作为可供出售金融资产记录在资产负债表中，从该类股票中获得的股利应该按照下面哪种方法记录？

a. 增加现金并减少投资

b. 增加现金和资产负债表中的未实现收益

c. 增加现金和投资收入

d. 增加现金和利润表中未实现的收益

7. 对于交易性金融资产和可供出售金融资产，进行什么交易时要将已实现的损益记录在利润表中？

a. 将交易性金融资产调整为市场价值时

b. 将可供出售金融资产调整为市场价值时

c. 仅当记录交易性金融资产的销售收入时

d. 记录交易性金融资产或可供出售金融资产的销售时

8. 斯朗伯公司(Schlumber Corp.)今年支付 20 万美元用于购买斯利普公司(Schleep Inc.)30% 的股份。年末斯利普公司报告了 5 万美元的净利润，宣布和支付了 2 万美元的股利。如果斯朗伯公司用权益法计算这笔投资的话，年末的投资数值应为多少？

  a. 200 000 美元   b. 209 000 美元
  c. 215 000 美元   d. 221 000 美元

9. 温尼伯公司（Winterpeg Enterprises）于当年从湖景发展公司（Lakeview Development Corp.）购买了20万美元的普通股并从LDC收到2 000美元的股利。年末对LDC投资的市场价值增加了4 000美元。如果温尼伯公司将这笔投资视为可供出售金融资产，那么温尼伯公司将会在利润表中记录的投资收入的数值是多少？

  a. 2 000 美元   b. 6 000 美元
  c. 4 000 美元   d. 以上都不是

10. 除了温尼伯公司将对LDC的投资视为交易性金融资产，假定所有事实都与第9题一样。那么今年温尼伯公司记录在利润表中的投资收入是多少？

  a. 2 000 美元   b. 6 000 美元
  c. 4 000 美元   d. 以上都不是

选择题答案：

1. c 2. d 3. c 4. d 5. c 6. c 7. d 8. b 9. a 10. c

小练习

MD-1 使用权益法记录证券交易

2007年1月2日，Ubuy.com支付了10万美元来获得速达公司（E-net Corporation）25%的普通股。两个公司的会计期间都将在12月31日结束。给出1月2日和2007年发生的每笔交易的分录：

1月2日 E-net宣布并支付了每股3美元的现金股利。

12月31日 E-net报告了20万美元的净利润。

MD-2 决定证券所持份额对财务报表的影响

按照以下分类，显示题目1中列出的交易对财务报表的影响；+表示增加，而-表示减少。

	资产负债表			利润表		
业务	资产	负债	所有者权益	收入	费用	净利润

MD-3 记录交易性金融资产的业务

在2007年间，普林斯顿公司（Princeton Company）收购了考克斯公司（Cox Corporation）一部分在外流通的50 000股普通股作为交易性金融资产。两家公司的会计期间都在12月31日为止。给出下面在2007年发生的每笔交易的分录：

7月2日 以每股28美元的价格购买考克斯公司8 000股普通股。

12月15日 考克斯公司宣布并支付每股2美元的现金股利。

12月31日 将考克斯公司当前的市场价值调整为每股29美元。

MD-4 决定短期投资交易对财务报表的影响

按照以下分类,表明题目 3 中列出的交易对财务报表的影响;+ 表示增加而 – 表示减少。

	资产负债表			利润表		
业务	资产	负债	所有者权益	收入	费用	净利润

MD-5 记录可供出售金融资产的业务

使用题 3 中的资料,假定普林斯顿公司从考克斯公司购买有投票权的股票。此次投资是作为可供出售金融资产而不是交易性金融资产。给出每笔交易的分录。

MD-6 决定可供出售金融资产交易对财务报表的影响

按照以下分类,指出题目 5 中的交易对财务报表的影响;+ 表示增加而 – 表示减少。

	资产负债表			利润表		
业务	资产	负债	所有者权益	收入	费用	净利润

MD-7 记录消极投资的购买和销售

2007 年 3 月 20 日,罗克堂公司(Rocktown Corporation)以每股 29 美元的价格购买了 600 股通用电气公司的股票用于证券交易。罗克堂公司在 2007 年 6 月 23 日以每股 33 美元的价格出售了这些股票。假设这些投资没有调整为市场价值(也就是说,这些投资仍然是按成本记录),然后根据这些信息编制分录。

练习

ED-1 权益法下的记录及披露

菲利卡公司(Felica Company)在 2007 年间购买了纽西斯公司(Nueces Corporation)21 000 股作为长期投资,纽西斯公司在外流通股一共有 60 000 股。两个公司每年的会计期间都是结束于 12 月 31 日。2007 年发生了以下交易:

1 月 10 日　以每股 12 美元的价格从纽西斯公司收购 21 000 股普通股。
12 月 31 日　纽西斯公司报告了 90 000 美元的净利润。
12 月 31 日　纽西斯公司宣布并发放了每股 0.60 美元的现金股利。
12 月 31 日　调整纽西斯公司股票的市价为每股 11 美元。

要求:
1. 该公司应该使用哪种核算方法?为什么?
2. 为每个交易编制分录。如果没有分录,请解释原因。
3. 说明 2007 年应该报告在菲利卡公司财报中的长期投资和相关收入。

ED-2 记录可供出售金融资产的持有收益

2006 年 6 月 31 日,高速传媒公司(Metromedia Inc.)以每股 20 美元的价格收购了米特科公司(Mitek)10 000 股普通股。下面是米特科股票每股的股价:

	价格
2006/12/31	$24
2007/12/31	31

要求：

假设管理层将这些股份视为可供出售金融资产,编制每个日期的分录。

ED-3　记录交易性金融资产的持有收益

案例与题 2 一样。

要求：

假设高速传媒的管理层将所购的米特科股票视为交易性金融资产,请为相应日期编制分录。

ED-4　报告可供出售金融资产和交易性金融资产持有的收益

案例与题 2 一样。

要求：

1. 假设管理层希望将该股票视为可供出售金融资产并持有该股份 3 年或 3 年以上。说明 2007 年和 2006 年的资产负债表和利润表是如何反映股票投资和它的持有损益。

2. 假设管理层将所购的股票视为交易性金融资产。说明 2007 年和 2006 年的资产负债表和利润表是如何反映股票投资和它的持有损益。

ED-5　记录可供出售金融资产的持有损失

2006 年 3 月 10 日,全球方案公司(Global Solutions Inc.)按每股 50 美元的价格购买卓越科技公司(Superior Technologies)5 000 股股票。下表是卓越科技的股价信息：

	价格
2006/12/31	$45
2007/12/31	42

要求：

假设管理层把这份股票视为可供出售金融资产,编制相应日期的分录。

ED-6　记录交易性金融资产的持有损失

案例与题 5 一样。

要求：

假设管理层把购买的卓越科技股视为交易性金融资产,编制相应日期的分录。

ED-7　报告可供出售金融资产和交易性金融资产的持有收益

案例与题 5 一样。

要求：

1. 假设管理层希望将该股票视为可供出售金融资产并持有该股份 3 年或 3 年以上。说明 2007 年和 2006 年的资产负债表和利润表如何反映股票投资和它的持有损益。

2. 假设管理层将所购的股票视为交易性金融资产。说明 2007 年和 2006 年的资产负债表和利润表如何反映股票投资和它的持有损益。

辅导题

CPD-1 记录可以对其他公司施加重要影响的投资和消极投资

2006年8月4日，卡皮欧（Cappio Corporation）企业花费4.5万美元收购了麦斯威尔（Maxwell Company）1 000股股票。下表是麦斯威尔的股价信息：

	价格
2006/12/31	$52
2007/12/31	47
2008/12/31	38

麦斯威尔在每年6月宣布并发放每股2美元的现金股利。

要求：

1. 假设卡皮欧认为所购的股票为可供出售金融资产，请为案例中的交易编制分录。

提示：市场价值备抵应该由2006年、2007年末的借方余额转为2008年年末的贷方余额。

2. 假设卡皮欧认为所购的股票为交易性金融资产，请为案例中的交易编制分录。

提示：在2006、2007年的年末，市场价值的备抵应该由2006年、2007年末的借方余额转为2008年年末的贷方余额。

3. 假设卡皮欧使用权益法记录所购的股票，请为案例中的交易编制分录。卡皮欧拥有麦斯威尔公司30%的股份，而且麦斯威尔每年报告的收入为5万美元。

CPD-2 拥有不同份额的有表决权的股票时使用的不同方法

巴特公司（Bart Company）已发行的普通股股数为30 000股，面值为每股10美元。在2008年1月1日，荷马公司（Homer Company）以每股25美元的价格购买了一部分股票，准备长期持有它。在2008年末，巴特公司报告了5万美元的净利润，宣布并发放了2.55万美元的现金股利。巴特公司的股价在2008年年末的股价变为22美元。

要求：

1. 该问题包含了两个交易。区分每个交易荷马公司应使用的核算方法并解释原因。

提示：用购买的股份数除以已发行的股份数来确定持股份额，然后再查看图表D.1。

2. 荷马公司根据以上信息为两个交易编制分录。如果没有分录，则解释原因。使用下表回答：

	交易A： 购买3 600股	交易B： 购买10 500股

1. 核算方法？
2. 荷马公司编制的分录
   a. 记录2008年1月1日认购巴特公司的股票
   b. 记录巴特公司2008年公布的收入
   c. 确认巴特公司宣布并发放的股利
   d. 为2008年年末市场价值所带来的影响编制分录

3. 完成下面的表格来显示应该记录在荷马公司2008年财务报表中的金额：

	美元数	
	交易 A	交易 B
资产负债表		
投资		
所有者权益		
利润表		
投资收入		

4. 解释两笔交易的资产、所有者权益和投资收入之间的区别。

A 组问题

PAD-1　记录可以对其他公司施加重大影响的投资和消极投资

2006年7月12日，罗索公司（Rossow Corporation）付出了3万美元购买了赖默尔公司（Reimer Company）1 000股。下表的信息反映了赖默尔公司的股价信息：

	价格
2006/12/31	$33
2007/12/31	28
2008/12/31	20

赖默尔公司在每年的5月1日宣布并发放每股2美元的股利。

要求：

1. 假设罗索公司认为所购的股票为可供出售金融资产，请为案例中的交易编制分录。
2. 假设罗索公司认为所购的股票为交易性金融资产，请为案例中的交易编制分录。
3. 假设罗索公司使用权益法记录所购的股票，请为案例中的交易编制分录。罗索公司拥有赖默尔公司30%的股份，而且赖默尔公司每年报告的收入为5万美元。

PAD-2　比较权益法和市场价值法

莉萨公司已发行100 000股普通股。2008年1月10日玛格公司在公开市场上以每股20美元的价格收购了莉萨公司大宗股票并希望长期持有这部分股份。在2008年年末，莉萨公司报告了30万美元的净利润和每股0.60美元的股利。莉萨公司2008年12月31日的市场价格是每股18美元。

要求：

1. 该问题包含了两个交易。区分每个交易玛格公司应使用的核算方法，并解释原因。
2. 玛格公司根据以上信息为两个交易编制分录。如果没有分录，则解释原因。并使用下表回答：

	交易 A：购买 10 000 股	交易 B：购买 40 000 股
1. 核算方法？		
2. 玛格公司编制的日记账分录		
a. 记录 2008 年 1 月 10 日莉萨公司的认购		
b. 记录莉萨公司 2008 公布的收入		
c. 确认莉萨公司宣布并发放的股利		
d. 为 2008 年年末市场价值所带来的影响编制分录		

D20

3. 完成下面的表格来显示应该记录在玛格公司 2008 年财务报表中的独立科目：

	美元数	
	交易 A	交易 B
资产负债表		
投资		
所有者权益		
利润表		
投资收入		

4. 解释两笔交易的资产、所有者权益和投资收入之间的差异。

词 汇 表

（页码均指英文原书页码）

A

账户（Account）：各个组织用来反映财务报表项目中每个交易所累计发生的金额一种标准格式。(11)

会计（Accounting）：对企业的经营、投资和筹资活动进行分析、记录和汇总的体系。(5)

会计期间（Accounting Period）：财务报表中所跨越的时间期限。

会计程序（Accounting Process）：企业对各项交易进行比较、分析和汇总以及为下一个循环调整并准备财务报表和记录的程序。(159)

应付账款（Accounts Payable）：在过去的交易中，企业欠供应商的款项。(48)

应收账款（Accounts Receivable）：在过去的交易中，供应商欠企业的款项。(341)

权责发生制（Accrued Basis Accounting）：不管现金收取或支付的时点，只要发生经济事件，就要记录赚得的收入和发生的支出。(91)

应计费用（Accrued Expenses）：见"应计负债"

应计负债（Accrued Liabilities）：需要在期末调账的并未记录的费用，以反映发生的金额及相关负债。(434)

应计收入（Accrued Revenues）：需要在期末调账的并未记录的收入，以反映赚得的金额和相关应收账户。(140)

采购成本（Acquisition Cost）：为购买一项资产所支付的现金或现金等价物。(397)

调整后试算平衡表（Adjusted Trial Balance）：一个所有科目以及它们的调整后余额的列表，它用来检查报表的贷方与借方是否平衡。(151)

调整分录（Adjusting Journal Entries）：在期末衡量每个会计期间发生的所有收入和支出所必需的分录。(141)

调整（Adjustments）：见"调整分录"。(138)

应收账款账龄法（Aging of Accounts Receivable Method）：依靠每个应收账款的期限来衡量无法回收款项的一种方法。(345)

坏账准备（Allowance for Doubtful Accounts）：包含估计无法回收应收账款金额的备抵账户。(343)

备抵法（Allowance Method）：根据不可回收应收账款来估计坏账费用的一种方法。(342)

摊销（Amortization）：（1）对无形资产来说，就是在有效使用年限内对无形资产的成本进行系统和合理的分配；（2）对应付债券来说，是将债券的折价或溢价分配在其有限期限内。(398)

年金（Annuity）：一系列定期的现金收取或支出，这些现金在每个期间都是相等的。(C4)

资产（Asset）：公司所拥有、由公司过去交易所创造的可能的未来经济效益。(45)

资产周转率（Asset Turnover Ratio）：反映

资产产生收入的效率高低的一个比率。

审计(Audit):将发现报表误述作为目标,对公司财务报表(和对公司管理层内部控制有效性)的审核。

审计报告(Audit Report):审计师对公司财务报表是否公允表达和管理层内部控制有效性的评估所作出的报告和建议。

授权的股份数(Authorized Number of Shares):公司可以发行的最大股份数额。(495)

平均成本法(Average Cost Method):见"加权平均成本法"。(299)

B

坏账费用(Bad Debt Expense):与不可回收应收账款相关的费用。

余额、平衡(Balance):作为一个名词,它表示账户中的金额数;作为一个动词,它意味着总资产等于总负债加上股东权益。(61)

资产负债表(Balance Sheet):在某一时点上,一个会计实体关于资产、债务和股东权益的报告。(9)

银行往来对账单(Bank Reconciliation):将现金交易过程中的延迟或错误考虑进来以后,通过使用银行对账单和企业的现金流确定一个银行账户里的额度。(241)

银行结单(Bank Statement):来自银行的每月报告,显示已记录的存款、已开出的支票、其他的借款或贷款以及一个流动的存款余额。(243)

基本会计恒等式(Basis Accounting Equation):资产=负债+所有者权益。(8)

董事会(Board of Directors):由公司股东选举出来,并且用来监督公司管理层的各种决定的一组人。(197)

债券(Bond Certificate):每个债券持有人收到的一份债券文件。(444)

债券折价(Bond Discount):债券发行价格与其面值之间的差异,这种差异是由于债券以低于面值的价格卖出而产生的。(445)

债券溢价(Bond Premium):债券发行价格与其面值之间的差异,这种差异是由于债券以高于面值的价格卖出而产生的。(447)

债券面值(Bond Principal):(1)债券在到期日必须偿付的金额;(2)据以计算应付定期现金利息的金额。(442)

账面价值(Book Value):见"账面净值"(388)

C

可赎回债券(Callable Bonds):它的发行人有权在特定的时间按照某个价格强制从债券持有人手中将其赎回的债券。(452)

资本化(Capitalize):将一项成本计入资产而非费用。(384)

置存价值(Carrying Value):见"账面净值"。(384)

现金(Cash):银行可以接受存款和立刻支付的金钱或其他工具,比如支票、汇款单或者银行汇票。(245)

收付实现制(Cash Basis Accounting):当收到或支付现金时,记录收入或费用。(90)

现金等价物(Cash Equivalents):短期且具有高度流动性的投资,在三个月内到期。(245)

筹资活动现金流量(Cash Flows from Financing Activities):因外部融资活动所发生的现金流入和现金流出。(543)

投资活动现金流量(Cash Flows from Investing Activities):与购买或销售具有长期生产力的资产有关的现金流出或流入。(543)

经营活动现金流量(Cash Flows from Operating Activities):与从日常经营中赚取收入相关的现金流入或流出。(542)

存款单(Certificate of Deposit):通常由商业银行发行的一个存款证明,表示持有者在一个特定的到期日有资格获得利息。

会计科目表(Chart of Accounts):所有账户名称和代码的汇总,用来在一个会计系统中记录财务结果。

分类资产负债表(Classified Balance Sheet):将资产和负债按流动或其他(长期)分类的一种资产负债表。(62)

结账分录(Closing Entries):在期末所做的分录,即将暂时性科目中的余额转到留存收益

中,使每个临时科目的余额都为零。(157)

日记账结账(Closing Journal Entries):见"结账分录"。(157)

普通股股本(Common Stock):由公司发行的有基本投票权的股票。(493)

可比性信息(Comparable Information):由于它们采用相似的会计方法进行处理在企业间可以比较的信息。(16)

比较财务报表(Comparative Financial Statements):两个或者两个期间以上的报告,更利于使用者对账户余额进行比较。(202)

综合收益(Comprehensive Income):包括净利润以及待销售证券或其他调整(与养老金和外币交易有关)中未实现的利得或损失,并且这些调整直接影响所有者权益。(613)

谨慎性原则(Conservatism):一个要求专业人员不要过高估计资产和收入或者过低估计负债和费用的会计概念。(63)

一致性信息(Consistent Information):由于采用相似的会计处理,信息可以在不同期间进行比较。

合并财务报表(Consolidated Financial Statements):两个或两个以上公司的财务报表合并成一份财务报表就好像一家公司。(D3)

或有负债(Contingent Liability):由于过去的交易使企业可能发生的负债,但只有未来某一事件发生,该负债才可能成为事实。(453)

持续性假设(Continuity Assumption):见"持续经营假设"。(611)

备抵账户(Contra-Account):一个账户可以与另一个账户进行抵消或者会减少另一个账户的金额。(145)

契约利率(Contract Rate):见"票面利率"。(444)

股本/实收资本(Contributed Capital):所有者为企业提供的现金(有时也包含其他资产)。(494)

可转换债券(Convertible Capital):可以转换成其他有价证券(通常是普通股)的债券。(452)

版权(Copyright):对文学、音乐、艺术、戏剧和其他著作权的原始作者的一种保护性措施。(397)

公司(Corporation):在国家法律的规定下,作为一个独立的法人实体而成立的组织,与它的所有者之间存在区别。(5)

成本(Cost):公司为了获得商品或服务所做出的资源消耗,通常是支付现金或者贷款购得。

成本-效益约束(Cost-Benefit Constraint):指核算和报告信息的收益要多于支出。(611)

销售成本等式(Cost of Goods Sold Equation):BI + P − EI = CGS,即初始存货加上已购得的存货,然后减去期末存货,最后得出这个期间的销售成本。

成本原则(Cost Principle):要求企业的各项资产在取得时,应当按照企业交易当天所支付的实际成本计量。(49)

息票利率(Coupon Rate):见"票面利率"。(444)

贷方/贷记(Credit):作为一个名词,贷方是指账户的右边;当作为一个动词,它表示将贷方分录记到一个特定的科目下。(55)

债权人(Credit):公司欠任何企业或个人的钱,则该企业或个人就是债权人。(7)

横截面分析(Cross-Sectional Analysis):将一家公司的财务业绩与同一行业的另一家公司相比较。(208)

累积优先股利(Cumulative Dividend Preference):优先股的一个特点:公司在任何营业年度内未支付的优先股股息可以累积起来,由以后的盈利年度一同支付。这些股利必须在普通股股利之前支付。(506)

会计核算方法变更的累积影响(Cumulative Effects of Changes in Accounting Methods):当适用新的会计准则,反映在利润表上的金额调整也应对应到资产负债表中。

流动资产(Current Assets):在12个月内或下个经营循环(视何者更长而定),资产将被用完或者转换为现金,那么这部分资产就被称为流动资产。(62)

现行优先股利(Current Dividend Preference):与普通股相比,优先股在分配股利时有先予支付的特权。(505)

流动负债(Current Liabilities)：在12个月或下个经营循环内(视何者更长而定)支付现金或其他流动资产的短期义务。(62,432)

流动比率(Current Ratio)：流动资产与流动负债的比率，是用来评估企业的流动性。

D

应收账款回收期(Days of Collect)：衡量从商品或服务卖出时开始，到账款的收回的平均天数的指标。(352)

出售期限(Days to sell)：衡量从购买存货的一刻起，到货品卖出所需要的平均时间的指标。(306)

借方/借记(Debit)：作为一个名词，借方是在账户的左边；而作为一个动词，它表示将借方分录记到一个特定的科目。(55)

债务契约(Debt Covenants)：见"借贷契约"。(197)

资产负债率(Debt-to-Assets Ratio)：衡量总负债占总资产的比率，是由总负债除以总资产得出。(211)

宣告日(Declaration Date)：董事会宣告行政上承认发行股利的日期。(499)

余额递减法(Declining-Balance Deorecia-tion)：在资产的使用年限中，将它的成本以直线率的倍数(通常是2倍)进行分配的方法。(391)

递延费用(Deferred Expense)：前期获得的资产，需在会计期间末进行调整，以反映使用资产获取收入所发生的费用。

递延收入(Deferred Revenues)：前期记录的负债，需在会计期间末进行调整，以反映赚取的收入。

递延税项(Deferred Tax Items)：由于税法对应税收入的处理与GAAP对收入费用的处理不一致所产生的差异。

折耗(Depletion)：随着时间的流逝，对自然资源成本的一种分配处理。(403)

折旧成本(Depreciation Cost)：资产成本会因为它的年限的缩短而减少。可以被认为是资产成本减去残值，然后再分配到资产的使用年限中。(389)

折旧(Depreciation)：对建筑物或装备的一种分摊成本的处理方法。在其估计的寿命年限中，系统和合理地分配成本。(145,388)

直接法(Direct Method)：展示经营活动的现金流量的一种方法。直接从总现金收入中扣除总现金支出得出净现金流量。

非连续性经营活动(Discontinued Operations)：公司处理企业的一个重大部门的财务结果。(612)

折扣(Discount)：对于债券来说，当发行价格低于面值时即为折价。这个同样适用于销售折让和购买折扣。(445)

贴现率(Discount Rate)：用于计算现值的利率。(445)

股利(Dividends)：公司的一项定期支出，是对股东的投资回报。(9)

拖欠股利(Dividends in Arrears)：累积优先股所要支付的，但在前几年并未宣告的那部分股利。(506)

E

盈利预测(Earnings Forecasts)：对未来会计期间的盈利性进行预测。

赚得(Earned)：已经获得收到货款的权利。(91)

EBITDA："未计利息、税项、折旧及摊销前的利润"的缩写，一些管理者和分析师用它替代净利润来度量经营业绩。(403)

实际利率法(Effective-Interest Method)：以市场利率为基础，分摊债券的折价或溢价。(456)

实际利率(Effective Interest Rate)：对债券而言，是市场利率的另一个名称。(456)

电子资金汇兑(Electronic Funds Transfer)：从某个账户中将资金转入或转出。(241)

权益法(Equity Method)：适用于投资者对被投资者有明显的影响力时，它要求投资者记录在被投资者报告的净利润和股利中所占的份额。(D4)

估计使用年限(Estimated Useful Life)：一项长期资产为现在的资产所有者服务的预期年限。(389)

支出(Expenditure):任何目的的现金流出。

费用(Expense):来自持续经营下,资产项的减少或负债项的增加,在现期内发生,用以产生收入。(88)

临时性项目(Extraordinary Items):本质上的不寻常且偶然发生的利得或损失。(613)

特别修缮费(Extraordinary Repairs):为了增加一项资产在未来的经济效用而发生的临时支出,并被资本化。(387)

F

面值(Face Value/Par Value):在到期日应付债券的金额,用来计算利息支出。(444)

保理(Factoring):将应收账款卖给另一家公司,从而获得现金的方法。所得现金应是应收账款额扣除一部分的保理费。(354)

美国财务会计准则委员会(Financial Accounting Standards Board/FASB):对公认会计原则指定各种制度和详细规则负有主要责任的一个主体部门。(18,545)

财务报表(Financial Statements):将企业活动财务结果进行汇总的报告。(7)

财务报表使用者(Financial Statement Users):在一定程度上依靠公司公布的财务报表作出他们的决定的相关者。(196)

筹资活动(Financial Activities):与所有者和债权人有关的货币交易。(15)

产成品库存(Finished Goods Inventory):已经生产完成的商品或者准备出售的商品。(293)

先进先出法(First-In, First-Out/FIFO):假定先购买的货物也应该先被卖出的核算方法。(297)

财务(Fiscal):任何与金钱相关的事物,特别是描述一个财务报告的特定时期。(10)

固定资产(Fixed Assets):固定在某地的有形资产,例如土地、建筑物和生产设备。(400)

目的地交货(FOB Destination):一种术语,指在货物运输到买者的目的地以前,商品都是卖者所有。(293)

离岸地交货(FOB Shipping Point):一种术语,指货物一旦离开港口或出发地,即完成了交货任务,所有风险均由买者承担。

10-K 表格(Form 10-K):由 SEC 指定的上市公司年度报告的格式。(206)

10-Q 表格(Form 10-Q):由 SEC 指定的上市公司季度报告的格式。(206)

特许经营(Franchise):允许销售特定商品或服务的权利,使用特定的商标或者在一定的地理区域中进行交易。(397)

自由现金流(Free Cash Flow):经营活动现金流量-股利-资本性支出。(557)

充分披露原则(Full Disclosure Principle):企业有必要在公司的主要财务报表及财务报表的附注中披露所有相关信息。(611)

终值(Future Value):本金与复利的总和。(C1)

G

公认会计原则(Generally Accepted Accounting Principles):在财务报表中用以计算和报告信息的一些准则。(18)

持续经营假设(Going-Concern Assumption):假设一个主体的经营活动是继续下去的。(611)

本期待售商品(Goods Available for Sale):期初存货与期间购买的存货的总和。(294)

商誉(Goodwill/Cost in Excess of Net Assets Acquired):从会计学的目的上说,商誉是指一主体的购买价格超过该主体资产和负债的市场价值的部分。(397)

毛利(Gross Profit):净销售与销售成本的差。(254)

毛利率(Gross Profit Percentage):毛利除以净销售的商,是公司产品获利能力的指标。(255)

H

历史成本原则(Historical Cost Principle):见"成本原则"。(49)

横向分析(Horizontal Analysis):对单个账户余额变化进行跨期间的趋势比较,通常是与前一年的账户相比。(597)

I

减值（Impairment）：当一项资产产生的现金流估计会低于其置存价值时，要求企业减少资产的置存价值。（394）

经营活动的收入（Income from Operations）：净销售减去销售成本和其他经营成本。（15）

利润表（Income Statement/Statement of Income）：用以反映企业在一定期间收入扣除费用的财务报表。（9）

发生（Incur）：使主体对自身价值减值，通常指费用，特别是涉及某项资产的经济效益使用完或者对债务负有义务时，使企业资源相应减少。（90）

间接法（Indirect Method）：从利润表的净利润金额出发，经过加减相关项目的调整，最后得到经营活动现金流量的金额。（545）

行业实践（Industry Practices）：特定行业的企业就必须遵循该行业特殊的会计规则。（611）

无形资产（Intangible Assets）：那些有特殊权利却没有实体的资产。

利息公式（Interest Formula）：$I = P \times R \times T$；其中，I 表示要计算的利息，P 表示本金，R 是年利率，T 是利息期间。（348）

内部控制（Internal Control）：企业为它相关的财务报告、企业经营的效率和效果以及所适用法律规章的一致性提供合理保证的过程。

存货（Inventory）：用于销售的商品库存或用于生产待售商品的有形资产。（292）

存货周转（Inventory Turnover）：企业购入存货与销售存货的过程。（305）

投资活动（Investing Activities）：购买或者出售长期资产的活动，例如购买土地、厂房和设备。（15）

联营公司投资（Investments in Associated Companies）：为了在长期的生产过程中影响企业的经营和融资战略而作出的股本投资。（D4）

发行价（Issue Price）：当债券发行时，购买者支付的价格或者说是主体收到的金额。（444）

已发行股份（Issued Shares）：已经发行的股票，等于在外流通股份和库存股之和。（495）

J

日记账（Journal）：每天发生的交易的记录。（54）

日记账分录（Journal Entry）：使用贷方与借方恒等的格式记录每笔交易的会计方法。（55）

编制分录（Journalize）：将每笔交易按照借方等于贷方的格式进行记录。

L

后进先出法（Last-In, Last-Out/LIFO）：假定最晚购买的商品应最先卖出的处理方法。（298）

分类账（Ledger）：分别各个账户登记经济业务的账簿。（54）

放贷（Lenders）：向企业发放贷款的行为。（51）

债务（Liabilities）：可能存在的借款或对过去发生的交易存在着某种义务时，需要提供商品或服务来偿还。（45）

许可权（Licensing Right）：根据契约规定的特定要求和条件使用资产的有限许可。（397）

LIFO 储备（LIFO Reserve）：使用先进先出法所计算的存货要高于后进先出法，这份差额就属于 LIFO 储备，是资产的一个备抵科目。（301）

所列项目（Line Item）：位于财务报表主体的一个账户的名称或标题，代表一个单一的账户或者是一些账户的合计。

信用额度（Line of Credit）：允许一家公司任何时间在预定限度内借出部分资金的预约协议。（450）

流动性（Liquidity）：偿还流动负债的能力。（450,597）

信贷契约（Loan Covenants）：一个贷款协议，如果不遵守这个协议，债权人有资格就该笔款项进行重新协商，包括它的到期日期。（197）

长寿命资产（Long-Lived Assets）：由企业拥有并经营使用多年的有形和无形资源。

(382)

长期资产（Long-Term Assets）：是这样一种资源，自资产负债表日起超过12个月才可能被消耗完或者是全部转换为现金的那一类资产。（62）

长期负债（Long-Term Liabilities）：所有未被归入流动负债的债务。

成本与市价孰低法（Lower of Cost or Market/LCM）：与成本原则不同的一种评估价值的方法，当资产的市场价值低于成本时，需要确认损失的一种会计处理方法。（304）

M

制造业公司（Manufacturing Company）：一类自己生产商品并将商品出售给消费者的公司。

市场利率（Market Interest Rate）：当发生债务时，偿还利息依靠现行利率。也称为到期率、贴现率和实际利率。（445）

市场价值法（Market Value Method）：有价证券应当依据现行市场价值来披露。（D6）

配比原则（Matching Principle）：费用与收入应在同一期间确认的原则。（93）

重大性（Material）：事项的金额大到足以影响使用者的决定。（205）

商品库存（Merchandise Inventory）：通过企业的正常途径需要再销售的商品。（236）

多步式利润表（Multistep Income Statements）：一种通过加总主要和次要的企业经营活动来计算收益的报告方式。（203）

N

净值（Net）：一个数额减去另一个数额或多个数额，最后就得出净额。（8）

净资产（Net Assets）：资产减去负债的简短术语。（398）

账面净值（Net Book Value）：在扣除备抵账户后，资产项或负债项的数目。（145）

净利润（Net Income）：收入－费用＝净利润。（89）

净税前收入（Net Income before Income Taxes）：等于收入和利得－损失和费用（不包括所得税费用）。

净利润率（Net Profit Margin Ratio）：净利润与收入的商，衡量费用是否得到很好控制。（211）

净销售收入（Net Sales）：总销售收入－销售折让与退回－销售折扣。（253）

非现金投资和筹资活动（Noncash Investing and Financing Activities）：并未发生直接现金流动的交易，在现金流量表的附表或补充说明中列出。（557）

非累积优先股（Noncumulative Preferred Stock）：不具有累积权利的优先股，即本期未拿到股利的主体，在以后也不会得到这部分的股利。

非流动（Noncurrent）：不符合流动的定义的（长期）资产和负债。（62）

无面额股（No-Par Value）：没有特定面额的股票资本。（496）

附注/脚注（Notes/Footnotes）：对公司财务报表中并未充分表明，从而对其作出说明的补充信息。（15）

应收票据（Notes Receivable）：由出票人签名，承诺无条件地以一定金额于指定日期付给受款人的票据。（341）

空头支票（NSF Checks）：所签的支票金额超过账户内的存款额度。（242）

O

老化（Obsolescence）：资产过时或报废的过程。（292）

经营活动（Operating Activities）：企业在经营过程中每天发生的业务。（15）

营业周期（Operating Cycle）：一系列活动和时期的循环，首先将商品或服务销售给顾客，再从顾客手中获得现金，最后再将现金支付给货品的供应商。（234）

普通维修费（Ordinary Repairs and Maintenance）：对长期资产正常的保养或修理的支出，计入费用。（387）

流通股票（Outstanding Shares）：在任何特定的时点上，股东拥有的股票数量。（495）

资本公积（Paid-In Capital）：缴入资本扣除

股票的面值。(495)

面值(Par Value):(1)对于股票而言,是由董事会决定在所发行的股票上标明的票面金额,确定了股东投入股份的最小金额;与股票的市场价格无关。(2)对债券而言,见"面值"(Face Value)。(495)

P

母公司(Parent Company):对其他公司(子公司)具有控制权的企业实体。(D2)

合伙制(Partnerships):由两个或两个以上合伙人组成,合伙人对债务承担连带责任。(4)

专利权(Patent):排除他人对某项发明有制造、使用、销售和进口的权利。(397)

支付日(Payment Date):向记录在案的股东发放现金股利的日期。(500)

赊销百分比法(Percentage of Credit Sales Method):基于历史上坏账占赊销的比例来计算坏账费用。(345)

期间盘存制(Periodic Inventory System):通过实物盘点的方法确定存货期末结存数量,倒算出各种存货本期减少数量的一种方法。(246)

永久性账户(Permanent Accounts):在资产负债表中可以进入下一个会计期间的账户。(156)

永续盘存制(Perpetual Inventory System):对于每一笔存货收发业务,都要根据当期原始凭证逐笔登记存货明细账的存货管理体系。(246)

结账后试算平衡表(Post-Closing Trial Balance):作为会计循环中最后一个步骤,检查借方是否等于贷方、所有的临时性账户是否清除。

优先股(Preferred Stock):比普通股多些特定的权利的股票。(504)

溢价(Premium):当发行价格超过面值时,就称债券发生溢价。(445)

预付费用(Prepaid Expenses):如果为未来收到的服务提前付款,则统称为预付费用,通常包括预付租金、预付保险费和其他此类的付款。(99)

现值(Present Value):在未来收到某项资产的现在价值;未来的价值通过复利贴现所得的数值。(444C1)

新闻发布(Press Release):一般情况下,将书面新闻公开地宣布给主要的新闻服务机构。

私营公司(Private Company):股份全部由创办该公司的股东所持有,而不得由公众购买的公司。(5)

利润(Profit):"净收入"的另一种称呼。(8)

盈利性(Profitability):公司获利的程度,是企业衡量经营绩效的重要指标。(597)

上市公司(Public Company):其股票依法准予发行并在证券交易所交易的公司。(5)

上市公司会计监管委员会(Public Company Accounting Oversight Board):为上市公司的审计师制定准则的部门。(19)

购买折扣(Purchase Discount):因为立即支付货款,供应商给予的现金折扣。

购买折让与退回(Purchase Returns and Allowance):因买入的商品有问题,要求供应商退货的金额或给予的售价降低、退还部分货款而产生的成本减少金额。

Q

保留审计意见(Qualified Audit Opinion):财务报表不符合公认会计原则的要求或者注册会计师无法完成对财务报表是否与公认会计原则一致的测试。(205)

R

比率分析(Ration/Percentage Analysis):衡量两组财务报表数据之间关系的一种分析工具。(596)

原材料存货(Raw Materials Inventory):企业直接用于生产产成品的库存物品。(293)

应收账款周转(Receivables Turnover):卖出商品和资金回收的过程。应收账款周转率决定了一个期间内这个过程的平均次数。(352)

登记日(Record Date):公司在某一天制作一份某天的股东名单,没有出现在这份名单上的股东在当期将不会被分配股利,这一天称为登记日期。(500)

相关信息(Relevant Information):可以影响决策的信息,是即时的,具有预见和反馈的价值。

可靠信息(Reliable Information):准确、无偏差并且可以被证实的信息。

研发成本(Research and Development Costs):在未来可能产生专利权、版权或者其他无形资产的费用,但是由于未来收益的不确定性,要求将其完全计入费用支出。(397)

残值(Residual/Salvage Value):资产在使用寿命终了时,扣除了所有处置成本的剩余价值。(389)

留存收益(Retained Earnings):企业未分配给所有者的累积利润,来自当年盈利及之前年度再投资于企业的盈利。(10)

收入原则(Revenue Principle):当提供产品或服务时,有足够的证据让我们相信顾客的付款和现金收回会得到合理的保证,并且款项是固定的或者可确定的,那么就可以记录收入。(10)

收入确认政策(Revenue Recognition Policy):当企业为顾客提供产品或服务时,作出记录收入的会计政策。

收入(Revenues):持续经营下资产的增加或债务的减少。(88)

S

销售折扣(Sales/Cash Discount):销售时鼓励买方早点支付现金而给予的现金折扣。(252)

销售折让与退回(Sales Returns and Allowances):卖出的商品有问题,被客户要求退货的金额或给予客户的降低售价、退还部分货款而产生的成本减少金额。(251)

《萨班斯法案》(Sarbanes-Oxley Act of 2002):美国关于增强公司报告的一系列法律。(19,199)

美国证券交易委员会(Securities and Exchange Commission):决定上市公司应为股东提供哪些财务报表且制订这些报表应如何制作的规则的一个美国政府机构。(19)

可供出售金融资产(Securities Available For Sale):交易性金融资产以外的所有被动投资(可分为长期与短期)。(D2)

职责划分(Segregation of Duties):独立划分每个人的工作职责以便检查其他人的工作完成程度的一种内部控制措施。(239)

会计主体假设(Separate-Entity Assumption):假定企业交易是独立的,并且与所有者个人的交易无关。(8)

服务公司(service Company):销售服务而非商品的公司。(236)

单步式利润表(Single-step Income Statement):从总收入扣除总费用以得到净利润。(203)

个人独资企业(Sole Proprietorship):由一个人所有,并且所有者对公司债务有连带责任的一种企业。

偿付能力(Solvency):到期偿还债权人借款的能力。(597)

个别认定法(Specific Identification Method):将成本分配到存货的一种方法,确认每项产品的成本。(296)

票面利率(Stated Interest Rate):债券合约上规定的每期现金利率。也称为息票利率或契约利率。(444)

现金流量表(Statement of Cash Flow):记录会计期间内的经营活动、投资活动和筹资活动现金流入和流出的报表。(10)

留存收益表(Statement of Retained Earnings):记录净利润和影响当期企业财务状况的股利分配的报表。(10)

股票股利(Stock Dividends):由董事会宣布分配给现存股东的额外股份。(501)

股票分割(Stock Split):以一个特定的比率增加授权股份的数量,但不会减少企业的留存收益。(502)

所有者权益(Stockholders' Equity/Owners' Equity):来自企业所有者和企业运营的资本。(45)

直线摊销法(Straight-Line Amortization):将债券折扣或者溢价等量的分配到每个利息期间的摊销方法。(390,454)

直线折旧法(Straight-Line Depreciation

Method)：将资产成本等额地分配到其使用寿命各期间的折旧方法。

子公司（Subsidiary Company）：被另一家公司（母公司）控制的公司。（D2）

T

10-K（10-K）：见"10-K 表格"。（206）

10-Q（10-Q）：见"10-Q 表格"。（206）

T 形账（T-Account）：对所发生交易明细账的汇总，从而确定每个账户余额的一种简洁的方式。（56）

有形资产（Tangible Assets）：具有实体的资产。（382）

临时性账户（Temporary Accounts）：在期末资金将全部转入留存收益的账户，这些账户之前是存在利润表中。（156）

流动性测试（Tests of Liquidity）：衡量企业偿还到期流动债务能力的指标。（450）

盈利性测试（Tests of Profitability）：比较企业一项或多项主要活动所得收入的指标。

偿付能力测试（Tests of Solvency）：衡量企业偿还长期负债能力的指标。

公司代码（Ticker Symbol）：表示公司公开证券交易的 1—4 个字母缩写。

会计分期假设（Time Period Assumption）：在持续经营的前提下，将会计期间缩短到一定时间的假设。（89）

时间序列分析（Time-Series Analysis）：企业一个会计期间与另一系列期间成果的比较。（208）

利息保障倍数（Time Interest Earned Ratio）：不考虑所得税与融资利息之前的收入与所应支付的债务利息的比率。（451）

货币时间价值（Time Value Money）：今天收到的货币比未来收到同样数量的货币更有价值，这是因为今天收到的货币可以进行投资以赚取利息。（C1）

商标权（Trademark）：避免他人使用的特定的名称、图像和口号的权利。（397）

交易性金融资产（Trading Securities）：所有对股票或者债券的投资行为，目的是为了在不久的将来（短期）进行主动交易（购买或者销售）。（D2）

交易（Transaction）：对资产、负债或所有者权益产生经济影响的业务或事件。（47）

交易分析（Transaction Analysis）：学习一项交易如何对企业的经济效益产生影响以及会计基本等式的处理方法。（47）

库存股票（Treasury Stock）：已经发行，被企业回购并且仍然由企业持有的股票。（495）

试算平衡表（Trial Balance）：一张包含所有账户的列表，该表中借方与贷方的余额是相等的。（102）

U

预收账款（Unearned Revenue）：表明在未来公司对顾客负有提供商品和服务的责任的一种负债。（92）

货币计量假设（Unit-of-Measure Assumption）：指会计信息应该用官方货币单位来表示。（10）

工作量折旧法（Units-of-Production Depreciation）：这种折旧方法与资产使用的产出量有关，将资产的成本分摊到期间的产量。（391）

无保留的审计意见（Unqualified Audit Opinion）：审计师作出的一种报告，表明被审计单位的财务报表是公允表达的，在所有重大方面与公认会计原则的陈述一致。（205）

未实现持有损益（Unrealized Holding Gains and Losses）：与现在持有的有价证券价格发生变化有关的金额。（D6）

使用年限（Useful Life）：对现在的所有者而言，预期的该项资产服务年限。（389）

V

纵向分析（Vertical Analysis）：将一张财务报表上的数字与同另一张相同财务报表上的数字相比而进行的分析。（601）

W

加权平均法（Weighted Average Cost Method）：以可销售商品的加权平均单位成本计算销售成本和期末存货。(299)

在产品库存（Work in Process Inventory）：尚处在生产阶段的产品库存。(293)

注销（Write-Off）：将不可回收的账户及其备抵账户从会计记录中移除。(344)

Y

到期利率（Yield）：见"市场利率"。(445)

影印版教材可供书目

经济与金融经典入门教材 · 英文影印版

	书号	英文书名	中文书名	版次	编著者	定价
1	08961	Public Finance: A Contemporary Application of Theory to Policy	财政学:理论在政策中的当代应用	第8版	David N. Hyman/著	59.00元
2	08132	Fundamentals of Investments: Valuation and Management	投资学基础:估值与管理	第3版	Charles J. Corrado 等/著	58.00元
3	08126	Microeconomics for Today	今日微观经济学	第3版	Irvin Tucker/著	45.00元
4	08125	Macroeconomics for Today	今日宏观经济学	第3版	Irvin Tucker/著	48.00元

管理学经典入门教材 · 英文影印版

	书号	英文书名	中文书名	版次	编著者	定价
5	08129	Management: Skills and Application	管理学:技能与应用	第11版	Leslie W. Rue 等/著	45.00元
6	08128	Information Technology and Management	信息技术与管理	第2版	Ronald L. Thompson 等/著	45.00元
7	08665	Marketing: An Introduction	营销学导论	第1版	Rosalind Masterson 等/著	45.00元
8	09061	Communicating at Work: Principles and Practices for Business and the Professions	商务沟通:原则与实践	第8版	Ronald B. Adler 等/著	54.00元

经济学精选教材 · 英文影印版

	书号	英文书名	中文书名	版次	编著者	定价
9	12633	World Trade and Payments: An Introduction	国际贸易与国际收支	第10版	Richard E. Caves, Jeffrey A. Frankel 等/著	68.00元
10	08130	Economics: Principles and Policy	经济学:原理与政策	第9版	William J. Baumol 等/著	79.00元
11	08127	Microeconomic Theory: Basic Principles and Extensions	微观经济理论:基本原理与扩展	第9版	Walter Nicholson/著	59.00元
12	09693	Macroeconomics: Theories and Policies	宏观经济学:理论与政策	第8版	Richard T. Froyen/著	48.00元
13	14529	Econometrics: A Modern Introduction	计量经济学:现代方法(上)	第1版	Michael P. Murray/著	54.00元
14	14530	Econometrics: A Modern Introduction	计量经济学:现代方法(下)	第1版	Michael P. Murray/著	41.00元

管理学精选教材 · 英文影印版

	书号	英文书名	中文书名	版次	编著者	定价
15	12091	Operations Management: Goods, Services and Value Chains	运营管理:产品、服务和价值链	第2版	David A. Collier 等/著	86.00元
16	07409	Management Fundamentals: Concepts, Applications, Skill Development	管理学基础:概念、应用与技能提高	第2版	Robert N. Lussier/著	55.00元
17	06380	E-Commerce Management: Text and Cases	电子商务管理:课文和案例	第1版	Sandeep Krishnamurthy/著	47.00元

金融学精选教材 · 英文影印版

	书号	英文书名	中文书名	版次	编著者	定价
18	12306	Fundamentals of Futures and Options Markets	期货与期权市场导论	第5版	John C. Hull/著	55.00元
19	12040	Financial Theory and Corporate Policy	金融理论与公司决策	第4版	Thomas E. Copeland 等/著	79.00元
20	09657	Bond Markets: Analysis and Strategies	债券市场:分析和策略	第5版	Frank J. Fabozzi/著	62.00元
21	09984	Money, Banking and Financial Markets	货币、银行与金融市场	第1版	Stephen G. Cecchetti/著	65.00元

	书号	英文书名	中文书名	版次	编著者	定价
22	09767	Takeovers, Restructuring and Corporate Governance	接管、重组与公司治理	第4版	J. Fred Weston 等/著	69.00元
23	13206	Management of Banking	银行管理	第6版	S. Scott MacDonald 等/著	66.00元
24	10933	International Corporate Finance	国际财务管理	第8版	Jeff Madura/著	69.00元
25	13204	Financial Markets and Institutions	金融市场和金融机构	第7版	Jeff Madura/著	78.00元
26	05966	International Finance	国际金融	第2版	Ephraim Clark/著	66.00元
27	05965	Principles of Finance	金融学原理(含 CD-ROM)	第2版	Scott Besley 等/著	82.00元
28	10916	Risk Management and Insurance	风险管理和保险	第12版	James S. Trieschmann 等/著	65.00元
29	05963	Fixed Income Markets and Their Derivatives	固定收入证券市场及其衍生产品	第2版	Suresh M. Sundaresan/著	72.00元

会计学精选教材 · 英文影印版

	书号	英文书名	中文书名	版次	编著者	定价
30	14752	Advanced Accounting	高级会计学	第9版	Joe Ben Hoyle 等/著	56.00元
31	13200	Financial Accounting: Concepts & Applications	财务会计:概念与应用	第10版	W. Steve Albrecht 等/著	75.00元
32	13201	Management Accounting: Concepts & Applications	管理会计:概念与应用	第10版	W. Steve Albrecht 等/著	55.00元
33	13202	Financial Accounting: A Reporting and Analysis Perspective	财务会计:报告与分析	第7版	Earl K. Stice 等/著	85.00元
34	12309	Financial Statement Analysis and Security Valuation	财务报表分析与证券价值评估	第3版	Stephen H. Penman/著	69.00元
35	12310	Accounting for Decision Making and Control	决策与控制会计	第5版	Jerold L. Zimmerman/著	69.00元
36	05416	International Accounting	国际会计学	第4版	Frederick D. S. Choi 等/著	50.00元
37	05952	Intermediate Accounting: Management Decisions and Financial Accounting Reports	中级会计:管理决策和财务会计报表	第1版	Stephen P. Baginski 等/著	64.00元
38	14536	Managerial Accounting	管理会计	第8版	Don R. Hansen 等/著	79.00元
39	05959	Business Combinations & International Accounting	企业并购与国际会计	第1版	Hartwell C. Herring III/著	36.00元

营销学精选教材 · 英文影印版

	书号	英文书名	中文书名	版次	编著者	定价
40	13205	Services Marketing: Concepts, Strategies, & Cases	服务营销精要:概念、战略与案例	第3版	K. Douglas Hoffman 等/著	63.00元
41	13203	Basic Marketing Research	营销调研基础	第6版	Gilbert A. Churchill, Jr. 等/著	66.00元
42	12305	Selling Today: Creating Customer Value	销售学:创造顾客价值	第10版	Gerald L. Manning, Barry L. Reece/著	52.00元
43	11213	Analysis for Marketing Planning	营销策划分析	第6版	Donald R. Lehmann 等/著	32.00元
44	09654	Market-based Management: Strategies for Growing Customer Value and Profitability	营销管理:提升顾客价值和利润增长的战略	第4版	Roger J. Best/著	48.00元
45	09655	Customer Equity Management	顾客资产管理	第1版	Roland T. Rust 等/著	55.00元
46	09662	Business Market Management: Understanding, Creating and Delivering Value	组织市场管理:理解、创造和传递价值	第2版	James C. Anderson 等/著	45.00元
47	10013	Marketing Strategy: A Decision Focused Approach	营销战略:以决策为导向的方法	第5版	Orville C. Walker, Jr. 等/著	38.00元
48	05971	Marketing	市场营销学(含 CD-ROM)	第6版	Charles W. Lamb Jr. 等/著	80.00元
49	10983	Principles of Marketing	市场营销学	第12版	Louis E. Boone 等/著	66.00元

50	11108	Advertising, Promotion, & Supplemental Aspects of Integrated Marketing Communication	整合营销传播：广告、促销与拓展	第7版	Terence A. Shimp/著	62.00元
51	11251	Sales Management: Analysis and Decision Making	销售管理：分析与决策	第6版	Thomas N. Ingram 等/著	42.00元
52	11212	Marketing Research: Methodological Foundations	营销调研：方法论基础	第9版	Gilbert A. Churchill, Jr. 等/著	68.00元

人力资源管理精选教材 · 英文影印版

	书号	英文书名	中文书名	版次	编著者	定价
53	08536	Human Relations in Organizations: Applications and Skill Building	组织中的人际关系：技能与应用	第6版	Robert N. Lussier/著	58.00元
54	08131	Managerial Communication: Strategies and Applications	管理沟通：策略与应用	第3版	Geraldine E. Hynes/著	38.00元
55	07408	Human Resource Management	人力资源管理	第10版	Robert L. Mathis 等/著	60.00元
56	07407	Organizational Behavior	组织行为学	第10版	Don Hellriegel 等/著	48.00元

国际商务精选教材 · 英文影印版

	书号	英文书名	中文书名	版次	编著者	定价
57	14176	International Business	国际商务	第4版	John J. Wild 等/著	49.00元
58	12886	International Marketing	国际营销	第8版	Michael R. Czinkota 等/著	65.00元
59	06522	Fundamentals of International Business	国际商务基础	第1版	Michael R. Czinkota 等/著	45.00元
60	11674	International Economics: A Policy Approach	国际经济学：一种政策方法	第10版	Mordechai E. Kreinin/著	38.00元
61	06521	International Accounting: A User Perspective	国际会计：使用者视角	第2版	Shahrokh M. Saudagaran/著	26.00元

MBA 精选教材 · 英文影印版

	书号	英文书名	中文书名	版次	编著者	定价
62	12838	Quantitative Analysis for Management	面向管理的数量分析	第9版	Barry Render 等/著	65.00元
63	12675	The Economics of Money, Banking, and Financial Markets	货币、银行和金融市场经济学	第7版	Frederic S. Mishkin/著	75.00元
64	11221	Analysis for Financial Management	财务管理分析	第8版	Robert C. Higgins/著	42.00元
65	12302	A Framework for Marketing Management	营销管理架构	第3版	Philip Kotler/著	42.00元
66	14216	Excellence in Business Communication	卓越的商务沟通	第7版	John V. Thill 等/著	73.00元
67	12304	Understanding Financial Statements	财务报表解析	第8版	Lyn M. Fraser 等/著	34.00元
68	10620	Principles of Operations Management	运作管理原理	第6版	Jay Heizer 等/著	72.00元
69	05429	Introduction to Financial Accounting and Cisco Report Package	财务会计	第8版	Charles T. Horngren 等/著	75.00元
70	16407	Introduction to Management Accounting	管理会计	第14版	Charles T. Horngren 等/著	79.00元
71	11451	Management Communication: A Case-Analysis Approach	管理沟通：案例分析法	第2版	James S. O'Rourke/著	39.00元
72	10614	Management Information Systems	管理信息系统	第9版	Raymond McLeod 等/著	45.00元
73	10615	Fundamentals of Management	管理学基础：核心概念与应用	第4版	Stephen P. Robbins 等/著	49.00元
74	10874	Understanding and Managing Organizational Behavior	组织行为学	第4版	Jennifer M. George 等/著	65.00元
75	05430	Modern Investment Theory	现代投资理论	第5版	Robert A. Haugen/著	65.00元
76	05427	The Theory and Practice of International Financial Management	国际金融管理的理论和实践	第1版	Reid W. Click 等/著	45.00元
77	05422	Financial Management and Policy	金融管理与政策	第12版	James C. Van Horne/著	75.00元

78	15177	Essentials of Entrepreneurship and Small Business Management	小企业管理与企业家精神精要	第5版	Thomas W. Zimmerer 等/著	68.00元
79	11224	Business	商务学	第7版	Ricky W. Griffin 等/著	68.00元
80	11452	Strategy and the Business Landscape: Core Concepts	战略管理	第2版	Pankaj Ghemawat/著	18.00元
81	13817	Managing Human Resources	人力资源管理	第5版	Luis R. Gomez-Mejia 等/著	60.00元
82	09663	Financial Statement Analysis	财务报表分析	第8版	John J. Wild 等/著	56.00元

经济学前沿影印丛书

	书号	英文书名	中文书名	版次	编著者	定价
83	09218	Analysis of Panel Data	面板数据分析	第2版	Cheng Hsiao/著	48.00元
84	09236	Economics, Value and Organization	经济学、价值和组织	第1版	Avner Ben-Ner 等/著	59.00元
85	09217	A Companion to Theoretical Econometrics	理论计量经济学精粹	第1版	Badi H. Baltagi/著	79.00元
86	09680	Financial Derivatives: Pricing, Applications, and Mathematics	金融衍生工具:定价、应用与数学	第1版	Jamil Baz 等/著	45.00元

翻译版教材可供书目

重点推荐

	书号	英文书名	中文书名	版次	编著者	定价
1	14749	A Monetary History of The United States, 1867—1960	美国货币史(1867—1960)	第1版	米尔顿·弗里德曼(Milton Friedman) 等/著	78.00元
2	06693	The World Economy: A Millennial Perspective	世界经济千年史	第1版	安格斯·麦迪森(Angus Maddison)/著	58.00元
3	14751	The World Economy: Historical Statistics	世界经济千年统计	第1版	安格斯·麦迪森(Angus Maddison)/著	45.00元
3	10004	Fundamental Methods of Mathematical Economics	数理经济学的基本方法	第4版	蒋中一(Alpha C. Chiang) 等/著	52.00元
4	15089	Principles of Economics	经济学原理(微观经济学分册)	第5版	曼昆(N.Gregory Mankiw)/著	54.00元
5	15090	Principles of Economics	经济学原理(宏观经济学分册)	第5版	曼昆(N.Gregory Mankiw)/著	42.00元
6	15088	Study Guide for Principles of Economics	曼昆《经济学原理》学习指南	第5版	大卫·R.哈克斯(David R. Hakes)/著	48.00元

经济与金融经典入门教材译丛

	书号	英文书名	中文书名	版次	编著者	定价
7	11274	Fundamentals of Investments: Valuation and Management	投资学基础:估值与管理	第3版	Charles J. Corrado 等/著	76.00元
8	09320	Public Finance: A Contemporary Application of Theory to Policy	财政学:理论在政策中的当代应用	第8版	David N. Hyman/著	78.00元
9	09847	Microeconomics for Today	今日微观经济学	第3版	Irvin Tucker/著	58.00元
10	09750	Macroeconomics for Today	今日宏观经济学	第3版	Irvin Tucker/著	66.00元

管理学经典入门教材译丛

	书号	英文书名	中文书名	版次	编著者	定价
11	10006	Marketing: An Introduction	营销学导论	第1版	Rosalind Masterson 等/著	58.00元
12	10003	Information Technology and Management	信息技术与管理	第2版	Ronald L. Thompson 等/著	68.00元
13	11152	Management: Skills and Application	管理学:技能与应用	第11版	Leslie W. Rue 等/著	55.00元

经济学精选教材译丛

	书号	英文书名	中文书名	版次	编著者	定价
14	15917	Microeconomics	微观经济学	第1版	B. Douglas Bernheim 等/著	89.00元
15	13812	Macroeconomics: Theories and Policies	宏观经济学:理论与政策	第8版	Richard T. Froyen/著	49.00元

序号	书号	英文书名	中文书名	版次	编著者	定价
16	13815	World Trade and Payments: An Introduction	国际贸易与国际收支	第10版	Richard E. Caves 等/著	69.00元
17	13814	Macroeconomics	宏观经济学	第2版	Roger E. A. Farmer/著	46.00元
18	12289	Microeconomic Theory: Basic Principles and Extensions	微观经济理论：基本原理与扩展	第9版	Walter Nicholson/著	75.00元
19	11222	Economics: Principles and Policy	经济学：原理与政策(上、下册)	第9版	William J. Baumol 等/著	96.00元
20	10992	The History of Economic Thought	经济思想史	第7版	Stanley L. Brue 等/著	59.00元
21	13800	Urban Economics	城市经济学	第6版	Arthur O'Sullivan	49.00元

管理学精选教材译丛

序号	书号	英文书名	中文书名	版次	编著者	定价
22	14519	Operations Management: Goods, Services and Value Chains	运营管理：产品、服务和价值链	第2版	David A. Collier 等/著	79.00元
23	11210	Strategic Management of E-business	电子商务战略管理	第2版	Stephen Chen/著	39.00元
24	10005	Management Fundamentals: Concepts, Applications, Skill Development	管理学基础：概念、应用与技能提高	第2版	Robert N. Lussier/著	75.00元

会计学精选教材译丛

序号	书号	英文书名	中文书名	版次	编著者	定价
25	14531	Fundamentals of Financial Accounting	财务会计学原理	第2版	Fred Phillips 等/著	82.00元
26	14532	Managerial Accounting	管理会计	第8版	Don R. Hansen 等/著	99.00元

金融学精选教材译丛

序号	书号	英文书名	中文书名	版次	编著者	定价
27	13806	Principles of Finance	金融学原理	第3版	Scott Besley 等/著	69.00元
28	12317	Management of Banking	银行管理	第6版	S. Scott MacDonald 等/著	78.00元
29	12316	Multinational Business Finance	跨国金融与财务	第11版	David K. Eiteman 等/著	78.00元
30	10007	Capital Budgeting and Long-Term Financing Decisions	资本预算与长期融资决策	第3版	Neil Seitz 等/著	79.00元
31	10609	Money, Banking, and Financial Markets	货币、银行与金融市场	第1版	Stephen G. Cecchetti/著	75.00元
32	11463	Bond Markets, Analysis and Strategies	债券市场：分析和策略	第5版	Frank J. Fabozzi/著	76.00元
33	10624	Fundamentals of Futures and Options Markets	期货与期权市场导论	第5版	John C. Hull/著	62.00元
34	09768	Takeovers, Restructuring and Corporate Governance	接管、重组与公司治理	第4版	J. Fred Weston 等/著	79.00元

营销学精选教材译丛

序号	书号	英文书名	中文书名	版次	编著者	定价
35	12301	Principles of Marketing	市场营销学	第12版	Dave L. Kurtz 等/著	65.00元
36	15716	Selling Today: Creating Customer Value	销售学：创造顾客价值	第10版	Gerald L. Manning/著	62.00元
37	13795	Analysis for Marketing Planning	营销策划分析	第6版	Donald R. Lehmann/著	35.00元
38	13811	Services Marketing: Concepts, Strategies, & Cases	服务营销精要：概念、战略与案例	第2版	K. Douglas Hoffman 等/著	68.00元
39	12312	Customer Equity Management	顾客资产管理	第1版	Roland T. Rust 等/著	65.00元
40	16316	Marketing Research: Methodological Foundations	营销调研：方法论基础	第9版	Gilbert A. Churchill, Jr. 等/著	62.00元
41	11229	Market-based Management: Strategies for Growing Customer Value and Profitability	营销管理：提升顾客价值和利润增长的战略	第4版	Roger J. Best/著	58.00元
42	10010	Marketing Strategy: A Decision-Focused Approach	营销战略：以决策为导向的方法	第5版	Orville C. Walker, Jr. 等/著	49.00元

| 43 | 11226 | Business Market Management: Undertstanding, Creating and Delivering Value | 组织市场管理：理解、创造和传递价值 | 第2版 | James C. Anderson 等/著 | 52.00元 |

人力资源管理精选教材译丛

	书号	英文书名	中文书名	版次	编著者	定价
44	10276	Human Resource Management	人力资源管理	第10版	Robert L. Mathis/著	68.00元
45	15982	Fundamentals of Organizational Behavior	组织行为学	第11版	Don Hellriegel 等/著	56.00元
46	09274	Managerial Communication: Strategies and Applications	管理沟通：策略与应用	第3版	Geraldine E. Hynes/著	45.00元
47	10275	Supervision: Key Link to Productivity	员工监管：提高生产力的有效途径	第8版	Leslie W. Rue 等/著	59.00元

国际商务精选教材译丛

	书号	英文书名	中文书名	版次	编著者	定价
48	14525	International Business	国际商务	第4版	John J. Wild 等/著	62.00元
49	10001	Fundamentals of International Business	国际商务基础	第1版	Michael R. Czinkota 等/著	58.00元

全美最新工商管理权威教材译丛

	书号	英文书名	中文书名	版次	编著者	定价
50	13810	Crafting and Executing Strategy: Concepts and Cases	战略管理：概念与案例	第14版	Arthur A. Thompson 等/著	48.00元
51	13790	Case Problems in Finance	财务案例	第12版	W. Carl Kester 等/著	88.00元
52	13807	Analysis for Financial Management	财务管理分析	第8版	Robert C. Higgins/著	42.00元
53	14515	Understanding Financial Statements	财务报表解析	第8版	Lyn M. Fraser 等/著	34.00元
54	13809	Strategy and the Business Landscape	战略管理	第2版	Pankaj Ghemawat/著	25.00元
55	16171	Principles of Operations Management	运作管理原理	第6版	Jay Heizer 等/著	86.00元
56	13500	Managerial Economics	管理经济学	第3版	方博亮、武常岐、孟昭莉/著	80.00元
57	16011	Managerial Economics: A Problem Solving Approach	管理经济学：一种问题解决方式	第1版	Luke M. Froeb 等/著	35.00元
58	11609	Management: The New Competitive Landscape	管理学：新竞争格局	第6版	Thomas S. Bateman 等/著	76.00元
59	09690	Product Management	产品管理	第4版	Donald R. Lehmann 等/著	58.00元
60	12885	Entrepreneurial Small Business	小企业创业管理	第1版	Jerome A. Katz 等/著	86.00元

经济与管理经典教材译丛

	书号	英文书名	中文书名	版次	编著者	定价
61	06415	Business Economics	企业经济学	第2版	Maria Moschandreas/著	47.00元
62	08651	International Finance	国际金融	第2版	Ephraim Clark/著	68.00元
63	07048	Fundamentals of Investment Appraisal	投资评估基础	第1版	Steve Lumby 等/著	28.00元
64	07047	Electronic Commerce and the Revolution in Financial Markets	金融市场中的电子商务与革新	第1版	Ming Fan 等/著	36.00元
65	08862	Business Combinations & International Accounting	企业并购和国际会计	第1版	Hartwell C. Herring III/著	38.00元
66	06455	Management Accounting	管理会计	第3版	Robert S. Kaplan 等/著	52.00元
67	08100	Accounting for the Environment	环境会计与管理	第2版	Rob Gray 等/著	35.00元
68	08621	Advertising, Promotion, & Supplemental Aspects of Integrated Marketing Communications	整合营销传播：广告、促销与拓展	第6版	Terence A. Shimp/著	58.00元
69	07940	International Dimensions of Organizational Behavior	国际组织行为	第4版	Nancy J. Adler/著	30.00元
70	07793	International Economics: A Policy Approach	国际经济学：一种政策方法	第9版	Mordechai E. Kreinin/著	39.00元
71	08101	International Accounting: A User Perspective	国际会计：使用者视角	第2版	Shahrokh M. Saudagaran/著	32.00元

| 72 | 08323 | E-Commerce Management: Text and Cases | 电子商务管理：课文和案例 | 第1版 | Sandeep Krishnamurthy/著 | 45.00元 |

增长与发展经济学译丛

书号	英文书名	中文书名	版次	编著者	定价
73	05742	Introduction to Economic Growth	经济增长导论	第1版	Charles I. Jones/著	28.00元
74	05744	Development Microeconomics	发展微观经济学	第1版	Pranab Bardhan 等/著	35.00元
75	05743	Development Economics	发展经济学	第1版	Debraj Rag/著	79.00元
76	06905	Endogenous Growth Theory	内生增长理论	第1版	Philippe Aghion 等/著	75.00元

国际经典教材中国版系列

书号	英文书名	中文书名	版次	编著者	定价
77	11227	International Financial Management	国际金融管理	第1版	Michael B. Connolly,杨胜刚/著	38.00元

教师反馈及课件申请表

McGraw-Hill Education，麦格劳-希尔教育出版公司，美国著名图书出版与教育服务机构，以出版经典、高质量的理工科、经济管理、计算机、生命科学以及人文社科类高校教材享誉全球，更以丰富的网络化、数字化教学辅助资源深受高校教师的欢迎。

为了更好地服务于中国教育发展，提升教学质量，2003 年**麦格劳-希尔教师服务中心**在北京成立。在您确认将本书作为指定教材后，请您填好以下表格并经系主任签字盖章后寄回，**麦格劳-希尔教师服务中心**将免费向您提供相应教学课件或网络化课程管理资源。如果您需要订购或参阅本书的英文原版，我们也会竭诚为您服务。

书号/书名：	
所需要的教学资料：	
您的姓名：	
系：	
院/校：	
您所讲授的课程名称：	
每学期学生人数：	_____ 人　_____ 年级　　学时： _____
您目前采用的教材：	作者：_____　　出版社：_____ 书名：_____
您准备何时用此书授课：	
您的联系地址：	
邮政编码：	联系电话（必填）
E-mail：（必填）	
您对本书的建议：	系主任签字 盖章

我们的联系方式：

经济与管理图书事业部
北京市海淀区成府路 205 号　100871
联系人：石会敏　张　燕
电话：010-62767312 / 62767348
传真：010-62556201
电子邮件：em@pup.pku.edu.cn
　　　　　shm@pup.pku.edu.cn
网址：http://www.pup.cn

麦格劳-希尔教育出版公司教师服务中心
北京市海淀区清华科技园科技大厦 A 座 906 室
北京 100084
传真：010-62790292
教师服务热线：800-810-1936
教师服务信箱：instructor_cn@mcgraw-hill.com
网址：http://www.mcgraw-hill.com.cn